GUT & PREISWERT
ÜBERNACHTEN
BETT MIT BAD BIS 80 MARK

Ausgabe 1995/96
Bundesrepublik Deutschland

D1720951

Kartographischer Verlag Busche

Titel- und Rücktitelfoto:
Park- und Sporthotel »Margaretenhof«, Gohrisch/Sächs. Schweiz (siehe Seite 190)

© 1995 Kartographischer Verlag Busche
Satz und Reproduktion: Fritz Busche Druckereigesellschaft mbH,
Dortmund
Druck & Bindung: Clausen & Bosse, Leck
Für Irrtümer übernehmen wir keine Haftung.
Bei Erstellung und Druck dieses Buches haben wir äußerste
Sorgfalt walten lassen.
Nachdruck, auch auszugsweise, nur mit unserer ausdrücklichen
Genehmigung und Quellenangabe gestattet.
13. Auflage
Printed in Germany
ISBN 3-88584-684-5

Vorwort

Zum dreizehnten Male erscheint der Hotelführer »Gut & preiswert übernachten«. Mit dieser Auflage wurde das Werk vollständig und umfassend überarbeitet. Jeder Hoteleintrag war zu verändern. In mehr als **100 neuen Orten** konnten wir Hotels, Gasthöfe und Pensionen mit einem guten und preiswerten Übernachtungsangebot ausfindig machen. Gegenüber der Ausgabe 1994/95 entsprachen **etliche Häuser** nicht mehr unseren Aufnahmekriterien. Etwa **300** Neuaufnahmen zeigen zudem, daß sich das mittelständische Beherbergungsgewerbe in einem dynamischen Umbruch befindet und so auf die verschiedensten Anforderungen der letzten Jahre reagiert. Der steigenden Attraktivität vieler Regionen für Kurzbesuche und -veranstaltungen genügt dieser Hotelführer zudem mit seiner Konzeption, neben den Wirtschaftsmetropolen auch „die Fläche" zu berücksichtigen.

Selbstverständlich verzichten wir auch in der dreizehnten Auflage auf schwer verständliche Abkürzungen und Symbole. **Alle Informationen sind direkt verständlich und als Klartext lesbar.** Wir können behaupten, mit diesem Hotelführer wieder eines der wenigen Nachschlagewerke anzubieten, für dessen Gebrauch das Studium einer Bedienungsanleitung überflüssig ist.

Auf den **Übersichtskarten** (Seiten 6 – 17) ist jeder Ort auch kartographisch verzeichnet, eine wesentliche Hilfe bei der Reiseplanung.

Bei unseren Lesern, den verschiedenen Fremdenverkehrsinstitutionen und den Hotels, die uns so schnell und prompt mit Informationen versorgt haben, bedanken wir uns für die gute Zusammenarbeit. Auch mit dieser Ausgabe möchten wir Sie dazu ermuntern, die Redaktion dieses Werkes zu unterstützen. Viele Leser informieren uns durch Kurznotizen, Postkarten oder einfach durch den Prospekt eines Hotels, das in die Kategorie »Gut & preiswert übernachten« fällt. Ebenfalls sind wir an Korrekturen oder Angaben zu Besitzerwechsel, Konzeptänderung und baulichen Veränderungen sowie weiteren Zusatzangeboten der jeweiligen Hotels und Gasthöfe interessiert. Hierdurch wird es uns auch mit der vierzehnten Auflage gelingen, Sie so aktuell und zuverlässig wie möglich zu informieren.

Machen Sie also mit, denn so wird Ihr Hotelführer auch wirklich Ihr Hotelführer. In Zeiten stetig steigender Übernachtungskosten hat – so unsere Erfahrung – ein Nachschlagewerk wie dieses, das bewußt auf Wertungen verzichtet, mehr und mehr seinen Platz: Im Regal des Privatmannes ebenso wie im Sekretariat oder der Reisestelle eines Unternehmens.

Wir wünschen Ihnen allzeit gute Fahrt und gute Reise.

Redaktion »Gut & preiswert übernachten«
Kartographischer Verlag Busche GmbH
Schleefstraße 1, 44287 Dortmund

Zur Information

■ Die folgenden Informationen über **Preise und Ausstattungen** basieren auf Eigenauskünften der Hotels, Recherchen der Redaktion und Daten von verschiedensten Fremdenverkehrsunternehmen, -verbänden und -institutionen. Alle Angaben werden in bestem Wissen, aber ohne Gewähr gemacht. Die Übernachtungspreise in DM sind für das jeweilige Einzelzimmer (Einzel) oder Doppelzimmer (Doppel) pro Tag zu entrichten. Zu besonderen Anlässen, z. B. bei Messen oder in der Hauptsaison, sind Preis-aufschläge möglich. Sonderpauschalen bei längeren Aufenthalten sind zu erfragen. Bitte informieren Sie sich bei der Buchung über die Aktualität der Daten.

■ Der Hotelführer ist alphabetisch nach Ortsnamen gegliedert.

■ Auf 11 Übersichtsplänen (Seiten 6 – 17) sind alle Orte kartographisch erfaßt. Der jeweilige Lagehinweis befindet sich im Buchteil rechts neben dem Ort, unter der Postleitzahl, mit Angabe von Seitenzahl und Planquadrat.

■ Die einzige verwendete Abkürzung ist das Tilde-Zeichen ~; es bedeutet »teilweise«.

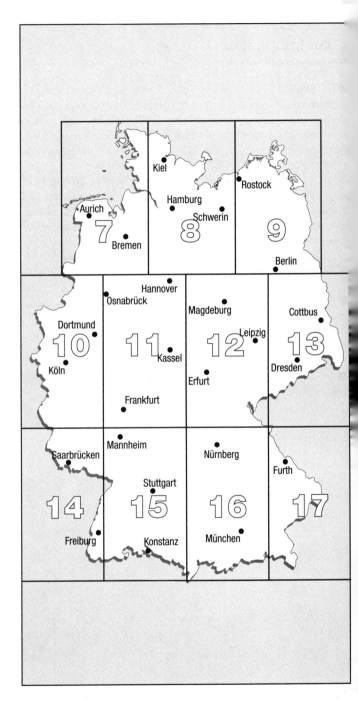

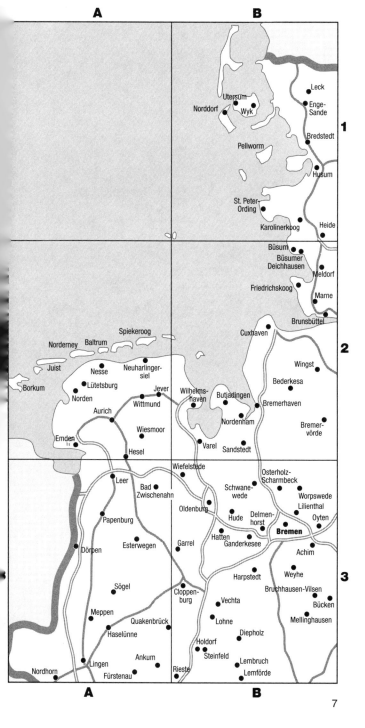

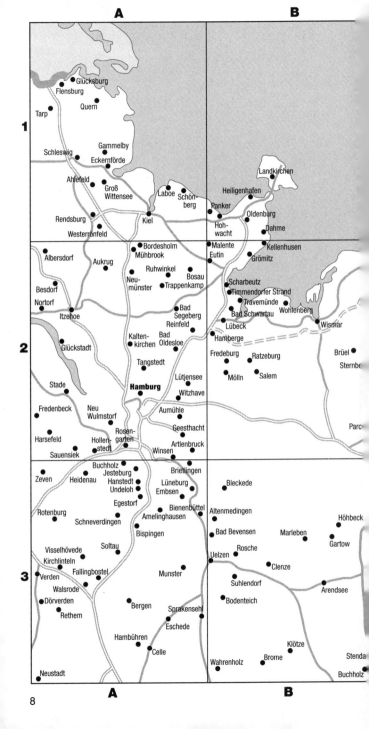

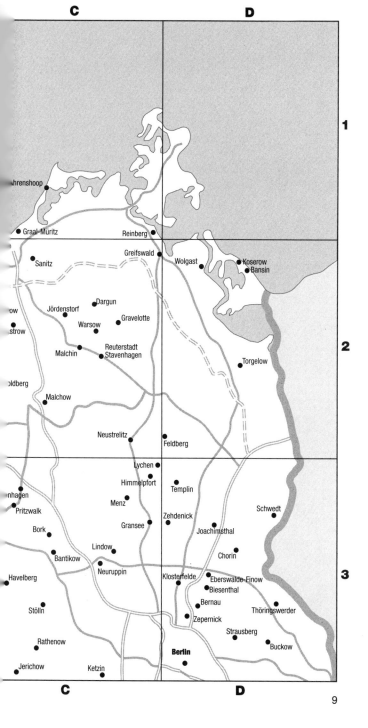

C

D

1

2

3

hrenshoop

Graal-Müritz

Reinberg

Greifswald

Wolgast

Koserow
Bansin

Sanitz

Dargun

Jördenstorf

Warsow

Gravelotte

ow

strow

Malchin

Reuterstadt
Stavenhagen

Torgelow

oldberg

Malchow

Neustrelitz

Feldberg

Lychen

Himmelpfort

Templin

nhagen

Menz

Schwedt

Pritzwalk

Zehdenick

Bork

Gransee

Joachimsthal

Lindow

Chorin

Bantikow

Neuruppin

Klosterfelde

Eberswalde-Finow
Biesenthal

Havelberg

Bernau

Stölln

Zepernick

Thöringswerder

Rathenow

Strausberg

Berlin

Buckow

Jerichow

Ketzin

C

D

9

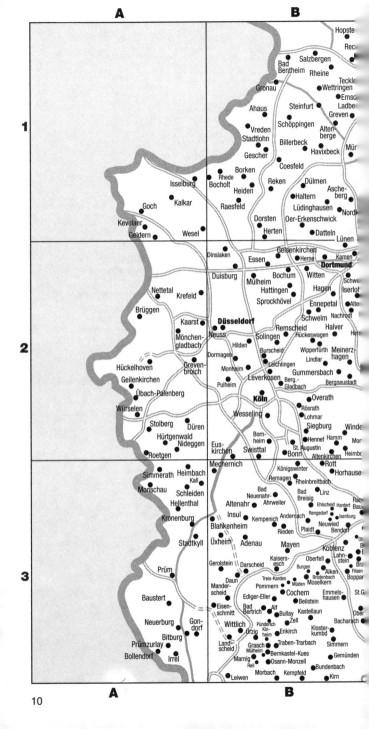

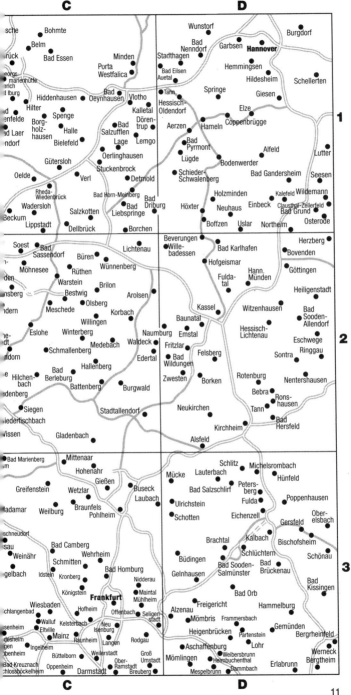

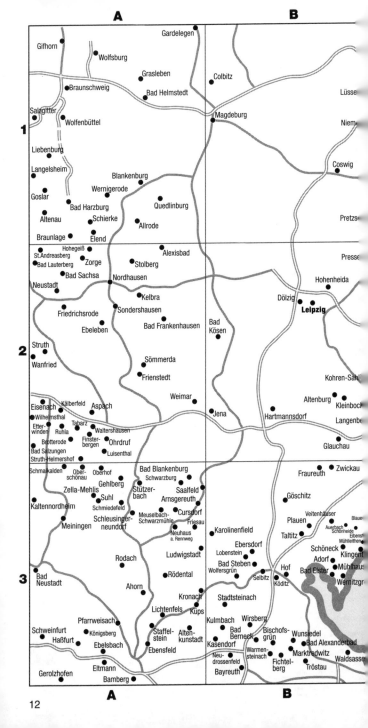

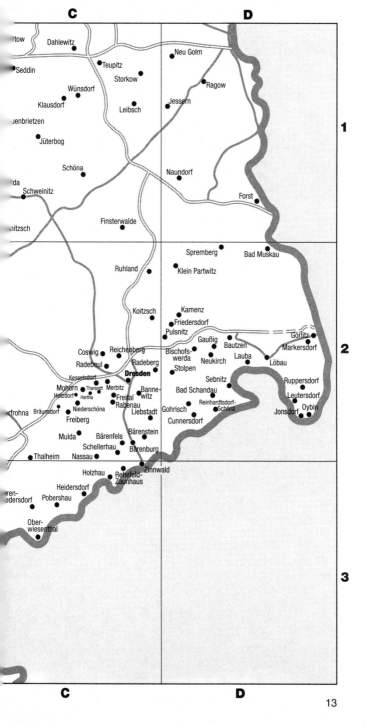

13

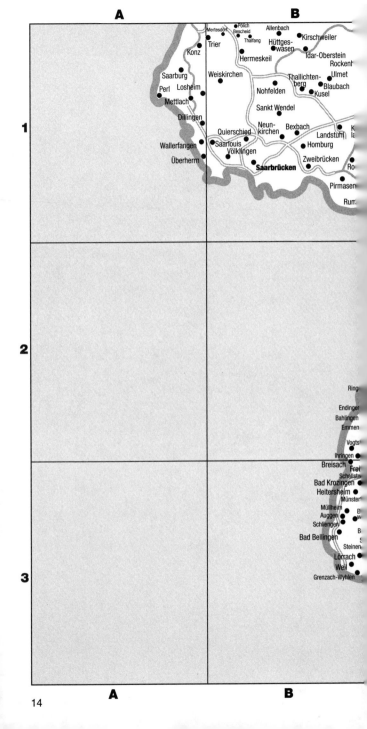

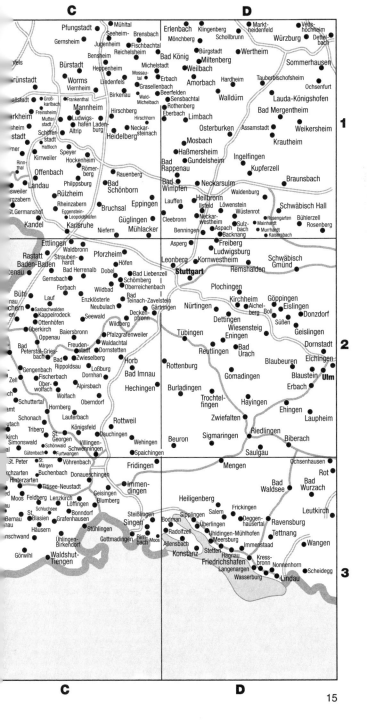

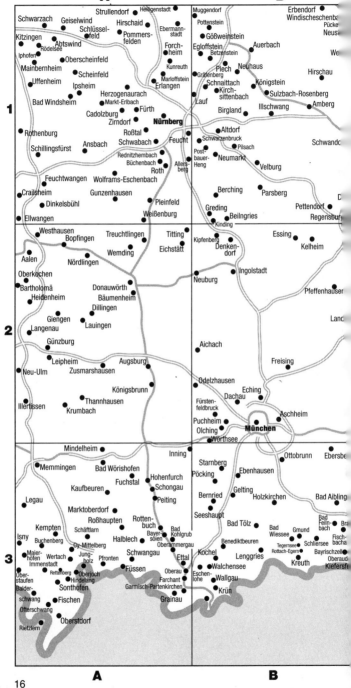

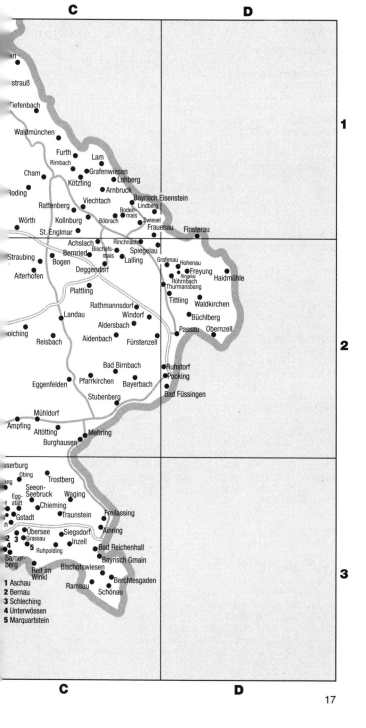

1

...in
...strauß
Tiefenbach
Waldmünchen
Furth
Rimbach
Lam
Grafenwiesen
Lohberg
Cham
Kötzting
Arnbruck
Bayrisch Eisenstein
Roding
Rattenberg
Viechtach
Lindberg
Bodenmais
Wörth
Kollnburg
Böbrach
Zwiesel
St. Englmar
Frauenau
Finsterau
Achslach
Rinchnach
Bernried
Bischofsmais
Spiegelau
Straubing
Lalling
Grafenau
Hohenau
Bogen
Deggendorf
Freyung
Aiterhofen
Ringelai
Röhrnbach
Haidmühle
Thurmansbang
Plattling
Tittling
Waldkirchen
Rathmannsdorf
Landau
Windorf
Büchlberg
...oiching
Aldersbach
Passau
Obernzell
Reisbach
Aidenbach
Fürstenzell
Bad Birnbach
Ruhstorf
Eggenfelden
Pfarrkirchen
Bayerbach
Pocking
Stubenberg
Bad Füssingen
Mühldorf
Ampfing
Altötting
Mehring
Burghausen

...serburg
...ang
Obing
Trostberg
Egg-
stätt
Seeon-
Seebruck
Waging
Chieming
Gstadt
Traunstein
Freilassing
...n
Übersee
Siegsdorf
Ainring
2
3
Grassau
Inzell
4
5
Ruhpolding
Bad Reichenhall
Samer-
berg
Bayrisch Gmain
Reit im
Winkl
Bischofswiesen
Ramsau
Berchtesgaden
Schönau

1 Aschau
2 Bernau
3 Schleching
4 Unterwössen
5 Marquartstein

Aalen
Baden-Württemberg

■ **Aalener Ratshotel**   Friedrichstr. 7
☎ 07361/62001
Preise: 10 Einzel 98, 30 Doppel DM 130
Ausstattung: Bad/WC, Telefon, Radio, TV, Minibar
Besonderes: Parkplätze, Garagen
Geschlossen: 1.1. -12.1.
Kreditkarten: Amex, Diners, Eurocard, Visa

■ **Gasthof Waldschenke**   Mönchsbuchstr. 2, Affalterried
☎ 07361/74203, Fax 79952
Preise: 16 Einzel ab 48, 3 Doppel DM 85
Ausstattung: Bad/WC, Telefon
Besonderes: Restaurant 10-23 Uhr, Konferenzraum, Kegeln, Parkplätze

---

■ **Hotel Gasthof Im Pelzwasen**   Eichendorffstr. 10
☎ 07361/31761, Fax 36463
Preise: 5 Einzel 65-75, 5 Doppel 120, Halbpension DM 14
Ausstattung: Dusche/Bad/WC, Telefon
Besonderes: Restaurant 10-14/17-24 Uhr, Terrasse, Sauna,
               Kegelbahn, Parkplätze, Garagen
Geschlossen: 1. Woche im Januar
Kreditkarten: Eurocard

■ **Hotel Kälber**   Behringstr. 26, Unterkochen
☎ 07361/8444, Fax 88264
Preise: 20 Einzel 78, 12 Doppel 110-140, Halbpension DM 30
Ausstattung: Dusche/Bad/WC, Telefon, Farb-TV, Radio, Minibar, Terrasse
Besonderes: Restaurant 7-24 Uhr, Konferenzraum 30, Kinderspielplatz
Geschlossen: 2.-15. Januar
Kreditkarten: Amex, Diners, Eurocard, Visa

■ **Alte Linde**   Albstraße 97, Waldhausen
☎ 07367/2001, Fax 2003
Preise: 6 Einzel DM 65, 11 Doppel DM 105, Halbpension DM 25
Ausstattung: Du/Bad, WC, Telefon, TV, ~Balkon
Besonderes: Restaurant, Biergarten, Parkplätze
Geschlossen: Ende Oktober - Mitte November
Kreditkarten: Eurocard

Abtswind
Bayern

■ **Gasthof „Zur Schwane"**   Hauptstr. 10
☎ 09383/6051, Fax 6052
Preise: 2 Einzel 60, 6 Doppel 102, 1 Apartment DM 135
Ausstattung: Dusche/Bad/WC, Telefon, TV, Minibar
Besonderes: Restaurant 11-24 Uhr, Terrasse, Liegewiese, Parkplätze,
               Garagen

Achern
Baden-Württemberg

■ **Gasthof Lamm**   Hauptstr. 2
☎ 07841/21856+22818
Preise: 14 Doppel 120-130, Halbpension 15, Vollpension DM 30
Ausstattung: Dusche/Bad/WC, Telefon, TV
Besonderes: Restaurant 7-1 Uhr, Garten, Parkplätze
Kreditkarten: Amex, Diners, Eurocard, Visa

■ **Hotel Schwarzwälder Hof**   Kirchstr. 38
☎ 07841/5001-2, Fax 29526
Preise: 6 Einzel 84, 15 Doppel 130-145, Halbpension DM 29
Ausstattung: Dusche/Bad/WC, Telefon, TV, Balkon, Terrasse
Besonderes: Restaurant 7-24 Uhr, Frühstücksbuffet, Terrasse, Parkplätze,
                Garagen
Kreditkarten: Amexco, Eurocard, Visa

Achim
Niedersachsen

■ **Gieschen's Hotel**   Obernstr. 12
☎ 04202/8005
Preise: 20 Einzel ab 65, 6 Doppel DM 100-120
Ausstattung: ~Bad/WC, ~Telefon
Besonderes: Kegeln, Parkplätze, Garagen

Achslach
Bayern

■ **Berghotel Kalteck**   Achslach, Kalteckg
☎ 09905/8326, Fax 263
Preise: 4 Einzel ab 60, 16 Doppel 90-104, 3 Appartements DM 142
Ausstattung: Bad/WC, Telefon, Balkon
Besonderes: Frühstücksbuffet, Konferenzraum, Terrasse, Hallenschwimmbad,
                Sauna, Solarium, Parkplätze, Restaurant
Geschlossen: 13.3.-14.4. und 30.10.-22.12.95
Kreditkarten: Eurocard, Amexco

Adorf/Vogtland
Sachsen

■ **Hotel Victoria**   Bahnhofstr. 2
☎ 037423/2046
Preise: 6 Einzel 35, 6 Doppel DM 50
Ausstattung: ~Dusche/WC
Besonderes: Restaurant, Garagen, Parkplätze
Kreditkarten: Eurocard, Visa

■ **Landhaus**   Elsterstraße 142
☎ 037437/2560, Fax 2560
Preise: 3 Einzel DM 45, 5 Doppel DM 90-120, Halbpension DM 10, Voll-
                 pension DM 20
Ausstattung: Du/Bad, WC, Radio, TV
Besonderes: Restaurant, Terrasse, Liegewiese, Parkplätze
Geschlossen: auf Anfrage
Kreditkarten: Amexco, Eurocard

Aerzen   ✉ 31855
Niedersachsen   Seite 11/D 1

■ **Landluft**   Buschweg 7, Multhöpen
☎ 05154/2001+2002, Fax 2003
Preise: 3 Einzel 70, 13 Doppel ab 120 DM
Ausstattung: Dusche/WC, Telefon, TV, ~Balkon
Besonderes: Restaurant 17-22 Uhr, Terrasse, Liegewiese, Parkplätze,
                 Garagen
Kreditkarten: Amex, Diners, Eurocard, Visa

Ahaus   ✉ 48683
Nordrhein-Westfalen   Seite 10/B 1

■ **Hof Zum Ahaus**   Argentréstr. 10, Wüllen
☎ 02561/8821, Fax 8437
Preise: Einzel 60, 14 Doppel 110 DM
Ausstattung: Dusche/WC, Telefon, TV
Besonderes: Restaurant 18-22 Uhr, Fahrradverleih, Parkplätze
Kreditkarten: Amex, Eurocard

Ahlefeld   ✉ 24811
Schleswig-Holstein   Seite 8/A 1

■ **Hotel Katerberg**   Hauptstr. 8
☎ 04353/9970-0, Fax 1001
Preise: 3 Einzel 75, 8 Doppel 110, 4 Ferienwohnungen 140 DM
Ausstattung: Dusche/Bad/WC, Telefon, TV, Balkon
Besonderes: Restaurant, Terrasse, Liegewiese, Parkplätze,
                 Garagen
Geschlossen: Restaurant: Montag
Kreditkarten: Amex, Diners, Eurocard, Visa

Ahorn   ✉ 96482
Bayern   Seite 12/A 3

■ **Am Löhrholz**   Badstraße 20 b
☎ 09561/1335, Fax 1641
Preise: 7 Einzel DM 65, 15 Doppel DM 110
Ausstattung: Du/Bad, WC, Telefon, TV, Minibar, Balkon
Besonderes: Nähe Freizeitzentrum, Parkplätze
Kreditkarten: Amexco, Eurocard, Visa

Ahrenshoop

Mecklenburg-Vorpommern

✉ **18347**

Seite 9/C 1

■ **Travel Hotel Kurhaus**   Dorfstr. 45
☎ 038220/206/7/8, Fax 579
Preise: 5 Einzel ab 65, 34 Doppel 95-140, Halbpension 20,
                 Vollpension DM 40
Ausstattung: ~Dusche/WC, TV, Minibar
Besonderes: Restaurant und Bar 7-23 Uhr, Terrasse, Parkplätze, Garagen
Kreditkarten: Amex, Diners, Eurocard, Visa

Bad Aibling

Bayern

✉ **83043**

Seite 16/B 3

■ **Hotel Bihler**   Katharinenstr. 8
☎ 08061/4066, Fax 9075150
Preise: 11 Einzel 75, 12 Doppel 140, Halbpension DM 26
Ausstattung: Dusche/WC, TV, Telefon, Radio, Balkon
Besonderes: Restaurant, Solarium, Sauna, sehr ruhige Lage,
                 Parkplätze, Garagen, Liegewiese
Geschlossen: 20. Januar bis 20. Februar
Kreditkarten: Eurocard, Visa, Diners, Amexco

■ **Ludwigsbad**   Bad Aibling
☎ 08061/499-0
Preise: 47 Einzel 69-111, 23 Doppel 111-209, 1 Apartement DM 244
Ausstattung: ~Bad/~WC, Telefon, balkon
Besonderes: Lift, Restaurant 11-14/18-23 Uhr geöffnet, Park, Parkplätze,
                 Garagen
Geschlossen: Mitte Dezember bis Mitt Januar

Aichach

Bayern

✉ **86551**

Seite 16/B 2

■ **Bauerntanz**   Stadtplatz 18
☎ 08251/89550, Fax 52804
Preise: 7 Einzel 70, 9 Doppel DM 105
Ausstattung: Bad/WC, Telefon, Radio
Besonderes: Lift, Konferenzraum, Parkplätze
Kreditkarten: Amex, Diners, Eurocard, Visa

■ **Gasthof Wagner**   Harthofstr. 38, Untergriesbach
☎ 08251/2997
Preise: 18 Einzel ab 48, 7 Doppel DM 72-82
Ausstattung: ~Bad/WC
Besonderes: Terrasse, Parkplätze, Garagen

Aichelberg

Baden-Württemberg

✉ **73101**

Seite 15/D 2

■ **Panorama**

Boller Str. 11

☎ 07164/2081+82
Preise: 13 Einzel ab 48, 6 Doppel DM 72-90
Ausstattung: ~Bad/WC, ~Telefon
Besonderes: Terrasse, Parkplätze, Garagen

Aidenbach

Bayern

✉ **94501**

Seite 17/C 2

■ **Gasthof Bergwirt**

Aidenbach

☎ 08543/1208, Fax 1948
Preise: 14 Einzel DM 48, als Doppel DM 86
Ausstattung: ~Bad/WC, Telefon
Besonderes: Frühstücksbuffet, Konferenzraum 40, Terrasse, Parkplätze,
                Garagen, Liegewiese, Restauratn
Geschlossen: Januar
Kreditkarten: Amex, Eurocard

Ainring

Bayern

✉ **83404**

Seite 17/B 3

■ **Rupertihof**

Ainring

☎ 08654/8124
Preise: 22 Einzel ab 42, 85 Doppel DM 60-75
Ausstattung: Dusche/WC

Aiterhofen

Bayern

✉ **94330**

Seite 17/C 2

■ **Murrerhof**

Passauer Str. 1

☎ 09421/32740, Fax 42441
Preise: 13 Einzel 72, 12 Doppel DM 100-115
Ausstattung: Dusche/Bad/WC, ~Telefon, ~TV, ~Balkon
Besonderes: 30 Parkplätze, 5 Garagen, Restaurant
Geschlossen: Fronleichnamwoche und 27. Dezember 93 bis 8. Januar 95

Albersdorf

Schleswig-Holstein

✉ **25767**

Seite 8/A 2

■ **Kur-Hotel Ohlen**

Weg zur Badeanstalt 1

☎ 04835/351, Fax 1079
Preise: 7 Doppel DM 120
Ausstattung: Du/Bad, WC, Telefon, Radio, TV, Terrasse
Besonderes: Restaurant, Terrasse, Liegewiese, Parkplätze

Aldersbach

Bayern

Seite 17/C 2

■ **Flair-Hotel Mayerhofer**   Ritter-Tuschl-Str. 2
☎ 08543/1602, Fax 1604
Preise: 19 Einzel 53-65, 14 Doppel 96-130, Halbpension 17,
                 Vollpension DM 25
Ausstattung: Dusche/Bad/WC, Telefon, TV
Besonderes: Restaurant 9-23 Uhr, Terrasse, Liegewiese, Parkplätze,
                 Garagen, eigene Metzgerei, Biergarten
Geschlossen: November
Kreditkarten: Eurocard, Visa

Bad Alexandersbad

✉ 95680

Bayern

Seite 12/B 3

■ **Landhaus Am Forst**   Am Nagelbrunnen 18
☎ 09232/4242, Fax 4466
Preise: 9 Einzel 39, 14 Doppel DM 72
Ausstattung: Dusche/WC, Balkon
Besonderes: Café, Terrasse, Liegewiese
Geschlossen: 1. November bis 20. Dezember

Alexisbad

✉ 06493

Sachsen-Anhalt

Seite 11/D 2

■ **Hotel Harzquell**   Kreisstr. 10
☎ 039484/2346+2347, Fax 2348
Preise: 25 Einzel 85, 137 Doppel 120, 5 Apartments DM 150,
                 Halbpension 18,50, Vollpension DM 38,50
Ausstattung: Dusche/WC, Telefon, TV, radio, ~Balkon
Besonderes: Restaurant, Bar, Terrasse, Liegewiese,
                 Sauna, Solarium, Parkplätze, Ferienwohnungen
Kreditkarten: Amex, Diners, Eurocard, Visa

Alf

✉ 56859

Rheinland-Pfalz

Seite 10/B 3

■ **Mosel-Hotel Alf**   Am Moselufer 1
☎ 06542/2581+2693, Fax 22963
Preise: 2 Einzel ab 76, 14 Doppel 136, Halbpension DM 20
Ausstattung: Dusche/Bad/WC, Telefon, TV, Balkon
Besonderes: Restaurant 11-22 Uhr, Terrasse, Parkplätze, Garagen
Geschlossen: 15.11.-28.2.96
Kreditkarten: Amex, Diners, Visa, Eurocard

Alfeld
Niedersachsen

■ City-Hotel-Garni
Leinstr. 14
☎ 05181/3073+74, Fax 26397
Preise: 23 Einzel ab 65-70, 4 Doppel 110-130, 1 Apartment DM 130
Ausstattung: Dusche/WC, Telefon, TV
Geschlossen: Juli/August
Kreditkarten: Amex, Diners, Eurocard, Visa

■ Haus Rosemarie
Horststr. 52
☎ 05181/3433, Fax 27365
Preise: 2 Einzel ab 54, 10 Doppel ab DM 97, Vollpension möglich
Ausstattung: Dusche/WC, Telefon, TV, Balkon
Besonderes: Restaurant, Liegeweise, Schwimmbad, Parkplätze, Garagen
Kreditkarten: Eurocard

■ Hotel Räuber Lippoldskrug
Glenetalstr. 70, Brunkensen
☎ 05181/3848, Fax 26671
Preise: 4 Einzel 56-66, 19 Doppel 72-98, 2 Apartments DM 50,
1 Appartement, Halb-und Vollpension möglich
Ausstattung: ~Dusche/WC, Telefon, Radio, ~TV
Besonderes: Restaurant 11-14, 17-22 Uhr, Bar 17-23 Uhr, Parkplätze,
Liegeweise
Geschlossen: Mitte Januar

Alken
Rheinland-Pfalz

■ Zum Roten Ochsen
Moselstr. 14
☎ 02605/689, Fax 707
Preise: 6 Einzel 58, 25 Doppel 97, Halbpension 15, Vollpension
DM 30
Ausstattung: Dusche/WC, Telefon, TV, Balkon
Besonderes: Restaurant 11-22 Uhr, Bar ab 20 Uhr, Liegeweise, Parkplätze,
Garagen
Kreditkarten: Amex, Eurocard, Visa

Allenbach
Rheinland-Pfalz

■ Hotel-Café-Restaurant Steuer
Hauptstr. 10
☎ 06786/2089, Fax 2551
Preise: 8 Einzel 45-58, 24 Doppel 63-90, Halbpension 17, Vollpension
DM 27
Ausstattung: Bad/WC, Telefon, TV, Balkon
Besonderes: Apartments, Terrasse, Liegeweise, Sauna, Solarium,
Parkplätze, Kegelbahnen
Kreditkarten: Amex, Diners, Eurocard, Visa

Allensbach ✉ 78476

Baden-Württemberg

Seite 15/D 3

■ Hotel Haus Rose

Konstanzer Str. 23

☎ 07533/3100, Fax 7392

Preise: 4 Einzel 65, 8 Doppel DM 85,
Halbpension DM 20
Ausstattung: Dusche/WC, Telefon, TV, ~Balkon
Besonderes: Restaurant, Terrasse, Liegewiese, parkplätze, Garagen
Kreditkarten: Eurocard, Visa

■ Hotel garni Regina

Gallus-Zembroth-Str. 19a

☎ 07533/5091

Preise: Einzel 45-63, Doppel DM 85-130
Ausstattung: ~Dusche/WC

■ Hotel Eintracht

Höhrenbergstr. 1

☎ 07533/6289

Preise: Einzel 31-35, Doppel DM 62-70
Ausstattung: ~Dusche/WC

Allersberg ✉ 90584

Bayern

Seite 16/A 1

■ Hotel-Café Kattenbeck

Marktplatz 12

☎ 09176/274, Fax 1702

Preise: 2 Einzel 68, 10 Doppel DM 98
Ausstattung: Dusche/WC, Telefon
Besonderes: Café bis 19 Uhr geöffnet, Terrasse, Parkplätze, Garagen
Kreditkarten: Amex, Diners, Eurocard, Visa

■ Gästehaus Endres

Göggelsbucher Hauptstr. 27, Göggelsbuch

☎ 09174/817

Preise: 3 Einzel 33-38, 16 Doppel DM 55-65, 8 Dreibett DM 75-86,
2 Ferienwohnungen DM 50-95
Ausstattung: Dusche/WC, Telefon, TV
Besonderes: Restaurant, Sauna, Solarium, Parkplätze
Kreditkarten: Eurocard

■ Hotel Weißes Lamm

Marktplatz 15

☎ 09176/813, Fax 1280

Preise: 3 Einzel 65, 14 Doppel DM 96,
Halbpension 15, Vollpension DM 30
Ausstattung: Dusche/WC, Telefon, TV, Balkon
Besonderes: Restaurant, Terrasse, Parkplätze
Kreditkarten: Diners, Eurocard, Visa

Allrode

Sachsen-Anhalt

✉ **06507**

Seite 12/A 1

■ **Hotel Waldesruh**   Sellstraße 132

☎ 039487/278, Fax 278

Preise:	2 Einzel DM 65, 10 Doppel DM 90, 3 Appartements, Halbpension DM 15, Vollpension DM 25
Ausstattung:	Du/Bad, WC, Radio, TV
Besonderes:	Restaurant, Terrasse, Liegewiese, Parkplätze
Geschlossen:	November

Alpirsbach

Baden-Württemberg

✉ **72275**

Seite 15/C 2

■ **Gasthof-Pension Sonne**   Im Aischfeld 2, Aischfeld

☎ 07444/2330+2353

Preise:	2 Einzel ab 58, 16 Doppel 95, Halbpension DM 10, Vollpension mögl.
Ausstattung:	Dusche/Bad/WC, Telefon, TV, Radio
Besonderes:	Restaurant, Solarium, Kegeln, Parkplätze, Liegewiese
Kreditkarten:	Diners, Eurocard, Visa

Alsfeld

Hessen

✉ **36304**

Seite 11/D 2

■ **Hotel Klingelhöffer**   Hersfelder Str. 47-48

☎ 06631/2073, Fax 71064

Preise:	5 Einzel 70, 35 Doppel 115, Halbpension DM 16
Ausstattung:	Dusche/WC, Telefon, TV, Radio, Minibar
Besonderes:	Restaurant, Frühstücksbuffet, Parkplätze, Garagen
Kreditkarten:	Amex, Diners, Eurocard, Visa

■ **Hotel Krone**   Schellenstr. 2-4

☎ 06631/4041, Fax 4043

Preise:	18 Einzel 70, 26 Doppel DM 115, Halbpension mögl., Vollpension möglich
Ausstattung:	Dusche/WC, Telefon, ~Radio, ~TV
Besonderes:	Restaurant 12-14, 18-22 Uhr, Terrasse, 30 Parkplätze, Garagen
Geschlossen:	Restaurant Sonntagabend
Kreditkarten:	Amex, Diners, Eurocard, Visa

■ **Hotel Zur Erholung**   Grünberger Str. 26

☎ 06631/2023, Fax 2043

Preise:	5 Einzel 70, 23 Doppel DM 120
Ausstattung:	Bad/WC, Telefon, TV
Besonderes:	Restaurant, Bar, Kegeln, Parkplätze, Garagen
Kreditkarten:	Amex, Diners, Eurocard, Visa

Altdorf

⊠ 90518

Bayern

Seite 16/B 1

■ **Alte Nagelschmiede**

Oberer Markt 13

☎ 09187/5645, Fax 8234
Preise: 14 Einzel ab 74, 8 Doppel DM 150
Ausstattung: Dusche/WC, Telefon, TV
Besonderes: Restaurant ab 11.30 Uhr, Parkplätze

■ **Hotel Domicil**

Mühlenweg 5

☎ 09187/2321+22, Fax 8763
Preise: 26 Einzel 51-62, 6 Doppel 102, 1 Dreier DM 128
Ausstattung: ~Bad/WC, Telefon
Besonderes: TV-Raum, Konferenzraum 20 Personen, Parkplätze,
Fahrradverleih
Geschlossen: 23. Dezember bis 7. Januar

Altena

⊠ 58762

Nordrhein-Westfalen

Seite 10/B 2

■ **Dewor**

Gerichtsstr. 15

☎ 02352/23333
Preise: 8 Einzel ab 48, 8 Doppel DM 76-86
Ausstattung: Bad/WC, Telefon
Besonderes: garni

Altenahr

⊠ 53505

Rheinland-Pfalz

Seite 10/B 3

■ **Hotel Ruland**

Brückenstr. 6

☎ 02643/8318, Fax 3162
Preise: 6 Einzel ab 54, 36 Doppel ab 98, Halbpension 17, Vollpension
DM 30
Ausstattung: Dusche/WC, Balkon
Besonderes: Restaurant bis 24 Uhr, Terrasse, Liegewiese, Parkplätze, Garagen
Kreditkarten: Eurocard

■ **Hotel Zum Schwarzen Kreuz**

Brückenstr. 7

☎ 02643/1534
Preise: 6 Doppel DM 104-150
Ausstattung: Dusche/WC, Balkon
Besonderes: Restaurant 8-24 Uhr, Terrasse, Liegewiese, Schwimmbad,
Sauna, Solarium, Parkplätze, Garagen

■ **Hotel Zur Post**

Brückenstr. 2

☎ 02643/9310, Fax 931200
Preise: 7 Einzel 65-80, 45 Doppel 120-150, Halbpension DM 21, Voll-
pension DM 40
Ausstattung: Bad/WC, Telefon, ~TV, ~Minibar, ~Balkon
Besonderes: Restaurant 8-24 Uhr, Lift, Konferenzraum 100, Solarium,
Parkplätze, Garagen, Schwimmbad
Geschlossen: 20. November bis 20. Dezember
Kreditkarten: Amex, Diners, Eurocard, Visa,

Altenau
Niedersachsen

✉ **38707**
Seite 12/A 1

■ **Hotel Orchidee**   Oberstr. 48
☎ 05328/1333
Preise: 4 Einzel 39, 8 Doppel 78, Halbpension 11, Vollpension DM 20
Ausstattung: Dusche/Bad/WC, Balkon
Besonderes: Restaurant 8.30-14/17.30-21 Uhr, Liegewiese, Schwimmbad,
                    Parkplätze
Geschlossen: 1. November bis 20. Dezember

■ **Landhaus am Kunstberg**   Bergmannsstieg 5
☎ 05328/255
Preise: 2 Einzel 64-80, 14 Doppel 96-124, 7 Apartements,
                    Ferienwohnungen, Halbpension DM 15
Ausstattung: Dusche/Bad/WC, Telefon, TV, Balkon
Besonderes: Terrasse, Liegewiese, Schwimmbad, Sauna, Solarium,
                    Parkplätze, Garagen

■ **Pension Quellenhof**   An der Schwefelquelle 18
☎ 05328/4444, Fax 299
Preise: 5 Einzel 66, 10 Doppel 130, Halbpension DM 15,
                    Vollpension DM 30
Ausstattung: Dusche/Bad/WC, Telefon, ~Balkon
Besonderes: Restaurant 11.30-22 Uhr, Terrasse, Liegewiese, Schwimmbad,
                    Sauna, Solarium, Parkplätze, Garagen
Geschlossen: 15. November bis 15. Dezember und 2 Wochen nach Ostern

Altenberge
Nordrhein-Westfalen

✉ **48341**
Seite 10/B 1

■ **Hotel-Restaurant Stüer**   Laerstr. 8
☎ 02505/1212, Fax 3747
Preise: 10 Einzel 80, 22 Doppel DM 130, Halbpension/Vollpension
                    möglich
Ausstattung: Dusche/Bad/WC, Telefon, TV, Balkon
Besonderes: Restaurant und Bar ab 17 Uhr, Terrasse, Liegewiese, Sauna,
                    Solarium, Parkplätze, Garagen
Kreditkarten: Amex, Diners, Eurocard, Visa

Altenburg
Thüringen

✉ **04600**
Seite 12/B 2

■ **Wettiner Eck**   Johann-Sebastian-Bach-Str. 11
☎ 03447/313532, Fax 313532
Preise: 5 Einzel 60-85, 6 Doppel 100-125, 1 Apartment DM 160
Ausstattung: Dusche/WC, Telefon, TV, ~Minibar, Balkon
Besonderes: Restaurant 11.30-24 Uhr, Terrasse, Parkplätze, Garagen
Kreditkarten: Amex, Eurocard, Visa

Altenkirchen   ✉ 57610
Nordrhein-Westfalen   Seite 10/B 2

◀ **Hotel Haus Hubertus**   Frankfurter Str. 59a
☎ 02681/3428 + 4007, Fax 70539
Preise: 6 Einzel 55-60, 6 Doppel 110, Halbpension DM 18
Ausstattung: Dusche/WC, Telefon, ~TV, ~Balkon
Besonderes: Restaurant, Konferenzraum 20, Terrasse
Kreditkarten: Eurocard, Amexco, Visa

Altenkunstadt   ✉ 96264
Bayern   Seite 12/A 3

◀ **Gondel**
☎ 09572/3661, Fax 4596
Preise: 6 Einzel 65-95, 30 Doppel DM 95-130
Ausstattung: Bad/WC, ~TV, Telefon
Besonderes: Restaurant 11.30-24 Uhr, Konferenzraum, Parkplätze

Altenmedingen   ✉ 29575
Niedersachsen   Seite 8/B 3

■ **Hof Rose**   Niendorfer Weg 12
☎ 05807/221 + 341, Fax 1291
Preise: 2 Einzel ab 77, 12 Doppel 144-160, Halbpension DM 25
Ausstattung: Dusche/WC, Telefon
Besonderes: Restaurant, Konferenzraum 200, Solarium, Tennisplatz mit
     Trainer, ruhig, Parkplätze, Liegewiese

■ **Altes Forsthaus**   Altenmedingen-Reisenmoor
☎ 05807/256, Fax 1227
Preise: 5 Einzel 75-105, 20 Doppel 130-192, inkl. Halbpension
     4 Appartements
Ausstattung: Bad/WC, Telefon, Radio, TV möglich, Minibar möglich
Besonderes: Restaurant 8-22 Uhr, Bar 21-2 Uhr, Frühstücksbuffet,
     Parkplätze, Liegewiese

■ **Landgasthof Stössel**   Im Dorfe 2, Bohndorf
☎ 05807/291+699, Fax 1217
Preise: 3 Einzel 60, 13 Doppel 100-120, Halbpension DM 18,
     Vollpension DM 28
Ausstattung: Dusche/Bad/WC, Telefon, TV
Besonderes: Restaurant bis 20.30 Uhr, Bar bis 24 Uhr, Terrasse,
     Liegewiesen, Schwimmbad, Solarium, Tennisplatz, Parkplätze

■ **Pension Waldesruh**, Bostelwiebeck
☎ 05807/286, Fax 1263
Preise: 3 Einzel 45-55, 8 Doppel 80-100, 8 Ferienwohnungen DM 70-80,
     Vollpension DM 26
Ausstattung: Dusche/WC, TV
Besonderes: Restaurant 12-21 Uhr, Terrasse, Liegewiese, Parkplätze
Geschlossen: 1. bis 20. November

Altötting

Bayern   Seite 17/B 2

■ Gasthof Scharnagl   Neuöttinger Str. 2

☎ 08671/6983 + 13710, Fax 85218
Preise: 20 Einzel ab 65, 80 Doppel ab DM 115
Ausstattung: ~Dusche/WC, Radio, TV
Besonderes: Restaurant 9-22 Uhr, Terrasse, Parkplätze

■ Hotel Plankl   Schlotthammer Str. 4

☎ 08671/85151, Fax 12495
Preise: 20 Einzel 60, 40 Doppel 110, 5 Apartements, 1
Ferienwohnung,
Halbpension 15, Vollpension DM 30
Ausstattung: Dusche/Bad/WC, Telefon, TV, Minibar, Balkon
Besonderes: Restaurant 7-22 Uhr, Terrasse, Liegewiese, Sauna, Solarium,
türkisches Dampfbad, Parkplätze, Garagen
Kreditkarten: Amex, Diners, Eurocard, Visa

■ Hotel Villa Maria   Schlothammer Str. 6

☎ 08671/6522, Fax 12495
Preise: 5 Einzel 60, 15 Doppel 110, 1 Apartment, Halbpension 15,
Vollpension DM 30
Ausstattung: Dusche/Bad/WC, Telefon, TV, Balkon
Besonderes: Restaurant 11-20 Uhr, Terrasse, Liegewiese, Sauna,
Parkplätze, Garagen
Kreditkarten: Amex

■ Zwölf Apostel   Kapuzinerstr. 3

☎ 08671/5922, Fax 84371
Preise: 10 Einzel DM 65, 50 Doppel DM 105-125
Ausstattung: ~Bad/WC
Besonderes: Lift, Konferenzraum, Terrasse, Parkplätze, Garagen
Restaurant
Kreditkarten: Eurocard

Altrip

Rheinland-Pfalz   Seite 15/C 1

■ Hotel Darstein   Zum Strandhotel 10

☎ 06236/2073+3869, Fax 39323
Preise: 6 Einzel 73-95, 10 Doppel 148, 1 Apartement DM 185
Ausstattung: Dusche/Bad/WC, Telefon, Sat-TV, Minibar, Balkon
Besonderes: Restaurant, Terrasse, Parkplätze, Garagen, Badesee und
Strand
Geschlossen: Januar 3 Wochen
Kreditkarten: Amex, Diners, Eurocard, Visa

Alzenau
Bayern

◀ **Krone**   Hahnenkammstr. 37, Wasserlos
☎ 06023/6025+26, Fax 31660
Preise: 10 Einzel 75-125, 12 Doppel 165-175, Halbpension DM 35
Ausstattung: Bad/WC, Telefon, Radio, ~TV, ~Balkon
Besonderes: Restaurant, Parkplätze, Garagen
Geschlossen: Mitte Juli bis Mitte August

Amberg
Bayern

■ **Fleischmann**   Wörthstr. 4
☎ 09621/11532, Fax 33986
Preise: 20 Einzel 80-85, 8 Doppel DM 120-130
Ausstattung: ~Bad/WC, ~Telefon, radio, TV, Minibar, Balkon
Besonderes: Frühstücksbuffet, Wintergarten, Parkplätze, Garagen
Geschlossen: über Weihnachten
Kreditkarten: Eurocard

■ **Hotel Brunner**   Batteriegasse 3
☎ 09621/23944, Fax 33314
Preise: 17 Einzel 85, 23 Doppel DM 140
Ausstattung: Bad/WC, Telefon, Radio, TV, Minibar
Besonderes: Lift, Konferenzraum 40, Terrasse, Parkplätze, Garagen
Kreditkarten: Amex, Diners, Eurocard, Visa

Amelinghausen
Schleswig-Holstein

■ **Hotel Schenck's Gasthaus**   Lüneburger Str. 48
☎ 04132/630 + 1011, Fax 8998
Preise: 2 Einzel 70-120 35 Doppel DM 110-176
Ausstattung: Dusche/WC, Telefon, TV, Balkon
Besonderes: Restaurant 11-23 Uhr, Terrasse, Liegewiese, Schwimmbad,
                Sauna, Solarium, Parkplätze, Garagen
Geschlossen: 15.11.-29.11.95

■ **Landgasthof Eichenkrug**   Unter den Eichen 10
☎ 04132/427, Fax 427
Preise: 2 Einzel 40-45, 7 Doppel 80-90, Halbpension DM 18
                1 Ferienwohnung DM 100
Ausstattung: Dusche/WC, Telefon, TV
Besonderes: Restaurant, Liegewiese, Parkplätze
Geschlossen: Mittwoch

Amerang

Bayern   Seite 17/C 3

■ Pension Steinbauer   Forellenweg 8
☎ 08075/211, Fax 1486
Preise: 4 Einzel 45, 40 Doppel 90, 3 Ferienwohnungen DM 100
                  Vollpension möglich
Ausstattung: Dusche/WC, ~Balkon
Besonderes: Liegewiese, Schwimmbad, Sauna, Parkplätze, Garagen
Geschlossen: Mitte Oktober bis Mitte März

Amorbach
✉ **63916**

Bayern   Seite 15/D 1

■ Hotel Frankenberg   Gotthardsweg 12, Sommerberg
☎ 09373/1250, Fax 4628
Preise: 5 Einzel 54-76, 15 Doppel DM 110-125
Ausstattung: Bad/WC, Telefon, TV, Balkon
Besonderes: Restaurant bis 23 Uhr, Terrasse, Schwimmbad, Solarium,
                  ruhig, Parkplätze, Garagen, ~ TV, ~ Balkon

■ Post   Schmiedstr. 2
☎ 09373/1410+1310
Preise: 10 Einzel 70-95, 27 Doppel DM 105-155
Ausstattung: Bad/WC, TV, Telefon
Besonderes: Lift, Konferenzraum 50, Terrasse, Sauna, Solarium,
                  Parkplätze, Garagen, Liegewiese
Geschlossen: Anfang Januar - Mitte Februar

Ampfing
✉ **84539**

Bayern   Seite 17/B 2

■ Hotel Fohlenhof   Zangberger Str. 23
☎ 08636/888, Fax 7691
Preise: 15 Einzel 80, 16 Doppel 120-130, 1 Apartement DM 140,
                  Halbpension möglich, Vollpension möglich
Ausstattung: Bad/WC, Telefon, TV, Radio, ~Balkon
Besonderes: Restaurant und Bar ab 17 Uhr, Terrasse, Parkplätze
Geschlossen: Restaurant: 12. August bis 4. September 1994
Kreditkarten: Amex, Diners, Eurocard, Visa, ICB

Andernach
✉ **56626**

Rheinland-Pfalz   Seite 10/B 3

■ Hotel am Martinsberg garni   Frankenstr. 6
☎ 02632/45522, Fax 1406
Preise: 10 Einzel ab 70-75, 18 Doppel ab DM 120, Halbpension mögl.
Ausstattung: Dusche/WC, Telefon, TV
Besonderes: Terrasse, Parkplätze, Garagen
Kreditkarten: Eurocard

■ **Rhein-Hotel**   Konrad-Adenauer-Allee 20
☎ 02632/42240, Fax 494172
Preise: 4 Einzel 60, 22 Doppel 90-120, Halbpension DM 15
Ausstattung: Dusche/WC, Balkon
Besonderes: Terrasse, Lift
Geschlossen: 1. November 1994 bis 30. März 1995
Kreditkarten: Amex, Diners, Eurocard, Visa

■ **Hotel zum Anker**   Konrad-Adenauer-Allee 21
☎ 02632/42907, Fax 42909
Preise: 4 Einzel 70, 22 Doppel 125,
                Halbpension DM 18
Ausstattung: Dusche/WC, Telefon, TV,
Besonderes: Bar bis 23 Uhr geöffnet
Kreditkarten: Diners, Eurocard, Visa

■ **Maassmann**   Markt 12
☎ 02632/42236+44514
Preise: 3 Einzel 60, 11 Doppel DM 110
Ausstattung: Dusche/WC
Besonderes: Bar ab 16 Uhr geöffnet
Geschlossen: samstags

Ankum   ⊠ **49577**
Niedersachsen   Seite 7/A 3

■ **Hotel Schmidt**   Hauptstr. 35
☎ 05462/8890, Fax 88988
Preise: 5 Einzel 85, 14 Doppel DM 120, Halbpension DM 18
Ausstattung: Dusche/WC, Telefon, TV, Radio
Besonderes: Restaurant und Bar, Sauna, Solarium
Kreditkarten: Amex, Diners, Eurocard, Visa

Ansbach   ⊠ **91522**
Bayern   Seite 16/A 1

■ **Fantasie**   Eyber Str. 75
☎ 0981/5541
Preise: Einzel 58, Doppel DM 80-100
Ausstattung: Bad/WC, Telefon
Besonderes: Konferenzraum, Parkplätze, Garagen

■ **Hotel Christl**   Richard-Wagner-Str. 39-41
☎ 0981/8121, Fax 88433
Preise: 15 Einzel 75-110, 6 Doppel DM 120-179
Ausstattung: Dusche/Bad/WC, Telefon, TV, Radio, Balkon
Besonderes: ruhig, Parkplätze, Garagen
Kreditkarten: Amex, Eurocard, Visa

■ **Landgasthof Kaeßer**   Ansbach-Brodswinden
☎ 0981/7318
Preise: 4 Einzel 75, 12 Doppel DM 118
Ausstattung: Bad/WC, TV, Telefon, Radio
Besonderes: Frühstücksbuffet, Restaurant 11.23 Uhr, Terrasse, Parkplätze
Kreditkarten: Eurocard

■ **Schwarzer Bock**   Pfarrstr. 31
☎ 0981/95111, Fax 95490
Preise: 10 Einzel 78, 9 Doppel DM 146,
              Halbpension/Vollpension mögl.
Ausstattung: Dusche/WC, Telefon, TV, Minibar
Besonderes: Restaurant, Terrasse, Solarium, Parkplätze, Garagen
Kreditkarten: Amex, Diners, Eurocard, Visa

■ **Gasthof Windmühle**   Rummelsberger tr. 1
☎ 0981/150881, Fax 17980
Preise: 13 Einzel 45-85, 22 Doppel DM 125-145
Ausstattung: Dusche/WC, Telefon, TV
Besonderes: Restaurant, Parkplätze
Geschlossen: Anfang Januar
Kreditkarten: Amex, Diners, Eurocard, Visa

Arendsee   ✉ 39619
Sachsen-Anhalt   Seite 8/B 3

■ **Leppiner Hof**   Dorfstraße 62
☎ 039384/837, Fax 837
Preise: 11 Einzel DM 80, 11 Doppel DM 120
Ausstattung: Du/Bad, WC, Telefon, Radio, TV
Besonderes: Restaurant, Terrasse, Parkplätze
Kreditkarten: Amexco, Visa, Eurocard

Arnbruck   ✉ 93471
Bayern   Seite 17/C 1

■ **Gasthof Zur Linde**   Eckerstr. 16
☎ 09945/316
Preise: 6 Einzel 30-35, 28 Doppel DM 44-56
Ausstattung: Bad/WC
Besonderes: Terrasse, Parkplätze

Arnsberg   ✉ 59755
Nordrhein-Westfalen   Seite 11/C 2

■ **Dietzel**   Neuer Weg 11, Herdringen
☎ 02932/4533
Preise: 16 Einzel 40-55, 28 Doppel DM 70-80
Ausstattung: Bad/WC, Telefon
Besonderes: Apartments, Konferenzraum, Terrasse, Kegeln, Café, Bar,
              Parkplätze, Garagen

■ **Hotel Zur Krone**   Johannesstr. 62, Neheim
☎ 02932/24231
Preise: 10 Einzel 55, 15 Doppel DM 100
Ausstattung: ~Bad/WC, ~Telefon, TV
Besonderes: Restaurant ab 17 Uhr, Parkplätze, Garagen
Kreditkarten: Eurocard

■ **Waldhaus - Rodelhaus**   Zu den drei Bänken
☎ 02932/97040, Fax 22437
Preise: 6 Einzel 75-78, 15 Doppel DM 135-140
Ausstattung: Dusche/WC, Telefon, TV
Besonderes: Restaurant 11-24 Uhr, Sauna, Parkplätze
Kreditkarten: Diners, Eurocard, Visa

Arnsgereuth   ⊠ **07318**
Thüringen   Seite 12/A 3

■ **Hotel Goldberg**   An der B 281
☎ 036736/430+431, Fax 430+431
Preise: 3 Einzel 65, 12 Doppel DM 80
Ausstattung: Dusche/WC, Telefon, TV, Balkon
Besonderes: Restaurant, Bar, Terrasse, Liegewiese, Parkplätze
Kreditkarten: Amex

Arolsen   ⊠ **34454**
Hessen   Seite 11/C 2

■ **Kurhaus Arolsen**   Große Allee 23
☎ 05691/2026-27
Preise: 8 Einzel 55-62, 8 Doppel DM 95-104
Ausstattung: Bad/WC, Telefon
Besonderes: Konferenzraum, Terrasse, Sauna, Solarium, Parkplätze, Liegewiese

---

■ **Luisen-Mühle**   Luisenmühler Weg 1
☎ 05691/3021, Fax 2578
Preise: 4 Einzel 60-75, 21 Doppel 100-130, Halbpension 20,
                 Vollpension DM 30
Ausstattung: Dusche/WC, Telefon, R/TV, Balkon
Besonderes: Restaurant, Terrasse, Sauna, Schwimmbad, ruhig, Parkplätze,
                 Garagen
Kreditkarten: Diners, Eurocard, Visa

Artlenburg   ⊠ **21380**
Niedersachsen   Seite 8/A 2

■ **Artlenburger Elbterrasse**   Am Deich 8
☎ 04139/7073, Fax 76383
Preise: 2 Einzel DM 50, 5 Doppel DM 100, Halbpension DM 25, Vollpen-
                 sion DM 35
Ausstattung: Du/Bad, WC, Telefon, Radio, Sat-TV, Minibar
Besonderes: Restaurant, Terrasse, Liegewiese, Parkplätze
Geschlossen: Januar
Kreditkarten: Eurocard

Aschaffenburg 　　　　　　✉ 63739

Bayern 　　　　　　　　　　Seite 11/D 3

■ Dümpelsmühle 　　　　　　Gailbacher Str. 80
☎ 06021/94449
Preise: 　　　12 Einzel ab 60, 6 Doppel DM 95-110
Ausstattung: ~Bad/WC, ~Telefon
Besonderes: ruhig, Parkplätze
Geschlossen: 20. Dezember bis 10. Januar

■ Hotel Zum Goldenen Ochsen 　　　　Karlstr. 16
☎ 06021/23132
Preise: 　　　21 Einzel 85-95, 18 Doppel DM 125-140
Ausstattung: Du/WC, Telefon, Radio, TV, Minibar
Besonderes: Restaurant bis 24 Uhr, Konferenzraum 25, Parkplätze
Geschlossen: 3 Wochen im August
Kreditkarten: Amex, Diners, Eurocard, Visa

■ Hotel-Restaurant Mainperle 　　　Weißenburger Str. 42a
☎ 06021/26811
Preise: 　　　17 Einzel 79, 25 Doppel DM 125,
　　　　　　　　Halbpension 18, Vollpension DM 30
Ausstattung: Dusche/WC, Telefon, TV, Minibar
Besonderes: Restaurant, Bar, Terrasse, Liegewiese, 15 Parkplätze
Kreditkarten: Amex, Diners, Eurocard, Visa

■ Hotel-Restaurant Syndikus 　　　　Löherstr. 35
☎ 06021/21455+23588, Fax 29280
Preise: 　　　11 Einzel 85, 7 Doppel 130, 5 Apartments DM 160
Ausstattung: Dusche/WC, Telefon, TV, Radio
Besonderes: Restaurant, Bar

Aschau/Chiemsee 　　　　✉ 83229

Bayern 　　　　　　　　　　Seite 17/B 3

■ Café Pauli 　　　　　　　　Höhenberg 3
☎ 08052/5011, Fax 5015
Preise: 　　　2 Einzel 52, 10 Doppel DM 92, 3 Appartements DM 75, 2 Fe-
　　　　　　　　rienwohnungen DM 130
Ausstattung: Dusche/WC, Balkon
Besonderes: Terrasse, Liegewiese, Parkplätze, Garagen, Apartements,
　　　　　　　　Ferienwohnungen
Geschlossen: 6. November bis 25. Dezember 1995

■ Hotel Edeltraud 　　　　　　Narzissenweg 15
☎ 08052/4095, Fax 5170
Preise: 　　　3 Einzel DM 59-69, 11 Doppel DM 98-118
Ausstattung: Bad/WC, Telefon, Radio, ~Balkon, TV-Anschluß
Besonderes: Parkplätze, Garagen, Liegewiese, TV-Raum
Geschlossen: November-20. Dezember

Ascheberg

Nordrhein-Westfalen

■ **Zum Wolfsjäger**   Südstr. 36, Herbern
☎ 02599/414+415, Fax 2941
Preise: 5 Einzel 75-85, 8 Doppel DM 115-125
Ausstattung: Bad/WC, TV, Telefon, Radio, TV, Minibar
Besonderes: Lift, garni, Parkplätze
Geschlossen: Weihnachtsferien
Kreditkarten: Eurocard

■ **Goldener Stern**   Appelhofstraße 5
☎ 02593/373+7106, Fax 6405
Preise: 1 Einzel DM 70, 14 Doppel DM 110
Ausstattung: Du/Bad, WC, Telefon, Radio, TV, ~Balkon
Besonderes: Restaurant, Terrasse, Parkplätze
Geschlossen: Eurocard, Visa

Aschheim

Bayern

■ **Hotel-Gasthof Schäfflerwirt**   Feldkirchner Str. 16
☎ 089/9038821, Fax 9043257
Preise: 14 Einzel 68-88, 25 Doppel DM 90-128
Ausstattung: Dusche/WC, Telefon, TV, ~Balkon
Besonderes: Restaurant 8-21 Uhr, Parkplätze
Geschlossen: August

Aspach

Baden-Württemberg

■ **Hotel Sonnenhof**   Sonnenhof 1
☎ 07148/370
Preise: 10 Einzel 62-85, 145 Doppel DM 95-130
Ausstattung: Bad/WC, TV, Telefon
Besonderes: Restaurant, Bar, Hallenschwimmbad, Sauna,
                   Solarium, Kegeln, Tennis, Bar, Parkplätze, Garagen
Kreditkarten: Eurocard

Aspach

Thüringen

■ **Pension Schneegaß**   Breite Str. 2
☎ 03622/7163
Preise: 2 Einzel 48, 5 Doppel 90, Halbpension DM 15
Ausstattung: Dusche/WC, Telefon, Radio, TV
Besonderes: Parkplätze

Asperg
Baden-Württemberg

⊠ 71679

Seite 15/D 2

■ Flairhotel Landgasthof Lamm   Lammstr. 1
☎ 07141/62006
Preise: 14 Einzel 75-100, 4 Doppel DM 145-160
Ausstattung: Bad/WC, TV, Telefon, Radio, ~Balkon
Besonderes: Restaurant, Bar, Terrasse, Parkplätze
Kreditkarten: Amex, Diners, Eurocard, Visa

Assamstadt
Bayern

⊠ 97959

Seite 15/D 1

■ Gasthaus zum Kreuz   Bobstadterstraße 2
☎ 06294/334
Preise: 2 Einzel DM 35, 2 Doppel DM 70
Ausstattung: Du, WC
Besonderes: Restaurant

Attendorn
Nordrhein-Westfalen

⊠ 57439

Seite 11/C 2

■ Hotel Zur Post   Niederste Str. 7
☎ 02722/2465, Fax 4891
Preise: 5 Einzel 70, 22 Doppel 150, 2 Apartment 260, Halbpension
                   20, Vollpension DM 35
Ausstattung: ~Dusche/WC, Telefon, TV
Besonderes: Restaurant, Bar,Terrasse, Liegewiese, Schwimmbad, Sauna,
                   Solarium
Kreditkarten: Amex, Diners, Eurocard, Visa

■ Sporthotel Haus Platte   Repetalstr. 219, Niederhelden
☎ 02721/1310, Fax 131455
Preise: 2 Einzel ab 85, 48 Doppel ab DM 160, Halbpension mögl.,
                   Vollpension möglich
Ausstattung: Dusche/Bad/WC, Telefon, TV, Minibar
Besonderes: Restaurant ab 12 Uhr, Bar ab 18 Uhr, Solarium, Kegeln,
                   Reiten, Tanz, Pauschalangebot Fr.-Sa. DM 250, Parkplätze,
Kreditkarten: Diners, Eurocard, Visa

Auerbach
Bayern

⊠ 91275

Seite 16/B 1

■ Federhof   Bahnhofstr. 37
☎ 09643/1269, Fax 4622
Preise: 12 Einzel 63-74, 9 Doppel 110-137
Ausstattung: Bad/WC, TV, Telefon, Radio
Besonderes: Terrasse, Restaurant, Parkplätze, Garagen
Geschlossen: 22.12. - 15.1.95
Kreditkarten: Eurocard

Auerbach

Sachsen

■ Hotel Auerbach   Friedrich-Ebert-Str. 38
☎ 03744/80901, Fax 80911
Preise: 8 Einzel 60-80, 15 Doppel 120, Halbpension DM 12
Ausstattung: Dusche/WC, Telefon, Radio, TV, Minibar
Besonderes: Restaurant von 11-24 Uhr geöffnet

■ Hotel Zur Alten Reichshalle   Plauensche Str. 10
☎ 03744/213294
Preise: 2 Einzel 80, 4 Doppel 110, Halbpension 20,
           Vollpension DM 35
Ausstattung: Dusche/WC, Telefon, Radio, TV
Besonderes: Restaurant 11.30-14.30/17.30-23 Uhr

■ Zum Windrad   Albertsberger Straße 27
☎ 03744/215138
Preise: 10 Doppel DM 88, als Einzel DM 65, 1 Appartement DM 168,
           Halbpension DM 15
Ausstattung: Du/Bad, WC, Telefon, Radio, TV
Besonderes: Restaurant, Terrasse, Liegewiese, Sauna, Parkplätze

Auetal

Niedersachsen

■ Waldhotel - Mühlenhof   Zur Obersburg 7, Rehren
☎ 05752/424+346, Fax 346
Preise: 7 Einzel 60-72, 43 Doppel 120-160, Halbpension 5,
           Vollpension DM 10
Ausstattung: Dusche/Bad/WC, Telefon
Besonderes: Restaurant bis 23 Uhr geöffnet, Terrasse, Liegewiese,
           Hallenbad, Sauna, Solarium, Parkplätze, Garagen
Kreditkarten: Visa

Augsburg

Bayern

■ Hotel Adler   Neuburger Str. 238 f
☎ 0821/74050, Fax 706188
Preise: 32 Einzel ab DM 78, 15 Doppel ab DM 110
Ausstattung: Dusche/WC, TV, Telefon
Besonderes: TV-Raum, Bar, Parkplätze, Pool-Billard, Dart
Kreditkarten: Eurocard, Visa

■ Hotel Bayernstuben   Donauwörther Str. 229
☎ 0821/412098+99, Fax 422237
Preise: 25 Einzel 60-75, 37 Doppel 85-95, Halbpension mögl.
           3 Dreibett DM 135
Ausstattung: Dusche/Bad/WC, Telefon, TV, Radio
Besonderes: Restaurant, Parkplätze, Garagen
Kreditkarten: Amex, Diners, Eurocard, Visa

■ Hotel garni Bayrischer Hof Donauwörther Str. 95
☎ 0821/416004, Fax 425553
Preise: 11 Einzel 45-70, 17 Doppel DM 70-110
Ausstattung: ~Dusche/WC, ~Telefon, ~TV
Besonderes: Lift, parkplätze
Geschlossen: 17. Dezember bis 9. Januar 1995
Kreditkarten: Amex, Diners, Eurocard, Visa

Aukrug ✉ 24613
Schleswig-Holstein Seite 8/A 2

■ Hof Bucken Bucken
☎ 04873/209, Fax 1243
Preise: 1 Einzel 50, 10 Doppel DM 92-110
Ausstattung: Bad/WC
Besonderes: Konferenzraum, Terrasse, Garten, ruhig, Parkplätze
Kreditkarten: Visa, Eurocard

Aumühle ✉ 21521
Schleswig-Holstein Seite 8/A 2

■ Fischerhaus Am Mühlenteich 3
☎ 04104/5042
Preise: 5 Einzel 60-98, 8 Doppel DM 146
Ausstattung: Bad/WC, TV, Telefon, Radio
Besonderes: Konferenzraum, Terrasse, Kegeln, Parkplätze, Garagen

■ Hotel Waldesruh am See Am Mühlenteich 2
☎ 04104/2073
Preise: 7 Einzel 76-128, 8 Doppel 147, Halbpension 28,
  Vollpension DM 49
Ausstattung: Dusche/Bad/WC, Telefon, Minibar, TV
Besonderes: Restaurant 11.30-23 Uhr, Parkplätze
Geschlossen: Restaurant dienstags geshclossen
Kreditkarten: Amex, Diners, Eurocard, Visa

Aurich ✉ 26607
Niedersachsen Seite 7/A 2

■ Hotel Brems Garten Kirchdorfer Str. 7
☎ 04941/9200, Fax 920920
Preise: 6 Einzel 85-90, 23 Doppel 130-160, 1 Apartment 160,
  Halbpension 24, Vollpension DM 30
Ausstattung: Dusche/Bad/WC, Telefon, TV, Radio, Minibar
Besonderes: Restaurant, Bar, Parkplätze, Liegewiese, Terrasse
Kreditkarten: Amex, Diners, Eurocard, Visa

■ Hotel Piqueurhof

Burgstr.

☎ 04941/4118

Preise:	16 Einzel ab 64, 35 Doppel DM 100-150
Ausstattung:	Bad/WC, Telefon
Besonderes:	Apartments, Frühstücksbuffet, Lift, Konferenzraum, Hallenschwimmbad, Sauna, Solarium, Parkplätze

■ Landhaus Waldhof Wiesens

Zum Alten Moor 10, Wiesens

☎ 04941/61099, Fax 66579

Preise:	3 Einzel 75, 4 Doppel 155, 3 Suiten 230-250 DM, Halbpension möglich
Ausstattung:	Dusche/WC, Telefon, TV
Besonderes:	Restaurant, Bar 17-1 Uhr, Konferenzraum 30, gute Küche, Parkplätze, Garagen, Liegewiese
Kreditkarten:	Amex, Diners, Eurocard, Visa

Bacharach ✉ 55422

Rheinland-Pfalz

Seite 10/B 3

■ Hotel Park Café Marktstr. 8

☎ 06743/1422, Fax 1541
Preise: 5 Einzel 70-95, 20 Doppel 100-180, Halbpension DM 25
Ausstattung: Dusche/WC, Telefon, TV, Minibar, Balkon
Besonderes: Restaurant, Terrasse, Schwimmbad, Sauna, Solarium, Parkplätze, Garagen
Geschlossen: 15. November 93-15. März 94
Kreditkarten: Eurocard, Visa

■ Hotel-Pension Im Malerwinkel Blücherstr. 41-45

☎ 06743/1239
Preise: 6 Einzel ab 44, 17 Doppel ab DM 76
Ausstattung: Dusche/WC, Balkon
Besonderes: Terrasse, Liegewiese, Parkplätze, Garagen

■ Hotel-Restaurant Gelber Hof Blücherstr. 26

☎ 06743/1017, Fax 1088
Preise: 6 Einzel ab 68, 23 Doppel 120, Halbpension DM 25
Ausstattung: Dusche/WC, Telefon
Besonderes: Restaurant, Liegewiese, Parkplätze, Garagen
Kreditkarten: Amex, Diners, Eurocard, Visa

■ Hotel zur Post Oberstr. 38

☎ 06743/1277, Fax 1277
Preise: 2 Einzel ab 50, 14 Doppel ab 9, Halbpension DM 30
Ausstattung: Dusche/WC, ~Balkon
Besonderes: Restaurant
Geschlossen: 1. November bis Mitte März
Kreditkarten: Amex, Visa

Backnang ✉ 71522

Baden-Württemberg

Seite 15/D 1

■ Holzwarth garni Ed.-Breuninger-Str. 2

☎ 07191/8194
Preise: 2 Einzel 75, 13 Doppel DM 120
Ausstattung: Bad/WC, TV, Telefon
Besonderes: garni, Parkplätze, Garagen

Baden-Baden ✉ 76532

Baden-Württemberg

Seite 15/C 2

■ Gasthaus Auerhahn Geroldsauer Str. 160

☎ 07221/7435, Fax 7432
Preise: 10 Einzel 85, 20 Doppel 142, Halbpension DM 28
Ausstattung: Dusche/WC, Telefon, TV, Minibar
Besonderes: Restaurant 12-14, 18-22 Uhr, Terrasse, Parkplätze, Garagen
Kreditkarten: Amex, Eurocard, Visa

■ Hotel Am Markt Marktplatz 18
☎ 07221/22743 + 47, Fax 391887
Preise: 15 Einzel 48-85, 11 Doppel 85-140, Ferienwohnung DM 130-150
Ausstattung: ~Bad/WC, Telefon
Besonderes: Hotel Garni mit Abendessen für Hausgäste, Lift, Parkplätze, Garagen
Kreditkarten: Amex, Diners, Eurocard, Visa

■ Hotel Haus Rebland Umweger Str. 133, Varnhalt
☎ 07223/52047
Preise: 5 Einzel 60, 18 Doppel 105, 1 Apartment DM 140
Ausstattung: Bad/WC, Telefon, TV, Balkon
Besonderes: Restaurant 8-23 Uhr, Parkplätze, Garagen, Liegewiese, Sauna, Solarium, Schwimmbad

---

■ Monpti Auf der Alm 24, Varnhalt
☎ 07223/57045, Fax 57466
Preise: Einzel 75, Doppel DM 125
Ausstattung: Bad/WC, TV, Telefon
Besonderes: Terrasse, Sauna, ruhig, Parkplätze, Schwimmbad

■ Hotel Rebenhof Weinstr. 58, Neuweier
☎ 07223/5406, Fax 52321
Preise: 5 Einzel 80, 6 Doppel 135, 6 Apartments DM 165
Ausstattung: Bad/WC, ~Telefon, TV, ~Balkon
Besonderes: Konferenzraum 15, Terrasse, ruhig, Parkplätze, Garagen
Geschlossen: 16. Januar bis 3. März 1995

■ Zum Altenberg Schartenbergstr. 6, Neuweier
☎ 07223/57236, Fax 60460
Preise: 4 Einzel 60, 14 Doppel 92, 4 Appartement 130, 2 Ferienwohnungen DM 100, Halbpension DM 20, Vollpension DM 30
Ausstattung: Bad/WC, Telefon, TV, Balkon
Besonderes: Restaurant, Parkplätze, Garagen, Liegewiese, Terrasse, Schwimmbad
Geschlossen: 15. November bis 20. Dezember

Badenweiler ✉ 79410
Baden-Württemberg Seite 14/B 3

■ Badenweiler Hof Wilhelmstr. 40
☎ 07632/8204-0, Fax 8204-11
Preise: 6 Einzel 75, 11 Doppel 138, 3 Apartments DM 120
Ausstattung: Bad/WC, Telefon, Radio, TV, Minibar, Balkon
Besonderes: sehr ruhig, Whirlpool, Sauna, Solarium, Parkplätze Fitness-Raum

---

■ Berghotel Hochblauen Auf dem Hochblauen
☎ 07632/388, Fax 6655
Preise: 3 Einzel 56, 8 Doppel 112, Halbpension DM 22
Ausstattung: Dusche/WC, Balkon
Besonderes: Restaurant, Terrasse, Liegewiese, Parkplätze, Garagen
Geschlossen: Anfang November bis Ende März

■ Haus Ebert
Friedrichstr. 7

☎ 07632/465
Preise: 6 Einzel ab 54, 3 Doppel DM 104-108
Ausstattung: Dusche/WC, Telefon, TV, Balkon
Besonderes: Terrasse, Liegewiese, Parkplätze, Garagen

■ Hotel Blauenwald garni
Blauenstr. 11

☎ 07632/5008, Fax 6425
Preise: 30 Einzel ab 75, 5 Doppel DM 135
Ausstattung: Bad/WC, Telefon, Radio, Balkon
Besonderes: Lift, Terrasse, Hallenschwimmbad, Solarium, Parkplätze,
Garagen

■ Hotel Schlössle
Kanderner Str. 4

☎ 07632/240+8210-0
Preise: 8 Einzel 60, 6 Doppel DM 120-140
Ausstattung: Bad/WC, Telefon, ~TV, ~Balkon
Besonderes: Terrasse, Schwimmbad, Tennis, Parkplätze
Geschlossen: Dezember + Januar

■ Neuenfels - garni
Badstr. 18

☎ 07632/5089, Fax 6600
Preise: 4 Einzel 75, 10 Doppel 125-140, 6 Apartments DM 115-130
Ausstattung: Dusche/WC, Telefon, Radio, TV, Balkon
Besonderes: Terrasse, Liegewiese, Parkplätze, Garagen

■ Landgasthof Schwanen
Ernst-Scheffelt-Str. 5, Lipburg

☎ 07632/5228, Fax 5208
Preise: 6 Einzel 60-75, 9 Doppel DM 120-150, 3 Appartements DM 120
Ausstattung: Bad/WC, Telefon, TV, ~Balkon
Besonderes: Terrasse, Liegewiese, Parkplätze, Restaurant, Rustikale Wein
stube
Kreditkarten: Amex, Diners, Eurocard, Visa

■ Ritter
Friedrichstr. 2

☎ 07632/5074
Preise: Einzel ab DM 68
Ausstattung: Bad/WC, Telefon
Besonderes: Frühstücksbuffet, Terrasse, Hallenschwimmbad, Sauna, ruhig,
Parkplätze, Garagen, Liegewiese

■ Schnepple
Hebelweg 15

☎ 07632/5420
Preise: 8 Einzel 70, 10 Doppel DM 120
Ausstattung: Bad/WC, Telefon, Radio, TV, Minibar, Balkon
Besonderes: Frühstücksbuffet, Lift, Parkplätze,
Terrasse, Liegewiese

■ Silencehotel Försterhaus Lais
Badstr. 42

☎ 07632/317, Fax 6056
Preise: 5 Einzel 62-85, 10 Doppel 142-160, Halbpension 22,
Vollpension DM 35
Ausstattung: Dusche/WC, ~Telefon, ~TV, ~Balkon
Besonderes: Restaurant 11-24 Uhr, Liegewiese, Schwimmbad, Sauna,
Solarium, Parkplätze, Schönheitsfarm

Bärenburg

Sachsen

✉ 01776

Seite 13/C 2

■ **Berghotel Friedrichshöhe** Ahornallee 1
☎ 035052/7279, Fax 4221
Preise: 10 Einzel 50, 50 Doppel 75, 1 Apartment DM 120,
Halbpension 15, Vollpension DM 30
Ausstattung: ~Dusche/WC, Telefon, Radio, ~TV
Besonderes: Restaurant, Terrasse, Parkplätze
Kreditkarten: Amex, Visa

Bärenfels

Sachsen

✉ 01776

Seite 13/C 2

■ **Felsenburg** Böhmische Straße 20
☎ 035052/20450, Fax 20340
Preise: 4 Einzel DM 74, 10 Doppel DM 98, 1 Appartement DM 120
Halbpension DM 17,50, Vollpension DM 25
Ausstattung: Du/Bad, WC, Telefon, Radio, TV, Minibar, ~BAlkon
Besonderes: Restaurant, Terrasse, Parkplätze, Liegewiese, Gästehaus
mit 15 Zimmern
Kreditkarten: Amexco, Diners, Eurocard, Visa

Bärenstein

Sachsen

✉ 09471

Seite 13/C 2

■ **Pöhlagrund** Königswalder Str. 20, Kühberg
☎ 037347/320, Fax 320
Preise: 5 Einzel 44-49, 26 Doppel DM 68-78,
Halbpension 15, Vollpension DM 30
Ausstattung: ~Dusche/WC, ~Telefon, ~TV, ~Minibar
Besonderes: Restaurant, Terrasse, Liegewiese, Parkplätze, Garagen

Bäumenheim

Bayern

✉ 86663

Seite 16/A 2

■ **Frühstückspension Kundinger** Rudolf-DieselStraße 2
☎ 0906/91989, Fax 4915
Preise: 19 Doppel DM 120, als Einzel DM 65, Dreibett
Frühstücksbuffet
Ausstattung: Du/Bad, WC, Kabel-TV, Balkon
Besonderes: Parkplätze

Bahlingen

✉ **79353**

Baden-Württemberg

Seite 14/B 2

■ Landgasthof zum Lamm   Hauptstr. 49
☎ 07663/1311+3209, Fax 5433
Preise: 7 Einzel 44-86, 22 Doppel 108-138, Halbpension 24,
                   Vollpension DM 34
Ausstattung: Dusche/WC, Telefon, TV, ~Balkon
Besonderes: Restaurant, Sauna, Solarium, Parkplätze, Garagen
Geschlossen: Sonntag, an Feiertagen geöffnet
Kreditkarten: Amex, Eurocard

Baiersbronn

✉ **72270**

Baden-Württemberg

Seite 14/B 2

■ Gästehaus Gaiser   Lochweg
☎ 07442/3710
Preise: 4 Einzel 46, 13 Doppel DM 76-92, 1 Appartement DM 120
Ausstattung: Dusche/WC, ~TV, Balkon
Besonderes: Liegewiese, Parkplätze

■ Heselbacher Hof   Heselbacher Weg 72, Heselbach
☎ 07442/8380, Fax 838100
Preise: 6 Einzel 78-94, 34 Doppel DM 130-230
Ausstattung: Bad/WC, TV, Telefon, Radio, TV, Minibar, Balkon
Besonderes: Restaurant, Terrasse, Hallenschwimmbad, Sauna,
                   Solarium, Parkplätze, Garagen
Geschlossen: 7. November bis 18. Dezember

■ Hotel am Rinken   Schiefelgasse 3
☎ 07442/3334+3305
Preise: 11 Einzel 50, 21 Doppel DM 95, Halbpension/Vollpension mögl.
Ausstattung: Bad/WC, TV, ~Telefon, ~Balkon
Besonderes: Hallenschwimmbad, Sauna, Solarium, Parkplätze,
                   Garagen

■ Hotel-Café Miller-Wagner   Forbachstr. 4
☎ 07442/2257
Preise: 6 Einzel ab 62, 12 Doppel 110, Halbpension DM 20
Ausstattung: Dusche/WC, TV, Balkon
Besonderes: Restaurant, Parkplätze, Garagen

■ Hotel Löwen - Schwarzenberg   Murgtalstr. 604, Schwarzenberg
☎ 07447/9320 + 311, Fax 1049
Preise: 4 Einzel 55-76,50, 23 Doppel 125-150, Halbpension DM 25
Ausstattung: Dusche/Bad/WC, Telefon, TV, Radio, Balkon
Besonderes: Restaurant 12-14, 18-21 Uhr, Konferenzraum 20, Parkplätze,
                   Garagen, Gartenterrasse,
Geschlossen: 2. bis 4. Januarwoche
Kreditkarten: Eurocard, Visa nur im Restaurant

■ Hotel Rosengarten
Bildstöckleweg 35
☎ 07442/2088, Fax 50664
Preise: 6 Einzel 60-64, 20 Doppel 102-132, inkl. Frühstück, Halbpension möglich
Ausstattung: Bad/WC, Telefon, balkon
Besonderes: Solarium, Hallenschwimmbad, Sauna, Parkplätze, Garagen,
Restaurant 8-24 Uhr geöffnet
Geschlossen: 22.10. - 15.12.95

■ Hotel Sternen
Ruhesteinstr. 160
☎ 07442/3492
Preise: 5 Einzel ab 73, 27 Doppel ab DM 105
Ausstattung: Bad/WC, ~Telefon, ~Balkon
Besonderes: Restaurant, Terrasse, Sauna, Solarium, Kegeln, Parkplätze, Garagen

---

■ Kurhotel Berghof
Bildstöckleweg 17
☎ 07442/7018, Fax 7349
Preise: 10 Einzel 57-74, 20 Doppel 94-128, Halbpension 18, Vollpension DM 30
Ausstattung: ~Dusche/WC, Telefon, Balkon, ~TV, ~Terrasse
Besonderes: Restaurant, Terrasse, Schwimmbad, Sauna, Solarium, Kegeln, Parkplätze, Garagen
Geschlossen: 27.3. - 8.4. und 4.11. - 24.12.

■ Schwanwald Hotel Rose
Bildstöckleweg 2
☎ 07442/2035, Fax 4396
Preise: 16 Einzel ab 70, 24 Doppel ab DM 115
Ausstattung: Bad/WC, Radio, TV, Telefon
Besonderes: Apartments, Lift, Terrasse, Restaurant 7.30-24 Uhr, Hallenschwimmbad, Sauna, Solarium, Parkplätze, Garagen

---

■ Waldhotel Sommerberg
Hirschauerwald 23, Obertal-Buhlbach
☎ 07449/217
Preise: 13 Einzel 65-95, 24 Doppel DM 125-160
Ausstattung: Bad/WC, TV, Telefon
Besonderes: Lift, Konferenzraum 30, Terrasse, Hallenschwimmbad, Sauna, Solarium, ruhig, Parkplätze, Garagen

---

■ Waldlust
Tonbachstr. 174, Tonbach
☎ 07442/835-0, Fax 2127
Preise: 12 Einzel 68-79, 30 Doppel 120-152, 4 Apartments DM 148-204
Ausstattung: Bad/WC, ~Telefon, TV, Balkon
Besonderes: Lift, Hallenschwimmbad, Sauna, Solarium, Fitneßraum Parkplätze, Garagen
Geschlossen: Anfang November bis Mitte Dezember

■ Zum Löwen
Schönegründer Str. 90, Röt-Schönegrund
☎ 07447/433
Preise: 5 Einzel ab 45, 12 Doppel ab 80, Halbpension DM 15
Ausstattung: Bad/WC, TV, Balkon
Besonderes: Restaurant, Terrasse, Parkplätze, Liegewiese

Balderschwang

✉ **87538**

Bayern

Seite 16/A 3

■ **Ifenblick** Balderschwang
☎ 08328/1025
Preise: 12 Einzel 55, 30 Doppel DM 90-110
Ausstattung: Bad/WC, Telefon
Besonderes: Terrasse, Hallenschwimmbad, Sauna, Kegeln, Parkplätze

Baltrum

✉ **26579**

Niedersachsen

Seite 7/A 2

■ **Hotel Dünenschlößchen** Haus Nr. f 48 Ostdor
☎ 04939/9123-0, Fax 912313
Preise: 14 Einzel 76-90, 23 Doppel 145-160
Ausstattung: Dusche/Bad/WC, Telefon, Radio, ~Balkon
Besonderes: Restaurant, TV auf Wunsch, Terrasse, Liegewiese, ruhig
Geschlossen: November-März

■ **Hotel Fresena** Baltrum
☎ 04939/231, Fax 1241
Preise: 5 Einzel 70, 19 Doppel 130, 2 Apartments, Halbpension DM 25
Ausstattung: Dusche/WC, TV
Besonderes: Restaurant, Terrasse, Liegewiese, Parkplätze, Garagen

Bamberg

✉ **96052**

Bayern

Seite 12/A 3

■ **Die Alte Post** Heiliggrabstr. 1
☎ 0951/27848, Fax 27014
Preise: 20 Einzel 83-87, 19 Doppel 105-140, 1 Apartment DM 240
Ausstattung: Dusche/WC, Telefon, TV
Besonderes: Restaurant bis 24 Uhr, Sauna, Solarium, Garagen, Parkplätze
Kreditkarten: Amex, Diners, Eurocard, Visa

■ **Hotel Alt Bamberg** Habergasse 11
☎ 0951/25266, Fax 201007
Preise: 10 Einzel 65, 10 Doppel 105, 1 Apartment DM 145
Ausstattung: Dusche/WC, Telefon, TV
Besonderes: Restaurant
Kreditkarten: Amex, Diners, Eurocard, Visa

■ **Hotel Altenburgblick garni** Panzerleite 59
☎ 0951/95310, Fax 9531444
Preise: 30 Einzel 70-85 12 Doppel DM 130-142
Ausstattung: Dusche/Bad/WC, Telefon, Radio, TV auf Wunsch, Balkon
Besonderes: garni, Parkplätze
Kreditkarten: Eurocard, Visa, Amexco

■ **Hotel Frankenland** Bamberger Str. 76
☎ 0951/71222, Fax 73685
Preise: 13 Einzel ab 70, 25 Doppel 104, 1 Appartement DM 130,
Halbpension DM 15
Ausstattung: Dusche/Bad/WC, Telefon, TV, Radio, Minibar
Besonderes: Restaurant 10-23 Uhr, Lift, Konferenzraum 25, ruhig,
Parkplätze, Liegewiese
Kreditkarten: Amex, Eurocard, Visa

■ **Hotel Garni Zum Spatz** Herrenstr. 2
☎ 0951/52070+52079, Fax 51203
Preise: 2 Einzel 85, 4 Doppel 120-140, 1 Apartment DM 170
Ausstattung: Dusche/WC, Telefon, TV, Minibar
Geschlossen: Mitte bis Ende Januar
Kreditkarten: Amex, Diners, Eurocard, Visa

■ **Hotel-Gasthof Wilde Rose** Keßlerstr. 7
☎ 0951/98182-0, Fax 22071
Preise: 10 Einzel 90, 19 Doppel 150, Halbpension DM 25
Ausstattung: Dusche/WC, Telefon, TV, Minibar
Besonderes: Restaurant, Parkplätze
Geschlossen: 24. und 25. Dezember
Kreditkarten: Amex, Eurocard, Visa

■ **Hotel Graupner garni** Lange Str. 5
☎ 0951/980400, Fax 9804040
Preise: 9 Einzel 75-100, 18 Doppel DM 100-12
Ausstattung: Bad/~WC, Telefon, ~TV, ~Minibar
Besonderes: Café, Restaurant, Parkplätze
Kreditkarten: Amex, Eurocard, Visa

Bannewitz ✉ 01728
Sachsen Seite 13/C 2

■ **Hotel Gasthof Bannewitz** Winckelmann Str. 1
☎ 0351/4015505-36, Fax 4015537
Preise: 4 Einzel 90, 12 Doppel 120, 1 Apartment DM 240
Ausstattung: Dusche/WC, Telefon, TV
Besonderes: Restaurant, Terrasse, Parkplätze, Garagen
Kreditkarten: Eurocard, Visa

Bansin ✉ 17429
Mecklenburg-Vorpommern Seite 9/D 2

■ **Bergmühle** Alt-Sallenthin 20
☎ 0383378/9241
Preise: 2 Einzel 40, 8 Doppel DM 70
Ausstattung: Dusche/WC, Radio
Besonderes: Restaurant, Parkplätze

■ **Hotel Buchenpark Bansin**   Seestr. 83
☎ 0383378/9492, Fax 9492
Preise: 2 Einzel 60, 16 Doppel 120, 2 Apartments 220, Halbpension
                     20, Vollpension DM 40
Ausstattung: Dusche/WC, Telefon, TV, ~Balkon
Besonderes: Restaurant, Terrasse, Parkplätze, Garagen
Kreditkarten: Eurocard

Bantikov   ✉ 16868
Brandenburg   Seite 9/C 3

■ **Hotel am Untersee**   Dorfstr. 48
☎ 033979/590+622+623, Fax 590
Preise: 11 Einzel 80, 22 Doppel DM 120,
                     Halbpension 13, Vollpension DM 25
Ausstattung: Dusche/WC, Telefon, TV, radio
Besonderes: Restaurant, Terrasse, Liegewiese, Parkplätze, Garagen
Kreditkarten: Eurocard

Bartholomä   ✉ 73566
Baden-Württemberg   Seite 16/A 2

■ **Seminar- und Tagungshotel Turnerheim**   Bartholomä
☎ 07173/7312
Preise: 6 Einzel 55, 36 Doppel DM 84
Ausstattung: Bad/WC, TV, Telefon, Radio
Besonderes: Konferenzraum 80, Terrasse, Sauna, Fitneßraum, Kegeln,
                     Tennis, Parkplätze
Geschlossen: 3 Wochen in den Sommerferien und 20. bis 30. Dezember

Battenberg   ✉ 35088
Hessen   Seite 11/C 2

■ **Berghotel Waidmannsheil**   Jahnstr. 7, Dodenau
☎ 06452/6086, Fax 6086
Preise: 3 Einzel 42, 14 Doppel 84, Halbpension 11, Vollpension DM 20
Ausstattung: Dusche/WC, Telefon, TV, ~Balkon
Besonderes: Restaurant, Terrasse, Liegewiese, Schwimmbad, Solarium,
                     Kegelbahn, Parkplätze, Garagen
Kreditkarten: Amex, Eurocard

◄ Rohde Hauptstr. 53
☎ 06452/3204, Fax 8704
Preise: 4 Einzel 48, 7 Doppel 90, Halbpension 11, Vollpension DM 18
Ausstattung: Dusche/WC, Telefon
Besonderes: Restaurant, Liegewiese, Solarium, Parkplätze, Garagen
Kreditkarten: Amex, Eurocard

Baunatal ⊠ 34225
Hessen Seite 11/D 2

■ Hotel Stadt Baunatal Wilhelmshöher Weg 5, Altenritte
☎ 0561/493025-27, Fax 492403
Preise: 10 Einzel 89, 50 Doppel DM 140, 3 Appartements DM 180
Ausstattung: Bad/WC, Telefon, TV, ~Balkon
Besonderes: Frühstücksbuffet, Restaurant, Bar 17-3 Uhr,
72 Parkplätze
Kreditkarten: Amex, Eurocard, Visa

Baustert ⊠ 54636
Rheinland-Pfalz Seite 10/A 3

■ Haus Kornmarkt Kornmarkt 3
☎ 06569/464
Preise: Einzel 42, Doppel DM 72
Ausstattung: Bad/WC
Besonderes: Ferienwohnung DM 80-85, Garten, Parkplätze

Bautzen ⊠ 02625
Sachsen Seite 13/D 2

■ Hotel Weißes Roß Äußere Lauenstr. 11
☎ 03591/42263, Fax 41063
Preise: 15 Einzel ab 50, 24 Doppel DM 70,
Halbpension 15, Vollpension DM 25
Ausstattung: ~Dusche/WC, Telefon, TV
Besonderes: Restaurant, Terrasse, Parkplätze, Garagen, Mehrbettzimmer
Kreditkarten: Amex, Eurocard, Visa

■ Spree-Pension Fischergasse 6
☎ 03591/490951, Fax 490952
Preise: 3 Einzel 60-70, 8 Doppel DM 100-110, 2 Appartements 135
Ausstattung: Dusche/WC, Telefon, TV, Radio
Besonderes: Restaurant, Terrasse, Liegewiese

Bayerbach ⊠ 94137

Bayern   Seite 17/C 2

■ Haus Christl   Thermalbadstr. 11
☎ 08532/1791
Preise: 7 Einzel DM 50-60
Ausstattung: Bad/WC, Telefon
Besonderes: Terrasse, Hallenschwimmbad, Sauna, Solarium, Massage, ruhig,
                garni, Parkplätze

■ Konradshof   Thermalbadstr. 30
☎ 08532/702-0, Fax 702198
Preise: 27 Einzel 77-95, 44 Doppel 158-170
Ausstattung: Bad/WC, TV, Telefon, Radio, Minibar, Balkon
Besonderes: Frühstücksbuffet, Lift, Terrasse, Sauna, Hallenschwimmbad,
                Whirlpool, Massage, med. Bäder, Liegewiese, Thermalbad
Kreditkarten: Amex

■ Gasthof Zur Post   Dorfplatz 4
☎ 08532/1366, Fax 3226
Preise: 6 Einzel 40-48, 13 Doppel DM 80-90
Ausstattung: Dusche/WC, Telefon, ~TV
Besonderes: Restaurant, Parkplätze, Liegewiese

Bayerisch Eisenstein ⊠ 94252

Bayern   Seite 17/C 1

■ Ferienhotel Waldspitze   Hauptstr. 4
☎ 09925/308+561+562, Fax 1287
Preise: 11 Einzel ab 58, 44 Doppel ab DM 92, Halbpension 17,
                Vollpension DM 28
Ausstattung: Dusche/WC, Telefon, Sat-TV, ~Balkon,
Besonderes: Restaurant, Schwimmbad, Sauna, Solarium, Parkplätze, Garagen
Geschlossen: 1.11.-15.12.

■ Neuwaldhaus   Hauptstr. 5
☎ 09925/444+445, Fax 776
Preise: 5 Einzel ab 47, 27 Doppel DM 84, Halbpension und
                Vollpension möglich
Ausstattung: Dusche/Bad/WC, Telefon, TV-Anschluß, ~Balkon
Besonderes: Restaurant, Parkplätze, Garagen, Liegewiese, Sauna
Kreditkarten: Amex, Diners, Eurocard, Visa

■ Pension Am Buchenacker   Am Buchenacker 13
☎ 09925/438, Fax 1395
Preise: 2 Einzel 46,50, 14 Doppel DM 77-114
Ausstattung: Dusche/WC, ~Balkon
Besonderes: Pension garni, Terrasse, Liegewiese, Schwimmbad, Sauna,
                Solarium, Fitnessraum, Parkplätze, Garagen

■ Sportel Bayer. Eisenstein Hafenbrädl-Allee 16
☎ 09925/625+695, Fax 428
Preise: 15 Doppel 99, als Einzel DM 59,50
Ausstattung: Bad/WC, TV, Telefon, Radio, TV, Balkon
Besonderes: Frühstücksbuffet, Terrasse, Liegewiese, Parkplätze,
  Garage
Geschlossen: 1. November bis 15. Dezember
Kreditkarten: Eurocard

Bayerisch Gmain   ⊠ 83457
Bayern   Seite 17/C 3

■ Hotel Pension Haus Amberger Schillerallee 5
☎ 08651/9865-0, Fax 5065
Preise: 4 Einzel 50-82, 7 Doppel 80-136, 6 Ferienwohnungen 66-110,
  Halbpension DM 21
Ausstattung: Dusche/Bad/WC, Telefon, TV, Radio, Balkon
Besonderes: Restaurant, Schwimmbad, Solarium, Fitneßraum, Tischtennis,
  Fahrräder, Parkplätze, Garagen, Liegewiese
Geschlossen: Anfang November bis Februar 1996
Kreditkarten: Eurocard

■ Villa Florida Großgmainer Str. 23-25
☎ 08651/98880, Fax 3550
Preise: 5 Einzel 30-42, 10 Doppel DM 70-84
Ausstattung: Dusche/WC, Telefon, TV, Balkon
Besonderes: Terrasse, Liegewiese, Schwimmbad, Sauna, Solarium,
  Parkplätze

Bayersoien   ⊠ 82435
Bayern   Seite 16/A 3

■ Haus am Kapellenberg Eckweg 8
☎ 08845/522
Preise: 2 Einzel 36, 11 Doppel 64-70, 1 Apartment, Halbpension DM 17
Ausstattung: Dusche/WC, ~TV, Balkon
Besonderes: Restaurant, Terrasse, Liegewiese, Parkplätze

Bayreuth   ⊠ 95445
Bayern   Seite 12/B 3

■ Gasthof Zum edlen Hirschen Richard-Wagner-Str. 77
☎ 0921/64120, Fax 52115
Preise: 7 Einzel 60-80, 33 Doppel 98-120, Halbpension 25,
  Vollpension DM 40
Ausstattung: Dusche/WC, ~Telefon
Besonderes: Restaurant, Parkplätze
Kreditkarten: Amex, Diners, Eurocard, Visa

■ Haus Weihenstephan
Bahnhofstr. 5
☎ 0921/20203, Fax 20204
Preise: 8 Einzel ab 75-85, 12 Doppel DM ab 105-120, 1 Appartement DM 200
Ausstattung: Dusche/WC, Telefon
Kreditkarten: Eurocard

Bayrischzell
Bayern

✉ **83735**
Seite 16/B 3

■ Alpenhof
Osterhofen 1
☎ 08023/287+288
Preise: 16 Einzel 83, 26 Doppel DM 146-180
Ausstattung: ~Bad/WC, Telefon, Radio, TV
Besonderes: Restaurant 10-22 Uhr, Terrasse, Liegewiese, Schwimmbad, Sauna, Solarium, Kegeln, Parkplätze, Garagen
Geschlossen: 21. April bis 6. Mai und 23. Oktober bis 22. Dezember
Kreditkarten: Eurocard

■ Alpenrose
Schlierseer Str. 100
☎ 08023/620, Fax 1049
Preise: 15 Einzel 78, 30 Doppel 150, 4 Appartements DM 180, Halbpension DM 20
Ausstattung: Bad/WC, Telefon, Radio, TV
Besonderes: Apartments, Restaurant 8-22 Uhr, Terrasse, Garten, Parkplätze, Garagen
Geschlossen: November bis Mitte Dezember

■ Gästehaus Effland
Tannermühlstr. 14
☎ 08023/263
Preise: 6 Einzel 70, 7 Doppel 110-160, 1 Apartment DM 160
Ausstattung: Dusche/Bad/WC, Telefon, ~TV, Balkon
Besonderes: Schwimmbad, Sauna, Solarium, ruhig, garni, Parkplätze, Liegewiese
Geschlossen: 1. November-20. Dezember

Bebra
Hessen

✉ **36179**
Seite 11/C 2

■ Hotel Sonnenblick
Sonnenblick 1, Weiterode
☎ 06622/3058, Fax 42208
Preise: 7 EinzelDM 75-109, 43 Doppel DM 118-158, 6 Appartements DM 138-218, Halb-und Vollpension möglich
Ausstattung: Dusche/WC, Telefon, TV, ~Balkon
Besonderes: Restaurant, Schwimmbad, Sauna, Solarium, Hot-Whirlpool, Kegeln, ruhig, Parkplätze
Geschlossen: 24. bis 27. Dezember 1994
Kreditkarten: Amex, Diners, Eurocard, Visa

Beckum ✉ 59269

Nordrhein-Westfalen

Seite 11/C 1

■ **Zur Windmühle** Unterberg 2/33, Auf dem Höxberg
☎ 02521/3408
Preise: 6 Einzel 55, 6 Doppel DM 105
Ausstattung: Bad/WC
Besonderes: Konferenzraum, Parkplätze
Geschlossen: 3 Wochen Mitte Sommerferien

Bederkesa ✉ 27624

Niedersachsen

Seite 7/B 2

■ **Romantik Hotel Waldschlößchen/Bösehof** Hptm.-Böse-Str. 19
☎ 04745/9480, Fax 948200
Preise: 9 Einzel 70-95, 21 Doppel DM 160-195
Ausstattung: Bad/WC, Telefon, Radio, TV, Minibar
Besonderes: Restaurant, Terrasse, Hallenschwimmbad, Sauna, Solarium, Kegeln, Parkplätze, Garagen
Kreditkarten: Amex, Diners, Eurocard, Visa

Beerfelden ✉ 64743

Hessen

Seite 15/C 1

■ **Landgasthof Grüner Baum** Meckartalstr. 65
☎ 06068/2156, Fax 47265
Preise: 3 Einzel 49-65, 9 Doppel DM 90-130, Halbpension 12, Vollpension DM 18
Ausstattung: Dusche/WC, Telefon, TV, Balkon
Besonderes: Restaurant, Terrasse, Liegewiese, Parkplätze, Garage
Kreditkarten: Eurocard

Beilngries ✉ 92339

Bayern

Seite 16/B 2

■ **Gasthof-Hotel Krone** Hauptstr. 20
☎ 08461/7380+221, Fax 8317
Preise: 10 Einzel 59, 35 Doppel DM 94
Ausstattung: Dusche/WC, ~Balkon
Besonderes: Restaurant 7-24 Uhr geöffnet, Parkplätze
Geschlossen: 3 Wochen im Januar
Kreditkarten: Eurocard, Visa

■ **Hotel Gams** Hauptstr. 16
☎ 08461/256, Fax 7475
Preise: 10 Einzel 95, 52 Doppel 140, Halbpension DM 24
Ausstattung: Dusche/Bad/WC, Telefon, TV, Radio
Besonderes: Restaurant 6-1 Uhr, Whirlpool, Sauna, Solarium, Tischtennis, Fitneßraum, Parkplätze, Garagen
Kreditkarten: Amex, Diners, Eurocard, Visa

- **Privater Brauereigasthof-Hotel Goldener** — Hauptstr. 44
- ☎ 08461/419+281, Fax 8447
- *Preise:* 6 Einzel 65-75, 32 Doppel DM 98-108
- *Ausstattung:* Dusche/WC, Telefon
- *Besonderes:* Restaurant 7-24 Uhr, Terrasse, Parkplätze
- *Geschlossen:* 24. Dezember
- *Kreditkarten:* Diners, Eurocard, Visa

Beilstein   ✉ 56814

Rheinland-Pfalz   Seite 10/B 3

- **Haus Lipmann** — Marktplatz 3
- ☎ 02673/1573
- *Preise:* 5 Einzel ab 50, 21 Doppel DM 80-100
- *Ausstattung:* ~Bad/WC
- *Besonderes:* Konferenzraum 50, Terrasse, ruhig, Parkplätze, Garagen

---

Bad Bellingen   ✉ 79424

Baden-Württemberg   Seite 14/B 3

- **Gasthof zum Bären** — Bahnhofstr. 1
- ☎ 07631/2306
- *Preise:* 1 Einzel 60, 6 Doppel DM 80-110
- *Ausstattung:* ~Dusche/WC
- *Besonderes:* Restaurant, Terrasse, Parkplätze, Garagen
- *Geschlossen:* 1.1.-15.1.

- **Hotel garni Römerhof** — Ebnetstr. 9
- ☎ 07635/9421+8993, Fax 2915
- *Preise:* 7 Einzel 55-58, 11 Doppel DM 102-108
- *Ausstattung:* Dusche/WC, Telefon, TV, Balkon
- *Besonderes:* Terrasse, Liegewiese, Parkplätze
- *Geschlossen:* 1. Dezember bis 24. Januar

- **Kurhotel Markushof u. Hotel Quellenhof** — Badstr. 6
- ☎ 07635/1083+84, Fax 3639
- *Preise:* 26 Einzel ab 80, 27 Doppel ab 135, Halbpension 25, Vollpension DM 40
- *Ausstattung:* Dusche/Bad/WC, Telefon, Bar, ~TV
- *Besonderes:* Restaurant 11.30-23 Uhr, Liegewiese, Sauna, Solarium, Parkplätze, Garagen
- *Kreditkarten:* Eurocard

Belm   ✉ 49191

Niedersachsen   Seite 11/C 1

- **Hotel Rolf-Fraumann** — Bremer Str. 121
- ☎ 05406/3130+2068, Fax 4630
- *Preise:* 18 Einzel 45-55, 6 Doppel DM 85-95
- *Ausstattung:* Dusche/WC, Telefon, TV
- *Besonderes:* Restaurant, Terrasse, Liegewiese, Parkplätze, Garagen
- *Geschlossen:* vor Weihnachten und in den Sommerferien
- *Kreditkarten:* Eurocard

Bendorf ✉ 56170

Rheinland-Pfalz   Seite 10/B 3

◼ Berghotel Rheinblick   Remystr. 79

☎ 02622/127-127, Fax 14323
Preise: 5 Einzel 85-125, 15 Doppel DM 135-180
Ausstattung: Dusche/Bad/WC, Telefon, Radio, TV, Minibar, ~Balkon
Besonderes: Restaurant, Tennis, Terrasse, Liegewiese, eigene
Konditorei, Parkplätze, Garagen
Kreditkarten: Amex, Diners, Eurocard, Visa

Benediktbeuern ✉ 83671

Bayern   Seite 16/B 3

◼ Alpengasthof Friedenseiche   Häusernstr. 34

☎ 08857/8205
Preise: 14 Einzel DM 43-55
Ausstattung: ~Bad/WC, ~Telefon
Besonderes: Konferenzraum 25, Terrasse, ruhig, Parkplätze, Garagen

Benningen ✉ 71726

Baden-Württemberg   Seite 15/D 1

◼ Hotel Mühle   Neckargasse

☎ 07144/5021, Fax 4166
Preise: 7 Einzel 85, 12 Doppel DM 140
Ausstattung: Dusche/WC, Telefon, TV, Radio
Besonderes: Bar, Parkplätze
Kreditkarten: Eurocard, Visa

Bensheim ✉ 64625

Hessen   Seite 15/C 1

◼ Hotel Poststuben   Schloßstr. 28-30, Auerbach

☎ 06251/72987, Fax 74743
Preise: 10 Einzel 88, 8 Doppel DM 130
Ausstattung: Dusche/WC, Telefon, TV
Besonderes: Restaurant, Frühstücksbuffet, Parkplätze, Garagen
Kreditkarten: Amex, Diners, Eurocard, Visa

◼ Hotel Präsenzhof   Wambolterhofstr. 7

☎ 06251/4256+38892+644, Fax 38273
Preise: 8 Einzel 70-95, 21 Doppel DM 120-130, Halbpension und
Vollpension möglich
Ausstattung: Dusche/WC, Telefon, TV, ~Balkon
Besonderes: Restaurant, Terrasse, Sauna, Solarium, Garagen
Kreditkarten: Amex, Diners, Eurocard, Visa

Bad Bentheim

Nordrhein-Westfalen

✉ **48455**

Seite 10/B 1

■ **Pension Altes Wasserwerk**   Möllenkamp 2
☎ 05922/3661
Preise: 10 Einzel ab 40, 5 Doppel ab DM 80
Ausstattung: Dusche/WC, Telefon, TV, ~Balkon
Besonderes: Terrasse, Liegewiese, Schwimmbad, Sauna, Solarium,
                    Parkplätze, Garagen

Berching

Bayern

✉ **92334**

Seite 16/B 1

■ **Altstadthotl-Brauerei-Gasthof Winkler**   Reichenauplatz 22
☎ 08462/1327/27331, Fax 27128
Preise: 21 Doppel DM 130, als Einzel DM 65, Halbpension DM 18
Ausstattung: Du/Bad, WC, Telefon, Radio, TV
Besonderes: Restaurant, Liegewiese, Sauna, Parkplätze, kostenlose
                    Brauerei-Führung

Berchtesgaden

Bayern

✉ **83471**

Seite 17/C 3

■ **Gästehaus Pension Gröll**   Alte Königsseer Str. 51, Königsee
☎ 08652/4161
Preise: 2 Einzel 30-60, 12 Doppel DM 80-105
Ausstattung: Dusche/WC, TV, Balkon
Besonderes: Terrasse, Liegewiese, Parkplätze, Garagen

■ **Gasthof Waldluft**   Bergwerkstr. 56
☎ 08652/95850, Fax 958540
Preise: 7 Einzel 74, 27 Doppel 138, Halbpension DM 15
Ausstattung: Dusche/WC, Telefon
Besonderes: Restaurant, Terrasse, Parkplätze, Garagen
Kreditkarten: Amex, Diners, Eurocard, Visa

■ **Hotel Bavaria**   Sunklergäßchen 11
☎ 08652/96610, Fax 64809
Preise: 7 Einzel 65, 18 Doppel 110, Halbpension DM 19
Ausstattung: Du/WC, Telefon, ~Radio, TV, ~Balkon
Besonderes: Restaurant, Café, Fahrrad-Verleih, Parkplätze, Garagen, Biergarten
Geschlossen: November
Kreditkarten: Eurocard, Visa

■ **Hotel Demming**   Sunklergäßchen 2
☎ 08652/5021/22, Fax 64878
Preise: 8 Einzel 81-88, 23 Doppel DM 156, 4 Appartements DM 176
                    Halbpension DM 20
Ausstattung: Dusche/Bad/WC, Telefon, TV, Balkon
Besonderes: Restaurant 11.30-13.30, 17.30-21 Uhr, Bar 18-1 Uhr,
                    Frühstücksbuffet, Lift, Hallenschwimmbad, Sauna, Solarium,
Geschlossen: 1. November bis 18. Dezember
Kreditkarten: Amex, Diners, Eurocard, Visa

■ Hotel Hainberg Waltenberger Str. 5

☎ 08652/62031

Preise: 2 Einzel 49-73, 7 Doppel 68-126, 2 Apartments DM 86-140
Ausstattung: Dusche/WC, Telefon, TV, Balkon
Besonderes: Terrasse, Liegewiese, Sauna, Solarium, Parkplätze Pauschalarrangements
Geschlossen: 1. November bis 30. Januar

■ Hotel Krone Am Rad 5 1/3

☎ 08652/62051, Fax 66579

Preise: 6 Einzel 68-78, 18 Appartements 124-156, Halbpension DM 18
Ausstattung: Dusche/WC, Telefon, TV, Balkon
Besonderes: Restaurant, Terrasse, Liegewiese
Geschlossen: 26. Oktober bis 20. Dezember

■ Hotel Weiherbach Weiherbachweg 6

☎ 08652/62093, Fax 62094

Preise: 2 Einzel 55-70, 22 Doppel DM 84-140, 3 Appartements 134-190 3 Ferienwohnungen DM 115-165
Ausstattung: Dusche/WC, Telefon, TV, Balkon
Besonderes: Halenbad, Sauna, Solarium, Kneippanlage, Fitneßcenter, Tischtennis, ruhig, Parkplätze, Liegewiese
Geschlossen: 5.11. - 20.12.

■ Zur Post Roßfeldstr. 34, Oberau

☎ 08652/63015

Preise: 2 Einzel ab 42, 15 Doppel DM 70-90
Ausstattung: Bad/WC
Besonderes: Apartments, Terrasse, Sauna, Solarium, Parkplätze, Liegewiese

Bergen

Niedersachsen

✉ **29303**

Seite 8/A 3

■ Hotel Kohlmann Lukenstr. 46

☎ 05051/3014, Fax 2240

Preise: 7 Einzel 75, 7 Doppel 125, 8 Appartements DM 145
Ausstattung: Dusche/~Bad/WC, Telefon, TV, Minibar
Besonderes: Restaurant, Bar, Kegelbahn, eigene Fischteiche, Parkplätze, Garagen, Liegewiese
Kreditkarten: Amex, Diners, Eurocard, Visa

■ Kohlmanns Gasthof

☎ 05051/3014, Fax 2240

Preise: 7 Einzel 48-75, 7 Doppel 95-125, 8 Appartements DM 145, Halbpension DM 20, Vollpension DM 38
Ausstattung: Dusche/WC, Telefon, TV
Besonderes: Restaurant 11-22 Uhr, Terrasse, Parkplätze, Garagen, Bundeskegelbahnen
Kreditkarten: Amex, Diners, Eurocard, Visa

Bergisch Gladbach ✉ 51427

Nordrhein-Westfalen   Seite 10/B 2

■ Diepeschrather Mühle   Diepeschrath 2
☎ 02202/51651, Fax 50748
Preise: 7 Einzel DM 50-65, 3 Doppel DM 110-125
Ausstattung: Dusche/WC, Balkon, Radio
Besonderes: Restaurant, Terrasse, Liegewiese, Parkplätze, Garagen
Geschlossen: 17.7.-7.8.95

■ Hotel Arnold   Straßen 31, Herkenrath
☎ 02204/8054+55
Preise: 3 Einzel ab 75, 17 Doppel DM 130-155
Ausstattung: ~Bad/WC, Telefon
Besonderes: Konferenzraum 50, Terrasse, Parkplätze

Bergneustadt ✉ 51702

Nordrhein-Westfalen   Seite 10/B 2

■ Hotel Feste Neustadt   Hauptstr. 19
☎ 02261/41795+4699, Fax 48021
Preise: 6 Einzel 74, 8 Doppel DM 145
Ausstattung: Bad/WC, Telefon, TV
Besonderes: Restaurant, Bar, Terrasse, Parkplätze
Geschlossen: die ersten 3 Wochen in den Sommerferien

Bergrheinfeld ✉ 97493

Bayern   Seite 11/D 3

■ Astoria   Schweinfurter Straße 117
☎ 09721/90051, Fax 97132
Preise: 40 Einzel 54, 27 Doppel DM 86
Ausstattung: ~Dusche/WC, Telefon, TV, Minibar
Besonderes: Restaurant 11-14/17-23 Uhr geöffnet, Parkplätze, Garagen
Geschlossen: 20. Dezember bis 7. Januar 1995
Kreditkarten: Amex, Eurocard, Visa

■ Gasthof Weißes Roß   Hauptstr. 65
☎ 09721/90084, Fax 90089
Preise: 26 Einzel DM 58-75, 29 Doppel DM 96-126
Ausstattung: Dusche/WC, Telefon, TV
Besonderes: Restaurant, Terrasse, Parkplätze, Garagen
                  eigene Metzgerei

Bad Bergzabern
Rheinland-Pfalz

✉ **76887**
Seite 15/C 1

■ **Gästehaus Traudel**   Zeppelinstr. 36
☎ 06343/2434
Preise: 7 Doppel ab DM 80, 2 Einzel ab DM 40
Ausstattung: Dusche/WC, ~Balkon
Besonderes: Parkplätze
Geschlossen: 1.12. - 1.3.95

■ **Parkhotel**   Kurtalstr. 83
☎ 06343/2415+8341, Fax 5689
Preise: 16 Einzel 65-90, 21 Doppel 120-190, 6 Apartments DM 140-160,
                   6 Ferienwohnungen 80, Halbpension 28, Vollpension DM 42
Besonderes: Restaurant 10-23 Uhr, Konferenzraum 50, Solarium, med.
                   Bäderabteilung, ruhig, Naturreiskuren ab 450 DM/Woche,
Kreditkarten: Diners, Eurocard, Visa

Bad Berleburg
Nordrhein-Westfalen

✉ **57319**
Seite 11/C 2

■ **Gasthof-Pension Weber**   Inselweg 5
☎ 02759/412
Preise: 2 Einzel 50-60, 5 Doppel 90-120, Halbpension DM 12
Ausstattung: Dusche/WC
Besonderes: Restaurant, Terrasse, Liegewiese, Solarium,
                   Parkplätze
Geschlossen: 2 Wochen im Juli und im November

■ **Hotel Erholung**   Laibach 1, Laibach
☎ 02751/7218, Fax 2866
Preise: 5 Einzel 45-75, 12 Doppel 116-136, Halbpension 23,
                   Vollpension DM 30
Ausstattung: ~Dusche/WC, Radio, TV
Besonderes: Parkplätze, Garagen, Terrasse, Liegewiese, Restaurant
Geschlossen: Anfang bis Ende November

■ **Hotel Raumland**   Hinterstöppel 7
☎ 02751/5667+51860, Fax 53254
Preise: 4 Einzel ab 48, 8 Doppel 84-104, Halbpension DM 12
Ausstattung: Dusche/WC, TV, Balkon
Besonderes: Restaurant, Terrasse, Liegewiese, Parkplätze, Garagen

■ **Hotel Westfälischer Hof**   Astenbergstr. 6
☎ 02751/92490, Fax 924959
Preise: 19 Einzel DM 59,50-89,50, 19 Doppel DM 119,50-169,50, 4 App.
                   Halbpension DM 25, Vollpension DM 30
Ausstattung: Dusche/Bad/WC, ~Telefon, TV, Radio, ~Minibar, Balkon
Besonderes: Restaurant, Solarium, Parkplätze, Garagen, Liegewiese
Kreditkarten: Amex, Diners, Eurocard, Visa

Berlin

✉ **10713**

Seite 9/D 3

■ **Hotel von Korff**   Kaiserdamm 29
☎ 030/3026198
Preise: 8 Einzel 112-122, 12 Doppel DM 110-174
Ausstattung: Dusche/WC, Telefon, TV, Minibar
Geschlossen: 22. Dezember bis 2. Januar
Kreditkarten: Amex, Diners, Eurocard, Visa

■ **Hotel-Pension An der Eiche**   Harbertssteg 19
☎ 030/5455220, Fax 5432801
Preise: 1 Einzel 50-95, Doppel 120-140, 3 Apartments DM 120-250
Ausstattung: Dusche/WC, Telefon, Radio, TV, Balkon
Besonderes: Terrasse, Parkplätze
Kreditkarten: Eurocard

■ **Pension-Galerie 48**   Leibnizstr. 48, Charlottenburg
☎ 030/3242658/3232351, Fax 3242658
Preise: 1 Einzel 80, 17 Doppel DM 110-120
Ausstattung: ~Dusche, ~Balkon
Besonderes: Parkplätze

■ **Gasthof Zum Oberfeld**   Zandorstr. 27
☎ 030/5628383, Fax 5628383
Preise: 1 Einzel 90, 3 Doppel DM 140
Ausstattung: Dusche/WC, Telefon, Radio, TV
Besonderes: Restaurant 9-24 Uhr

■ **Pension Blumenbach**   Blumenbachweg 40
☎ 030/5455377, Fax 5455387
Preise: 3 Einzel 88, 7 Doppel DM 108-115
Ausstattung: Dusche/WC, Telefon, Radio, TV, ~Balkon
Besonderes: Tarrasse, Parkplätze

■ **Nürnberger Eck**   Nürnberger Str. 24a
☎ 030/2185371, Fax 2141540
Preise: 2 Einzel 75, 6 Doppel DM 120
Kreditkarten: Visa

■ **Hotel-Pension Alster**   Eisenacher Str. 10
☎ 030/2186952, Fax 2176686
Preise: 3 Einzel 80, 7 Doppel DM 110
Ausstattung: Dusche/WC, Radio, TV,
Kreditkarten: Visa

■ **Hotel Pension Funk**   Fasanenstr. 69
☎ 030/8827193, Fax 8833329
Preise: 4 Einzel 60-75, 4 Doppel DM 100-135
Ausstattung: ~Dusche/WC, Telefon

■ **Hotel-Pension Lydia**   Kyllburger Weg 24
☎ 030/9652371, Fax 9652694
Preise: 7 Einzel 90, 7 Doppel DM 135
Ausstattung: Dusche/WC, Telefon, TV, Minibar
Besonderes: Clubraum, Parkplätze
Kreditkarten: Eurocard, Visa

Bernau ✉ 79872

Baden-Württemberg   Seite 15/C 3

■ **Hotel Schwanen**   Oberlehen 43, Oberlehen
☎ 07675/348, Fax 1758
Preise: 4 Einzel 65-85, 14 Doppel 100-148, Halbpension 20,
                  Vollpension DM 35
Ausstattung: Dusche/WC, Telefon, TV, Balkon
Besonderes: Restaurant 11-21 Uhr, Parkplätze, Garagen, Liegewiese
Kreditkarten: Diners, Eurocard, Visa

■ **Schwarzwaldgasthof Zum Adler**   Riggenbach 40, Riggenbach
☎ 07675/808+809
Preise: 4 Einzel 55, 16 Doppel 80-100, Halbpension DM 18
Ausstattung: Bad/Du/WC, ~Telefon, ~TV
Besonderes: Konferenzraum 50, Liegewiese, Parkplätze

Bernau ✉ 83233

Bayern   Seite 17/C 3

■ **Hotel-Pension Bonnschlößl**   Kirchplatz 9
☎ 08051/89011, Fax 89103
Preise: 7 Einzel 80-90, 34 Doppel 130-150, 4 Ferienwohnungen
                  DM 100-120
Ausstattung: Bad/WC, Telefon, Radio
Besonderes: Terrasse, Liegewiese, Parkplätze, Garagen
                  Restaurant
Geschlossen: 2 Wochen im April, Mitte Oktober bis Mitte November

---

■ **Hotel Jägerhof**   Rottauer Str. 15
☎ 08051/7377+89748, Fax 7829
Preise: 3 Einzel 60-72, 8 Doppel 90-126, 1 Appartement DM 110-150
Ausstattung: Dusche/WC, Telefon, Radio, ~TV-Anschluß
Besonderes: Restaurant, Biergarten, Liegeterrasse
Geschlossen: 18. bis 28. April und 26. Okotber bis 25. November 1995
Kreditkarten: Eurocard, Visa nur im Restaurant

Bernau ✉ 16321

Brandenburg   Seite 9/D 3

■ **Comfort Hotel Bernau**   Zepernicker Chaussee 39-53
☎ 03338/38700, Fax 38702
Preise: 2 Einzel 100, 46 Doppel DM 160
Ausstattung: Dusche/WC, Telefon, TV, Minibar, balkon
Kreditkarten: Amex, Diners, Eurocard, Visa

Bad Berneck   ✉ 95460
Bayern   Seite 12/B 3

■ Gasthaus Merkel Hotel   Marktplatz 13
☎ 09273/9930, Fax 8612
Preise: 6 Einzel ab 68, 14 Doppel 120, Halbpension DM 15
Ausstattung: Dusche/WC, Telefon, TV, Balkon
Besonderes: Restaurant, Terrasse, Parkplätze, Garagen, Sauna, Dampfbad
Geschlossen: November
Kreditkarten: Eurocard

■ Heißinger   An der Ölschnitz 251
☎ 09273/331
Preise: 11 Einzel 65, 7 Doppel DM 120
Ausstattung: Bad/WC, Telefon, TV, Balkon
Besonderes: Frühstücksbuffet, Lift, Garagen
Geschlossen: 1. Dezember bis 1. März
Kreditkarten: Amex, Diners, Eurocard, Visa

■ Hotel Haus Am Kurpark   Heinersreuther Weg 1
☎ 09273/7618, Fax 1800
Preise: 5 Einzel 65, 8 Doppel 110, Halbpension DM 15
Ausstattung: Dusche/WC, ~Bad, Telefon, TV, Radio, Balkon
Besonderes: Restaurant ab 18 Uhr, Bar ab 18 Uhr, ruhig, Parkplätze,
                  5 Apartements, Minigolf, Hallenbad in der Nähe
Kreditkarten: Amex, Diners, Eurocard, Visa

■ Kurhotel zur Mühle   Kolonnadenweg 1
☎ 09273/6133
Preise: 17 Einzel 70, 20 Doppel DM 115-150
Ausstattung: ~Bad/WC, Telefon
Besonderes: Konferenzraum 80, Terrasse, Hallenschwimmbad, Solarium,
                  ruhig, Parkplätze, Garagen

Bernkastel-Kues   ✉ 54470
Rheinland-Pfalz   Seite 10/B 3

■ Gasthaus Huwer   Römerstr. 35
☎ 06531/2353
Preise: 3 Einzel ab 40, 7 Doppel 80-90, Halbpension DM 17
Ausstattung: ~Dusche/WC
Besonderes: Restaurant

■ Hotel am Stadtpark   Schanzstr. 11
☎ 06531/8402
Preise: 1 Einzel 55, 9 Doppel DM 60
Ausstattung: Dusche/WC, Telefon, TV, Balkon
Besonderes: Restaurant, Terrasse, Parkplätze, Garagen

■ Hotel Café Ernst
Amselweg 11
☎ 06531/2866
Preise: 7 Einzel 60, 11 Doppel DM 110
Ausstattung: Dusche/WC, Telefon, Minibar, Balkon
Besonderes: Café, Terrasse, Liegewiese, Solarium, Parkplätze, Garagen
Geschlossen: 15. Dezember bis 15. Januar

■ Hotel Garni Panorama
Rebschulweg 48
☎ 06531/3061, Fax 06531/94214
Preise: 2 Einzel 55-65, 10 Doppel 100-130, 2 Apartments DM 130-140
Ausstattung: Dusche/WC, Telefon, TV, Minibar, Balkon
Besonderes: Terrasse, Liegewiese, Sauna, Solarium, Parkplätze, Garagen
Kreditkarten: Diners, Eurocard

■ Hotel-Restaurant Binz
Markt 1
☎ 06531/2225, Fax 7103
Preise: 3 Einzel ab 65, 8 Doppel DM 98-120, Halbpension und Vollpension möglich
Ausstattung: Dusche/WC, Telefon, TV
Besonderes: Restaurant
Kreditkarten: Eurocard, Visa

■ Hotel Römischer Kaiser
Markt 29
☎ 06531/3038, Fax 7672
Preise: Einzel 70-95, Doppel 110-160, Halbpension DM 25
Ausstattung: Dusche/WC, Telefon, TV
Besonderes: Restaurant
Kreditkarten: Amex, Diners, Eurocard, Visa

■ Moselhotel Leyendecker
Uferallee 3
☎ 06531/8527, Fax 1546
Preise: 3 Einzel 35-80, 15 Doppel DM 70-140
Ausstattung: Dusche/WC, ~TV, ~Balkon
Besonderes: Restaurant, Terrasse, Liegewiese, ruhige Laga an der Mosel
Geschlossen: November bis Februar

Bernried
✉ 82347
Bayern
Seite 16/B 3

■ Hotel Seeblick Bernried
Tutzinger Str. 9
☎ 08158/2540, Fax 3056
Preise: 27 Einzel 55-95, 100 Doppel DM 90-200
Ausstattung: Bad/~WC, TV, Telefon, Radio
Besonderes: Restaurant, Terrasse, Hallenschwimmbad, Sauna, Solarium, Kegeln, Parkplätze, Garagen
Geschlossen: 15. Dezember-10. Januar
Kreditkarten: Eurocard

Bernried

✉ **94505**

Bayern

Seite 17/C 2

■ **Silencehotel Reblingerhof** Kreisstraße 3, Rebling
☎ 09905/555 + 8281, Fax 1839
Preise: 1 Einzel DM 76, 13 Doppel DM 116-178, Halbpension DM 23,50
Ausstattung: Du/Bad, WC, Telefon, Radio, Minibar, Balkon, ~TV
Besonderes: Restaurant, Terrasse, Liegewiese, Schwimmbad, Sauna, Solarium, Parkplätze
Kreditkarten: Eurocard

Bad Bertrich

✉ **56864**

Rheinland-Pfalz

Seite 10/B 3

■ **Haus Christa** Viktoriastr. 4
☎ 02674/429, Fax 1558
Preise: 10 Einzel DM 70-85, 10 Doppel DM 120-140, 1 Appartement DM 150, Voll-oder Halbpension möglich
Ausstattung: Bad/WC, Telefon, TV, Balkon, Minibar, Lift,
Besonderes: Lift, garni, Parkplätze
Kreditkarten: Amex, Diners, Eurocard, Visa

■ **Jagdhaus Berres** Neubornstraße, Kennfus
☎ 02674/891, Fax 186423
Preise: 7 Doppel DM 80-84
Ausstattung: Du/Bad, WC
Besonderes: Terrasse, Park, Liegewiese, Parkplätze, Garagen

Bescheid

✉ **54413**

Rheinland-Pfalz

Seite 14/B 1

■ **Hotel Forellenhof** Bescheid-Mühle
☎ 06509/231, Fax 8666
Preise: 1 Einzel 55, 19 Doppel 100, Halbpension 12, Vollpension DM 1
Ausstattung: Bad/WC, Balkon, TV
Besonderes: Terrasse, Spielplatz, Restaurant, Wildgehege, eigene Jagd, Parkplätze

---

Besdorf

✉ **25584**

Schleswig-Holstein

Seite 8/A 2

■ **Hotel Sell** Dorfstr. 65
☎ 04829/555, Fax 595
Preise: 11 Einzel 70-85, 11 Doppel DM 110-150
Ausstattung: Dusche/WC, Telefon, Farb-TV, Minibar, Balkon
Besonderes: Restaurant 10-23 Uhr, Terrasse, Liegewiese, Parkplätze, Garagen
Kreditkarten: Eurocard

Bestwig ✉ 59909
Nordrhein-Westfalen   Seite 11/C 2

■ **Hotel Frielinghausen**   Oststr. 4
☎ 02904/555, Fax 2391
Preise: 4 Einzel 64, 4 Doppel DM 110
Ausstattung: Dusche/WC, Telefon
Besonderes: Restaurant, Parkplätze, Garagen
Kreditkarten: Amex, Diners, Eurocard, Visa

Betzenstein ✉ 91282
Bayern   Seite 16/B 1

■ **Hotel Berghof Schermshöhe**   Schermshöhe 1
☎ 09244/466, Fax 1644
Preise: 15 Einzel 55-68, 23 Doppel 96-130, 4 Appartements 120-180
                   Halbpension 20, Vollpension DM 25
Ausstattung: Dusche/WC, Telefon, TV, Balkon
Besonderes: Restaurant, Terrasse, Liegewiese, Schwimmbad, Sauna,
                   Solarium, Parkplätze, Garagen, Kegelbahn
Geschlossen: 28. Oktober bis 4. Dezember
Kreditkarten: Amex, Eurocard

Beuron ✉ 88631
Baden-Württemberg   Seite 15/D 2

■ **Pelikan**   Fam. Schönwälder
☎ 07466/406-408
Preise: 10 Einzel ab 60, 20 Doppel DM 92-100
Ausstattung: Bad/WC, Telefon
Besonderes: Apartments, Frühstücksbuffet, Konferenzraum 30, Terrasse,
                   Biergarten, Parkplätze, Garagen

Bad Bevensen ✉ 29549
Niedersachsen   Seite 8/B 3

■ **Dorenmuthe**   Birkenweg 11
☎ 05821/41011
Preise: 19 Einzel 75, 16 Doppel DM 140
Ausstattung: Dusche/Bad/WC, Telefon, TV, Minibar, Balkon
Besonderes: Terrasse, Liegewiese, Parkplätze

■ **Heidekrug**   Bergstr. 15
☎ 05821/98710
Preise: 12 Einzel 72-80, 5 Doppel 130-170, Halbpension 23,
                   Vollpension DM 35
Ausstattung: Dusche/WC, Telefon, TV, Radio, ~Balkon
Besonderes: Restaurant 11.30-14, 18-21.30 Uhr, Konferenzraum 10, gute
                   Küche, Parkplätze, Garagen, Liegewiese
Geschlossen: Mitte Januar-Ende Februar

■ Hotel Residenz

Rosengarten 2

☎ 05821/42011

Preise:	22 Einzel 93, 6 Doppel 130, 2 Apartments 170, Halbpension 24, Vollpension DM 34
Ausstattung:	Dusche/WC, ~Telefon, TV, ~Minibar, Balkon
Besonderes:	Restaurant, Terrasse, Liegewiese, Parkplätze, Garagen, Pauschalangebote, besondere Preise zur Nebensaison
Kreditkarten:	Amex, Diners, Eurocard

■ Hotel-Pension Elfi

Amselstieg 27

☎ 05821/1015

Preise:	8 Einzel 60, 7 Doppel 95, Halbpension DM 12
Ausstattung:	Dusche/WC, Balkon, Radio
Besonderes:	Terrasse, Parkplätze

■ Kiek In Hotel Café Karstens mit Gästehau

Am Klaubusch 1

☎ 05821/41027, Fax 41020

Preise:	20 Einzel 77, 10 Doppel 146, Halbpension DM 23
Ausstattung:	Dusche/WC, Telefon, TV, Minibar, Balkon
Besonderes:	Restaurant, Terrasse, Liegewiese, Parkplätze, Garagen
Kreditkarten:	Amex, Visa

■ Landhaus zur Aue

An der Aue 1a

☎ 05821/41051+52

Preise:	19 Einzel, 9 Doppel bis DM 100
Ausstattung:	Dusche/WC, Telefon, Balkon
Besonderes:	Terrasse, Liegewiese, Parkplätze, Garagen

■ Hotel Zur Amtsheide

Zur Amtsheide 5

☎ 05821/851+1249, Fax 85338

Preise:	49 Einzel 84-97, 17 Doppel 146, 8 Appartements DM 160, 13 Ferienwohnungen ab DM 120, HP DM 22, VP DM 35
Ausstattung:	Bad/WC, Radio, TV, Telefon, Minibar, Balkon
Besonderes:	Bar, Apartements, Hallenschwimbad, Sauna, Solarium, Massage, Parkplätze, 18-Loch-Golfanlage
Geschlossen:	21. November bis 18. Dezember 1994
Kreditkarten:	Amex, Eurocard

Beverungen

✉ **37688**

Nordrhein-Westfalen

Seite 11/D 2

■ Hotel Stadt Bremen

Lange Str. 13

☎ 05273/9030, Fax 21575

Preise:	20 Einzel ab 75, 30 Doppel 130-160, Halbpension 18, Vollpension DM 35
Ausstattung:	Bad/Du/WC, Telefon, TV
Besonderes:	Restaurant, Bar, Schwimmbad, Sauna, Solarium, Kegeln, Fahrradverleih, Angeln, ruhig, Parkplätze, Garagen
Kreditkarten:	Amex, Diners, Eurocard, Visa

Bexbach ✉ 66450

Saarland Seite 14/B 1

■ Hotel Hochwiesmühle Hochwiesmühlstr. 52, Oberbexbach
☎ 06826/8190, Fax 819147
Preise: 70 Einzel 95-116, 70 Doppel DM 148-168
Ausstattung: Bad/WC, Telefon, Radio, TV, Minibar, Balkon
Besonderes: Restaurant, Bar, Terrasse, Hallenschwimmbad, Sauna,
Kegelbahnen, Tennisplätze, Parkplätze, Garagen
Kreditkarten: Eurocard, Visa

Biberach ✉ 88400

Baden-Württemberg Seite 15/D 2

■ Drei König Marktplatz 26
☎ 07351/6073/4, Fax 76871
Preise: 4 Einzel 48-85, 7 Doppel DM 90-118
Ausstattung: ~Bad/WC, Telefon, Radio, TV
Besonderes: Restaurant 11.30-14/17.30-24 Uhr, Parkplätze, Garagen
Kreditkarten: Amex, Diners, Eurocard, Visa

■ Eberbacher Hof Schulstr. 11
☎ 07351/1597-0, Fax 1597-97
Preise: 11 Einzel 67, 15 Doppel DM 110
Ausstattung: Dusche/WC, Telefon, TV
Besonderes: Parkplätze, Garagen
Kreditkarten: Amex, Eurocard, Visa

■ Gästehaus Haberhäusle Haberhäuslestr. 22
☎ 07351/5802-0, Fax 12710
Preise: 5 Einzel 90, 7 Doppel DM 125
Ausstattung: Dusche/Bad/WC, Telefon, TV, Radio, Minibar, ~Balkon
Besonderes: Restaurant 11.30-24 Uhr, Terrasse, Parkplätze
Kreditkarten: Diners, Eurocard, Visa

Bielefeld ✉ 33649

Nordrhein-Westfalen Seite 11/C 1

■ Gasthaus Siekmann Detmolder Str. 624, Hillegossen
☎ 0521/9243-0, Fax 92434-34
Preise: 13 Einzel ab 84-90, 3 Doppel DM 120-134
Ausstattung: Dusche/WC, Telefon, Kabel-TV
Besonderes: Restaurant bis 1 Uhr, Frühstücksbuffet, Biergarten, Parkplätze
Geschlossen: 23.12.-30.12.
Kreditkarten: Amex, Diners, Eurocard, Visa

■ Hotel Heidehof Senner Hellweg 22, Senne
☎ 0521/491049+492879, Fax 494702
Preise: 15 Einzel 69-81, 10 Doppel DM 98-140
Ausstattung: ~Dusche/Bad/WC, Telefon, TV
Besonderes: Restaurant 18-22 Uhr, Terrasse, Parklätze, Garagen
Geschlossen: 3 Wochen im Juli
Kreditkarten: Amex, Diners, Eurocard, Visa

■ **Landhotel Ummelner Mühle** Gütersloher Str. 299, Ummeln
☎ 0521/48907-0, Fax 488257
Preise: 30 Einzel 50-85, 25 Doppel 95-140, Halbpension 20,
Vollpension DM 30
Ausstattung: ~Bad/WC, Telefon, Radio, TV, ~Balkon
Besonderes: Restaurant 11-22.30 Uhr, Bar 8-1 Uhr, Squash-Center,
Bowlingbahn, Sauna, Solarium, Billard, Kegeln, Parkplätze
Kreditkarten: Amex, Diners, Eurocard, Visa

■ **Hotel Restaurant Zur Spitze** Windelsbleicher Str. 215
☎ 0521/950020, Fax 401733
Preise: 12 Einzel 49-65, 9 Doppel DM 80-98
Ausstattung: Bad/~WC, Telefon
Besonderes: Restaurant, Parkplätze
Kreditkarten: Amex, Diners, Eurocard, Visa

Bienenbüttel   ✉ 29553
Niedersachsen   Seite 8/A 3

■ **Hotel Drei Linden** Bienenbüttel
☎ 05823/7082
Preise: 8 Einzel 40-59, 21 Doppel 98-108, Halbpension 19,50,
Vollpension DM 31
Ausstattung: ~Dusche/WC, Balkon
Besonderes: Restaurant, Terrasse, Liegewiese, Schwimmbad, Sauna,
Solarium, Parkplätze, Garagen

Biesenthal   ✉ 16359
Brandenburg   Seite 9/D 3

■ **Pension Henning** Berliner Str. 2
☎ 03337/2162
Preise: 2 Einzel ab 45, 6 Doppel DM 70
Ausstattung: Dusche/WC, Telefon, TV
Besonderes: Restaurant, Liegewiese, Parkplätze, Garagen

Billerbeck   ✉ 48727
Nordrhein-Westfalen   Seite 10/B 1

■ **Hotel Domschenke** Markt 6
☎ 02543/4424/4441, Fax 4128
Preise: 5 Einzel 78-95 20 Doppel 120-148, 1 Apartment DM 180,
Halbpension/Vollpension möglich
Ausstattung: Bad/Dusche/WC, Telefon, Kabel-TV, Balkon
Besonderes: Restaurant 12-14/18-22 Uhr, Terrasse

■ **Hotel Homoet** Schmiedestr. 2
☎ 02543/326, Fax 8546
Preise: 3 Einzel 65-80, 11 Doppel 120-140, Halbpension DM 30
Ausstattung: Bad/WC, Telefon, TV
Besonderes: Restaurant, Biergarten, Terrasse, Parkplätze, Garage
Kreditkarten: Amex, Eurocard

Bingen
Rheinland-Pfalz

■ Hotel-Restaurant Rheingau   Am Rheinkai 8
☎ 06721/17496-7, Fax 17498
Preise: 10 Einzel ab 75, 10 Doppel 110, Halbpension ab DM 25
Ausstattung: ~Bad/WC, Telefon, ~TV
Besonderes: Restaurant, Bar, Parkplätze
Kreditkarten: Amex, Eurocard, Visa

■ Rheinhotel Starkenburger Hof   Rheinkai 1-2
☎ 06721/14341, Fax 13350
Preise: 10 Einzel 85, 20 Doppel DM 120
Ausstattung: Dusche/Bad/WC, TV, Telefon
Besonderes: garni, Parkplätze, Garagen
Geschlossen: 21 Dezember bis 1. März
Kreditkarten: Amex, Diners, Eurocard, Visa

Birgland
Bayern

■ Pension Anni   Schwend 56
☎ 09666/355
Preise: 3 Einzel 45, 10 Doppel DM 75
Ausstattung: Dusche/WC, Telefon, ~TV, Balkon
Besonderes: Restaurant 7-22 Uhr, Terrasse, Liegewiese, Parkplätze
Kreditkarten: Diners, Eurocard, Visa

Birkenau
Hessen

■ Drei Birken   Hauptstr. 170
☎ 06201/3032+33
Preise: 7 Einzel ab 76, 13 Doppel DM 130-150
Ausstattung: Bad/WC, Telefon
Besonderes: Konferenzraum 40, Terrasse, Hallenschwimmbad, Sauna,
     Parkplätze

■ Hotel Ratsstuben   Hauptstr. 105
☎ 06201/33025
Preise: 2 Einzel 75, 4 Doppel DM 125
Ausstattung: Dusche/WC, Telefon, TV
Besonderes: Restaurant, Terrasse, Parkplätze, Garagen
Kreditkarten: Diners, Eurocard, Visa

Bad Birnbach

✉ **84364**

Bayern

Seite 17/C 2

■ **Kurhotel Quellenhof**   Brunnaderstr. 11
☎ 08563/3070, Fax 307200
Preise: 7 Einzel 91-114, 31 Doppel DM 142-188
Ausstattung: Bad/WC, TV, Telefon, Radio, Safe, Balkon, Bademäntel, Fön
Besonderes: 2 Suiten, Konferenzraum 40, Terrasse, Hallenschwimmbad,
               Sauna, Solarium, Massage, Bäderabteilung, Kosmetik, Arzt,
Geschlossen: 5. Dezember bis 26. Januar
Kreditkarten: Eurocard

■ **Rappensberg Hotel**   Brunnaderstr. 9
☎ 08563/96160
Preise: 4 Einzel 46-49, 14 Doppel 86, 3 Appartements DM 80-98,
               2 Ferienwohnungen DM 120
Ausstattung: Dusche/Bad/WC, Telefon, ~TV, Balkon
Besonderes: Terrasse, Liegewiese, Sauna, Solarium, Parkplätze, Garagen
Geschlossen: 8. bis 26. Dezember

Bischofsgrün

✉ **95493**

Bayern

Seite 12/B 3

■ **Deutscher Adler**   Kirchenring 4
☎ 09276/1044, Fax 1250
Preise: 6 Einzel 50-72, 30 Doppel DM 95-140
Ausstattung: Bad/WC, Telefon, TV, Minibar, Balkon
Besonderes: Restaurant 11-14, 17-24 Uhr, Bar, Terrasse, Liegewiese,
               Sauna, Solarium, Parkplätze, Garagen
Geschlossen: 15.11. - 15.12.95

■ **Haus Lederer**   Wunsiedler Str. 39
☎ 09276/538
Preise: 3 Einzel 33-43, 4 Doppel 62-83, 2 Ferienwohnungen DM 66-76
Ausstattung: Dusche/WC, ~Balkon
Besonderes: Terrasse, Liegewiese, Parkplätze, Garagen

■ **Hotel Berghof**   Ochsenkopfstr. 40, Außerhalb
☎ 09276/1021, Fax 1301
Preise: 4 Einzel 49-70, 24 Doppel 96-126, Halbpension DM 18
Ausstattung: Dusche/Bad/WC, Telefon, Radio
Besonderes: Restaurant 8-23 Uhr, Sauna, Solarium, besonders ruhig,
               Parkplätze, Garagen, Liegewiese

■ **Hotel garni Hirschmann**   Fröbershammer 9
☎ 09276/437
Preise: 6 Einzel 46-55, 10 Doppel DM 84-100
Ausstattung: Dusche/WC, Radio, Balkon
Besonderes: Sauna, Solarium, Terrasse, Parkplätze, Garagen, Liegewiese
Geschlossen: 1. November bis 20. Dezember

■ Hotel Siebenstern   Kirchbühel 15
☎ 09276/307
Preise: 4 Einzel 40-60, 20 Doppel 76-90,
                Halbpension 16, Vollpension DM 24
Ausstattung: Dusche/Bad/WC, Balkon
Besonderes: Restaurant 9-24 Uhr, Konferenzraum 30, garni, Parkplätze,
                Liegewiese
Geschlossen: 1. November bis 10. Dezember

■ Sporthotel Schneider   Wunsiedler Str. 10
☎ 09276/1055, Fax 8165
Preise: 4 Einzel 90-110, 13 Doppel DM 130-180
Ausstattung: Bad/WC, Telefon, Radio, ~TV, Minibar, ~Balkon
Besonderes: Konferenzraum 25, Terrasse, Liegewiese, Schwimmbad, Sauna,
                Parkplätze

Bischofsheim   ✉ 97653
Bayern   Seite 11/D 3

■ Gasthaus Hansen-Mühle   Gersfelder Str. 37
☎ 09772/329
Preise: 1 Einzel 35-45, 10 Doppel 60-70, Halbpension 15,
                Vollpension 22 DM
Ausstattung: Dusche/WC
Besonderes: Restaurant, Terrasse, Liegewiese, Parkplätze, Garagen
Geschlossen: 15. November bis 20. Dezember

■ Gasthof + Pension Mühlengrund   Mühlengrund 3-5,
Oberweißenbrunn
☎ 09772/445, Fax 8375
Preise: 5 Einzel 40, 11 Doppel DM 74
Ausstattung: Dusche/WC, Telefon, TV, Balkon
Besonderes: Restaurant, Terrasse, Liegewiese, Solarium, Parkplätze, Garagen
Geschlossen: 1. bis 30. November
Kreditkarten: Amex, Eurocard

■ Gasthof Zum Lamm   Geigensteinstr. 26, Oberweißenbrunn
☎ 09772/298
Preise: 6 Einzel ab 35, 17 Doppel 64, Halbpension DM 16
Ausstattung: Dusche/WC, Telefon
Besonderes: Restaurant, Parkplätze, Garagen
Kreditkarten: Amex, Eurocard, Visa

Bischofsmais   ✉ 94253
Bayern   Seite 17/C 2

■ Schäffler Stub'n   Ortsstraße 2, Habischried
☎ 09920/1375, Fax 8318
Preise: 3 Einzel DM 40, 11 Doppel DM 72, Halbpension DM 14
Ausstattung: Du/Bad, WC, Telefon, TV, Balkon
Besonderes: Restaurant, regionale Küche, Terrasse, Liegewiese, Sauna,
                Solarium, Parkplätze, rustikale Naturholzzimmer
Geschlossen: 1.11. - 20.12.

Bischofswerda   ✉ 01877

Sachsen   Seite 13/D 2

■ Goldener Engel   Altmarkt 25
☎ 03594/3325+705338, Fax 705339
Preise: 3 Einzel 55, 17 Doppel 110-150, Dreibett DM 135
Ausstattung: Dusche/WC, Telefon, TV
Besonderes: Restaurant, Parkplätze

■ Hotel-Pension Gutshof   Alte Belmsdorfer Str. 33
☎ 03594/705200
Preise: 3 Einzel 70, 7 Doppel DM 120
Ausstattung: Dusche/WC, Telefon, Radio, TV
Besonderes: Terrasse, Parkplätze, Restaurant

■ Pension Bergesruh   Alte Belmsdorfer Str. 26
☎ 03594/704830
Preise: 1 Einzel 40, 3 Doppel DM 60
Ausstattung: Dusche/WC, Telefon, TV
Besonderes: Parkplätze

Bischofswiesen   ✉ 83483

Bayern   Seite 17/C 3

■ Hotel Mooshäusl   Jennerweg 11
☎ 08652/7261, Fax 7340
Preise: 7 Einzel 59, 13 Doppel DM 115
Ausstattung: Bad/WC, Balkon, TV-Anschluß
Besonderes: Frühstücksbuffet, Terrasse, Liegewiese, Sauna,
    Solarium, Fitneßraum, Parkplätze, Garagen, Restaurant
Geschlossen: 14 Tage im April, 25. Oktober bis 20. Dezember

■ Hotel-Pension Sunnwinkel   Göllstr. 17
☎ 08652/7284, Fax 8477
Preise: 4 Einzel ab 62, 21 Doppel DM 92-106
Ausstattung: Bad/WC, Radio, ~TV, ~Balkon
Besonderes: Terrasse, Hallenschwimmbad, Sauna, ruhig, Parkplätze

Bispingen   ✉ 29646

Niedersachsen   Seite 8/A 3

■ Gasthof Menke   Niederhaverbeck 12
☎ 05198/330, Fax 1275
Preise: 2 Einzel 45, 13 Doppel 118-148, 1 Appartement 160-180, 2 Fe-
    rienwohnungen DM 100-120
Ausstattung: ~Dusche/WC, TV
Besonderes: Restaurant, Terrasse, Liegewiese, Sauna, Parkplätze, Garagen
    Tischtennis, Kutshcfahrten
Geschlossen: 1. Februar bis Anfang März

■ Haus Heidetal Niederhaverbeck 10, Niederhaverbeck
☎ 05198/743, Fax 742
Preise: 7 Einzel 51-58, 9 Doppel 102-116, Halbpension DM 23
Ausstattung: ~Dusche/WC, Telefon
Besonderes: Restaurant, Gartencafé, Liegewiese, Kaminzimmer, Garagen
Geschlossen: November

■ König Stuben Luheweg 25
☎ 05194/514, Fax 7447
Preise: 2 Einzel 65, 23 Doppel DM 108-148
Ausstattung: Dusche/WC, Telefon, TV, Minibar, Balkon
Besonderes: Restaurant, Liegewiese, Schwimmbad, Sauna, Solarium,
  Parkplätze, Garagen
Geschlossen: Mitte Januar bis Ende Februar

■ Niedersachsen Hof Widukindstr. 3, Behringen
☎ 05194/7750, Fax 2755
Preise: 2 Einzel ab 80, 2 Doppel 130, 1 Apartment DM 130
Ausstattung: Dusche/WC, Telefon, TV
Besonderes: Restaurant, Terrasse, Garagen
Kreditkarten: Amex, Eurocard, Visa

■ Ehlbeck's Gasthaus Bispinger Str. 8, Hutzel
☎ 05194/2319, Fax 2319
Preise: 4 Einzel 55-65, 10 Doppel DM 104-120,
  Halbpension DM 23
Ausstattung: ~Dusche/WC, Telefon, ~TV
Besonderes: Restaurant, Terrasse, Liegewiese, Parkplätze, Garagen
Geschlossen: Mitte Februar bis Mitte März

Bitburg ✉ 54634
Rheinland-Pfalz Seite 10/A 3

■ Eifelbräu Römermauer 36
☎ 06561/7031, Fax 7060
Preise: 5 Einzel 85, 23 Doppel 135, Halbpension DM 18
Ausstattung: Bad/WC, Telefon, Minibar, TV
Besonderes: Restaurant, Bar, Sauna, Parkplätze, Garagen
Kreditkarten: Amex, Diners, Eurocard, Visa

■ Louis Muller GmbH Hauptstr. 42a
☎ 06561/919-0, Fax 9198
Preise: 3 Einzel 75, 14 Doppel 125, 1 Apartment 150, Halbpension 18,
  Vollpension DM 33
Ausstattung: Dusche/WC, Telefon, TV
Besonderes: Restaurant, Terrasse, Parkplätze, Garagen
Kreditkarten: Amex, Diners, Visa

Blankenburg

✉ **38889**

Sachsen-Anhalt

Seite 12/A 1

■ **Kurhotel Fürstenhof**   Mauerstr. 9
☎ 03944/5412, Fax 4162
Preise: 4 Einzel 65-98, 22 Doppel DM 85-140,
    Halbpension 22, Vollpension DM 40
Ausstattung: ~Dusche/WC, Telefon, TV, ~Minibar
Besonderes: Restaurant, Terrasse, Parkplätze, Garagen
Kreditkarten: Amex, Diners, Eurocard, Visa

■ **Braunschweiger Hof**   Tränkestraße 20
☎ 03944/4152/2821, Fax 4153
Preise: 2 Einzel DM 75, 8 Doppel DM 115
Ausstattung: Du/Bad, WC, Telefon, Radio, TV
Besonderes: Restaurant

■ **An der Teufelsmauer**   Timmenröder Straße 7
☎ 03944/4100, Fax 5115
Preise: 4 Einzel DM 50-65, 6 Doppel DM 80-110
Ausstattung: Du, WC, Telefon, Radio, TV, ~Balkon
Besonderes: Restaurant, Terrasse, Parkplätze
Kreditkarten: Amexco, Eurocard, Visa

Bad Blankenburg

✉ **07422**

Thüringen

Seite 12/A 3

■ **Hotel Weinhaus Eberitzsch**   Schwarzburger Str. 15
☎ 036741/2353, Fax 2427
Preise: 30 Doppel DM 115, als Einzel DM 70, 2 Appartements DM 150,
    Halb-und Vollpension möglich
Ausstattung: Dusche/WC, Telefon, TV, Minibar, Balkon, Wintergarten
Besonderes: Restaurant 7-23 Uhr, Liegewiese, Parkplätze, Garagen,
    Biergarten, Sauna, Solarium, Friseur, Sauerstofftherapie

Blankenheim

✉ **53945**

Nordrhein-Westfalen

Seite 10/B 3

■ **Hotel Kölner Hof**   Ahrstr. 22
☎ 02449/1405, Fax 1405
Preise: 9 Einzel DM 80, 14 Doppel DM 120, Halbpension DM 35
Ausstattung: ~Dusche/WC, Telefon, TV
Besonderes: Restaurant, Bar, Terrasse, Liegewiese, Sauna, Solarium,
    Parkplätze, Garagen
Geschlossen: März, November
Kreditkarten: Eurocard, Visa

■ **Hotel Violet**   Kölner Str. 7
☎ 02449/1388, Fax 8098
Preise: 9 Doppel 105, Halbpension 18, Vollpension DM 26
Ausstattung: Dusche/WC, Balkon
Besonderes: Terrasse, Schwimmbad, Sauna
Kreditkarten: Diners, Eurocard, Visa

Blaubach

✉ **66869**

Rheinland-Pfalz

Seite 14/B 1

■ **Reweschnier**

Kuseler Str. 5

☎ 06381/1389+5046, Fax 40976

Preise: 1 Einzel 74-89, 28 Doppel DM 118-139, Halbpension und Vollpension möglich
Ausstattung: Dusche/WC, Telefon, TV, Balkon
Besonderes: Restaurant, Sauna, Solarium, Parkplätze, Garagen, Liegewiese
Kreditkarten: Diners, Eurocard, Visa

Blaubeuren

✉ **89143**

Baden-Württemberg

15 D/ 2

■ **Hotel-Pension Forellenfischer**

Aachtalstr. 5

☎ 07344/5024

Preise: 7 Einzel DM 70-90, 15 Doppel DM 112-130, 1 Ferienwohnung DM 100
Ausstattung: Bad/WC, Telefon, Radio, TV, Balkon
Besonderes: Frühstücksbuffet, Konferenzraum 20, ruhig, Parkplätze Restaurant
Geschlossen: Ende Dezember bis Ende Januar

■ **Restaurant-Pension Jägerstüble**

Schäferweg 14

☎ 07344/6453, Fax 21682

Preise: 1 Einzel 60, 4 Doppel 115, Halbpension DM 25
Ausstattung: Dusche/WC, Telefon, TV
Besonderes: Restaurant, Terrasse, Parkplätze, Garagen
Geschlossen: Schulferien in Baden-Württemberg

Blauenthal

✉ **08318**

Sachsen

Seite 12/B 3

■ **Parkhotel Forelle**

Talsperrenweg 2

☎ 037752/6300, Fax 6329

Preise: 2 Einzel DM 72-78, 4 Doppel 118-134, 4 Appartements DM 78-85, Halbpension DM 20, Vollpension DM 32
Ausstattung: Du/Bad, WC, Telefon, TV, Minibar, Safe
Besonderes: Terrasse, Park, Parkplätze

Blaustein

✉ **89134**

Baden-Württemberg

Seite 15/D 2

■ **Gasthof Ente**

Martinstr. 22

☎ 07304/3474, Fax 41821

Preise: 4 Einzel 40, 6 Doppel DM 70, 4 Apartments
Ausstattung: Dusche/WC
Besonderes: Restaurant, Parkplätze, Garagen
Kreditkarten: Eurocard

■ **Kalte Herberge** Ulmer Str. 30
☎ 07304/2073, Fax 7161
Preise: 3 Einzel 95, 5 Doppel DM 150
Ausstattung: Dusche/WC, Telefon, TV, ~Balkon
Besonderes: Restaurant 11-24 Uhr geöffnet, Parkplätze, Tagungs- und Banketträume, Partyservice
Geschlossen: 27. Dezember bis 7. Januar 1996
Kreditkarten: Diners, Eurocard, Visa, Amexco

Bleckede
✉ **21354**
Niedersachsen
Seite 8/B 3

■ **Landhaus an der Elbe** Elbstr. 5
☎ 05852/1230, Fax 3022
Preise: 4 Einzel 70-85, 8 Doppel 100-140, 2 Appartements DM 157
1 Ferienwohnung 75, Halbpension 20, Vollpension DM 33
Ausstattung: Dusche/Bad/WC, Telefon, TV, Balkon
Besonderes: Restaurant, Terrasse,Parkplätze
Geschlossen: November bis einschl. März

■ **Reiterhof Göttert** Lauchstr. 1
☎ 05854/326
Preise: 6 Einzel 53-68, 10 Doppel 86-116, 3 Appartements DM 116,
Halbpension DM 12
Ausstattung: Dusche/WC, Radio, TV
Besonderes: Liegewiese, Parkplätze
Kreditkarten: Eurocard

Blumberg
✉ **78176**
Baden-Württemberg
Seite 15/C 3

■ **Kranz** Schaffhauser Straße 11
☎ 07702/2530 + 3535, Fax 3697
Preise: 4 Einzel DM 62, 22 Doppel DM 108, Halb-und Vollpension mögl.
Ausstattung: Du/Bad, WC, Telefon, TV
Besonderes: Restaurant, Terrasse, Parkplätze, Garagen
Kreditkarten: Eurocard

Bocholt
✉ **46395**
Nordrhein-Westfalen
Seite 10/B 1

■ **Hotel Westfalenhof** Kurfürstenstr. 106
☎ 02871/42807+40682, Fax 488171
Preise: 6 Einzel 85-90, 9 Doppel 130, 3 Apartments DM 160
Ausstattung: Dusche/Bad/WC, Telefon, ~TV
Besonderes: Garagen
Kreditkarten: Amex, Eurocard

■ **Kupferkanne** Dinxperloer Str. 53
☎ 02871/4131, Fax 487455
Preise: 4 Einzel 90, 25 Doppel 140, Halbpension DM 35
Ausstattung: Dusche/WC, Telefon, TV
Besonderes: Restaurant 18-22 Uhr geöffnet, Parkplätze, Garagen
Kreditkarten: Amex, Diners, Eurocard, Visa

■ **Zigeunerbaron** Bahnhofstr. 17
☎ 02871/12395
Preise: 2 Einzel 65-75, 9 Doppel DM 125-140
Ausstattung: Bad/WC, TV, Telefon, Radio
Besonderes: Konferenzraum, Terrasse, Parkplätze, Garagen

Bochum ✉ 44787
Nordrhein-Westfalen Seite 10/B 2

■ **Hotel Schmidt-Mönnikes** Drusenbergstr. 164
☎ 0234/33396-0, Fax 3339666
Preise: 23 Einzel 95, 12 Doppel DM 130
Ausstattung: Du/WC, Telefon, TV
Besonderes: Restaurant 11.30-14.30/17.30-24 Uhr, Parkplätze, Garagen
Geschlossen: Hotel: 24. Dezember bis 9. Januar 1995
Kreditkarten: Amex, Eurocard, Visa

■ **Hotel-Restaurant Kolpinghaus** Saarlandstr. 4, Wattenscheid
☎ 0234/82380, Fax 81963
Preise: 11 Einzel 55, 11 Doppel DM 100
Ausstattung: Dusche/WC, Telefon
Besonderes: Restaurant 11-14/18-22 Uhr geöffnet

■ **Hotel-Restaurant Haus Vocke** Wiemelhauser Str. 214
☎ 0234/34095, Fax 313354
Preise: 7 Einzel 75-85, 12 Doppel DM 105-120
Ausstattung: Dusche/WC, Telefon, Kabel-TV
Besonderes: Restaurant, Parkplätze
Kreditkarten: Eurocard

Bodenmais ✉ 94249
Bayern Seite 17/C 1

■ **Feriengut-Hotel Böhmhof** Böhmhof 1
☎ 09924/222
Preise: 4 Einzel 54-58, 20 Doppel DM 90-110
Ausstattung: Bad/WC, Telefon
Besonderes: Terrasse, Hallenschwimmbad, Sauna, Solarium, Dampfbad,
ruhig, Parkplätze, Garagen

■ **Ferienhotel Hammerhof** Kotirnghammer 1
☎ 09924/1405
Preise: 2 Einzel 65, 19 Doppel 114, 3 Apartments, Halbpension DM 15
Ausstattung: Dusche/WC, Telefon, TV, Minibar, Balkon
Besonderes: Terrasse, Liegewiese, Sauna, Solarium, Parkplätze

■ **Hotel Fürstenbauer** Kötzinger Str. 34
☎ 09924/7091
Preise: 15 Einzel 75, 60 Doppel 120, 8 Appartements, 5 Ferienwoh-
nungen
Ausstattung: Dusche/WC, Telefon, TV, Balkon
Besonderes: Restaurant, Terrasse, Liegewiese, Sauna, Solarium,
Parkplätze
Geschlossen: 15.11. - 15.12.
Kreditkarten: Eurocard, Visa

■ **Hotel Mooshof** Mooshof 7
☎ 09924/7750, Fax 7238
Preise: 8 Einzel 63-80, 36 Doppel DM 140, 12 Appartements DM 180,
1 Ferienwohnung DM 140, Halbpension möglich
Ausstattung: Dusche/Bad/WC, Telefon, TV, Radio, Balkon
Besonderes: Restaurant 10-24 Uhr, Schwimmbad, Sauna, Solarium,
Tennisplätze, Golf-Driving-Range, ruhig, Parkplätze,
Kreditkarten: 15.11. - 18.12.95

■ **Hotel Hofbräuhaus** Marktplatz 5
☎ 09924/7770, Fax 777200
Preise: 10 Einzel ab 69, 50 Doppel ab 120, 25 Appartements
Halbpension DM 17
Ausstattung: Dusche/Bad/WC, Telefon, TV, Radio, ~Balkon
Kreditkarten: Eurocard

Bodenteich ⊠ 29389
Niedersachsen Seite 8/B 3

■ **Hotel Bodendiker** Neustädter Straße 19
☎ 05824/3078
Preise: 1 Einzel DM 55, 8 Doppel DM 105, Halbpension DM 18, Voll-
pension DM 30
Ausstattung: Du, WC, Telefon, Radio, TV möglich
Besonderes: Restaurant, Terrasse, Liegewiese, Parkplätze

Bodenwerder ⊠ 37619
Niedersachsen Seite 11/D 1

■ **Hotel Deutsches Haus** Münchhausenplatz 4
☎ 05533/3925+3926+5084, Fax 4113
Preise: 17 Einzel 82, 22 Doppel 125-145, 2 Apartments DM 145,
Halbpension und Vollpension möglich
Ausstattung: Bad/WC, Telefon, ~TV
Besonderes: Restaurant, Bar,Garagen, Liegewiese
Kreditkarten: Amex, Eurocard

Bodman-Ludwigshafen

Baden-Württemberg

✉ **78351**

Seite 15/D 3

■ **Hotel-Restaurant Krone**   Hauptstr. 25
☎ 07773/5316, Fax 7221
Preise: 4 Einzel 70, 18 Doppel 115, 2 Apartments DM 150,
            Halbpension 18, Vollpension DM 28
Ausstattung: Dusche/WC, Telefon, TV, Balkon
Besonderes: Restaurant, Bar, Terrasse, Parkplätze
Kreditkarten: Diners, Eurocard, Visa

Böbrach

Bayern

✉ **94255**

Seite 17/C 1

■ **Ödhof Sporthotel**   Öd Nr. 5, Öd
☎ 09923/1246, Fax 3321
Preise: 4 Einzel 75, 24 Doppel 140, Halbpension DM 17
Ausstattung: Dusche/WC, Telefon, TV, Minibar, Balkon, Babyphone,
            Bademäntel
Besonderes: Restaurant bis 23 Uhr, Bar bis 24 Uhr, Terrasse, Liegewiese,
            Schwimmbad, Sauna, Solarium, Parkplätze, Garagen, Lift
Kreditkarten: Amex, Diners, Eurocard, Visa

Boffzen

Niedersachsen

✉ **37691**

Seite 11/D 1

■ **Steinkrug**   Am Steinkrug 4
☎ 05271/4824+4626, Fax 49348
Preise: 2 Einzel DM 50, 8 Doppel DM 100, 1 Appartement DM 120
            Halbpension DM 17, Vollpension DM 30
Ausstattung: Du/Bad, WC, Telefon, TV
Besonderes: Restaurant, Parkplätze
Geschlossen: November
Kreditkarten: Amexco, Diners, Eurocard, Visa

Bogen

Bayern

✉ **94327**

Seite 17/C 2

■ **Zur Post**   Stadtplatz 15
☎ 09422/1346
Preise: 9 Einzel 40-48, 11 Doppel DM 70-90
Ausstattung: Bad/WC
Besonderes: Konferenzraum, Kinderspielplatz, Parkplätze, Garagen,
            Liegewiese

Bohmte ✉ 49163

Niedersachsen　　　　　　　　　　　　　　　　Seite 11/C 1

■ **Landgasthaus Gieseke-Asshorn**　　　　　　Bremer Str. 55
☎ 05471/1001, Fax 2057
Preise:　　　　10 Einzel 62, 10 Doppel DM 115
Ausstattung:　Dusche/WC, Telefon, Radio, TV, Balkon
Besonderes:　Restaurant, Terrasse, Liegewiese, Außenpool, Sauna,
　　　　　　　Solarium, Parkplätze, Garagen
Geschlossen:　1. bis 10. Januar und 15. Juli bis 15. August
Kreditkarten:　Diners, Eurocard, Visa

Boll ✉ 73087

Baden-Württemberg　　　　　　　　　　　　Seite 15/D 2

■ **Hotel Restaurant Löwen**　　　　　　　　Hauptstraße 46
☎ 07164/94090, Fax 9409-44
Preise:　　　　18 Einzel DM 76, 14 Doppel DM 128, 6 Appartements DM 130-150
　　　　　　　Halbpension DM 26, Vollpension DM 42
Ausstattung:　Du/Bad, WC, Telefon, ~Kabel TV, ~Balkon
Besonderes:　Restaurant, Parkplätze, Garagen, sep. Eingang für alle App.
　　　　　　　Komforteinrichtung
Kreditkarten:　Amexco, Diners, Eurocard, Visa

Bollendorf ✉ 54669

Rheinland-Pfalz　　　　　　　　　　　　　　Seite 10/A 3

■ **Burg Bollendorf**　　　　　　　　　　　　Burgstraße
☎ 06526/690, Fax 6938
Preise:　　　　36 Doppel und 4 Suiten ab DM 140
Ausstattung:　Bad/WC, TV, Telefon, Radio, TV
Besonderes:　Restaurant, Bar, Terrasse, Kegeln, Tennis,
　　　　　　　Parkplätze, 16 Ferienwohnungen
Geschlossen:　Januar
Kreditkarten:　Amex, Diners, Eurocard, Visa

■ **Hotel Hauer**　　　　　　　　　　　　　Sauerstaden 20
☎ 06526/323, Fax 314
Preise:　　　　20 Doppel 102-120, Halbpension 24, Vollpension DM 36
　　　　　　　1 Einzel DM 61-70
Ausstattung:　Dusche/WC, TV, Balkon
Besonderes:　Restaurant, Terrasse, Liegewiese
Kreditkarten:　Amex, Diners, Eurocard, Visa

■ **Hotel Rischlay**　　　　　　　　　　　　Auf der Ritschlay 3
☎ 06526/212, Fax 343
Preise:　　　　5 Einzel 64, 15 Doppel DM 108-126
Ausstattung:　Dusche/WC, Telefon, TV
Besonderes:　Restaurant, Liegewiese, Parkplätze

■ **Hotel Scheuerhof**   Sauerstaden 42
☎ 06526/395, Fax 8639
Preise: 2 Einzel 63, 10 Doppel 116, Halbpension DM 17
Ausstattung: Dusche/WC, ~Balkon, ~Telefon
Besonderes: Parkplätze, Liegewiese
Geschlossen: 16. Dezember bis 15. Januar 1995
Kreditkarten: Diners, Eurocard, Visa

Bonn   ✉ 53127
Nordrhein-Westfalen   Seite 10/B 2

■ **Altes Treppchen**   Endenicher Str. 308, Endenich
☎ 0228/625004, Fax 621264
Preise: 10 Einzel ab 75, 6 Doppel DM 115-195
Ausstattung: Dusche/WC, Telefon, ~TV
Besonderes: Restaurant, Parkplätze, Garagen
Kreditkarten: Amex, Diners, Eurocard, Visa

■ **Berghotel**   Haager Weg 83, Venusberg
☎ 0228/285015-17
Preise: 10 Einzel ab 85, 6 Doppel ab 125
Ausstattung: ~Bad/WC, TV, Telefon, Minibar, Balkon
Besonderes: garni, Parkplätze, Garagen
Kreditkarten: Amex, Diners, Eurocard, Visa

■ **Kölner Hof**   Kölnstr. 502, Endenich
☎ 0228/671605+671004
Preise: Einzel ab 80, Doppel DM 140
Ausstattung: Bad/WC, Telefon
Besonderes: Konferenzraum, garni, Parkplätze

Bonndorf   ✉ 79848
Baden-Württemberg   Seite 15/C 3

■ **Gasthof Sonne**   Martinstr. 7
☎ 07703/939320, Fax 939320
Preise: 5 Einzel ab 45, 26 Doppel DM 80-90
Ausstattung: Bad/WC, ~Telefon

■ **Hotel-Pension Bonndorfer Hof**   Bahnhofstr. 2
☎ 07703/7118
Preise: 2 Einzel DM 38-48, 8 Doppel
Ausstattung: Dusche/WC, TV, Balkon
Besonderes: Restaurant, Terrasse, Liegewiese, Parkplätze
Geschlossen: 2. bis 20. November

■ **Hotel Restaurant Steinasäge**   Steinasäge 2
☎ 07703/584, Fax 583
Preise: 2 Einzel 35, 7 Doppel 55, Halbpension 20,50, Vollpension DM
                 32,50
Ausstattung: Dusche/WC, Telefon, Radio, Balkon, TV
Besonderes: Restaurant, Terrasse, Liegewiese, Parkplätze, Garagen
Kreditkarten: Diners, Eurocard, Visa

■ Landhaus Walkenmühle
☎ 07703/8084
Preise: 2 Einzel 49-62, 8 Doppel DM 110-124
Ausstattung: Dusche/WC, Telefon
Besonderes: Restaurant ab 17 Uhr, Sauna, Solarium, Parkplätze, Garagen, Liegewiese

Steinatal

Bopfingen
Baden-Württemberg

✉ 73441
Seite 16/A 2

■ Hotel Dietz
☎ 07362/8070, Fax 87070
Preise: 8 Einzel 75, 20 Doppel 140, 2 Apartments, Halbpension 20, Vollpension DM 35
Ausstattung: Dusche/WC, Telefon, TV
Besonderes: Restaurant, Terrasse, Parkplätze, Garagen
Kreditkarten: Amex, Diners, Eurocard, Visa

Hauptstr. 51-63

■ Sonne
☎ 07362/96060, Fax 960640
Preise: 20 Einzel 65-110, 8 Doppel 150, Halbpension 30, Vollpension DM 50
Ausstattung: Dusche/WC, Bad, Telefon, TV, Radio, Minibar, Föhn
Besonderes: Restaurant, Sauna, Solarium, Parkplätze, Garagen
Kreditkarten: Amex, Diners, Eurocard, Visa

Am Markt

Boppard
Rheinland-Pfalz

✉ 56154
Seite 10/B 3

■ Baudobriga
☎ 06742/2330, Fax 1800
Preise: 9 Einzel 50-135, 30 Doppel 160-270, Halbpension DM 23
Ausstattung: Bad/WC, Telefon, Radio, TV, ~Balkon
Besonderes: Restaurant, Terrasse, Parkplätze, Garagen, Weingut
Geschlossen: 1. Dezember-28. Februar
Kreditkarten: Amex, Eurocard, Visa

Rheinallee 43

■ Hotel Bach
☎ 06742/6254, Fax 6405
Preise: 4 Einzel ab 55, 27 Doppel 85-100, Halbpension 14, Vollpension DM 24
Ausstattung: Bad/~WC
Besonderes: Lift, Konferenzraum 100, Terrasse, Kurabteilung, Parkplätze, Restaurant 12-21 Uhr

Theodor-Hoffmann-Platz 15, Bad Salzig

■ Hotel L'Europe
☎ 06742/8020, Fax 802802
Preise: 4 Einzel 70-88, 80 Doppel 120-140, Halbpension DM 20
Ausstattung: Dusche/WC, Telefon, TV, Radio, ~Balkon
Besonderes: Restaurant 18.00-19.30 Uhr, Bar 17-1 Uhr, Frühstücksbuffet, Lift, Konferenzraum, ruhig, Parkplätze
Kreditkarten: Amex, Diners, Eurocard, Visa

Mainzer Str. 4

■ Hotel Rebstock   Rheinallee 31
☎ 06742/4876, Fax 4877
Preise: 30 Einzel 60-90, 12 Doppel 100-160, Halbpension 25,
                       Vollpension DM 45
Ausstattung: Dusche/WC, Telefon, TV, Balkon
Besonderes: Restaurant, Terrasse
Geschlossen: Restaurant vom 10. Januar bis 31. März geschlossen
Kreditkarten: Amex, Eurocard, Visa

■ Hotel und Gästehaus Rheinlust   Rheinallee 27-30
☎ 06742/3001, Fax 3004
Preise: 16 Einzel 50-110, 75 Doppel 80-180, Halbpension DM 30
Ausstattung: ~Bad/WC, ~Telefon, ~TV, ~Minibar, ~Balkon
Besonderes: Restaurant, Bar, Parkplätze, Tiefgarage
Geschlossen: Anfang November bis Mitte April
Kreditkarten: Amex, Diners, Eurocard, Visa

Borchen   ⊠ 33178
Nordrhein-Westfalen   Seite 11/C 1

■ Haus Amedieck   Paderborner Str. 7, Nordborchen
☎ 05251/39424
Preise: Einzel 65-70, Doppel DM 105-124
Ausstattung: Bad/WC, TV, Telefon
Besonderes: Konferenzraum, Parkplätze, Garagen

Bordesholm   ⊠ 24582
Schleswig-Holstein   Seite 8/A 2

■ Hotel Zur Kreuzung   Holstenstr. 23
☎ 04322/4586, Fax 3917
Preise: 34 Einzel 50, 34 Doppel 85, Halbpension DM 15
Ausstattung: Dusche/WC, Telefon
Besonderes: Restaurant 11.30-14, 18-22 Uhr, Frühstücksbuffet,
                       vegetarische Gerichte, Garten, Parkplätze, Liegewiese

---

Borgholzhausen   ⊠ 33829
Nordrhein-Westfalen   Seite 11/C 1

■ Landhaus Uffmann   Meller Str. 27
☎ 05425/5005, Fax 255
Preise: 25 Einzel 110, 9 Doppel DM 155
Ausstattung: Bad/WC, Telefon, TV, Radio, Minibar
Besonderes: Terrasse, Liegewiese, Sauna, Parkplätze
Kreditkarten: Diners, Eurocard, Visa

Bork ✉ 16866

Brandenburg   Seite 9/C 3

■ Hotel und Pension Waldschenke   Borker Str. 33
☎ 033976/433
Preise: 1 Einzel 40, 13 Doppel 68-90, 2 Appartements DM 110,
                 Halbpension und Vollpension möglich
Ausstattung: Dusche/WC, Radio, TV
Besonderes: Restaurant, Liegewiese, Parkplätze

Borken ✉ 46325

Nordrhein-Westfalen   Seite 10/B 1

■ Hotel Haus Waldesruh   Dülmener Weg 278
☎ 02861/7022+7023, Fax 66532
Preise: 4 Einzel ab 65-75, 17 Doppel DM 110-130
Ausstattung: Dusche/WC, Telefon, Sat-TV, ~Minibar
Besonderes: Restaurant, Terrasse, Liegewiese, Parkplätze
Kreditkarten: Eurocard, Visa, Diners, Amexco

■ Landhaus Lindenbusch   Hauptstr. 29
☎ 02862/3832, Fax 3852
Preise: 1 Einzel ab 63, 7 Doppel ab 98, Halbpension DM 15
Ausstattung: Dusche/WC, Telefon, TV
Besonderes: Restaurant, Terrasse, Parkplätze, Garagen
Kreditkarten: Amex, Eurocard, Visa

Borkum ✉ 26757

Niedersachsen   Seite 7/A 2

■ Villa Ems   Am-Georg-Schütte-Platz 9
☎ 04922/9118-0, Fax 3445
Preise: 6 Einzel 65-75, 10 Doppel 130-150, 8 Apartments 125,
                 5 Ferienwohnungen DM 150
Ausstattung: Dusche/WC, Telefon, TV
Besonderes: Terrasse, Liegewiese, Schwimmbad, Sauna

■ Atlantik   Bismarckstraße 6
☎ 04922/835+836, Fax 4927
Preise: 21 Einzel DM 80, 28 Doppel DM 140, Halbpension DM 25
Ausstattung: Du/Bad, WC, Telefon
Besonderes: Restaurant, Solarium
Geschlossen: 5.11. - 26.12.

Bornheim ✉ 53332

Nordrhein-Westfalen   Seite 10/B 2

■ Hotel Heimatblick   Brombeerweg 1, Rosdorf
☎ 02222/60037, Fax 61072
Preise: 10 Einzel 75, 8 Doppel DM 130
Ausstattung: ~Bad/WC, ~Telefon
Besonderes: Terrasse, ruhig, Parkplätze, Restaurant
Kreditkarten: Diners, Visa

Bosau
Schleswig-Holstein

✉ **23715**

Seite 8/A 2

■ **Braasch zum Frohsinn**   Kirchplatz 4+ 6
☎ 04527/269, Fax 1703
Preise: 3 Einzel ab 58, 30 Doppel ab 103, Halbpension DM 12
Ausstattung: Bad/WC
Besonderes: Terrasse, Liegewiese, Restaurant 12-14, 17-21 Uhr,
              Parkplätze
Geschlossen: Vor- und Nachsaison

Bovenden
Niedersachsen

✉ **37120**

Seite 11/D 2

■ **Hotel Restaurant Rodetal**   Rodetal 1
☎ 05594/633, Fax 8158
Preise: 9 Einzel 85, 9 Doppel DM 130
Ausstattung: Dusche/WC, Telefon, Radio, TV
Besonderes: Restaurant, Terrasse, Parkplätze, Garagen
Geschlossen: Ende Januar bis Ende Februar und 24. Dezember
Kreditkarten: Amex, Eurocard

Brachttal
Hessen

✉ **63636**

Seite 11/D 3

■ **Gasthof zum Bäcker**   Hauptstr. 1
☎ 06054/5558, Fax 6021
Preise: 18 Einzel 65, 20 Doppel 110, Halbpension DM 20
Ausstattung: Bad/WC
Besonderes: Restaurant 10-22 Uhr, Terrasse, Liegewiese, Sauna, Solarium,
              Kegelbahnen, Parkplätze, Garagen
Geschlossen: Januar und zwei Wochen in den Sommerferien

Bräunsdorf
Sachsen

✉ **09603**

Seite 13/C 2

■ **Landhaus Striegistal**   An der Striegis 141
☎ 037321/246
Preise: 4 Einzel DM 69, 11 Doppel DM 118, 4 Appartements, Halbpension DM 15
Ausstattung: Du, WC, Telefon, Radio, TV, Minibar
Besonderes: Restaurant, Parkplätze

Bramsche ✉ 49565

Niedersachsen

Seite 11/C 1

■ **Hotel Restaurant Haus Surendorff**   Dinglingsweg
☎ 05461/93020, Fax 930228
Preise: 11 Einzel 70-90, 21 Doppel 110-130, Halbpension DM 20
Ausstattung: Dusche/WC, Telefon, TV, Minibar
Besonderes: Restaurant, Liegewiese, Schwimmbad, Sauna, Parkplätze,
                   Garagen
Geschlossen: 2.1. - 7.1.96
Kreditkarten: Diners, Eurocard, Visa

■ **Idingshof**   Bührener Esch 1
☎ 05461/8890, Fax 88964
Preise: 16 Einzel ab 92, 60 Doppel ab DM 130
Ausstattung: Dusche/WC, Telefon, TV
Besonderes: Restaurant, Terrasse, Sauna, Solarium, Parkplätze
Geschlossen: 24. Dezember
Kreditkarten: Amex, Diners, Eurocard, Visa

Bad Bramstedt ✉ 24576

Schleswig-Holstein

Seite 8/A 2

■ **Hotel Freese**   Maienbeeck 23
☎ 04192/1542+9841, Fax 85817
Preise: 4 Einzel DM 63, 10 Doppel DM 47, Halbpension DM 12,50
Ausstattung: Du/Bad, WC, Telefon, TV
Besonderes: Restaurant, Parkplätze
Geschlossen: 10.2. - 1.3. und 6.9. - 20.9
Kreditkarten: Eurocard

Brannenburg ✉ 83098

Bayern

Seite 16/B 3

■ **Hotel-Gasthof Zur Post**   Brannenburg
☎ 08034/1066, Fax 1864
Preise: 10 Einzel 68, 20 Doppel 105, 6 Apartments DM 125,
                   Halbpension DM 18
Ausstattung: Dusche/WC, Telefon, TV, ~Minibar, ~Balkon
Besonderes: Restaurant, Terrasse, Liegewiese, Sauna, Solarium,
                   Parkplätze, Garagen
Kreditkarten: Eurocard

■ **Hotel Hubertus**   Nußdorfer Str. 13-17
☎ 08034/8645
Preise: 4 Einzel 75, 14 Doppel 135, Halbpension DM 21
Ausstattung: Bad/WC, Telefon, Balkon
Besonderes: Restaurant 11-22 Uhr, TV-Raum, Garten, Solarium, Parkplätze
Kreditkarten: Amex, Diners, Eurocard, Visa

Braubach

✉ **56338**

Rheinland-Pfalz

Seite 10/B 3

◀ **Zum Weißen Schwanen**   Brunnenstr. 4
☎ 02627/559+396, Fax 8802
Preise: 3 Einzel 80, 12 Doppel DM 120-140
Ausstattung: Dusche/WC, Telefon, TV
Besonderes: Restaurant, Terrasse, Liegewiese, Parkplätze
Kreditkarten: Amex, Eurocard, Visa

Braunfels

✉ **35619**

Hessen

Seite 11/C 3

■ **Schloß-Hotel**   Hubertusstraße 2
☎ 06442/3050, Fax 305222
Preise: 11 Einzel 95-120, 24 Doppel 135-165, Halbpension DM 30
Ausstattung: Dusche/WC, Telefon, TV, ~Balkon
Besonderes: Restaurant, Terrasse, Liegewiese, Parkplätze
Geschlossen: Weihnachten bis Mitte Januar 1995
Kreditkarten: Amex, Diners, Eurocard, Visa

Braunlage

✉ **38700**

Niedersachsen

Seite 12/A 1

■ **Brauner Hirsch**   Am Brunnen 1
☎ 05520/1064
Preise: 18 Einzel ab 52, 28 Doppel ab DM 100
Ausstattung: ~Bad/WC, ~Telefon
Besonderes: Lift, Konferenzraum 50, Terrasse, Parkplätze, Garagen

---

■ **Hotel-garni Hasselhof**   Schützenstr. 6
☎ 05520/3041
Preise: Einzel 48-70, 20 Doppel DM 90-140
Ausstattung: Dusche/WC, Telefon, Balkon, Terrasse
Besonderes: Solarium, ruhig, Parkplätze, Liegewiese
Kreditkarten: Amex, Diners, Eurocard, Visa

■ **Hotel-Pension Sohnrey**   Herzog-Johann-Albrecht-Str. 39
☎ 05520/1061
Preise: 7 Einzel 42, 7 Doppel 84, Halbpension 14, Vollpension DM 24
Ausstattung: Dusche/WC, Telefon, Terrasse
Besonderes: Restaurant, Terrasse, TV-Raum, Parkplätze, Liegewiese

---

■ **Hotel Rosenhof**   Herzog-Johann-Albrecht-Str. 41
☎ 05520/1707, Fax 3472
Preise: 4 Einzel 80, 12 Doppel DM 60-80, 2 Appartements DM 160-180
Ausstattung: Dusche/WC, Telefon, TV, Radio
Besonderes: Liegewiese, Sauna, Solarium, Parkplätze, Garagen
                Restaurant

■ **Kurhotel Rögener** Wurmbergstr. 1

☎ 05520/3086, Fax 1647
Preise: 33 Einzel 74-88, 34 Doppel DM 134-162, 6 Appartements DM 76-99
Ausstattung: Bad/WC, Telefon, Radio, ~TV-Anschluß, Minibar, Balkon
Besonderes: Lift, Restaurant,Konferenz,Terrasse, Hallenschwimmbad, Sauna
Solarium, Sonnenbank, Massage, Kosmetiksalon, Parkplätze,
Kreditkarten: Eurocard, Mastercard

■ **Rust** Am Brande 5

☎ 05583/831, Fax 364
Preise: 4 Einzel ab 55, 11 Doppel ab DM 110
Ausstattung: Bad/WC, Telefon, TV, Balkon
Besonderes: Apartment, Konferenzraum, Garten, Hallenschwimmbad, Sauna,
Café, ruhig, Parkplätze, Tischtennis, mediz. Massageabtlg.
Geschlossen: 1. November bis 20. Dezember

■ **Zur Erholung** Lauterberger Str. 10

☎ 05520/1379, Fax 575
Preise: 9 Einzel 54-74, 30 Doppel 100-135, Halbpension 20,
Vollpension DM 40
Ausstattung: Dusche/WC, ~Telefon, ~Radio, ~TV, ~Minibar, ~Balkon
Besonderes: Restaurant, Liegewiese, Solarium, Parkplätze, Garagen,
eigener Skilift

■ **Haus Dümling** Obere Bergstr. 9

☎ 05520/3048+49, Fax 2840
Preise: 12 Einzel 72, 10 Doppel DM 124
Ausstattung: Dusche/WC, Telefon
Besonderes: Liegewiese, Schwimmbad, Sauna, Solarium, Parkplätze

---

■ **Hotel Berliner Hof** Elbingeröder Strasse 12

☎ 05520/427
Preise: 14 Einzel DM 46, 12 Doppel DM 96, Vollpension DM 35
Ausstattung: ~Du/Bad, WC, ~TV, Balkon
Besonderes: Restaurant, Terrasse, Parkplätze
Geschlossen: 1.11. - 15.12.

■ **Bremer Schlüssel** Rob.-Roloff-Str. 11

☎ 05520/3068
Preise: 3 Einzel DM 55, 9 Doppel DM 96-106, Halbpension DM 18, Voll-
pension DM 31
Ausstattung: Du/Bad, WC, Telfon, Balkon
Besonderes: Terrasse, Liegewiese, Parkplätze

Braunsbach ✉ 74542
Baden-Württemberg Seite 15/D 1

■ **Hotel Schloß Döttingen** Schloß, Döttingen

☎ 07906/1010, Fax 10110
Preise: 25 Einzel ab 69, 55 Doppel ab DM 135, Halbpension und
Vollpension möglich
Ausstattung: Du/WC, Telefon, Radio, TV
Besonderes: Restaurant, Terrasse, Liegewiese, Sauna, Schwimmbad,
Solarium, Dampfbad, Parkplätze, Garagen

Braunschweig
Niedersachsen

✉ **38100**
Seite 12/A 1

■ **Koenigshof** Kirchplatz 1, Melverode
☎ 0531/601160
Preise: 7 Einzel ab 65, 9 Doppel ab DM 120
Ausstattung: Bad/WC, Telefon
Besonderes: Konferenzraum, Parkplätze

■ **Ölper Turm** Celler Heerstr. 46
☎ 0531/54085, Fax 54086
Preise: 2 Einzel 90, 6 Doppel DM 120-130
Ausstattung: Dusche/WC, Telefon, TV
Besonderes: Restaurant, Terrasse, Parkplätze

Bredstedt
Schleswig-Holstein

✉ **25821**
Seite 7/B 1

■ **Hotel-Restaurant Frisenhalle** Hohle Gasse 2, Bredstedt
☎ 04671/1521
Preise: 6 Doppel 100-180, 2 Apartments DM 240
Ausstattung: Dusche/WC, Telefon, TV, ~Minibar
Besonderes: Restaurant, Terrasse, Parkplätze, Garagen
Geschlossen: 3 Wochen im Februar und 3 Wochen im November
Kreditkarten: Amex, Diners, Eurocard, Visa

■ **Thomsens Gasthof** Markt 13, Bredstedt
☎ 04671/1413
Preise: 4 Einzel ab 42, 9 Doppel DM 80-90
Ausstattung: Dusche/WC, Telefon, TV, Balkon
Besonderes: Restaurant, Parkplätze, Garagen

Breisach
Baden-Württemberg

✉ **79206**
Seite 14/B 3

■ **Breisacher Hof** Neutorplatz 16
☎ 07667/392
Preise: 7 Einzel DM 50
Ausstattung: Bad/WC
Besonderes: Konferenzraum, Parkplätze, Garagen

■ **Kapuzinergarten** Kapuzinergasse 26
☎ 07667/93000, Fax 930093
Preise: 11 Doppel 103, als Einzel 73, 2 Apartments
Ausstattung: Dusche/WC, Telefon, ~TV, ~Minibar, Balkon
Besonderes: Restaurant, Terrasse, Liegewiese, Parkplätze, Garagen
Kreditkarten: Eurocard, Visa

Bad Breisig

Rheinland-Pfalz

■ **Hotel Quellenhof** Albert-Mertes-Str. 23
☎ 02633/9479
Preise: 9 Einzel 54, 8 Doppel 115, Halbpension 60, Vollpension DM 70
Ausstattung: ~Dusche/WC, Radio
Kreditkarten: Eurocard

■ **Hotel zur Mühle** Am Rheinufer
☎ 02633/97061, Fax 96017
Preise: 18 Einzel 72-86, 15 Doppel 116-148, Halbpension 18,
Vollpension DM 31
Ausstattung: Dusche/WC, Telefon, TV, ~Balkon
Besonderes: Restaurant, Terrasse, Liegewiese, Schwimmbad, Parkplätze,
Garagen
Kreditkarten: Amex, Diners, Eurocard, Visa

■ **Kurhaus-Hotel** Koblenzer Str. 35
☎ 02633/97311
Preise: 28 Einzel 70-90, 35 Doppel DM 130-170
Ausstattung: Bad/WC, Telefon
Besonderes: Terrasse, Hallenschwimmbad, Solarium, Fitneßraum, ruhig,
Parkplätze, Garagen

Breitnau

Baden-Württemberg

■ **Kreuz** Breitnau
☎ 07652/1388
Preise: 3 Einzel ab 46, 14 Doppel DM 88-95
Ausstattung: Bad/WC, TV, Telefon
Besonderes: Konferenzraum, Parkplätze, Garagen

Bremen

Bremen

■ **Hotel Heldt** Friedhofstr. 41, Schwachhausen
☎ 0421/213051, Fax 215145
Preise: 18 Einzel 89, 25 Doppel 120, 2 Appartements DM 170
Ausstattung: Dusche/Bad/WC, Telefon, TV, Fön, ~Radio
Besonderes: Restaurant, Parkplätze, Garagen
Kreditkarten: Amex, Diners, Eurocard, Visa

■ **Garden Hotel** Geeststr. 50
☎ 0421/611037, Fax 6113585
Preise: 40 Einzel 75-108, 38 Doppel 115-150, Halbpension DM 23
Ausstattung: Bad/WC, Telefon, TV, Radio
Besonderes: Restaurant, Parkplätze
Kreditkarten: Amex, Diners, Eurocard, Visa

■ Hotel Landhaus Louisenthal
Leher Heerstr. 105, Horn-Lehe

☎ 0421/232076-78, Fax 236716

Preise:	28 Einzel 70-90, 29 Doppel DM 100-160, Halbpension und Vollpension möglich
Ausstattung:	Bad/WC, Telefon, TV, Radio, Minibar
Besonderes:	Restaurant, Sauna, Solarium, Parkplätze, Garagen
Kreditkarten:	Amex, Diners, Eurocard, Visa

■ Hotel Residence
Hohenlohestr. 42

☎ 0421/341020, Fax 342322

Preise:	15 Einzel ab 75, 16 Doppel DM 140-160
Ausstattung:	Du/WC, ~Telefon, ~TV, ~Terrasse
Besonderes:	Sauna, Solarium, Parkplätze, Garagen
Kreditkarten:	Amex, Diners, Eurocard, Visa

■ Hotel Zur Ochtumbrücke
Stromer Landstr. 53a

☎ 0421/541270, Fax 542144

Preise:	10 Einzel 70, 8 Doppel DM 100
Ausstattung:	Dusche/Bad/WC, Telefon, TV
Besonderes:	Restaurant, Terrasse, Parkplätze
Geschlossen:	dienstags
Kreditkarten:	Eurocard

■ Hotel Krone Garni
Hosteder Osterdeich 209 B

☎ 0421/443151

Preise:	4 Einzel 55-65, 6 Doppel DM 85-95
Ausstattung:	~Dusche/WC, Telefon, TV, Balkon
Besonderes:	Wesergarten und -wiesen in der Nähe

■ Hotel Buthmann
Löningstr. 29

☎ 0421/326397, Fax 3398816

Preise:	2 Einzel 85, 6 Doppel DM 125
Ausstattung:	Dusche/WC, Telefon, TV
Besonderes:	zentrale Lage

Bremerhaven
✉ 27580

Bremen
Seite 7/B 2

■ Am Theaterplatz
Schleswiger Str. 3

☎ 0471/42620

Preise:	6 Einzel 65-75, 9 Doppel DM 120
Ausstattung:	Bad/WC, Telefon
Besonderes:	Frühstücksbuffet, Konferenzraum, Parkplätze, Garagen

■ Hotel Columbus
Lange Str. 143/145

☎ 0471/95440, Fax 9544266

Preise:	15 Einzel ab 82, 25 Doppel DM 128
Ausstattung:	Bad/WC, Telefon, TV
Besonderes:	Restaurant, Liegewiese, Parkplätze, Garagen
Geschlossen:	20. Dezember bis 5. Januar

■ **Atlantis**   Hafenstraße 144
☎ 0471/52937+51122, Fax 502279
Preise: 8 Einzel DM 48-55, 14 Doppel DM 78-108
Ausstattung: Du/Bad, WC, Telefon
Besonderes: Parkplätze

Bremervörde   ✉ **27432**
Niedersachsen   Seite 7/B 2

■ **Hotel Daub KG**   Bahnhofstr. 2
☎ 04761/3086, Fax 2017
Preise: 11 Einzel 65-70, 48 Doppel 100-125, 5 Apartments DM 130-145
Ausstattung: Dusche/Bad/WC, Telefon, TV, Minibar
Besonderes: Restaurant 7-23 Uhr, Sauna, Parkplätze, Garagen
Kreditkarten: Amex, Diners, Eurocard, Visa

■ **Park Hotel**   Stader Str. 22
☎ 04761/2460, Fax 71327
Preise: 5 Einzel 79, 10 Doppel 129, 1 Apartments DM 130
Ausstattung: Bad/WC, Telefon, TV, Radio, Balkon
Besonderes: Restaurant und Bar, Terrasse, Solarium, Parkplätze,
                Kegelbahn, Grillgarten
Kreditkarten: Amex, Diners, Eurocard, Visa

Brensbach   ✉ **64395**
Hessen   Seite 15/C 1

■ **Hotel Zum Kühlen Grund**   Bahnhofstr. 81, Wersau
☎ 06161/447+2088, Fax 1561
Preise: 16 Einzel 77-80, 10 Doppel 126-132, Halbpension 25,
                Vollpension DM 42
Ausstattung: Dusche/Bad/WC, Telefon, Radio, TV, Balkon
Besonderes: Restaurant 10-24 Uhr, Kegelbahn, Garagen
Kreditkarten: Eurocard

Breuberg   ✉ **64747**
Hessen   Seite 11/C 3

■ **Burgterrasse-Breuberg**   Außerhalb 2, Neustadt
☎ 06165/2066, Fax 6440
Preise: 3 Einzel 65-80, 24 Doppel 126-160, Halbpension 18,
                Vollpension DM 28
Ausstattung: Dusche/WC, Telefon, TV, Balkon
Besonderes: Restaurant 10-24 Uhr, Terrasse, Liegewiese, Parkplätze,
                Garagen
Kreditkarten: Diners, Eurocard, Visa

Brietlingen ✉ 21382

Niedersachsen

Seite 8/A 3

■ **Landhotel Franck** Bundesstr. 31b
☎ 04133/40090, Fax 400933
Preise: 5 Einzel 75-95, 31 Doppel 140-160, Halbpension DM 25
Ausstattung: Dusche/WC, Telefon, TV, Radio, Minibar
Besonderes: Restaurant, Bar, Terrasse, Liegewiese, Hallenbad, Sauna, Solarium, Parkplätze, Garagen
Kreditkarten: Amex, Diners, Eurocard, Visa

Brilon ✉ 59929

Nordrhein-Westfalen

Seite 11/C 2

■ **Hotel Drübelhof** Hoppecker Str. 66
☎ 02961/7710, Fax 771100
Preise: 9 Einzel 75, 8 Doppel DM 158
Ausstattung: Dusche/Bad/WC, Telefon, TV, Balkon
Besonderes: Restaurant, Terrasse, Liegewiese, Sauna, Parkplätze

---

■ **Hotel Quellenhof** Stracke Str. 12
☎ 02961/2045, Fax 2047
Preise: 8 Einzel 75-85, 15 Doppel 120-150, Halbpension 20, Vollpension DM 30
Ausstattung: Dusche/WC, Telefon, TV, Balkon
Besonderes: Restaurant 12-14/16-24 Uhr, Parkplätze, Garagen, Apartment
Kreditkarten: Amex, Diners, Eurocard, Visa

■ **Team-Hotel Zur Post** Königstr. 7
☎ 02961/4044, Fax 51659
Preise: 6 Einzel 82, 12 Doppel 143, 2 Apartments 133, Halbpension 18, Vollpension DM 30
Ausstattung: Dusche/Bad/WC, Telefon, TV, Radio, Balkon
Besonderes: Restaurant 12-24 Uhr, Bar 12-1 Uhr, Tagungen, Ferien- und Seniorenprogramme, Schönheitsprogramm, Wochenendprogramm
Kreditkarten: Amex, Diners, Eurocard, Visa

Brodenbach ✉ 56332

Rheinland-Pfalz

Seite 10/B 3

■ **Posthotel** Rhein-Mosel-Str. 21
☎ 02605/3048, Fax 8289
Preise: 5 Einzel 38-50, 23 Doppel 62-90, Halbpension 15, Vollpension DM 25
Ausstattung: Dusche/WC, Telefon, ~Balkon
Besonderes: Restaurant, Terrasse, Liegewiese, Parkplätze, Garagen
Kreditkarten: Amex, Diners, Eurocard, Visa

Brome
Niedersachsen

✉ **38465**

Seite 8/B 3

■ **Hotel Hubertus**   Brome-Zicherie
☎ 05833/1515, Fax 7425
Preise: 21 Einzel ab 70, 10 Doppel ab DM 125
Ausstattung: Bad/WC, Telefon, Radio
Besonderes: Restaurant, Bar, Sauna, Solarium, Parkplätze

Brotterode
Thüringen

✉ **98599**

Seite 12/A 2

■ **Zur guten Quelle**   Schmalkaldener Str. 27
☎ 036840/340, Fax 34111
Preise: 23 Doppel 72-96 DM
Ausstattung: Du/Bad, WC, TV, Telefon
Besonderes: Restaurant, Parkplätze

■ **Waldschlößchen**   Gehegsweg 12
☎ 036840/2263, Fax 06628/8603
Preise: 3 Einzel DM 75, 9 Doppel DM 95, Halb-und Vollpension möglich
Ausstattung: Du/Bad, WC, TV, Minibar
Besonderes: Restaurant, idyllische Waldlage, Parkplätze

Bruchhausen-Vilsen
Niedersachsen

✉ **27305**

Seite 7/B 3

■ **Perpendikel**   Brautstraße 17
☎ 04252/1865, Fax 1765
Preise: 5 Einzel DM 45-68, 15 Doppel DM 84-110, Voll-und Halbpension
                  möglich
Ausstattung: Du/Bad, WC, Telefon, TV, Minibar, Balkon
Besonderes: Restaurant, Parkplätze, Garagen
Geschlossen: 24.12. - 30.12.
Kreditkarten: Eurocard

Bruchsal
Baden-Württemberg

✉ **76646**

Seite 15/C 1

■ **Hotel Garni Trautwein**   Amalienstr. 6
☎ 07251/2138+83881, Fax 82838
Preise: 6 Einzel 68, 9 Doppel DM 108
Ausstattung: Du/Bad, WC
Besonderes: Garten, ruhig, garni, Parkplätze, Garagen
                  Lift
Kreditkarten: Amexco, Eurocard, Visa, Diners

Bad Brückenau ✉ 97769

Bayern · Seite 11/D 3

■ **Hotel Deutsches Haus** · Bahnhofstr. 3
☎ 09741/5075+76, Fax 5078
Preise: 3 Einzel 60, 9 Doppel 100, Halbpension 20, Vollpension DM 30
Ausstattung: Dusche/Bad/WC, Telefon, TV, Radio
Besonderes: Restaurant 7-24 Uhr, Sauna, Parkplätze, Garagen
Geschlossen: 13.3. - 2.4.95
Kreditkarten: Amex, Diners, Eurocard, Visa

■ **Hotel garni Zur Post** · Ludwigstr. 10
☎ 09741/5089, Fax 1574
Preise: 4 Einzel 63-75, 30 Doppel DM 90-115
Ausstattung: ~Bad/WC, Telefon
Besonderes: Frühstücksbuffet, garni
Kreditkarten: Amex, Eurocard, Visa

Brüel ✉ 19412

Mecklenburg-Vorpommern · Seite 8/B 2

■ **Hotel Fuchs** · Brüeler Straße 47, Langen-Jarchow
☎ 038483/2415, Fax 2415
Preise: 2 Einzel DM 72,50, 16 Doppel DM 115, 2 Appartements DM 150
Halbpension DM 22, Vollpension DM 33
Ausstattung: Du/Bad, WC, Radio, TV
Besonderes: Restaurant, Terrasse, Liegewiese, Parkplätze
Kreditkarten: Amexco, Eurocard, Visa

Brüggen ✉ 41379

Nordrhein-Westfalen · Seite 10/A 2

■ **Landhotel Borner Mühle** · Borner Mühle 20
☎ 02163/7001+7002, Fax 59003
Preise: 8 Einzel 54-75, 11 Doppel 135, Halbpension DM 20
Ausstattung: Dusche/Bad/WC, Telefon, Minibar, Balkon, TV
Besonderes: Restaurant, Bar, Konferenzraum 50, Parkplätze
Kreditkarten: Amex, Diners, Eurocard, Visa

Brunsbüttel ✉ 25541

Schleswig-Holstein · Seite 7/B 2

■ **Hotel Zur Traube** · Markt 9
☎ 04852/51011, Fax 7257
Preise: 2 Einzel 98-105, 17 Doppel DM 138-145, Halbpension mögl,
Vollpension möglich
Ausstattung: Dusche/WC, Telefon, TV, Radio, Minibar
Besonderes: Restaurant, Bar, Sauna
Kreditkarten: Amex, Diners, Eurocard, Visa

Buchenberg

✉ **87474**

Bayern

Seite 16/A 3

■ **Jagdhaus Schwarzer Bock**   Fam. Abele
☎ 08378/472+473
Preise: 7 Einzel ab 78, 12 Doppel DM 150-170
Ausstattung: Bad/WC, TV, Telefon
Besonderes: Frühstücksbuffet, Konferenzraum, Terrasse, Hallenschwimmbad,
           Sauna, Solarium, Angeln, Kegeln, Squash, Tennis, Parkplätze,

■ **Moorbad**   Eschacher Str. 30
☎ 08378/208, Fax 208
Preise: 2 Einzel 45, 8 Doppel 80, Halbpension DM 50
Ausstattung: Dusche/WC, Telefon
Besonderes: Restaurant, Biergarten, Liegewiese, Sauna, Parkplätze
Geschlossen: Ende Oktober bis 20. November

Buchholz

✉ **21244**

Schleswig-Holstein

Seite 8/A 3

■ **Hotel Frommann**   Harburger Str. 8, Dibbersen
☎ 04181/7800, Fax 39432
Preise: 13 Einzel 50-59, 28 Doppel DM 92-108, Halbpension möglich
Ausstattung: ~Dusche/WC, Telefon, TV, Radio, Balkon
Besonderes: Restaurant 6-23 Uhr, Konferenzraum 100, Hallenschwimmbad,
           Parkplätze, Garagen, Liegewiese
Kreditkarten: Amex, Diners, Eurocard, Visa

■ **Meyers Gasthaus Hoheluft**   Hoheluft 1
☎ 04181/31700
Preise: 8 Einzel DM 52-74
Ausstattung: ~Bad/WC
Besonderes: Konferenzraum 25, Parkplätze, Garagen

Buchholz

✉ **16928**

Brandenburg

Seite 8/B 3

■ **Prignitzer Hof**   Hauptstraße 4
☎ 03395/2391, Fax 2391
Preise: 2 Einzel DM 45-60, 6 Doppel DM 80-100, 1 Ferienwohnung,
           inkl. Frühstück, Halbpension DM 15, Vollpension DM 25
Ausstattung: Du/Bad, WC, Telefon, Radio, TV
Besonderes: Restaurant, Terrasse, Liegewiese, Parkplätze
Kreditkarten: Amexco, Eurocard, Visa

Buckow ⊠ **15377**
Brandenburg Seite 9/D 3

■ **Hotel Wilhelmshöhe** Lindenstr. 10-11
☎ 033433/246, Fax 431
Preise: 21 Einzel 58-127, 30 Doppel DM 93-146, Halbpension
und Vollpension möglich
Ausstattung: Dusche/WC, ~Telefon, TV, ~Balkon
Besonderes: Restaurant, Liegewiese, Sauna, Solarium, Parkplätze
Kreditkarten: Visa, Eurocard, Mastercard

Büchenbach ⊠ **91186**
Bayern Seite 16/A 1

■ **Gasthof zum Heidenberg** Ritterstr. 1+ 4
☎ 09171/8440, Fax 84480
Preise: 17 Einzel 75, 16 Doppel DM 105, Halbpension und Vollpension
möglich
Ausstattung: Dusche/WC, Telefon, TV, ~Minibar
Besonderes: Restaurant, Parkplätze, Garagen
Kreditkarten: Eurocard, Visa

Büchlberg ⊠ **94124**
Bayern Seite 17/D 2

■ **Hotel Beinbauer** Pangerlbergstr. 5
☎ 08505/6520, Fax 6520
Preise: 6 Einzel 35, 14 Doppel 60, Halbpension DM 47
Ausstattung: Dusche/WC, TV, Balkon
Besonderes: Restaurant, Terrasse, Liegewiese, Solarium, Parkplätze
Geschlossen: 1. November bis 22. Dezember
Kreditkarten: Amex, Diners, Eurocard, Visa

Bücken ⊠ **27333**
Niedersachsen Seite 7/B 3

■ **Thöles Hotel** Hoyaer Straße 33
☎ 04251/2325, Fax 7464
Preise: 10 Einzel DM 28-60, 16 Doppel DM 56-95, 2 Appartements,
Halb-und Vollpension möglich
Ausstattung: Du/Bad, WC, Telefon, TV, Balkon
Besonderes: Restaurant, Privatstrand, Terrasse, Parkplätze, Garagen
Kreditkarten: Diners, Eurocard, Visa

Büdingen ⊠ **63654**
Hessen Seite 11/D 3

■ **Stadt Büdingen** Jahnstr. 16
☎ 06042/561-63
Preise: 22 Einzel 58-68, 16 Doppel DM 98
Ausstattung: Bad/WC, Telefon
Besonderes: Lift, Konferenzraum 60, Terrasse, Sauna, Kegeln, Parkplätze

Bühl

✉ 77815

Baden-Württemberg

Seite 15/C 2

■ Pension Jägersteig

Bühl

☎ 07223/98590, Fax 985998
Preise: 14 Einzel DM 72-80, 13 Doppel DM 110-124
Ausstattung: Dusche/WC, Telefon, TV, Balkon
Besonderes: Restaurant, Terrasse, Parkplätze, Garagen
Geschlossen: Mitte Januar - Mitte Februar

■ Pension Linz

Waldmattstr. 10, Neupatz

☎ 07223/98670, Fax 25206
Preise: 9 Einzel 54-68, 7 Doppel DM 112
Ausstattung: Dusche/WC, Telefon, Radio, TV, Minibar, ~Balkon
Besonderes: Terrasse, Liegewiese, Schwimmbad, Sauna, Solarium,
               Parkplätze, Garagen, tennisplatz
Kreditkarten: Eurocard

Bühlerzell

✉ 74426

Baden-Württemberg

Seite 15/D 1

■ Gasthof Goldener Hirsch

Heilbergstr. 2

☎ 07974/386, Fax 1223
Preise: 4 Einzel 40, 6 Doppel 70, Halbpension 14, Vollpension DM 22
Ausstattung: Dusche/WC, Balkon
Besonderes: Restaurant 7-24 Uhr, Parkplätze
Geschlossen: 2 Wochen im Februar

Bürchau

✉ 79683

Baden-Württemberg

Seite 14/B 3

■ Berggasthof u. Hotel Sonnhalde

Untere Sonnhalde 37

☎ 07629/260
Preise: 5 Einzel 42-55, 12 Doppel 84-110, 5 Appartements DM 100-130
               2 Ferienwohnungen
Ausstattung: Bad/WC, Balkon
Besonderes: Restaurant 8-23 Uhr, Liegewiese, Terrasse, Hallenschwimmbad,
               Fitneßraum, Parkplätze
Geschlossen: 19. November bis 22. Dezember

Büren

✉ 33142

Nordrhein-Westfalen

Seite 11/C 2

■ Hotel Kretzer

Wilhelmstr. 2

☎ 02951/2443+3144
Preise: 3 Einzel 35, 8 Doppel DM 70, Halbpension/Vollpension
               möglich
Ausstattung: ~Dusche/WC, ~Telefon, ~TV
Besonderes: Restaurant bis 22 Uhr, Bar bis 24 Uhr, Konferenzraum 80,
               Kegeln, Parkplätze, Liegewiese
Kreditkarten: Diners, Eurocard

Bürgstadt

✉ **63927**

Bayern

Seite 15/D 1

■ **Hotel Weinhaus Stern**   Hauptstr. 23
☎ 09371/2676, Fax 65154
Preise: 3 Einzel 55, 9 Doppel DM 98-125, Halbpension möglich
Ausstattung: Dusche/WC, Telefon, TV, Radio
Besonderes: Restaurant, Terrasse, Liegewiese, Parkplätze
Geschlossen: 3 Wochen im Februar, 2 Wochen im August
Kreditkarten: Amex, Eurocard

Bürstadt

✉ **68642**

Hessen

Seite 15/C 1

■ **Bergsträsser Hof**   Mannheimer Str. 2, Bobstadt
☎ 06245/8094
Preise: 6 Einzel ab 57, 7 Doppel ab DM 103
Ausstattung: Bad/WC, Telefon
Besonderes: Konferenzraum, Parkplätze

Büsum

✉ **25761**

Schleswig-Holstein

Seite 7/B 2

■ **Hotel Deichgraf**   Achtern Diek 24
☎ 04834/2271, Fax 8584
Preise: 1 Einzel 54, 21 Doppel Dm 98
Ausstattung: Bad/WC
Besonderes: Frühstücksbuffet, Gartencafé, Parkplätze, Liegewiese
Geschlossen: Anfang November bis Anfang März

■ **Hotel Seegarten**   Strandstr. 3
☎ 04834/6020
Preise: 10 Einzel 70-85, 13 Doppel DM 130-150
Ausstattung: Bad/WC, TV, Telefon
Besonderes: Lift, Konferenzraum 80, Terrasse, ruhig, Parkplätze, Garagen
Geschlossen: Ende Oktober-Mitte März

■ **Strandhotel Erlengrund**   Nordseestr. 100
☎ 04834/2071-74
Preise: 15 Einzel 56-78, 32 Doppel DM 95-140
Ausstattung: ~Bad/WC
Besonderes: Konferenzraum 50, Hallenschwimmbad, Sauna, Solarium, ruhig,
                    Parkplätze, Garagen

■ **Windjammer**   Dithmarscher Str. 17
☎ 04834/6661, Fax 3040
Preise: 5 Einzel 54, 14 Doppel DM 104
Ausstattung: Dusche/WC, TV, Telefon, Minibar, Balkon
Besonderes: Solarium, Trimm-Dich-Raum, ruhig, Parkplätze
Geschlossen: 5. Januar bis 1. März

■ **Zur Alten Post**   Hafenstr. 1-3
☎ 04834/2392, Fax 4944
Preise: 8 Einzel 52, 21 Doppel 104, Halbpension DM 20
Ausstattung: Dusche/WC, ~Telefon, ~TV, ~Balkon
Besonderes: Restaurant, Alte Dithmarscher Heimatstube, Parkplätze
Geschlossen: 21.-25. Dezember

Büttelborn   ✉ 64572
Hessen   Seite 11/C 3

■ **Haus Monika**   An der Bundesstr. 42
☎ 06152/181-0, Fax 181189
Preise: 23 Einzel 98-107, 16 Doppel DM 148-170
Ausstattung: Bad/WC, Telefon, Radio, TV, Minibar
Besonderes: Restaurant 11-14/17-24 Uhr geöffnet, Terrasse, Parkplätze
Geschlossen: 24. Dezember bis 2. Januar
Kreditkarten: Amex, Eurocard, Visa, Diners

Bützow   ✉ 18246
Mecklenburg-Vorpommern   Seite 9/C 2

■ **Bützower Hof**   Langestraße 9
☎ 038461/52136
Preise: 5 Einzel DM 50-60, 7 Doppel DM 70-80, 2 Dreibett DM 105
Ausstattung: Du, Radio, TV
Besonderes: Restaurant, Radio, TV, Parkplätze

Bullay   ✉ 56859
Rheinland-Pfalz   Seite 10/B 3

■ **Hotel Moselperle**   Königswiese 4
☎ 06542/2051, Fax 2001
Preise: 2 Einzel ab 70, 9 Doppel 120, Halbpension DM 21
Ausstattung: Dusche/WC, Telefon, TV
Besonderes: Terrasse, Liegewiese, Parkplätze, Garagen
Kreditkarten: Amex, Eurocard, Visa

Burgdorf   ✉ 31303
Niedersachsen   Seite 11/D 1

■ **Hotel Am Försterberg**   Immenser Str. 10
☎ 05136/2051+52, Fax 873342
Preise: 12 Einzel ab 88, 12 Doppel ab DM 150, Halbpension mögl.,
                 Vollpension möglich
Ausstattung: Dusche/WC, Telefon, Radio, TV
Besonderes: Restaurant, Bar, Terrasse, Parkplätze, Garagen
Kreditkarten: Diners, Eurocard, Visa

■ Zum Schwarzen Herzog   Immenser Str. 43
☎ 05136/3307
Preise: 10 Doppel ab DM 125, 1 Appartement DM 150, 1 Ferienwohnung
                  DM 150
Ausstattung: Bad/WC, Telefon
Besonderes: Frühstücksbuffet, Parkplätze, Restaurant

Burgen   ✉ 56332
Rheinland-Pfalz   Seite 10/B 3

■ Sporthotel Schmause Mühle   Baybachstr. 50
☎ 02605/776+2056, Fax 2059
Preise: 2 Einzel 65, 17 Doppel DM 110,
                  Halbpension 15, Vollpension DM 28
Ausstattung: Dusche/WC, Telefon, TV
Besonderes: Restaurant, Terrasse, Liegewiese, Sauna,
                  Solarium, Parkplätze, Kegelbahn, Tennisplätze

---

■ Hotel Waldeck   Baybachtal
☎ 02605/3386
Preise: 2 Einzel 36, 12 Doppel DM 72-100,
                  Halbpension 18, Vollpension DM 25
Ausstattung: ~Dusche/WC
Besonderes: Restaurant, Terrasse, Liegewiese, Kegelbahn, Parkplätze

---

Burghausen   ✉ 84489
Bayern   Seite 17/C 2

■ Bayerischer Hof   Stadtplatz 45-46
☎ 08677/62022, Fax 62027
Preise: 16 Einzel 85, 12 Doppel 125, Halbpension 15, Vollpension
                  DM 25
Ausstattung: Dusche/WC, Telefon, TV
Besonderes: Restaurant, Parkplätze, Garagen
Kreditkarten: Eurocard

■ Burg-Hotel   Marktler Str. 2
☎ 08677/7038, Fax 7610
Preise: 19 Einzel DM 45, 10 Doppel DM 110
Ausstattung: Dusche/WC, Telefon
Besonderes: Restaurant, Parkplätze, Biergarten
Kreditkarten: Amex, Diners, Eurocard, Visa

■ Klostergasthof Raitenhaslach   Raitenhaslach 9
☎ 08677/7062-64, Fax 66111
Preise: 2 Einzel 80-90, 12 Doppel DM 120-130
Ausstattung: Dusche/WC, Telefon, Radio, TV
Besonderes: Restaurant, Biergarten, Terrasse, Liegewiese, Parkplätze
Kreditkarten: Amex, Eurocard, Visa

Burgwald ✉ 35099

Hessen — Seite 11/C 2

■ Jägerstübchen — Hauptstr. 33
☎ 06451/22150, Fax 23493
Preise: 6 Einzel 49, 6 Doppel 80, Halbpension 9, Vollpension DM 18
Ausstattung: Dusche/WC, Telefon, TV
Besonderes: Restaurant 10-1 Uhr, Terrasse, Parkplätze, Garagen

Burladingen ✉ 72393

Baden-Württemberg — Seite 15/D 2

■ Gasthof-Hohl Lamm — Bundesstraße 1
☎ 07477/1088
Preise: 2 Einzel 50, 8 Doppel DM 100, Halbpension und Vollpension möglich
Ausstattung: Dusche/WC, Telefon, TV
Besonderes: Restaurant, Liegewiese, Parkplätze, Garagen
Geschlossen: Freitag

Burscheid ✉ 51399

Nordrhein-Westfalen — Seite 10/B 2

■ Hotel Schützenburg — Hauptstr. 116
☎ 02174/5618+8315, Fax 63847
Preise: 15 Einzel 70-120, 11 Doppel DM 110-170
Ausstattung: Dusche/WC, Telefon, Radio, TV, Terrasse
Besonderes: Restaurant, Terrasse, Schwimmbad, Parkplätze, Garagen
Kreditkarten: Amex, Eurocard

Buseck ✉ 35418

Hessen — Seite 11/C 3

■ Hotel Lohberg — Turnstr. 3
☎ 06408/3031
Preise: 8 Einzel ab 68, 5 Doppel ab DM 130, Halbpension mögl., Vollpension möglich
Ausstattung: Dusche/WC, Telefon, TV, Radio
Besonderes: Restaurant, Bar, Tagungssaal, Parkplätze, Garagen
Kreditkarten: Eurocard

Butjadingen ✉ 26969

Niedersachsen — Seite 7/B 2

■ Hotel Schild — Butjadinger Str. 8-12, Ruhwarden
☎ 04736/225, Fax 712
Preise: 4 Einzel 60, 62 Doppel 120, 1 Apartment DM 120
Ausstattung: Dusche/Bad/WC, TV, Balkon
Besonderes: Restaurant bis 24 Uhr, Konferenzraum 100, Sauna, Solarium, Parkplätze, Garagen, Terrasse, Liegewiese
Geschlossen: 15. Oktober bis Ostern

■ Kurhotel Strandhof   Strandallee 35

☎ 04736/1271, Fax 559

Preise: 5 Einzel 79, 15 Doppel 138, 16 Apartments 110-160, 6 Fe-Whg.
                   DM 140-160, inkl. Frühstück, Halbp. 26, Vollp. DM 40

Ausstattung: Dusche/WC, Telefon, TV, ~BAlkon

Besonderes: Restaurant, Terrasse, Liegewiese, Sauna, Solarium,
                   Parkplätze, Garagen, eigene Kurmittelabteilung im Hause

Kreditkarten: Eurocard, Visa

■ Zur Fischerklause   Sielstraße 16, Fedderwardersiel

☎ 04733/362

Preise: 6 Einzel ab 78, 11 Doppel DM 126-138

Ausstattung: Dusche/WC, Telefon, TV, Minibar, ~Balkon

Besonderes: Restaurant 10-21 Uhr, Terrasse, Liegewiese, Schwimmbad,
                   Parkplätze, Garagen

Kreditkarten: Diners, Eurocard, Visa

Cadolzburg ⊠ **90556**
Bayern   Seite 16/A 1

■ Landgasthot Grüner Baum   Dorfstr. 11
☎ 09103/921, Fax 5539
Preise: 10 Einzel 45-85, 27 Doppel DM 80-130
Ausstattung: ~Dusche/WC, Telefon, Radio, TV, ~Balkon
Besonderes: Restaurant 11-23 Uhr, Terrasse, Parkplätze, Garagen
Kreditkarten: Diners, Eurocard, Visa

Bad Camberg ⊠ **65520**
Hessen   Seite 11/C 3

■ Hotel Waldschloß Bad Camberg   A. d. Hochtaunusstr.
☎ 06434/6096, Fax 5896
Preise: 5 Einzel 70, 18 Doppel 130, Halbpension DM 30,
                   Vollpension DM 45
Ausstattung: Dusche/WC, Telefon, TV, Minibar, Balkon
Besonderes: Restaurant, Terrasse, Liegewiese, Parkplätze, Garagen, Tanzbar
Kreditkarten: Diners, Eurocard, Visa

Celle ⊠ **29225**
Niedersachsen   Seite 8/A 3

■ Bacchus   Bremer Weg 132 a
☎ 05141/52031+32, Fax 52689
Preise: 11 Einzel 78, 31 Doppel 138, Halbpension DM 18
Ausstattung: Bad/WC, Telefon, Radio, TV
Besonderes: Restaurant 11-23 Uhr, Parkplätze, Garagen
Kreditkarten: Eurocard, Visa

■ Hotel Atlantik - Kiek in Hotel   Südwall 12a
☎ 05141/23039, Fax 24009
Preise: 7 Einzel 69, 7 Doppel ab DM 95
Ausstattung: Dusche/WC, Telefon, TV, Minibar
Kreditkarten: Amex, Diners, Eurocard, Visa

Cham ⊠ **93413**
Bayern   Seite 17/C 1

■ Berggasthaus Ödenturm   Am Oedenturm 11, Münster
☎ 09971/3880, Fax 32647
Preise: 2 Einzel 43, 8 Doppel DM 86
Ausstattung: Bad/Dusche/WC
Besonderes: Restaurant 12-14, 18-22 Uhr, Terrasse, Parkplätze
Kreditkarten: Diners, Eurocard

■ Garni-Hotel Ratskeller   Am Kirchplatz
☎ 09971/1441, Fax 2578
Preise: 5 Einzel ab 53, 6 Doppel ab DM 95
Ausstattung: Bad/WC, TV, Telefon, Minibar
Kreditkarten: Amex, Diners, Eurocard, Visa

■ **Hotel Sonnenhof**   Am Fuchsbühl 14, Schlondorf
☎ 09971/30398, Fax 32581
Preise: 2 Einzel 42-46, 7 Doppel 76, Halbpension DM 10
Ausstattung: Dusche/WC, Telefon, Balkon
Besonderes: Restaurant, Terrasse, Liegewiese, Sauna, Solarium,
                 Parkplätze, Garagen
Geschlossen: Ende November - Anfang Dezember
Kreditkarten: Amex, Diners, Eurocard, Visa

■ **Kolpinghaus Cham**   Schützenstr. 14
☎ 09971/8493, Fax 40113
Preise: 29 Einzel 50-75, 29 Doppel 90-140, Halbpension 15,
                 Vollpension DM 25
Ausstattung: Dusche/WC, Balkon, Telefon
Besonderes: Restaurant, Parkplätze, Garagen
Kreditkarten: Visa, Eurocard, Amexco

■ **Randsberger Hof**   Cham
☎ 09971/1266-69, Fax 20299
Preise: 14 Einzel 52-65, 63 Doppel 104-125, 6 Apartments 120-130,
                 Halbpension 15, Vollpension DM 25
Ausstattung: Bad/WC, Telefon, TV, ~Balkon
Besonderes: Restaurant 10.30-24 Uhr, Terrasse, Sauna, Solarium, Kegeln,
                 Squash, Kino, Parkplätze, Schwimmbad
Kreditkarten: Amex, Diners, Eurocard, Visa

Chieming   ⊠ 83339
Bayern   Seite 17/C 3

■ **Unterwirt zu Chieming**   Hauptstr. 32
☎ 08664/551, Fax 1649
Preise: 10 Einzel 72, 9 Doppel DM 105
Ausstattung: ~Bad/WC, TV, Balkon
Besonderes: Restaurant bis 23 Uhr, Bar bis 1 Uhr, Konferenzraum 30,
                 Parkplätze, Garagen, Liegewiese
Geschlossen: 1.11. - 30.11.

Chorin   ⊠ 16230
Brandenburg   Seite 9/D 3

■ **Hotel Haus Chorin**   Neue Klosterallee 10
☎ 033366/447, Fax 326
Preise: 6 Einzel 79-111, 16 Doppel 112-130, Halbpension 14,
                 Vollpension DM 28
Ausstattung: Dusche/WC, Telefon
Besonderes: Restaurant, Liegewiese, Sauna, Parkplätze
Kreditkarten: EC, Visa, Amexco

Clausthal-Zellerfeld   ✉ 38678

Niedersachsen   Seite 11/D 1

■ Hotel-Restaurant Friese   Burgstätter Str. 2
☎ 05323/3310, Fax 2431
Preise: 6 Einzel DM 65-85, 8 Doppel DM 95-128
Ausstattung: Dusche/WC, Telefon, TV, Minibar
Besonderes: Restaurant, Parkplätze
Kreditkarten: Amex, Diners, Eurocard, Visa

■ Wolfs Hotel   Goslarsche Str. 60
☎ 05323/81014, Fax 81015
Preise: 5 Einzel 88-98, 25 Doppel 130-160, Halbpension DM 25
Ausstattung: Dusche/WC, Telefon, TV, ~Minibar, ~Balkon
Besonderes: Restaurant, Liegewiese, Schwimmbad, Sauna, Solarium,
    Parkplätze, Garagen
Kreditkarten: Amex, Diners, Eurocard, Visa

■ Hotel Schnabelhaus   Rollstraße 31
☎ 05323/1428/3942
Preise: 4 Einzel DM 40-50, 8 Doppel DM 80-96, Halbpension DM 15,
    Vollpension DM 28
Ausstattung: Du/Bad, WC, Telefon

Cleebronn   ✉ 74389

Baden-Württemberg   Seite 15/D 1

■ Gasthof Zum Ochsen   Keltergasse 16-18
☎ 07135/3336, Fax 13269
Preise: 2 Einzel ab 68, 8 Doppel DM 105
Ausstattung: Dusche/WC, TV
Besonderes: Restaurant, Parkplätze

Clenze   ✉ 29459

Niedersachsen   Seite 8/B 3

■ Heidehof Clenzer Schweiz   Reddereitz 8
☎ 05844/495, Fax 493
Preise: 3 Einzel ab 35, 8 Doppel DM 90-120
Ausstattung: ~Dusche/WC, Telefon, TV, Minibar, Balkon
Besonderes: Restaurant, Terrasse, Liegewiese, Parkplätze

Cloppenburg   ✉ 49661

Niedersachsen   Seite 7/B 3

■ Hotel Deeken   Auf dem Hook
☎ 04471/6552, Fax 5816
Preise: 10 Einzel 60-90, 12 Doppel 115-160, 3 Apartments 90-160
    Halbpension 15, Vollpension DM 30
Ausstattung: Bad/Dusche/~WC, Telefon, TV, Minibar
Besonderes: Restaurant 12-14, 18-22 Uhr, Sauna, Solarium, Parkplätze,
    Garagen, Terrasse, Liegewiese
Kreditkarten: Amex, Diners, Eurocard, Visa

■ **Schäfers Hotel** Lange Str. 66
☎ 04471/2484, Fax 48484
Preise: 8 Einzel 75, 5 Doppel 120, Halbpension 15,
Vollpension DM 28
Ausstattung: Dusche/WC, TV, ~Telefon
Besonderes: Restaurant 12-14, 18-23 Uhr, Garten, Parkplätze, Garagen
Geschlossen: Sonntagabend und Montagmittag
Kreditkarten: Amex, Diners, Eurocard, Visa

■ **Hotel Diekgerdes** Friesoyther Straße 11
☎ 04471/3805, Fax 83799
Preise: 1 Einzel DM 60-65, 6 Doppel DM 90-98, Halbpension möglich
Ausstattung: Du/Bad, WC, TV, Radi
Besonderes: Frühstücksbuffet, Restaurant, Parkplätze
Kreditkarten: Eurocard, Visa

■ **Landhaus Schuler** Kastanienallee 6, Resthausen
☎ 04475/495, Fax 1705
Preise: 5 Einzel DM 60-70, 6 Doppel DM 100-140, Halbpension DM 20,
Vollpension DM 40
Ausstattung: Du/Bad, WC, Telefon
Besonderes: Terrasse, Liegewiese, Schwimmbad, Parkplätze
Kreditkarten: Eurocard

Cochem ✉ 56812
Rheinland-Pfalz Seite 10/B 3

■ **Haus Erholung und Ferienhaus Erholung** Moselpromenade 55+ 64
☎ 02671/7599, Fax 4362
Preise: 3 Einzel 48-64, 12 Doppel 96-118, 2 Apartments DM 92-150
Ausstattung: Dusche/WC, ~TV, ~Balkon
Besonderes: Schwimmbad, Sauna, Solarium
Kreditkarten: Eurocard

■ **Hotel Am Rosenhügel** Valwiger Str. 57, Cond
☎ 02671/1396, Fax 8116
Preise: 2 Einzel 60-80, 21 Doppel DM 110-150
Ausstattung: Dusche/WC, TV, Radio, Balkon
Besonderes: Terrasse, Liegewiese, Solarium, Fitneßraum, Tischtennis,
Abendrestaurant für Hausgäste
Geschlossen: 1. Dezember bis 31. Januar
Kreditkarten: Eurocard, Visa

■ **Hotel Brixiade** Uferstr. 13
☎ 02671/3015, Fax 3811
Preise: 10 Einzel ab 60, 30 Doppel 110-150, Halbpension 25,
Vollpension DM 38
Ausstattung: Bad/WC, Telefon, Balkon
Besonderes: Terrasse, Parkplätze
Kreditkarten: Amex, Eurocard, Visa

■ **Hotel Noss**   Moselpromenade 17
☎ 02671/3612-13, Fax 5366
Preise: 4 Einzel 75, 28 Doppel 140, Halbpension DM 26
Ausstattung: Dusche/WC, Telefon, TV, Radio
Besonderes: Restaurant, Bar, Lift, Garagen
Kreditkarten: Amex, Diners, Eurocard, Visa

■ **Hotel Weißmühle**   Enderttal, Im Endertal
☎ 02671/8955, Fax 8207
Preise: 6 Einzel 85-115, 30 Doppel 160-220, Halbpension 35,
                   Vollpension DM 55
Ausstattung: Bad/Dusche/WC, Telefon, TV, Minibar
Besonderes: Restaurant 11-24 Uhr, Bar ab 18 Uhr, Parkplätze, Garagen,
                   Terrasse, Liegewiese
Kreditkarten: Diners, Eurocard, Visa

■ **Moselromantik-Hotel-Panorama**   Klostergartenstr. 44
☎ 02671/8430+3065, Fax 3064
Preise: 8 Einzel 80, 35 Doppel 150, Halbpension DM 22
Ausstattung: Dusche/WC, Telefon, TV, Minibar, Balkon
Besonderes: Restaurant, Liegewiese, Schwimmbad, Sauna, Solarium,
                   Parkplätze, Garagen
Kreditkarten: Visa

■ **Moselromantik Hotel Thul**   Cochem
☎ 02671/7134, Fax 5367
Preise: 3 Einzel 51-83, 20 Doppel 86-152, Halbpension DM 23-26
Ausstattung: Dusche/WC, Telefon, TV, ~Balkon
Besonderes: Restaurant, Terrasse, Liegewiese, Parkplätze, Garagen,
                   Tischtennis, Billard, Sauna, Fitneßraum
Geschlossen: Dezember bis Februar
Kreditkarten: Diners

■ **Triton**   Uferstr. 10, Cond
☎ 02671/218+219
Preise: 3 Einzel 72-84, 16 Doppel DM 130-150
Ausstattung: Bad/WC, Telefon
Besonderes: Lift, Terrasse, Hallenschwimmbad, Sauna, chin. Restaurant,
                   Parkplätze

■ **Zur schönen Aussicht**   Sehler Anlagen 22
☎ 02671/7232
Preise: 1 Einzel DM 60-70, 15 Doppel DM 70-95, Halbpension möglich
Ausstattung: Du/Bad, WC, Radio, ~TV
Besonderes: Restaurant, Terrasse

Coesfeld   ⊠ **48653**
Nordrhein-Westfalen   Seite 10/B 1

■ **Hotel zur Mühle**   Mühlenstr. 23
☎ 02541/9130, Fax 6577
Preise: 14 Einzel 90, 17 Doppel DM 150
Ausstattung: Dusche/WC, Telefon, TV, Minibar
Besonderes: Bar, Terrasse, Parkplätze
Kreditkarten: Diners, Eurocard, Visa, Amexco

Colbitz ✉ 39326

Sachsen-Anhalt

Seite 12/B 1

■ Waldgasthof Rabensol
☎ 039207/412, Fax 616
Preise: 5 Einzel DM 55-85, 16 Doppel DM 90-140, Halbpension DM 18,
Vollpension DM 35
Ausstattung: Du/Bad, WC, Radio
Besonderes: Restaurant, Terrasse, Liegewiese, Parkplätze

Coppenbrügge ✉ 31863

Niedersachsen

Seite 11/D 1

■ Uhdes Hotel und Restaurant Niederstr. 2-4
☎ 05156/9700, Fax 97033
Preise: 5 Einzel 30-60, 12 Doppel DM 60-110
Ausstattung: Dusche/WC, Telefon, TV
Besonderes: Restaurant ab 17 Uhr, Terrasse, Liegewiese, Parkplätze, Garagen
Geschlossen: 22. Juli bis 17. August 1994
Kreditkarten: Amex, Diners, Eurocard, Visa

Coswig ✉ 06869

Sachsen-Anhalt

Seite 13/C 2

■ Liebchens Waldschlößchen An der B 107
☎ 034903/2568
Preise: 3 Einzel ab 50, 9 Doppel ab 95, Halbpension DM 15
Ausstattung: ~Dusche/WC, TV
Besonderes: Liegewiese, Parkplätze
Kreditkarten: Eurocard, Visa, Amexco

Crailsheim ✉ 74564

Baden-Württemberg

Seite 16/A 1

■ Hotel Post-Faber Lange Str. 2-4
☎ 07951/8038, Fax 8030
Preise: 29 Einzel ab 88, 32 Doppel DM 148, 1 Appartement DM 168
Ausstattung: Dusche/WC, Telefon, TV, Minibar
Besonderes: Restaurant, Bar, Frühstücksbuffet, Solarium, Fitneßraum,
Parkplätze, Garagen
Kreditkarten: Amex, Diners, Eurocard, Visa

Cunnersdorf ✉ 01824

Sachsen

Seite 13/D 2

■ Deutsches Haus Hauptstr. 20
☎ 035021/937
Preise: 2 Einzel 65,10 Doppel 100, 3 Apartments 120,
Halbpension DM 17
Ausstattung: Dusche/WC, Telefon, TV
Besonderes: Restaurant, Terrasse, Parkplätze
Geschlossen: November

Cursdorf

Thüringen

✉ **98744**

Seite 12/A 3

■ **Panoramahotel Cursdorfer Höhe**   Kreisstr. 16
☎ 036705/2431, Fax 2435
Preise: 5 Einzel 56, 80 Doppel 92, 4 Apartments DM 92
Ausstattung: Dusche/WC, Telefon, Radio, TV
Besonderes: Restaurant, Liegewiese, Sauna, Solarium, Parkplätze
Kreditkarten: Amex, Eurocard, Visa

Cuxhaven

Niedersachsen

✉ **27474**

Seite 7/B 2

■ **Stadt Cuxhaven**   Alter Deichweg 11-12
☎ 04721/5820, Fax 582200
Preise: 11 Einzel 78-95, 31 Doppel DM 168
Ausstattung: Bad/WC, ~TV, Telefon, Radio
Besonderes: Frühstücksbuffet, Konferenzraum, Kegeln, Parkplätze, Garagen

---

■ **Am Königshof**   Hauptstraße 67
☎ 04723/2166/3042, Fax 3043
Preise: 6 Einzel DM 65-75, 16 Doppel 100-120, Halbpension DM 15,
                   Vollpension DM 25-30
Ausstattung: Du/Bad, WC, Telefon, TV
Besonderes: Restaurant, Parkplätze, Schwimmbad, Sauna
Kreditkarten: Eurocard, Visa, Amexco

■ **Hotel Astrid**   Hinter der Kirche 26
☎ 04721/4097-0, Fax 48526
Preise: 5 Einzel DM 80, 19 Doppel DM 130-178
Ausstattung: Du/Bad, WC, Telefon, TV, Minibar
Besonderes: Garni, Sauna, Solarium, Parkplätze
Geschlossen: November

Dachau ✉ 85221

Bayern   Seite 16/B 2

■ **Landgasthof Herzog**   Heripertplatz 1, Hebertshausen
☎ 08131/1621+22, Fax 1623
Preise: 7 Einzel DM 75-79, 18 Doppel DM 120-125, Halb-und Vollpen-
                   sion möglich
Ausstattung: Dusche/WC, Telefon, TV
Besonderes: Restaurant 10-1 Uhr, Konferenzraum 45, Spezialitätenwochen,
                   Parkplätze,
Kreditkarten: Amex, Eurocard

Dahlewitz ✉ 15827

Brandenburg   Seite 13/C 1

■ **Hotel und Gasthaus Lindenhof**   Dorfstr. 40
☎ 033708/30224+30103
Preise: 1 Einzel 65, 12 Doppel DM 110
Ausstattung: ~Dusche/WC, Telefon, Radio, TV
Besonderes: Restaurant, TerrasseParkplätze
Kreditkarten: Diners, Eurocard, Visa

Dahme ✉ 23747

Schleswig-Holstein   Seite 8/B 1

■ **Strandhotel**   Seestr. 47
☎ 04364/201
Preise: 6 Einzel 70-80, 12 Doppel DM 135-150
Ausstattung: Dusche/WC, Telefon
Besonderes: Apartments, Lift, Terrasse, Hallenschwimmbad, Sauna,
                   Solarium, garni, Parkplätze, Garagen

Dammbach ✉ 63874

Bayern   Seite 11/D 3

■ **Gästehaus-Pension Hochspessart**   Heppenweg 2, Krausenbach
☎ 06092/493+312, Fax 6429
Preise: 3 Einzel ab 42, 13 Doppel 68, Halbpension DM 12
Ausstattung: Dusche/WC, Balkon
Besonderes: Restaurant, Terrasse, Liegewiese, Sauna, Solarium,
                   Parkplätze

■ **Waldhotel Heppe**   Heppe 1
☎ 06092/9410, Fax 941285
Preise: 6 Einzel ab 62, 23 Doppel 120, Halbpension DM 10
Ausstattung: Dusche/WC, Telefon, Balkon, Radio, TV
Besonderes: Restaurant, Terrasse, Liegewiese, Hallenbad, Sauna,
                   Solarium, Parkplätze, Garagen
Geschlossen: 15.12. - 15.2.

■ **Hotel-Speisegaststätte Oberschnorrhof**   Krausenbach
☎ 06092/1570, Fax 6629
Preise: 2 Einzel 43, 18 Doppel DM 76,
                    Halbpension DM 50
Ausstattung: Dusche/WC, Telefon
Besonderes: Restaurant, Terrasse, Liegewiese,Schwimmbad, Sauna, Solarium
                    Parkplätze
Geschlossen: Mitte November bis Mitte Dezember

Dannenfels   ✉ **67814**
Rheinland-Pfalz   Seite 15/C 1

■ **Hotel Bastenhaus**   Bastenhaus 1
☎ 06357/5021, Fax 1051
Preise: 2 Einzel 69, 21 Doppel 104-114, Halbpension DM 20
Ausstattung: Dusche/WC, Telefon, TV, ~Balkon
Besonderes: Restaurant 11.30-23 Uhr, Terrasse, Liegewiese, Sauna,
                    Parkplätze, Garagen
Geschlossen: 2 Wochen im August
Kreditkarten: Amex, Eurocard, Visa

Dargun   ✉ **17159**
Mecklenburg-Vorpommern   Seite 9/C 2

■ **Hotel am Klostersee**
☎ 039959/20332, Fax 20185
Preise: 4 Einzel 60-70, 19 Doppel DM 80-100
Ausstattung: Dusche/WC, Telefon, TV, Radio
Besonderes: Restaurant und Bar bis 24 Uhr geöffnet, Liegewiese,
                    Parkplätze, 12 Ferienwohnungen, Eröffnung 1. Mai 1994
Kreditkarten: Eurocard, Visa

Darmstadt   ✉ **64283**
Hessen   Seite 11/C 3

■ **Hotel Rehm**   Heidelberger Landstr. 306, Eberstadt
☎ 06151/55022, Fax 593033
Preise: 4 Einzel 60-95, 18 Doppel DM 105-130
Ausstattung: Bad/WC, TV, Telefon, Radio
Besonderes: Parkplätze, Garagen

■ **Waldfriede**   Friedr.-Naumann-Str. 8, Eberstadt
☎ 06151/52619
Preise: 6 Einzel 80, 10 Doppel DM 130
Ausstattung: Bad/WC, Telefon, Radio
Besonderes: Parkplätze

■ **Hotel Regina**   Moosbergstr. 94
☎ 06151/65061, Fax 61820
Preise: 7 Einzel 75, 11 Doppel 130, 1 Apartment DM 140
Ausstattung: Dusche/WC, Telefon, TV
Besonderes: Restaurant ab 18 Uhr geöffnet
Kreditkarten: Amex, Eurocard, Visa

■ Motel Mühltal
Mühltalstr. 1

☎ 06151/55414, Fax 593432

Preise:	3 Einzel 80, 4 Doppel DM 120
Ausstattung:	~Dusche/WC, Telefon, TV
Besonderes:	Restaurant, Parkplätze
Kreditkarten:	Amex, Diners, Eurocard, Visa

Darscheid   ✉ 54552
Rheinland-Pfalz   Seite 10/B 3

■ Kucher's Landhotel
Karl-Kaufmann-Str. 2

☎ 06592/629, Fax 3677

Preise:	3 Einzel 60-65, 11 Doppel 120-130, Halbpension DM 28 Landhauszimmer DM 75
Ausstattung:	Dusche/WC, Telefon, TV, Balkon
Besonderes:	Restaurant, Terrasse, Liegewiese, Parkplätze
Geschlossen:	27.3. - 11.4.95
Kreditkarten:	Amex, Eurocard

Datteln   ✉ 45711
Nordrhein-Westfalen   Seite 10/B 1

■ Zum Ring
Ostring 41

☎ 02363/52465, Fax 53501

Preise:	4 Einzel DM 85-95, 5 Doppel DM 140
Ausstattung:	Bad/WC, Telefon, TV, Minibar
Besonderes:	Terrasse, Sauna, Solarium, Fitneßraum, Parkplätze Restaurant
Kreditkarten:	Amex, Diners, Eurocard, Visa

Dauchingen   ✉ 78083
Baden-Württemberg   Seite 15/C 2

■ Landgasthof-Hotel-Fleig
Villinger Str. 17

☎ 07720/5909, Fax 65089

Preise:	18 Einzel DM 60, 11 Doppel DM 90, Halbpension DM 20-30
Ausstattung:	Dusche/WC, Telefon, TV
Besonderes:	Restaurant, Terrasse, Parkplätze
Kreditkarten:	Eurocard, Visa

Daun   ✉ 54550
Rheinland-Pfalz   Seite 10/B 3

■ Eifelperle
Reiffenbergstr. 1

☎ 06592/96830, Fax 968321

Preise:	7 Einzel 43-57, 12 Doppel 86-124, Halbpension 18, Vollpension DM 28
Ausstattung:	Dusche/Bad/WC, Telefon, Radio, TV
Besonderes:	Restaurant, Terrasse, Schwimmbad, Sauna, Solarium

■ **Hotel Stadt Daun**   Leopoldstr. 14
☎ 06592/3555, Fax 3556
Preise: 4 Einzel 55-70, 23 Doppel DM 100-130, Halbpension und
                Vollpension möglich
Ausstattung: Bad/WC, Telefon, Radio, TV
Besonderes: Restaurant, Terrasse, Hallenschwimmbad, Sauna, Solarium,
                Parkplätze
Geschlossen: November
Kreditkarten: Amex, Diners, Eurocard, Visa

Deckenpfronn   ✉ 75392
Baden-Württemberg   Seite 15/C 2

■ **Hotel-Gasthof Krone**   Marktplatz 10-11
☎ 07056/92990, Fax 929940
Preise: 14 Einzel 65-82, 7 Doppel DM 84-116, Halbpension und
                Vollpension möglich
Ausstattung: Dusche/WC, Telefon, TV, Minibar, ~Balkon
Besonderes: Terrasse, Sauna, Solarium, Parkplätze, Garagen,
                Restaurant 10-22 Uhr geöffnet
Kreditkarten: Diners, Eurocard, Visa

Deggendorf   ✉ 94469
Bayern   Seite 17/C 2

■ **Hotel zum Burgwirt**   Deggendorfer Str. 7, Natternberg
☎ 0991/30045, Fax 31287
Preise: 11 Einzel 70-75, 23 Doppel 110-120, 2 Appartements 120,
                Halbpension DM 18
Ausstattung: Bad/WC, Telefon, TV, Radio, Balkon
Besonderes: Konferenzräume, Kegelbahnen, Fitneßraum, Garagen

Deggenhausertal   ✉ 88693
Baden-Württemberg   Seite 15/D 3

■ **Hotel-Restaurant Krone**   Lindenplatz 2, Roggenbeuren
☎ 07555/296 + 290, Fax 666
Preise: 4 Einzel DM 60, 22 Doppel DM 95-100, 2 Appartements DM 120
                Halbpension DM 18, Vollpension DM 28
Ausstattung: Du/Bad, WC, Telefon, TV, ~Balkon
Besonderes: Restaurant, Terrasse, Liegewiese, Schwimmbad, Sauna, Park-
                plätze,
Kreditkarten: Eurocard

Deidesheim   ✉ 67146
Rheinland-Pfalz   Seite 15/C 1

■ **Gästehaus Hebinger**   Bahnhofstr. 21
☎ 06326/387, Fax 7494
Preise: 2 Einzel ab 80, 9 Doppel DM 140
Ausstattung: Dusche/WC, Telefon, TV
Besonderes: Terrasse

Delbrück

✉ **33129**

Nordrhein-Westfalen

■ **Haus Schulte**   Knöppenstr. 9, Westenholz
☎ 02944/6091
Preise: 9 Einzel 55, 5 Doppel DM 100, Halbpension 15, Vollpension DM 28
Ausstattung: Dusche/WC, Telefon, TV, Radio
Besonderes: Restaurant, Bar, Terrasse, Liegewiese, Parkplätze, Garagen

Delmenhorst

✉ **27755**

Niedersachsen   Seite 7/B 3

■ **Gut Hasport Hotel garni**   Hasporter Damm 220
☎ 04221/26081, Fax 26084
Preise: 18 Einzel DM 70, 17 Doppel DM 110, 3 Appartements DM 150
Ausstattung: Dusche/WC, Telefon, TV
Besonderes: Terrasse, Liegewiese, Schwimmbad, Parkplätze

■ **Hotel-Restaurant Thomsen GmbH**   Bremer Str. 186
☎ 04221/970-0, Fax 70001
Preise: 21 Einzel DM 55-90, 60 Doppel DM 105-130
Ausstattung: Bad/WC, Telefon, TV
Besonderes: Restaurant, Kegeln, Parkplätze
Kreditkarten: Visa, Euro, Diners, Amexco

■ **Motel Annenriede**   Annenheider Allee 129
☎ 04221/62392+62812, Fax 60255
Preise: 26 Einzel 65, 32 Doppel 110, 2 Apartments DM 140
Ausstattung: Dusche/WC, Telefon, TV
Besonderes: Restaurant 18-22 Uhr, Parkplätze
Geschlossen: 24. Dezember bis 2. Januar
Kreditkarten: Amex, Diners, Eurocard, Visa

Denkendorf

✉ **85095**

Bayern   Seite 16/B 2

■ **Hotel Mozartstuben**   Mozartstr. 12
☎ 08466/1092, Fax 8329
Preise: 10 Einzel 65-77, 33 Doppel 95-130, Halbpension DM 20
Ausstattung: Bad/WC, ~TV
Besonderes: Restaurant, ~Terrasse, Parkplätze
Kreditkarten: Amex, Diners, Eurocard, Visa

Detmold

✉ **32758**

Nordrhein-Westfalen   Seite 11/C 1

■ **Haus am Wasserfall**   Schlehenweg 3a
☎ 05231/4966
Preise: 1 Einzel 70-85, 7 Doppel DM 105-120, 3 Ferienwohnungen
Ausstattung: Dusche/WC, Telefon, TV, Minibar, Balkon
Besonderes: Terrasse, Liegewiese, Solarium, Parkplätze, Garagen

■ Hotel Achilles
Paderborner Str. 87, Heiligenkirchen
☎ 05231/4166, Fax 48867
Preise: 8 Einzel 65-85, 16 Doppel DM 100-130
Ausstattung: Dusche/Bad/WC, Telefon
Besonderes: Restaurant, Bar, Konferenzraum,
Sauna, Parkplätze, Garagen, Liegewiese
Kreditkarten: Amex, Diners, Eurocard, Visa, DKK

Dettelbach   ✉ 97337
Bayern   Seite 15/D 1

■ Altfränkischer Gasthof Grüner Baum
Falterstr. 2-9
☎ 09324/1493, Fax 3734
Preise: 5 Einzel 60-75, 10 Doppel DM 95-120
Ausstattung: Dusche/WC, Telefon, ~Radio, ~TV
Besonderes: Restaurant, Terrasse, Garagen
Geschlossen: 24. Dezember-15. Januar und 20. Juni-15. Juli
Kreditkarten: Eurocard

■ Hotel am Bach
Eichgasse 5
☎ 09324/1480, Fax 4719
Preise: 3 Einzel 65, 9 Doppel 93, Halbpension DM 16
Ausstattung: Dusche/WC, Telefon, Radio, TV, Minibar
Besonderes: Restaurant 8-22 Uhr, eigene Konditorei, Garagen
Kreditkarten: Amex, Eurocard

■ Hotel Franziskaner
Dettelbach
☎ 09324/4191, Fax 4537
Preise: 2 Einzel 70, 14 Doppel DM 110-125
Ausstattung: Dusche/WC, Telefon, TV
Besonderes: Restaurant, Terrasse, Liegewiese, Parkplätze, Tagungsraum,
Geschlossen: 1.-20.1.94
Kreditkarten: Eurocard, Visa, Amexco

■ Diamant Hotel zum Franziskaner
Wallfahrts Weg 14
☎ 09324/4191, Fax 4537
Preise: 3 Einzel DM 70-75, 16 Doppel DM 110-125, Halbp. DM 19,50
Ausstattung: Du/Bad, WC, Telefon, TV
Besonderes: Restaurant, Terrasse, Liegewiese, Parkplätze
Geschlossen: Januar
Kreditkarten: Diners, Eurocard, Visa, Amexco

Dettingen   ✉ 73265
Baden-Württemberg   Seite 15/D2

■ Hotel Teckblick
Teckstr. 44
☎ 07021/83048, Fax 53024
Preise: 17 Einzel ab 65, 8 Doppel DM 105
Ausstattung: Dusche/WC, Telefon, TV
Besonderes: Restaurant, Terrasse, Parkplätze, Kegelbahnen, Minigolf
Kreditkarten: Amex, Diners, Eurocard, Visa

Dettingen/Erms
Baden-Württemberg

✉ **72581**

Seite 15/D 2

■ **Gasthof Löwen**　　　　　　　　　Metzinger Straße 20
☎ 07123/71286, Fax 88387
Preise:　　　6 Einzel DM 65-70, 15 Doppel DM 110-120, Halbpension DM 20,
Ausstattung: Du/Bad, WC, Telefon, TV, ~Balkon
Besonderes: Restaurant
Kreditkarten: Eurocard

Diepholz
Niedersachsen

✉ **49356**

Seite 7/B 3

■ **Historic Hotel Castendieck**　　　　Bremer Straße 20
☎ 05441/2064, Fax 2245
Preise:　　　4 Einzel DM 75, 4 Doppel DM 130
Ausstattung: Du/Bad, WC, Telefon, Radio, TV
Besonderes: Restaurant, Sommergarten
Kreditkarten: Amexco, Diners, Visa

Dillingen/Donau
Bayern

✉ **89407**

Seite 16/A 2

■ **Hotel Convikt**　　　　　　　　　Conviktstr. 9
☎ 09071/4055, Fax 4058
Preise:　　　20 Einzel 80-90, 20 Doppel DM 130-150,
　　　　　　　Halbpension/Vollpension möglich
Ausstattung: Dusche/Bad/WC, Telefon, TV
Besonderes: Restaurant 7-24 Uhr, Terrasse, ruhige Lage, Parkplätze,
　　　　　　　Garagen
Kreditkarten: Amex, Eurocard

■ **Hotel Garni Trumm**　　　　　　　Donauwörther Straße
☎ 09071/3072, Fax 4100
Preise:　　　12 Einzel 62, 6 Doppel DM 95
Ausstattung: Dusche/WC, Telefon, TV, Balkon
Besonderes: Parkplätze, Garagen, Abendmahlzeit für Hausgäste
Geschlossen: 24. Dezember bis 2. Januar
Kreditkarten: Amex, Eurocard, Visa

Dillingen/Saar
Saarland

✉ **66763**

Seite 14/A 1

■ **Meilchen**　　　　　　　　　　　Hüttenwerkstr. 31
☎ 06831/77066, Fax 73449
Preise:　　　13 Einzel 85-89, 8 Doppel DM 120-130
Ausstattung: Dusche/WC, Telefon, TV
Besonderes: Parkplätze im Parkhaus
Kreditkarten: Amex, Diners, Eurocard, Visa

■ **Saarland-Hotel König**   Göbenstr. 1
☎ 06831/78001, Fax 78002
Preise: 7 Einzel 65-85, 16 Doppel 120-140, Halbpension 20,
                   Vollpension DM 35
Ausstattung: Dusche/WC, Telefon, TV
Besonderes: Restaurant
Kreditkarten: Amex, Diners, Eurocard, Visa

Dinkelsbühl   ✉ **91550**
Bayern   16/ A 1

■ **Deutsches Haus**   Weinmarkt 3
☎ 09851/2346
Preise: 4 Einzel 75-85, 10 Doppel DM 115-155
Ausstattung: ~Bad/WC, TV, Telefon, Radio
Besonderes: Konferenzraum 20, Parkplätze, Garagen

■ **Gasthof-Pension Goldene Krone**   Nördlinger Str. 24
☎ 09851/2293, Fax 6520
Preise: 3 Einzel bis 70, 22 Doppel bis DM 110, Halbpension mögl.
Ausstattung: Dusche/WC
Besonderes: Restaurant 10-22 Uhr, Terrasse, Parkplätze, Garagen
Geschlossen: 2 Wochen im August und 2 Wochen im Februar
Kreditkarten: Amex, Diners, Eurocard, Visa

■ **Hotel Goldene Kanne**   Segringer Str. 8
☎ 09851/6011, Fax 2281
Preise: 3 Einzel 75-90, 20 Doppel 120-150, 2 Apartments 220, Halb-
                   pension DM 28, Vollpension DM 60
Ausstattung: Dusche/WC, Telefon, TV, Minibar, Haarfön
Besonderes: Restaurant 11-23 Uhr, Parkplätze, Garagen
Geschlossen: November-April
Kreditkarten: Amex, Eurocard, Visa

■ **Hotel Goldene Rose**   Marktplatz 4
☎ 09851/831, Fax 6135
Preise: 5 Einzel 80, 28 Doppel 130, 1 Ferienwohnung DM 60,
                   Halbpension DM 25
Ausstattung: Dusche/WC, Telefon, TV, Minibar, ~Balkon
Besonderes: Restaurant 11-1 Uhr, Bar bis 1 Uhr, Terrasse, Parkplätze,
                   Garagen
Kreditkarten: Amex, Diners, Eurocard, Visa, ICB

■ **Hotel Palmengarten**   Untere Schmiedgasse 14
☎ 09851/6044, Fax 7548
Preise: 3 Einzel 58, 20 Doppel DM 88-118,
                   Halbpension und Vollpension möglich
Ausstattung: Dusche/WC, Telefon, TV, ~Balkon
Besonderes: Restaurant, Terrasse, Garagen
Kreditkarten: Amex, Eurocard, Visa, ICB

Dinslaken ✉ 46537

Nordrhein-Westfalen
Seite 10/B 2

■ **Hotel garni Loots** Bahnhofsplatz 9
☎ 02064/52309, Fax 2686
Preise: 11 Einzel ab 60, 11 Doppel DM 120
Ausstattung: ~Dusche/Bad/WC, Telefon, TV, Radio
Besonderes: Parkplätze
Kreditkarten: Amex, Diners, Eurocard

■ **Zum Schwarzen Ferkel** Voerder Str. 70
☎ 02064/51120+53094
Preise: 6 Einzel ab 75, 7 Doppel ab 100, 5 Apartments ab DM 120
Ausstattung: Dusche/WC, Telefon
Besonderes: Restaurant 18-22 Uhr, Terrasse, Parkplätze, Garage

Dobel ✉ 75335

Baden-Württemberg
Seite 15/C 2

■ **Hotel Funk** Hauptstr. 32
☎ 07083/5060, Fax 50610
Preise: 3 Einzel 80, 21 Doppel DM 120
Ausstattung: Bad/WC, Telefon, TV, ~Balkon
Besonderes: Restaurant, Terrasse, exzellente Küche, eigene Konditorei,
Garagen
Kreditkarten: Amex, Diners, Eurocard, Visa

■ **Hotel Rößle** J.-P.-Hebel-Str. 7
☎ 07083/2353+1805, Fax 51657
Preise: 16 Einzel 30-60, 12 Doppel 72-124, Halbpension DM 20
Ausstattung: Bad/WC, Telefon, Kabel-TV, Balkon
Besonderes: Restaurant, Bar, Terrasse, Sauna, Solarium, Whirlpool,
Parkplätze, Garagen
Geschlossen: 15. November bis 15. Dezember

Dölzig ✉ 04430

Sachsen
Seite 12/B 2

■ **Formule 1** Ringstraße 3
☎ 034205/84111
Preise: 86 Doppel DM 150, als Einzel DM 65, Frühstück zzgl. DM 7,50
Ausstattung: Du, WC, TV
Besonderes: Parkplätze
Kreditkarten: Amexco, Eurocard, Visa

Dörentrup

Nordrhein-Westfalen

✉ **32694**

Seite 11/C 1

■ **Waldhotel** Am Wald 2
☎ 05265/428
Preise: 3 Einzel 52, 22 Doppel DM 96
Ausstattung: Bad/WC, Balkon
Besonderes: Parkplätze

Dörpen

Niedersachsen

✉ **26892**

Seite 7/A 3

■ **Borchers** Neudörpener Str. 210
☎ 04963/1672
Preise: 10 Einzel 52-60, 20 Doppel DM 95-110
Ausstattung: Bad/WC, TV, Telefon
Besonderes: Frühstücksbuffet, Konferenzraum, Terrasse, Sauna, Solarium,
Parkplätze

Dörverden

Niedersachsen

✉ **27313**

Seite 8/A 3

■ **Hotel Pfeffermühle** Große Str. 70
☎ 04234/1365+2231, Fax 2150
Preise: 6 Einzel 72, 10 Doppel DM 100, 1 Appartement, Halbpension
und Vollpension möglich
Ausstattung: Dusche/WC, Telefon, TV
Besonderes: Restaurant 11-14, 17-23 Uhr, Fahrradverleih, Garten,
Parkplätze, Garagen, Liegewiese, Apartments
Kreditkarten: Amex, Eurocard, Visa

Dommitzsch

Sachsen

✉ **04880**

Seite 13/C 1

■ **Fährhaus Dommitzsch** Elbstraße 15
☎ 034223/40346, Fax 40346
Preise: 2 Einzel DM 60, 7 Doppel DM 85, Halb-und Vollpension möglich
Ausstattung: Du/Bad, WC, Radio, TV
Besonderes: Restaurant, Terrasse, Liegewiese, Parkplätze,

Donaueschingen

Baden-Württemberg

✉ **78166**

Seite 15/C 3

■ **Gasthof Waldblick** Am Hinteren Berg 7, Aufen
☎ 0771/83252-0, Fax 83252-25
Preise: 20 Einzel 85, 25 Doppel DM 130
Ausstattung: Bad/WC, Telefon
Besonderes: Restaurant bis 22 Uhr, Terrasse, Hallenschwimmbad, Sauna,
Solarium, Parkplätze, Garagen
Kreditkarten: Amex, Diners, Eurocard, Visa

■ **Hotel Linde** Karlstr. 18
☎ 0771/3048+49, Fax 3040
Preise: 11 Einzel 75-95, 11 Doppel DM 130-160
Ausstattung: Dusche/WC, Telefon, TV, Minibar, ~Balkon
Besonderes: Restaurant ab 18 Uhr geöffnet, Parkplätze
Geschlossen: 22. Dezember bis 25. Januar und zur Fasnacht
Kreditkarten: Diners, Eurocard, Visa

■ **Zur Sonne** Karlstr. 38
☎ 0771/3144
Preise: 10 Einzel ab 55, 10 Doppel DM 90-120
Ausstattung: Bad/WC
Besonderes: Frühstücksbuffet, Konferenzraum 35, Sauna, Parkplätze,
Garagen

Donaustauf ✉ 93093

Bayern Seite 16/B 1

■ **Hotel Kupferkanne** Lessingstr. 48
☎ 09403/95040, Fax 4396
Preise: 3 Einzel ab 80, 17 Doppel ab DM 120-140
Ausstattung: Dusche/WC, Telefon, TV, Minibar, Balkon, Telefon, Radio
Besonderes: Restaurant, Terrasse, Liegewiese, Sauna, Parkplätze
Kreditkarten: Amex, Diners, Eurocard, Visa

■ **Hotel-Pension Walhalla** Ludwigstr. 37
☎ 09403/9506-0, Fax 9506-13
Preise: 4 Einzel 65-70, 18 Doppel DM 94-98
Ausstattung: Dusche/WC, Telefon, TV, ~Balkon
Besonderes: Terrasse, Liegewiese, Parkplätze, Garagen
Kreditkarten: Amex, Diners, Eurocard, Visa

Donauwörth ✉ 86609

Bayern Seite 16/A 2

■ **Hotel-Pension Parkstadt** Andreas-Mayr-Str. 11
☎ 0906/4039, Fax 23986
Preise: 8 Einzel ab 57, 6 Doppel ab DM 96
Ausstattung: Dusche/Bad/WC, Radio, Telefon, TV, ~Balkon
Besonderes: Parkplatz, Schwimmbad, ruhig
Geschlossen: 15.7.-15.8.95
Kreditkarten: Amex, Eurocard, Visa

■ **Parkhotel Donauwörth** Sternschanzenstr., Parkstadt
☎ 0906/6037, Fax 23283
Preise: 29 Einzel 99, 18 Doppel 150, Halbpension 30, Vollpension DM
48
Ausstattung: Dusche/Bad/WC, Telefon, TV, Radio, Balkon
Besonderes: Restaurant, Konferenzräume 25-50, Parkplätze, Garagen,
Liegewiese
Kreditkarten: Amex, Diners, Eurocard, Visa

■ Posthotel Traube   Kapellstr. 14-16
☎ 0906/6096+6097, Fax 23390
Preise: 9 Einzel 85-120, 34 Doppel 130-185, Halbpension 20, Voll-
pension DM 30
Ausstattung: Dusche/WC, Telefon, Kabel-TV, ~Minibar, Balkon
Besonderes: Restaurant 11-24 Uhr, Liegewiese, Sauna, Parkplätze, Garagen
Badische Weinstube
Kreditkarten: Amex, Diners, Eurocard, Visa

Donzdorf   ⊠ 73072
Baden-Württemberg   Seite 15/D 2

■ Hotel Becher   Schloßstr. 7
☎ 07162/20050, Fax 200555
Preise: 20 Einzel 100-120, 40 Doppel 150-180, 2 Suiten ab DM 200
Ausstattung: Dusche/WC, Telefon, TV, Minibar, Balkon
Besonderes: Restaurant, Terrasse, Liegewiese, Sauna, Solarium,
Parkplätze, Garagen, Kegelbahn, Fitneßraum
Kreditkarten: Amex, Diners, Eurocard, Visa

Dormagen   ⊠ 41542
Nordrhein-Westfalen   Seite 10/B 2

■ Hotel garni Stadt Dormagen   Robert-Bosch-Str. 2, St. Peter
☎ 02133/7828+70325, Fax 70940
Preise: 10 Einzel 90, 5 Doppel DM 130
Ausstattung: Dusche/WC, Telefon, TV
Besonderes: Bar ab 19 Uhr, Terrasse, Sauna, Solarium, Parkplätze
Kreditkarten: Amex, Diners, Eurocard, Visa

Dornhan   ⊠ 72175
Baden-Württemberg   Seite 15/C 2

■ Pension Schaupp   Bettenhausser Straße 20, Fürnsal
☎ 07455/1346, Fax 2481
Preise: 4 Einzel ab DM 34, 6 Doppel ab DM 68, 2 Ferienwohnungen
Halbpension DM 12
Ausstattung: Du/Bad, WC, TV, Balkon

Dornstadt   ⊠ 89160
Baden-Württemberg   Seite 15/D 2

■ Hotel Krone   Bodelschwinghweg 1
☎ 07348/21033, Fax 22180
Preise: 18 Einzel ab 75, 19 Doppel ab 120, Halbpension 30,
Vollpension DM 55
Ausstattung: Dusche/Bad/WC, Telefon, ~Minibar, ~TV, V
Besonderes: Restaurant, Terrasse, Parkplätze, Kegelbahn
Geschlossen: 7. - 21.8.95
Kreditkarten: Amex, Diners, Eurocard, Visa

Dornstetten   ✉ 72280

Baden-Württemberg   Seite 15/C 3

■ Gasthof Waldgericht   Grüntaler Str. 4, Aach
☎ 07443/8033, Fax 4983
Preise: 13 Einzel ab 60, 13 Doppel DM 120
Ausstattung: Bad/WC, TV, Telefon
Besonderes: Parkplätze

Dorsten   ✉ 46282

Nordrhein-Westfalen   Seite 10/B 1

■ Haus Berken   An der Molkerei 50
☎ 02362/61213, Fax 62270
Preise: 10 Einzel DM 60-80, 8 Doppel DM 120-150
Ausstattung: Bad/WC, ~TV, ~Telefon
Besonderes: Restaurant 11-23 Uhr, Terrasse, Parkplätze
Kreditkarten: Amex, Diners, Eurocard, Visa

Dortmund   ✉ 44309

Nordrhein-Westfalen   Seite 10/B 2

■ Florianblick   Wittbräucker Str. 465
☎ 0231/47043, Fax 479875
Preise: 15 Einzel 90-100, 13 Doppel DM 132
Ausstattung: Dusche/WC, Telefon, TV, Minibar
Besonderes: Restaurant, Terrasse, Parkplätze, Tagungsräumlichkeiten
Kreditkarten: Amex, Diners, Eurocard, Visa

■ Hotelrestaurant Bergschänke   Wittener Str. 205
☎ 0231/178053
Preise: 6 Einzel DM 65-70, 19 Doppel DM 95-105
Ausstattung: Dusche/WC, Telefon, TV
Besonderes: Terrasse, Parkplätze

■ Hotel Union   Arndt-Str. 66
☎ 0231/550070, Fax 551722
Preise: 12 Einzel 68-120, 11 Doppel DM 155-170,
    kleine Abendkarte für Hausgäste
Ausstattung: ~Dusche/WC
Besonderes: Bar bis 22 Uhr geöffnet, Garagen
Kreditkarten: Amex, Diners, Eurocard, Visa

■ Prodomo   Paderborner Straße 79
☎ 0231/5656-0, Fax 5656-200
Preise: 24 Einzel DM 80, 92 Appartements DM 130, Halbpension DM 20
Ausstattung: Du/Bad, WC, Telefon, TV, Minibar, Balkon
Besonderes: Restaurant, Bar, Parkplätze
Kreditkarten: Amexco, Diners, Eurocard, Visa

Dresden
Sachsen

✉ **01067-01326**

Seite 13/D 2

■ **Hotel garni**   Barbarastr. 76
☎ 0351/5022699, Fax 53583
Preise: 8 Einzel 98-110, 28 Doppel DM 139-150, inkl. Frühstücks-
                 buffet
Ausstattung: Dusche/WC, Telefon, Radio, TV
Besonderes: Liegewiese, Parkplätze

Bad Driburg
Nordrhein-Westfalen

✉ **33014**

Seite 11/C 1

■ **Althaus Parkhotel**   Caspar-Heinrich-Str. 17
☎ 05253/2088+89
Preise: 40 Einzel 45-70, 14 Doppel DM 98-160
Ausstattung: Bad/WC, TV, Telefon
Besonderes: Apartments, Ferienwohnungen, Räume, Lift, Terrasse,
                 Solarium, Café, Parkplätze, Garagen

■ **Hotel-Café am Rosenberg**   Hinter dem Rosenberg
☎ 05253/2002+2003, Fax 2262
Preise: 14 Einzel DM 65-70, 7 Doppel 130-140, 1 Appartement DM 215
                 Halbpension DM 15, Vollpension DM 25
Ausstattung: Du/Bad, WC, Telefon, Kabel-TV, Balkon
Besonderes: Restaurant, Terrasse, Liegewiese, Schwimmbad, Sauna, Solar,
                 Parkplätze, Garagen
Kreditkarten: Diners, Eurocard, Visa

Drolshagen
Nordrhein-Westfalen

✉ **57489**

Seite 10/B 2

■ **Zur Schönen Aussicht**   Frenkenhauserhöh 4, Frenkhauserhöh
☎ 02761/2583, Fax 5124
Preise: 3 Einzel 50, 10 Doppel DM 95-98, Halbpension möglich
Ausstattung: Dusche/WC, ~Telefon, ~TV
Besonderes: Restaurant, Parkplätze, Garagen, Liegewiese, Kegelbahnen
Geschlossen: Januar
Kreditkarten: Eurocard

Dülmen
Nordrhein-Westfalen

✉ **48249**

Seite 10/B 1

■ **Hotel Am Markt**   Marktstr. 21
☎ 02594/2388, Fax 85235
Preise: 1 Einzel 72, 6 Doppel 120, Halbpension DM 20
Ausstattung: ~Dusche/WC, Telefon, TV,
Besonderes: Restaurant, Terrasse, Parkplätze, Garagen
Kreditkarten: Amex, Diners, Eurocard, Visa

■ Hotel Zum Wildpferd
Münsterstr. 52

☎ 02594/5063, Fax 85235
Preise: 4 Einzel 89, 32 Doppel 155, Halbpension DM 20
Ausstattung: Dusche/WC, Telefon, TV, Minibar
Besonderes: Restaurant, Bar bis 24 Uhr, Schwimmbad, Sauna, Solarium, Parkplätze, Garagen
Geschlossen: 22. Dezember bis 3. Janaur
Kreditkarten: Amex, Diners, Eurocard, Visa, Airplus

■ Landhotel Töns
Lavesumer Str. 21

☎ 02594/6073+74, Fax 87992
Preise: 6 Einzel 65-85, 15 Doppel 100-130, Halbpension 25, Vollpension DM 35
Ausstattung: Dusche/WC, Telefon, TV, Radio, Minibar
Besonderes: Restaurant, Bar, Terrasse, Liegewiese, Sauna, Solarium, Parkplätze, Garagen
Kreditkarten: Amex, Diners, Eurocard, Visa

■ Merfelder Hof
Borkener Str. 60

☎ 02594/1055, Fax 80904
Preise: 12 Einzel 85-110, 43 Doppel DM 12-160, Halbpension mögl., Vollpension möglich
Ausstattung: Dusche/Bad/WC, Telefon, TV, Balkon
Besonderes: Restaurant 12-14 Uhr, Sauna, Solarium, Parkplätze, Wochenendpauschalen
Kreditkarten: Amex, Diners, Eurocard, Visa

■ Hotel Lehmkuhl
Coesfelder Straße 8

☎ 02594/4434, Fax 80089
Preise: 3 Einzel DM 50, 7 Doppel DM 100
Ausstattung: Du/Bad, WC, Balkon
Besonderes: Terrasse, Parkplätze, Wintergarten, Balkon

Düren ✉ 52349
Nordrhein-Westfalen   Seite 10/A 2

■ Gasthof Zum Nachtwächter
Kölner Landstr. 12

☎ 02421/75081, Fax 75407
Preise: 10 Einzel DM 68, 24 Doppel DM 109
Ausstattung: ~Bad/WC
Besonderes: Konferenzraum, Kegeln, Parkplätze, Restaurant
Geschlossen: Weihnachten/Sylvester 3 Wochen
Kreditkarten: Eurocard, Visa, Amexco

■ Germania
Josef-Schregel-Str. 20-22

☎ 02421/15000+05
Preise: 20 Einzel ab 68, 30 Doppel DM 105-135
Ausstattung: Bad/WC, TV, Telefon, Radio, Minibar
Besonderes: Lift, Konferenzraum 80, Kegeln, Parkplätze, Garagen

Hotel Mariaweiler Hof An Gut Nazareth 45

☎ 02421/81005, Fax 81008

Preise:	7 Einzel 50-85, 12 Doppel 90-120, Halbpension 10, Vollpension DM 18
Ausstattung:	~Dusche/WC, Telefon, TV, Radio, Balkon, Fön, Kosmetikspiegel Schreibtisch, ~verstellbare Bettrahmen
Besonderes:	Restaurant 18-22 Uhr, Bar, Solarium, Parkplätze, Garagen, Liegewiese
Kreditkarten:	Amex, Diners, Eurocard, Visa

Bad Dürkheim   ✉ 67098

Rheinland-Pfalz Seite 15/C 1

Gästehaus in den Almen In den Almen 15

☎ 06322/2862, Fax 65965

Preise:	1 Einzel 60, 3 Doppel 90, 1 Apartment DM 80
Ausstattung:	Dusche/WC, Minibar, Balkon
Besonderes:	Terrasse, Liegewiese, Parkplätze, Garagen
Geschlossen:	November bis Januar

Düsseldorf   ✉ 40223

Nordrhein-Westfalen Seite 10/B 2

Hotel Waldesruh Am Wald 6, Benrath

☎ 0211/716008+996000, Fax 712845

Preise:	21 Einzel 95, 6 Doppel DM 160
Ausstattung:	Dusche/WC, Telefon, TV
Besonderes:	Restaurant ab 16 Uhr geöffnet

Sonnen-Hotel-Garni Bockumer Str. 4, Wittlaer

☎ 0211/402274, Fax 4790464

Preise:	2 Einzel 50-90, 5 Doppel DM 90-130
Ausstattung:	Dusche/WC, Telefon, TV
Besonderes:	Messepreise mit 30% Aufschlag

Hotel Domo Garni Scheurenstr. 4

☎ 0211/374001, Fax 370921

Preise:	9 Einzel 69, 8 Doppel DM 99-139
Ausstattung:	~Dusche/WC
Besonderes:	Garagen, HBF-Nähe
Kreditkarten:	Diners, Eurocard, Visa

Hotel am Vogelsanger Weg Vogelsanger Weg 36

☎ 0211/626751-54, Fax 615997

Preise:	4 Einzel ab 75, 48 Doppel ab DM 105
Ausstattung:	Dusche/WC, Telefon, TV, Minibar
Besonderes:	Parkplätze, Garagen
Kreditkarten:	Amex, Diners, Eurocard, Visa

■ **Hotel Restaurant Rosenhof**   Bahnhofstr. 2, Agermund
☎ 0203/74411, Fax 740078
Preise: 6 Einzel 85, 12 Doppel DM 145
Ausstattung: Dusche/WC, Telefon
Besonderes: Restaurant, Bar, Terrasse
Geschlossen: 8.2.-1.3.
Kreditkarten: Amex, Diners, Eurocard, Visa

■ **Hotel Rheinpark**   Bankstr. 13-17
☎ 0211/499186+87, Fax 490224
Preise: 17 Einzel 60-85, 12 Doppel DM 105-130
Ausstattung: ~Dusche/WC
Besonderes: Parkplätze, Garagen

■ **Pension Bratmann**   Grupellostr. 2
☎ 0211/362615
Preise: 26 Einzel DM 70-115
Ausstattung: Dusche/WC

■ **Hotel garni Christina**   Gustav-Poensgen-Str. 79
☎ 0211/344091+92
Preise: Einzel 60-120, Doppel DM 90-150
Ausstattung: ~Dusche/WC, ~Telefon, ~TV

■ **Haus Malzkorn**   Am Röttchen 67a
☎ 0211/426585, Fax 426585
Preise: Einzel 50-65, Doppel DM 100-130
Ausstattung: ~Dusche/WC
Kreditkarten: diverse

■ **Hotel garni Heidelberger Hof**
☎ 0211/666265, Fax 666593
Preise: Einzel 55-125, Doppel DM 130-190
Ausstattung: ~Dusche/WC, ~Telefon, ~TV, Minibar
Kreditkarten: diverse

■ **Hotel Quadenhof**   Gerricusplatz 14
☎ 0211/285120
Preise: Einzel 70-80, Doppel DM 135-150
Ausstattung: ~Dusche/WC, ~Telefon, ~TV
Kreditkarten: diverse

Duisburg   ⊠ **47169**
Nordrhein-Westfalen   Seite 10/B 2

■ **Hotel Am Sportpark**   Buchholzstr. 27, Wanheimerort
☎ 0203/770340, Fax 771250
Preise: 6 Einzel ab 85, 14 Doppel ab DM 132
Ausstattung: Dusche/WC, ~Telefon, ~TV
Besonderes: Lift, garni, Schwimmbad, Sauna, Parkplätze, Garagen
Kreditkarten: Amex, Diners, Eurocard, Visa, AirPlus

■ **Homberger Hof**   Viktoriastr. 2, Homberg
☎ 02066/8001, Fax 12030
Preise: 9 Einzel 85, 10 Doppel DM 130
Ausstattung: Dusche/WC, Telefon, TV
Besonderes: Bar geöffnet von 16.30 bis 24 Uhr

■ **Am Kamin**   Wolfstraße 33
☎ 0203/400133, Fax 4061762
Preise: 4 Einzel DM 61-71, 12 Doppel DM 102-112, 8 Appartements
                  DM 80
Ausstattung: Du/Bad, WC, TV
Besonderes: Restaurant, 2 Bundeskegelbahnen
Kreditkarten: Eurocard

Ebeleben
Thüringen

⊠ 99713
Seite 12/A 2

■ **Thüringer Hof** W.-Klemm-Straße 35
☎ 036020-72666, Fax 72675
Preise: 8 Einzel DM 60, 3 Doppel DM 120, 1 Appartement DM 130
Ausstattung: Du/Bad, WC, Telefon, TV
Besonderes: Restaurant, Terrasse

Ebelsbach
Bayern

⊠ 97500
Seite 12/A 3

■ **Landgasthof Neeb** Dorfstr. 1, Steinbach
☎ 09522/6022, Fax 8388
Preise: 4 Einzel 50, 12 Doppel 90, 1 Apartment DM 120
Ausstattung: Dusche/WC, Telefon, TV
Besonderes: Restaurant, Terrasse, Parkplätze

Ebenhausen
Bayern

⊠ 82067
Seite 16/B 3

■ **Hotel Gasthof Zur Post** Wolfratshauser Str. 45
☎ 08178/3603
Preise: 10 Einzel 70, 10 Doppel DM 120
Ausstattung: ~Dusche/Bad/WC, TV
Besonderes: Restaurant 7-23 Uhr, Konferenzraum 20, Parkplätze, Garagen

Ebensfeld
Bayern

⊠ 96250
Seite 12/A 3

■ **Pension Veitsberg** Praechtinger Str.
☎ 09573/6400
Preise: 3 Einzel 38-45, 12 Doppel DM 70-80, 7 Appartements, 2 Ferienwohnungen
Ausstattung: Dusche/WC, Balkon, Telefon
Besonderes: Terrasse, Liegewiese, Parkplätze, Garagen

Eberbach
Baden-Württemberg

⊠ 69412
Seite 15/D 1

■ **Kettenboot** Friedrichstr. 1
☎ 06271/2470
Preise: 9 Einzel 50-70, 8 Doppel DM 95-120
Ausstattung: ~Bad/WC, Radio
Besonderes: Lift, Konferenzraum 50, Parkplätze

Ebermannstadt   ✉ 91320

Bayern   Seite 16/A 1

■ **Gasthof Resengörg**   Hauptstr. 36
☎ 09194/8174, Fax 4598
Preise: 2 Einzel 70, 32 Doppel 110, Halbpension 25,
VollpensionDM35
Ausstattung: Bad/WC, Telefon, TV
Besonderes: Restaurant, Liegewiese, Parkplätze, Garagen
Kreditkarten: Diners, Eurocard, Visa

■ **Gasthof Schwanenbräu**   Am Marktplatz 2
☎ 09194/209, Fax 5836
Preise: 13 Doppel 120, Halbpension 20, Vollpension DM 30
Ausstattung: Bad/WC, Telefon, Radio, TV
Besonderes: Biergarten, eigene Brauerei und Brennerei

Ebersberg   ✉ 85560

Bayern   Seite 16/B 3

■ **Gasthof Huber**   Oberndorf 11, Oberndorf
☎ 08092/21026, Fax 21442
Preise: 13 Einzel 80, 36 Doppel 120, 2 Apartments DM 180,
    Halbpension und Vollpension möglich
Ausstattung: Dusche/Bad/WC, Telefon, Radio, Balkon
Besonderes: Restaurant, Terrasse, Schwimmbad, Sauna, Solarium, Terrasse
Kreditkarten: Amex, Eurocard

■ **Hotel Klostersee**   Am Priel 3
☎ 08092/82850, Fax 8285-50
Preise: 12 Einzel 70-85, 11 Doppel 105-120, Halbpension DM 95
Ausstattung: Dusche/Bad/WC, Telefon, TV, Radio, Balkon
Besonderes: Restaurant 18-1 Uhr, Terrasse, Parkplätze
Kreditkarten: Amex, Diners, Eurocard, Visa

Ebersdorf   ✉ 07368

Thüringen   Seite 12/B 3

■ **Hotel-Gasthof Zur Krone**   Krenkenhausstr. 2
☎ 036651/87041, Fax 87041
Preise: 16 Doppel 80, als Einzel DM 60,
    Halbpension 10, Vollpension DM 25 - ab 5 Tage
Ausstattung: Dusche/WC, Telefon, TV, Radio
Besonderes: Restaurant, Terrasse, Schwimmbad, Sauna, Parkplätze

Eberswalde-Finow
Brandenburg   Seite 9/D 3

■ **Gasthaus am Walde**   Schwappachweg 2, Eberswalde
☎ 03334/212300, Fax 236845
Preise: 2 Einzel ab 80, 5 Doppel ab DM 100
Ausstattung: Dusche/WC, Telefon, TV
Besonderes: Restaurant, Terrasse, Parkplätze
Kreditkarten: Amex, Diners, Eurocard, Visa

Eching
Bayern   Seite 16/B 2

■ **Hotel Gasthof Huberwirt**   Untere Hauptstr. 1
☎ 089/319050, Fax 31905123
Preise: 14 Einzel 65-100, 41 Doppel DM 95-135
Ausstattung: Dusche/WC, Telefon, TV
Besonderes: Restaurant 7-24 Uhr, Terrasse, Parkplätze
Geschlossen: Dienstag
Kreditkarten: Eurocard, Visa

Eckernförde
Schleswig-Holstein   Seite 8/A 1

■ **Sandkrug**   Berliner Str. 146
☎ 04351/41493
Preise: 11 Doppel DM 95-120
Ausstattung: ~Bad/WC, ~Telefon
Besonderes: Konferenzraum 120, Parkplätze, Garagen

■ **Seegarten**   Berliner Str. 71
☎ 04351/6028
Preise: 2 Einzel 68, 13 Doppel DM 112-126
Ausstattung: Bad/WC, Telefon
Besonderes: Apartments, Terrasse, garni, Parkplätze, Garagen

Edertal
Hessen   Seite 11/C 2

■ **Hotel Haus Bergmann**   Zur Sperrmauer 18, Hemfurth
☎ 05623/1327, Fax 2237
Preise: 4 Einzel 50, 23 Doppel DM 90, Halbpension und Vollpension
                 möglich
Ausstattung: Dusche/WC, Telefon, TV, Balkon
Besonderes: Restaurant bis 21 Uhr, Terrasse, Liegewiese, Parkplätze,
                 Garagen

Ediger-Eller   ✉ 56814

Rheinland-Pfalz   Seite 10/B 3

■ **Hotel Weinhaus Feiden**   Moselweinstr. 22
☎ 02675/259, Fax 1583
Preise: 3 Einzel 62, 14 Doppel 115, Halbpension DM 17
Ausstattung: Dusche/WC
Besonderes: Restaurant, Terrasse, Liegewiese, Parkplätze, Garagen
Geschlossen: Januar + Februar

■ **Hotel Weinhaus St. Georg**   Moselweinstr. 10
☎ 02675/205, Fax 1671
Preise: 3 Einzel 45-65, 13 Doppel DM 80-150, Halbpension möglich
Ausstattung: Dusche/WC, TV, Balkon
Besonderes: Restaurant, Sauna, Solarium, Garagen

Egestorf   ✉ 21272

Niedersachsen   Seite 8/A 3

■ **Studtmann's Gasthof Zur grünen Aue**   Im Sahrensdorf 19,
                                                           Sahrendorf
☎ 04175/503, Fax 1086
Preise: 7 Einzel 60-75, 15 Doppel 100-120, Halbpension DM 18
Ausstattung: Dusche/WC, Telefon, TV
Besonderes: Restaurant, Terrasse, Liegewiese, Parkplätze
Kreditkarten: Amex, Eurocard, Visa

■ **Zu den acht Linden**   Alte Dorfstr. 1
☎ 04175/450, Fax 743
Preise: 5 Einzel 75-90, 22 Doppel 120-170, 3 Ferienwohnungen 175,
                 Halbpension 20, Vollpension DM 30
Ausstattung: Dusche/Bad/WC, Telefon, TV
Besonderes: Restaurant, Bar, Terrasse, Parkplätze, Garagen, Liegewiese
Kreditkarten: Amex, Diners, Eurocard, Visa

Eggenfelden   ✉ 84307

Bayern   Seite 17/C 2

■ **Gästehaus Motel Waldhof**   Michael-Sallinger-Weg 5
☎ 08721/2858
Preise: 13 Einzel 48-56, 5 Doppel DM 78-86
Ausstattung: ~Dusche/WC, Radio, ~TV, Minibar, Balkon
Kreditkarten: Amex, Diners, Eurocard

■ **Hotel Bachmeier**   Schönauer Str. 2
☎ 08721/3071, Fax 3075
Preise: 21 Einzel 75, 19 Doppel DM 110
Ausstattung: Bad/WC, Telefon, TV
Besonderes: Terrasse, Liegewiese, Sauna, Solarium, Parkplätze, Garagen
Kreditkarten: Amex, Eurocard, Visa

Eggenstein-Leopoldshafen   ⊠ **76344**

Baden-Württemberg   Seite 15/C 1

■ **Zum Löwen**   Hauptstr. 51
☎ 0721/787201, Fax 788334
Preise: 8 Einzel 80, 3 Doppel DM 140
Ausstattung: Dusche/Bad/WC, Telefon, TV
Besonderes: Restaurant, Parkplätze
Kreditkarten: Eurocard, Visa

Eggstätt   ⊠ **83125**

Bayern   Seite 17/C 3

■ **Gasthof Unterwirt**   Kirchplatz 8
☎ 08056/337
Preise: 6 Einzel 43-47, 25 Doppel 84, 1 Apartment 60, 3
     Ferienwohnungen DM 75-120, Halbpension möglich
Ausstattung: ~Bad/WC, TV, Balkon
Besonderes: Restaurant 8-24 Uhr, Konferenzraum 70, Parkplätze, Garagen,
     Liegewiese

■ **Hotel-Pension Zur Linde**   Priener Str. 42
☎ 08056/247, Fax 1536
Preise: 16 Einzel 45-60, 21 Doppel 90-120, Halbpension 18,
     Vollpension DM 25
Ausstattung: Dusche/WC, TV, Balkon
Besonderes: Restaurant, Bar, Terrasse, Liegewiese, Hallenschwimmbad,
     Solarium, Parkplätze, Garagen
Geschlossen: 15. November bis Ende Februar

Egloffstein   ⊠ **91349**

Bayern   Seite 16/B 1

■ **Hotel Häfner**   Badstr. 131
☎ 09197/535, Fax 8825
Preise: 5 Einzel 57, 17 Doppel 114, Halbpension DM 10
Ausstattung: Bad/WC, TV, Telefon, Minibar, ~Balkon
Besonderes: Restaurant, Terrasse, Liegewiese, Solarium, Parkplätze,
     Garagen
Geschlossen: Februar
Kreditkarten: Amex, Diners, Eurocard, Visa

■ **Hotel Zur Post**   Talstr. 8
☎ 09197/555-56, Fax 8801
Preise: 4 Einzel 32-45, 22 Doppel 64-96, Halbpension 16, Vollpension
     DM 22
Ausstattung: ~Bad/WC, ~Telefon, ~Balkon
Besonderes: Restaurant, Terrasse, Sauna, Parkplätze, Garagen, Liegewiese
Geschlossen: Mitte Januar bis Mitte Februar

Ehingen   ⊠ **89584**

Baden-Württemberg   Seite 15/D 2

■ **Gasthaus zum Ochsen**   Schulgasse 3, Ehingen
☎ 07391/53568+6047, Fax 52867
Preise: 5 Einzel 88, 19 Doppel 128, 1 Apartment 150, Halbpension 25,
                  Vollpension DM 45
Ausstattung: Dusche/Bad/WC, Telefon, TV, Radio
Besonderes: Restaurant 11-24 Uhr, Frühstücksbuffet, Parkplätze, Garagen
Kreditkarten: Eurocard

Ehlscheid   ⊠ **56581**

Rheinland-Pfalz   Seite 10/B 3

■ **Land- und Kurhotel Müller-Krug**   Parkstr. 15
☎ 02634/8065, Fax 3569
Preise: 10 Einzel 61-85, 13 Doppel 110-160, 1 Appartement DM 180
                  Halbpension 20, Vollpension DM 31
Ausstattung: Dusche/WC, Telefon, TV, Minibar, Balkon
Besonderes: Restaurant 11-21 Uhr, Terrasse, Liegewiese, Schwimmbad,
                  Solarlum, Parkplätze, Garagen
Kreditkarten: Amex, Diners, Eurocard, Visa

Ehrenfriedersdorf   ⊠ **09427**

Sachsen   Seite 13/C 3

■ **Hotel Die Burg**   August-Bebel-Str. 4
☎ 037341/3083
Preise: 9 Doppel DM 80-140, Halbpension und Vollpension möglich
Ausstattung: Dusche/Etagen-WC, TV, Minibar, Fön
Besonderes: Restaurant 17-22 Uhr, Terrasse, Liegewiese, Sauna, Solarium,
                  Parkplätze, Garagen, Konferenzräume

Eibenstock   ⊠ **08309**

Sachsen   Seite 12/B 3

■ **Hotel Am Bühl**   Am Bühl 1
☎ 037752/5115, Fax 2137
Preise: 65 Einzel 55, 123 Doppel 85, 27 Apartments 110,
                  2 Ferienwohnungen 155, Halbpension 18, Vollpension DM 36
Ausstattung: Dusche/WC, TV, Minibar
Besonderes: Restaurant, Terrasse, Sauna, Parkplätze, Garagen
Kreditkarten: Amex, Eurocard

■ **Landhotel Forelle**   Blauenthal
☎ 037752/6300+6301, Fax 6329
Preise: 2 Einzel 80, 4 Doppel DM 110-130, 4 Suiten DM 160-170
Ausstattung: Dusche/WC, Telefon, TV, Minibar
Besonderes: Restaurant, Romantikzimmer, Parkplätze, Fahrradverleih
                  Reitpferde, Boxen für Gastpferde, Dachterrasse, Weinstube

Eichenzell ✉ 36124

Hessen   Seite 11/D 3

■ **Landgasthof Kramer**   Fuldaer Str. 4
☎ 06659/1691
Preise: 30 Doppel DM 100, als Einzel DM 50-60, Halbpension möglich
Ausstattung: Dusche/WC, Telefon, Radio, TV, Balkon
Besonderes: Restaurant 10.30-14, 16.30-24 Uhr, Terrasse, Parkplätze,
Garagen
Kreditkarten: Eurocard, Diners, Visa, Master

Eichstätt ✉ 85072

Bayern   Seite 16/A 2

■ **Hotel garni Fuchs**   Ostenstr. 8
☎ 08421/6788, Fax 80117
Preise: 5 Einzel 65-70, 21 Doppel DM 110-120
Ausstattung: Dusche/WC, Telefon, Radio, TV
Besonderes: Café, Parkplätze,
Geschlossen: 24. bis 26. Dezember
Kreditkarten: Eurocard

Bad Eilsen ✉ 31707

Niedersachsen   Seite 11/D 1

■ **Hotel-Haus-Christopher**   Rosenstr. 11
☎ 05722/84446, Fax 81589
Preise: 7 Einzel 50-80, 8 Doppel DM 90-120
Ausstattung: Dusche/WC, TV, Balkon
Besonderes: Terrasse, Liegewiese, Parkplätze, Garagen
Geschlossen: 23.-28. Dezember 1995
Kreditkarten: Eurocard

Einbeck ✉ 37574

Niedersachsen   Seite 11/D 1

■ **Hotel Hasenjäger**   Hubeweg 119
☎ 05561/93020, Fax 73667
Preise: 6 Einzel 100, 13 Doppel DM 115-160
Ausstattung: Dusche/WC, Telefon, TV, Balkon
Besonderes: Restaurant, Terrasse, Parkplätze, Garagen
Kreditkarten: Amex, Diners, Eurocard, Visa

■ **Hotel Panorama**   Mozartstr. 2-6
☎ 05561/72072, Fax 74011
Preise: 13 Einzel 110-130, 27 Doppel 140-160, 1 Apartment DM 190
Ausstattung: Dusche/Bad/WC, Telefon, TV, Radio
Besonderes: Restaurant, Bar, Squash, Whirlpool, Solarium, Kegeln,
Parkplätze, Garagen
Geschlossen: Weihnachten
Kreditkarten: Amex, Diners, Eurocard, Visa

Eisenach
Thüringen

■ **Haus Hainstein**   Am Hainstein 16
☎ 03691/2420, Fax 242109
Preise: 24 Einzel 70-95, 22 Doppel DM 130-150
Ausstattung: Dusche/WC, Telefon, ~TV
Besonderes: Restaurant, Terrasse, Parkplätze
Kreditkarten: Amex, Diners, Eurocard, Visa

■ **Haus Waldblick**   Albrechtstraße 1
☎ 03691/214751, Fax 214752
Preise: 1 Einzel DM 75, 9 Doppel DM 90
Ausstattung: Du/Bad, WC, Telefon, Radio, TV, Minibar
Besonderes: Café

Eisenschmitt
Rheinland-Pfalz

■ **Hotel Molitors Mühle**   Eisenschmitt-Eichenhütte
☎ 06567/9660, Fax 966100
Preise: 10 Einzel 70-90, 20 Doppel 130-170, 3 Apartments 170-210,
                   6 Ferienwohnungen 80-140, Halbpension 28, Vollpension DM 38
Ausstattung: Bad/WC, Telefon, ~Radio, TV, ~Balkon
Besonderes: Restaurant, Schwimmbad, Sauna, Garten, Solarium,
                   Tischtennis, Tennis, Parkplätze, Garagen, Liegewiese
Geschlossen: 10. Januar bis 16. Februar 1995
Kreditkarten: Amex, Eurocard, Visa

Eislingen
Baden-Württemberg

■ **Flair Hotel Hirsch**   Ulmer Str. 1
☎ 07161/83041, Fax 817689
Preise: 15 Einzel ab 69, 4 Doppel ab DM 132
Ausstattung: Dusche/Bad/WC, Telefon, TV, Radio, Minibar
Besonderes: Restaurant 12-14, 18-21 Uhr, Parkplätze, Garagen
Kreditkarten: Amex, Diners, Eurocard, Visa

Elchingen
Bayern

■ **Brauerei-Gasthof Hotel Zahn**   Hauptstr. 35, Unterelchingen
☎ 07308/3007
Preise: 8 Einzel 68, 8 Doppel DM 110
Ausstattung: Dusche/WC, Telefon
Besonderes: Restauraunt, Kegeln, Parkplätze, Garagen, Terrasse
Geschlossen: Januar und August

Elend

Sachsen-Anhalt

■ Grüne Tanne
Mandelholz 1

☎ 039454/3150, Fax 3150

Preise: 3 Einzel DM 70, 14 Doppel DM 100, 1 Ferienwohnung DM 100, Halbpension DM 20
Ausstattung: Du/Bad, WC, Telefon, Radio, TV
Besonderes: Restaurant, Liegewiese, Parkplätze
Geschlossen: Mitte bis Ende November

Ellwangen

Baden-Württemberg

■ Roter Ochsen
Schmiedstr. 16

☎ 07961/4071, Fax 53613

Preise: 18 Einzel ab 80, 20 Doppel ab DM 130
Ausstattung: ~Bad/WC, ~Radio, ~TV
Besonderes: Lift, Konferenzraum 25, gute Küche, Parkplätze, Garagen
Kreditkarten: Amex, Eurocard

■ Seegasthof Espachweiler
Bussardweg 1, Espachweiler

☎ 07961/7760

Preise: 3 Einzel bis 50, 4 Doppel DM 100
Ausstattung: Dusche/WC, Telefon, TV, Balkon
Besonderes: Restaurant, Terrasse, Parkplätze
Geschlossen: 27. Dezember bis 20. Januar

Bad Elster

Sachsen

■ Pension Helene
Bad Elster

☎ 037437/50-0, Fax 5099

Preise: 5 Einzel 34-60, 16 Doppel DM 48-100
Ausstattung: Dusche/Bad/WC, Telefon, Radio, TV, Balkon
Besonderes: Lift, Terrasse, Liegewiese, Parkplätze, Kur
Kreditkarten: Diners, Eurocard, Visa

Eltmann

Bayern

■ Haus am Wald
Georg-Göpfert-Str. 31

☎ 09522/231, Fax 70620

Preise: 3 Einzel 55, 9 Doppel DM 90
Ausstattung: Dusche/WC, Telefon, Radio, Minibar,
Besonderes: Terrasse, Liegewiese, Schwimmbad, Parkplätze
Geschlossen: Februar

Eltville ⊠ 65343

Hessen Seite 11/C 3

■ Hotel Tillmanns Erben Hauptstr. 2
☎ 06123/4014, Fax 62109
Preise: Einzel ab 90, 15 Doppel 130, 1 Apartment 160, Halbpension DM 30
Ausstattung: Dusche/Bad/WC, Telefon, TV, Radio
Besonderes: Restaurant 15.30-24 Uhr, Konferenzraum, ruhig, Parkplätze, Liegewiese, Garten
Kreditkarten: Amex, Eurocard, Visa

■ Weinhaus Engel Hauptstr. 12, Rauenthal
☎ 06123/72300
Preise: 2 Einzel ab 45, 7 Doppel DM 72-100
Ausstattung: Dusche/WC
Besonderes: Restaurant, Weingut, Terrasse, Parkplätze

Elze ⊠ 31008

Niedersachsen Seite 11/D 1

■ Papenhof Papendahl Weg 14
☎ 05068/4045, Fax 2260
Preise: 10 Einzel 75, 10 Doppel DM 120
Ausstattung: Dusche/WC, Telefon, TV, Minibar
Besonderes: Restaurant, Bar, Sauna, Parkplätze
Kreditkarten: Eurocard, Visa

Embsen ⊠ 21409

Niedersachsen Seite 8/A 3

■ Gasthof Stumpf Ringstraße 6
☎ 04134/215, Fax 8343
Preise: 2 Einzel DM 58, 14 Doppel DM 105, Halbpension DM 16, Vollpension DM 24
Ausstattung: Du/Bad, WC
Besonderes: Restaurant, Terrasse, Sauna, Solarium, Parkplätze

Emden ⊠ 26725

Niedersachsen Seite 7/A 2

■ Großer Kurfürst Neutorstr. 41
☎ 04921/20303, Fax 32824
Preise: 9 Einzel 55-95, 11 Doppel DM 85-130
Ausstattung: Dusche/WC, Telefon, TV
Besonderes: Parkplätze, Garagen
Kreditkarten: Diners, Eurocard, Visa

■ Hotel Schmidt Friedrich-Ebert-Str. 79
☎ 04921/24057
Preise: 14 Einzel 80, 11 Doppel DM 110
Ausstattung: Bad/WC, Telefon, TV
Besonderes: Konferenzraum, Garten, Parkplätze, Garagen
Kreditkarten: Amex, Diners, Eurocard, Visa

Emmelshausen ✉ 56281

Rheinland-Pfalz   Seite 10/B 3

■ **Hotel Stoffel**   Waldstr. 3a
☎ 06747/1033, Fax 8064
Preise: 3 Einzel ab 56, 15 Doppel 105-120, Halbpension DM 18
Ausstattung: Dusche/WC, Telefon, ~Minibar, ~Radio, ~TV
Besonderes: Restaurant 18-20 Uhr, Frühstücksbuffet, Garten, Solarium,
               Parkplätze, Garagen, Liegewiese
Kreditkarten: Eurocard

■ **Tannenhof**   Simmerner Str. 21
☎ 06747/7654, Fax 8694
Preise: 15 Doppel 105-110, als Einzel ab 75, Halbpension DM 15
Ausstattung: Dusche/WC, Telefon, TV, Minibar, ~Balkon
Besonderes: Restaurant, Terrasse, Liegewiese, Schwimmbad, Sauna,
               Parkplätze, Garagen

■ **Union-Hotel**   Rhein-Mosel-Str. 71
☎ 06747/1567, Fax 1012
Preise: 4 Einzel ab 64, 22 Doppel 104, Halbpension DM 16
Ausstattung: Bad/Dusche/WC, Telefon, Radio, TV, ~Balkon
Besonderes: Restaurant, Bar, Kegeln, Parkplätze, Garagen, Liegewiese,
               Terrasse
Geschlossen: Sommerferien 1. 3 Wochen
Kreditkarten: Eurocard

Emmendingen ✉ 79312

Baden-Württemberg   Seite 15/C 2

■ **Hotel Windenreuter Hof**   Rathausweg 19, Windenreute
☎ 07641/7692+4085, Fax 53275
Preise: 20 Einzel 75-110, 20 Doppel 155, 15 Apartments 175,
               Halbpension DM 38
Ausstattung: Dusche/Bad/WC, Telefon, TV, Radio, Minibar
Besonderes: Restaurant 12-14, 17-24 Uhr, Bar, Terrasse, Liegewiese,
               Sauna, Parkplätze, Garagen, Ausstellungen
Kreditkarten: Amex, Diners, Eurocard, Visa

■ **Parkhotel Krone Maleck**   Brandelweg 1, Maleck
☎ 07641/8496, Fax 52576
Preise: 2 Einzel ab 85, 15 Doppel DM 120-160
Ausstattung: Bad/WC, TV, Telefon, Radio
Besonderes: Konferenzraum 20, Terrasse, Gourmetküche, Parkplätze
               Restaurant
Geschlossen: 7. Februar bis 2. März 1995
Kreditkarten: Amex, Diners, Eurocard, Visa

Bad Ems ✉ 56130

Rheinland-Pfalz   Seite 10/B 3

■ Berghotel Café Wintersberg   Braubacher Str., Außerhalb
☎ 02603/4282
Preise: 4 Einzel ab 66, 8 Doppel 120, 2 Apartments DM 130
Ausstattung: Dusche/WC, ~Telefon, Radio, ~TV, ~Balkon
Besonderes: Terrasse, Liegewiese, Sauna, Solarium, ruhig, garni,
                      Parkplätze, Liegewiese

■ Hotel Schweizerhaus   Malbergstr. 21
☎ 02603/2716, Fax 70783
Preise: 4 Einzel 73, 7 Doppel 140, Halbpension 25, Vollpension DM
35
Ausstattung: Dusche/WC, Telefon, TV, Balkon, Radio
Besonderes: Restaurant ab 11 Uhr geöffnet, Terrasse, Parkplätze
Geschlossen: Mitte Oktober bis Mitte November
Kreditkarten: Amex, Diners, Eurocard, Visa

■ Parkhotel   Malbergstr. 7
☎ 02603/2058, Fax 2219
Preise: 10 Einzel ab 85, 18 Doppel 160, 2 Apartments 160
                      Halbpension 18, Vollpension DM 30
Ausstattung: Bad/WC, Telefon, Radio, Balkon, Minibar
Besonderes: Restaurant 12-21 Uhr, Lift, Sauna, Parkplätze, Liegewiese,
                      Hallenschwimmbad
Geschlossen: Dezember
Kreditkarten: Amex, Diners, Eurocard, Visa

■ Hotel Prinz Eitel   Koblenzer Str. 64
☎ 02603/5571, Fax 2683
Preise: 5 Einzel 55, 9 Doppel DM 100
Ausstattung: Dusche/WC, Telefon, TV, Balkon
Besonderes: Restaurant, Terrasse, Liegewiese,Parkplätze
Geschlossen: Februar

Emsdetten ✉ 48282

Nordrhein-Westfalen   Seite 10/B 1

■ Hotel Lindenhof   Alte Emsstr. 7
☎ 02572/926-0, Fax 926200
Preise: 12 Einzel ab 85-90, 15 Doppel 130-140, 1 Apartment DM 160
Ausstattung: Dusche/Bad/WC, Telefon, Radio, TV, Balkon
Besonderes: Restaurant, Terrasse, Sauna, Parkplätze,
                      Garagen
Geschlossen: 14 Tage Mitte Sommerferien NRW
Kreditkarten: Amexco

Endingen

✉ **79346**

Baden-Württemberg   Seite 14/B 2

■ **Hotel Garni Pfauen**   Hauptstr. 78/Stadttor
☎ 07642/8050, Fax 2873
Preise: 5 Einzel 75-105, 30 Doppel DM 100-150, inkl. Frühstücksbuff.
Ausstattung: Dusche/WC, Telefon, Sat-TV, Minibar, Balkon
Besonderes: Liegewiese, Parkplätze, Garagen, Appartements, Restaurant
Kreditkarten: Visa,

■ **Gasthof Sonne**   Bergstr. 2, Amoltern
☎ 07642/7242, Fax 7242
Preise: 1 Einzel DM 33-48, 6 Doppel DM 66-96
                    Halbpension 20, Vollpension DM 28
Ausstattung: ~Dusche/WC, TV, Balkon
Besonderes: Nichtraucher-Restaurant, Terrasse, Parkplätze, Weingut,
                    Vollwert- und vegetarische Küche
Geschlossen: 2 Wochen im Januar

Bad Endorf   ✉ **83093**

Bayern   Seite 17/C 3

■ **Haus Maximilian**   Lärchenweg 21-23
☎ 08053/1066, Fax 9088
Preise: 6 Apartements 70, Halbpension DM 28
Ausstattung: Dusche/WC, Telefon, TV, Balkon
Besonderes: Restaurant, Terrasse, Liegewiese, Schwimmbad, Sauna,
                    Solarium, Parkplätze, Garagen

■ **Elisabeth**   Kirchplatz 2
☎ 08053/837
Preise: 10 Einzel 55, 20 Doppel DM 90-125
Ausstattung: Bad/WC, Telefon
Besonderes: Garten, Sauna, Solarium, Massagen, Whirlpool, Parkplätze

---

Enge-Sande   ✉ **25917**

Schleswig-Holstein   Seite 7/B1

■ **Dörpskrog**   Dorfstr. 28
☎ 04662/3190
Preise: 3 Einzel 50, 3 Doppel DM 100
Ausstattung: Dusche/Bad, TV, balkon
Besonderes: Restaurant ab 18 Uhr, Bar ab 18 Uhr, ruhig, Kegelbahn,
                    Parkplätze
Kreditkarten: Eurocard, Visa

Eningen
Baden-Württemberg

✉ **72800**

Seite 15/D 2

■ **Hotel Eninger Hof** Am Kappelbach 24
☎ 07121/82909/83383
Preise: 8 Einzel ab 82, 8 Doppel ab DM 140, Halbpension mögl., Vollpension möglich
Ausstattung: Dusche/WC, Telefon, Radio, TV
Kreditkarten: Amex, Diners, Eurocard, Visa

Enkirch
Rheinland-Pfalz

✉ **56850**

Seite 10/B 3

■ **Gasthaus-Pension Loosen** Bahnhofstr. 6
☎ 06541/6328, Fax 4868
Preise: 8 Einzel 48-62, 30 Doppel 84-108, 1 Apartment ab DM 94, 3 Ferienwohnungen, Halbpension 16, Vollpension DM 26
Ausstattung: Dusche/WC, TV, ~Balkon
Besonderes: Restaurant, Bar, Parkplätze, Garagen, Liegewiese, Terrasse
Geschlossen: 20. Dezember bis 3. Januar
Kreditkarten: Amex, Diners, Visa

■ **Hotel Steffensberg** Brunnenplatz 1
☎ 06541/6204+1014, Fax 5195
Preise: 23 Einzel 55-75, 22 Doppel 80-120, Halbpension 20, Vollpension DM 28
Ausstattung: Dusche/WC, Telefon, TV
Besonderes: Restaurant, Terrasse, Parkplätze, Garagen
Geschlossen: Mitte Januar bis Mitte Februar
Kreditkarten: Diners, Eurocard, Visa

■ **Moselromantik-Hotel Dampfmühle** Am Steffensberg 80
☎ 06541/6867/3285, Fax 4904
Preise: 3 Einzel DM 50-80, 14 Doppel DM 90-130
Ausstattung: Dusche/WC, ~TV
Besonderes: Restaurant, Terrasse, Liegewiese, Schwimmbad, Parkplätze
Geschlossen: Mitte Januar - Mitte Februar
Kreditkarten: Diners, Eurocard, Visa

Ennepetal
Nordrhein-Westfalen

✉ **58256**

Seite 10/B 2

■ **Burgmann** Am Lienenkamp 1, Heilenbecker Talsperre
☎ 02333/71517
Preise: 5 Einzel 54, 8 Doppel DM 85
Ausstattung: ~Bad/WC, v
Besonderes: Konferenzraum 20, Terrasse, ruhig, Garagen

Enzklösterle ✉ 75337
Baden-Württemberg Seite 15/C 2

■ Hotel Hirsch
Freudenstädter Str. 2
☎ 07085/7261, Fax 1686
Preise: 15 Einzel 66-70, 32 Doppel DM 114-132
Ausstattung: Dusche/Bad/WC, Balkon
Besonderes: Restaurant 11.30-14, 18-21 Uhr, Konferenzraum 60,
Parkplätze, Garagen
Geschlossen: 1.11. - 20.12.

■ Hotel-Krone
Friedenstr. 21
☎ 07085/7262, Fax 1228
Preise: 8 Einzel 50, 10 Doppel 90, Halbpension 18, Vollpension
DM 28
Ausstattung: Dusche/WC, ~TV, ~Balkon
Besonderes: Restaurant, Terrasse, Liegewiese, Parkplätze
Geschlossen: November
Kreditkarten: Amex, Diners, Eurocard, Visa

■ Parkhotel Hetschelhof
Hetschelhofweg 1
☎ 07085/7273+1606, Fax 1785
Preise: 4 Einzel 68, 12 Doppel 65, Halbpension 15, Vollpension
DM 20
Ausstattung: Dusche/WC, TV, Balkon
Besonderes: Restaurant, Solarium, Parkplätze
Kreditkarten: Diners, Eurocard, Visa

■ Schwarzwaldschäfer
Am Dietersberg
☎ 07085/380
Preise: 8 Einzel 65-68, 16 Doppel DM 105-130
Ausstattung: Bad/WC, TV, Telefon
Besonderes: Konferenzraum 40, Terrasse, Hallenschwimmbad, Sauna,
Solarium, Parkplätze

■ Gästehaus am Lappach
aichelberger Weg 4
☎ 07085/7511+7512, Fax 7611
Preise: 11 Einzel 58-84, 21 Doppel DM 84-138
Ausstattung: Dusche/WC, Telefon, balkon
Besonderes: Schwimmbad, Parkplätze, Garagen
Geschlossen: 2. November bis 20. Dezember 1994

Eppingen ✉ 75031
Baden-Württemberg Seite 15/C 1

■ Hotel Geier
Kleinbrückentorplatz 2
☎ 07262/4424, Fax 3132
Preise: 16 Einzel 65, 10 Doppel 120, 1 Apartment 150, Halbpension
75, Vollpension DM 85
Ausstattung: Dusche/WC, Telefon, TV, Balkon
Besonderes: Restaurant 10-24 Uhr, Kegeln, Parkplätze
Kreditkarten: Amex, Diners, Eurocard, Visa

■ **Waldhotel Villa Waldeck** Waldstr. 80
☎ 07262/1061
Preise: 6 Einzel 75, 10 Doppel DM 140, Halbpension mögl.,
Vollpension möglich
Ausstattung: Dusche/Bad/WC, Telefon, TV, Balkon
Besonderes: Restaurant bis 24 Uhr, Kegelbahnen, Parkplätze, Liegewiese
Kreditkarten: Amex, Diners, Eurocard, Visa

Erbach ⊠ **64711**
Hessen Seite 15/C 1

■ **Hotel-Restaurant Erlenhof** Bullauer Str. 10
☎ 06062/3174, Fax 62666
Preise: 10 Einzel 82, 17 Doppel DM 134
Ausstattung: Bad/WC, Telefon, Radio, TV, Balkon
Besonderes: Restaurant, Kegeln, ruhig, Parkplätze, Liegewiese
Kreditkarten: Eurocard

Erbach ⊠ **89155**
Baden-Württemberg Seite 15/D 2

■ **Brauerei-Gasthof Adler** Adlergasse 2, Dellmensingen
☎ 07305/7342, Fax 7374
Preise: 9 Einzel 49, 4 Doppel DM 88, Halbpension möglich,
Vollpension möglich
Ausstattung: Dusche/WC, Telefon, TV, Balkon
Besonderes: Restaurant, Parkplätze, eigene Brauerei
Geschlossen: 24.12. - 31.12.

■ **Hotel Zur Linde** Bahnhofstr. 8
☎ 07305/5021
Preise: 6 Einzel 80, 8 Doppel DM 120
Ausstattung: Dusche/WC, Telefon, TV
Besonderes: Restaurant, Parkplätze, Garagen
Kreditkarten: Eurocard

Erbendorf ⊠ **92681**
Bayern Seite 16/B 1

■ **Hotel Steilwaldhaus** Pfaben 18
☎ 09682/2391, Fax 3923
Preise: 11 Einzel DM 80, 48 Doppel 130, 1 Appartement DM 180, 31 Fe-
rienwohnungen DM 100, Halbpension DM 23,
Ausstattung: Dusche/WC, Telefon, TV, Minibar, Balkon
Besonderes: Restaurant, Liegewiese, Schwimmbad, Sauna, Solarium,
Parkplätze, Garagen
Geschlossen: 5.11. - 15.12.95, 3.3. - 29.3.96
Kreditkarten: Amex, Diners, Eurocard, Visa

Erlabrunn   ✉ 97250
Bayern   Seite 11/D 3

■ **Weinhaus Flach**   Würzburger Str. 14
☎ 09364/1319+5319, Fax 5310
Preise: 13 Einzel 65-90, 26 Doppel DM 105-140
Ausstattung: Du/Bad/WC, Telefon, Radio, ~TV, ~Balkon
Besonderes: Restaurant, Terrasse, Liegewiese, Parkplätze
Geschlossen: 20. August bis 3. September und 20. Januar bis 10. Februar

Erlangen   ✉ 91058
Bayern   Seite 16/A 1

■ **Hotel Rotes Roß**   Eltersdorfer Str. 15a, Eltersdorf
☎ 09131/600884
Preise: 7 Einzel 79-104, 24 Doppel DM 116-140
Ausstattung: Bad/WC, TV, Telefon
Besonderes: Terrasse, Liegewiese, Sauna, Solarium, ruhig, Parkplätze,
Garagen

■ **Hotel Süd**   Wacholderweg 37, Gartenstadt
☎ 09131/71450, Fax 714525
Preise: 7 Einzel 85-95, 4 Doppel DM 140
Ausstattung: Bad/WC, Telefon, Radio, TV
Besonderes: ruhig, garni, Parkplätze, Garagen
Kreditkarten: Diners, Eurocard, Visa

■ **Hotel Roter Adler**   Fürther Str. 5
☎ 09131/66001, Fax 66002
Preise: 17 Einzel 85-90, 15 Doppel DM 120-130,
Halbpension DM 18
Ausstattung: Dusche/WC, Telefon, TV
Besonderes: Restaurant, Terrasse, Liegewiese, Sauna, Solarium
Parkplätze

■ **Hotel am Heusteg**   Heusteg 13, Dechsendorf
☎ 09131/41225, Fax 41335
Preise: 9 Einzel 45-65, 10 Doppel DM 75-90
Halbpension und Vollpension auf Anfrage
Ausstattung: ~Dusche/WC
Besonderes: Restaurant, Terrasse, Liegewiese, Parkplätze, Garagen
Geschlossen: 24. Dezember bis 5. Januar

Erlenbach   ✉ 63906
Bayern   Seite 15/D 1

■ **Fränkische Weinstube**   Mechenharder Str. 5
☎ 09372/5049, Fax 5048
Preise: 6 Einzel 50-66, 9 Doppel DM 110
Ausstattung: ~Bad/WC, Telefon, ~Balkon
Besonderes: Restaurant 12-14, 18-1 Uhr, Gartenlokal, Parkplätze,
Liegewiese

■ **Hotel Tannenhof** Am Stadtwald 66
☎ 09372/4440+74165
Preise: 3 Einzel 60-70, 22 Doppel DM 95-100, Halbpension mögl.
Ausstattung: Dusche/WC, TV, Telefon, Minibar, ~Balkon
Besonderes: Restaurant ab 17 Uhr, Terrasse, Liegewiese, Parkplätze
Kreditkarten: Eurocard

Eschede ✉ 29348
Niedersachsen Seite 8/A 3

■ **Hotel Deutsches Haus** Albert-König-Str. 8
☎ 05142/2236, Fax 2505
Preise: 11 Doppel 110, als Einzel DM 75,
Halbpension und Vollpension möglich
Ausstattung: Dusche/WC, Telefon, ~TV, ~Balkon
Besonderes: Restaurant, Parkplätze, Garagen
Geschlossen: Anfang Februar bis Mitte März und 2 Wochen in den Sommer-
schulferien

Eschenlohe ✉ 82438
Bayern Seite 16/B 3

■ **Alpenhotel Wengererhof** Wengen 1
☎ 08824/1042
Preise: 3 Einzel 56, 20 Doppel DM 102
Ausstattung: Dusche/WC, Telefon, Balkon
Besonderes: ruhig, garni, Parkplätze, Liegewiese

Eschwege ✉ 37269
Hessen Seite 11/D 2

■ **Hotel Dölle's Nr. 1** Fried.-Wilh.-Str. 2
☎ 05651/60035, Fax 32632
Preise: 7 Einzel 80-128, 31 Doppel 128-160, Halbpension DM 19,
Vollpension DM 38
Ausstattung: Dusche/WC, Telefon, TV, Radio
Besonderes: Restaurant, Bar, Sauna, Solarium, Kegeln, Parkplätze,
Garagen
Kreditkarten: Amex, Diners, Eurocard, Visa

■ **Schloß-Hotel** Forstgasse 2
☎ 05651/70345, Fax 70325
Preise: 2 Einzel ab 65, 23 Doppel ab 98, Halbpension 60,
Vollpension DM 68 (nur für Gruppen)
Ausstattung: Dusche/WC, Telefon
Besonderes: Restaurant 17-22 Uhr, Parkplätze, Garagen
Kreditkarten: Amex, Diners, Eurocard, Visa

■ **Stadthalle** Wiesenstr. 9
☎ 05651/50041
Preise: 4 Einzel 75, 10 Doppel 110, Halbpension 17, Vollpen. DM 35
Ausstattung: Bad/WC, Telefon, TV
Besonderes: Restaurant, Terrasse, Kegeln, Parkplätze
Kreditkarten: Amex, Diners, Eurocard, Visa

Eslohe ✉ 59889
Nordrhein-Westfalen Seite 11/C 2

■ **Hotel Hennemann** Ofenstr. 28, Cobbenrode
☎ 02973/236+242, Fax 779
Preise: 3 Einzel 85, 11 Doppel 150, 10 Apartments, Halbpension 18,
Vollpension DM 30
Ausstattung: Dusche/WC, Telefon, TV, Minibar, Balkon
Besonderes: Restaurant, Terrasse, Liegewiese, Schwimmbad, Sauna,
Solarium, Parkplätze, Garagen, Tennishalle, Tennisplätze
Kreditkarten: Eurocard

■ **Landhotel Sauerländer Hof** Südstr. 35, Wenholthausen
☎ 02973/777-78, Fax 2363
Preise: 4 Einzel ab 74, 17 Doppel 140-180, Halbpension 22,
Vollpension DM 33
Ausstattung: Dusche/WC, Telefon, TV, ~Radio, ~Balkon
Besonderes: Restaurant 12-14, 18-22 Uhr, Bar ab 17 Uhr, Schwimmbad,
Sauna, Solarium, Fahrradverleih, Tischtennis, Parkplätze,
Kreditkarten: Amex, Diners, Eurocard

Essen ✉ 45145
Nordrhein-Westfalen Seite 10/B 2

■ **Gasthaus zur Margarethenhöhe** Steile Str. 46
☎ 0201/715433+714024
Preise: 4 Einzel 55-70, 7 Doppel DM 140, 1 Apartment
Ausstattung: Dusche/WC, Telefon, TV, Balkon
Besonderes: Restaurant, Parkplätze, Garagen

■ **Hotel Heihoff** Essener Str. 36, Stoppenberg
☎ 0201/211183
Preise: 9 Einzel ab 55, 9 Doppel DM 100
Ausstattung: ~Dusche/WC
Besonderes: Restaurant 14-1 Uhr, Parkplätze

■ **Hotel Meier** Eppinghofer Str. 31
☎ 0201/622263, Fax 627154
Preise: 7 Einzel 90, 7 Doppel DM 130
Ausstattung: Dusche/WC, Telefon, TV
Besonderes: 10 Appartements 1500 DM/Monat, Nähe zur Gruga 4 km
Garni
Kreditkarten: Amex, Diners, Eurocard, Visa

■ **Hotel Böll**   Altenessener Str. 311
☎ 0201/357535, Fax 354541
Preise: 22 Einzel 65-110, 12 Doppel DM 110-160
Ausstattung: Dusche/WC, Telefon, TV
Besonderes: Hotel garni, Bar geöffnet von 17 bis 23 Uhr

■ **Hotel Oehler**   Liebigstraße 6-8
☎ 0201/705327, Fax 733792
Preise: 8 Einzel DM 60-80, 6 Doppel DM 120-130
Ausstattung: Du/Bad, WC, Telefon, Radio
Besonderes: Restaurant, Parkplätze

Bad Essen   ⊠ **49152**
Bremen   Seite 11/C 1

■ **Gasthaus auf dem Kampe**   Bad Essen
☎ 05472/2139
Preise: 4 Einzel 40, 10 Doppel DM 80,
                   Halbpension und Vollpension mögl
Ausstattung: Dusche/WC
Besonderes: Restaurant 12-1/18-1 Uhr geöffnet, Parkplätze

■ **Haus Deutsche Krone**   Ludwigsweg 10
☎ 05472/861
Preise: Einzel 68, Doppel DM 108-120
Ausstattung: Bad/WC, Telefon
Besonderes: Lift, Konferenzraum 120 Terrasse, Hallenschwimmbad, Sauna,
                   Solarium, ruhig, Parkplätze

Essing   ⊠ **93343**
Bayern   Seite 16/B 2

■ **Hotel Weihermühle**   Weihermühle 4
☎ 09447/355, Fax 683
Preise: 4 Einzel 75, 18 Doppel 100-140, Halbpension DM 25
Ausstattung: Dusche/WC, ~Telefon, TV, Minibar, Balkon
Besonderes: Restaurant, Schwimmbad, Sauna, Solarium, Parkplätze,
                   Garagen, Liegewiese
Geschlossen: 02.01. - 20.02.
Kreditkarten: Amex, Diners, Eurocard, Visa

Esterwegen   ⊠ **26897**
Niedersachsen   Seite 7/A 3

■ **Graf Balduin**   Am Sportpark
☎ 05955/20200, Fax 20299
Preise: 7 Einzel DM 70, 24 Doppel DM 120, Halbpension DM 20, Voll-
                   pension DM 40
Ausstattung: Du/Bad, WC
Besonderes: Restaurant
Kreditkarten: Amexco, Diners, Eurocard, Visa

Ettal
Bayern   ✉ **82488**

Seite 16/A 3

■ **Hotel Ludwig der Bayer**   Kaiser-Ludwig-Platz 10
☎ 08822/6601+02
Preise: 12 Einzel 58-90, 54 Doppel DM 110-145
Ausstattung: Bad/WC, Telefon, Radio
Besonderes: Apartments, Frühstücksbuffet, Lift, eigene Brauerei
             Hallenschwimmbad, Sauna, Solarium, Kegeln, Tennis,
Geschlossen: 4. November bis 20. Dezember

■ **Hotel zur Post**   Kaiser-Ludwig-Platz 18
☎ 08822/3596, Fax 6971
Preise: 3 Einzel 75-90, 18 Doppel 110-160, Halbpension ab DM 20
Ausstattung: Du/Bad, WC, TV, Balkon
Besonderes: Restaurant, Terrasse, Parkplätze, Garagen, Liegewiese
Geschlossen: 1. November-20. Dezember
Kreditkarten: Amex, Diners, Eurocard, Visa

Etterwinden
Thüringen   ✉ **99819**

Seite 12/A 2

■ **Zum Dorfkrug**   Nürnberger Str. 4
☎ 036929/88723, Fax 88723
Preise: 2 Einzel 75, 4 Doppel DM 95,
             Halbpension möglich
Ausstattung: Dusche/WC, Telefon, TV, Radio
Besonderes: Restaurant, Parkplätze, Garagen

Ettlingen
Baden-Württemberg   ✉ **76275**

Seite 15/C 2

■ **Hotel Holder**   Bullacher Straße/Lindenweg
☎ 07243/16008+32992, Fax 79595
Preise: 18 Einzel 79-128, 12 Doppel DM 140-165, Appartements
Ausstattung: Dusche/WC, Telefon, Radio, Minibar
Besonderes: Restaurant, Terrasse, Sauna, Solarium, Parkplätze
Geschlossen: 24. Dezember bis 7. Januar

■ **Hotel Gästehaus Sonne**   Pforzheimer Str. 21
☎ 07243/12215, Fax 330199
Preise: 6 Einzel 65-92, 20 Doppel DM 95-135
Ausstattung: ~Dusche/WC
Besonderes: Restaurant bis 24 Uhr geöffnet, Mehrbettzimmer
Geschlossen: 24.12. - 2.1.96
Kreditkarten: Amex, Diners, Eurocard, Visa

Euskirchen

Nordrhein-Westfalen

■ **Regent**

Kirchwall 18

☎ 02251/466
Preise: 11 Einzel ab 67, 10 Doppel DM 120-140
Ausstattung: Bad/~WC, Telefon
Besonderes: Sauna, garni, Parkplätze

Eutin

Schleswig-Holstein

■ **Wiesenhof**

Eutin

☎ 04521/7076-0, Fax 707666
Preise: 8 Einzel ab 64, 11 Doppel DM 120-162, Halbpension mögl.
Ausstattung: ~Bad/WC, ~Telefon
Besonderes: Hallenschwimmbad, Sauna, Solarium, römisches Dampfbad,
                Weinstube, ruhig, Parkplätze, Garagen
Kreditkarten: Eurocard

Falkenhagen   ⊠ **16928**
Brandenburg   Seite 9/C 3

■ **Hotel Falkenhagen**   Rapshagener Str.
☎ 033986/82123, Fax 82125
Preise: 8 Einzel 90, 37 Doppel 130, Halbpension15, Vollpension DM 30
Ausstattung: Dusche/WC, TV, Minibar
Besonderes: Restaurant, Terrasse
Kreditkarten: Amex, Diners, Eurocard, Visa

Fallingbostel   ⊠ **29683**
Niedersachsen   Seite 8/A 3

■ **Haus Am Walde**   Soltauer Str. 14/16
☎ 05162/6011
Preise: 18 Einzel 65-80, 14 Doppel DM 100-120, Halbpension mögl.,
                 Vollpension möglich
Ausstattung: Bad/WC, Telefon, ~Balkon
Besonderes: Terrasse, Sauna, Solarium, ruhig, Parkplätze, Garagen
Kreditkarten: Amex, Diners, Eurocard, Visa

■ **Hotel Karpinski - Garni**   Kirchplatz 1
☎ 05162/3041-42, Fax 6405
Preise: 6 Einzel 65, 16 Doppel DM 95
Ausstattung: Bad/WC, Telefon, TV, ~Balkon
Besonderes: Parkplätze, Garagen
Geschlossen: 6. Dezember bis 6. Januar
Kreditkarten: Amex, Diners, Eurocard, Visa

Farchant   ⊠ **82490**
Bayern   Seite 16/A 3

■ **Föhrenhof**   Frickenstr. 2
☎ 08821/6640, Fax 61340
Preise: 6 Einzel 55-65, 11 Doppel DM 95-160, 3 Ferienwohnungen
                 DM 95-150
Ausstattung: Bad/WC, TV
Besonderes: Frühstücksbuffet, Terrasse, Parkplätze, Ferienwohnung
Geschlossen: 8.1. - 31.1.96, 15.4. - 30.4.96, 28.10. - 17.12.96

Bad Feilnbach   ⊠ **83075**
Bayern   Seite 16/B 3

■ **Kur- u. Sporthotel Kurmittelhaus**   Am Heilholz 3
☎ 08066/8024+25
Preise: 6 Einzel 65-90, 14 Doppel 124-150, 4 Apartments DM 150
Ausstattung: Bad/WC, TV, Telefon, Radio
Besonderes: Frühstücksbuffet, Konferenzraum, Terrasse, Hallenschwimmbad,
                 Sauna, Solarium, Kegeln, Parkplätze

Feldberg ✉ 17258

Mecklenburg- Vorpommern

■ Hotel Hullerbusch

Feldberg

☎ 039831/20243, Fax 20243
Preise: 8 Doppel DM 120, 2 Appartements DM 160
                Halbpension DM 25
Ausstattung: ~Dusche/WC, Telefon, TV, Minibar
Besonderes: Restaurant 8-21 Uhr, Terrasse, Liegewiese, Sauna, Parkplätze
Geschlossen: November

■ Mecklenburger Hof

Fürsenberger Str. 13

☎ 039831/20201, Fax 20201
Preise: 1 Einzel 60, 5 Doppel 90
Ausstattung: Dusche/WC, Telefon, TV, Radio
Besonderes: Restaurant, Parkplätze
Kreditkarten: Eurocard

Feldberg/Schwarzwald ✉ 79868

Baden-Württemberg

Seite 15/C 3

■ Haus Sommerberg

Sommerberg 14, Glashütten

☎ 07655/252
Preise: 1 Einzel 44, 7 Doppel 80-100, Halbpension DM 19
Ausstattung: Dusche/WC
Besonderes: Terrasse, Liegewiese, Parkplätze, Garagen

■ Hotel Adler

Feldbergstr. 4, Bärental

☎ 07655/1242, Fax 1228
Preise: 1 Einzel 90, 7 Doppel 130, 7 Apartments DM 180,
Ausstattung: Dusche/Bad/WC, Telefon, TV, Radio, Minibar, ~Balkon
Besonderes: Restaurant, Terrasse, 7 Ferienwohnungen
Kreditkarten: Amex, Diners, Eurocard, Visa

■ Hotel-Restaurant Fuchshof

Am Fuchshof 1-3, Falkau

☎ 07655/300
Preise: 5 Einzel ab DM 34, 7 Doppel ab DM 90, 1 Appartement DM 110
                Halbpension DM 15
Ausstattung: Dusche/Bad/WC, Telefon, TV, Balkon
Besonderes: Restaurant, 1 Ferienhaus 2-7 Personen,
                Konferenzraum 15, Solarium, ruhig, Parkplätze, Garagen,

---

■ Hotel Schwarzwälder Hof

Windgfällstr. 4, Altglashütten

☎ 07655/666, Fax 667
Preise: 6 Einzel 80, 14 Doppel 150, Halbpension DM 30
Ausstattung: Bad/WC, Telefon, TV, Minibar, Balkon
Besonderes: Restaurant, Hallenschwimmbad, Sauna, Solarium, Parkplätze,
                Garagen
Kreditkarten: Diners, Eurocard, Visa

■ Waldhotel Rau   Feldbergstr. 1
☎ 07655/611, Fax 1060
Preise: 3 Einzel 80, 23 Doppel 130, Halbpension DM 20
Ausstattung: Dusche/WC, Telefon, TV, Minibar, Balkon
Besonderes: Restaurant, Terrasse, Liegewiese, Schwimmbad, Sauna,
                Solarium, Parkplätze, Garagen
Kreditkarten: Amex, Diners, Eurocard, Visa

Felsberg   ✉ 34587
Hessen   Seite 11/D 2

■ Burg-Hotel Heiligenberg   Felsberg-Gensungen
☎ 05662/831, Fax 2550
Preise: 14 Einzel 83, 21 Doppel DM 130
Ausstattung: ~Bad/WC, ~Telefon
Besonderes: Restaurant, Terrasse, Parkplätze, Garagen

Feucht   ✉ 90537
Bayern   Seite 16/A 1

■ Hotel Bauer-Garni   Schwabacher Str. 25b
☎ 09128/2933+4621, Fax 16090
Preise: 22 Einzel 45-70, 15 Doppel 75-95, 1 Appartement
Ausstattung: ~Bad/WC, Telefon, Minibar
Besonderes: Parkplätze, Garagen, 5 Dreibettzimmer, Lift, Frühstücksbuff.
Geschlossen: 23. Dezember bis 7. Januar
Kreditkarten: Eurocard

Feuchtwangen   ✉ 91555
Bayern   Seite 16/A 1

■ Landgasthof-Hotel Zum Roß   Dorfgütingen 18, Dorfgütingen
☎ 09852/9933, Fax 9914
Preise: 3 Einzel 67, 9 Doppel 92-105 Halbpension DM 25
Ausstattung: Bad/WC, Telefon, Radio, TV
Besonderes: Restaurant, Sauna, Solarium, Tennis, Parkplätze, Garagen,
                Tennisplatz
Geschlossen: 24. Dezember bis 13. Januar 1996

■ Landgasthof-Restaurant Walkmühle   Walkmühle 1
☎ 09852/2583, Fax 1429
Preise: 2 Einzel 55-60, 20 Doppel DM 100-120
Ausstattung: Dusche/WC, Telefon, TV, ~Balkon
Besonderes: Restaurant, Terrasse, Parkplätze
Kreditkarten: Eurocard

■ Gasthof-Restaurant Ballheimer   Ringstr. 57
☎ 09852/9182, Fax 3783
Preise: 4 Einzel 45-62, 9 Doppel DM 65-110
Ausstattung: Dusche/WC, Telefon, ~TV, ~Balkon
Besonderes: Restaurant, Terrasse, Parkplätze, kinderfreundlich
Kreditkarten: Eurocard, Visa

Fichtelberg

✉ **95686**

Bayern

Seite 12/B 3

■ **Hotel Schönblick** Gustav-Leutelt-Str. 18
☎ 09272/427, Fax 6731
Preise: 2 Einzel 61-93, 38 Doppel 99-131, 4 Apartments 151-161,
Halbpension DM 25
Ausstattung: Bad/WC, Telefon, TV, Balkon
Besonderes: Restaurant 12-14, 17-21 Uhr, Garten, Terrasse, Schwimmbad,
Sauna, Solarium, Lift, Parkplätze, Garagen, Ferienwohnungen

Filsen

✉ **56341**

Rheinland-Pfalz

Seite 10/B 3

■ **Hotel Altes Tor** Oberstr. 17
☎ 06773/333+7533, Fax 7883
Preise: 10 Doppel 88-108, 3 Einzel, Halbpension DM 22,
Vollpension DM 27 ab einem Aufenthalt von 5 Tagen
Ausstattung: Dusche/WC, Balkon
Besonderes: Restaurant, 1 Ferienwohnung, Konferenzraum, eigene
Metzgerei, ruhig, Parkplätze, Garagen, Liegewiese
Kreditkarten: Eurocard

Finsterau

✉ **94151**

Bayern

Seite 17/D 1

■ **Gasthof - Restaurant Bärnriegel** Halbwald Straße 32
☎ 08557/96020, Fax 960249
Preise: 22 Doppel 75-85, als Einzel 50-75, 2 Appartements 105-115
Halbpension DM 18
Ausstattung: DU/Bad, WC, Telefon, TV, Balkon
Besonderes: Restaurant, Terrasse, Liegewiese, Sauna, Solarium, Parkplatz

Finsterbergen

✉ **99898**

Thüringen

Seite 12/A 2

■ **Hotel Finsterbergen** Kurhausstr. 12
☎ 03623/6200, Fax 6203
Preise: 28 Einzel ab 80, 90 Doppel ab 154, 6 Apartments ab 200,
Halbpension DM 18
Ausstattung: Dusche/WC, Telefon, ~TV, ~Minibar
Besonderes: Restaurant, Terrasse, Liegewiese, Sauna, Solarium,
Parkplätze
Kreditkarten: Amex, Eurocard

Finsterwalde ✉ 03238
Brandenburg
Seite 13/C 1

■ Boulevardhotel Sängerstadt Markt 2-3
☎ 03531/2557/30889, Fax 3389
Preise: 7 Einzel DM 80, 20 Doppel DM 130, Halbpension DM 20, Vollpension DM 37
Ausstattung: Du/Bad, WC, Telefon, Radio, TV
Besonderes: Restaurant
Kreditkarten: Eurocard, Visa

Fischbachau ✉ 83730
Bayern
Seite 15/C 2

■ Hotel Maximilian Hauptstr. 16
☎ 08028/415, Fax 1899
Preise: 6 Einzel 40-50, 35 Doppel DM 70-100
Ausstattung: Du/WC
Besonderes: Frühstücksbuffet, Terrasse, Kegeln, Parkplätze, Liegewiese
Geschlossen: 6.11. - 15.12.

Fischbachtal ✉ 64405
Hessen
Seite 15/C 1

■ Zum grünen Baum Rodensteiner Str. 22, Nonrod
☎ 06166/276
Preise: 5 Einzel 35, 6 Doppel 70, Vollpension ab DM 42
Ausstattung: Dusche/WC, Balkon
Besonderes: Restaurant, Terrasse, Liegewiese, Parkplätze

Fischen ✉ 87538
Bayern
Seite 16/A 3

■ Gästehaus Maria Theresia Bergerweg 18
☎ 08326/666
Preise: 3 Einzel 40,50, 3 Doppel DM 77, 3 Ferienwohnungen
Ausstattung: Dusche/WC, TV, Balkon
Besonderes: Terrasse, Liegewiese, Solarium, Parkplätze
Geschlossen: November
Kreditkarten: Eurocard

■ Hotel Burgmühle Auf der Insel 4
☎ 08326/9950, Fax 7352
Preise: 5 Einzel 66-108, 18 Doppel 126-220, 2 Apartments DM 180-300, 2 Ferienwohnungen, Halbpension DM 22
Ausstattung: Dusche/Bad/WC, Telefon, TV, Minibar
Besonderes: Terrasse, Liegewiese, Erlebnishallenbad, Sauna, Solarium, Fitneßraum, Tischtennis, ruhig, Parkplätze, Garagen
Geschlossen: 1. November-17. Dezember

■ Hotel Sonnenbichl   Sägestr. 19, Langenwang
☎ 08326/994-0, Fax 994-180
Preise: 13 Einzel 83-102, 41 Doppel 64-142, inkl. Frühstücksbuffet,
                 Halbpension DM 25, Vollpension DM 45
Ausstattung: Dusche/WC, Telefon, TV, ~Balkon, ~Whirlbadewanne,
                 ~Himmelbett,
Besonderes: Restaurant, Terrasse, Liegewiese, Schwimmbad, Sauna,
                 Solarium, Parkplätze, Garagen, Tennissandplatz
Geschlossen: 19.4.-11.5. + 2.11.-21.12.95

■ Münchner Kindl   Hauptstr. 11
☎ 08326/8389, Fax 8288
Preise: 4 Einzel 58, 10 Doppel DM 96-116
Ausstattung: Dusche/WC, TV, ~Balkon
Besonderes: Restaurant, Terrasse, Liegewiese, Parkplätze, Garagen,
                 5 Ferienwohnungen 80-200 DM
Geschlossen: November bis 20. Dezember

■ Rosenstock   Berger Weg 14
☎ 08326/1895, Fax 9676
Preise: 12 Einzel DM 74-103, 32 Doppel DM 120-194
Ausstattung: Bad/WC, TV, Telefon, Balkon
Besonderes: Frühstücksbuffet, Hallenschwimmbad, Sauna, Solarium,
                 Parkplätze, Liegewiese
Geschlossen: 2. November bis 17. Dezember

Fischerbach   ✉ 77716
Baden-Württemberg   Seite 15/C 2

■ Gasthof-Pension Krone   Vordertalstr. 17
☎ 07832/2997, Fax 07832/5575
Preise: 4 Einzel 50, 15 Doppel 92-98, Halb-und Vollpension möglich
Ausstattung: Bad/WC, Telefon, Radio, Balkon
Besonderes: Restaurant, Terrasse, Liegewiese, Parkplätze, Garagen

---

Flensburg   ✉ 24941
Schleswig-Holstein   Seite 8/A 1

■ Hotel Am Rathaus   Rote Str. 32
☎ 0461/17333, Fax 181382
Preise: Einzel 79-90, Doppel DM 130-145
Ausstattung: Dusche/WC, Telefon, TV, Radio
Besonderes: garni, Parkplätze, Garagen
Kreditkarten: Eurocard

Forbach ✉ 76596

Baden-Württemberg
Seite 15/C 2

■ Feiner Schnabel   Hundseckstr. 24, Hundsbach
☎ 07220/272, Fax 272
Preise: 1 Einzel 50, 9 Doppel 110, Halbpension 20, Vollpension DM 33
Ausstattung: Bad/WC, TV, Balkon
Besonderes: Restaurant 8-22 Uhr, Schwimmbad, Sauna, Solarium, ruhig,
                 Parkplätze, Garagen, Liegewiese
Kreditkarten: Diners, Visa

■ Goldener Hirsch   Hauptstr. 2
☎ 07228/2218
Preise: 5 Einzel ab 80, 14 Doppel DM 110-150
Ausstattung: Bad/WC, TV, Balkon
Besonderes: Konferenzraum 30, Terrasse, Hallenschwimmbad, Solarium,
                 ruhig, Parkplätze
Kreditkarten: Amex, Diners, Eurocard, Visa

■ Hotel Tannenberg   Aschenplatz 2, Hundsbach
☎ 07220/287+339
Preise: 3 Einzel ab 64, 20 Doppel 120, Halbpension DM 18
Ausstattung: ~Dusche/Bad/WC, ~Telefon, ~TV, ~Balkon
Besonderes: Restaurant 7-22 Uhr, Bar 19-1 Uhr, Konferenzraum 30, Tennis,
                 Parkplätze, Liegewiese
Kreditkarten: Eurocard, Visa

■ Hotel Wasserfall   An der Schwarzwälder Straße
☎ 07228/889
Preise: 2 Einzel 37, 13 Doppel 60-95, Halbpension DM 24
Ausstattung: ~Dusche/WC, TV
Besonderes: Restaurant, Terrasse, Liegewiese, Parkplätze, Garagen

■ Schwarzenbach   Forbach-Am Schwarzenbach-Stausee
☎ 07228/9190, Fax 919160
Preise: 3 Einzel 70, 30 Doppel DM 120-160
Ausstattung: Bad/WC, Telefon, ~TV, ~Minibar
Besonderes: Lift, Konferenzraum 80, Terrasse, Hallenschwimmbad, ruhig,
                 Parkplätze
Kreditkarten: Eurocard, Visa

Forchheim ✉ 91301

Bayern
Seite 16/A 1

■ Hotel am Kronengarten   Bamberger Str. 6a
☎ 09191/66768, Fax 66331
Preise: 4 Einzel 80, 19 Doppel DM 60
Ausstattung: Dusche/WC, Telefon, TV, Minibar
Besonderes: Parkplätze, Garagen
Kreditkarten: Eurocard

- **Hotel Franken** Ziegeleistr. 17
☎ 09191/6240, Fax 62480
Preise: 20 Einzel 69-79, 20 Doppel DM 104
Ausstattung: Dusche/Bad/WC, Telefon, Radio, TV, Minibar
Besonderes: Restaurant, Parkplätze, Garagen, Liegewiese
Kreditkarten: Amex, Diners, Eurocard, Visa

- **Schweizer Grom** Rothenstr. 5, Bark
☎ 09191/3955+33257
Preise: 15 Einzel 65-75, 15 Doppel 95-110, Halbpension DM 15
Ausstattung: Dusche/WC, ~Telefon, ~TV
Besonderes: Restaurant, Parkplätze

Forst ✉ 03149
Brandenburg Seite 13/D 1

- **Hotelpension Haufe** Cottbuser Straße 123
☎ 03562/2844, Fax 2845
Preise: 18 Doppel DM 120, als Einzel DM 80, Halbpension DM 20,
Vollpension DM 30
Ausstattung: Du/Bad, WC, Telefon, Radio, TV
Besonderes: Restaurant, Sauna, Parkplätze
Kreditkarten: Eurocard

Frammersbach ✉ 97833
Bayern Seite 11/D 3

- **Haus Sonneck** Spessartstraße 62
☎ 09355/323 + 7023, Fax 4536
Preise: 4 Einzel DM 42, 22 Doppel DM 78-84, inkl. Frühstück
Halbpension DM 13
Ausstattung: Du/Bad, WC, Radio, TV, Balkon
Besonderes: Restaurant, Terrasse, Liegewiese, Parkplätze, Garagen
Geschlossen: 1.11. - 5.12.

Bad Frankenhausen ✉ 06567
Thüringen Seite 12/A 2

- **Am Weinberg** Am Weinberg 2
☎ 034671/4030 + 76139, Fax 4030
Preise: 3 Einzel DM 65, 6 Doppel DM 130, 2 Appartements DM 150-170,
1 Ferienwohnung
Ausstattung: Du/Bad, WC, Telefon, Radio, TV
Besonderes: Terrasse, Parkplätze
Geschlossen: 20.12. - 10.1.
Kreditkarten: Diners, Eurocard, Visa

Frankenthal

Rheinland-Pfalz

✉ **67227**

Seite 15/C 1

■ **Hotel Rathauscafé**   Rheinstr. 8
☎ 06223/21041, Fax 28259
Preise: 15 Einzel ab 55, 18 Doppel ab DM 95
Ausstattung: Bad/WC, Telefon, TV
Besonderes: Café, garni, Parkplätze
Kreditkarten: Eurocard, Visa

Frankfurt

Hessen

✉ **60594**

Seite 11/C 3

■ **Hotel Adler**   Niddastr. 65
☎ 069/231445+233455
Preise: 6 Einzel 75, 10 Doppel DM 100-110
Ausstattung: ~Dusche/WC, Telefon
Besonderes: Parkplätze
Kreditkarten: Amex, Diners, Eurocard, Visa

■ **Hotel Diana**   Westendstr. 83
☎ 069/747007, Fax 747079
Preise: 12 Einzel 90, 11 Doppel DM 158
Ausstattung: Dusche/Bad/WC, Telefon, TV
Besonderes: garni, Parkplätze, Garagen
Kreditkarten: Amex, Diners, Eurocard, Visa, AirPlus

■ **Hotel Henninger Hof**   Hanauer Landstr. 127
☎ 069/439115, Fax 439634
Preise: 50 Einzel 85, 20 Doppel DM 140
Ausstattung: Dusche/Bad/WC, Telefon
Kreditkarten: Amex, Diners, Eurocard, Visa

■ **Weißes Haus**   Jahnstr. 18
☎ 069/959118-0, Fax 5963912
Preise: 13 Einzel DM 90, 18 Doppel DM 140
Ausstattung: Bad/WC, Telefon
Besonderes: Restaurant 12-15, 18-23 Uhr
Geschlossen: 20. Dezember bis 1. Januar

■ **Hotelschiff Peter Schlott**   Mainberg, Hoechst
☎ 069/3004643, Fax 307671
Preise: 12 Einzel 60-80, 5 Doppel ab DM 110
Ausstattung: ~Dusche/WC
Besonderes: Restaurant ab 11 Uhr geöffnet, Terrasse, TV-Raum
Kreditkarten: Amex, Eurocard

■ Hotel zum Spessart
Ostbahnhofstr. 16
☎ 069/432776+432461, Fax 434569
Preise: 35 Einzel ab 70, 8 Doppel ab DM 130
Ausstattung: ~Dusche/WC
Besonderes: Parkplätze, Garagen

■ Pension Uebe
Grüneburgweg 3
☎ 069/591209
Preise: 7 Einzel 55-75, 11 Doppel DM 90-130
Ausstattung: ~Dusche/WC, ~TV
Besonderes: Parkplätze
Kreditkarten: Amex, Diners, Eurocard, Visa

■ Mainkur-Stuben
Hanauer Landstr. 563
☎ 069/425232, Fax 425232
Preise: 1 Einzel 50, 6 Doppel DM 80-120
Ausstattung: ~Dusche/WC
Besonderes: Restaurant, Parkplätze

■ Münchner Hof
Münchner Str. 46
☎ 069/230066, Fax 234428
Preise: 12 Einzel 90, 30 Doppel DM 126
Ausstattung: Dusche/WC, Telefon, TV
Besonderes: Restaurant und Bar bis 2 Uhr geöffnet
Kreditkarten: Amex, Diners, Eurocard, Visa

■ Hotel-Pension Gölz
Beethovenstr. 44
☎ 069/746735, Fax 746142
Preise: 6 Einzel 55-84, 6 Doppel DM 135-148
Ausstattung: ~Dusche/WC, Telefon, TV
Besonderes: Parkplätze, Garage, ruhige und zentrale Lage

■ Gasthof Zur Traube
Rosenberger Str. 4
☎ 069/293746, Fax 285636
Preise: 4 Einzel 85, 3 Doppel DM 130
Ausstattung: ~Dusche/WC
Kreditkarten: Amex, Diners, Eurocard, Visa

■ Hotel zur Post
Alt Schwanheim 38
☎ 069/357238
Preise: 7 Einzel 45-90, 5 Doppel DM 100-150
Ausstattung: Dusche/WC, Telefon
Besonderes: Apartment und Ferienwohnung

■ Pension Stella
Frauensteinstr. 8
☎ 069/554026, Fax 554026
Preise: 4 Einzel 70, 4 Doppel DM 100-120
Ausstattung: ~Dusche/WC, Balkon
Besonderes: Parkplätze

■ Hotel garni Albert
Biedenkopfer Weg 99
☎ 069/783022, Fax 785696
Preise: 6 Einzel 80, 4 Doppel DM 125
Ausstattung: Dusche/WC, Telefon
Besonderes: Parkplätze, Garagen
Kreditkarten: Eurocard

Frauenau ✉ 94258
Bayern Seite 17/C 1

■ Gästehaus Falkenau Godehardstr. 18
☎ 09926/715
Preise: 14 Doppel DM 88, 2 Appartements DM 104, Halbpension DM 10
Ausstattung: Dusche/WC, Telefon, Radio, TV
Besonderes: 5 Kinderzimmer DM 30-34, Solarium, Kneipp-Becken,
ruhig, Parkplätze, Garagen, Liegewiese

■ Hotel Büchler Dörflstr. 18
☎ 09926/350+720, Fax 757
Preise: 2 Einzel 48, 17 Doppel 82, Halbpension 14, Vollpension DM 26
Ausstattung: Dusche/WC, Telefon, TV, Balkon/Terrasse
Besonderes: Restaurant, Bar, Terrasse, Liegewiese, Sauna, Solarium
Geschlossen: 2.11. - 20.12.95
Kreditkarten: Amex, Diners, Eurocard

Fraureuth ✉ 08427
Sachsen Seite 12/B 3

■ Schützenhaus Fraureuth Werdauer Str. 71
☎ 03761/5163
Preise: 4 Einzel DM 75, 5 Doppel DM 109, 1 Appartement DM 120
Ausstattung: Du/Bad, WC, Telefon, Radio, TV
Besonderes: Restaurant, Parkplätze, Bowlingbahn
Kreditkarten: Eurocard

Fredeburg ✉ 23909
Schleswig-Holstein Seite 8/B 2

■ Fredenkrug Am Wildgehege
☎ 04541/3555
Preise: 10 Einzel 55-60, 7 Doppel DM 100-115
Ausstattung: Bad/WC
Besonderes: Konferenzraum, Terrasse, Parkplätze, Garagen

Fredenbeck ✉ 21717
Niedersachsen Seite 8/B 2

■ Hotel Fredenbeck Dinghorner Str. 19
☎ 04149/92820, Fax 928234
Preise: 5 Einzel 75, 5 Doppel DM 110
Ausstattung: Dusche/WC, Telefon, TV, Minibar
Besonderes: Terrasse, Liegewiese, Parkplätze
Kreditkarten: Amex, Visa, Eurocard

Freiamt   ✉ 79348

Baden-Württemberg   Seite 15/C 2

■ **Café Hipp**   Helgenstöckle 2
☎ 07645/8842, Fax 8871
Preise: 5 Einzel 49, 9 Doppel 98, Halbpension DM 18
Ausstattung: Dusche/WC, Telefon, ~TV, Minibar, ~Balkon
Besonderes: Terrasse, Liegewiese, Parkplätze, Garagen, Tennisplatz
Geschlossen: November
Kreditkarten: Eurocard

■ **Ludinmühle**   Brettental 31, Brettental
☎ 07645/501, Fax 1247
Preise: 6 Einzel 77-98, 22 Doppel 128-212, 2 Appartements 180-200
Halbpension DM 25
Ausstattung: Dusche/Bad/WC, Telefon, Radio, ~TV, ~Minibar, Balkon
Besonderes: Restaurant 12-14, 18-21 Uhr, Sauna, Solarium, Whirlpool,
Fitneßraum, Parkplätze, Garagen, Liegewiese
Geschlossen: 9. bis 27. Januar 1995
Kreditkarten: Amex, Diners, Eurocard, Visa

Freiberg   ✉ 09599

Sachsen   Seite 13/C 2

■ **Kronprinz**   Bahnhofstr. 19
☎ 03731/355250, Fax 355216
Preise: 6 Einzel 98, 14 Doppel 160, Halbpension DM 25
Ausstattung: Dusche/WC, Telefon, TV, Minibar
Besonderes: Restaurant, Bar, Parkplätze, Garage
Kreditkarten: Eurocard

Freiberg   ✉ 71691

Baden-Württemberg   Seite 15/D 2

■ **Gästehaus-Hotel Baumann**   Ruitstr. 67
☎ 07141/73057
Preise: 14 Einzel 68, 4 Doppel DM 98-118
Ausstattung: Bad/WC, Telefon, Minibar, Balkon, Kabel-TV
Besonderes: Restaurant 18-22 Uhr, Parkplätze, Garagen

Freiburg

Baden-Württemberg

■ **Bischofslinde** Am Bischofskreuz 15
☎ 0761/82688, Fax 808345
Preise: 4 Einzel 70-95, 22 Doppel DM 125
Ausstattung: Bad/WC, TV, Telefon, TV, Balkon
Besonderes: Terrasse, garni, Parkplätze, Tiefgarage, Seepark
Kreditkarten: Amex, Diners, Eurocard, Visa

■ **City-Hotel** Weberstr. 3
☎ 0761/31766, Fax 31027
Preise: 20 Einzel 58-90, 35 Doppel DM 90-145
Ausstattung: ~Dusche/WC, Telefon, Radio, TV
Besonderes: Garagen
Kreditkarten: Amex, Diners, Eurocard, Visa

■ **Hotel Bierhäusle** Breisgauerstr. 41, Lehen
☎ 0761/88300, Fax 806820
Preise: 27 Einzel 85-115, 16 Doppel 155-200, Halbpension DM 29
Ausstattung: ~Bad/WC, Telefon
Besonderes: Restaurant, Parkplätze, Garagen
Kreditkarten: Diners, Eurocard, Visa

■ **Hotel Kühler Krug** Torplatz 1, Günterstal
☎ 0761/29103+04, Fax 29782
Preise: 3 Einzel 90, 4 Doppel 120, 1 Apartment DM 160
Ausstattung: Dusche/Bad/WC, Telefon, TV
Geschlossen: 3 Wochen im Juni

■ **Hotel Schwarzwälder Hof** Herrenstr. 43
☎ 0761/32386/31557, Fax 30853
Preise: 20 Einzel ab 69, 22 Doppel 100-160, 1 Apartment 180-250,
Halbpension 20, Vollpension DM 38
Ausstattung: ~Dusche/WC, Telefon
Kreditkarten: Amex, Diners, Eurocard, Visa

■ **Schützen** Schützenallee 12
☎ 0761/72021, Fax 72019
Preise: 4 Einzel 75, 16 Doppel DM 80-130
Ausstattung: ~Dusche/WC, Telefon, Kabel-TV
Besonderes: Restaurant
Kreditkarten: Amex, Eurocard, Visa

■ **Hotel Sonne** Basler Str. 58
☎ 0761/403048, Fax 4098856
Preise: 5 Einzel 60, 22 Doppel 90-130, 1 Apartment DM 260
Ausstattung: ~Dusche/WC
Besonderes: Parkplätze
Kreditkarten: Amex, Diners, Eurocard, Visa

■ **Gasthaus Zum Schiff** Schwarzwaldstr. 82
☎ 0761/713108
Preise: Einzel 75-80, Doppel DM 130-135
Ausstattung: Dusche/WC, Telefon, TV
Kreditkarten: diverse

■ Gasthaus Zur Tanne
Altgasse 2

☎ 07664/1810, Fax 07664/5303
Preise: 10 Doppel DM 76-150, als Einzel DM 55-100
Ausstattung: ~Dusche/WC
Besonderes: Gaststätte, Parkplätze
Geschlossen: 2 Wochen im August
Kreditkarten: Eurocard

■ Hotel Löwen
Herrenstr. 47

☎ 0761/33161
Preise: Einzel 75-120, Doppel DM 150-170
Ausstattung: ~Dusche/WC, Telefon, TV
Besonderes: Restaurant, Parkplätze, Garagen
Kreditkarten: diverse

■ Gasthaus Zum Löwen
Breisgauer Str. 62

☎ 07664/1260
Preise: Einzel 45-60, Doppel DM 65-95,
Halbpension und Vollpension möglich
Ausstattung: ~Dusche/WC, Telefon, TV
Besonderes: Restaurant, Parkplätze

■ Gasthaus Schauinsland
Großtalstr. 133

☎ 0761/69483
Preise: 3 Doppel DM 68-78
Ausstattung: ~Dusche/WC
Besonderes: Parkplätze

Freigericht   ✉ 63579
Hessen   Seite 11/D 3

■ Hotel Vorspessart
Freigericht-Horbach

☎ 06055/83074, Fax 83490
Preise: 6 Einzel 70-85, 10 Doppel 120-135, Halbpension DM 30
Ausstattung: Bad/WC, Telefon, Radio, TV, ~Balkon
Besonderes: Restaurant, Hallenschwimmbad, Solarium, Massage
Kreditkarten: Amex, Eurocard, Visa

Freilassing   ✉ 83395
Bayern   Seite 17/C 3

■ Hotel Krone
Hauptstr. 26

☎ 08654/60170, Fax 601717
Preise: 16 Einzel 95, 16 Doppel 150, Halbpension DM 25
Ausstattung: Dusche/WC, Telefon, TV, Radio
Besonderes: Parkplätze, Garagen
Kreditkarten: Amex, Diners, Eurocard, Visa

■ Hotel Zum Zollhäusl
Zollhäuslstr. 11

☎ 08654/62011, Fax 66679
Preise: 3 Einzel 70, 12 Doppel 110, Halbpension 20, Vollpension DM 38
Ausstattung: ~Dusche/WC, Telefon, TV
Besonderes: Restaurant, Terrasse, Liegewiese, Parkplätze, Garagen
Kreditkarten: Amex, Eurocard, Visa

Freinsheim

Baden-Württemberg

■ Hotel Garni Altes Landhaus Hauptstr. 37
☎ 06353/8065+8368, Fax 4667
Preise: 2 Einzel 57-60, 8 Doppel DM 98-120
Ausstattung: Dusche/WC, Telefon, Radio, TV möglich
Besonderes: Terrasse, Liegewiese, Parkplätze, eigenes Weingut
Kinderermäßigung, Sonderpauschalen
Geschlossen: 3.12. - 10.1.

Freising

Bayern

■ Hotel Bayerischer Hof Untere Hauptstr. 3
☎ 08161/3037
Preise: 48 Einzel 80, 22 Doppel DM 135
Ausstattung: Dusche/Bad/WC, Telefon, TV
Besonderes: Restaurant 11-14, 17-22 Uhr, Parkplätze, Garagen
Kreditkarten: Eurocard, Visa

Freital

Sachsen

■ Erblehngericht Somsdorf Hockendorfer Str. 9, Somsdorf
☎ 0351/4601743, Fax 4760326
Preise: 2 Einzel 75, 6 Doppel DM 120
Ausstattung: Dusche/WC, Telefon, TV, Radio
Besonderes: Restaurant 17-23 Uhr, Parkplätze
Kreditkarten: Eurocard

Freudenberg

Nordrhein-Westfalen

■ Hotel Zum Alten Flecken Marktstr. 11 + 13
☎ 02734/2768-0, Fax 1277
Preise: 3 Einzel ab 80-90, 13 Doppel 140-150, Halbpension 20,
Vollpension DM 40
Ausstattung: Dusche/WC, Telefon, Kabel-TV
Besonderes: Restaurant 12-14, 18-22 Uhr, Hallenschwimmbad, Sauna,
Solarium, Parkplätze, Garagen

Freudenstadt

Baden-Württemberg

✉ 72250

Seite 15/C 2

■ Krone
Hauptstr. 8, Igelsberg

☎ 07442/3458, Fax 50372

Preise: 5 Einzel 84-88, 9 Doppel 112-144, 14 Appartements DM 158-180

Ausstattung: Bad/WC, Telefon, Balkon

Besonderes: Restaurant, Terrase, Liegewiese, 14 Apartments, Hallenschwimmbad, Parkplätze, Apartments

---

■ Kurhotel Lauterbad
Amselweg 5, Lauterbad

☎ 07441/81006, Fax 82688

Preise: 4 Einzel 76, 34 Doppel 152, 2 Appartements 208, Halbpension Vollpension DM 40

Ausstattung: Dusche/Bad/WC, Telefon, Radio, Kabel-TV, Balkon

Besonderes: Restaurant, Terrase, Liegewiese, Dampfbad, Sauna, Solarium, Hallenbad, Kosmetikstudio, Fitness-Studio

Kreditkarten: Eurocard, Visa

■ Waldblickhotel
Eichelbachstr. 47, Kniebis

☎ 07442/2002

Preise: 6 Einzel 62-69, 18 Doppel DM 115-195

Ausstattung: ~Bad/WC

Besonderes: Lift, Konferenzraum 50, Hallenschwimmbad, Solarium, ruhig, Parkplätze, Garagen

Geschlossen: 6. November bis 18. Dezember

■ Waldhotel Zollernblick
Am Zollernblick 1, Lauterbad

☎ 07441/2187, Fax 82688

Preise: 20 Einzel 58, 20 Doppel 116, Halbpension DM 28

Ausstattung: Bad/WC, Balkon

Besonderes: Restaurant, Terrase, Aussichtslage, Parkplätze

■ Warteck
Stuttgarter Str. 14

☎ 07441/7418, Fax 2957

Preise: 3 Einzel 68-70, 10 Doppel 98-130, Halbpension 22 DM

Ausstattung: Dusche/WC, Telefon, TV, Minibar

Besonderes: Restaurant 12-14/17.30-23.30 Uhr,

Geschlossen: Dienstag

Kreditkarten: Diners, Visa

■ Hotel Hirsch
Hauptstraße 10, Zwieselberg

☎ 07441/2110, Fax 84810

Preise: 8 Einzel DM 50-60, 22 Doppel DM 110, Halbpension DM 15, Vollpension DM 20

Ausstattung: Du/Bad, WC, Telefon, TV, ~Balkon

Besonderes: Restaurant, Terrase, Liegewiese, Parkplätze, Garagen

---

■ Alte Kanzlei
Straßburger Straße 6

☎ 07441/8886-0, Fax 888666

Preise: 4 Einzel DM 50-65, 13 Doppel DM 100-130, Halbpension DM 20, Vollpension DM 29

Ausstattung: Du/Bad, WC, Telefon, Radio,, TV, Minibar, Balkon

Besonderes: Restaurant, Hotelbar, Parkplätze

Kreditkarten: Amexco, Diners, Eurocard, Visa

Freyung
Bayern

⊠ **94078**
Seite 17/D 2

■ **Gasthof Brodinger**
Zuppingerstr. 3
☎ 08551/4342, Fax 7283
Preise: 1 Einzel 65, 19 Doppel 100-150, 2 Apartments 95-120,
           Halbpension 15, Vollpension DM 25
Ausstattung: Dusche/Bad/WC, Balkon, ~Telefon, ~TV, ~Minibar
Besonderes: Restaurant, Lift, Solarium, Dampfbad,
           eigene Metzgerei, ruhige Stadtrandlage, Parkplätze,
Geschlossen: 2 Wochen im November + 2 Wochen im April

■ **Gasthof Zur Post**
Stadtplatz 2
☎ 08551/6897, Fax 7752
Preise: 11 Einzel 38-60, 28 Doppel DM 76-120
Ausstattung: Bad/WC, ~TV, Telefon, Radio, Balkon
Besonderes: Lift, Terrasse, Garten, Sauna, Solarium, Parkplätze,
           Restaurant
Kreditkarten: Eurocard

Frickingen
Bayern

⊠ **88699**
Seite 15/D 3

■ **Gasthof zum Löwen**
Kirchstraße 23
☎ 07554/215 + 9626
Preise: 3 Einzel DM 50-55, 5 Einzel DM 70-90, 8 Doppel DM 90-130,
Ausstattung: Du/Bad, WC, ~Telefon, ~TV, Balkon
Besonderes: Parkplätze

Fridingen
Baden-Württemberg

⊠ **78567**
Seite 15/C 3

■ **Landhaus Donautal**
Bergsteig 1
☎ 07463/469, Fax 5099
Preise: 1 Einzel 40, 4 Doppel DM 65
Ausstattung: Dusche/WC, Telefon, Radio, TV, Balkon
Besonderes: Restaurant 10-24 Uhr, Terrasse, Parkplätze, Garagen
Geschlossen: Mitte Januar bis Mitte Februar
Kreditkarten: Eurocard, Visa

Friedersdorf
Sachsen

⊠ **01936**
Seite 13/D 2

■ **Landhotel Waldblick**
Königsbrücker Str. 19
☎ 035955/45227+2481, Fax 44770
Preise: 17 Einzel 60-98, 9 Doppel DM 110-165,
           Halbpension 25, Vollpension DM 44
Ausstattung: Dusche/WC, Telefon, TV, ~Minibar
Besonderes: Restaurant, Terrasse, Liegewiese, Parkplätze, Mehrbettzimmer
           Ferienwohnung mit Balkon

Friedrichshafen   ✉ 88046
Baden-Württemberg   Seite 15/D 3

■ Hotel Sieben Schwaben   Hauptstr. 37, Ailingen
☎ 07541/55098, Fax 56963
Preise: 5 Einzel 90-120, 19 Doppel 140-160, 2 Appartements,
    Halbpension DM 18,50
Ausstattung: Dusche/WC, Telefon, TV
Besonderes: Restaurant, Parkplätze
Kreditkarten: Diners, Eurocard, Visa

■ Zur Gerbe   Hirschlatter Str. 14, Ailingen
☎ 07541/51084, Fax 55108
Preise: 23 Einzel 60-95, 40 Doppel DM 94-190
Ausstattung: ~Bad/WC, Telefon, Radio, TV, Minibar, Balkon
Besonderes: Restaurant, Terrasse, Hallenschwimmbad, Sauna,
    Solarium, Tennis, Parkplätze, Garagen
Geschlossen: 2. - 22. Januar

■ Hotel Gasthof Goldener Hirsch   Charlottenstr. 1
☎ 07541/25720+92330, Fax 923388
Preise: 10 Einzel 80, 32 Doppel DM 140,
    Halbpension 18, Vollpension DM 30
Ausstattung: Dusche/WC, Telefon, TV
Besonderes: Restaurant 11-14/18-22 Uhr, Bar 11-24 Uhr, Parkplätze
Kreditkarten: Amex, Eurocard, Visa

■ Hotel Knoblauch   Jettenhauser Str. 30-32
☎ 07541/51044
Preise: Einzel 65-110, Doppel DM 135-195
Ausstattung: Dusche/WC, Telefon, TV
Besonderes: Restaurant, Terrasse, Liegewiese, Parkplätze
Kreditkarten: diverse

■ Hotel Kleinerberg   Moltkestr. 20
☎ 07541/22403
Preise: Einzel 48-65, Doppel DM 95-125
Ausstattung: ~Dusche/WC

Friedrichskoog   ✉ 25718
Schleswig-Holstein   Seite 7/B 2

■ Möwen-Kieker   Strandweg 6
☎ 04854/286, Fax 1689
Preise: 13 Einzel ab DM 69, 13 Doppel ab DM 88, 1 Appartement ab
    DM 118, Halbpension DM 22, Vollpension DM 38
Ausstattung: Dusche/WC, Telefon, ~TV, Radio, Minibar, ~Balkon
Besonderes: Restaurant, Bar 18-23 Uhr, ruhig,
    Parkplätze, Liegewiese
Kreditkarten: Amex, Diners, Eurocard, Visa

Friedrichsroda
Thüringen

✉ **99894**

Seite 12/A 2

■ **Euromill Berhotel Friedrichsroda**   Bergstr. 1
☎ 03623/4565, Fax 4562
Preise: 56 Einzel 70-90, Doppel 112-150, 8 Apartments DM 155-165, Halbpension 21, Vollpension DM 42
Ausstattung: Dusche/WC, ~Telefon, ~TV, Radio, Balkon
Besonderes: Restaurant 6-24 Uhr, Bar 11-1 Uhr, Terrasse, Liegewiese, Schwimmbad, Sauna, Solarium, Parkplätze
Kreditkarten: Amex, Diners, Eurocard, Visa

Frienstedt
Thüringen

✉ **99192**

Seite 12/A 2

■ **Raststätte-Pension Fürstenhof**   Breite Straße 85 a
☎ 036208/296, Fax 296
Preise: 3 Einzel DM 80, 5 Doppel DM 120
Ausstattung: Du/Bad, WC, Telefon, TV
Besonderes: Restaurant, Parkplätze
Kreditkarten: Amexco, Eurocard, Visa

Friesau
Thüringen

✉ **07368**

Seite 12/A 3

■ **Zum Kanzler**   Dorfstraße 75
☎ 036651/87168
Preise: 4 Einzel DM 35, 5 Doppel DM 70, 1 Ferienwohnung
Ausstattung: Du/Bad, WC, Telefon, Radio, TV, Minibar
Besonderes: Restaurant, Liegewiese, Schwimmbad, Sauna, Parkplätze

Friesenheim
Baden-Württemberg

✉ **77948**

Seite 15/C 2

■ **Gasthof Krone**   Kronenstr. 2
☎ 07821/6338
Preise: 16 Einzel ab 42, 11 Doppel DM 65-85
Ausstattung: ~Bad/WC, ~Telefon
Besonderes: Restaurant, Kegeln, Parkplätze, Garagen

Fritzlar
Hessen

✉ **34560**

Seite 11/D 2

■ **Hotel Zum Buraberg**   Bahnhofstr. 5, Ungedanken
☎ 05622/4040+4049, Fax 6410
Preise: 4 Einzel ab 70, 10 Doppel ab DM 105
Ausstattung: Dusche/WC, Telefon, TV, ~Balkon
Besonderes: Restaurant, Kegelbahn, Terrasse, Parkplätze, Garagen, Pauschalangebote
Kreditkarten: Diners, Eurocard, Visa

Fröndenberg

Nordrhein-Westfalen

✉ 58730

Seite 11/C 2

■ Hotel-Gasthof Hölzer Auf dem Krittenschlag 23
☎ 02373/76122, Fax 978814
Preise: 2 Einzel DM 55, 10 Doppel DM 120, 3 Dreibett DM 150
Ausstattung: Du/Bad, WC, Telefon, TV
Besonderes: Parkplätze, Planwagenfahrten
Kreditkarten: Amexco, Eurocard, Visa

Fuchstal

Bayern

✉ 86925

Seite 16/A 3

■ Landhaus Restauration Blätz Am Bahnhof 1
☎ 08243/2333+2019
Preise: 5 Doppel 90, als Einzel DM 50
Ausstattung: Dusche/WC, Telefon, ~TV
Besonderes: Restaurant, Terrasse, Parkplätze

Fürstenau

Niedersachsen

✉ 49584

Seite 7/A 3

■ Gasthof Wübbel Osnabrücker Str. 56
☎ 05901/2789
Preise: 3 Einzel 50, 7 Doppel DM 100, Halbpension und Vollpension
möglich
Ausstattung: Dusche/WC, Telefon, TV
Besonderes: Restaurant, Parkplätze, Garagen
Geschlossen: 4 Wochen in den Sommerferien Niedersachsens

Fürstenfeldbruck

Bayern

✉ 82256

Seite 16/B 2

■ Drexler Hauptstr. 10
☎ 08141/5061
Preise: Einzel 68, Doppel DM 95
Ausstattung: ~Bad/WC, Telefon, Radio

Fürstenzell

Bayern

✉ 94081

Seite 17/C 2

■ Gasthof Mayer Griesbacher Str. 6
☎ 08502/226
Preise: 10 Einzel 33-43, 8 Doppel DM 66-86
Ausstattung: Bad/WC
Besonderes: Konferenzraum, Kegeln, Parkplätze, Garagen

Fürth
Bayern

✉ **90768**

Seite 16/A 1

■ **Gasthof Kirchberger**   Sacker Hauptstr. 9
☎ 0911/304028, Fax 304510
Preise: 13 Einzel 40-60, 6 Doppel DM 80-90
Ausstattung: Bad/WC
Besonderes: eigene Metzgerei, Restaurant 9-23 Uhr, Parkplätze, Garagen
Geschlossen: August

■ **Zum Bären**   Würzburger Str. 475
☎ 0911/751722
Preise: 4 Einzel 45-50, 4 Doppel DM 90
Ausstattung: ~Dusche/WC
Besonderes: Restaurant

Füssen
Bayern

✉ **87629**

Seite 16/B 3

■ **Hotel Geiger**   Uferstr. 18, Hopfen am See
☎ 08362/7074, Fax 38838
Preise: 6 Einzel 65-105, 7 Doppel 150, 12 Appartements 170-210,
                   Halbpension DM 23
Ausstattung: Dusche/WC, Telefon, TV, Minibar, Balkon
Besonderes: Restaurant, Terrasse, Parkplätze, Garagen
Geschlossen: Anfang November - Mitte Dezember, 10 Tage Ende März

---

■ **Hotel Alpenschlößle**   Alatseestr. 28, Bad Faulenbach
☎ 08362/4017, Fax 39847
Preise: 3 Einzel 72-78, 7 Doppel 124-150, Halbpension 33,
                   Vollpension DM 43
Ausstattung: Dusche/WC, Telefon, Radio, TV, Minibar, ~Balkon
Besonderes: Restaurant, Parkplätze, Liegewiese

■ **Hotel Frühlingsgarten**   Alatseestr. 8
☎ 08362/6107, Fax 6247
Preise: 5 Einzel 57, 8 Doppel 108, 1 Appartement, Halbpension DM 18
                   Vollpension DM 28
Ausstattung: Dusche/WC, Balkon
Besonderes: Restaurant, Terrasse, Parkplätze
Geschlossen: November bis Dezember

■ **Hotel Fürstenhof**   Kemptener Str. 23
☎ 08362/7006, Fax 39048
Ausstattung: Bad/WC, TV, Telefon, ~Balkon
Besonderes: garni, Parkplätze, Liegewiese
Kreditkarten: Amex, Eurocard

■ **Hotel Sonne**   Reichenstr. 37
☎ 08362/6061, Fax 6064
Preise: 2 Einzel 95-135, 30 Doppel DM 125-180
Ausstattung: Bad/WC, Telefon, TV
Besonderes: Restaurant 7-24 Uhr, Bar 21-3 Uhr, Parkplätze
Kreditkarten: Amex, Diners, Eurocard, Visa

■ **Kur-Hotel Ruchti**   Alatseestr. 38, Bad Faulenbach
☎ 08362/9101-0, Fax 7213
Preise: 15 Einzel 70-95, 32 Doppel 130-190, 5 Appartements,
                    Halbpension DM 18
Ausstattung: Bad/WC, Radio, ~TV, ~Minibar, ~Balkon, ~Telefon
Besonderes: Restaurant, Terrasse, Liegewiese, Parkplätze
Geschlossen: 7.1. - 15.2.96
Kreditkarten: Amex, Diners, Eurocard, Visa

■ **Kurhotel Wiedemann**   Am Anger 3, Bad Faulenbach
☎ 08362/37231, Fax 36991
Preise: 22 Einzel ab 62, 21 Doppel 110-130, Halbpension 26,
                    Vollpension DM 32
Ausstattung: Dusche/WC, Telefon, ~Balkon
Besonderes: Restaurant, Terrasse, Liegewiese

■ **Landhaus Enzensberg**   Höhenstr. 53, Hopfen am See
☎ 08362/4061+4062, Fax 39179
Preise: 1 Einzel 75-90, 6 Doppel 170-200, 3 Appartements DM 220-320,
                    Halbpension DM 35, Vollpension DM 50
Ausstattung: Du/Bad/WC, Telefon, TV, Minibar, ~Balkon oder Terrasse
Besonderes: Restaurant, Terrasse, Parkplätze, Garagen, Bierstüberl
Geschlossen: 10.1. - ca. 6.2.

■ **Landhaus Sommer am See**   Füssen
☎ 08362/2481, Fax 2074
Preise: 3 Einzel, 10 Doppel 132-178, Halbpension DM 20
Ausstattung: Dusche/WC, Telefon, TV, Minibar, Balkon
Besonderes: Restaurant, Terrasse, Liegewiese, Schwimmbad, Sauna,
                    Solarium, Parkplätze, Garagen
Kreditkarten: Amex, Eurocard, Visa

Bad Füssing   ✉ 94072
Bayern   Seite 17/D 2

■ **City-Hotel**   Prof.-Böhm-Str. 9
☎ 08531/2031
Preise: Einzel ab 54, Doppel ab DM 88
Ausstattung: Bad/WC, Telefon
Besonderes: Lift, Terrasse, garni, Parkplätze, Garagen

■ **Parkhotel**   Waldstr. 16
☎ 08531/9280, Fax 2061
Preise: 76 Einzel 75-80, 32 Doppel 125-150, Halbpension 22,
                    Vollpension DM 45
Ausstattung: Dusche/Bad/WC, Telefon, TV, Radio, Balkon
Besonderes: Restaurant 7-22 Uhr, Bar 7-22 Uhr, Lift, Konferenzraum 50, 2
                    Thermal-Hallenbäder, Kurabteilung, Parkplätze, Liegewiese
Geschlossen: 1. Dezember bis 31. Januar 1996

Fulda ✉ 36039

Hessen
Seite 11/D 3

■ Hotel Peterchens Mondfahrt Rabanusstr. 7
☎ 0661/77094-5, Fax 71519
Preise: 10 Einzel 99-115, 11 Doppel DM 159-167, 2 Ferienwohnungen
Ausstattung: Dusche/WC, Telefon, TV
Besonderes: garni, Parkplätze
Kreditkarten: Amex, Diners, Eurocard, Visa

Fuldatal ✉ 34233

Hessen
Seite 11/D 2

■ Gast- und Pensionshaus Zur Linde Hölleweg 7, Rothwesten
☎ 05607/7277+7670+505, Fax 7825
Preise: 2 Einzel 44, 7 Doppel DM 86, Halbpension und Vollpension
möglich
Ausstattung: Dusche/WC, Telefon, TV
Besonderes: Restaurant bis 23 Uhr
Kreditkarten: Amex, Diners, Eurocard, Visa

■ Haus Schönewald Wilhelmstr. 17, Simmershausen
☎ 05607/811708
Preise: 6 Einzel 60, 20 Doppel DM 100
Ausstattung: Dusche/WC, Telefon
Besonderes: Restaurant ab 16 Uhr, Terrasse, Liegewiese, Parkplätze,
Garagen
Kreditkarten: Diners, Eurocard, Visa

Furth ✉ 93437

Bayern
Seite 17/C 1

■ Hotel Hohenbogen Bahnhofstr. 25
☎ 09973/1509, Fax 1502
Preise: 8 Einzel 48-54, 28 Doppel 96-108, Halbpension DM 12
Ausstattung: Dusche/Bad/WC, Telefon, TV
Besonderes: Restaurant 6-1 Uhr, Frühstücksbuffet, Lift

Furtwangen ✉ 78120

Baden-Württemberg
Seite 15/C 2

■ Zum Ochsen Marktplatz 9, Neukirch
☎ 07723/93116, Fax 931155
Preise: 4 Einzel ab 71, 30 Doppel DM 124
Ausstattung: Du/WC, Telefon, TV
Besonderes: Restaurant, Sauna, Parkplätze, Garagen
Geschlossen: 2 Wochen im November
Kreditkarten: Eurocard

Gärtringen

Baden-Württemberg

✉ **71116**

Seite 15/C 2

■ Hotel Gasthof Bären

Daimlerstr. 1

☎ 07034/2760, Fax 276222
Preise: 16 Einzel 75-105, 15 Doppel DM 110-155
Ausstattung: Dusche/WC, Telefon, TV, ~Minibar
Besonderes: Restaurant, Terrasse, Nichtraucherzimmer, Parkplätze, Garagen, Apartments
Geschlossen: 24. Dezember bis 8. Januar
Kreditkarten: Amex, Diners, Eurocard, Visa

Gammelby

Schleswig-Holstein

✉ **24340**

Seite 8/A 2

■ Hotel Gammelby

Dorfstr. 6

☎ 04351/8810, Fax 88166
Preise: 2 Einzel 80, 31 Doppel 150, Halbpension DM 22
Ausstattung: Dusche/WC, Telefon, TV, Balkon
Besonderes: Restaurant, Sauna, Solarium, Parkplätze, Garagen
Kreditkarten: Amex, Diners, Eurocard, Visa

Ganderkesee

Niedersachsen

✉ **27777**

Seite 7/B 3

■ Airfield Hotel

Otto-Lilienthal-Str. 23

☎ 04222/1091-93, Fax 70826
Preise: 25 Einzel 75, 24 Doppel DM 125, Halbpension/Vollpension möglich
Ausstattung: Bad/WC, TV, Telefon, Minibar
Besonderes: Restaurant bis 23 Uhr, Terrasse, Kegeln, Parkplätze
Kreditkarten: Amex, Diners, Eurocard, Visa

■ Backenköhler-Stenum

Dorfring 40, Stenum

☎ 04223/730, Fax 8604
Preise: 13 Einzel 75-95, 35 Doppel DM 120-145
Ausstattung: Bad/WC, Telefon, TV, Balkon
Besonderes: Restaurant 10-24 Uhr, Terrasse, Kegeln, ruhig, Parkplätze
Kreditkarten: Eurocard, Visa

Bad Gandersheim

Niedersachsen

✉ **37581**

Seite 11/D 1

■ Gerichtsschänke

Burgstr. 10

☎ 05382/98010, Fax 980198
Preise: 10 Einzel 65, 13 Doppel DM 120
Ausstattung: Dusche/WC, Telefon
Besonderes: Restaurant geöffnet 10-14/18-23 Uhr, Schwimmbad
Kreditkarten: Amex, Eurocard, Visa

■ **Kurpark-Hotel Bartels** Dr.-H.-Jasper-Str. 2
☎ 05382/750, Fax 75147
Preise: 60 Einzel 55-95, 50 Doppel 105-140, Halbpension 17,
Vollpension DM 27
Ausstattung: ~Dusche/Bad/WC, Telefon, Radio, ~TV, ~Minibar
Besonderes: Schwimmbad, Sauna, Solarium, Parkplätze, Liegewiese
Geschlossen: Ende Dezember bis Anfang Januar
Kreditkarten: Amex, Eurocard, Visa

Garbsen ⊠ 30823
Niedersachsen Seite 11/D 1

■ **Möller** Hannoversche Str. 27
☎ 05137/72071
Preise: 8 Einzel 48-62, 10 Doppel 84-120
Ausstattung: ~Bad/WC, Telefon
Besonderes: Frühstücksbuffet, Konferenzraum, Terrasse, Kegeln,
Parkplätze, Garagen

Gardelegen ⊠ 39638
Sachsen-Anhalt Seite 12/A 1

■ **Altes Zollhaus** Stendaler Straße 21
☎ 03907/712936, Fax 7234
Preise: 4 Einzel DM 65, 5 Doppel DM 95, Halbpension DM 15
Ausstattung: Du/Bad, WC, TV
Besonderes: Restaurant, Parkplätze
Kreditkarten: Amexco, Eurocard, Visa

Garmisch-Partenkirchen ⊠ 82467
Bayern Seite 16/A 3

■ **Gasthof Fraundorfer** Ludwigstr. 24
☎ 08821/2176+71071, Fax 71073
Preise: 3 Einzel 60-70, 22 Doppel 120-160, Halbpension 27,
Vollpension DM 45
Ausstattung: Bad/WC, TV, Telefon, Radio, ~Balkon
Besonderes: Restaurant 7-1 Uhr, Sauna, Solarium, 7 Apartments, Dampfbad,
Parkplätze
Kreditkarten: Amex, Eurocard, Visa

■ **Hotel Boddenberg** Wildenauer Str. 21
☎ 08821/9326-0, Fax 9326-45
Preise: 8 Einzel 80-95, 15 Doppel 150-190, 1 Appartement DM 210
Ausstattung: Dusche/Bad/WC, Telefon, Kabel-TV, Radio, Balkon
Besonderes: Schwimmbad, Solarium, Fahrradverleih, ruhig, garni,
Parkplätze, Garagen, Terrasse, Liegewiese, 1 Apartment
Geschlossen: 1. November bis 18. Dezember
Kreditkarten: Amex, Diners, Eurocard, Visa

Garrel
Niedersachsen   ✉ **49681**
    Seite 7/B 3

■ **Hotel zur Post**   Hauptstr. 34
☎ 04474/8000 + 7575, Fax 7847
Preise: 10 Einzel ab 65, 15 Doppel 120, Halbpension 18, Vollpensi DM 53
Ausstattung: Dusche/WC, Telefon, TV, Minibar, Balkon
Besonderes: Restaurant, Terrasse, Bar, Parkplätze, Garagen
Kreditkarten: Amex, Diners, Eurocard, Visa

Gartow
Niedersachsen   ✉ **29471**
    Seite 8/B 3

■ **Central-Hotel am See**   Hauptstr. 32
☎ 05846/329+788
Preise: 12 Einzel ab 46, 15 Doppel 80-95, Halbpension 40, Vollpension DM 65
Ausstattung: ~Dusche/WC, Telefon, TV
Besonderes: Restaurant 12-14, 18-21 Uhr, Terrasse, Liegewiese, Bootssteg, Parkplätze, Garagen

■ **Hotel Wendland**   Hauptstr. 11
☎ 05846/411
Preise: 6 Einzel 75, 10 Doppel DM 130
Ausstattung: Dusche/WC, Telefon, TV, Minibar
Besonderes: Restaurant, Grillplatz, Terrasse, Liegewiese, Parkplätze
Geschlossen: 28. Januar bis 14. März

Gaußig
Sachsen   ✉ **02633**
    Seite 13/D 2

■ **Pension-Café Fabian**   Neue Straße 6
☎ 035930/50202, Fax 50202
Preise: 2 Einzel DM 50, 4 Doppel DM 90, Halbpension DM 10
Ausstattung: Du, WC, Telefon, TV
Besonderes: Restaurant, Liegewiese, Parkplätze

Geesthacht
Schleswig-Holstein   ✉ **21502**
    Seite 8/A 7

■ **Fährhaus Ziehl**   Fährstieg 20
☎ 04152/3041, Fax 70788
Preise: 5 Einzel 78-89, 13 Doppel 100-150, Halb- und Vollpension möglich
Ausstattung: Bad/WC, TV, Telefon, ~Balkon
Besonderes: Restaurant, Terrasse, ruhig, Parkplätze, Garagen
Kreditkarten: Amex, Diners, Eurocard, Visa

■ **Hotel Lindenhof**   Joh.-Ritter-Str. 38
☎ 04152/3061+62
Preise: 5 Einzel ab 65, 17 Doppel ab DM 90, Halbpension 14,
                 Vollpension DM 24
Ausstattung: Dusche/WC, TV, ~Telefon, Radio
Besonderes: Restaurant ab 11.30 Uhr, Bar ab 17 Uhr, Frühstücksbuffet,
                 Bierstube, gutbürgerliche Küche, ruhig, Parkplätze
Kreditkarten: Eurocard

■ **Landhaus Tesperhude**   Elbuferstr. 100, Tesperhude
☎ 04152/72244
Preise: 2 Einzel ab 84, 6 Doppel ab DM 135, Halbpension mögl.,
                 Vollpension möglich
Ausstattung: Dusche/WC, Telefon, Radio, TV, Balkon
Besonderes: Restaurant 11.30-22 Uhr, Terrasse, Parkplätze, Garagen

---

Gehlberg   ✉ 98559
Thüringen   Seite 12/A 3

■ **Wald- und Sporthotel Schmücke**   Schmücke 5
☎ 036842/20243-45, Fax 20243
Preise: 6 Einzel 65, 38 Doppel 95, 4 Apartments DM 180,
                 Halbpension 30, Vollpension DM 45
Ausstattung: Dusche/WC, Telefon, Radio
Besonderes: Restaurant, Liegewiese, Sauna, Parkplätze, Mehrbettzimmer,
                 Ferienwohnungen
Kreditkarten: Amex, Eurocard

Geilenkirchen   ✉ 52511
Nordrhein-Westfalen   Seite 10/A 2

■ **City-Hotel**   Theodor-Heuss-Ring 15
☎ 02451/6270, Fax 627300
Preise: 12 Einzel 88, Doppel 129, 11 Appartements DM 120-150
Ausstattung: Dusche/WC, Telefon, TV, Minibar, ~Balkon
Besonderes: Bar, Sauna, Parkplätze
Kreditkarten: Amex, Diners, Eurocard, Visa

Geiselwind   ✉ 96160
Bayern   Seite 16/A 1

■ **Hotel Krone**   Kirchplatz 2
☎ 09556/244+1244, Fax 400
Preise: 10 Einzel 65, 55 Doppel 90, Halbpension DM 55,
                 Vollpension DM 65
Ausstattung: Dusche/WC, TV, Balkon, Telefon
Besonderes: Restaurant 7-24 Uhr, Terrasse, Parkplätze, Garagen
Kreditkarten: Amex, Diners, Eurocard, Visa

Geisenheim   ✉ 65366

Rheinland-Pfalz   Seite 11/C 3

■ Hotel Haus Neugebauer   Haus Neugebauer, Johannisberg
☎ 06722/6038, Fax 7443

Preise:	1 Einzel 95, 20 Doppel 150, Halbpension 30, Vollpension DM 35
Ausstattung:	Dusche/WC, Telefon, Radio, Minibar, Balkon
Besonderes:	Restaurant 7-24 Uhr, Terrasse, Liegewiese, 100 Parkplätze, 2 Garagen
Kreditkarten:	Amex, Diners, Eurocard, Visa

Geisingen   ✉ 78187

Baden-Württemberg   Seite 15/C 3

■ Hotel Sternen   Ringstr. 2-4
☎ 07704/803, Fax 803333

Preise:	4 Einzel 55-88, 44 Doppel 90-140, Halbpension 10, Vollpension DM 18
Ausstattung:	Dusche/WC, Telefon, TV, Balkon
Besonderes:	Restaurant ab 6.45 Uhr, Schwimmbad, Sauna, Solarium, Dampfbad, Fitneßraum, Kegelbahnen, Parkplätze, Liegewiese
Kreditkarten:	Amex, Diners, Eurocard, Visa

■ Hotel-Restaurant Burg   Bodenseestr. 4-8, Kirchenhausen
☎ 07704/235, Fax 6339

Preise:	5 Einzel 65, 23 Doppel 110, 3 Ferienwohnungen 450 pro Woche, Halbpension DM 28
Ausstattung:	Dusche/WC, Telefon, ~TV, ~Minibar, ~Balkon
Besonderes:	Restaurant, Terrasse, Liegewiese, Parkplätze, Garagen
Geschlossen:	November
Kreditkarten:	Amex, Diners, Eurocard, Visa

Geislingen   ✉ 73312

Baden-Württemberg   Seite 15/D 2

■ Burghotel   Burggasse 14
☎ 07331/41051, Fax 41053

Preise:	12 Einzel 85, 11 Doppel DM 140
Ausstattung:	WC, Dusche, Telefon, Radio, Bar, TV
Besonderes:	Bar, Restaurant, Terrasse, Liegewiese, Sauna, ruhig, Parkplätze, Garagen, Hallenbad
Geschlossen:	3 Wochen in den Sommerferien

Geldern   ✉ 47608

Nordrhein-Westfalen   Seite 10/A 1

■ Hotel Rheinischer Hof   Bahnhofstr. 40
☎ 02831/5522+5352, Fax 980811

Preise:	8 Einzel ab 48, Doppel DM 85-104
Ausstattung:	Dusche/WC, Telefon
Besonderes:	Restaurant, Garagen
Kreditkarten:	Amex, Diners, Eurocard, Visa

Gelnhausen   ✉ 63571

Hessen   Seite 11/D 3

■ **Grimmelshausen-Hotel**   Schmidtgasse
☎ 06051/17031, Fax 17033
Preise: 20 Einzel 52-90, 11 Doppel DM 72-135
Ausstattung: ~Dusche/Bad/WC, Telefon, TV, Radio, Minibar
Besonderes: Garagen
Kreditkarten: Amex, Diners, Eurocard, Visa

Gelsenkirchen   ✉ 45886

Nordrhein-Westfalen   Seite 10/B 2

■ **Am Stern**   Bismarckstr. 70
☎ 0209/812603
Preise: Einzel 35-45, Doppel DM 70-80
Ausstattung: Bad/WC
Besonderes: Konferenzraum, Garagen

■ **Zum Schwan**   Urbanusstr. 40, Buer
☎ 0209/37244, Fax 377652
Preise: 8 Einzel 95-105, 6 Doppel 135, 1 Apartment DM 150
Ausstattung: Dusche/Bad/WC, TV, Telefon, Radio, Minibar, safe
Besonderes: Restaurant, Bar, Frühstücksbuffet, Kaminzimmer, Pub, Parkplätze
Kreditkarten: Amex, Diners, Eurocard, Visa

Gelting   ✉ 82538

Bayern   Seite 16/B 3

■ **Landgasthof Zum alten Wirth**   Buchberger Str. 4
☎ 08171/7194+7196
Preise: 19 Einzel 88, 19 Doppel 145, 1 Apartment DM 260
Ausstattung: Bad/WC, Telefon, Radio, TV, Balkon
Besonderes: Frühstücksbuffet, Konferenzraum, Terrasse, Sauna, Solarium, Biergarten, Parkplätze
Geschlossen: Anfang bis Mitte August

Geltow   ✉ 14542

Brandenburg   Seite 13/C 1

■ **Pension Eifler**   Wildparkstr. 9
☎ 03327/55909, Fax 55909
Preise: 1 Einzel 25, 10 Doppel DM 36, 1 Appartement DM 45
Ausstattung: ~Dusche/WC, TV
Besonderes: Parkplätze

Gemünden/Main ✉ 97737

Bayern

Seite 11/D 3

■ **Fränkischer Gasthof-Hotel Zum Koppen** Obertorstr. 22
☎ 09351/3312, Fax 4529
Preise: 1 Einzel 78, 9 Doppel 96, Halbpension DM 19
Ausstattung: Dusche/WC, Telefon, TV
Besonderes: Restaurant, Parkplätze
Kreditkarten: Amex, Eurocard

Gemünden/Soonwald ✉ 55490

Rheinland-Pfalz

Seite 10/B 3

■ **Waldhotel Koppenstein** Gemünden/Soonwald
☎ 06765/204, Fax 494
Preise: 1 Einzel 65, 11 Doppel 105, Halbpension DM 20,
Halbpension DM 30
Ausstattung: Dusche/WC
Besonderes: Restaurant, Kaminzimmer, Terrasse, Liegewiese, Parkplätze,
Garagen
Kreditkarten: Eurocard

Gengenbach ✉ 77723

Baden-Württemberg

Seite 15/C 2

■ **Hotel Zur Blume** Brückenhäuserstr. 10
☎ 07803/2439/2497, Fax 5320
Preise: 2 Einzel 58, 18 Doppel 90, 2 Apartments DM 130
Ausstattung: Dusche/WC, TV, Telefon
Besonderes: Restaurant, Parkplätze, Garagen

■ **Sonne** Hauptstr. 23
☎ 07803/3325, Fax 40624
Preise: 4 Einzel ab 52, 29 Doppel DM 88-120
Ausstattung: ~Bad/WC
Besonderes: Lift, Konferenzraum, Garagen
Geschlossen: 2 Wochen im August

Georgsmarienhütte ✉ 49124

Niedersachsen

Seite 11/C 1

■ **Hotel Herrenrest** Teuteburger-Wald-Str. 110
☎ 05401/5383, Fax 6951
Preise: 4 Einzel 68, 21 Doppel 105, Halbpension DM 15
Ausstattung: Dusche/WC, Telefon, ~TV
Besonderes: Restaurant, Terrasse, Parkplätze, Garagen

Gernsbach ✉ 76593

Baden-Württemberg

Seite 15/C 2

■ Hotel Gasthaus Nachtigall   Müllenbild 1-3
☎ 07224/2129+68150, Fax 69626
Preise: 4 Einzel 55-70, 13 Doppel DM 80-140, Halbpension und
         Vollpension möglich
Ausstattung: Dusche/WC, Telefon, TV, Minibar
Besonderes: Restaurant, Terrasse, Liegewiese, Parkplätze, Garagen
Kreditkarten: Amex, Diners, Eurocard, Visa

■ Lautenfelsen   Lautenfelsenstr. 1, Lautenbach
☎ 07224/2784, Fax 68183
Preise: 10 Einzel 40-44, 25 Doppel 76-80, Halbpension 16,
         Vollpension DM 22
Ausstattung: Dusche/WC, ~Balkon
Besonderes: Restaurant bis 21 Uhr, Bar bis 24 Uhr, Solarium, Liegewiese,
         ruhig, Parkplätze, Garagen

Gernsheim ✉ 64579

Hessen

Seite 15/C 1

■ Hotel Hubertus   Am Waldfrieden
☎ 06258/2257+4051, Fax 52229
Preise: 25 Einzel 58-98, 20 Doppel 85-130, 2 Apartments DM 180
Ausstattung: ~Dusche/WC, Telefon, TV, Minibar, Balkon
Besonderes: Restaurant, Terrasse, Sauna, Solarium, 50 Parkplätze,
         2 Garagen, gute Waldlage für Freizeitsport
Kreditkarten: Diners, Eurocard, Visa, Amexco

Gerolstein ✉ 54568

Rheinland-Pfalz

Seite 10/B 3

■ Hotel Landhaus Tannenfels   Lindenstr. 68
☎ 06591/4123, Fax 4104
Preise: 3 Einzel 49, 9 Doppel 88, Halbpension 18, Vollpension DM 25
Ausstattung: Dusche/WC, ~Telefon, TV, Balkon
Besonderes: Restaurant, Liegewiese, Parkplätze, Garagen

■ Seehotel am Stausee   Am Stausee 2
☎ 06591/222, Fax 81114
Preise: 4 Einzel 55, 46 Doppel DM 90
Ausstattung: Bad/WC, Telefon, TV, Balkon
Besonderes: Restaurant, Terrasse, Liegewiese, Hallenschwimmbad, Sauna,
         Solarium, Parkplätze, Garagen
Geschlossen: 15.11. - 15.1.96

Gerolzhofen   ⊠ 97447

Bayern   Seite 12/A 3

■ An der Stadtmauer   Rügshöfer Str. 25
☎ 09382/6090, Fax 609179
Preise: 10 Einzel ab 74, 30 Doppel 108-135, Halbpension DM 18
Ausstattung: Bad/WC, TV, Telefon
Besonderes: Restaurant, Liegewiese, Terrasse, ruhig, garni, Parkplätze,
               Garagen
Kreditkarten: Amex, Eurocard, Visa

■ Gästehaus Edelmann   Berliner Str. 36
☎ 09382/8315, Fax 8305
Preise: 7 Einzel 52-58, 7 Doppel DM 64-76
Ausstattung: Dusche/WC, TV, Balkon
Besonderes: TV-Raum, Parkplätze, Garagen, Liegewiese
Geschlossen: 20. Dezember bis 20. Januar
Kreditkarten: Eurocard

Gersfeld   ⊠ 36129

Hessen   Seite 11/D 3

■ Gästehaus Romeis   Dörrenhof 12
☎ 06654/212+7522
Preise: 2 Einzel 25-26, 6 Doppel DM 48-50
Ausstattung: ~Dusche/WC
Besonderes: Terrasse, Liegewiese, Parkplätze

■ Hotel Sonne   Amelungstr. 1
☎ 06654/303, Fax 7649
Preise: 2 Einzel 43, 17 Doppel 78-86, 6 Ferienwohnungen, Halbpen-
               sion DM 17, Vollpension DM 29
Ausstattung: Dusche/WC, Telefon, TV, Balkon
Besonderes: Restaurant 11-22 Uhr, Sauna, Solarium, Parkplätze, Garagen
Geschlossen: 15. bis 30. Januar

■ Gästehaus Jäger   Auf der Wacht 19
☎ 06654/230, Fax 8478
Preise: 6 Einzel 42-55, 7 Doppel 75-82, 1 Appartement DM 75, 2 Fe-
               rienwohnungen DM 80
Ausstattung: Dusche/WC, Telefon, ~TV, ~Balkon
Besonderes: Terrasse, Liegewiese, Parkplätze, Ferienwohnungen
Geschlossen: November

■ Hotels über den Wolken   Wasserkuppe
☎ 06654/381+7007, Fax 7580
Preise: 1 Einzel DM 62,50, 23 Doppel von DM 65-125
Ausstattung: Du/Bad, WC, ~Telefon, ~TV
Besonderes: Restaurant, Terrasse, Parkplätze
Kreditkarten: Eurocard

Gescher
Nordrhein-Westfalen

✉ **48712**
Seite 10/B 1

■ **Cramer's Domhotel**   Kirchplatz 6
☎ 02542/93010, Fax 7856
Preise: 5 Einzel ab 80, 13 Doppel ab 130, Halbpension 26,
                  Vollpension DM 42
Ausstattung: Dusche/WC, Telefon, TV, ~Minibar, ~Balkon
Besonderes: Restaurant, Terrasse, Parkplätze, Garagen
Geschlossen: 3 Wochen in den NRW-Sommerferien Restaurant, Hotel geöffnet
Kreditkarten: Amex, Diners, Eurocard, Visa

Giengen
Baden-Württemberg

✉ **89537**
Seite 16/A 2

■ **Hotel-Restaurant Lamm**   Marktstr. 17-19
☎ 07322/5093+4064, Fax 21996
Preise: 19 Einzel 77, 3 Doppel 120, 3 Apartments DM 130
Ausstattung: Dusche/WC, Telefon, TV, Minibar
Besonderes: Restaurant, Bar, Kegelbahnen, Parkplätze, Garagen,
                  Ferienwohnungen, Fahrradverleih, Shuttlebus
Kreditkarten: Amex, Diners, Eurocard, Visa

Giesen
Niedersachsen

✉ **31180**
Seite 11/D 3

■ **Hotel Ernst**   Godehardstr. 2
☎ 05066/4094+95, Fax 64366
Preise: 10 Einzel ab 58, 23 Doppel 90-125, Halbpension DM 22
Ausstattung: ~Dusche/WC, Telefon TV
Besonderes: Restaurant 11.30-14, 17-22.30 Uhr, Liegewiese, Parkplätze,
                  Garagen
Kreditkarten: Eurocard, Visa

Gießen
Hessen

✉ **35394**
Seite 11/C 1

■ **Liebig Hotel**   Liebig Str. 21
☎ 0641/73097-99, Fax 77229
Preise: 11 Einzel 80, 10 Doppel DM 120
Ausstattung: Dusche/WC, Telefon, TV
Besonderes: Klimaanlage, Parkplätze
Kreditkarten: Amex, Diners, Eurocard, Visa

Gifhorn   ✉ 38518

Niedersachsen · Seite 12/A 1

■ Landhaus Winkel · Hermann-Löns-Weg 2, Winkel
☎ 05371/12955
Preise: 8 Einzel ab 70, 14 Doppel ab DM 120
Ausstattung: Bad/WC, Telefon, TV
Besonderes: Konferenzraum 22, Terrasse, ruhig, garni, Parkplätze
Geschlossen: 24 bis 31. Dezember

Gladenbach   ✉ 35075

Hessen · Seite 11/C 2

■ Gladenbacher Hof · Bahnhofstr. 72
☎ 06462/6036, Fax 5236
Preise: 10 Einzel 55-75, 22 Doppel 100-140, Halbpension 20,
Vollpension DM 35
Ausstattung: Dusche/WC, ~Telefon, ~TV, ~Minibar, ~Balkon
Besonderes: Restaurant, Bar, Kegelbahnen, Terrasse, Liegewiese,
Schwimmbad, Sauna, Solarium, Parkplätze, Garage
Kreditkarten: Amex, Eurocard

■ Zur Post · Marktstr. 30
☎ 06462/7023, Fax 3318
Preise: 5 Einzel 65, 8 Doppel 98, 1 Apartment DM 98-110,
Halbpension 12-20 DM
Ausstattung: Dusche/WC, Telefon, TV
Besonderes: Restaurant 10-24 Uhr geöffnet, Fereinwohnung
Kreditkarten: Amex, Diners, Eurocard, Visa

■ Zur Hinterländer Schweiz · Hoherainstraße 49
☎ 06462/1842
Preise: Einzelzimmer DM 65, Doppelzimmer DM 98, inkl. Frühstück
Ausstattung: Du/Bad, WC, TV, Telefon
Besonderes: Restaurant, Kegelbahn, Terrasse

Glottertal   ✉ 79286

Baden-Württemberg · Seite 15/C 2

■ Gasthof Schloßmühle · Talstr. 22
☎ 07684/229
Preise: 2 Einzel 62-65, 8 Doppel DM 115-120
Ausstattung: Bad/WC, TV, Telefon
Besonderes: Lift, Konferenzraum, Parkplätze

■ Landgasthof zum Kreuz · Landstr. 14
☎ 07684/80080, Fax 800839
Preise: 4 Einzel 60, 15 Doppel 130, Halbpension DM 26
Ausstattung: Bad/WC, Telefon, TV, Balkon, Minibar
Besonderes: Restaurant 7-24 Uhr, Liegewiese, Sauna, Solarium, Parkplätze
Kreditkarten: Amex, Diners, Eurocard, Visa

Glücksburg

Schleswig-Holstein

✉ **24960**

Seite 8/A 1

■ **Boysen's Gästehaus**   Große Str. 32
☎ 04631/7007
Preise: 3 Einzel 76-85, 5 Doppel DM 128-145
Ausstattung: Dusche/WC, Balkon
Besonderes: Restaurant, Bar, Terrasse, Liegewiese, Sauna
Geschlossen: 15. Dezember bis 31. Januar

Glückstadt

Schleswig-Holstein

✉ **25348**

Seite 8/A 2

■ **Tiessen's Hotel, Holsteiner Hof**   Kleine Kremper Str. 18
☎ 04124/2116+5916
Preise: 10 Einzel 75, 10 Doppel DM 120-150
Ausstattung: Dusche/Bad/WC, Telefon, TV, Minibar
Kreditkarten: Amex, Diners, Eurocard, Visa

Gmund

Bayern

✉ **83703**

Seite 16/B 3

■ **Gasthof Zum Kistlerwirt**   Schlierseer Str. 60, Ostin
☎ 08022/7710
Preise: 3 Einzel 42, 21 Doppel 35-65, Halbpension DM 20
Ausstattung: Bad/WC, Telefon, TV
Besonderes: Terrasse, Liegewiese, Sauna, Solarium, Parkplätze
Geschlossen: November-20. Dezember
Kreditkarten: Amex, Diners, Eurocard, Visa

■ **Oberstöger**   Tölzer Str. 4
☎ 08022/7019, Fax 74816
Preise: 5 Einzel 62, 16 Doppel 104, 3 Apartments DM 150
Ausstattung: Bad/WC, Telefon, Balkon
Besonderes: Frühstücksbuffet, Restaurant 8-24 Uhr, Garten, Kegeln,
     Parkplätze, Garagen
Geschlossen: November
Kreditkarten: Eurocard

Goch

Nordrhein-Westfalen

■ **Litjes**   Pfalzdorfer Str. 2
☎ 02823/4016+17
Preise: 4 Einzel 55, 14 Doppel DM 92-100
Ausstattung: Bad/WC, Telefon
Besonderes: Konferenzraum, Kegeln, Parkplätze, Garagen,
                Liegewiese

Göppingen

Baden-Württemberg

■ **Gasthof zum Stern**   Eislinger Str. 15, Holzheim
☎ 07161/812213
Preise: 7 Einzel 37-47, 6 Doppel DM 72-92
Ausstattung: ~Dusche/WC
Besonderes: Restaurant, Kegelbahn, Parkplätze
Geschlossen: 3 Wochen im Sommer, 2 Wochen um Weihnachten

■ **Hotel International**   Grünewaldweg 2
☎ 07161/79031, Fax 69344
Preise: 15 Einzel 85, 43 Doppel 120, Halbpension DM 20
Ausstattung: Bad/WC, Telefon, TV, Minibar
Besonderes: Restaurant und Bar ab 17 Uhr, Sauna, Solarium, Parkplätze
                Garagen
Kreditkarten: Amex, Diners, Eurocard, Visa

■ **Hotel-Pension Winkle**   Schoflenbergweg 5, GöingenJebenhausen
☎ 07161/41574, Fax 49340
Preise: 10 Einzel 70-84, 7 Doppel DM 100-125
Ausstattung: Dusche/Bad/WC, Telefon, TV
Besonderes: Terrasse, Schwimmbad, Sauna, Nichtraucherhotel, ruhig,
                Parkplätze
Kreditkarten: Visa

Görlitz

Sachsen

■ **Mühlenhotel Garni**   Dorfstraße 86, Girbigsdorf
☎ 03581/314049, Fax 315037
Preise: 7 Einzel DM 75, 11 Doppel DM 110, 1 Appartement DM 70
Ausstattung: Du, WC, Telefon, TV
Besonderes: Terrasse, Liegewiese, Parkplätze, ruhige Lage am Stadtrand
                im Grünen
Geschlossen: 20.12. - 10.1.96
Kreditkarten: Eurocard, Visa

Görwihl

Baden-Württemberg

Seite 15/C 3

■ **Panoramahotel Alde Hotz**   Görwihl-Hotzenwald

☎ 07754/411+7241

Preise: 4 Einzel 75, 27 Doppel 120, Halbpension DM 20

Ausstattung: Bad/WC, ~Telefon ~Balkon

Besonderes: Terrasse, Solarium, Massage, Parkplätze, Garagen, Liegewiese

---

Göschitz

Thüringen

Seite 12/B 3

■ **Gasthof zur Linde**   Ortsstr. 24

☎ 036648/22269

Preise: 2 Einzel 40, 4 Doppel 70, Halbpension 9, Vollpension DM 15

Ausstattung: ~Dusche/WC

Besonderes: Restaurant, Parkplätze, Garagen

Gößweinstein

Bayern

Seite 12/A 3

■ **Gasthof Fränkische Schweiz**   Pezoldstr. 20

☎ 09242/290, Fax 7234

Preise: 2 Einzel 36, 13 Doppel DM 66-74, 1 Ferienwohnung DM 75, Vollpension möglich

Ausstattung: ~Dusche/WC, Telefon, ~TV, Balkon

Besonderes: Restaurant, Terrasse, Parkplätze, Garagen

Geschlossen: Dienstag

■ **Schönblick-Restaurant-Pension**   August-Sieghardt-Str. 8

☎ 09242/377

Preise: 7 Doppel 78-90, 8 Doppel 78-92, Halbpension DM 19

Ausstattung: Dusche/WC, TV

Besonderes: Restaurant, Terrasse, Liegewiese, Parkplätze, Garagen

Geschlossen: 5. November bis 10. Dezember, Restaurant dienstags geschlossen

Göttingen ✉ 37077

Niedersachsen   Seite 11/D 2

■ Hotel Rennschuh   Kasseler Landstr. 93, Grone
☎ 0551/90090, Fax 9009199
Preise: 40 Einzel 70-80, 70 Doppel DM 100-120, Halbpension mögl.
Ausstattung: Bad/WC, Telefon, Radio, TV
Besonderes: Restaurant 11.30-14, 16.30-24 Uhr, Hallenschwimmbad, Sauna,
          Solarium, Parkplätze, Garagen
Geschlossen: 22. Dezember bis 3. Januar
Kreditkarten: Amex, Diners, Eurocard, Visa

■ Kasseler Hof   Rosdorfer Weg 26
☎ 0551/72081, Fax 7703429
Preise: 14 Einzel 52-115, 15 Doppel DM 95-170, 3 Appartements
          DM 85-100
Ausstattung: ~Dusche/WC, Telefon, TV
Besonderes: Apartments, Parkplätze, Garagen
Geschlossen: 9.-14.4. und 21.7.-6.8.95
Kreditkarten: Amex, Eurocard, Visa

Gohrisch ✉ 01824

Sachsen   Seite 13/D 2

■ Hotel Annas Hof   Hauptstr. 118
☎ 035021/291, Fax 291
Preise: 2 Einzel 80, 11 Doppel DM 100-120,
          Halbpension 15, Vollpension DM 30
Ausstattung: Dusche/WC, Telefon, TV, ~Balkon
Besonderes: Restaurant, Bar, Terrasse, Liegewiese, Parkplätze
Geschlossen: 1. November bis 22. Dezember 1994
Kreditkarten: Amex, Eurocard, Visa

■ Park-und Sporthotel Margaretenhof   Pfaffendorfer Straße 89
☎ 035021/68153-6, Fax 68316
Preise: 1 Einzel DM 80, 30 Doppel DM 120, 1 Appartement DM 150,
          Halbpension DM 20, Vollpension DM 30
Ausstattung: Du/Bad, WC, Telefon, TV, Minibar
Besonderes: Restaurant, Terrasse, Liegewiese, Sauna, Solarium, Parken
Kreditkarten: Eurocard, Visa

Goldberg ✉ 19399

Mecklenburg-Vorpommern   Seite 9/C 2

■ Hotel Seelust   Am Badestrand 4
☎ 038736/74403+7157/6, Fax 7158
Preise: 8 Einzel 90, 14 Doppel 125, 5 Appartements DM 180,
          4 Ferienwohnungen 180, Halbpension 16, Vollpension DM 30
Ausstattung: Dusche/WC, Telefon, TV, ~Balkon
Besonderes: Restaurant, Terrasse, Liegewiese, Parkplätze, Mecklenburger
          Hochzeitszimmer, Suiten DM 180, Behindertengerecht
Kreditkarten: Amex, Eurocard, Visa

Gomadingen

Baden-Württemberg

✉ **72532**

Seite 15/D 2

■ **Gasthof zum Hirsch**   Gomadingen-Dapfen
☎ 07385/427
Preise: Einzel 40-45, Doppel DM 75-85
Ausstattung: ~Bad/WC, Telefon
Besonderes: Konferenzraum, Terrasse, Sauna, Fitneßraum, Parkplätze,
                Garagen

■ **Landhaus Gulewitsch**   Ziegelbergstr. 24, Offenhausen
☎ 07385/1611, Fax 1478
Preise: Einzel 58-85, 21 Doppel 108-145, Halbpension 25, Vollpension
                DM 30
Ausstattung: Dusche/WC, Telefon, TV, Balkon
Besonderes: Restaurant 11-24 Uhr, Terrasse, Liegewiese, Sauna, Reiten,
                Parkplätze, Garagen
Kreditkarten: Eurocard

Gondorf

Rheinland-Pfalz

✉ **54657**

Seite 10/A 3

■ **Eifel-Sport-Hotel**   Philippsheimer Str. 8
☎ 06565/2051, Fax 2296
Preise: 11 Einzel ab 69, 51 Doppel ab 135,
                Halbpension 18, Vollpension DM 36
Ausstattung: Bad/Dusche/WC, Telefon, TV
Besonderes: Restaurant 12-14, 18-22 Uhr, Bar 21-2 Uhr, Terrasse,
                Liegewiese, Schwimmbad, Sauna, Solarium, Fitneßraum,
Kreditkarten: Amex, Diners, Eurocard, Visa

■ **Waldhaus Eifel**   Am Eifelpark
☎ 06565/2077
Preise: 19 Einzel 56-63, 32 Doppel DM 104-112
Ausstattung: Bad/WC, Telefon
Besonderes: Frühstücksbuffet, Lift, Konferenzraum 80, Hallenschwimm-
                bad, Sauna, Sonnenbank, Whirlpool, Kegeln, Parkplätze,
                Liegewiese

■ **Hotel Restaurant Waldhaus Eifel**   Am Eifelpark
☎ 06565/2077, Fax 3361
Preise: 19 Einzel 74-80, 20 Doppel 124-136, 6 Apartments DM 164-188
Ausstattung: Dusche/WC, Telefon, TV, Balkon
Besonderes: Restaurant 11.30-21 Uhr, Konferenzraum, Schwimmbad, Sauna
                Parkplätze, Pauschalangebote, Kegeln, Fahrradverleih
Kreditkarten: Amex, Diners, Eurocard, Visa

Goslar

Niedersachsen

■ Der Waldgarten
Lautenthaler Str. 36, Hahnenklee

☎ 05325/2081, Fax 3502
Preise: 28 Einzel 76-83, 12 Doppel DM 138-152
Ausstattung: Bad/WC, Telefon, ~Balkon
Besonderes: Terrasse, Hallenschwimmbad, ruhig, Parkplätze, Garagen
Geschlossen: 23. Oktober bis 18. Dezember

■ Eden am See
Grabenweg 10, Hahnenklee-Bockswiese

☎ 05325/2388, Fax 2737
Preise: 4 Einzel 48, 12 Doppel 90-110, Halbpension DM 15
Ausstattung: Dusche/WC, Telefon, TV
Besonderes: Restaurant bis 22 Uhr, Terrasse, Liegewiese, Sauna, Solarium, Parkplätze, 2 Apartments, 1 Ferienwohnung
Geschlossen: 20. November bis 15. Dezember

■ Hotel Bellevue
Birkenweg 5, Hahnenklee-Bockswiese

☎ 05325/2084, Fax 3319
Preise: 7 Einzel 52,50-75, 19 Doppel DM 105-145, 6 Ferienwohnungen DM 80-140
Ausstattung: Bad/WC, Telefon, TV, ~Balkon
Besonderes: Terrasse, Hallenschwimmbad, Sauna, Solarium, ruhig, garni, Parkplätze, Garagen
Kreditkarten: Eurocard

■ Hotel Harzer Hof
Rathausstr. 9, Hahnenklee

☎ 05325/2513, Fax 3538
Preise: 8 Einzel 65, 3 Doppel 130, Halbpension 22, Vollpension DM 35
Ausstattung: Dusche/WC, Telefon, Farb-TV, Radio, Balkon
Besonderes: Restaurant, Parkplätze, Garagen

■ Hotel-Pension Am Walde
Lautenthaler Str. 19, Hahnenklee

☎ 05325/51010, Fax 510144
Preise: 14 Einzel 47-62, 11 Doppel 114-122, Halbpension 13, Vollpension DM 20
Ausstattung: ~Dusche/Bad/WC, Telefon
Besonderes: Restaurant, Liegewiese, Schwimmbad, Sauna, Solarium, ruhig, Parkplätze, Garagen
Geschlossen: 15. November bis 15. Dezember und 15. bis 30. März

---

■ Villa Berger
Oberer Triftweg 6

☎ 05321/21640
Preise: 4 Einzel 70-74, 9 Doppel 115-132, Halbpension DM 20
Ausstattung: Bad/WC, TV, Telefon
Besonderes: Restaurant 12-14, 18-22 Uhr, Terrasse, Liegewiese, Parkplätze, Garagen
Kreditkarten: Eurocard

■ Altstadt-Hotel Gosequell
An der Gose 23

☎ 05321/22504+18520, Fax 26242
Preise: 2 Einzel 80, Doppel 120, 4 Apartments DM 140, Halbpension DM 19
Ausstattung: Dusche/WC, Telefon, Radio, TV
Besonderes: Restaurant ab 17 Uhr geöffnet
Kreditkarten: Amex, Diners, Eurocard, Visa

Gottmadingen
Baden-Württemberg

✉ 78244
Seite 15/C 3

■ **Landhotel Heilsberg** Heilsbergweg 2
☎ 07731/71664, Fax 74264
Preise: 4 Einzel 70, 5 Doppel 110, Halbpension 20, Vollpension mögl.
Ausstattung: Dusche/WC, Telefon, TV, Balkon
Besonderes: Restaurant, Terrasse, Parkplätze, Garagen, 3-Bett-Zimmer
3-sprachig, kinderfreundlich, Haustiere erlaubt
Kreditkarten: Eurocard, Master-Card

Graach
Rheinland-Pfalz

✉ 54470
Seite 10/B 3

■ **Hotel Weinhaus Pfeiffer** Gestade 12
☎ 06531/4001
Preise: 3 Einzel 40-54, 10 Doppel DM 78-106
Ausstattung: Dusche/WC, Telefon, TV, Balkon
Besonderes: Terrasse, Liegewiese, Parkplätze, Garagen

Graal-Müritz
Mecklenburg-Vorpommern

✉ 18181
Seite 9/C 1

■ **Hotel-Restaurant-Café Kähler** Zur Seebrücke 18
☎ 038206/79806, Fax 412
Preise: 3 Einzel DM 70, 7 Doppel DM 120, 1 Appartement DM 180
Ausstattung: Du/Bad, WC, Telefon, Radio, TV
Besonderes: Restaurant, Parkplätze, Garagen

Gräfenberg
Bayern

✉ 91322
Seite 16/B 1

■ **Hotel Schloßberg** Haidhof 5, Haidhof
☎ 09197/567+568, Fax 8857
Preise: 4 Einzel 67, 22 Doppel 104, 3 Appartements, Halbpension
Vollpension DM 28
Ausstattung: Dusche/WC, Telefon, TV
Besonderes: Restaurant, Terrasse, Liegewiese, Sauna, Solarium,
Parkplätze, Garagen, Ferienwohnungen
Geschlossen: Januar
Kreditkarten: Amex, Eurocard, Visa

Grafenau
Bayern

✉ 94481
Seite 17/D 2

■ **Gasthof Nätscher** Grüberstr. 1
☎ 08552/2121, Fax 1602
Preise: 2 Einzel 46, 30 Doppel 72, Halbpension DM 15
Ausstattung: Bad/Dusche/WC, Telefon, Balkon
Besonderes: Restaurant 11.30-22 Uhr, Solarium, Fitneßraum, Kegelbahnen,
Schießhalle, TV-Raum, Frühstücksbuffet, Parkplätze, Garagen,
Geschlossen: 3 Wochen im November

■ **Hotel Hubertus**   Grüb 20, Grüb
☎ 08552/4385, Fax 5265
Preise: 2 Einzel 73, 33 Doppel 136, Halbpension DM 20
Ausstattung: Dusche/WC, Telefon, Radio, TV, ~Terrasse
Besonderes: Restaurant ab 10 Uhr, Dampfsauna, mittags und abends

---

■ **Hotel-Restaurant Bayerwald**   Schärdinger Str. 8
☎ 08552/1273, Fax 5259
Preise: 10 Einzel 53-60, 36 Doppel 90-104, Halbpension DM 16
Ausstattung: Dusche/WC, ~Telefon, ~TV, ~Balkon
Besonderes: Restaurant, Biergarten, Fitneßraum, Terrasse, Liegewiese,
             Schwimmbad, Sauna, Solarium, Parkplätze, Garagen

---

Grafenhausen   ✉ 79865
Baden-Württemberg   Seite 15/C 3

■ **Bergkrone**   Schaffhauser Str. 14
☎ 07748/324
Preise: 4 Einzel 43-48, 26 Doppel 86-110
Ausstattung: Bad/WC, ~Telefon
Besonderes: Konferenzraum, Terrasse, Parkplätze, Garagen

■ **Schwarzwaldgasthof Tannenmühle**   Tannenmühlenweg 5
☎ 07748/215, Fax 1226
Preise: 1 Einzel 60, 17 Doppel 90-120, 3 Ferienwohnungen DM 120,
             Halbpension DM 25
Ausstattung: ~Dusche/WC, Telefon, Radio, TV, ~Balkon
Besonderes: Restaurant, Terrasse, Liegewiese, Parkplätze
Geschlossen: Mitte November bis Mitte Dezember

Grafenwiesen   ✉ 93479
Bayern   Seite 17/C 1

■ **Hotel Wildgatter**   Kaitersbergweg 27
☎ 09941/6080, Fax 608199
Preise: Einzel DM 63, Doppel DM 96, 25 Appartements, Halbpension und
             Vollpension möglich
Ausstattung: Dusche/WC, Telefon, TV, Balkon
Besonderes: Restaurant, Biergarten, Kegelbahn, Terrasse, Liegewiese,
             Sauna, Solarium, Parkplätze, Garagen
Kreditkarten: Eurocard

■ **Landhotel Christopherhof**   Berghäuser Str. 31, Bergwiesen
☎ 09941/4090, Fax 608199
Preise: Einzel, 13 Doppel DM 84, 43 Apartments, Halbpension und
Ausstattung: Dusche/WC, Telefon, TV, Minibar, ~Balkon
Besonderes: Restaurant, Terrasse, Sauna, Solarium, Parkplätze, Garagen,
                 Fischteich, Wintergarten
Kreditkarten: Eurocard

Grainau   ⊠ **82491**
Bayern   Seite 16/A 3

■ **Haus Bayern**   Zugspitzstr. 72
☎ 08821/8985
Preise: 4 Einzel 65, 10 Doppel 100-120, 2 Apartment DM 120
Ausstattung: Dusche/Bad/WC, Telefon, Balkon
Besonderes: Parkplätze, Garagen, Terrasse, Liegewiese, Schwimmbad

■ **Hotel garni Sonneck**   Waxensteinstr. 17
☎ 08821/8940, Fax 82838
Preise: 2 Einzel 65-95, 14 Doppel DM 136-180
Ausstattung: Dusche/Bad/WC, Telefon, TV, Balkon
Besonderes: Terrasse, Liegewiese, Gesellschaftsräume

■ **Hotel Längenfelder Hof**   Längenfelder Str. 8
☎ 08821/8088+89, Fax 81807
Preise: 2 Einzel 77, 17 Doppel DM 136-174, 2 Apartments, 4 Ferienwohnungen
Ausstattung: Bad/WC, Telefon, Balkon
Besonderes: Terrasse, Hallenschwimmbad, Solarium, ruhig, garni,
                 Parkplätze, Garagen
Geschlossen: 2. November bis 15. Dezember

■ **Post**   Postgasse 10, Obergrainau
☎ 08821/8853, Fax 8873
Preise: 8 Einzel 67-85, 12 Doppel 115-150, 10 Ferienwohnungen DM 84-148
Ausstattung: Dusche/Bad/WC, Balkon
Besonderes: Parkplätze, Garagen, Liegewiese
Geschlossen: 30. Oktober bis 20. Dezember
Kreditkarten: Amex, Diners, Eurocard, Visa

■ **Wetterstein**   Waxensteinstr. 14c
☎ 08821/8005, Fax 8838
Preise: 3 Einzel 69, 12 Doppel DM 116-140, Appartements DM 220
Ausstattung: Bad/WC, Telefon
Besonderes: Apartments DM 208, Terrasse, Sauna, Solarium, garni,
                 Parkplätze, Garagen, Liegewiese

■ **Gasthaus am Zierwald**   Zierwaldweg 2
☎ 08821/8840, Fax 82640
Preise: 5 Doppel DM 116, als Einzel DM 68, Halbpension DM 20
Ausstattung: Du/Bad, WC, Telefon, Radio, TV, Balkon
Besonderes: Terrasse, Liegewiese, Parkplätze, Restaurant, Panoramablick
                 zur Zugspitze
Geschlossen: eine Woche ab Ostermontag
Kreditkarten: Amexco, Diners, Eurocard, Visa

Gransee
Brandenburg

✉ **16775**
Seite 9/C 3

■ **Hotel Lindenhof**   Templiner Str. 29
☎ 03306/2524, Fax 21537
Preise: 6 Einzel 60, 6 Doppel DM 98,
Halbpension DM 15
Ausstattung: Dusche/WC, Telefon, TV, Minibar
Besonderes: Restaurant, Biergarten, Parkplätze
Kreditkarten: Eurocard, Visa

Grasellenbach
Hessen

✉ **64689**
Seite 15/C 1

■ **Gassbachtal**   Hammelbacher Str. 16
☎ 06207/5031
Preise: 9 Einzel 58-64, 11 Doppel 110-125, 3 Apartments DM 120
Ausstattung: Bad/WC, Telefon
Besonderes: Lift, Terrasse, Sauna, Solarium, Kneipp-Abteilung,
Parkplätze, Garagen

■ **Ferien-Fitnesshotel Marienhof**   Güttersbacher Str. 43
☎ 06207/609-0, Fax 609-72
Preise: 5 Einzel 75-114, 15 Doppel DM 136-188
Ausstattung: Bad/WC, TV, Telefon, Sat-TV, Balkon
Besonderes: Frühstücksbuffet, Lift, Terrasse, Hallenschwimmbad, Sauna,
Solarium, Whirlpool, Fitneßraum, Parkplätze, Kneippgarte
Geschlossen: Dezember/Januar

■ **Odenwald**   Siegfriedstr. 61
☎ 06207/3210+11
Preise: 6 Einzel 55-58, 11 Doppel DM 103-110
Ausstattung: Bad/WC, Telefon
Besonderes: Terrasse, Hallenschwimmbad, Sauna, Solarium, Schwimmschule,
Fitneßraum, garni, Parkplätze

Grasleben
Niedersachsen

✉ **38368**
Seite 12/A 1

■ **Landgasthaus Waldquelle**   Helmstedter Str. 33
☎ 05357/236
Preise: Einzel 40-70, 15 Doppel DM 70-110, Halbpension und
Vollpension mögl.
Ausstattung: Dusche/WC, Telefon, TV, Balkon
Besonderes: Restaurant, Kegelbahn, Terrasse, Liegewiese, Parkplätze,
Garagen
Kreditkarten: Amex, Diners, Eurocard

Grassau
Bayern

✉ **83224**
Seite 17/C 3

■ **Gasthof Post**　　　　　　　　　　　　　　Kirchplatz 8
☎ 08641/3113
Preise:　　　5 Einzel 44-50, 17 Doppel DM 78-92
Ausstattung:　Bad/WC
Besonderes:　Restaurant, Terrasse, Parkplätze

■ **Gasthof Sperrer**　　　　　　　　　　　　Ortenburger Str. 5
☎ 08641/2011
Preise:　　　10 Einzel 44-54, 20 Doppel DM 78-88
Ausstattung:　Bad/~WC
Besonderes:　Apartments, Lift, Restaurant, Sauna, Solarium, Parkplätze,
　　　　　　　Garagen

Gravelotte
Mecklenburg-Vorpommern

✉ **17111**
Seite 9/C 2

■ **Hotel Gravelotte**　　　　　　　　　　　Am Kummerower See
☎ 039994/107223, Fax 10738
Preise:　　　22 Doppel ab 80, 5 Appartements DM 126, 15 Ferienwohnungen,
　　　　　　　Halb-und Vollpension möglich
Ausstattung:　Dusche/WC, Telefon, TV, Minibar, Balkon
Besonderes:　Restaurant, Liegewiese, Sauna, Parkplätze, Ferienwohnungen

Greding
Bayern

✉ **91171**
Seite 16/B 1

■ **Gasthof Christl**　　　　　　　　　　　Adalbert-Stifter-Str. 32
☎ 08463/356, Fax 9613
Preise:　　　9 Einzel 37, 35 Doppel 64, Halbpension DM 14,50
Ausstattung:　Bad/WC, ~Balkon
Besonderes:　Restaurant, Terrasse, Parkplätze, Garagen, Liegewiese

■ **Schuster**　　　　　　　　　　　　　　　Marktplatz 23
☎ 08463/9030, Fax 788
Preise:　　　15 Einzel 60-110, 50 Doppel DM 90-160
Ausstattung:　~Bad/WC, TV, Telefon, Radio
Besonderes:　Frühstücksbuffet, Lift, Konferenzraum 50, Hallenschwimmbad,
　　　　　　　Sauna, Solarium, Whirlpool, Massage, Fitneßraum, Parkplätze,
Kreditkarten:　Amex, Eurocard, Visa

Greifenstein
Hessen

✉ **35753**
Seite 11/C 3

■ **Simon**　　　　　　　　　　　　　　　　Talstr. 3
☎ 06449/209
Preise:　　　10 Einzel 39-50, 15 Doppel DM 65-90
Ausstattung:　~Bad/WC
Besonderes:　Konferenzraum, Terrasse, Kegeln, Parkplätze

Greifswald   ✉ 17498
Mecklenburg-Vorpommern   Seite 9/C 2

■ Hotel Maria   Dorfstraße 45 A, Wieck
☎ 03834/841426, Fax 840136
Preise: 4 Einzel DM 90, 6 Doppel DM 130, inkl. Frühstück
Ausstattung: Du/Bad, WC, Telefon, Radio, TV
Besonderes: Restaurant, Terrasse, Parkplätze
Kreditkarten: Eurocard

Greven   ✉ 48268
Nordrhein-Westfalen   Seite 10/B 1

■ Altes Wirtshaus   Alter Fährweg 6, Gimbte
☎ 02571/52044, Fax 54881
Preise: 16 Einzel 68-75, 14 Doppel DM 95-120, Halbpension mögl.,
                   Vollpension möglich
Ausstattung: Dusche/WC, Telefon, ~TV
Besonderes: Restaurant 11-24 Uhr, Terrasse, Parkplätze, Garagen

■ Schraeder   Dorfstr. 29
☎ 02571/53053, Fax 52090
Preise: 13 Einzel 70-75, 16 Doppel DM 120-130
Ausstattung: Du/WC, Telefon, Radio, TV,
Besonderes: Restaurant, Terrasse, Kegeln, Parkplätze, Garagen

■ Wermelt-Lengermann   Nordwalder Str. 160
☎ 02571/927-0, Fax 927152
Preise: 1 Einzel ab 70, 16 Doppel DM 120, 13 Appartements
Ausstattung: Dusche/WC, Telefon, TV, Minibar
Besonderes: Restaurant, Parkplätze
Kreditkarten: Amex, Diners, Eurocard, Visa

Grevenbroich   ✉ 41516
Nordrhein-Westfalen   Seite 10/A 2

■ Stadt Grevenbroich   Röntgenstr. 40
☎ 02181/3048+3705
Preise: 19 Einzel ab 62, 8 Doppel DM 104-122
Ausstattung: Bad/WC, Telefon
Besonderes: Konferenzraum 80, Parkplätze

Grömitz   ✉ 23743
Schleswig-Holstein   Seite 8/B 2

■ Kurhotel Villa am Meer   Seeweg 6
☎ 04562/255-0, Fax 255-299
Preise: 3 Einzel 80-95, 30 Doppel 150-190, 3 Apartments DM 180-265
Ausstattung: Bad/WC, Telefon, TV, Radio, Minibar, Balkon
Besonderes: Restaurant, Terrasse, Sauna, Parkplätze
Geschlossen: Mitte Oktober bis Mittwoch vor Ostern
Kreditkarten: Amex, Eurocard, Visa

Gronau

Nordrhein-Westfalen

✉ **48599**

Seite 10/B 1

■ **Ammertmann** Nienborger Str. 23, Epe
☎ 02565/1314, Fax 6103
Preise: 3 Einzel 70-85, 20 Doppel 130-145, 1 Apartment 150,
 Halbpension 20, Vollpension DM 35
Ausstattung: Dusche/WC, Telefon, TV
Besonderes: Restaurant, Bar, Terrasse, Solarium, Parkplätze, Garagen
 Kamin- und TV-Zimmer
Kreditkarten: Amex, Diners, Eurocard, Visa

■ **Gronauer Sporthotel** Jöbkesweg 5
☎ 02562/20015+16
Preise: 10 Einzel 55-62, 18 Doppel DM 95-110
Ausstattung: Bad/WC, Telefon
Besonderes: Konferenzraum 60, Hallenschwimmbad, Sauna, Solarium, Kegeln,
 ruhig, Parkplätze

■ **Hotel Kastanienhof** Steinfurter Str. 23, Epe
☎ 02565/1573
Preise: 2 Einzel ab 45, 8 Doppel 70-100, Halbpension DM 15
Ausstattung: Dusche/WC
Besonderes: Restaurant, Bar, Kegelbahn, Terrasse, Parkplätze, Garagen
Kreditkarten: Amex, Eurocard, Visa

■ **Hotel Schepers** Ahauser Str. 1, Epe
☎ 02565/1267+1332, Fax 3751
Preise: 6 Einzel 85-115, 18 Doppel 145-170, Halbpension DM 25
Ausstattung: Dusche/Bad/WC, TV, Radio, Telefon
Besonderes: Restaurant, Terrasse, Liegewiese, Parkplätze
Geschlossen: 1.1. - 15.1.
Kreditkarten: Amex, Eurocard, Visa

Großkarlbach

Rheinland-Pfalz

✉ **67229**

Seite 15/C 1

■ **Pfälzer Hof** Hauptstr. 46
☎ 06238/2115, Fax 1095
Preise: 2 Einzel 59-68, 10 Doppel DM 89-104
Ausstattung: Dusche/WC, Telefon, TV
Besonderes: Restaurant, Terrasse, Parkplätze
Kreditkarten: Eurocard

Groß-Umstadt   ✉ 64823

Hessen   Seite 11/C 3

■ **Gästehaus Jakob**   Zimmerstr. 43
☎ 06078/7800-0, Fax 74156
Preise: 10 Einzel 78-100, 20 Doppel 115-150, 5 Appartements
    DM 140
Ausstattung: Dusche/Bad/WC, Telefon, ~Radio, ~Balkon
Besonderes: Terrase, Liegewiese,Schwimmbad, Parkplätze, Garagen
    Garni
Geschlossen: 5 Tage zu Weihnachten
Kreditkarten: Amex, Diners, Eurocard, Visa

Groß Wittensee   ✉ 24361

Schleswig-Holstein   Seite 8/A 1

■ **Schützenhof**   Rendsburger Str. 2
☎ 04356/170, Fax 1766
Preise: 3 Einzel 78-118, 50 Doppel 128-190, Halbpension 24,
    Vollpension DM 46
Ausstattung: Dusche/WC, Telefon, Balkon
Besonderes: Restaurant 7-22 Uhr, Bar 7-24 Uhr, Terrasse, Liegewiese,
    Sauna, Solarium, Parkplätze, Garagen, Ferienwohnungen
Kreditkarten: Amex, Diners, Eurocard, Visa

Grünstadt   ✉ 67269

Rheinland-Pfalz   Seite 15/C 1

■ **Ferienhaus Kappelmühle Garni**   Kappelstr. 46+ 48
☎ 06359/80030, Fax 800399
Preise: 10 Einzel ab 47, 10 Doppel DM 80-100
Ausstattung: Dusche/WC, Telefon, TV
Besonderes: Terrasse, Liegewiese, Parkplätze, Ferienwohnungen

Bad Grund   ✉ 37539

Niedersachsen   Seite 11/D 1

■ **Berlin**   Von-Eichendorff-Str. 18
☎ 05327/2072
Preise: 5 Einzel 65, 17 Doppel ab DM 118
Ausstattung: Bad/WC, TV, Telefon
Besonderes: Konferenzraum 30, Terrasse, Hallenschwimmbad, Sauna,
    Solarium, ruhig, Parkplätze

■ **Haus am Südhang**   Von-Eichendorff-Str. 37
☎ 05327/1576
Preise: 2 Einzel 45, 7 Doppel 84, Halbpension und Vollpension
    möglich
Ausstattung: Dusche/WC
Besonderes: Terrasse, Liegewiese, Parkplätze, Garagen
Geschlossen: Anfang November bis Ende Januar

■ Hotel-Pension-Garni Von-Eichendorff-Str. 37
☎ 03527/1576
Preise: 2 Einzel 45, 7 Doppel DM 86
Ausstattung: Dusche/WC, Balkon
Besonderes: Terrasse, Liegewiese
Geschlossen: Anfang November bis Ende Januar

Gstadt/Chiemsee   ✉ 83257
Bayern   Seite 17/C 3

■ Gästehaus Grünaugl Seeplatz 7
☎ 08054/535, Fax 7743
Preise: 2 Einzel 85, 10 Doppel DM 120
Ausstattung: Dusche/WC, Telefon, TV, Balkon
Besonderes: Liegewiese, Parkplätze, Garagen, Apartments, Ferienwohnungen
Geschlossen: Ende November bis 25. Dezember

■ Gästehaus Heistrachter Seeplatz 3
☎ 08054/251
Preise: 3 Einzel ab 55, 22 Doppel ab DM 98
Ausstattung: Dusche/WC, Balkon
Besonderes: Terrasse, Parkplätze, Garagen, Bootsverleih

■ Gästehaus-Pension Jägerhof Breitbrunnerstr. 5
☎ 08054/242, Fax 7392
Preise: 3 Einzel 65, 23 Doppel DM 120
Ausstattung: ~Dusche/WC, ~Balkon
Besonderes: Restaurant, Terrasse, Liegewiese, Sauna, Solarium,
Parkplätze, Garagen
Geschlossen: 15. November bis 15. März

Güglingen   ✉ 74363
Baden-Württemberg   Seite 15/C 1

■ Herzogskeller Peter Klein
☎ 07135/4011
Preise: 6 Einzel 74-120, 27 Doppel DM 100-185
Ausstattung: Bad/WC
Besonderes: Lift, Terrasse, Parkplätze

Günzburg   ✉ 89312
Bayern   Seite 16/A 2

■ Goldene Traube Marktplatz 22
☎ 08221/5510+31003-4, Fax 34256
Preise: 5 Einzel 45-95, 26 Doppel 65-125, 2 Apartments DM 80-125
Ausstattung: Dusche/Bad/WC, Telefon, TV, Radio, Minibar, ~Balkon
Besonderes: Restaurant, Terrasse, Solarium, Fitneßraum, Parkplätze,
Garagen
Kreditkarten: Amex, Diners, Eurocard, Visa

■ **Hotel Bettina** Augsburger Str. 68
☎ 08221/36220, Fax 362236
Preise: 5 Einzel 79-83, 6 Doppel DM 112-130
Ausstattung: Dusche/WC, Telefon, TV
Besonderes: Terrasse, Parkplätze
Geschlossen: Weihnachten bis Hl. 3 Könige
Kreditkarten: Visa, Eurocard, Mastercard, Amexco

Güstrow ⊠ 18273
Mecklenburg-Vorpommern Seite 9/C 2

■ **Hotel am Tierpark** Verbindungschaussee 7
☎ 03843/215980, Fax 215985
Preise: 3 Einzel 79, 57 Doppel DM 98, inkl. Frühstück
Ausstattung: Dusche/WC, Sat-TV, Telefon, Schreibtisch
Besonderes: Restaurant 6.30-23 Uhr, Parkplätze

Gütenbach ⊠ 78148
Baden-Württemberg Seite 15/C 2

■ **Gasthaus Maierhof** Hauptstr. 34
☎ 07723/7895
Preise: 1 Einzel 46, 7 Doppel 92, Halbpension DM 13
Ausstattung: Dusche/WC
Besonderes: Restaurant, Terrasse, Liegewiese, Sauna, Solarium,
Parkplätze, Garagen
Geschlossen: Oktober

■ **Parkhotel Neu-Eck** Vordertalstr. 53-55
☎ 07723/2083+2084, Fax 5361
Preise: 12 Einzel 88 47 Doppel 146, Halbpension DM 26,
Vollpension DM 50
Ausstattung: Dusche/WC, Telefon, ~TV, Minibar, ~Balkon
Besonderes: Restaurant, Terrasse, Liegewiese, Parkplätze, Garagen
Kreditkarten: Amex, Diners, Eurocard, Visa

Gütersloh ⊠ 33330
Nordrhein-Westfalen Seite 11/C 1

■ **Hotel Appelbaum** Neuenkirchener Str. 59
☎ 05241/95510, Fax 955123
Preise: 11 Einzel 80, 3 Doppel DM 125
Ausstattung: Dusche/WC, Telefon, TV, Minibar
Besonderes: Restaurant, Kegeln, Garagen, Parkplätze
Geschlossen: Restaurant: Sonntag
Kreditkarten: Amex, Eurocard

■ **Hotel Busch** Carl-Bertelsmann-Str. 127
☎ 05241/1801-02, Fax 24521
Preise: 9 Einzel 90-100, 9 Doppel DM 140, Halbpension mögl.
Ausstattung: Bad/WC, Telefon, TV, Radio
Kreditkarten: Amex, Diners, Eurocard, Visa

Gummersbach ✉ 51645

Nordrhein-Westfalen

Seite 10/B 2

■ Hotel Tabbert

Hardtstr. 28

☎ 02261/21005, Fax 28565
Preise: 16 Einzel 85, 6 Doppel 135, Halbpension DM 20
Ausstattung: Bad/WC, Telefon, Radio, TV, Minibar, Balkon
Besonderes: Terrasse, garni, Parkplätze, Garagen
Geschlossen: 14 Tage zu Ostern und 14 Tage im August
Kreditkarten: Diners, Visa

■ Haus Charlotte

Kirchweg 3

☎ 02261/52111, Fax 59218
Preise: 3 Einzel DM 35-65, 8 Doppel DM 90-150
Ausstattung: Du/Bad, WC, Telefon, Radio, TV, Minibar, Balkon
Besonderes: Terrasse, Liegewiese, Parkplätze
Geschlossen: 20.12.-8.1.96
Kreditkarten: Diners, Eurocard, Visa

Gundelsheim ✉ 74831

Baden-Württemberg

Seite 15/D 1

■ Hotel Restaurant Zum Lamm

Schloßstr. 25/27

☎ 06269/1061, Fax 1760
Preise: 20 Einzel ab 80, 25 Doppel ab 98, Halbpension 30,
Vollpension DM 35
Ausstattung: Dusche/WC, Telefon, TV
Besonderes: Restaurant, 4 Konferenzräume je 50 Pers., Parkplätze, Garagen, eigenes Oldtimer-Museum

Gunzenhausen ✉ 91710

Bayern

Seite 16/A 1

■ Grauer Wolf

Am Marktplatz 9

☎ 09831/9058+59
Preise: 8 Einzel 55, 7 Doppel DM 90-120
Ausstattung: Bad/WC, TV, Telefon, Radio
Besonderes: Konferenzraum

■ Reiterhof Altmühlsee

Mooskorb 16a

☎ 09831/4061, Fax 80844
Preise: 8 Einzel 68, 10 Doppel DM 136, 10 Ferienwohnungen 90-160
Halbpension 20, Vollpension DM 29
Ausstattung: Dusche/WC, Telefon, TV-Anschluß, Balkon
Besonderes: Restaurant 7-24 Uhr, Schwimmbad, Sauna, Solarium, Reiten, ruhig, Parkplätze, Liegewiese
Kreditkarten: Diners, Eurocard

Gutach

Baden-Württemberg

■ **Der Silberkönig** Am Silberwald 24, Bleibach
☎ 07685/277+491
Preise: 15 Einzel DM 65-75
Ausstattung: Bad/WC, TV, Telefon, Radio
Besonderes: Lift, Konferenzraum 100, Terrasse, Sauna, Solarium,
Fitneßraum, Kegeln, Tennis, Parkplätze

■ **Gasthaus Dreitälerblick** Ölbergweg 10, Bleibach
☎ 07685/91090, Fax 420
Preise: 3 Einzel DM 65, 6 Doppel DM 110, Halbpension DM 10
Ausstattung: Du, WC, Telefon, TV, Balkon
Besonderes: Restaurant, Terrrasse, Parkplätze
Kreditkarten: Eurocard

Hadamar ✉ **65589**

Hessen

Seite 11/C 3

■ **Waldhotel-Pension Hubertus** Waldstr. 12, Oberzeuzheim
☎ 06433/3300
Preise: 5 Einzel 52, 16 Doppel DM 100
Ausstattung: Dusche/WC, Balkon
Besonderes: Terrasse, Liegewiese, Schwimmbad, Sauna, Solarium, garni,
Parkplätze

Häusern ✉ **79837**

Baden-Württemberg

Seite 15/C 3

■ **Albtalblick** St.-Blasier-Str. 9
☎ 07672/510, Fax 9580
Preise: 10 Einzel ab 62, 18 Doppel ab 120, 3 Appartements ab DM 150,
10 Ferienwohnungen, Halbpension DM 18, Vollpension DM 26
Ausstattung: Dusche/Bad/WC, Telefon, ~TV, Radio, Minibar, Balkon
Besonderes: Restaurant 12-14, 18-21 Uhr, Terrasse, Liegewiese, Sauna,
Solarium, Parkplätze, Garagen, Massagen

■ **Schwarzwald-Hotel Adler** Fridolinstr. 15
☎ 07672/324+2041
Preise: 16 Einzel 65-85, 32 Doppel DM 120-160
Ausstattung: Bad/WC, Telefon
Besonderes: Lift, Konferenzraum 30, Terrasse, Hallenschwimmbad, Sauna,
Solarium, gute Küche, Parkplätze, Garagen

Hagen ✉ **58091**

Nordrhein-Westfalen

Seite 10/B 2

■ **Bentheimer Hof** Stennertstr. 20
☎ 02334/4826+27, Fax 43568
Preise: 15 Einzel 68-98, 14 Doppel DM 168-198
Ausstattung: ~Bad/WC, TV, Telefon, Balkon
Besonderes: Restaurant, Bar, Parkplätze, Garagen
Kreditkarten: Diners, Eurocard, Visa, Amexco

■ **Schmidt** Selbecker Str. 220, Selbecke
☎ 02331/70077+78
Preise: 13 Einzel 83-95, 15 Doppel ab DM 130
Ausstattung: Bad/WC, Telefon
Besonderes: Frühstücksbuffet, Konferenzraum 45, Sauna, Solarium,
Fitneßraum, Parkplätze, Garagen

■ **Hotel Dresel** Rummenohler Str. 31
☎ 02337/1318, Fax 8981
Preise: 8 Einzel 52-89, 11 Doppel DM 110-135
Ausstattung: Dusche/WC, ~Telefon, Radio, ~TV
Besonderes: Restaurant, Terrasse
Geschlossen: Juli
Kreditkarten: Amex, Diners, Eurocard, Visa

Hagnau

Baden-Württemberg

✉ **88709**

Seite 15/D 3

■ Gasthof Löwen

Hansjakobstr. 2

☎ 07532/6241

Preise: 3 Einzel 70-95, 12 Doppel DM 130-170, 1 Appartement DM 150-170, 1 Ferienwohnung DM 100

Ausstattung: Dusche/Bad/WC, ~Radio, ~TV

Besonderes: Restaurant, Frühstücksbuffet, Gartenlokal, Parkplätze, Garagen, Liegewiese

Geschlossen: November-März

■ Hansjakob

Hansjakobstr. 17

☎ 07532/6366, Fax 5135

Preise: 2 Einzel 80-85, 19 Doppel DM 148-158

Ausstattung: Bad/WC, TV, Telefon, Radio

Besonderes: Frühstücksbuffet, Parkplätze, Garagen, Liegewiese

Geschlossen: November bis Mitte März

■ Hotel Landhaus Meßmer

Meersburger Str. 12

☎ 07532/6227, Fax 6698

Preise: 5 Einzel 80, 8 Doppel 160

Ausstattung: Bad/Dusche/WC, Telefon, Balkon

Besonderes: Terrasse, Liegewiese, Sauna, Parkplätze, direkter Seezugang

Geschlossen: 1. November bis 15. März

■ Hotel Scharfes Eck

Kirchweg 2

☎ 07532/6261

Preise: 4 Einzel 65, Doppel DM 110-120

Ausstattung: ~Dusche/WC, Telefon, ~TV möglich

Besonderes: Parkplätze

Geschlossen: November-März

Kreditkarten: diverse

■ Hotel-Restaurant Mohren

Hauptstr. 18

☎ 07532/6265

Preise: Einzel 53-63, Doppel DM 105-130

Ausstattung: ~Dusche/WC, ~Telefon, ~TV

Besonderes: Restaurant bis 24 Uhr geöffnet, Parkplätze

Haida

Brandenburg

✉ **04910**

Seite 13/C 1

■ Gästehaus Fischer

Elsterwerdaer Str. 47

☎ 03533/2162

Preise: 4 Einzel 30, 4 Doppel DM 50

Ausstattung: Dusche/WC, Telefon, TV, Balkon

Besonderes: Terrasse, Liegewiese, Parkplätze, Garagen
Apartments, Ferienwohnungen, Whirlpool, Schwimmbad

Haidmühle ✉ 94145

Bayern

Seite 17/D 2

■ Haus Auersperg   Haidmühle-Auersbergsreut

☎ 08556/353, Fax 1017

Preise:	2 Einzel 40-55, 14 Doppel 65-105, Halbpension 25, Vollpension DM 37
Ausstattung:	Bad/WC, Telefon, Radio, Balkon, ~TV
Besonderes:	Restaurant 8-22 Uhr, Terrasse, Sauna, Parkplätze, Garagen, Liegewiese
Kreditkarten:	Eurocard

■ Haus Märchenwald   Langreut 42, Bischofsreut

☎ 08850/225, Fax 648

Preise:	18 Doppel 86-120, 13 2-Personen-Appartements 80-108, 3 Ferienwohnungen DM 114-150, Halbpension DM 12, Vollpension 26
Ausstattung:	Dusche/WC, TV, Minibar, Balkon
Besonderes:	Restaurant, Terrasse, Liegewiese, Sauna, Solarium, Parkplätze, Garagen
Geschlossen:	20.3. - 31.3.+ 24.4.- 5.5. + 6.11. - 15.12.95

Halblech ✉ 87642

Bayern

Seite 16/A 3

■ Hotel Sonnenbichl   Am Müllerbichl 1

☎ 08368/871, Fax 7239

Preise:	Einzel ab 70, 18 Doppel 120, Halbpension DM 25
Ausstattung:	Dusche/WC, Telefon, TV, Balkon
Besonderes:	Restaurant, Bar, Terrasse, Liegewiese, Schwimmbad, Sauna, Solarium, Parkplätze, Garagen, Ferienwohnungen

Halle ✉ 33790

Nordrhein-Westfalen

Seite 11/C 1

■ Hotel St. Georg   Winnebrockstr. 2

☎ 05201/2059, Fax 5354

Preise:	17 Einzel 70, 10 Doppel DM 110
Ausstattung:	Dusche/WC, Telefon, Kabel-TV, Radio, ~Balkon
Besonderes:	Frühstücksbuffet, Restaurant, Terrasse, Liegewiese, Parkplätze
Geschlossen:	23. Dezember bis etwa 5. Januar
Kreditkarten:	Amex, Eurocard

Hallenberg ✉ 59969

Nordrhein-Westfalen

Seite 11/C 2

■ Diedrich   Nuhnestr. 2

☎ 02984/8012, Fax 2238

Preise:	10 Einzel ab DM 85, 30 Doppel 130-160, 3 Appartements
Ausstattung:	Bad/WC, Telefon, TV
Besonderes:	Apartments, Lift, Konferenzraum, Terrasse, Sauna, Solarium, Kegeln, Parkplätze
Kreditkarten:	Eurocard

Haltern ✉ 45721

Nordrhein-Westfalen   Seite 10/B 1

■ **Hotel Pfeiffer „die Sythener Flora"**   Am Wehr 71, Sythen
☎ 02364/69065, Fax 69065
Preise: 3 Einzel 65, 8 Doppel DM 115
Ausstattung: Dusche/WC, Telefon, TV
Besonderes: Restaurant, Terrasse, Parkplätze, Garagen
Geschlossen: 3. Juli - 29.Juli
Kreditkarten: Amex, Diners, Eurocard, Visa

Halver ✉ 58553

Nordrhein-Westfalen   Seite 10/B 2

■ **Haus Frommann**   Halver Straße, Carthausen
☎ 02353/611, Fax 5113
Preise: 6 Einzel ab 80, 16 Doppel 126-150, Halbpension 26,
                   Vollpension DM 42
Ausstattung: Bad/WC, Telefon, Radio, TV, Minibar, ~Balkon
Besonderes: Terrasse, Liegewiese, Hallenschwimmbad, Sauna, Solarium,
                   Kegeln, Tennis, Parkplätze, Garagen
Kreditkarten: Amex, Diners, Eurocard, Visa, AirPlus

Hamberge ✉ 23619

Schleswig-Holstein   Seite 8/B 2

■ **Traveblick**   Hamburger Str. 2
☎ 0451/891516, Fax 898688
Preise: 12 Einzel DM 68
Ausstattung: Dusche/WC, Telefon, TV
Besonderes: Restaurant, Terrasse, Liegewiese, Parkplätze
Kreditkarten: Amex, Diners, Eurocard, Visa

Hambühren ✉ 29313

Niedersachsen   Seite 8/A 3

■ **Brambuschstuben**   Brambusch 6
☎ 05084/5110, Fax 5976
Preise: 4 Einzel 50, 15 Doppel ab 90, 3 Apartments ab DM 110,
                   Halbpension und Vollpension möglich
Ausstattung: Dusche/WC, Telefon, TV, Radio
Besonderes: Restaurant, Terrasse, Liegewiese, Parkplätze, Ferienwohnung

Hamburg ✉ 22885

Hamburg   Seite 8/A 2

■ **Hotel am Deich**   Allermöher Werftstegel 3
☎ 040/7232033, Fax 7232424
Preise: 9 Einzel 93, 4 Doppel DM 135
Ausstattung: Dusche/WC, Telefon, TV, Minibar
Besonderes: Restaurant 12-23 Uhr, Terrasse, Parkplätze

■ Hotel am Nonnenstieg
Nonnenstieg 11

☎ 040/473869+479869+47, Fax 48064949
Preise: 10 Einzel 75-110, 20 Doppel DM 110-140,
10 Mehrbettzimmer DM 150-200
Ausstattung: Dusche/WC, Telefon, TV
Besonderes: Terrasse, Liegewiese, Parkplätze, Garagen

■ Hotel-Pension Zentrum
Bremer Reihe 23

☎ 040/2802528, Fax 246019
Preise: 4 Einzel 70, 6 Doppel DM 120, inkl. Frühstück
Ausstattung: ~Dusche, Kühlschrank, ~TV

■ Hotel Village
Steindamm 4

☎ 040/246137+245939, Fax 474821
Preise: 17 Einzel 70-110, 11 Doppel 90-140, 6 Apartments DM 110
Ausstattung: ~Dusche/WC, Telefon, TV, Balkon
Besonderes: Bar, direkte Citylage
Kreditkarten: Eurocard, Visa

■ Hotel Wiki
Lauensteinstr. 15

☎ 040/6329030, Fax 63290372
Preise: 15 Einzel ab 78, 25 Doppel ab DM 135
Ausstattung: Dusche/Bad/WC, Telefon, TV, Radio, ~Balkon
Besonderes: Restaurant, Bar bis 24 Uhr, Schwimmbad, Sauna, Parkplätze,
Garagen
Geschlossen: 23. Dezember bis 4. Januar
Kreditkarten: Amex, Diners, Visa

■ Pension Helga Schmidt
Holzdamm 14

☎ 040/2802119, Fax 243705
Preise: 7 Einzel 65-70, 10 Doppel 100-125, 1 Appartement DM 160
Ausstattung: Dusche/WC, Telefon, Radio, Kabel-TV
Kreditkarten: Amex, Diners, Eurocard, Visa

■ Hotel Inter-Rast
Reeperbahn 154

☎ 040/311591, Fax 312052
Preise: 29 Einzel 60, 179 Doppel DM 100
Ausstattung: ~Dusche/WC, Telefon
Besonderes: Parkplätze, garagen

■ Hotel-Pension Eppendorfer Baum
Eppendorfer Baum 13

☎ 040/473694, Fax 474821
Preise: 2 Einzel 80, 5 Doppel DM 110
Ausstattung: ~Dusche/WC, Telefon, Radio, TV, Balkon

■ Hotel Columbus
Detlev-Bremer-Str. 44

☎ 040/3171479, Fax 3171480
Preise: 4 Einzel 60, 16 Doppel DM 200
Ausstattung: ~Dusche/WC
Besonderes: Bar, Parkplätze
Kreditkarten: Amex, Diners, Eurocard, Visa

■ Hotel-Pension Riedinger
St.- Georg-Str. 8

☎ 040/247463, Fax 247466
Preise: 5 Einzel 75-82, 7 Doppel DM 105-110
Ausstattung: Etagendusche

Hameln
Niedersachsen

✉ **31787**

Seite 11/D 1

■ **Hotel Bellevue**   Klütstr. 34
☎ 05151/61018, Fax 66179
Preise: 5 Einzel 85, 14 Doppel DM 135
Ausstattung: Bad/WC, TV, Telefon, Radio, TV, Minibar
Besonderes: Café, Garten, Terrasse, garni, Parkplätze, Garage
Kreditkarten: Amex, Diners, Eurocard, Visa

■ **Hotel Hirschmann**   Deisterallee 16
☎ 05151/7591
Preise: 3 Einzel 65, 15 Doppel DM 114
Ausstattung: Bad/WC, Telefon
Besonderes: garni, Parkplätze
Geschlossen: 25. Dezember bis 25. Januar
Kreditkarten: Eurocard, Visa

■ **Hotel-Café Ohrberg**   Margeritenweg 1, Klein-Berkel
☎ 05151/65055, Fax 65979
Preise: 10 Einzel 85, 8 Doppel DM 145
Ausstattung: Dusche/WC, Telefon, TV
Besonderes: Terrasse, Liegewiese, Parkplätze, Garagen, Café
Kreditkarten: Eurocard, Visa, Diners, Amexco

■ **Hotel Zur Börse**   Osterstr. 41a
☎ 05151/7080, Fax 25485
Preise: 21 Einzel 69, 13 Doppel DM 129
Ausstattung: Dusche/WC, Telefon, TV, ~Balkon
Besonderes: Restaurant, Parkplätze, Garagen
Geschlossen: Weihnachten und Neujahr
Kreditkarten: Visa, Amexco, Diners

Hamm
Nordrhein-Westfalen

✉ **59067**

Seite 10/B 1

■ **Breuer**   Ostenallee 95
☎ 02381/84001
Preise: 16 Einzel 65, 7 Doppel DM 115
Ausstattung: Bad/~WC, Telefon
Besonderes: Konferenzraum 40, Parkplätze, Garagen

■ **City Hotel garni**   Schillerstr. 68-72
☎ 02381/920600, Fax 15464
Preise: 8 Einzel 79, 10Doppel DM 119
Ausstattung: Dusche/WC, Telefon, TV
Besonderes: Parkplätze, 5 Apartments DM 80-120
Kreditkarten: Eurocard

■ **Hotel Herzog**   Caldenhofer Weg 22
☎ 02381/20050, Fax 13802
Preise: 13 Einzel 68-98, 17 Doppel DM 145
Ausstattung: Dusche/WC, Telefon, TV
Besonderes: Parkplätze, Garagen, Apartment
Kreditkarten: Amex, Diners, Eurocard, Visa

■ **BAB Rasthaus Rhynern Nord**   Ostendorfer Str. 62
☎ 02385/6031, Fax 464
Preise: 23 Einzel 70, 14 Doppel DM 115,
        Halbpension und Vollpension möglich
Ausstattung: Dusche/WC, ~Telefon, TV
Besonderes: Restaurant, Terrasse, Liegewiese, Parkplätze, Garagen,
        Gruppenrabatt am Wochenende nach Vereinbarung
Kreditkarten: Amex, Eurocard, Visa

■ **Hotel-Restaurant Hammer Brunnen**   Ostenallee 105
☎ 02381/83356+89775, Fax 880545
Preise: 10 Einzel 80, 5 Doppel DM 100,
        Halbpension 15, Vollpension DM 30
Ausstattung: Dusche/WC, Telefon, Kabel-TV
Besonderes: Restaurant, Bar, Parkplätze
Kreditkarten: Amex, Diners, Eurocard, Visa

Hamm   ✉ 57577
Rheinland-Pfalz   Seite 10/B 2

■ **Hotel Auermühle**   Auermühle 4, Au
☎ 02682/251, Fax 8438
Preise: 2 Einzel 70, 16 Doppel 120, 1 Appartement DM 140, Halbpen-
        sion DM 16
Ausstattung: Bad/WC, Telefon, TV, Balkon
Besonderes: Restaurant 12-14, 18-22 Uhr, Terrasse, Liegewiese,
        Parkplätze, Garagen, Apartment
Geschlossen: 17. bis 24. Juli, 2. bis 20. Januar
Kreditkarten: Amex, Diners, Eurocard, Visa

■ **Romantik-Hotel Alte Vogtei**   Lindenallee 3
☎ 02682/259, Fax 8956
Preise: 2 Einzel 75-100, 15 Doppel 140-180, Halbpension DM 32
Ausstattung: Dusche/Bad/WC, Telefon, TV, Minibar, Balkon
Besonderes: Restaurant, Garten, Liegewiese, Parkplätze, Garagen,
        Apartment, Kegelbahn
Geschlossen: 20. Juli bis 10. August und Weihnachten im Restaurant
Kreditkarten: Amex, Diners, Eurocard, Visa

Hammelburg   ✉ 97762
Bayern   Seite 11/D 3

■ **Hotel Pension Nöth**   Morlesauer Str. 3+ 6, Morlesau
☎ 09357/479+534, Fax 1357
Preise: 15 Doppel ab 100, als Einzel DM 55, 1 Appartement,
        1 Ferienwohnung 80, Halbpension DM 22, Vollpension DM 32
Ausstattung: Dusche/WC
Besonderes: Restaurant, Bar, Terrasse, Liegewiese, Schwimmbad,
        Tischtennis, Kinderspielplatz, Parkplätze, Garagen
Geschlossen: Anfang November
Kreditkarten: Amex, Diners, Eurocard, Visa

■ Kaiser An der Walkmühle 11
☎ 09732/4038
Preise: Einzel ab 54, Doppel ab DM 84
Ausstattung: Bad/WC, Telefon
Besonderes: Konferenzraum, Garten, Parkplätze, Garagen, Liegewiese

Hannover ✉ 30173

Niedersachsen Seite 11/D 1

■ Hotel und Waldgaststätte Bischofshol Bemeroder Str. 2
☎ 0511/511082, Fax 522987
Preise: 4 Einzel 80-110, 8 Doppel DM 120-160
Ausstattung: Dusche/WC, Telefon
Besonderes: Restaurant, Tarrasse, Parkplätze
Geschlossen: 28. Dezember bis 7. Januar

■ Wülfeler Brauereigaststätten Hildesheimer Str. 380, Wülfel
☎ 0511/865086, Fax 876009
Preise: 33 Einzel 75-115, 8 Doppel ab DM 95-245
Ausstattung: ~Dusche/WC, Telefon
Besonderes: Restaurant 11-23 Uhr, Biergarten, Terrasse, Parkplätze
Kreditkarten: Amex, Eurocard, Visa, Diners

■ Hotel-Pension Schönberg Hohenzollernstr. 43
☎ 0511/313164+313199, Fax 332631
Preise: 7 Einzel 65-75, 7 Doppel DM 110-140
Ausstattung: Dusche/WC, Telefon, Kabel-TV
Besonderes: Garni-Hotel, ruhige Lage
Kreditkarten: Amex, Diners, Eurocard, Visa

■ Hotel Eden Waldhausenstr. 30
☎ 0511/830430, Fax 833094
Preise: 13 Einzel 60-85, 10 Doppel DM 90-130
Ausstattung: ~Dusche/WC, Telefon
Besonderes: Terrasse, Liegewiese,
Kreditkarten: Diners, Eurocard, Visa

■ Hotel Eilenriede Guerickestr. 32
☎ 0511/5476652, Fax 5499271
Preise: 4 Einzel 50-85, 12 Doppel DM 125
Ausstattung: Dusche/WC, Telefon, TV, ~Balkon
Besonderes: Parkplätze, Garagen
Kreditkarten: Amex, Visa

■ Gästehaus hannover Herrenhäuser Kirchweg 14
☎ 0511/708380, Fax 7083892
Preise: 12 Einzel 85-95, 10 Doppel DM 170
Ausstattung: Dusche/WC, Telefon, TV, Radio
Geschlossen: 23. Dezember bis 2. Januar

Hann. Münden

✉ **34346**

Niedersachsen

Seite 11/D 2

■ **Werratal Hotels** Buschweg 40-43
☎ 05541/33258+33092, Fax 33425
Preise: 4 Einzel ab 65, 38 Doppel 90-150, 2 Apartments 160-260,
Halbpension DM 25-30
Ausstattung: Dusche/WC, Telefon, TV, ~Balkon
Besonderes: Restaurant bis 23 Uhr, Terrasse, Sauna, Solarium,
Parkplätze, Garagen
Kreditkarten: Amex, Diners, Eurocard, Visa

■ **Hotel Werrastrand** Buschweg 40, Laubach
☎ 05541/33258+34258, Fax 33425
Preise: 3 Einzel ab 58, 15 Doppel ab DM 90
Ausstattung: Dusche/WC, Telefon, TV
Besonderes: Restaurant 12-23 Uhr, Solarium, Parkplätze, Garagen
Kreditkarten: Amex, Diners, Eurocard, Visa

■ **Jagdhaus Heede** Hermannshäger Str. 81
☎ 05541/2395
Preise: 6 Einzel ab 50, 14 Doppel ab DM 95
Ausstattung: Bad/WC, Telefon
Besonderes: Konferenzraum, Terrasse, Garten, Parkplätze, Garagen

Hanstedt

✉ **21271**

Niedersachsen

Seite 8/A 3

■ **Landhaus Augustenhöh** Am Steinberg 77
☎ 04184/323, Fax 1323
Preise: 3 Einzel 70-80, 10 Doppel DM 110-130
Ausstattung: Dusche/WC

■ **Zur Eiche** Am Naturschutzpark 3, Ollsen
☎ 04184/216, Fax 580
Preise: 4 Doppel 100, 12 Appartements 150, 3 Ferienwohnungen DM 80-
120
Ausstattung: Dusche/Bad/WC, TV
Besonderes: Restaurant bis 23 Uhr, Terrasse, Fahrradverleih,
Parkplätze, Liegewiese
Geschlossen: Mitte Januar bis Ende Februar
Kreditkarten: Amex, Diners, Eurocard, Visa

Hardert

✉ **56579**

Rheinland-Pfalz

Seite 10/B 3

■ **Hotel Forst** Mittelstr. 5
☎ 02634/2323, Fax 3316
Preise: 1 Einzel 60, 7 Doppel DM 110, Halbpension möglich
Ausstattung: Dusche/WC, Telefon, TV, Balkon
Besonderes: Restaurant, Terrasse, Liegewiese, Parkplätze
Kreditkarten: Eurocard

■ **Hotel Zur Post**   Mittelstr. 13
☎ 02634/2727
Preise: 3 Einzel 50, 8 Doppel 100, Halbpension 12, Vollpension DM 20
Ausstattung: Dusche/Bad/WC, Radio, ~TV, ~Minibar, Balkon
Besonderes: Restaurant 12-14, 18-21 Uhr, Solarium, Café, Gartenlokal,
                gutbürgerliche Küche, Parkplätze, Garagen, Liegewiese

Hardheim   ✉ 74736
Baden-Württemberg   Seite 15/D 1

■ **Landgasthof Roß**   Königsheimer Str. 23, Schweinberg
☎ 06283/1051
Preise: 10 Einzel 55, 15 Doppel bis DM 95
Ausstattung: Bad/WC, Telefon, Radio, TV, Balkon
Besonderes: Restaurant 11.30-14/17.30-22.30 Uhr, Parkplätze
Geschlossen: Fasching und in den Sommerferien

Harpstedt   ✉ 27243
Niedersachsen   Seite 7/B 3

■ **Akzent Hotel Zur Wasserburg**   Amtsfreiheit 4
☎ 04244/1008, Fax 8094
Preise: 6 Einzel 75-90, 24 Doppel 130-155, Halbpension 20,
                Vollpension DM 35
Ausstattung: Dusche/WC, Telefon, ~TV
Besonderes: Restaurant, Kegeln, Tennis, Parkplätze, Garagen, Liegewiese
Geschlossen: 3. bis 17. Januar
Kreditkarten: Amex, Diners, Eurocard, Visa

Harsefeld   ✉ 21698
Niedersachsen   Seite 8/A 2

■ **Hotel Brüggmann**   Herrenstr. 46
☎ 04164/2257, Fax 3639
Preise: Einzel ab 55, 11 Doppel ab 90, Halbpension DM 10
Ausstattung: ~Dusche/WC, Telefon, TV
Besonderes: Restaurant ab 10 Uhr, Terrasse, Parkplätze, Garagen
Kreditkarten: Eurocard

■ **Hotel Meyers Gasthof**   Marktstr. 19
☎ 04164/4051, Fax 3022
Preise: 3 Einzel 83-108, 23 Doppel DM 130-180
Ausstattung: Dusche/WC, Telefon, TV
Besonderes: Restaurant 12-14, 18-23 Uhr, Kegelbahn, Kino, Parkplätze,
                Garagen
Kreditkarten: Diners, Eurocard, Visa

Hartha   ✉ 01737
Sachsen   Seite 13/C 2

■ **Hotel Kurhaus Hartha**   Karl-Liebknecht-Str. 5
☎ 035203/8460, Fax 2382
Preise: Einzel ab 48, 17 Doppel DM 80
Ausstattung: Dusche/WC, Telefon, ~TV
Besonderes: Restaurant, Terrasse, Liegewiese, Parkplätze, Garagen
Kreditkarten: Amex, Diners, Eurocard, Visa

Hartmannsdorf   ✉ 09232

Sachsen

Seite 12/B 2

■ Sunset Hotel Am Bad   Karl-Kirchhoff-Str. 23
☎ 03722/92822, Fax 92822
Preise: 20 Einzel DM 88, 20 Doppel DM 138
Ausstattung: Du/WC, Telefon, TV, Minibar
Besonderes: Parkplätze, Garagen
Kreditkarten: Amexco, Diners, Eurocard, Visa

Bad Harzburg   ✉ 38667

Niedersachsen

Seite 12/A 1

■ Ein schönes Plätzchen   Am Rodenberg 39a
☎ 05322/3644
Preise: 3 Einzel 80, 6 Doppel 100-120, 4 Apartements 120-160 DM
Ausstattung: Dusche/WC, Balkon
Besonderes: Terrasse, Liegewiese, Sauna, Parkplätze, Garagen
Geschlossen: 1. November bis 15. Dezember

Haselünne   ✉ 49740

Niedersachsen

Seite 7/A 3

■ Burghotel Haselünne   Steintorstr. 7
☎ 05961/1544+5335, Fax 502268
Preise: 17 Einzel ab 80, 13 Doppel 130, 2 Apartments DM 140
Ausstattung: Dusche/WC, Telefon, Radio, TV, Minibar, Balkon
Besonderes: Parkplätze, Liegewiese, Sauna, Solarium
Kreditkarten: Amex, Diners, Eurocard, Visa

■ Landgasthof Redeker   Laurentiusstr. 2
☎ 05961/5157, Fax 6571
Preise: 3 Einzel 45, 10 Doppel 80, Halbpension DM 13
Ausstattung: ~Dusche/WC, TV, Telefon
Besonderes: Restaurant 10-24 Uhr, Terrasse, Solarium, Parkplätze,
Garagen, Sauna, Wintergarten
Geschlossen: 24.7. - 3.8.95

Haßfurt   ✉ 97437

Bayern

Seite 12/A 3

■ Hotel Walfisch   Obere Vorstadt 8
☎ 09521/8407
Preise: 11 Einzel 52-60, 6 Doppel DM 82-90
Ausstattung: Dusche/WC
Besonderes: Restaurant 7-24 Uhr, Parkplätze, Garagen

Haßloch ✉ 67454

Rheinland-Pfalz

Seite 15/C 1

■ **Pfalz-Hotel** Lindenstr. 50
☎ 06324/4047, Fax 82503
Preise: 13 Einzel ab 86, 22 Doppel ab 150, Halbpension DM 25
Ausstattung: Dusche/Bad/WC, Kabel-TV, Telefon, Radio, Minibar
Besonderes: Restaurant ab 18 Uhr, Schwimmbad, Sauna, Parkplätze
Kreditkarten: Amex, Diners, Eurocard, Visa

■ **Silencehotel Sägmühle** Sägmühlweg 140
☎ 06324/1031, Fax 1034
Preise: 5 Einzel 85-115, 22 Doppel 135-165, Halbpension DM 29
Ausstattung: Dusche/WC, Telefon, TV, Minibar
Besonderes: Restaurant, Terrasse, Liegewiese, Parkplätze
Kreditkarten: Amexco, Diners, Eurocard, Visa

Haßmersheim ✉ 74855

Baden-Württemberg

Seite 15/D 1

■ **Gästehaus Schloß Hochhausen** Haßmersheim-Hochhausen
☎ 06261/893142
Preise: 3 Einzel 70, 10 Doppel 125, Vollpension DM 35
Ausstattung: ~Bad/WC
Besonderes: Terrasse, Liegewiese, Parkplätze

Hatten ✉ 26209

Niedersachsen

Seite 7/B 3

■ **Hotel Ripken** Borchersweg 150, Streekermoor
☎ 04481/8727, Fax 7874
Preise: 5 Einzel DM 65, 16 Doppel DM 98
Ausstattung: Du/Bad, WC, Telefon, Radio, TV
Besonderes: Restaurant, Parkplätze
Kreditkarten: Diners, Eurocard, Visa

Hattingen ✉ 45525

Nordrhein-Westfalen

Seite 10/B 2

■ **Hotel Landhaus Siebe** Am Stuten 29
☎ 02324/22022, Fax 22024
Preise: 5 Einzel 65-80, 13 Doppel DM 122-150
Ausstattung: Dusche/WC, ~TV, Telefon
Besonderes: Restaurant, Partyscheune, Terrasse, Garten, Parkplätze
Geschlossen: 24. Dezember bis 15. Januar
Kreditkarten: Amex, Diners, Eurocard, Visa

■ **Waldhotel Raffenberg** Raffenberg 42
☎ 02324/202112, Fax 23878
Preise: 7 Doppel 130, Halbpension 15, Vollpension DM 30
Ausstattung: Dusche/WC, Telefon, TV
Besonderes: Restaurant 11-22 Uhr geöffnet, Parkplätze
Geschlossen: Januar
Kreditkarten: Amex, Diners, Eurocard, Visa

■ **Hotel-Gasthaus-Hüttenau** Marxstraße 70
☎ 02324/6325/6326, Fax 6327
Preise: 5 Einzel DM 65, 10 Doppel DM 120, Halbpension DM 15, Vollpension DM 30
Ausstattung: Du/Bad, WC, Telefon, Radio, TV
Besonderes: Restaurant, Terrasse, Liegewiese, Parkplätze
Kreditkarten: Diners, Eurocard, Visa

Hauenstein ✉ 76846
Rheinland-Pfalz Seite 15/C 1

■ **Hotel Felsentor** Bahnhofstr. 88
☎ 06392/4050, Fax 40545
Preise: 3 Einzel 75-125, 22 Doppel 166, Halbpension DM 38, Vollpension möglich
Ausstattung: Dusche/WC, Telefon, TV, Radio, Minibar, Balkon
Besonderes: Restaurant 10-24 Uhr, Terrasse, Liegewiese, Sauna, Solarium, besonders gute Küche, Parkplätze
Kreditkarten: Amex, Diners, Eurocard, Visa

■ **Hotel Zum Ochsen** Marktplatz 15
☎ 06392/571, Fax 7235
Preise: 2 Einzel 65-95, 17 Doppel DM 110-170
Halbpension und Vollpension möglich
Ausstattung: Dusche/WC, Telefon, TV, Balkon
Besonderes: Restaurant, Terrasse, Liegewiese, Parkplätze, Schuhmuseum eröffnet im Mai

---

Havelberg ✉ 39539
Sachsen-Anhalt Seite 9/C 3

■ **Hotel Margot Dürkop** Pritzwalker Str. 6
☎ 039387/623
Preise: 1 Einzel 45, 2 Doppel 70, 1 Ferienwohnung DM 80
Ausstattung: Dusche/WC, TV
Besonderes: Parkplätze

Havixbeck ✉ 48329
Nordrhein-Westfalen Seite 10/B 1

■ **Gasthof und Hotel Kemper** Altenberger Str. 14
☎ 02507/1240+1033, Fax 9262
Preise: 16 Einzel 80-95, 16 Doppel 130-150, 4 Ferienwohnungen 68-85, Halbpension DM 25
Ausstattung: Dusche/WC, Telefon, TV, Balkon
Besonderes: Restaurant 12-14, 18-22 Uhr, Kegelbahnen, Parkplätze, Garagen
Kreditkarten: Amex, Eurocard, Visa

■ **Hotel Beumer**   Hauptstr. 46
☎ 02507/1236, Fax 9181
Preise: 2 Einzel 75, 19 Doppel 130, Halbpension DM 27,50
               Vollpension DM 39
Ausstattung: Bad/WC, Radio, TV, ~Balkon
Besonderes: Restaurant, Kegelbahn, Terrasse, Hallenschwimmbad, Sauna,
               Fahrradverleih, Kegeln, Parkplätze
Geschlossen: 20. bis 29. Dezember
Kreditkarten: Amex, Visa, Eurocard

Hayingen   ✉ 72534
Baden-Württemberg   Seite 15/D 2

■ **Gasthof Zum Hirsch**   Wannenweg 2, Indelhausen
☎ 07386/276
Preise: Einzel 38-44, Doppel DM 72-90
Ausstattung: Bad/WC, Telefon
Besonderes: Lift, Terrasse, Sauna, Solarium, Fitneßraum, Angeln,
               Parkplätze, Garagen

Hechingen   ✉ 72379
Baden-Württemberg   Seite 15/C 2

■ **Klaiber**   Obertorplatz 11
☎ 07471/2257, Fax 13918
Preise: 14 Einzel 80, 14 Doppel DM 130
Ausstattung: Bad/WC, Telefon, Radio, TV, Minibar
Besonderes: Restaurant, Parkplätze, Garagen

Heide   ✉ 25746
Schleswig-Holstein   Seite 7/B 1

■ **Dithmarscher Reiter**   Hans-Böckler-Str. 1
☎ 0481/1777, Fax 5675
Preise: 3 Einzel 70, 27 Doppel DM 130
Ausstattung: Dusche/WC, Telefon, TV
Besonderes: Restaurant, Bar, Terrasse, Liegewiese, Parkplätze, Garagen,
               Billard
Kreditkarten: Amex, Diners, Eurocard, Visa

■ **Kotthaus**   Rüsdorfer Str. 3
☎ 0481/8011, Fax 8059
Preise: 4 Einzel 70, 12 Doppel 125, Halbpension20, Vollpension
               DM 40
Ausstattung: Bad/~WC, ~Telefon, TV
Besonderes: Parkplätze
Kreditkarten: Amex, Diners, Eurocard, Visa

Heidelberg ✉ 69126

Baden-Württemberg

Seite 15/C 1

■ Hotel garni Ballmann

Rohrbacher Str. 28

☎ 06221/24287, Fax 182035
Preise: 6 Einzel 70-85, 30 Doppel DM 100-110
Ausstattung: Bad/WC, TV, Minibar
Besonderes: Lift, Parkplätze

■ Kranich Hotel garni

Kranichweg 37a

☎ 06221/74820, Fax 700423
Preise: 15 Einzel 85-95, 11 Doppel DM 125-140
Ausstattung: Bad/WC, TV, Telefon, ~Minibar, ~Balkon
Besonderes: Frühstücksbuffet, Parkplätze, Garagen
Geschlossen: 22.12. - 10.1.
Kreditkarten: Amex, Diners, Eurocard, Visa

Heiden ✉ 46359

Nordrhein-Westfalen

Seite 10/B 1

■ Landhotel Beckmann

Borkener Str. 7a

☎ 02867/8541+90015+900, Fax 90263
Preise: 13 Einzel 63, 13 Doppel DM 120, Halbpension und Vollpension
möglich
Ausstattung: Dusche/WC, Telefon, TV
Besonderes: Restaurant, Terrasse, Liegewiese, Parkplätze, Garagen
Kreditkarten: Amex, Diners, Eurocard, Visa

Heidenau ✉ 21258

Niedersachsen

Seite 8/A 3

■ Hotel Heidenauer Hof

Heidenau

☎ 04182/4144
Preise: 30 Einzel 75, 30 Doppel DM 120, Halbpension und Vollpension
möglich
Ausstattung: Dusche/WC, Telefon, TV, Minibar, Balkon
Besonderes: Restaurant, Terrasse, Liegewiese, Parkplätze, Garagen
Kreditkarten: Eurocard, Visa

Heidenheim ✉ 89522

Baden-Württemberg

Seite 16/B 2

■ Hotel Traber

Ziegelstr. 39

☎ 07321/44001, Fax 44423
Preise: 12 Einzel 59-69, 19 Doppel 80-120, Halbpension und
Vollpension möglich
Ausstattung: Dusche/WC, Telefon, TV, Balkon
Besonderes: Terrasse, Liegewiese, Parkplätze, Garagen
Kreditkarten: Amex, Diners, Eurocard, Visa

■ **Hotel Schweizer Hof** Steinheimer Str. 9/1
☎ 07321/98940-989410, Fax 989441
Preise: 2 Einzel 69-79, 15 Doppel 115-135, 2 Appartements 125-145,
Halbpension DM 25
Ausstattung: Bad/Dusche/WC, Telefon, Radio, TV, Minibar
Besonderes: Restaurant, Parkplätze, Garagen
Kreditkarten: Amex, Diners, Eurocard, Visa, JCB

■ **Linde** St.-Pölter-Str. 53
☎ 07321/95920, Fax 959258
Preise: 28 Einzel DM 60-90
Ausstattung: Dusche/WC/Dusche
Geschlossen: August
Kreditkarten: Amex, Diners, Eurocard, Visa

Heidersdorf ✉ 09526

Sachsen Seite 13/C 3

■ **Flöhatalbaude** Olbernhauer Straße 40
☎ 037361/4303, Fax 4325
Preise: 2 Einzel DM 38-75, 12 Doppel DM 46-124, Halbpension DM 10,
Vollpension DM 20
Ausstattung: Du/Bad, WC, Telefon, Radio, TV, Balkon
Besonderes: Restaurant, Terrasse, Liegewiese, Sauna, Parkplätze
Kreditkarten: Eurocard

Heilbronn ✉ 74078

Baden-Württemberg Seite 15/D 1

■ **Gasthof Rutsch** Deutschhofstr. 37
☎ 07131/82862
Preise: 3 Einzel 78-84 6 Doppel DM 120
Ausstattung: Bad/WC, TV, Radio
Besonderes: Restaurant 11-14/17-22 Uhr, Parkplätze
Kreditkarten: Diners, Eurocard, Visa

■ **Hotel Urbanus** Urbanstr. 13
☎ 07131/81344, Fax 178415
Preise: 10 Einzel 95, 20 Doppel DM 129
Ausstattung: Dusche/WC, Telefon, TV
Besonderes: Restaurant 18-23 Uhr, Bar, Frühstücksbuffet, Parkplätze
Kreditkarten: Eurocard, Visa

Heiligenberg ✉ 88633

Baden-Württemberg Seite 15/D 3

■ **Berghotel Baader** Salemer Str. 5
☎ 07554/303+8191, Fax 8192
Preise: 7 Einzel 55-85, 10 Doppel 120-160, Halbpension DM 35
Ausstattung: Dusche/Bad/WC, Telefon, Radio, TV, Balkon
Besonderes: Restaurant, Bar, Hallenschwimmbad, Sauna, Solarium,
Parkplätze, Liegewiese, Terrasse
Kreditkarten: Amex, Diners, Eurocard

■ Post   Postplatz 3
☎ 07554/208
Preise: 6 Einzel 50-55, 6 Doppel DM 105-110
Ausstattung: Bad/WC, Telefon
Besonderes: Restaurant, Terrasse, Parkplätze

Heiligenhafen   ⊠ 23774
Schleswig-Holstein   Seite 8/B 1

■ Stadt Hamburg   Hafenstr. 27
☎ 04362/2210
Preise: 5 Einzel 45-55, 9 Doppel DM 87-107
Ausstattung: Bad/WC, TV, Telefon
Besonderes: Dreibettzimmer, Konferenzraum 60, Terrasse, Parkplätze,
                Garagen

Heiligenstadt   ⊠ 91332
Bayern   Seite 16/D 1

■ Hotel-Gasthof Sponsel-Regus   Veilbronn Nr. 9, Veilbronn
☎ 09198/222+9297-0, Fax 1483
Preise: 9 Einzel 45, 34 Doppel 90, Halbpension DM 11
                Vollpension DM 16
Ausstattung: Dusche/WC, Telefon, Radio, TV, Balkon
Besonderes: Restaurant, Cafégarten, Terrasse, Liegewiese, Parkplätze,
                Garagen
Geschlossen: 10. Januar bis 15. Februar 1995

Heiligenstadt   ⊠ 37308
Thüringen   Seite 11/D 2

■ Restaurant und Hotel Kruse   Lessingstr. 1
☎ 03606/2575
Preise: 1 Einzel DM 40, 3 Doppel DM 90
Ausstattung: Dusche/WC, Telefon, Radio, TV
Besonderes: Restaurant, Parkplätze, Garage

Heimbach   ⊠ 52396
Nordrhein-Westfalen   Seite 10/A 3

■ Landhaus Weber   Schwammenaveler Str. 8
☎ 02446/222
Preise: 8 Doppel 94-100, als Einzel 55-58, Halbpension DM 29,
                Vollpension DM 36
Ausstattung: Dusche/WC, ~TV, ~Minibar, Balkon
Besonderes: Restaurant, Liegewiese, Parkplätze, Garagen

Heimborn

✉ **57629**

Rheinland-Pfalz

Seite 10/B 2

■ **Hotel Sollmann-Schürg**　　　　　　　　Kragweg 2, Ehrlich
☎ 02688/8077, Fax 8866
Preise:　　　　6 Einzel 62, 24 Doppel 125, Halbpension 10, Vollpension DM
　　　　　　　20
Ausstattung: Dusche/Bad/WC, Telefon, Balkon
Besonderes: Restaurant bis 21 Uhr, Bar bis 24 Uhr, Frühstücksbuffet,
　　　　　　　Kosmetik, Fitneßraum, Tennis, Parkplätze, Garagen,
Kreditkarten: Eurocard

Heimbuchenthal

✉ **63872**

Bayern

Seite 11/D 3

■ **Heimathenhof**　　　　　　　Heimathenhof 2, Heigenbrücken
☎ 06092/242+7523
Preise:　　　　2 Einzel 58, 8 Doppel 106, Halbpension 8, Vollpension DM 13
Ausstattung: Dusche/WC, Telefon, TV, Minibar, Balkon
Besonderes: Restaurant, Terrasse, Liegewiese, Parkplätze

■ **Hotel Lamm**　　　　　　　　　　　　　　St. Martinus-Str. 1
☎ 06092/7031, Fax 7944
Preise:　　　　9 Einzel ab 73-89, 57 Doppel DM 136-146
Ausstattung: Dusche/WC, Telefon, TV, Radio, ~Minibar, ~Balkon
Besonderes: Restaurant, Schwimmbad, Sauna, Solarium, Whirlpool, Kegeln,
　　　　　　　Parkplätze, Garagen, Liegewiese

■ **Hotel-Pension Christel**　　　　　　　　　　　　Hauptstr. 3
☎ 06092/1573+1579, Fax 7495
Preise:　　　　10 Einzel 40-45, 35 Doppel 74-80, Halbpension 14,
　　　　　　　Vollpension DM 18
Ausstattung: Dusche/WC, Telefon, Balkon
Besonderes: Restaurant, Sauna, Solarium, Grillabende, Parkplätze,
　　　　　　　Garagen, Liegewiese

■ **Hotel Zum Wiesengrund**　　　　　　　　　　　Elsarastr. 9
☎ 06092/1564+1364, Fax 6977
Preise:　　　　5 Einzel 73, 20 Doppel DM 68, Halbpension und
Ausstattung: Dusche/WC, Telefon, TV, Balkon
Besonderes: Restaurant, Terrasse, Liegewiese, Sauna, Solarium,
　　　　　　　Parkplätze

Heitersheim

✉ **79423**

Baden-Württemberg

Seite 14/B 3

■ **Flair-Hotel Gasthof Ochsen**　　　　　　　　Am Ochsenplatz
☎ 07634/2218, Fax 3025
Preise:　　　　11 Einzel ab 85, 17 Doppel ab 130, 2 Appartements ab 140,
　　　　　　　Halbpension DM 28
Ausstattung: Dusche/Bad/WC, Telefon, TV, Radio
Besonderes: Restaurant, Parkplätze, Garagen
Geschlossen: 22. Dezember bis Ende Januar

Hellenthal

Nordrhein-Westfalen

■ Haus Lichtenhardt

An der Lichtenhardt 26

☎ 02482/614+615, Fax 1868

Preise:	5 Einzel 45, 13 Doppel 70-100, Halbpension 18, Vollpension DM 30, 1 Ferienwohnung DM 65-95
Ausstattung:	~Dusche/WC, Telefon, ~Balkon
Besonderes:	Restaurant 12-22 Uhr, Kegelbahn, Terrasse, Liegewiese, Parkplätze, Garagen
Geschlossen:	13. bis 26. Dezember
Kreditkarten:	Amex, Diners, Eurocard, Visa

■ Hollerather Hof

Hellenthal

☎ 02482/7117, Fax 7835

Preise:	3 Einzel 50, 9 Doppel 80-120, 1 Apartment 120, Vollpension DM 30
Ausstattung:	Dusche/WC, Telefon, TV
Besonderes:	Restaurant, Terrasse, Liegewiese, Schwimmbad, Sauna, Solarium, Parkplätze, Garagen
Geschlossen:	2 Wochen im November
Kreditkarten:	Diners, Eurocard, Visa

■ Hotel St. Georg

Luxemburger Str. 46, Hollerath

☎ 02482/1317

Preise:	4 Einzel 46, 12 Doppel DM 84
Ausstattung:	Dusche/WC, TV-Anschluß
Besonderes:	Restaurant 11.30-22 Uhr, Liegewiese, Parkplätze
Geschlossen:	22.12. - 6.1.96

Bad Helmstedt

Niedersachsen

■ Hotel im Park Gesundbrunnen

Brunnenweg 7

☎ 05351/6035+36, Fax 40598

Preise:	6 Einzel 65, 16 Doppel DM 85-110
Ausstattung:	Bad/Du/WC, Telefon, Radio, TV
Besonderes:	Restaurant 11-14 + 18-22 Uhr, Terrasse, Sauna, Solarium, Schwimmbad, Parkplätze, Garagen, Liegewiese
Kreditkarten:	Amex, Diners, Eurocard, Visa

Hemmingen

Niedersachsen

■ Hotel zur Post

Dorfstr. 63

☎ 0511/423561, Fax 414571

Preise:	50 Einzel 55-80, 18 Doppel DM 110-130
Ausstattung:	~Bad/WC
Besonderes:	Parkplätze

Hennef

✉ **53773**

Nordrhein-Westfalen

Seite 10/B 2

■ Hotel Johnel

Frankfurter Str. 152

☎ 02242/2633+1633, Fax 82280

Preise:	9 Einzel 77-97, 25 Doppel 103-125, Halbpension DM 12
Ausstattung:	Bad/WC, TV, ~Telefon
Besonderes:	Restaurant, Parkplätze
Kreditkarten:	Amex, Diners, Eurocard, Visa

Heppenheim

✉ **64646**

Hessen

Seite 15/C 1

■ Hotel Schloßberg

Kalterer Str. 1

☎ 06252/2297, Fax 6085

Preise:	7 Einzel 65-80, 6 Doppel DM 100-115
Ausstattung:	Dusche/WC, Telefon, TV, Minibar
Besonderes:	Restaurant, Terrasse, Solarium, eigener Tennisplatz, Parkplätze, Garagen

■ Starkenburger Hof

Kalterer Str. 7

☎ 06252/6061, Fax 68183

Preise:	11 Einzel 75, 25 Doppel DM 116
Ausstattung:	Dusche/WC, Telefon, TV
Besonderes:	Restaurant, Parkplätze
Kreditkarten:	Amex, Diners, Eurocard, Visa

Herford

✉ **32052**

Nordrhein-Westfalen

Seite 11/C 1

■ Hotel Hansa

Brüderstr. 40

☎ 05221/59720, Fax 597259

Preise:	7 Einzel 60-90, 9 Doppel DM 100-135
Ausstattung:	Bad/WC, Telefon
Besonderes:	Café, Parkplätze
Geschlossen:	17.7. - 13.8.95
Kreditkarten:	Amex, Eurocard

■ Hotel Waldesrand

Zum Forst 4

☎ 05221/26026, Fax 27389

Preise:	10 Einzel 60-90, 35 Doppel 120-160, Halbpension 25, Vollpension DM 50
Ausstattung:	Dusche/WC, Telefon, TV
Besonderes:	Restaurant, Bar, Terrasse, Liegewiese, Parkplätze
Kreditkarten:	Amex, Diners, Eurocard, Visa

■ Hotel C. Stille-Falkendiek

Löhner Str. 157

☎ 05221/65600+61492, Fax 67583

Preise:	14 Einzel 70, 5 Doppel DM 130, Halb-und Vollpension möglich
Ausstattung:	Dusche/WC, Telefon, ~TV
Besonderes:	Restaurant, Terrasse, Parkplätze, Garagen
Geschlossen:	20. Juni bis 12. Juli Restaurant geschlossen
Kreditkarten:	Eurocard

Hermeskeil ⊠ 54411

Rheinland-Pfalz

Seite 14/B 1

■ **Hotel Beyer** Saarstr. 95
☎ 06503/7227+8687
Preise: 6 Einzel 60, 6 Doppel DM 100
Ausstattung: Dusche/Bad/WC, Telefon, TV, Balkon
Besonderes: Restaurant 8-23 Uhr, Terrasse, Liegewiese, Parkplätze,
Garagen
Kreditkarten: Amex, Diners, Eurocard, Visa

Herne ⊠ 44652

Nordrhein-Westfalen

Seite 10/B 2

■ **Ebert** Altcrange
☎ 02325/79947+48, Fax 795765
Preise: 14 Einzel 80, 8 Doppel DM 135
Ausstattung: Bad/WC, Telefon, TV, Minibar
Besonderes: Konferenzraum, garni, Parkplätze
Kreditkarten: Amexco, Diners, Eurocard, Visa

Bad Herrenalb ⊠ 76332

Baden Württemberg

Seite 15/C 2

■ **Landhaus Floride** Graf-Berthold-Str. 18-20
☎ 07083/1657-58
Preise: 17 Einzel 63-69, 16 Doppel DM 125-140
Ausstattung: Dusche/WC, Telefon, ~Balkon
Besonderes: Lift, Konferenzraum, Solarium, Massage, garni, Parkplätze,
Garagen, Liegewiese

■ **Waidners Waldhotel Sonnenblick** Im Wiesengrund 4, Gaistal
☎ 07083/2749
Preise: 6 Einzel 60, 12 Doppel 100, 4 Apartements DM 130
Ausstattung: ~Bad/WC, Balkon
Besonderes: Terrasse, Liegewiese, ruhig, garni, Parkplätze, Garagen
Geschlossen: 20. Oktober bis 20. Dezember

Herscheid ⊠ 58849

Nordrhein-Westfalen

Seite 10/B 2

■ **Landhotel Herscheider Mühle** Hersch-Mühle 1
☎ 02357/2325, Fax 2305
Preise: 3 Einzel 85, 8 Doppel DM 140
Ausstattung: Dusche/WC, TV, Telefon
Besonderes: Restaurant 8.30-23 Uhr, Terrasse, Gartenrestaurant,
Parkplätze

■ Hotel Jagdhaus Weber   Reblin 11
☎ 02357/90900, Fax 909090
Preise: 3 Einzel 80-110, 11 Doppel 130-170, Halbpension 24,
                 Vollpension DM 36
Ausstattung: Dusche/WC, Telefon, TV, Radiowecker
Besonderes: Restaurant, Kaminzimmer, Jagdzimmer, Parkplätze, Garagen
Geschlossen: 19. bis 26. Dezember
Kreditkarten: Diners, Eurocard, Visa

■ Waldhotel Schröder   Wellin 4
☎ 02357/4188+2047, Fax 1078
Preise: 6 Einzel 69-79, 10 Doppel 110-140, Halbpension 20,
                 Vollpension DM 30
Ausstattung: Dusche/WC, Telefon, TV
Besonderes: Restaurant, Bar, Terrasse, Liegewiese, Parkplätze, Garagen
Geschlossen: 3 Wochen in den NRW-Sommerferien
Kreditkarten: Diners, Eurocard, Visa

Bad Hersfeld   ✉ 36251
Hessen   Seite 11/D 2

■ Familienhotel Wenzel   Nachtigallstr. 3
☎ 06621/92200, Fax 51116
Preise: 16 Einzel 83-95, 12 Doppel 118-160, 3 Appartements 185-220,
                 Halbpension 18, Vollpension DM 33
Ausstattung: Dusche/WC, Telefon, TV, Radio
Besonderes: Restaurant 11.30-14.30, 18-22 Uhr, Terrasse, Parkplätze, Garagen
Kreditkarten: Diners, Eurocard, Visa, Amexco

Herten   ✉ 45699
Nordrhein-Westfalen   Seite 10/B 1

■ Feldmann   Kurt-Schumacher-Str. 7
☎ 02366/35126
Preise: 12 Einzel 62-70, 12 Doppel ab DM 110
Ausstattung: Bad/WC, TV, Telefon
Besonderes: Kegeln, Parkplätze, Garagen

■ Hotel Lauer   Gartenstr. 59
☎ 02366/31081-83, Fax 36913
Preise: 14 Einzel 90-100, 14 Doppel DM 120-150
Ausstattung: Dusche/WC, Telefon, R/TV, Minibar
Kreditkarten: Amex, Diners, Eurocard, Visa

Herzberg   ✉ 37412
Niedersachsen   Seite 11/D 2

■ Harzer Hof   Herzstr. 79, Scharzfeld
☎ 05521/5096
Preise: 1 Einzel 65, 6 Doppel 110, Halbpension 17, Vollpension DM 30
Ausstattung: Dusche/WC, Telefon, TV
Besonderes: Restaurant, Terrasse, Liegewiese, Parkplätze, Garagen
Kreditkarten: Diners, Eurocard, Visa

■ **Hotel zur Krone**   An der Sieber 102, Sieber
☎ 05521/336, Fax 1222
Preise: 7 Einzel 65, 26 Doppel 105, Halbpension DM 19
Ausstattung: Dusche/Bad/WC, Telefon, TV
Kreditkarten: Diners, Eurocard

■ **Waldhotel Aschenhütte**   Aschenhütte 129
☎ 05521/2001+02, Fax 1717
Preise: 10 Einzel 70, 22 Doppel 130, Halbpension 15, Vollpension
                DM 30
Ausstattung: Dusche/WC, Telefon, TV, Balkon
Besonderes: Terrasse, Liegewiese, Parkplätze, Garagen
Kreditkarten: Eurocard, Visa, Amex

■ **Hotel Paradies**   Siebental 2
☎ 05521/2483
Preise: 3 Einzel 59, 10 Doppel DM 88
Ausstattung: Dusche/WC', ~TV
Besonderes: Restaurant, Terrasse, Liegewiese, Tiergarten

Herzogenaurach   ⊠ **91074**
Bayern   Seite 16/A 1

■ **Auracher Hof**   Welkenbacher Kirchweg 2
☎ 09132/2080+2590, Fax 40758
Preise: 7 Einzel 89, 7 Doppel DM 115-125, 1 Appartements DM 150
Ausstattung: ~Bad/WC, Telefon
Besonderes: Restaurant 11.30-14, 17-22 Uhr, Konferenzraum 40, Parkplätze
Geschlossen: 3 Wochen im August, 2 Wochen nach Weihnachten
Kreditkarten: Amex, Diners, Eurocard, Visa

Hesel   ⊠ **26835**
Niedersachsen   Seite 7/A 2

■ **Alte Posthalterei**   Stickelkamper Str. 5
☎ 04950/748+7449, Fax 3509
Preise: 8 Einzel 68, 10 Doppel 116, Halbpension DM 16
Ausstattung: Dusche/WC, Telefon, TV, Radio, ~Balkon
Besonderes: Restaurant 9-22 Uhr, Terrasse, Liegewiese, Schwimmbad,
                Sauna, Solarium, ruhig, Parkplätze, Garagen
Kreditkarten: Amex, Diners, Eurocard, Visa

■ **Hotel Jagdhaus Kloster Barthe**   Stiekelkamper Str. 21
☎ 04950/2633, Fax 2635
Preise: 17 Einzel 63, 18 Doppel 108, 3 Appartements DM 130,
                Halbpension und Vollpension möglich
Ausstattung: Bad/WC, TV, Telefon, Radio
Besonderes: Restaurant 7-23 Uhr, Parkplätze, Garagen
Kreditkarten: Diners, Eurocard, Visa

Hessisch Lichtenau   ✉ 37235

Hessen   Seite 11/D 2

■ **Zur Lichten Aue**   Desselerstr. 6
☎ 05602/2086+87, Fax 2085
Preise: 12 Einzel 75, 40 Doppel DM 125
Ausstattung: Dusche/Bad/WC, Telefon, TV, Radio, Balkon
Besonderes: Restaurant bis 24 Uhr, Bar 18-3 Uhr, Konferenzraum 250,
        Kegeln, Parkplätze
Kreditkarten: Amex, Diners, Eurocard, Visa

Hessisch Oldendorf   ✉ 31840

Niedersachsen   Seite 11/D 1

■ **Hotel Weserterrasse**   Brüggeanger 14
☎ 05152/2068+2069, Fax 51646
Preise: 4 Einzel 55-68, 10 Doppel DM 115-125, Halbpension und
        Vollpension möglich
Ausstattung: Dusche/WC, Telefon, TV, Balkon
Besonderes: Restaurant, Terrasse, Parkplätze, Garagen, Fahrradverleih,
        Bootsanleger
Geschlossen: Oktober und November

Hetzdorf   ✉ 09600

Sachsen   Seite 13/C 2

■ **Waldhotel Bergschlößchen**   Am Bergschlößchen 46 c
☎ 035209/215/991/993, Fax 992
Preise: 1 Einzel DM 78, 17 Doppel DM 125-168, Halbpension DM 15,
        Vollpension DM 32
Ausstattung: Du/Bad, WC, Telefon, Radio, TV, Minibar
Besonderes: Restaurant, Terrasse, Parkplätze
Kreditkarten: Amexco, Eurocard, Visa

Hiddenhausen   ✉ 32120

Nordrhein-Westfalen   Seite 11/C 1

■ **Hotel Freihof**   Herforder Str. 118
☎ 05221/65353+61275
Preise: 19 Einzel 70, 15 Doppel 110, Halbpension 20,
        Vollpension DM 30
Ausstattung: Dusche/WC, Telefon, TV, Balkon
Besonderes: Restaurant, Terrasse, Liegewiese, Sauna, Solarium,
        Parkplätze, Garagen
Kreditkarten: Amex, Diners, Eurocard, Visa

Hilchenbach

✉ **57271**

Nordrhein-Westfalen

Seite 11/C 2

■ **Hotel Haus am Sonnenhang** Wilhelm-Münker-Str. 21
☎ 02733/7004, Fax 4260
Preise: 10 Einzel 88-98, 12 Doppel 130-150, 5 Appartements DM 180
Ausstattung: Bad/WC, Telefon, TV
Besonderes: Restaurant 18-22 Uhr, Terrasse, Liegewiese, Parkplätze, Garagen
Geschlossen: 2 Wochen im November
Kreditkarten: Amex, Diners, Eurocard, Visa

Hilden

✉ **40721**

Nordrhein-Westfalen

Seite 10/B 2

■ **Forstbacher Hof** Forstbacherstr. 47
☎ 02103/62614
Preise: 10 Einzel 72-80, 12 Doppel DM 117-145
Ausstattung: Bad/WC, Telefon
Besonderes: Kegeln, Parkplätze

■ **Wiedenhof** Kölner Str. 38
☎ 02103/6766, Fax 21551
Preise: 4 Einzel ab 67, 8 Doppel ab DM 115
Ausstattung: Bad/WC, Telefon
Besonderes: Restaurant 17-24 Uhr, Terrasse, Parkplätze

Hildesheim

✉ **31139**

Niedersachsen

Seite 11/D 1

■ **Alt Drispenstedt** Am Drispenst. Brink 16
☎ 05121/53221, Fax 764820
Preise: 6 Einzel 60-80, 7 Doppel DM 120
Ausstattung: Dusche/WC, Telefon, Radio, TV
Besonderes: Restaurant ab 17 Uhr, Kegeln, ruhig, Parkplätze, Garagen
Geschlossen: 23. Dezember bis 8. Januar 1995
Kreditkarten: Amex, Diners, Eurocard, Visa

■ **Berghölzchen** Am Berghölzchen
☎ 05121/42063, Fax 27844
Preise: 4 Einzel 65-85, 7 Doppel DM 115-130
Ausstattung: ~Bad/WC, Telefon, radio, TV
Besonderes: Restaurant 11-24 Uhr, Terrasse, ruhig, Parkplätze, Garagen
Kreditkarten: Eurocard, Visa

Hilter
Niedersachsen

✉ **49176**
Seite 11/C 1

■ **Hotel Hilter Hof** Bielefelder Str. 1
☎ 05424/23110, Fax 231130
Preise: 5 Einzel ab 58, 9 Doppel 85, 1 Apartment 85, Halbpension 13, Vollpension DM 20
Ausstattung: Dusche/WC, Telefon
Besonderes: Restaurant, Terrasse, Liegewiese, Parkplätze, Garagen

Himmelpfort
Brandenburg

✉ **16798**
Seite 9/C 3

■ **Pension Körner** Hausseestr. 15
☎ 033089/219+243, Fax 219
Preise: 1 Einzel 45, 7 Doppel 80, 4 Ferienwohnungen DM 70 Vollpension DM 21
Ausstattung: Dusche/WC, Telefon, Radio, TV
Besonderes: Restaurant, Parkplätze

Hindelang
Bayern

✉ **87541**
Seite 16/A 3

■ **Kur- und Ferienhotel Bären** Bärengasse 1
☎ 08324/93040, Fax 930432
Preise: 13 Einzel 75, 17 Doppel DM 150
Ausstattung: Dusche/WC, Telefon, Balkon
Besonderes: Terrasse, Liegewiese, Sauna, Solarium, Dampfbad, Parkplätze, Garagen, Fitnessraum

■ **Grüner Hut** Talstr. 97, Hinterstein
☎ 08324/8203+2085
Preise: Einzel 36-48, Doppel DM 62-92
Ausstattung: ~Bad/~WC, ~Telefon
Besonderes: Sauna, Solarium, Badeabteilung, Parkplätze

■ **Haus Helgard** Luitpoldstr. 20, Bad Oberdorf
☎ 08324/2064+65, Fax 1530
Preise: 7 Einzel 54-68, 9 Doppel DM 106-122
Ausstattung: ~Bad/WC, Telefon, Radio, ~TV
Besonderes: Café, Terrasse, ruhig, garni, Parkplätze, Garagen
Geschlossen: Ende Oktober bis 20. Dezember

■ **Hotel Alpengasthof Löwen**   Pass Str. 7, Oberjoch
☎ 08324/973-0+12194, Fax 7515
Preise: 5 Einzel 65-80, 19 Doppel 110-156, 2 Ferienwhg. DM 80-130
                 Halbpension DM 20
Ausstattung: Dusche/WC, TV, ~BK/Terrasse
Besonderes: Restaurant 8-24 Uhr, Bar 20-2 Uhr, Pauschalangebote: weiße
                 Wochen im Winter, Wanderwochen im Sommer, Parkplätze
Geschlossen: 6.11.-22.12.95
Kreditkarten: Eurocard

■ **Mattlihaus**   Iselerstr. 28, Oberjoch
☎ 08324/7211, Fax 7165
Preise: 2 Einzel 90, 10 Doppel DM 156, Halbpension mögl.
Ausstattung: Dusche/WC, Telefon, TV, Balkon
Besonderes: Bar 15-1 Uhr, Frühstücksbuffet, Solarium, Fitneßraum,
                 Parkplätze, Liegewiese, Appartements, Ferienwohnungen
Geschlossen: November
Kreditkarten: Eurocard

■ **Romantik-Hotel Bad-Hotel Sonne**   Marktstr. 15, Bad Oberdorf
☎ 08324/8970, Fax 897499
Preise: 12 Einzel 83-115, 46 Doppel DM 182-204
Ausstattung: Bad/WC, Telefon, TV, Minibar, balkon
Besonderes: Restaurant, Bar, Terrasse, Hallenschwimmbad, Sauna,
                 Solarium, Parkplätze, Garagen, Apartemnts
Geschlossen: 1.12. - 15.12.
Kreditkarten: Eurocard, Visa, Diners, Amexco

Hinterzarten   ⊠ **79856**
Baden-Württemberg   Seite 15/C 3

■ **Gasthof Esche**   Alpersbach 9
☎ 07652/211, Fax 1720
Preise: 3 Einzel 40-58, 13 Doppel 76-130, Apartments 130,
                 Halbpension 20, Vollpension DM 32
Ausstattung: Dusche/WC, ~Telefon
Besonderes: Restaurant, Liegewiese, Sauna, Parkplätze, Garagen
Geschlossen: 29. November bis 18. Dezember

■ **Hotel Sassenhof**   Adlerweg 17
☎ 07652/1515, Fax 484
Preise: 12 Einzel 74-106, 6 Doppel 168-178, 6 Appartements DM 196-
                 206
Ausstattung: Bad/WC, TV, Telefon, Radio, Balkon
Besonderes: Frühstücksbuffet, Lift, Terrasse, Hallenschwimmbad, Sauna,
                 Solarium ruhig, garni, Parkplätze, Garagen, Liegewiese
Geschlossen: Mitte November-Mitte Dezember

■ **Hotel Zartenbach**   Freiburger Str. 17
☎ 07652/1368+713, Fax 1512
Preise: 3 Einzel 68-95, 15 Doppel 110-160, Halbpension DM 27
Ausstattung: Dusche/Bad/WC, Telefon, Radio, TV, Balkon
Besonderes: Restaurant, Parkplätze, Garagen
Geschlossen: Mitte November-Mitte Dezember

■ **Schwarzwaldhof** Freiburger Str. 2
☎ 07652/12030, Fax 1413
Preise: 10 Einzel 80-98, 30 Doppel DM 130-170, 1 Appartement DM 150
Ausstattung: Bad/WC, Telefon, TV, ~Balkon
Besonderes: Apartments, Lift, Parkplätze, Garagen
Kreditkarten: Eurocard, Visa, TeleCash

Hirschaid   ✉ 96114

Bayern   Seite 16/A 1

■ **Hotel Göller** Nürnberger Str. 96-100
☎ 09543/9138, Fax 6098
Preise: 19 Einzel 70-90, 46 Doppel DM 100-150
Ausstattung: Bad/WC, ~TV, Telefon, ~Minibar
Besonderes: Restaurant, Hallenschwimmbad, Sauna, Solarium, Parkplätze,
           Garagen, terrasse, Liegewiese
Geschlossen: 2. bis 9. Janaur 1995
Kreditkarten: Amex, Diners, Eurocard, Visa

Hirschau   ✉ 92242

Bayern   Seite 16/B 1

■ **Gasthof Weich** Hauptstr. 64
☎ 09622/2276
Preise: 4 Einzel ab 38, 9 Doppel DM 70
Ausstattung: Dusche/WC, Balkon
Besonderes: Restaurant 9-24 Uhr, Parkplätze, Garagen

■ **Schloß-Hotel Hirschau** Hauptstr. 1
☎ 09622/1052, Fax 1054
Preise: 3 Einzel ab 85, 9 Doppel DM 130
Ausstattung: Bad/Dusche/WC, Telefon, TV
Besonderes: Restaurant, Bar, Halb- und Vollpension auf Anfrage,
           Terrasse, Parkplätze
Kreditkarten: Amex, Diners, Eurocard, Visa

Hirschberg   ✉ 69493

Baden-Württemberg   Seite 15/C 1

■ **Hirschberg** Goethestr. 2, Leutershausen
☎ 06201/51015, Fax 58137
Preise: 6 Einzel 65-85, 26 Doppel DM 112-134
Ausstattung: Bad/WC, ~Telefon
Besonderes: Restaurant und Bar, Terrasse, Parkplätze, Garagen
Geschlossen: 15. Dezember bis 15. Januar
Kreditkarten: Amex, Eurocard, Visa

■ **Hotel Haas'sche Mühle** Talstr. 10, Großsachsen
☎ 06201/51041, Fax 54961
Preise: 4 Einzel 85, 15 Doppel 118
Ausstattung: Dusche/WC, Telefon, TV, Balkon
Besonderes: Restaurant ab 11.30 Uhr, Parkplätze, Terrasse, Liegewiese
Kreditkarten: Amex, Eurocard, Visa

Hirschhorn ✉ 69434
Hessen Seite 15/C 1

■ **Haus Panorama** Schießbuchel 8
☎ 06272/1515
Preise: 6 Einzel ab DM 70, 6 Doppel 100-120
Ausstattung: Dusche/WC, Telefon, TV, Radio, Minibar, Balkon
Besonderes: Terrasse, Schwimmbad, Sauna, Solarium, Parkplätze, Garagen

■ **Hotel Zum Naturalisten** Hauptstr. 17
☎ 06272/2550
Preise: 4 Einzel 52-65, 20 Doppel DM 94-132
Ausstattung: Bad/WC
Besonderes: Frühstücksbuffet, Lift, Konferenzraum, Terrasse, Kegeln, Parkplätze

■ **Pension Burgblick** Zur schönen Aussicht 3
☎ 06272/1420
Preise: 8 Doppel ab DM 85
Ausstattung: Dusche/WC, Balkon
Besonderes: Terrasse, Parkplätze, garni

Hockenheim ✉ 68766
Baden-Württemberg Seite 15/C 1

■ **Gästehaus Doris** Berlinallee 20
☎ 06205/7250, Fax 18429
Preise: 3 Einzel 85, 11 Doppel DM 150
Ausstattung: Dusche/WC, Telefon, Radio, Kabel-TV
Besonderes: Parkplätze, Garagen
Geschlossen: 24. Dezember bis 10. Januar
Kreditkarten: Eurocard, Visa

■ **Hotel Kanne** Karlsruher Str. 3
☎ 06205/94646, Fax 946444
Preise: 13 Einzel ab DM 85, 14 Doppel ab DM 130
Ausstattung: Bad/WC, Telefon, Kabel-TV, Minibar, Balkon
Besonderes: Frühstücksbuffet, Nichtraucher-Zimmer, ruhige zentrale Lage, Parkplätze, Garagen
Kreditkarten: Amex, Eurocard, Visa

Höchenschwand   ✉ 79862
Baden-Württemberg   Seite 15/C 3

■ Berghotel Steffi   Panoramastr. 22
☎ 07672/855
Preise: 4 Einzel 52, 12 Doppel DM 98
Ausstattung: Bad/WC, Telefon
Besonderes: Terrasse, ruhig, Parkplätze

■ Fernblick   Im Grün 15
☎ 07672/4111
Preise: 16 Einzel 58-63, 22 Doppel 106-112, 4 Ferienwohnungen DM 40-70
Ausstattung: Bad/WC, Telefon
Besonderes: Frühstücksbuffet, Lift, Terrasse, garni, Parkplätze, Garagen

■ Hotel-Gasthof Alpenblick   St.-Georg-Str. 9
☎ 07672/4180, Fax 418444
Preise: 4 Einzel 60-95, 20 Doppel 110-160, Halbpension DM 32
Ausstattung: ~Dusche/WC, Telefon, ~Balkon, TV, Terrasse
Besonderes: Restaurant ab 11.30 Uhr, Hunde erlaubt, Parkplätze, Garagen, Liegewiese, 3 Apartments
Geschlossen: November
Kreditkarten: Amex, Eurocard, Visa

Höfen   ✉ 75339
Baden-Württemberg   Seite 15/C 2

■ Café Blaich   Hindenburgstr. 55
☎ 07081/95390, Fax 953933
Preise: 2 Einzel 65, 8 Doppel DM 95
Ausstattung: Dusche/WC, Telefon, TV, Minibar, Balkon
Besonderes: Restaurant, Terrasse, Parkplätze, Garagen, Apartments und Ferienwohnungen
Geschlossen: 15. Januar bis 15. Februar

■ Hotel Ochsen   Bahnhofstr. 2
☎ 07081/7910, Fax 7793
Preise: 24 Einzel 69-85, 31 Doppel 108-142, 3 Appartements 170, Halbpension 26, Vollpension DM 40
Ausstattung: ~Bad/WC, Telefon, TV, Radio, ~Minibar, ~Balkon
Besonderes: Restaurant 7-24 Uhr, Terrasse, Liegewiese, Schwimmbad, Sauna, Solarium, Kegeln, ruhig, Parkplätze, Garagen,
Kreditkarten: Diners, Eurocard, Visa

Höhbeck   ✉ 29478
Niedersachsen   Seite 8/B 3

■ Zum Lindenkrug   Pevestorf Nr. 7
☎ 05846/1505
Preise: 8 Doppel DM 70-80, als Einzel DM 50, 1 Ferienwohnung DM 80, Halb-und Vollpension möglich
Ausstattung: Du/Bad, WC
Besonderes: Restaurant, Terrasse, Liegewiese, Parkplätze
Geschlossen: 15.1. - 28.2.

Höhr-Grenzhausen ✉ 56203

Rheinland-Pfalz   Seite 10/B 3

■ **Sporthotel Zugbrücke**   Brexbachstraße, Im Brexbachtal
☎ 02624/1050, Fax 105462
Preise: 9 Einzel 85-185, 129 Doppel 125-265, Halbpension 29,
                 Vollpension DM 49
Ausstattung: Dusche/Bad/WC, Telefon, TV, Minibar, ~Balkon, Radio
Besonderes: Restaurant, Bar, Terrasse, Liegewiese, Schwimmbad, Sauna,
                 Solarium, Tischtennis-Schule, Parkplätze, Garagen
Kreditkarten: Amex, Diners, Eurocard, Visa

Hörstel ✉ 48477

Nordrhein-Westfalen   Seite 10/B 1

■ **Saltenhof - das kleine Grandhotel**   Kreimershoek 71, Bevergen
☎ 05459/4051, Fax 1251
Preise: 2 Einzel 65-85, 10 Doppel 130, Halbpension 20, Vollpension
                 DM 45
Ausstattung: Dusche/WC, Telefon, TV, Minibar, Balkon
Besonderes: Restaurant, Terrasse, Liegewiese, Schwimmbad, Sauna,
                 Solarium, Parkplätze, Garagen
Geschlossen: 2. bis 20. Januar
Kreditkarten: Amex, Diners, Eurocard, Visa

Höxter ✉ 37671

Nordrhein-Westfalen   Seite 11/D 1

■ **Hotel Niedersachsen**   Möllingerstr. 4, Bödexen
☎ 05271/6880, Fax 688444
Preise: 21 Einzel ab 95, 52 Doppel 148-196, Halbpension 22,
                 Vollpension DM 40
Ausstattung: Dusche/Bad/WC, Telefon, TV, Radio, Minibar, ~Balkon
Besonderes: Restaurant 11.30-22 Uhr, Bar 11-24 Uhr, Schwimmbad, Sauna,
                 Solarium, Kegeln, Garagen
Kreditkarten: Amex, Diners, Eurocard, Visa

■ **Hotel Obermühle**   Joh.-Todt-Str., Bödexen
☎ 05277/207+720, Fax 1457
Preise: 3 Einzel 50-78, 24 Doppel DM 100-156
Ausstattung: Bad/WC, Telefon, ~TV, ~Balkon
Besonderes: Restaurant, Bar, Terrasse, Hallenschwimmbad, Sauna,
                 Solarium, Tennis, Liegewiese
Kreditkarten: Amex, Eurocard

■ **Weserberghof**   Godelheimer Str. 16
☎ 05271/9708-0, Fax 970888
Preise: 4 Einzel 75, 12 Doppel 120, Halbpension DM 25
Ausstattung: Dusche/WC, Telefon, TV, Minibar, Balkon
Besonderes: Restaurant, Bar, Terrasse, Parkplätze, Garagen,
                 Fahrradverleih
Kreditkarten: Amex, Diners, Visa

Hof ✉ **95032**

Bayern   Seite 12/B 3

■ **Hotel am Kuhbogen**   Marienstr. 88
☎ 09281/1708, Fax 84723
Preise: 21 Einzel 80, 24 Doppel DM 140, Halbpension möglich
Ausstattung: Dusche/WC, Telefon, TV
Besonderes: Restaurant, Sauna, Solarium, Garagen
Kreditkarten: Amex, Diners, Eurocard, Visa

■ **Maxplatz**   Maxplatz 7
☎ 09281/1739, Fax 87913
Preise: 12 Einzel 95-105, 6 Doppel DM 140-155
Ausstattung: Bad/WC, Telefon, TV, Radio
Besonderes: Terrasse, Parkplätze, Garagen
Kreditkarten: Eurocard, Amexco, Visa

Hofgeismar ✉ **34369**

Hessen   Seite 11/D 2

■ **Hotel Müller**   Vor dem Schöneberger Tor 10-12
☎ 05671/775+776
Preise: 6 Einzel 50, 33 Doppel DM 90
Ausstattung: Dusche/WC, Telefon, TV, Radio
Besonderes: Restaurant ab 10 Uhr, 2 Kegelbahnen, Diätküche, Parkplätze,
                Liegewiese
Kreditkarten: Eurocard

■ **Zum Alten Brauhaus**   Marktstr. 12
☎ 05671/3081
Preise: 9 Einzel 53, 12 Doppel DM 92
Ausstattung: Dusche/WC, Telefon, Radio
Besonderes: Lift, Konferenzraum 100
Geschlossen: 27. Dezember bis 10. Januar

Hofheim/Taunus ✉ **65719**

Hessen   Seite 11/C 2

■ **Hotel Sonne**   Oranienstr. 11, Langenhain
☎ 06192/8590, Fax 8590
Preise: 6 Einzel 76-86, 6 Doppel DM 106-116
Ausstattung: Dusche/WC, Telefon
Besonderes: Restaurant ab 17 Uhr geöffnet, Parkplätze
Geschlossen: Ruhetag Donnerstag

■ **Wallauer Hof**   Nassaustr. 8, Wallau
☎ 06122/4021, Fax 15108
Preise: 10 Einzel 90, 40 Doppel DM 140-150
Ausstattung: Dusche/WC, Telefon, Radio, TV
Besonderes: Restaurant, Kegeln, Parkplätze, Garagen

Hohegeiß/Harz

✉ 38700

Niedersachsen

Seite 8/A 2

■ **Hotel Rust** Am Brande 5
☎ 05583/831, Fax 811
Preise: 4 Einzel 57, 10 Doppel 114, Halbpension DM 11
Ausstattung: Dusche/WC, Telefon, ~TV, Balkon
Besonderes: Restaurant, Terrasse, Liegewiese, Schwimmbad, Sauna,
Parkplätze

Hohenahr

✉ 35644

Hessen

Seite 11/C 3

■ **Haus am Walde** Hohenahr-Groß-Altenstädten
☎ 06446/330
Preise: 3 Einzel ab 60, 6 Doppel 90, 2 Appartements 140,
Vollpension DM 32
Ausstattung: Dusche/WC, Telefon, TV, Balkon
Besonderes: Restaurant, Terrasse, Liegewiese, Parkplätze, Garagen
Kreditkarten: Eurocard

Hohenau

✉ 94545

Bayern

Seite 17/D 2

■ **Gasthof-Pension Schreiner** Dorfplatz 17
☎ 08558/1062, Fax 2717
Preise: 5 Einzel DM 38-41, 27 Doppel DM 66-72, 7 Mehrbett, 3 Ferien-
wohnungen, Halbpension DM 13, Vollpension DM 6
Ausstattung: Du, WC, Balkon
Besonderes: Terrasse, Parkplätze, Restaurant

Hohenfurch

✉ 86978

Bayern

Seite 16/A 3

■ **Gasthof Negele** Hauptplatz 2
☎ 08861/4463, Fax 20479
Preise: 1 Einzel 48, 22 Doppel 78, Halbpension 20, Vollpension DM 28
Ausstattung: Dusche/WC, Telefon, ~TV, ~Balkon
Besonderes: Restaurant, Terrasse, Liegewiese, Parkplätze, Garagen,
3 Mehrbettzimmer
Geschlossen: 2 Wochen in Oktober/November
Kreditkarten: Eurocard

Hohenheida

✉ **04448**

Sachsen

Seite 12/B 2

■ **Pension Röhrborn**

Angenstr. 56

☎ 034298/68504, Fax 68504
Preise: 11 Einzel 75, 10 Doppel DM 105
Ausstattung: Dusche/WC, Radio, TV
Besonderes: Clubraum, Garten, Parkplätze

Hohwacht

✉ **24321**

Schleswig-Holstein

Seite 8/B 1

■ **Hohwachter Hof**

Strandstr. 6

☎ 04381/7031+32
Preise: 2 Einzel ab 62, 16 Doppel DM 110
Ausstattung: Bad/WC, Telefon
Besonderes: Terrasse, ruhig, Parkplätze

Holdorf

✉ **49451**

Niedersachsen

Seite 7/B 3

■ **Zur Post**

Grosse Straße 11

☎ 05494/234/773, Fax 8270
Preise: 3 Einzel DM 55-60, 8 Doppel DM 110
Ausstattung: Du/Bad, WC, Telefon, TV
Besonderes: Restaurant, Terrasse, Parkplätze
Geschlossen: 26.12. - 4.1.96
Kreditkarten: Amexco, Diners, Eurocard, Visa

Hollenstedt

✉ **21279**

Niedersachsen

Seite 8/A 2

■ **Eulennest**

Hollenstedt

☎ 04165/80055, Fax 8720
Preise: 6 Einzel 85, 23 Doppel DM 130, Halbpension möglich
Ausstattung: Bad/WC, Telefon
Besonderes: Restaurant, Terrasse, Liegewiese, TV-Raum, Parkplätze
Kreditkarten: Amex, Diners, Eurocard, Visa

■ **Minotel Hollenstedter Hof**

Am Markt 1

☎ 04165/21370, Fax 8382
Preise: 22 Einzel 82-90, 32 Doppel 145, Halbpension 22,
              Vollpension DM 30
Ausstattung: Dusche/WC, Telefon, TV, Minibar
Besonderes: Restaurant, Parkplätze, Terrasse
Kreditkarten: Amex, Diners, Eurocard, Visa

Holzhau ✉ 09623

Sachsen   Seite 13/C 3

■ Hotel An der Steinkuppe   Holzau
☎ 037327/7491, Fax 7492
Preise: 3 Einzel ab DM 39, 21 Doppel ab DM 65, 1 Appartement DM 100,
                 Halb-und Vollpension möglich
Ausstattung: Etagendusche-WC, Radio
Besonderes: Restaurant, Parkplätze
Kreditkarten: Amexco, Visa

■ Hotel Lindenhof   Bergstr. 4
☎ 037327/457, Fax 457
Preise: 11 Einzel 92, 30 Doppel 144, 2 Apartments 210, Halbpension
                 22, Vollpension DM 44
Ausstattung: Dusche/WC, Telefon, TV, Minibar
Besonderes: Restaurant, Sauna, Parkplätze
Kreditkarten: Amex, Eurocard, Visa

■ Waldhotel Sachsenstern   Bergstr. 7
☎ 037327/491/492, Fax 493
Preise: 5 Einzel ab 70, 51 Doppel ab 120, 3 Apartments ab DM 190,
                 Halbpension 25, Vollpension DM 40
Ausstattung: Dusche/WC, Radio, TV
Besonderes: Restaurant, Terrasse, Liegewiese, Schwimmbad, Sauna,
                 Parkplätze, Fahrrad- und Skiverleih, Spielzimmer

Holzkirchen ✉ 97292

Bayern   Seite 16/B 3

■ Schloßhotel Benedictushof   Klosterstr. 10
☎ 09369/8044, Fax 2270
Preise: 4 Einzel 75, 40 Doppel DM 135
Ausstattung: Dusche/WC, Telefon, TV
Besonderes: Restaurant, Terrasse, Liegewiese, Schwimmbad, Sauna,
                 Solarium, Parkplätze, Garagen, Apartments
Geschlossen: Januar
Kreditkarten: Amex, Visa

Holzminden ✉ 37603

Niedersachsen   Seite 11/D 1

■ Hotel Langenberg   Holzminden
☎ 05536/1044+1045
Preise: 14 Einzel 58-68, 14 Doppel 110-130, Halbpension 17,50,
                 Vollpension DM 26,50
Ausstattung: Dusche/WC, Telefon, TV, Balkon
Besonderes: Restaurant 7-24 Uhr, Terrasse, Schwimmbad, Solarium,
                 Parkplätze, Garagen
Kreditkarten: Eurocard

- **Hotel Schatte**   Am Wildenkiel 5, Neuhaus im Solling
☎ 05531/1055, Fax 1560
Preise: 17 Einzel ab 69,50, 26 Doppel DM 139
Ausstattung: Bad/WC, Telefon, TV, Minibar, Balkon
Besonderes: Restaurant, Terrasse, Hallenschwimmbad, Sauna, Solarium,
                   ruhig, Parkplätze, Garagen
Kreditkarten: Diners, Eurocard, Visa

- **Hotel Schleifmühle**   Schleifmühle 3
☎ 05531/5098, Fax 120660
Preise: 8 Einzel 80, 9 Doppel 125, Halbpension DM 18
Ausstattung: Dusche/WC, Telefon, TV, ~Balkon
Besonderes: Restaurant 16-23 Uhr, Terrasse, Liegewiese, Solarium,
                   ruhig, Parkplätze, Garagen

- **Hotel Zur Linde**   Lindenstr. 4, Neuhaus
☎ 05531/1066, Fax 1089
Preise: 10 Einzel 58, 12 Doppel DM 106, Halbpension mögl.,
                   Vollpension möglich
Ausstattung: Dusche/Bad/WC, Telefon, Radio
Besonderes: Restaurant, Sauna, Solarium, Kegeln, Fernsehräume,
                   Parkplätze, Garagen, Liegewiese
Kreditkarten: Diners, Eurocard

Holzwickede   ✉ 59439
Nordrhein-Westfalen   Seite 10/B 2

- **Hotel Lohenstein**   Hauptstr. 21
☎ 02301/8617, Fax 14280
Preise: 7 Einzel 70, 7 Doppel DM 110
Ausstattung: Dusche/WC, Telefon, Radio, TV, ~Minibar, Balkon
Besonderes: Parkplätze
Kreditkarten: Amex, Diners, Eurocard, Visa

- **Gästehaus Kronenschänke**   Vinckestraße 20
☎ 02301/2449/6437, Fax 6444
Preise: 4 Einzel DM 70, 7 Doppel DM 100, inkl. Frühstück
Ausstattung: Du/Bad, WC, Telefon, Radio, TV, Minibar, ~Balkon
Besonderes: Parkplätze

Homburg   ✉ 66424
Saarland   Seite 14/B 1

- **Landhaus Roth**   Steinbachstr. 92, Erbach
☎ 06841/7614+15, Fax 74440
Preise: 24 Einzel 45-65, 20 Doppel 70-110 DM
Ausstattung: Dusche/WC, Telefon, TV
Besonderes: Restaurant 11-22 Uhr, Parkplätze
Kreditkarten: diverse

Bad Homburg

Hessen

■ **Sonne**   Landwehrweg 3
☎ 06172/96520, Fax 965213
Preise: 10 Einzel 80, 10 Doppel 135, Halbpension DM 15
Ausstattung: Bad/WC, TV, Telefon, Radio, Balkon
Besonderes: Garten, ruhig, Parkplätze, Garagen
Geschlossen: Weihnachten/Neujahr
Kreditkarten: Amex, Diners, Eurocard, Visa

■ **Haus am Park**   Paul-Ehrlich-Weg 3
☎ 06172/98450, Fax 83957
Preise: 8 Einzel 79-84, 8 Doppel DM 138-148
Ausstattung: Dusche/WC, Telefon
Besonderes: Tarrasse, Liegewiese

Hopsten

Nordrhein-Westfalen

■ **Hotel Restaurant Kiepenkerl**   Ibbenbürener Str. 2
☎ 05458/93110, Fax 931111
Preise: 5 Einzel 35, 14 Doppel DM 70-100, Halbpension/Vollpension
               auf Anfrage
Ausstattung: Dusche/WC, Radio, Balkon
Besonderes: Restaurant, Solarium, Parkplätze, Garagen

■ **Töddenhof**   Kettelerstr. 13
☎ 05458/206
Preise: 3 Einzel ab 35, 7 Doppel DM 70-96, Halbpension und
               Vollpension möglich
Ausstattung: Dusche/WC, Telefon, TV
Besonderes: Restaurant, Kegeln, Terrasse, Liegewiese, Sauna, Solarium,
               Parkplätze, Garagen

Horb

Baden-Württemberg

■ **Hotel Lindenhof**   Bahnhofplatz 8, Horb
☎ 07451/2310+4805
Preise: 7 Einzel 60, 7 Doppel DM 90
Ausstattung: Dusche/Bad/WC, Telefon, TV, Balkon
Besonderes: Restaurant
Kreditkarten: Amex, Diners, Eurocard, Visa

Horben
Baden-Württemberg

✉ **79289**

Seite 15/C 3

■ **Hotel Zum Engel**   Horben
☎ 0761/29111+12, Fax 290627
Preise: 5 Einzel ab 80, 15 Doppel, 2 Apartments DM 180,
                 Halbpension DM 35
Ausstattung: Dusche/WC, Telefon, TV, ~Balkon
Besonderes: Restaurant, Terrasse, Liegewiese, Parkplätze, Garagen

---

Horhausen
Rheinland-Pfalz

✉ **56593**

Seite 10/B 3

■ **Grenzbachmühle-Ferienhotel**   Grenzbachstr. 17
☎ 02687/1083, Fax 2676
Preise: 3 Einzel 46,50, 12 Doppel 93, Halb-und Vollpension möglich
Ausstattung: Dusche/WC
Besonderes: Restaurant, Terrasse, Liegewiese, Parkplätze,
                 Fahrradverleih, Angelbach
Kreditkarten: Diners, Eurocard, Visa

Horn-Bad Meinberg
Nordrhein-Westfalen

✉ **32805**

Seite 11/C 1

■ **Haus Schild**   Moorstr. 4
☎ 05234/89680+9768, Fax 896835
Preise: 6 Einzel 50, 5 Doppel 100, Halbpension 14, Vollpension DM 26
Ausstattung: Dusche/WC, Telefon, ~Balkon
Besonderes: Terrasse, Liegewiese, Parkplätze

■ **Kurhotel Bärenstein**   Horn-Bad Meinberg-Holzhausen-Externstein
☎ 05234/209-0, Fax 209269
Preise: 52 Einzel DM 65-97, 22 Doppel DM 144-168, 2 Appartements
                 DM 194
Ausstattung: Dusche/WC, Telefon, TV, Radio
Besonderes: Restaurant, Terrasse, Liegewiese, Schwimmbad, Sauna,
                 Solarium, Whirlpool, Tennis, ruhig, Parkplätze
Geschlossen: 26.11.-26.12.

■ **Schauinsland**   Pyrmonter Str. 51, Bad Meinberg
☎ 05234/9722
Preise: 6 Einzel 52, 8 Doppel DM 104, Halbpension/Vollpension mögl.
Ausstattung: Bad/WC
Besonderes: Terrasse, Sauna, Solarium, Parkplätze

■ **Teutonia**   Allee 19, Bad Meinberg
☎ 05234/98866
Preise: 9 Einzel 70, 2 Doppel 140, 6 Apartments DM 156
Ausstattung: Bad/WC, ~TV, Telefon, ~Balkon
Besonderes: Apartments, Frühstücksbuffet, Lift, Konferenzraum 50,
                 Terrasse, Hallenschwimmbad, Sauna, Fitneßraum
Kreditkarten: Eurocard, Visa

Hornberg ✉ 78132

Baden-Württemberg Seite 15/C 2

■ **Sport-Hotel Schöne Aussicht** Hornberg-Niederwasser
☎ 07833/290+1490, Fax 1603
Preise: 3 Einzel 75-80, 20 Doppel 150-160, Halbpension 28, Vollpension möglich
Ausstattung: Dusche/WC, TV, Telefon, ~Balkon
Besonderes: Restaurant, Terrasse, Hallenschwimmbad, Sauna, Solarium, Whirlpool, Fitneßraum, Tennis, Loipe, Parkplätze
Kreditkarten: Amex, Diners, Eurocard, Visa

Hude ✉ 27798

Niedersachsen Seite 7/B 3

■ **Hotel Burgdorf** Hohe Str. 21
☎ 04408/7575, Fax 8306
Preise: 10 Einzel 56, 8 Doppel DM 90, Halbpension und Vollpension möglich
Ausstattung: Bad/WC, Telefon, TV, Minibar
Besonderes: Restaurant, Terrasse, Kegeln, Parkplätze
Kreditkarten: Amex, Diners, Eurocard, Visa

Hückelhoven ✉ 41836

Nordrhein-Westfalen Seite 10/A 2

■ **Hotel Dovener Mühle** Dammweg 14, Doveren
☎ 02433/7243, Fax 7841
Preise: 8 Einzel 75, 4 Doppel 118, Halbpension 18, Vollpension DM 25
Ausstattung: Dusche/WC, Telefon, TV
Besonderes: Restaurant, Biergarten, Bar, Terrasse, Liegewiese, Parkplätze, Garagen
Kreditkarten: Diners, Eurocard, Visa

■ **Hotel Ohof** Burgstr. 48, Ratheim
☎ 02433/5091+51685, Fax 60543
Preise: 18 Einzel 75-90, 12 Doppel 140-150, 1 Apartement DM 160
Ausstattung: ~Dusche/WC, Telefon, TV, Radio, Minibar
Besonderes: Restaurant 18-22 Uhr, Terrasse, Liegewiese, Sauna, Solarium, Frühstücksbuffet, Garten, Parkplätze
Kreditkarten: Amex, Diners, Eurocard, Visa

Hückeswagen ✉ 42499

Nordrhein-Westfalen Seite 10/B 2

■ **Hotel zur Post** Peterstr. 2
☎ 02192/1050
Preise: 3 Einzel 60-65, 3 Doppel DM 120-130
Ausstattung: Dusche/WC, TV
Besonderes: Restaurant, Parkplätze

Hünfeld   ✉ 36088

Hessen   Seite 11/D 3

■ Jägerhof   Niedertor 9
☎ 06652/2237
Preise: 9 Einzel 35-54, 18 Doppel DM 82
Ausstattung: ~Bad/WC
Besonderes: Restaurant ab 17.30, Parkplätze, Garagen
Geschlossen: Weihnachten bis Neujahr, Ende April bis Anfang Mai

Hürtgenwald   ✉ 52393

Nordrhein-Westfalen   Seite 10/A 2

■ Hotel Talschenke   Simonskall 1
☎ 02429/7153, Fax 2063
Preise: Einzel 65, 12 Doppel 110, Halbpension DM 20
Ausstattung: Dusche/WC, Telefon, TV, Minibar, Balkon
Besonderes: Terrasse, Parkplätze
Geschlossen: Januar
Kreditkarten: Eurocard

Hüttgeswasen   ✉ 55743

Rheinland-Pfalz   Seite 14/B 1

■ Gethmann's Hochwaldhotel   Hüttgeswasen
☎ 06782/888, Fax 880
Preise: 6 Einzel 100, 20 Doppel 140-160, Halbpension DM 30
Ausstattung: Dusche/Bad/WC, Telefon, TV, Radio, Minibar, Balkon
Besonderes: Restaurant 7-22 Uhr, Konferenzraum 20, Solarium, Fitneßraum,
     Waldalleinlage - 700 m Höhenlage, ruhig, Parkplätze,
Geschlossen: 4.12.-15.12.
Kreditkarten: Amex, Diners, Eurocard, Visa

Husum   ✉ 25813

Schleswig-Holstein   Seite 7/B 1

■ Hotel am Schloßpark   Hinter der Neustadt 76-84
☎ 04841/2022+23, Fax 62062
Preise: 8 Einzel 75, 27 Doppel DM 130
Ausstattung: Dusche/Bad/WC, Telefon, TV, Radio, Minibar, ~Balkon
Besonderes: Terrasse, Liegewiese, Parkplätze, Garagen, besonders ruhige
     Lage
Kreditkarten: Amex, Eurocard, Visa

■ Thomas-Hotel   Zingel 7-9
☎ 04841/6087, Fax 81510
Preise: 14 Einzel 90, 22 Doppel 155, Halbpension 21,
     Vollpension DM 35
Ausstattung: Dusche/Bad/WC, Telefon, TV
Besonderes: Restaurant 11-15, 18-22 Uhr, Bar ab 21 Uhr, Parkplätze,
     Garagen
Kreditkarten: Amex, Diners, Eurocard, Visa

Bad Iburg ⊠ **49186**

Niedersachsen

Seite 11/C 1

■ **Waldhotel Felsenkeller** Charlottenburger Ring 46
☎ 05403/804+825
Preise: 6 Einzel 55-70, 24 Doppel DM 70-95
Ausstattung: Bad/WC, Telefon, Balkon
Besonderes: Restaurant, Bar, Terrasse, Parkplätze, Garagen
Kreditkarten: Amex, Eurocard

■ **Hotel-Pension Zum Urberg** Amtsweg 19
☎ 05403/2440, Fax 9452
Preise: 4 Einzel 44-51, 8 Doppel 88-102, Halbpension 12, Vollpension DM 19
Ausstattung: Dusche/WC, Telefon, ~TV, ~Balkon
Besonderes: Restaurant, Bar, Vollwertkost möglich, Parkplätze, Garagen, Liegewiese, bewegungsbad
Kreditkarten: Diners, Eurocard

■ **Zum Freden** Zum Freden 41
☎ 05403/2276/835/836, Fax 1706
Preise: 16 Einzel DM 60, 21 Doppel DM 100, Halbpension DM 25, Vollpension DM 30
Ausstattung: Du/WC, Telefon, TV, Balkon
Besonderes: Restaurant, Terrasse, Liegewiese, Sauna, Solarium, Parkplatz
Geschlossen: Januar oder Februar
Kreditkarten: Amexco, Eurocard, Visa

Idar-Oberstein ⊠ **55743**

Rheinland-Pfalz

Seite 14/B 1

■ **City Hotel** Otto-Decker-Str. 15
☎ 06781/22062, Fax 27337
Preise: 4 Einzel 85, 10 Doppel DM 125
Ausstattung: Dusche/WC, Telefon, TV, Radio
Besonderes: Parkhaus 50 m vom Hotel
Kreditkarten: Amex, Diners, Eurocard, Visa

■ **Hotel Handelshof** Tiefensteiner Str. 235
☎ 06781/31011, Fax 31057
Preise: 4 Einzel 45-73, 12 Doppel DM 80-130, Halbpension und
Ausstattung: Dusche/WC, Telefon, TV, Minibar
Besonderes: Restaurant, Terrasse, Liegewiese, Parkplätze, Garagen
Kreditkarten: Amex, Diners, Eurocard, Visa

■ **Idarer Hof** Kobachstr. 68
☎ 06781/46033, Fax 45550
Preise: Einzel ab 44, 10 Doppel 70-90, Halbpension DM 15
Ausstattung: Bad/WC
Besonderes: Restaurant, Parkplätze
Kreditkarten: Amex, Eurocard, Visa

■ **Roggenhof** Idar-Oberstein-Wassergall-Regulshausen
☎ 06781/23076+23077, Fax 948920
Preise: 2 Einzel 80, 10 Doppel 120, 7 Apartments DM 120-250
Ausstattung: Dusche/WC, Telefon, TV
Besonderes: Terrasse, Liegewiese, Parkplätze
Kreditkarten: Eurocard

■ **Hosser's Hotel-Restaurant** Weierbacher Straße 70
☎ 06784/2221/2248, Fax 9614
Preise: 4 Einzel DM 50, 11 Doppel DM 55, Halbpension DM 19, Vollpension DM 29
Ausstattung: Du/Bad, WC, Telefon, Radio, TV, Minibar
Besonderes: Restaurant, Terrasse, Sauna, Solarium, Parkplätze
Kreditkarten: Amexco, Diners, Eurocard, Visa

Idstein ✉ **65510**
Hessen Seite 11/C 3

■ **Hotel Felsenkeller** Schulgasse 1, Schulgasse 1
☎ 06126/3351, Fax 53804
Preise: 8 Einzel DM 70, 8 Doppel DM 110, Halbpension DM 20, Vollpension DM 30
Ausstattung: Du/Bad, WC
Besonderes: Restaurant, Parkplätze, Garagen
Geschlossen: 1.4. - 21.4. 95
Kreditkarten: Amexco, Eurocard,

Ihringen ✉ **79241**
Baden-Württemberg Seite 14/B 2

■ **Bräutigam's Weinstuben** Bahnhofstr. 1
☎ 07668/90350, Fax 9360
Preise: 6 Einzel 70-80, 13 Doppel DM 130-140
Ausstattung: Dusche/WC, Telefon, TV, Minibar, Balkon
Besonderes: Restaurant, Terrasse, Solarium, Parkplätze
Kreditkarten: diverse

■ **Hotel-Restaurant Winzerstube** Wasenweiler Straße 36
☎ 07668/5051, Fax 9379
Preise: 2 Einzel DM 60, 5 Doppel DM 95-110
Ausstattung: Du/Bad, WC, Telefon, TV
Besonderes: Restaurant, Garagen
Kreditkarten: Amexco, Eurocard, Visa

Illertissen ✉ **89257**
Bayern Seite 16/A 2

■ **Am Schloß** Lindenweg 6
☎ 07303/3040
Preise: 11 Einzel 75-85, 5 Doppel DM 120-140
Ausstattung: Bad/WC, Telefon
Besonderes: Terrasse, Sauna, Solarium, ruhig, Parkplätze, Garagen

■ Hotel am Bahnhof
Bahnhofstr. 11
☎ 07303/6001
Preise: 12 Einzel ab 52, 18 Doppel DM 85-105
Ausstattung: Bad/WC, Telefon
Besonderes: Konferenzraum, Parkplätze, Garagen

Illschwang
✉ **92278**
Bayern
Seite 16/B 1

■ Weißes Roß
Am Kirchberg 1
☎ 09666/223/1233, Fax 284
Preise: 6 Einzel DM 55, 25 Doppel DM 90, 1 Appartement, Halbpension DM 10, Vollpension DM 15
Ausstattung: Du/Bad, WC, Telefon, TV, Balkon
Besonderes: Restaurant, Terrasse, Liegewiese, Parkplätze
Kreditkarten: Amexco, Diners, Eurocard, Visa

Ilsfeld
✉ **74360**
Baden-Württemberg
Seite 15/D 1

■ Gasthof-Hotel Ochsen
König-Wilhelm-Str. 31
☎ 07062/6801, Fax 64996
Preise: 14 Einzel 65, 16 Doppel DM 100-104
Ausstattung: Dusche/WC, Telefon, ~TV, ~Balkon
Besonderes: Restaurant, Kegelbahnen, Parkplätze, Garagen

Immendingen
✉ **78194**
Baden-Württemberg
Seite 15/C 3

■ Landgasthof zum Kreuz
Donaustr. 1
☎ 07462/6275, Fax 1830
Preise: 3 Einzel 55, 9 Doppel DM 95
Ausstattung: Bad/WC, Telefon
Besonderes: Restaurant 9-23 Uhr, Terrasse, Liegewiese, Parkplätze
Kreditkarten: Diners, Eurocard, Visa

Immenstaad
✉ **88090**
Baden-Württemberg
Seite 15/D 3

■ Gasthof Alpenblick
Siedlung 4
☎ 07545/6548+6549, Fax 1351
Preise: 9 Einzel 85, 9 Doppel DM 120
Ausstattung: ~Dusche/WC, Telefon, TV, ~Balkon
Besonderes: Restaurant, Terrasse, Parkplätze

■ Adler
Dr. Zimmermannstr. 2
☎ 07545/1470+1479, Fax 1311
Preise: 6 Einzel 60-70, 28 Doppel DM 90-110, Halbpension für Gruppen möglich
Ausstattung: Dusche/WC, Telefon, ~TV, Balkon
Besonderes: Restaurant, Parkplätze, Garagen
Geschlossen: November
Kreditkarten: Eurocard

Immenstadt ✉ 87509

Bayern   Seite 16/A 3

■ Bergstätter Hof   Knottenried 17, Knottenried
☎ 08320/287, Fax 1251
Preise: 2 Einzel 48, 24 Doppel 98-160, Halbpension DM 29,
                   Vollpension DM 43
Ausstattung: ~Dusche/WC, TV, Radio
Besonderes: Restaurant, Terrasse, Liegewiese, Schwimmbad, Sauna,
                  Solarium, Parkplätze, Garagen, Kosmetik & Massage
Geschlossen: November bis Mitte Dezember

■ Hotel garni Eß   Daumenweg 9, Stein
☎ 08323/8104
Preise: 8 Einzel 56, 8 Doppel DM 104
Ausstattung: Dusche/WC, TV, Balkon
Besonderes: Liegewiese, Parkplätze

■ Hotel Rothenfels   Missener Str. 60, Bühl
☎ 08323/4087-4088, Fax 4080
Preise: 5 Einzel ab 80, 26 Doppel, Halbpension DM 22
Ausstattung: Dusche/WC, Telefon, TV, Balkon
Besonderes: Restaurant, Terrasse, Liegewiese, Schwimmbad, Sauna,
                  Solarium, Parkplätze, Garagen, 3 Apartments
Kreditkarten: Amex, Diners, Eurocard, Visa

Bad Imnau ✉ 72401

Baden-Württemberg   Seite 15/C 2

■ Gasthof-Pension Eyachperle   Bad Imnau
☎ 07474/8436
Preise: 6 Einzel ab 55, 7 Doppel ab DM 89, Halbpension und
                   Vollpension möglich
Ausstattung: Dusche/WC, Balkon
Besonderes: Restaurant, Terrasse, Liegewiese, Sauna, Solarium,
                  Parkplätze, Garagen, Kegelbahn
Kreditkarten: Eurocard

Ingelfingen ✉ 74653

Baden-Württemberg   Seite 15/D 1

■ Haus Nicklass   Mariannenstraße 47
☎ 07940/9101-0, Fax 9101-99
Preise: 8 Einzel DM 45-65, 22 Doppel DM 70-98, 2 Appartements
                   DM 85-125, 1 Ferienwohnung DM 70, Halb-und Vollpension mögl.
Ausstattung: Du/Bad, WC, Telefon, TV, Minibar, Balkon
Besonderes: Restaurant, Terrasse, Liegewiese, Solarium, Parkplätze
Kreditkarten: Eurocard, Visa

Ingelheim   ⊠ 55218
Rheinland-Pfalz   Seite 11/C 3

■ Goldene Kugel   Binger Str. 79-83
☎ 06132/7181
Preise: 8 Einzel 55-65, 11 Doppel DM 105-120
Ausstattung: Bad/WC, Telefon
Besonderes: Lift, Parkplätze

Ingolstadt   ⊠ 85051
Bayern   Seite 16/B 2

■ Bavaria Hotel   Feldkirchener Str. 67
☎ 0841/56001, Fax 58802
Preise: 20 Einzel 65-100, 20 Doppel DM 125
Ausstattung: Bad/Dusche/WC, Telefon, TV
Besonderes: Liegewiese, Schwimmbad, Sauna, Solarium, Parkplätze, Garagen
Kreditkarten: Amex, Diners, Eurocard, Visa

■ Hotel Ammerland   Ziegeleistr. 64
☎ 0841/56054, Fax 26115
Preise: 27 Einzel 82, 23 Doppel DM 118
Ausstattung: Dusche/WC, Telefon, TV, Balkon
Besonderes: Terrasse, Parkplätze, Garagen
Geschlossen: 20. Dezember bis 10. Januar
Kreditkarten: Amex, Eurocard, Visa, CB

■ Hotel Bayerischer Hof   Münzbergstr. 12
☎ 0841/1403, Fax 17702
Preise: 12 Einzel 82, 22 Doppel DM 130
Ausstattung: Dusche/WC, Telefon, TV, Radio
Besonderes: Restaurant 10-24 Uhr, Sauna, Solarium, Parkplätze
Kreditkarten: Amex, Diners, Eurocard, Visa

■ Hotel Gasthof zum Anker   Tränktorstr. 1
☎ 0841/30050, Fax 300580
Preise: 12 Einzel 75-80, 27 Doppel 122, Halbpension DM 15
Ausstattung: Dusche/WC, Telefon, TV
Besonderes: Restaurant 8-1 Uhr, Parkplätze
Kreditkarten: Eurocard, Visa

Inning   ⊠ 82266
Bayern   Seite 16/A 3

■ Gasthof Mutz   Fischerstr. 4, Bachern
☎ 08143/8031, Fax 8034
Preise: 1 Einzel 80, 12 Doppel DM 120
Ausstattung: Dusche/WC, Telefon, TV, Radio, ~Balkon
Besonderes: Restaurant 7.30-23 Uhr, Terrasse, Liegewiese, Parkplätze,
                Garagen, Bootsverleih
Kreditkarten: Eurocard

■ **Pension Broslhof** Bruckerstraße 3
☎ 08143/7041
Preise: 2 Einzel DM 60, 9 Doppel DM 90, 6 Appartement DM 100
Ausstattung: Du/Bad, WC, Telefon, TV möglich, Balkon, ~Kühlschrank
Besonderes: Parkplätze, Liegewiese, Schwimmbad, Solarium

Insul ⊠ 53520

Rheinland-Pfalz Seite 10/B 3

■ **Hotel Ewerts** Ahrstr. 13
☎ 02695/380, Fax 1723
Preise: 1 Einzel 50, 24 Doppel DM 90
Ausstattung: Bad/WC, TV
Besonderes: Restaurant Terrasse, ruhig, Parkplätze, Liegewiese
Geschlossen: 15. bis 30. November

Inzell ⊠ 83334

Bayern Seite 17/C 3

■ **Falkenstein** Kreuzfeldstr. 2
☎ 08665/250
Preise: 5 Einzel 55-75, 26 Doppel DM 100-140
Ausstattung: Bad/WC, TV, Telefon, Radio
Besonderes: Ferienwohnungen, Lift, Konferenzraum, Terrasse, eigene
Metzgerei, Parkplätze

■ **Gasthof Schmelz** Schmelzer Str. 132, Schmelz
☎ 08665/834+835, Fax 1718
Preise: 6 Einzel 85, 24 Doppel 130-160, 4 Apartments 180,
Halbpension DM 22,50
Ausstattung: Dusche/Bad/WC, Telefon, TV, Radio, Balkon
Besonderes: Restaurant 10-24 Uhr, Terrasse, Liegewiese, Schwimmbad,
Sauna, Solarium, Dampfbad, Parkplätze, Garagen,

■ **Landgasthof Binderhäusl** Bichlstr. 43
☎ 08665/461, Fax 461
Preise: 2 Einzel 49-58, 7 Doppel 98, Halbpension DM 25
Ausstattung: Dusche/WC, ~TV, ~Minibar, Balkon
Besonderes: Restaurant, Terrasse, Liegewiese, Parkplätze
Geschlossen: April und November

■ **Sport- und Kurhotel zur Post** Reichenhaller Str. 2
☎ 08665/6011, Fax 7927
Preise: 10 Einzel ab 80, 27 Doppel ab 160, 5 Apartments ab 190,
Ausstattung: Dusche/WC, Telefon, TV, Balkon
Besonderes: Restaurant, Terrasse, Schwimmbad, Sauna, Solarium,
Parkplätze, Garagen, Massageabteilung, Fitneßraum
Kreditkarten: Diners, Eurocard, Visa

Iphofen
Bayern

■ **Gasthof Goldene Krone**   Marktplatz 2
☎ 09323/3330, Fax 6341
Preise: 6 Einzel DM 70, 17 Doppel ab DM 100
Ausstattung: Du/Bad, WC, Telefon
Besonderes: Restaurant, Terrasse, Parkplätze
Kreditkarten: Eurocard

Ipsheim
Bayern

■ **Gasthof Schwarzer Adler**   Marktplatz 7
☎ 09846/218
Preise: 3 Einzel DM 32, 6 Doppel DM 64
Ausstattung: Du/Bad, WC, TV
Besonderes: Restaurant, Parkplätze

Irrel
Rheinland-Pfalz

■ **Hotel-Restaurant Irreler Mühle**   Talstr. 17
☎ 06525/826
Preise: 1 Einzel ab 48, 7 Doppel, Halbpension 16, Vollpension DM 25
Ausstattung: Dusche/WC, Telefon
Besonderes: Restaurant, Terrasse, Liegewiese, Parkplätze, Garagen, 2
               Ferienwohnungen DM 60-80

■ **Hotel-Restaurant Koch-Schmitt**   Prümzurlayer Str. 1
☎ 06525/860, Fax 1223
Preise: 5 Einzel ab 75, 34 Doppel, Halbpension DM 17
Ausstattung: Dusche/WC, Telefon, TV, Minibar, Balkon
Besonderes: Restaurant, Kegelbahn, Terrasse, Liegewiese, Solarium,
               Parkplätze, Garagen
Kreditkarten: Eurocard, Visa

Isenburg
Rheinland-Pfalz

■ **Haus Maria**   Caanerstraße 6
☎ 02601/2980
Preise: 3 Einzel DM 50-60, 9 Doppel DM 95-120, Halbpension möglich
Ausstattung: Du/Bad, WC, TV
Besonderes: Restaurant, Terrasse, Liegewiese, Parkplätze
Kreditkarten: Diners, Eurocard, Visa

Iserlohn ✉ 58644

Nordrhein-Westfalen Seite 10/B 2

■ Hotel Peiler
Oestricher Str. 145, Dröschede
☎ 02374/71472
Preise: 7 Einzel 70, 8 Doppel DM 130
Ausstattung: ~Dusche/WC, Telefon, TV, ~Minibar
Besonderes: Restaurant bis 22 Uhr, Terrasse, Liegewiese, Parkplätze
Kreditkarten: Amex, Diners, Visa

■ Hotel zur Mühle
Grüner Talstr. 400, Kesbern
☎ 02352/2963, Fax 21609
Preise: 5 Einzel DM 75, 11 Doppel DM 140
Ausstattung: Dusche/Bad/WC, Telefon, TV, Radio
Besonderes: Restaurant 11-24 Uhr, Terrasse, Liegewiese, Parkplätze, Garagen
Kreditkarten: Diners, Eurocard

■ Hotel Sauerländer Hof
Friedrichstraße 35-37
☎ 02371/22421, Fax 26415
Preise: 4 Einzel DM 50-80, 10 Doppel DM 95-130
Ausstattung: Du, WC, TV möglich
Kreditkarten: Amexco, Eurocard, Visa

Isny ✉ 88316

Baden-Württemberg Seite 16/A 3

■ Adler
Isny-Großholzleute
☎ 07562/2041-43
Preise: 3 Einzel 75, 14 Doppel 130, Halbpension 27, Vollpension DM 54
Ausstattung: Bad/WC, Telefon, Radio, TV, Balkon
Besonderes: Terrasse, Liegewiese, Sauna, Solarium, Massage, Parkplätze, Garagen

■ Hotel Garni
Am Roßmarkt 8-10
☎ 07562/4051+4053
Preise: 5 Einzel 75-95, 9 Doppel DM 140
Ausstattung: Dusche/WC, Telefon, TV, Balkon
Besonderes: Sauna, Solarium, Parkplätze, Garagen
Geschlossen: 21. Dezember bis 6. Januar
Kreditkarten: Amex, Diners, Eurocard, Visa

■ Kur- und Sporthotel Bromerhof
Isny
☎ 07566/2381, Fax 2685
Preise: 7 Einzel ab 65, 20 Doppel ab 120, 11 Apartments ab 190, Halbpension 30, Vollpension DM 45
Ausstattung: Bad/WC, Telefon, TV, Balkon
Besonderes: Restaurant, Hallenschwimmbad, Sauna, Solarium, Kegeln, Tennis, Kuranwendungen, ruhig, Parkplätze, Garagen
Kreditkarten: Amex, Diners, Eurocard, Visa

Isselburg

Nordrhein-Westfalen

■ **Brüggenhütte**   Hahnerfeld 23, Anholt
☎ 02874/1881, Fax 45287
Preise: 3 Einzel 69, 6 Doppel DM 110
Ausstattung: Dusche/WC, Telefon, Radio, TV
Besonderes: Restaurant, Biergarten, Terrasse, Parkplätze, Garagen
Geschlossen: Januar
Kreditkarten: Amex, Diners, Eurocard, Visa

Itzehoe

Schleswig-Holstein

⊠ **25524**

Seite 8/A 2

■ **Gästehaus Hinsch**   Schillerstr. 27
☎ 04821/74051, Fax 71330
Preise: 8 Einzel 80-100, 7 Doppel DM 100-140
Ausstattung: Dusche/WC, Telefon, Radio
Besonderes: ruhig gelegen, garni, Parkplätze

■ **Hotel Auerhahn**   Horststr. 31, Oelixdorf
☎ 04821/91061
Preise: 5 Einzel ab 80, 14 Doppel 110-120, 1 Apartment DM 250
Ausstattung: Dusche/WC, Telefon, TV, Minibar, Balkon
Besonderes: Restaurant 17.30-22 Uhr, Terrasse, Parkplätze

Jena

Thüringen

■ **Hotel-Pension Goldene Traube**   Fritz-Ritter-Str. 44, Lobeda
☎ 03641/331592
Preise: Einzel ab 65, 20 Doppel ab DM 108,
   Vollpension DM 36
Ausstattung: Dusche/WC, Telefon, TV, Minibar
Besonderes: Restaurant, Bar
Kreditkarten: Amex, Eurocard

Jerichow

Mecklenburg-Vorpommern

■ **Gasthof zur Klosterklause**   Lindenstraße 19
☎ 039343/276, Fax 276
Preise: 7 Einzel DM 70, 2 Doppel DM 130, Halbpension DM 10, Voll-
   pension DM 30
Ausstattung: Du, WC, Telefon, Radio, TV
Besonderes: Restaurant, Terrasse, Parkplätze
Kreditkarten: Amexco, Eurocard,

Jessern

Brandenburg

■ **Motel Seeperle**
☎ 035478/305+483, Fax 515
Preise: 28 Doppel 90, als Einzel 57, Halbpension DM 18
Ausstattung: Dusche/WC
Besonderes: Restaurant, Terrasse, Liegewiese, Parkplätze, 15
   Ferienwohnungen
Kreditkarten: Eurocard, Visa

Jesteburg

Niedersachsen

■ **Hotel Jesteburger Hof**   Kleckerwaldweg 1, Jesterburg
☎ 04183/2008, Fax 3311
Preise: 4 Einzel 80, 17 Doppel DM 135, Halbpension und Vollpension
   möglich
Ausstattung: Dusche/WC, Telefon, Radio, TV
Besonderes: Restaurant 12-22 Uhr, Terrasse, Parkplätze, Garagen
Kreditkarten: Amex, Diners, Eurocard, Visa

Jever
Niedersachsen

✉ **26441**
Seite 7/A 2

■ **Friesen-Hotel**   Harlinger Weg 1
☎ 04461/2500, Fax 2606
Preise: 18 Einzel 74-98, 19 Doppel DM 132-154
Ausstattung: Dusche/WC, Telefon, TV
Besonderes: Terrasse, Parkplätze, Garagen

■ **Hotel Pellmühle garni**   Mühlenstr. 55
☎ 04461/93000+2800, Fax 71111
Preise: 10 Einzel 52-80, 18 Doppel DM 90-148
Ausstattung: Dusche/WC, Telefon, TV, Minibar
Besonderes: Terrasse, Parkplätze
Kreditkarten: Amex, Diners, Eurocard, Visa

Joachimsthal
Brandenburg

✉ **16247**
Seite 9/D 3

■ **Hotel am Werbelinsee**   Seerandstr. 10
☎ 033361/227, Fax 227
Preise: 42 Doppel 80-130, als Einzel 60-110, 2 Appartements 130,
               Halbpension DM 15, Vollpension DM 35
Ausstattung: Dusche/WC, ~TV, ~Balkon
Besonderes: Restaurant, Liegewiese, Parkplätze
Kreditkarten: Amex, Eurocard, Visa

Jördenstorf
Mecklenburg-Vorpommern

✉ **17168**
Seite 9/C 2

■ **Zur Erbmühle**   Dorstraße 24, Todendorf
☎ 039975/246+477, Fax 246
Preise: 2 Einzel DM 60, 4 Doppel DM 90
Ausstattung: Du/Bad, WC, Radio, TV
Besonderes: Restaurant, Terrasse, Liegewiese, Parkplätze

Jonsdorf
Sachsen

✉ **02796**
Seite 12/A 3

■ **Hotel Kurhaus Jonsdorf**   Auf der Heide 9
☎ 035844/252, Fax 256
Preise: 3 Einzel 55, 23 Doppel DM 90
               Halbpension 15, Vollpension DM 25
Ausstattung: Dusche/WC, Telefon, Radio, TV, Balkon
Besonderes: Restaurant, Tarrasse, Liegewiese
Kreditkarten: Amex, Diners, Eurocard, Visa

Jüterbog

Brandenburg

✉ **14913**

Seite 13/C 1

■ **Zum Goldenen Stern** Markt 14
☎ 03372/401476, Fax 401614
Preise: 8 Einzel 70, 12 Doppel 100, 5 Appartements DM 130,
Vollpension DM 39
Ausstattung: Dusche/WC, Telefon, TV
Besonderes: Restaurant, Parkplätze
Kreditkarten: Eurocard, Visa

Juist

Niedersachsen

✉ **26571**

Seite 7/A 2

■ **Hotel und Haus Worch** Friesenstr. 11+ 28, (Insel)
☎ 04935/917-0, Fax 1861
Preise: 20 Einzel ab 85, 10 Doppel ab 187, 6 Apartments ab 120,
Halbpension 20, Vollpension DM 45
Ausstattung: Dusche/Bad/WC, Telefon, TV, Minibar, Radio
Besonderes: Restaurant ab 17 Uhr, Liegewiese
Geschlossen: 17.12.-15.2.96 und 22.2.-15.3.96

Jungholz

Bayern

✉ **87491**

Seite 16/A 3

■ **Alpenhof** Am Sonnenhang
☎ 08365/8114-0+8192-0, Fax 8201-50
Preise: 5 Einzel ab 68, 12 Doppel ab 100, 12 Appartements ab DM 130
Halbpension DM 23
Ausstattung: Bad/WC, Telefon, TV, Balkon
Besonderes: Terrasse, Sauna, Solarium, Whirlpool, Fitneßraum,
Parkplätze, Liegewiese
Geschlossen: 24.4. - 12.05.95 + 20.11. - 15.12. 95
Kreditkarten: Eurocard

■ **Ferien- und Sporthotel Waldhorn** Jungholz
☎ 08365/8135, Fax 8265
Preise: 10 Einzel 75-85, 25 Doppel DM 140-190
Ausstattung: Bad/WC, TV, Telefon, Radio
Besonderes: Frühstücksbuffet, Konferenzraum 30, Terrasse, Garten,
Hallenschwimmbad, Sauna, Solarium, röm. Dampfbad,
Geschlossen: 5. November bis 15. Dezember

Kaarst

Nordrhein-Westfalen

■ **Hotel Jan van Werth**   Rathausplatz 20, Büttgen
☎ 02131/514160+514102, Fax 511433
Preise: 16 Einzel ab 85, 12 Doppel ab DM 140
Ausstattung: Bad/WC, TV, Telefon
Besonderes: Restaurant 12-14/18-2 Uhr, Bar, Terrasse Parkplätze, Garagen
Geschlossen: 24. Dezember 1994 bis 2. Januar 1995
Kreditkarten: Diners, Eurocard, Visa

■ **Landhaus Michels**   Kaiser-Karl-Str. 10-12
☎ 02131/604004, Fax 605339
Preise: 7 Einzel 55-105, 13 Doppel DM 90-150
Ausstattung: Bad/WC, Telefon, ~TV
Besonderes: Frühstücksbuffet, Parkplätze, Garagen
Geschlossen: Weihnachten und Neujahr
Kreditkarten: Eurocard, Visa, Amexco, Diners

Kälberfeld

Thüringen

■ **Zum Bärenjäger**   Hauptstraße 2
☎ 03622/7592
Preise: 2 Einzel DM 45, 1 Doppel DM 90, 1 Dreibett DM 45 p.P.,
     1 Vierbett DM 45 p.P., inkl. Frühstück
Ausstattung: Du, WC, Radio, TV
Besonderes: Restaurant, Parkplätze

Kaisersbach

Baden-Württemberg

■ **Wirtshaus am Ebnisee**   Ebnisee 2, Ebni
☎ 07184/292239, Fax 292204
Preise: 6 Einzel 72,50, 12 Doppel 120, Halbpension 22, Vollpension
     DM 44
Ausstattung: Dusche/WC, ~TV, ~Balkon
Besonderes: Restaurant, Bar, Terrasse, Liegewiese, Parkplätze, Garagen,
     Tennishalle, Squash-Court
Geschlossen: Februar

Kaisersesch ✉ 56759
Rheinland-Pfalz   Seite 10/B 3

■ **Kurfürst**   Auf der Wacht 21
☎ 02653/6566, Fax 6091
Preise: 2 Einzel 65-69, 12 Doppel 88-95, Halbpension DM 18,
Vollpension DM 25
Ausstattung: Dusche/WC, Telefon, Balkon
Besonderes: Restaurant, Terrasse, Liegewiese, Parkplätze

Kaiserslautern ✉ 67661
Rheinland-Pfalz   Seite 14/B 1

■ **Bonk**   Riesenstr. 13
☎ 0631/65023+24
Preise: 23 Einzel 65-82, 8 Doppel DM 110-125
Ausstattung: Bad/WC, ~Telefon
Besonderes: Lift, garni, Parkplätze
Geschlossen: 18. Dezember bis 6. Januar

■ **Hotel Barbarossahof**   Eselsfürth 10
☎ 0631/43018, Fax 470785
Preise: 42 Einzel 70-90, 70 Doppel 115-145, 10 Apartments DM 175-205
Ausstattung: Dusche/Bad/WC, Telefon, TV, Radio, Balkon
Besonderes: Restaurant 11-24 Uhr, Sauna, Solarium, Parkplätze
Kreditkarten: Amex, Diners, Eurocard, Visa

■ **Hotel Zepp**   Pariser Str. 4-6
☎ 0631/73660+95534, Fax 97284
Preise: 27 Einzel 42-90, 23 Doppel DM 84-150
Ausstattung: ~Dusche/WC, ~Telefon, ~TV, ~Balkon
Besonderes: Fernsehraum, Parkplätze, Garagen
Geschlossen: Weihnachten bis Neujahr
Kreditkarten: Amex, Diners, Eurocard, Visa, ICB

■ **Hotel Zum Hasselberg**   Otterbacher Str. 11, Morlautern
☎ 0631/72784+97039, Fax 74818
Preise: 8 Einzel 74, 21 Doppel 110, Halbpension DM 18
Ausstattung: Bad/WC, Telefon, TV ~Balkon
Besonderes: Restaurant, Terrasse, Parkplätze
Kreditkarten: Amex, Visa

■ **Landgasthof + Hotel Burgschänke**   Schloßstr. 1, Hohenecken
☎ 0631/56041, Fax 56301
Preise: 5 Einzel 70-90, 19 Doppel DM 105-102
Ausstattung: Bad/WC, Telefon, TV
Besonderes: Restaurant, Bar, Terrasse, Liegewiese, Parkplätze
Kreditkarten: Amex, Eurocard, Visa

■ **Lauterthaler Hof**   Mühlstr. 31-33
☎ 0631/73031, Fax 470126
Preise: 9 Einzel 85, 11 Doppel DM 130
Ausstattung: Dusche/WC, Telefon, TV, Minibar
Besonderes: Restaurant, Terrasse, Parkplätze, Garagen
Kreditkarten: Amex, Diners, Eurocard, Visa

Kalbach
Hessen

✉ **36148**
Seite 11/D 3

■ **Zum Grashof**   Fam. Brähler, Mittelkalbach
☎ 06655/2772+2041
Preise: 12 Einzel 46, 6 Doppel DM 83
Ausstattung: Bad/WC, ~Telefon
Besonderes: Frühstücksbuffet, Konferenzraum 90, Terrasse, Kegeln,
                   Parkplätze

Kalefeld
Niedersachsen

✉ **37589**
Seite 11/D 1

■ **Zur Altenburg**   Schloßstraße 14, Oldershausen
☎ 05553/855, Fax 4385
Preise: 2 Einzel DM 50, 8 Doppel DM 82, Halbpension DM 14, Voll-
                   pension möglich
Ausstattung: Du/Bad, WC, Minibar
Besonderes: Restaurant, Terrrasse, Liegewiese, Parkplätze
Geschlossen: November-Dezember-Januar
Kreditkarten: Eurocard, Visa

Kalkar
Nordrhein-Westfalen

✉ **47546**
Seite 10/A 1

■ **Landhaus Beckmann**   Römerstraße 1, Kehrum
☎ 02824/2086, Fax 2392
Preise: 13 Einzel ab DM 78, 9 Doppel ab DM 145
Ausstattung: Bad/WC, Telefon, Radio, TV, Minibar
Besonderes: Frühstücksbuffet, Konferenzraum, Terrasse, Parkplätze
                   Restaurant

Kall
Rheinland-Pfalz

✉ **53925**
Seite 10/A 3

■ **Hüttenhof**   Hüttenstr. 54-56
☎ 02441/6346
Preise: 3 Einzel 55, 7 Doppel DM 95, Halbpension und Vollpension
                   möglich
Ausstattung: Dusche/WC, Telefon, TV
Besonderes: Restaurant, Grillgarten, Liegewiese, Parkplätze

Kalletal ✉ 32689

Nordrhein-Westfalen

Seite 11/C1

■ Hotel Lippischer Hof Rintelner Str. 2-4
☎ 05264/9127
Preise: 7 Einzel 45, 7 Doppel DM 70
Ausstattung: Dusche/WC, Radio
Besonderes: Restaurant, Parkplätze, Garagen
Geschlossen: in den NRW-Sommerferien 2 Wochen

Kallstadt ✉ 67169

Rheinland-Pfalz

Seite 15/C 1

■ Hotel Zum weißen Roß Weinstraße 80-82
☎ 06322/5033, Fax 8540
Preise: Einzel ab 78, 13 Doppel ab 135, 1 Apartment DM 160-180
Ausstattung: Dusche/WC, Telefon, Radio, TV
Kreditkarten: Eurocard

Kaltenkirchen ✉ 24568

Schleswig-Holstein

Seite 8/A 2

■ Hotel Kleiner Markt Königstr. 7
☎ 04191/9992-0, Fax 89785
Preise: 9 Doppel DM 120
Ausstattung: Dusche/WC, Telefon, TV, Nichtraucher-Zimmer
Besonderes: Restaurant, Biergarten, Parkplätze, Behinderten-Zimmer
Geschlossen: Samstag
Kreditkarten: Amex, Diners, Eurocard, Visa

■ Kaltenkirchener Hof Alvesloher Str. 2
☎ 04191/7861, Fax 6910
Preise: 27 Einzel 75-95, Doppel 125-145, Halbpension DM 68,50;
Vollpension DM 80
Ausstattung: Dusche/WC, Telefon, TV, Radio
Besonderes: Restaurant 18-23 Uhr, Bar 20-23 Uhr, Parkplätze, Garagen
Kreditkarten: Amex, Diners, Eurocard, Visa

Kaltennordheim ✉ 36452

Thüringen

Seite 12/A 3

■ Hotel zum Löwen August-Bebel-Straße 1
☎ 036966/350 + 5126
Preise: 3 Einzel DM 50, 12 Doppel DM 90, Halbpension DM 12, Voll-
pension DM 20
Ausstattung: Du, WC, Telefon, Radio, TV
Besonderes: Parkplätze, Restaurant, Biergarten, Solarium

Kamen

Nordrhein-Westfalen

■ Stadt Kamen

Markt 11

☎ 02307/7702
Preise: 5 Einzel 65-75, 9 Doppel DM 130-148
Ausstattung: Bad/WC, TV, Telefon, Radio
Besonderes: Frühstücksbuffet, Konferenzraum, Parkplätze

Kamenz

Sachsen

■ Pension Gasthof Thonberg

Bautzener Str. 288, Thonberg

☎ 03578/6131, Fax 5469
Preise: 3 Einzel 75, 9 Doppel DM 125,
Halbpension 15, Vollpension DM 25
Ausstattung: Dusche/WC, Telefon, TV, Radio
Besonderes: Restaurant 7-23 Uhr, Parkplätze auch für Sattelzüge
Kreditkarten: Eurocard, Visa

■ Hotel am Flugplatz

Macherstr. 142

☎ 03578/301025, Fax 301026
Preise: 9 Doppel 95, als Einzel DM 60,
Halbpension und Vollpension möglich
Ausstattung: Dusche/WC, TV
Besonderes: Restaurant, Parkplätze

■ Pension Otto „Goldne Sonne"

Bautzner Str. 71

☎ 03578/6157
Preise: 5 Einzel 75, 2 Doppel DM 130
Ausstattung: Dusche/WC, Radio
Besonderes: Restaurant 10-24 Uhr, Haustiere willkommen
Kreditkarten: Eurocard

Kandel

Rheinland-Pfalz

■ Zur Pfalz

Marktstr. 57

☎ 07275/5021
Preise: 14 Einzel 82-102, 28 Doppel DM 134-162
Ausstattung: Dusche/WC, Telefon, TV
Kreditkarten: Amex, Diners, Eurocard, Visa

Kappelrodeck   ⊠ **77876**

Baden-Württemberg   Seite 15/C 2

■ Gasthaus Hirsch   Grüner Winkel 24

☎ 07842/2190, Fax 3690
Preise: 6 Einzel 59, 12 Doppel DM 118, Halbpension mögl.,
       Vollpension möglich
Ausstattung: Dusche/Bad/WC, Telefon, Balkon
Besonderes: Restaurant 8-24 Uhr, Terrasse, Parkplätze, Garagen
Geschlossen: November
Kreditkarten: Visa, Amexco, Eurocard

■ Hotel-Gasthof zum Prinzen   Hauptstr. 86

☎ 07842/2088, Fax 8718
Preise: 2 Einzel 78, 12 Doppel 114, Halbpension DM 24
Ausstattung: Dusche/Bad/WC, Telefon, TV, Balkon
Besonderes: Restaurant, Kegelbahnen, Terrasse, Parkplätze
Geschlossen: 9. bis 26. Januar 1996
Kreditkarten: Amex, Diners, Eurocard, Visa

Karlsruhe   ⊠ **76199**

Baden-Württemberg   Seite 15/C 1

■ Erbprinzenhof   Erbprinzenstr. 26

☎ 0721/23890+27954-56, Fax 26950
Preise: 40 Einzel 80-130, 18 Doppel DM 100-175
Ausstattung: Bad/WC, TV, Telefon
Besonderes: Frühstücksbüfett, Lift, garni, Garagen
Kreditkarten: Amex, Eurocard, Visa

■ Hotel-Restaurant Hasen   Gerwigstr. 47

☎ 0721/615076, Fax 621101
Preise: 26 Einzel 82-120, 11 Doppel DM 145-175
Ausstattung: ~Bad/WC, ~Telefon, TV, Radio, Minibar
Besonderes: Restaurant 12-14, 18-21.30 Uhr, Lift, Konferenzraum 50,
       Solarium
Kreditkarten: Amex, Eurocard, Visa

■ Hotel Fässle Garni   Lameystr. 12

☎ 0721/554433, Fax 590903
Preise: 15 Einzel 75, 15 Doppel 110, 3 Apartments DM 140
Ausstattung: Dusche/WC
Besonderes: Parkplätze, Apartments mit Küche

■ Hotel am Tullabad   Ettlinger Str. 21

☎ 0721/350040, Fax 3500450
Preise: 10 Einzel 85, 8 Doppel DM 115
Ausstattung: Dusche/WC, Telefon, ~TV, ~Radio
Besonderes: Nähe City und Kongreßzentrum
Geschlossen: 22. Dezember bis 6. Januar
Kreditkarten: Amex, Eurocard, Visa

■ Hotel Markgräfler Hof Rudolfstr. 31
☎ 0721/694041+697331, Fax 695332
Preise: 10 Einzel 58-80, 12 Doppel DM 105-130
Ausstattung: Dusche/WC, Telefon, TV
Besonderes: Parkplätze, Universitäts- und City-Nähe
Geschlossen: 24. Dezember bis 2. Januar
Kreditkarten: Amex, Diners, Eurocard, Visa

Karolinenfield ✉ 07368
Thüringen Seite 12/B 3

■ Gaststätte und Pension Waldhaus Ortsstr. 1
☎ 036640/511
Preise: Einzel ab 38, 3 Doppel 60, Halbpension 8, Vollpension DM 15
Ausstattung: ~Dusche/WC, ~Telefon
Besonderes: Restaurant, Terrasse, Liegewiese, Parkplätze

Karolinenkoog ✉ 25774
Schleswig-Holstein Seite 7/B 1

■ Landhaus Pfahlershof Karolinenkoog
☎ 04882/214
Preise: Einzel ab 65, Doppel ab DM 102
Ausstattung: Bad/WC
Besonderes: Bungalows, Frühstücksbuffet, Konferenzraum,
Hallenschwimmbad, Sauna, Solarium, Kegeln, Tennis,
Geschlossen: 2. Januar bis 28. Februar

Kasendorf ✉ 95359
Bayern Seite 12/B 3

■ Goldener Anker Marktplatz 9
☎ 09228/622+623
Preise: 20 Einzel 50-68, 26 Doppel 100-120, 6 Appartements
Halbpension und Vollpension möglich
Ausstattung: ~Bad/WC, Telefon, TV, Radio, Balkon
Besonderes: Restaurant 6-24 Uhr, Bar 20-24, Konferenzräume, Garten,
Solarium, 4 Bundeskegelbahnen, Golfplatz (18 Löcher),

Kassel ✉ 34132
Hessen Seite 11/D 2

■ Hotel Am Sonnenhang Aspenstr. 6-Sonnenhang 4, Harleshausen
☎ 0561/96988-0, Fax 96988-55
Preise: Einzel 95-115, Doppel 140-170, Halbpension DM 18
Ausstattung: Dusche/Bad/WC, Telefon, TV, Balkon
Besonderes: Restaurant 14-23 Uhr, Terrasse, Parkplätze, Garagen
Geschlossen: 27. Dezember bis 11. Januar
Kreditkarten: Eurocard

■ Sunset Hotel Seidel

Holländische Str. 27-29

☎ 0561/86047, Fax 86040
Preise: 20 Einzel 88, 20 Doppel DM 138
Ausstattung: Dusche/WC, Telefon, TV, Minibar
Besonderes: Parkplätze, Garagen, Universitätsnähe
Kreditkarten: Amex, Diners, Eurocard, Visa

■ SVG Hotel

Sandershäuser Str. 93

☎ 0561/55067
Preise: 12 Einzel 55, 12 Doppel DM 100
Ausstattung: Bad/WC, Telefon
Besonderes: Konferenzraum, Parkplätze, Garagen

■ Hotel am Brasselberg

Konrad-Adenauer-Str. 31

☎ 0561/403281, Fax 4001677
Preise: 4 Einzel 50-70, 6 Doppel DM 100-120
Ausstattung: Dusche/WC, Telefon, TV, Radio, ~Balkon
Besonderes: Café, Parkplätze

■ Hotel Zum Bismarckturm

Konrad-Adenauer-Str. 42

☎ 0561/404223, Fax 4001569
Preise: 4 Einzel 70, 8 Doppel 120 DM
Ausstattung: Dusche/WC, Radio, TV, Balkon
Besonderes: Restaurant ab 18 Uhr geöffnet, Parkplätze

Kastellaun   ✉ 56288

Rheinland-Pfalz   Seite 10/B 3

■ Hotel Zum Rehberg

Mühlenweg 1

☎ 06762/1331, Fax 2640
Preise: 5 Einzel 75, 25 Doppel 96-140, 4 Appartement 90-200, 2 Ferienwohnungen DM 80, Halbpension DM 18, Vollpension DM 28
Ausstattung: Bad/WC, Telefon, TV, Balkon, Minibar
Besonderes: Terrasse, Liegewiese, Sauna, Solarium, ruhig, Parkplätze, Garagen

---

Kaufbeuren   ✉ 87600

Bayern   Seite 16/A 3

■ Goldener Hirsch

Kaiser-Max-Str. 39-41

☎ 08341/43030, Fax 430369
Preise: 6 Einzel 88-135, 36 Doppel DM 130-175
Ausstattung: Bad/WC, Telefon, TV. Minibar
Besonderes: Restaurant, Bar, Sauna, Parkplätze
Kreditkarten: Amex, Diners, Eurocard, Visa

■ Hotel Hasen

Ganghofer Str. 7+ 8

☎ 08341/8941-43, Fax 74451
Preise: 25 Einzel 50-98, 40 Doppel 80-150, Halbpension 12-20, Vollpension DM 35
Ausstattung: Dusche/WC, Telefon, TV, Radio
Besonderes: Restaurant 7-23 Uhr, Parkplätze, Garagen
Kreditkarten: Amex, Diners, Eurocard, Visa

Kehl

Baden-Württemberg

✉ **77694**

Seite 14/B 2

■ **Hotel Ochsen**
Zirkelstr. 33, Kork
☎ 07851/3343, Fax 73030
Preise: 10 Einzel 60-65, 45 Doppel 95, Halbpension DM 16
Ausstattung: Dusche/WC, ~Telefon, TV
Besonderes: Restaurant ab 17 Uhr, Bar ab 18 Uhr geöffnet, Liegewiese
Geschlossen: Februar

■ **Hotel-Restaurant Rebstock**
Hauptstr. 183
☎ 07851/2470+73038, Fax 78568
Preise: 8 Einzel 65-85, 22 Doppel 95-130, Halbpension DM 22
Ausstattung: Dusche/WC, Telefon, TV
Besonderes: Restaurant ab 17.30 Uhr, Terrasse, Parkplätze, Garagen
Kreditkarten: Eurocard, Visa

■ **Hotel Gasthaus Krone**
Hebelstr. 7, Odelshofen
☎ 07852/2333, Fax 5057
Preise: 5 Einzel 55, 19 Doppel 85 DM
Ausstattung: ~Dusche/WC
Besonderes: Restaurant 12-13.30/19-21 Uhr, Garagen
Geschlossen: 2 Wochen in September/Oktober

■ **Gasthof Schwanen**
Hauptstr. 20
☎ 07851/2735, Fax 480123
Preise: 5 Einzel 55, 5 Doppel DM 95
Ausstattung: Dusche/WC
Besonderes: Restaurant, Terrasse, Parkplätze, Garagen
Geschlossen: Mitte Dezember bis Mitte Januar

■ **Hotel-Restaurant Hofreit Am Bierkeller**
Bierkellerstr. 16
☎ 07851/2273, Fax 480314
Preise: 5 Einzel 39,50, 15 Doppel DM 75-110
Ausstattung: ~Dusche/WC, ~TV
Besonderes: Restaurant, Gartenlokal, Terrasse, Parkplätze, Garagen
Tagungsraum
Kreditkarten: Eurocard

Kelbra

Sachsen-Anhalt

✉ **06537**

Seite 12/A 2

■ **Fremdenzimmer Hahn**
Straße der Deutsch-Sowjetischen-Freund.
☎ 034651/6394
Preise: 2 Doppel DM 50, Frühstück DM 5 p.P.
Ausstattung: Dusche/WC, TV, Minibar
Besonderes: Liegewiese, Parkplätze

■ **Hotel Heinicke**
Jochstraße/Langestr. 21
☎ 034651/6183+6189, Fax 6383
Preise: 5 Einzel 76-95, 11 Doppel 112-140, Halbpension DM 18
Ausstattung: Dusche/WC, Telefon, TV, Balkon, Zimmerservice
Besonderes: Restaurant, Kegelbahnen, Terrasse, Sauna,
Parkplätze, Garagen
Kreditkarten: Diners, Eurocard, Visa

■ **Hotel Kaiserhof**   Frankenhäuser Straße 1
☎ 034651/6531+6539, Fax 6215
Preise: 8 Einzel DM 80-110, 32 Doppel DM 130-160, Halbpension DM 20,
                   Vollpension DM 38
Ausstattung: Du/Bad, WC, Telefon, TV
Besonderes: Restaurant, Terrasse, Schwimmbad, Sauna, Solarium, Parkplätze
Kreditkarten: Eurocard, Visa

Kelheim   ✉ **93309**
Bayern   Seite 16/B 2

■ **Aukoferbräu**   Alleestr. 27
☎ 09441/2020+202120, Fax 21437
Preise: 17 Einzel 49-67, 50 Doppel 98-120, Halbpension 19,
                   Vollpension DM 38
Ausstattung: Dusche/Bad/WC, ~Telefon, Radio, ~TV
Besonderes: Restaurant 7-23 Uhr, Terrasse, ruhig, Parkplätze, Garagen,
                   Liegewiese, Hausbrauerei
Geschlossen: 22. Dezember bis 10. Januar j. Jahres

■ **Hotel Ehrenthaller**   Donaustr. 22
☎ 09441/3333, Fax 21420
Preise: 5 Einzel 60-75, 45 Doppel DM 90-130
Ausstattung: Dusche/WC, Telefon, ~TV, ~Balkon
Besonderes: Restaurant, Parkplätze, Garagen
Kreditkarten: Amex, Eurocard, Visa

■ **Hotel-Gasthof Klosterbrauerei**   Klosterstr. 5
☎ 09441/50150, Fax 501555
Preise: 7 Einzel DM 65, 21 Doppel ab 100, 5 Appartements ab DM 70
                   Halbpension DM 22
Ausstattung: Dusche/WC, Telefon, TV, Balkon
Besonderes: Restaurant 7-24 Uhr, Parkplätze, Garagen, 5 Apartments
Geschlossen: 23. bis 28. Dezember 1995 und 3. bis 28. Januar 1996

Kellenhusen   ✉ **23746**
Schleswig-Holstein   Seite 8/B 2

■ **Erholung**   Am Ring 35
☎ 04364/236
Preise: 8 Einzel 48-58, 32 Doppel DM 92-132
Ausstattung: Bad/~WC
Besonderes: Lift, Konferenzraum, Parkplätze

Kelsterbach   ✉ **65451**
Hessen   Seite 11/C 3

■ **Lindenhof**   An der Siedlung 1
☎ 06107/9330, Fax 62655
Preise: 38 Einzel 60-130, 20 Doppel DM 120-170
Ausstattung: ~Dusche/WC, Telefon, TV, ~Balkon
Besonderes: Restaurant, Bar, Parkplätze
Kreditkarten: Diners, Eurocard, Visa, Amexco

Kempenich ✉ 56746

Rheinland-Pfalz

Seite 10/B 3

■ Eifelkrone Hardt 1
☎ 02655/1301
Preise: 2 Einzel 42-49, 14 Doppel DM 75-90
Ausstattung: Bad/WC
Besonderes: Terrasse, Parkplätze

Kempfeld ✉ 55758

Rheinland-Pfalz

Seite 10/B 3

■ Hotel Ferienfreude Hauptstr. 43
☎ 06786/1308
Preise: 1 Einzel 45, 9 Doppel DM 82
Ausstattung: Dusche/WC, Balkon
Besonderes: Restaurant, Liegewiese, Parkplätze, Garagen
Geschlossen: 25.10.-15.11.95
Kreditkarten: Eurocard

■ Hotel Wildenburger Hof Wildenburger Str. 17
☎ 06786/7033, Fax 7131
Preise: Einzel 65, 11 Doppel 90, Halbpension DM 20
Ausstattung: Dusche/WC, Telefon, Balkon
Besonderes: Restaurant, Terrasse, Liegewiese, Parkplätze, Apartments

■ Landhotel Hunsrücker Faß Hauptstr. 70
☎ 06786/7001, Fax 7003
Preise: 12 Doppel DM 46-93
Ausstattung: Dusche/WC, Telefon, TV, Minibar, Balkon
Besonderes: Restaurant, Terrasse, Liegewiese, Sauna, röm. Dampfbad,
Solarium, Parkplätze, Gourmetrestaurant
Kreditkarten: Amex, Diners, Eurocard, Visa

Kempten ✉ 87439

Bayern

Seite 16/A 3

■ Auf'm Lotterberg Königsberger Str. 31
☎ 0831/97753, Fax 94452
Preise: 19 Einzel ab 82, 7 Doppel DM 145
Ausstattung: Bad/WC, Telefon, Radio, ~TV, ~Balkon, ~Minibar
Besonderes: Terrasse, Parkplätze, Garagen
Kreditkarten: Amex, Diners, Eurocard, Visa

■ Bahnhof-Hotel Mozartstr. 2
☎ 0831/22073
Preise: 12 Einzel ab 57, 27 Doppel DM 105
Ausstattung: ~Bad/WC
Besonderes: Kegeln, Parkplätze, Garagen

■ **Graf**   Kotterner Str. 72
☎ 0831/22318
Preise: Einzel ab 45, 10 Doppel DM 88-105
Ausstattung: ~Bad/WC, Telefon
Besonderes: Konferenzraum, Parkplätze, Garagen

■ **Hotel-Gasthof Waldhorn**   Steufzger Str. 80
☎ 0831/8261, Fax 8264
Preise: 21 Einzel 45, 25 Doppel 85, Halbpension 15, Vollpension DM 25
Ausstattung: Dusche/WC, Telefon, Balkon
Besonderes: Restaurant, Terrasse, Parkplätze, Garagen

Kesselsdorf   ✉ 01723
Sachsen   Seite 13/C 2

■ **Hotel Formule 1**   Kaufbacher Ring 7
☎ 035204/5100, Fax 5129
Preise: 80 Doppel DM 150, als Einzel DM 65, Frühstück DM 7,80 p.P.
Ausstattung: Du, WC, TV
Besonderes: Parkplätze
Kreditkarten: Amexco, Eurocard, Visa

Ketzin   ✉ 14669
Brandenburg   Seite 9/C 3

■ **Pension Zum Ketziner**   Nauener Str. 10
☎ 033233/313
Preise: 10 Doppel DM 40-60
Ausstattung: ~Dusche/WC
Besonderes: Restaurant, Kegelbahn, Parkplätze
Geschlossen: Restaurant: sonntags

Kevelaer   ✉ 47626
Nordrhein-Westfalen   Seite 10/A 1

■ **Sporthotel Schravelsche Heide**   Grotendonker Str. 54
☎ 02832/80551+52, Fax 80932
Preise: 2 Einzel, 31 Doppel DM 159
Ausstattung: Bad/WC, Telefon, TV, Balkon, Minibar
Besonderes: Frühstücksbuffet, Konferenzraum, Terrasse, Hallenschwimmbad,
                 Sauna, Solarium, Kegeln, Reiten, Tennis, Parkplätze
Kreditkarten: Euro, Visa, Diners, Amexco

Kiefersfelden   ✉ 83088
Bayern   Seite 16/B 3

■ **Gruberhof**   König-Otto-Str. 2
☎ 08033/7040
Preise: 4 Einzel 52-70, 22 Doppel DM 80-112
Ausstattung: Bad/WC, Telefon
Besonderes: Terrasse, Sauna, Solarium, Parkplätze, Garagen

■ Zur Post Bahnhofstr. 26
☎ 08033/7051
Preise: 6 Einzel ab 89, 34 Doppel ab DM 138
Ausstattung: Bad/WC, Telefon
Besonderes: Lift, Konferenzraum 65, Terrasse, Sauna, Solarium, Kegeln, Parkplätze, Garagen

---

Kiel ✉ 24161
Schleswig-Holstein Seite 8/A 1

■ Alter Waisenhof Muhliusstr. 95
☎ 0431/91306
Preise: Einzel 72-80, Doppel DM 130-145
Ausstattung: ~Bad/WC, TV, Telefon, Radio
Besonderes: Konferenzraum, ruhig, Parkplätze

■ Dietrichsdorfer Hof Heikendorfer Weg 54
☎ 0431/26108, Fax 205278
Preise: 10 Einzel 69, 7 Doppel DM 128
Ausstattung: Dusche/WC, Radio
Besonderes: Parkplätze, Garagen
Geschlossen: 23.12. - 2.1.
Kreditkarten: Diners, Eurocard, Visa

■ Hotel Schweriner Hof Königsweg 13
☎ 0431/61416+62678, Fax 674134
Preise: 16 Einzel 60-85, 16 Doppel DM 105-150
Ausstattung: ~Dusche/WC, ~Telefon, ~TV
Besonderes: Restaurant bis 22 Uhr, Parkplätze, Garagen
Kreditkarten: Visa

■ Zum Fritz Reuter Langer Segen 5a
☎ 0431/561016, Fax 577025
Preise: 6 Einzel 60-80, 16 Doppel DM 112
Ausstattung: Dusche/WC, Telefon, ~TV
Besonderes: Restaurant 18-21 Uhr, Parkplätze, Garagen
Kreditkarten: Amex, Eurocard, Visa

Kinding ✉ 85125
Bayern Seite 16/B 1

■ Gasthof Krone Marktplatz 14
☎ 08467/268, Fax 729
Preise: 6 Einzel 52, 22 Doppel 86, Halbpension DM 17
Ausstattung: ~Dusche/WC
Besonderes: Restaurant, Parkplätze

Kinheim ✉ 54538
Rheinland-Pfalz   Seite 10/B 3

■ **Hotel Pohl Zum Rosenberg**   Moselweinstraße 3
☎ 06532/2196, Fax 1054
Preise: 5 Einzel 64, 25 Doppel 116, Halbpension 18, Vollpension DM
                 26
Ausstattung: Bad/WC
Besonderes: Restaurant, Bar, Terrasse, Liegewiese, Hallenschwimmbad,
                 Sauna, Solarium, Parkplätze

Kipfenberg ✉ 85110
Bayern   Seite 16/B 2

■ **Hotel-Pension Engel**   Frankenring 4
☎ 08465/249, Fax 3612
Preise: 3 Einzel ab 50, 18 Doppel ab 80, Halbpension DM 9
Ausstattung: Dusche/WC, ~Telefon, ~TV
Besonderes: Restaurant, Sauna, Solarium, Parkplätze, 5 Appartements,
                 Fitneßraum, Lift

■ **Schloß Arnsberg**   Schloß, Arnsberg
☎ 08465/3154, Fax 1015
Preise: 4 Einzel 60-82, 16 Doppel 112-132
Ausstattung: Dusche/WC, ~TV
Besonderes: Restaurant, Terrasse, Liegewiese, Solarium, Parkplätze,
                 Garagen
Geschlossen: Mitte Februar bis Mitte März

Kirchensittenbach ✉ 91241
Bayern   Seite 16/B 1

■ **Hohensteiner Hof**   Hohenstein 43
☎ 09152/533
Preise: 1 Einzel 47-50, 6 Doppel 90-110, 2 Apartments DM 100-140
Ausstattung: Dusche/WC, TV, Balkon
Besonderes: Restaurant, Terrasse, Liegewiese, Parkplätze, Garagen,
                 Skilifte und Loipen am Haus
Geschlossen: November

Kirchheim ✉ 36275
Hessen   Seite 11/D 2

■ **Hotel Eydt**   Hauptstr. 21
☎ 06625/7001, Fax 5333
Preise: 15 Einzel ab 55, 40 Doppel DM 95-120
Ausstattung: Bad/WC, Telefon
Besonderes: Lift, Konferenzraum 120, Garten, Parkplätze, Garagen

Kirchheim   ✉ **73230**
Baden-Württemberg   Seite 15/D 2

■ **Rössle**   Weilheimer Str. 1, Nabern
☎ 07021/55925
Preise: 19 Einzel ab 70, 6 Doppel DM 125
Ausstattung: Bad/WC, Telefon, TV
Besonderes: Lift, Konferenzraum, Hallenschwimmbad, Sauna, Solarium, Parkplätze, Garagen, Restaurant

Kirchlinteln   ✉ **27308**
Niedersachsen   Seite 8/A 3

■ **Landhaus Badenhoop**   Zum Keenmoor 13, Schafwinkel
☎ 04237/888, Fax 539
Preise: Einzel 85, 18 Doppel 130, Halbpension 19, Vollpension DM 33
Ausstattung: Dusche/WC, Telefon, TV, Minibar
Besonderes: Restaurant, Terrasse, Schwimmbad, Sauna, Solarium, Parkplätze, Garagen

Kirchzarten   ✉ **79199**
Baden-Württemberg   Seite 15/C 3

■ **Gasthaus Hotel Krone**   Hauptstr. 44
☎ 07661/4215, Fax 2457
Preise: 3 Einzel 65, 8 Doppel 104, Halbpension DM 23
Ausstattung: Bad/WC, Telefon, Radio
Besonderes: Restaurant, Terrasse, Sauna, Solarium, Parkplätze, Garagen
Geschlossen: Mitte Januar bis Mitte Februar

■ **Gasthof-Hotel Sonne**   Hauptstr. 28
☎ 07661/62015+62016, Fax 7535
Preise: 6 Einzel 69-85, 16 Doppel 98-125, Halbpension 25, Vollpension DM 40
Ausstattung: Dusche/WC, Telefon, TV, Balkon
Besonderes: Restaurant 11-14/18-24 Uhr, Terrasse, Parkplätze, Garagen
Geschlossen: 20. Oktober bis 10. November
Kreditkarten: Amex, Diners, Eurocard, Visa

Kirn   ✉ **55606**
Rheinland-Pfalz   Seite 10/B 3

■ **Nahe Hotel**   Obersteiner Str.
☎ 06752/93010, Fax 930140
Preise: 8 Einzel ab 60, 10 Doppel 95, Halbpension DM 15
Ausstattung: Dusche/WC, Telefon, TV
Besonderes: Restaurant, Terrasse, Hallen-Schwimmbad, Solarium, Kegeln, Wochenendprogramme, Planwagenfahren, Parkplätze, Garagen,
Kreditkarten: Amex, Diners, Eurocard, Visa

Kirrweiler ⊠ 67489

Rheinland-Pfalz   Seite 15/C 1

■ **Hotel Sebastian**
☎ 06321/59976+57200, Fax 57200
Preise: 2 Einzel 65, 2 Doppel 120, 9 Apartments DM 65 pro Person
Ausstattung: Dusche/WC, Telefon, TV, Minibar, Balkon
Besonderes: Terrasse, Liegewiese, Schwimmbad, Parkplätze, Garagen,
                    großes Frühstücksbüffett

Kirschweiler ⊠ 55743

Rheinland-Pfalz   Seite 14/B 1

■ **Waldhotel Garni**   Mühlwiesenstr. 12
☎ 06781/33862+35810, Fax 35079
Preise: 8 Einzel 65, 11 Doppel 112, 1 Appartement DM 150, Halbpen-
                    sion möglich
Ausstattung: Du/Bad, WC, Telefon, Radio, TV, ~Balkon
Besonderes: Restaurant, Terrasse, Liegewiese, Parkplätze, Garagen

Bad Kissingen ⊠ 97688

Bayern   Seite 11/D 3

■ **Arkadenhof**   Von-Humboldt-Str. 9
☎ 0971/71700, Fax 717070
Preise: 10 Einzel 85-100, 10 Doppel DM 170-200
Ausstattung: Bad/WC, TV, Telefon, Minibar, Balkon
Besonderes: Lift, Terrasse, Sauna, Solarium, Schroth-Kur, ruhig,
                    Parkplätze, Garagen
Geschlossen: Mitte Dezember bis Mitte Januar

■ **Kurhaus Tanneck**   Altenbergweg 6
☎ 0971/4036
Preise: 29 Einzel 65-75, 19 Doppel DM 120-200
Ausstattung: Bad/WC, Telefon
Besonderes: Lift, Terrasse, Hallenschwimmbad, Sauna, Solarium,
                    Schönheitsfarm, Kissingen-Diät, ruhig, Parkplätze, Garagen

Kitzingen ⊠ 97318

Bayern   Seite 16/A 1

■ **Bayerischer Hof**   Herrnstr. 2
☎ 09321/4047+5855
Preise: Einzel 68-78, Doppel DM 108-128
Ausstattung: Bad/WC, Telefon
Besonderes: Konferenzraum 30, Hallenschwimmbad, Solarium, Garagen

Klausdorf ⊠ **15838**

Brandenburg   Seite 13/C 1

■ **Hotel Seeblick**   Wünsdorfer Str. 3
☎ 033703/7620+7852, Fax 7853
Preise: 1 Einzel 80, 23 Doppel DM 120-140,
                 Halbpension DM 15
Ausstattung: Dusche/WC, Telefon, TV, Minibar
Besonderes: Restaurant, Terrasse, Liegewiese, Bootsverleih,
                 Sauna, Solarium, Parkplätze
Kreditkarten: Eurocard, Visa

Kleinbocka ⊠ **07589**

Thüringen   Seite 12/B 2

■ **Hohe Reuth**   Hofer Straße
☎ 036604/2414+80687, Fax 2414
Preise: 2 Einzel DM 80, 6 Doppel DM 130, Halbpension DM 19, Vollpen-
                 sion DM 35
Ausstattung: Du, WC, Telefon, TV
Besonderes: Restaurant, Biergarten, Parkplätze
Kreditkarten: Amexco, Diners, Eurocard, Visa

Klein Partwitz ⊠ **02979**

Sachsen   Seite 13/D 2

■ **Hotel Glückauf**
☎ 035726/333
Preise: 5 Einzel 62-82, 30 Doppel 80-97, 1 Apartement DM 122
Ausstattung: Dusche/WC, Radio, TV, Minibar
Besonderes: Restaurant 6.30-23 Uhr geöffnet,, Parkplätze

Klingelbach ⊠ **56368**

Rheinland-Pfalz   Seite 11/C 3

■ **Hotel Sonnenhof**   Kirchstr. 31
☎ 06486/7086, Fax 1543
Preise: 5 Einzel 63, 12 Doppel 118, Halbpension DM 18
Ausstattung: Dusche/Bad/WC, Telefon, ~Balkon
Besonderes: Restaurant 8-24 Uhr, Frühstücksbuffet, Solarium, Fitneßraum,
                 Kosmetikstube, Parkplätze, Garagen, Liegewiese
Kreditkarten: Eurocard, Visa

Klingenberg ⊠ **63911**

Bayern   Seite 15/D 1

■ **Schöne Aussicht**   Bahnhofstr. 18, Trennfurt
☎ 09372/2527
Preise: 10 Einzel DM 44-62
Ausstattung: ~Bad/WC
Besonderes: Apartments, Lift, Konferenzraum 60, Terrasse, Parkplätze, Garagen

Klingenthal   ✉ 08248
Sachsen   Seite 12/B 3

■ **Hotel zur Post**   Poststraße 3
☎ 037467/22108, Fax 22108
Preise: 2 Einzel DM 35-45, 19 Doppel DM 50-80, Halb-und Vollpension
    möglich
Ausstattung: ~Du/WC, Radio, TV
Besonderes: Restaurant, Terrasse, Sauna, Solarium, Parkplätze

Klipphausen   ✉ 01665
Sachsen   Seite 13/C2

■ **Pension Kümmel**   Nr. 10, Lampersdorf
☎ 035204/8694
Preise: 1 Einzel 65, 2 Doppel DM 110,
    Abendessen nach Vereinbarung
Ausstattung: Dusche/WC, TV
Besonderes: Terrasse, Liegewiese, Ferienwohnung

Klötze   ✉ 38486
Sachsen-Anhalt   Seite 8/A 3

■ **Alte Schmiede**   Neustädter Straße 37
☎ 03909/42477/42499, Fax 42488
Preise: 6 Einzel DM 75, 10 Doppel DM 110, Halbpension DM 15, Voll-
    pension DM 30
Ausstattung: Du/Bad, WC, Telefon, TV
Besonderes: Restaurant
Kreditkarten: Amexco, Eurocard, Visa

■ **Braunschweiger Hof**   Neustädter Straße 49
☎ 03909/2351, Fax 2351
Preise: 6 Einzel DM 65, 7 Doppel DM 115, Halbpension DM 25, Vollpen-
    sion DM 35
Ausstattung: Du/Bad, WC, Telefon, Radio, TV
Besonderes: Restaurant, Biergarten, Parkplätze
Kreditkarten: Amexco, Diners, Eurocard, Visa

Klosterfelde   ✉ 16348
Brandenburg   Seite 9/D 3

■ **Gasthof Bergquelle**   Hauptstr. 55
☎ 033396/215
Preise: 3 Einzel 60, 10 Doppel DM 90, inkl. Frühstück
Ausstattung: Dusche/WC, ~Telefon, Radio, TV
Besonderes: Restaurant, Parkplätze

Klosterkumbd

⊠ **55469**

Rheinland-Pfalz

Seite 10/B 3

■ **Hotel Birkenhof** An der L 218

☎ 06761/5005

Preise: 4 Einzel 78-98, 12 Doppel DM 120-170
Ausstattung: Dusche/WC, Balkon
Besonderes: Terrasse, Liegewiese, Solarium, Parkplätze, Garagen
Kreditkarten: Amex, Diners, Eurocard, Visa

Koblenz

⊠ **56072**

Rheinland-Pfalz

Seite 10/B 3

■ **Continental Pfälzer Hof** Bahnhofsplatz 1

☎ 0261/33073, Fax 12390

Preise: 12 Einzel 76-100, 25 Doppel DM 135-170, Halbpension mögl.
Ausstattung: Bad/Dusche/WC, Telefon, Radio, TV, Minibar
Besonderes: Restaurant bis 23 Uhr, Bar bis 24 Uhr, Konferenzraum 30, ruhig, Garagen
Geschlossen: 20. Dezember bis 20. Januar
Kreditkarten: Amex, Diners, Eurocard, Visa

■ **Hotel Scholz** Moselweißer Str. 121, Rauental

☎ 0261/408021, Fax 408026

Preise: 4 Einzel 95, 58 Doppel 150, Halbpension DM 15, Vollpension DM 30
Ausstattung: Dusche/WC, Telefon, TV
Besonderes: Restaurant 10-24 Uhr, Parkplätze
Geschlossen: 23. Dezember bis 7. Januar
Kreditkarten: Amex, Diners, Eurocard, Visa, AirPlus

■ **Hotel-Weinhaus Kreuter** Stauseestr. 31, Güls

☎ 0261/43022+408031, Fax 409811

Preise: 10 Einzel 48-70, 50 Doppel DM 92-134
Ausstattung: Bad/WC, TV, Telefon, Radio
Besonderes: Lift, Konferenzraum, Kegeln, Parkplätze
Geschlossen: 20. Dezember bis 20. Januar
Kreditkarten: Amex, Eurocard, Visa

■ **Zur Weinlaube** Haukertsweg 9, Horchheim

☎ 0261/72054, Fax 9700131

Preise: 16 Einzel 65, 42 Doppel DM 110
Ausstattung: ~Bad/Dusche/WC
Besonderes: Konferenzraum, Garten, Parkplätze, Garagen
Geschlossen: 23. bis 28. Dezember

■ **Hotel Reinhard** Bahnhofstraße 60

☎ 0261/34835/37147, Fax 160338

Preise: 6 Einzel DM 80-95, 12 Doppel DM 110-130
Ausstattung: Du/Bad, WC, Telefon
Kreditkarten: Amexco, Diners, Eurocard, Visa

■ **Mosel Hotel** Wolfskaulstraße 94
☎ 0261/43022, Fax 409811
Preise: 11 Einzel DM 65-75, 55 Doppel DM 100-130, Halbpension DM 20,
Vollpension DM 32
Ausstattung: Du, WC, Telefon, ~Radio, TV, ~Minibar
Besonderes: Restaurant, Terrasse, Parkplätze
Kreditkarten: Amexco, Eurocard, Visa

Kochel ⊠ 82431
Bayern Seite 16/B 3

■ **Alpenhof Postillon** Kalmbachstr. 1
☎ 08851/885
Preise: 8 Einzel DM 64-83
Ausstattung: Bad/WC, Telefon
Besonderes: Lift, Konferenzraum 25, Terrasse, Hallenschwimmbad, Sauna,
Solarium, Parkplätze, Garagen

■ **Hotel zur Post** Schmied-von-Kochel-Platz 6
☎ 08851/1526+1527, Fax 1513
Preise: 4 Einzel 80, 15 Doppel 140, Halbpension DM 26
Ausstattung: Dusche/WC, Telefon, Radio, TV, Balkon
Besonderes: Restaurant, Terrasse, Liegewiese, Schwimmbad, Sauna,
Solarium, Parkplätze, Garagen
Kreditkarten: Amex, Eurocard

Köditz ⊠ 95189
Bayern Seite 12/B 3

■ **Hotel Dippold** Hauptstr. 29
☎ 09281/64001
Preise: 15 Einzel 37, 20 Doppel 74, 3 Apartments DM 120
Ausstattung: ~Dusche/WC, Telefon, TV, Balkon
Besonderes: Restaurant, Parkplätze, Garagen
Geschlossen: 24. Dezember bis 6. Januar

Köln ⊠ 50674
Nordrhein-Westfalen Seite 10/B 2

■ **Heinzelmännchen** Hohe Pforte 5-7
☎ 0221/211217, Fax 215712
Preise: 5 Einzel 60, 12 Doppel DM 95
Ausstattung: ~Dusche/WC, Telefon, ~Balkon
Besonderes: Restaurant, Parkplätze

■ **Hotel An der Philharmonie** Große Neugasse 36
☎ 0221/2580683, Fax 2580667
Preise: 9 Einzel 90, 21 Doppel DM 140
Ausstattung: Dusche/WC, Telefon, TV
Besonderes: Restaurant
Geschlossen: Weihnachten und Sylvester
Kreditkarten: Amex, Diners, Eurocard, Visa

■ Hotel Sportzentrum
Wilhelm-Ruppert-Str. 38
☎ 02203/62024-26, Fax 62026
Preise: 14 Einzel 80, 37 Doppel DM 135, Halbpension und Vollpension möglich
Ausstattung: Bad/WC, Telefon, TV, Minibar
Besonderes: Restaurant, Sauna, Solarium, Parkplätze, Garagen, Squash, Tennis, Badminton
Kreditkarten: Amex, Diners, Eurocard, Visa

■ Lind
Linder Mauspfad 41, Porz
☎ 02203/69074
Preise: Einzel 65, Doppel DM 115
Ausstattung: Bad/WC, Telefon
Besonderes: Kegeln, Parkplätze, Garagen
Kreditkarten: Amex, Diners, Eurocard, Visa

■ Sunset Hotel Köln
Ursulaplatz 10-12
☎ 0221/132991, Fax 132991
Preise: 20 Einzel 88, 20 Doppel 138
Ausstattung: Bad/WC, Telefon, TV, Minibar
Besonderes: Garagen, Messepreise
Kreditkarten: Amex, Diners, Eurocard, Visa

■ Hotel-Restaurant Stich
Sülzgürtel 31, Sülz
☎ 0221/463377+461292, Fax 466066
Preise: 16 Einzel 90, 10 Doppel DM 150, Halbpension DM 20, Vollpension DM 40
Ausstattung: Dusche/WC, Telefon, TV
Besonderes: Restaurant, 1 Ferienwohnung
Kreditkarten: Eurocard

■ Haus Vosen
Rüdellstr. 1
☎ 0221/741490, Fax 742531
Preise: 8 Einzel 65, 8 Doppel DM 105
Ausstattung: Dusche/WC, Telefon, TV
Besonderes: Restaurant 10-24 Uhr, Parkplätze, gute Restaurantküche

■ Hotel Einig
Johannisstr. 71
☎ 0221/122128, Fax 133753
Preise: 4 Einzel 75, 12 Doppel DM95
Ausstattung: Dusche/WC, Telefon, TV
Kreditkarten: Amex, Diners, Eurocard, Visa

■ Hotel Weber
Jahnstr. 22
☎ 0221/233282, Fax 230060
Preise: 12 Einzel 60-95, 16 Doppel DM 100-160
Ausstattung: ~Dusche/WC, Telefon, Radio
Besonderes: Garni-Hotel

■ Im Kupferkessel
Propsteigasse 6
☎ 0221/135338, Fax 125121
Preise: 10 Einzel 48-78, 3 Doppel DM 105
Ausstattung: ~Dusche/WC, Telefon, TV
Kreditkarten: Amex, Diners, Eurocard, Visa

■ Hotel Matheisen
In der Lohn 45-47, Worringen

☎ 0221/781061+9780020, Fax 9780026
Preise: 2 Einzel 78, 10 Doppel DM 132
Ausstattung: Dusche/WC, Telefon, Radio, TV
Besonderes: Restaurant, Bar, Parkplätze
Geschlossen: Ruhetag Mittwoch
Kreditkarten: Amex, Diners, Eurocard, Visa

■ Linderhof
linder Mauspfad 91

☎ 02203/64301, Fax 67413
Preise: 4 Einzel 75, 8 Doppel 150,
1 Apartment DM 220
Ausstattung: ~Dusche/WC, Radio, TV
Besonderes: Restaurant und Bar für Hotelgäste,
Parkplätze

■ Hotel Hubertushof
Mühlenbach 30

☎ 0221/217386, Fax 218955
Preise: 7 Einzel 50-60, 9 Doppel DM 140-160
Ausstattung: ~Dusche/WC, Telefon

■ Hotel Berg
Brandenburger Str. 6

☎ 0221/121124, Fax 1390011
Preise: 8 Einzel 55-85, 12 Doppel DM 85-140
Ausstattung: ~Dusche, Telefon, Radio
Besonderes: Garagen
Geschlossen: 15.12. - 10.1.
Kreditkarten: Amex, Eurocard, Visa, JCB, Diners

■ Hotel Brandenburger Hof
Brandenburger Str. 3-4

☎ 0221/122889, Fax 135304
Preise: 12 Einzel 65-80, 20 Doppel DM 85-120
Ausstattung: ~Dusche/WC
Besonderes: Parkplätze, Mehrbettzimmer
Geschlossen: Weihnachten bis Neujahr

■ Gasthaus Krone
St.-Tönnis-Str. 12, Worringen

☎ 0221/9783000, Fax 786475
Preise: 3 Einzel 75, 6 Doppel DM 120
Ausstattung: Dusche/WC, Telefon, TV, Radio
Besonderes: Café von 15-19 Uhr geöffnet,
Parkplätze
Kreditkarten: Amex, Diners, Eurocard, Visa

Bad König   ✉ 64732
Hessen   Seite 15/C 1

■ Hotel Büchner Haus Ursula
Frankfurter Str. 6

☎ 06063/729+5583, Fax 57101
Preise: 7 Einzel 65-75, 17 Doppel 114-136, 1 Appartement 176,
Halbpension 18, Vollpension DM 32
Ausstattung: Bad/WC, Telefon, Radio, ~TV, Balkon
Besonderes: Restaurant 11-22 Uhr, Schwimmbad, Sauna, Solarium,
Fitneßraum, Parkplätze, Garagen, Liegewiese

■ Zur Post Hauswiesenweg 14-18, Momart
☎ 06063/1510, Fax 3785
Preise: 3 Einzel 47, 8 Doppel 84, Halbpension 13, Vollpension DM 22
Ausstattung: Dusche/WC, TV, Balkon
Besonderes: Restaurant, Terrasse, Liegewiese, Parkplätze, Garagen
Geschlossen: Montag Ruhetag

Königsberg ✉ 97486
Bayern Seite 12/A 3

■ Herrenschenke Marienstraße 3
☎ 09525/371
Preise: 8 Doppel DM 80, als Einzel DM 40
Ausstattung: Du/Bad, WC, Telefon
Besonderes: Restaurant mit vegetarischer Küche

Königsbrunn ✉ 86343
Bayern Seite 16/A 2

■ Gasthof Krone Hauptstr. 44
☎ 08231/86060, Fax 86197
Preise: 15 Einzel 60, 18 Doppel DM 105,
Halbpension 15, Vollpension DM 30
Ausstattung: Dusche/WC, Telefon, ~TV
Besonderes: Restaurant, Bar, Kegelbahnen, Parkplätze, Garagen
Geschlossen: 18. August bis 5. September 1994
Kreditkarten: Amex, Eurocard, Visa

Königsfeld ✉ 78126
Baden-Württemberg Seite 15/C 2

■ Hotel-Kurpension Gebauer-Trumpf Bismarckstr. 10-12
☎ 07725/7607, Fax 2533
Preise: 13 Einzel 90, 7 Doppel 160, 1 Apartment 200, Halbpension 27,
Vollpension DM 42
Ausstattung: Dusche/WC, Radio, ~TV, Balkon
Besonderes: ruhige Lage am Kurpark, Diätküche, Parkplätze, Garagen,
Liegewiese

■ Pension Schiller Albert-Schweitzer-Str. 4
☎ 07725/9387, Fax 938770
Preise: 3 Einzel 60-66, 6 Doppel DM 110-130
Ausstattung: Dusche/WC, Telefon, Balkon
Besonderes: Terrasse, Parkplätze, 2 Ferienwohnungen
Geschlossen: 15. November bis 26. Dezember

■ Waldhotel Hembach Ostlandstr. 8
☎ 07725/7035
Preise: 4 Einzel DM 72-90
Ausstattung: Bad/WC, Telefon
Besonderes: Terrasse, Hallenschwimmbad, Sauna, Parkplätze

■ **Waldhof** Nägelsee 2, Buchenberg
☎ 07725/7831
Preise: 1 Einzel 48, 6 Doppel DM 80,
Halbpension und Vollpension auf Anfrage
Ausstattung: Dusche/WC, Telefon, ~TV
Besonderes: Restaurant, Terrasse, Liegewiese, Parkplätze, Garagen,
Apartment und Ferienwohnungen
Geschlossen: Februar

Königstein ⊠ 61462
Hessen Seite 11/C 3

■ **Hotel-Pension Vogelsberg** Elbhäuser Weg 20
☎ 035021/68232, Fax 68232
Preise: 2 Einzel 38, 7 Doppel DM 76-110, Halbpension DM 12
Ausstattung: ~Dusche/WC, Radio, TV möglich
Besonderes: Terrasse, Liegewiese, Restaurant für Hausgäste, Kinderspiel-
platz, Tiere erlaubt

Königstein ⊠ 92281
Bayern Seite 16/B 1

■ **Gasthof-Café zur Post** Marktplatz 2
☎ 09665/741
Preise: 2 Einzel 29, 11 Doppel 58, 2 Appartements DM 70,
Halbpension und Vollpension möglich
Ausstattung: Dusche/WC, Radio, TV, ~Balkon
Besonderes: Restaurant, Terrasse, Liegewiese, Parkplätze, Garagen
Geschlossen: 5.1. - 28.1.

■ **Gasthof Reif** Oberer Markt 5
☎ 09665/252
Preise: 3 Einzel 34, 10 Doppel 64, Halbpension 8, Vollpension DM 12
Ausstattung: Dusche/WC, ~TV, ~Balkon
Besonderes: Restaurant, Terrasse, Liegewiese, Sauna, Solarium,
Parkplätze, Garagen, Tennisplatz, 3 Apartments
Geschlossen: November bis Mitte Dezember

■ **Wilder Mann** Oberer Markt 1
☎ 09665/237, Fax 647
Preise: 8 Einzel 44, 11 Doppel 78, 4 Apartments DM 88
Ausstattung: Bad/WC, Telefon, Radio
Besonderes: Lift, Konferenzraum 25, Terrasse, Sauna, Solarium,
Fitneßraum, eigene Jagd, eigene Metzgerei, Parkplätze,

Königswinter   ✉ **53639**

Nordrhein-Westfalen   Seite 10/B 2

■ Hotel Gertrudenhof   Kantering 36
☎ 02223/4180+21460, Fax 3853
Preise: 10 Einzel 55-85, 10 Doppel 125-160, Halbpension 25,
    Vollpension DM 45
Ausstattung: ~Dusche/Bad/WC, TV, Radio
Besonderes: Restaurant 12-23 Uhr, Bar 12-24 Uhr, Konferenzraum, Garten,
    Parkplätze, Liegewiese
Kreditkarten: Amex

■ Hotel Rheingold   Drachenfelsstr. 36
☎ 02223/23048+49, Fax 3488
Preise: 2 Einzel ab 75, 21 Doppel ab 130, Halbpension 20,
    Vollpension DM 30
Ausstattung: Dusche/WC, Telefon, ~Radio, ~TV
Besonderes: Restaurant bis 1 Uhr, Terrasse, Liegewiese, Parkplätze
Kreditkarten: Amex, Diners, Eurocard, Visa

Bad Kösen   ✉ **06628**

Sachsen-Anhalt   Seite 14/B 3

■ Hotel Kurgarten am Walde   Eckartsbergstr. 4
☎ 034463/27334, Fax 27289
Preise: 5 Einzel 80, 6 Doppel DM 140, Halbpension mögl.
Ausstattung: Dusche/Bad/WC, Telefon, TV
Besonderes: Restaurant 11-23 Uhr, Terrasse, Parkplätze

■ Zum Wehrdamm   Loreleypromenade 3
☎ 034463/28405, Fax 28396
Preise: 2 Einzel ab 75, 2 Doppel DM ab 100, 4 Appartements DM 120
    Halbpension möglich
Ausstattung: Dusche/WC, Telefon, TV, ~Balkon
Besonderes: Restaurant, Terrasse, Parkplätze

Kötzting   ✉ **93444**

Bayern   Seite 17/C 1

■ Am Steinbachtal   Steinbach 2
☎ 09941/1694
Preise: 5 Einzel 44-48, 42 Doppel DM 82-95
Ausstattung: Bad/WC
Besonderes: Lift, Terrasse, Garten, Sauna, Solarium, Fitneßraum, Parkplätze
Geschlossen: 1. November bis 15. Dezember

■ Hotel Amberger Hof   Torstr. 2
☎ 09941/950-0, Fax 950-110
Preise: 3 Einzel 68, 30 Doppel DM 116, Halbpension und Vollpension
    möglich
Ausstattung: Dusche/WC, Telefon, TV, Balkon
Besonderes: Restaurant, Terrasse, Liegewiese, Parkplätze, Garagen, Lift
Kreditkarten: Eurocard

Bad Kohlgrub ✉ 82433

Bayern

Seite 16/A 3

■ **Hotel-Restaurant Pfeffermühle**   Trillerweg 10
☎ 08845/668, Fax 1047
Preise: 5 Einzel 48-60, 4 Doppel 110-120, Halbpension DM 27
Ausstattung: Dusche/WC, Telefon, ~TV, Balkon
Besonderes: Restaurant ab 18 Uhr, Terrasse, Parkplätze, Garagen,
             Ferienwohnungen
Geschlossen: 1. November bis 26. Dezember und 10. Januar bis 1. Februar

■ **Kurhotel Gertraud**   Kehrerstr. 22
☎ 08845/850, Fax 8544
Preise: 6 Einzel 60-75, 11 Doppel 103-144, Halbpension DM 20
Ausstattung: Dusche/WC, Telefon, Radio, TV, Minibar, Balkon
Besonderes: Terrasse, Liegewiese, Parkplätze

Kohren-Salis ✉ 04655

Sachsen

Seite 12/B 2

■ **Hotel Elisenhof**   Nr. 27, Terpitz
☎ 034344/61439
Preise: 5 Einzel 120, 8 Doppel DM 160
Ausstattung: Restaurant, Terrasse, Liegewiese, Minibar, Balkon, Radio
Besonderes: Restaurant, Terrasse, Parkplätze
Kreditkarten: Amex, Eurocard

Koitzsch ✉ 01936

Sachsen

Seite 13/C 2

■ **Gasthof zum Brüderchen**   Kamenzer Str. 6, Koitzsch
☎ 035795/2875
Preise: 6 Einzel 80, 6 Doppel DM 140
Ausstattung: Dusche/WC, Telefon, TV, Minibar
Besonderes: Restaurant, Bar, Sauna, Solarium, Parkplätze, Garagen,
             Fitneßraum
Kreditkarten: Amex, Eurocard

Kolbermoor
Bayern

✉ **83059**
Seite 16/B 3

■ **Hotel Heider**   Rosenheimer Str. 35
☎ 08031/96076-77, Fax 91410
Preise: 12 Einzel 79-95, 26 Doppel DM 129-140, 6 Appartements DM 180 - 280
Ausstattung: Dusche/WC, Telefon, ~TV
Besonderes: Parkplätze, Garagen, Liegewiese, garni
Geschlossen: Mitte Dezember bis Mitte Januar
Kreditkarten: Eurocard, Amexco

Kollnburg
Bayern

✉ **94262**
Seite 17/C 1

■ **Gasthof-Pension Zum Bräu**   Viechtacher Str. 6
☎ 09942/5071, Fax 5074
Preise: 5 Einzel 40, 35 Doppel 72, Halbpension 15, Vollpension DM 22
Ausstattung: Dusche/WC, Telefon, ~TV, Balkon
Besonderes: Restaurant 10-24 Uhr, Frühstücksbuffet, eigene Metzgerei, Sauna, Solarium, Parkplätze, Kegelbahnen
Geschlossen: November
Kreditkarten: Eurocard

Konstanz
Baden-Württemberg

✉ **78465**
Seite 15/D 3

■ **Hotel Deutsches Haus**   Marktstätte 15
☎ 07531/27065, Fax 27266
Preise: 27 Einzel 65-85, 15 Doppel DM 150
Ausstattung: Dusche/WC, Telefon, TV, Minibar
Besonderes: Garagen
Kreditkarten: Amex, Diners, Eurocard, Visa, IBC

■ **Landhotel Traube**   Kapitän-Romer-Str. 9b, Dettingen
☎ 07533/3033, Fax 4565
Preise: 2 Einzel 60, 18 Doppel 120-130, Halbpension 18, Vollpension DM 28
Ausstattung: Dusche/WC, Telefon, TV, Radio, ~Balkon
Besonderes: Restaurant, Lift, Konferenzraum, Parkplätze, Garagen
Kreditkarten: Diners, Eurocard, Visa

■ **Graf Zeppelin**   St. Stephansplatz 15
☎ 07531/23780+16265, Fax 17226
Preise: 2 Einzel 70, 15 Doppel DM 120, Halbpension 21, Vollpension DM 40
Ausstattung: ~Dusche/WC
Besonderes: Restaurant, Bar, Parkplätze, Garagen, historisches Haus, Mehrbettzimmer
Kreditkarten: Amex, Diners, Eurocard, Visa

Konz

✉ 54329

Rheinland-Pfalz

■ **Parkhotel Müllenthaler** Granastr. 26
☎ 06501/2157, Fax 7882
Preise: 2 Einzel 65-75, 21 Doppel 110-120, Halbpension 25,
Vollpension DM 35
Ausstattung: Dusche/WC, Telefon, TV, Minibar, Balkon
Besonderes: Restaurant 12-14/18-22 Uhr, Bar, Terrasse, Parkplätze
Kreditkarten: Amex, Eurocard, Visa

Korbach

✉ 34497

Hessen

■ **Hotel Touric** Medebacher Landstr. 10
☎ 05631/8061
Preise: Einzel 88, 40 Doppel 140, Halbpension 20, Vollpension DM 33
Ausstattung: Dusche/WC, Telefon, TV, Radio, Minibar
Besonderes: Restaurant, Bar 17-1 Uhr, Frühstücksbuffet,
Parkplätze
Kreditkarten: Diners, Eurocard, Visa

■ **Landidyll-Hotel Zum Rathaus** Stechbahn 8
☎ 05631/50090, Fax 500959
Preise: 10 Einzel 70-130, 24 Doppel 135-150, 4 Appartements 200,
2 Suiten DM 180-200, Halbpension 27, Vollpension DM 50
Ausstattung: Dusche/Bad/WC, Telefon, Kabel-TV, ~Balkon
Besonderes: Restaurant, Bar ganztägig, Terrasse, Sauna,
Solarium, Wochenendarrangements, Parkplätze,
Garagen
Kreditkarten: Amex, Diners, Eurocard, Visa

Kornwestheim

✉ 70806

Baden-Württemberg

■ **Gasthof Altes Rathaus** Lange Str. 47
☎ 07154/6366
Preise: 16 Einzel 54-65, 10 Doppel DM 80-110
Ausstattung: ~Bad/WC, ~Telefon
Besonderes: Sauna, Parkplätze, Garagen

■ **Hotel Hasen** Christofstr. 22
☎ 07154/813835, Fax 813870
Preise: 9 Einzel 75, 13 Doppel DM 98
Ausstattung: Dusche/WC, Telefon, TV
Besonderes: Restaurant, Parkplätze

■ **Stuttgarter Hof** Stuttgarter Str. 130
☎ 07154/813800, Fax 813870
Preise: 13 Einzel 75, 9 Doppel DM 98
Ausstattung: ~Dusche/WC, Telefon, ~TV
Besonderes: garni, Parkplätze
Kreditkarten: Amex, Eurocard

Koserow

✉ **17459**

Mecklenburg-Vorpommern — Seite 9/D 2

■ **Forsthaus Damerow**, Damerow
☎ 038375/7337/7338, Fax 7339
Preise: 19 Doppel DM 80, 8 Appartements DM 100, 20 Ferienwohnungen DM 100, inkl. Frühstücksbuffet, Halbpension DM 25
Ausstattung: Du/Bad, WC, Telefon, Radio, TV, ~Balkon
Besonderes: Restaurant, Biergarten, Sauna, Solarium, Parkplätze
Kreditkarten: Amexco, Eurocard, Visa

Krautheim

✉ **74238**

Baden-Württemberg — Seite 15/D 1

■ **Landgasthof Zur Krone** — König-Albrecht-Str. 3
☎ 06294/362, Fax 1623
Preise: 1 Einzel 44, 6 Doppel 82, Halbpension 20, Vollpension DM 28
Ausstattung: ~Dusche/WC, Telefon
Besonderes: Restaurant 9-22 Uhr, Bar nach Bedarf, heimische und internationale Küche, Diätküche, Vegetarier-Karte,
Kreditkarten: Eurocard

Krefeld

✉ **47807**

Nordrhein-Westfalen — Seite 10/A 2

■ **Hotel Villa Medici** — Schönwasserstr. 73
☎ 02151/50660, Fax 506650
Preise: 4 Einzel 100, 5 Doppel DM 140-150
Ausstattung: Dusche/WC, Telefon, TV
Besonderes: Restaurant, Terrasse, Parkplätze
Geschlossen: 3 Wochen in den NRW-Sommerferien
Kreditkarten: Amex, Diners, Eurocard, Visa

■ **Imperial** — Bahnhofstr. 60a, Uerdingen
☎ 02151/43523, Fax 480973
Preise: 18 Einzel 80, 9 Doppel DM 140
Ausstattung: ~Dusche, Bad/WC, Telefon, TV
Besonderes: Restaurant 18-24 Uhr, Frühstücksbuffet, Parkplätze, Garagen
Geschlossen: 20. Dezember bis 3. Januar
Kreditkarten: Amex, Diners, Eurocard, Visa

Kressbronn

✉ **88079**

Baden-Württemberg — Seite 15/D 3

■ **Gasthaus Krone** — Hauptstr. 41
☎ 07543/6420
Preise: 5 Einzel 55-90, 19 Doppel DM 100-160 Halbpension DM 16
Ausstattung: Dusche/WC, Telefon, Radio, TV, Minibar
Besonderes: Restaurant 9-1 Uhr, Bar, Schwimmbad, Kegeln, Parkplätze, Garagen, Liegewiese, Ferienwohnungen
Geschlossen: Ende Oktober - Ende November
Kreditkarten: Diners, Eurocard, Visa

■ Hotel Seehof

Seestr. 25

☎ 07543/6480+5667, Fax 54126
Preise: 3 Einzel 80-95, 15 Doppel 126-142, Halbpension DM 26
Ausstattung: ~Bad/WC, Telefon, TV, Balkon
Besonderes: Restaurant 18-21 Uhr, Terrasse, Parkplätze, Liegewiese

■ Bürgerstube Gohren

Tunauer Weg 618

☎ 07543/8645
Preise: 5 Einzel 65, 10 Doppel DM 100, 1 Ferienwohnung DM 130
Ausstattung: Dusche/WC, TV, Balkon
Besonderes: Restaurant, Terrasse, Parkplätze
Geschlossen: 8.3. - 16.3. + 18.10. - 17.11. + 24.12. - 30.12.95

■ Gasthaus Engel

Lindauer Straße 2

☎ 07543/6542
Preise: 1 Einzel DM 47, 10 Doppel DM 86-94, 4 Ferienwohnungen
Halbpension DM 17
Ausstattung: Du/Bad, WC
Besonderes: Restaurant, Liegewiese, Parkplätze, Mehrbettzimmer
Geschlossen: 24.12.-1.2.

Kreuth

✉ **83708**

Bayern

Seite 16/B 3

■ Gästehaus Eck-Handlhof

Kreuth

☎ 08029/232
Preise: 4 Einzel 30-33, 11 Doppel DM 49-52
Ausstattung: Dusche/Bad/WC, Telefon, Balkon
Besonderes: Liegewiese, Pferdeschlittenfahrten, Aufenthaltsraum mit
Farb-TV, Parkplätze, Garagen
Kreditkarten: Amex, Diners, Eurocard, Visa

■ Gästehaus Willi Lesch

Am Riedlerberg 8, Riezlern

☎ 08029/319, Fax 319
Preise: 5 Doppel DM 135-155, 5 Appartements DM 110-130
Ausstattung: Dusche/Bad/WC, Telefon, TV, Balkon
Besonderes: Liegewiese, Parkplätze, Garagen, Leihfahrräder, Sauna, So-
larium, Fitnessraum, Kosmetik, Fußpflege, Massagen

■ Haus Göttfried

Südl. Hauptstr. 2

☎ 08029/293
Preise: 9 Doppel DM 80, als Einzelzimmer möglich, Halbpension und
Vollpension möglich
Ausstattung: Dusche/Bad/WC
Besonderes: Restaurant, Caféterrasse, Liegewiese, Schwimmbad, Sauna,
Solarium, Parkplätze, Garagen

■ Haus Hildegard Stecher

Jodlweg 12, Scharling

☎ 08029/1397
Preise: 2 Doppel DM 46-54
Ausstattung: Dusche/Bad/WC, Balkon
Besonderes: Terrasse, Liegewiese, Parkplätze, Garagen

■ Haus Kreidl-Räß — Weissachaustr. 19, Riedlern
☎ 08029/277
Preise: 3 Doppel ab DM 72
Ausstattung: Dusche/Bad/WC, Telefon, Balkon
Besonderes: Terrasse, Liegewiese, Parkplätze, Garagen

■ Haus Oefler — Felserweg 12, Enterfels
☎ 08029/712
Preise: 1 Einzel 45, 2 Doppel DM 76-83
Ausstattung: Dusche/Bad/WC, Telefon, Balkon
Besonderes: Parkplätze

■ Haus Waldfried — Mühlauerweg 20, Riezlern
☎ 08029/311
Preise: 1 Einzel 25, 5 Doppel DM 40
Ausstattung: Dusche/Bad/WC, Telefon, Balkon
Besonderes: Terrasse, Liegewiese, Parkplätze, Garagen

Bad Kreuznach ✉ 55543
Rheinland-Pfalz — Seite 11/C 3

■ Oranienhof — Priegerpromenade 5
☎ 0671/30071
Preise: 18 Einzel ab 65, 9 Doppel ab DM 115
Ausstattung: ~Bad/WC, Telefon
Besonderes: Lift, Konferenzraum 100, Terrasse, ruhig, Parkplätze, Garagen

---

■ Michel Mort — Am Eiermarkt 9
☎ 0671/2388+89
Preise: 7 Einzel 90, 11 Doppel DM 150
Ausstattung: Dusche/WC, Telefon, TV, Radio, Minibar
Besonderes: Restaurant und Bar
Kreditkarten: Amex, Diners, Eurocard, Visa

Kronach ✉ 96317
Bayern — Seite 12/A 3

■ Bauer's Hotel und Restaurant — Kulbacher Str. 7
☎ 09261/94058, Fax 52298
Preise: 9 Einzel ab 85, 9 Doppel DM 132-142
Ausstattung: Dusche/WC, Telefon, TV, Minibar
Besonderes: Restaurant, Parkplätze
Kreditkarten: Amex, Diners, Eurocard, Visa

■ Sonne — Bahnhofstr. 2
☎ 09261/3434
Preise: 10 Einzel 50-70, 18 Doppel DM 90-120
Ausstattung: ~Bad/WC, Telefon
Besonderes: Konferenzraum 60, Parkplätze, Garagen

Kronberg

✉ **61476**

Hessen

Seite 11/C 3

■ **Hotel Schützenhof**

Friedrich-Ebert-Str. 1

☎ 06173/4968, Fax 941110
Preise: 8 Einzel 60-100, 6 Doppel DM 130-180
Ausstattung: ~Dusche/WC
Besonderes: Restaurant, Parkplätze

Bad Krozingen

✉ **79189**

Baden-Württemberg

Seite 14/B 3

■ **Hotel garni Biedermeier**

In den Mühlenmaten 12

☎ 07633/910300, Fax 910340
Preise: 8 Einzel 55-70, 4 Doppel 100-120, 11 Apartements DM 60-140
Ausstattung: Dusche/WC, Telefon, TV, Balkon
Besonderes: Terrasse, Liegewiese, Sauna, Solarium, Parkplätze, Garagen
Geschlossen: 10. Januar bis 15. Februar

■ **Hotel garni Quellenhof**

Schlatterstr. 17-19

☎ 07633/4176+4551, Fax 12338
Preise: 11 Einzel 59, 8 Doppel DM 95
Ausstattung: ~Dusche/WC, Telefon, Balkon
Besonderes: Liegewiese, Parkplätze, Garagen

■ **Hotel Haus Pallotti**

Thürachstr. 3-5

☎ 07633/4006-0, Fax 4006-10
Preise: 41 Einzel 65-85, 20 Doppel 146-150, 2 Apartments 140-160,
Halbpension DM 24
Ausstattung: Dusche/WC, Telefon, Radio, TV, ~Balkon
Besonderes: Restaurant 11.30-22 Uhr, Parkplätze, Garagen, Liegewiese, Massage
Kreditkarten: Amex, Diners, Eurocard, Visa

■ **Hotel Hofmann garni**

Litschgistr. 6

☎ 07633/3140, Fax 2123
Preise: 7 Einzel 70, 7 Doppel DM 130
Ausstattung: Dusche/WC, Telefon, Minibar, TV, Balkon
Besonderes: Liegewiese, Sauna, Massage, Kosmetik Parkplätze, Garagen
Geschlossen: Mitte Januar - Ende Februar
Kreditkarten: Amex, Eurocard, Visa, Diners

■ **Vier Jahreszeiten**

Herbert-Hellmann-Allee 24

☎ 07633/3186+4818, Fax 14438
Preise: 14 Einzel 55-115, 8 Doppel 110-165, Halbpension DM 22
Ausstattung: Dusche/WC, Telefon, TV, ~Balkon
Besonderes: Restaurant, Terrasse, Liegewiese, Parkplätze, Garagen
Geschlossen: Mitte Dezember bis Mitte Januar

■ **Hotel Rössle Garni**

Basler Straße 18

☎ 07633/3103/3115, Fax 2123
Preise: 4 Einzel DM 70, 5 Doppel DM 130, 3 Appartements DM 145
Ausstattung: Du/Bad, WC, Telefon, Radio, TV, Minibar, Balkon
Besonderes: Parkplätze
Kreditkarten: Amexco, Diners, Eurocard, Visa

Krün

Bayern

■ **Alpengasthof Barmsee**   Am Barmsee 4
☎ 08825/2034+35, Fax 879
Preise: 4 Einzel 50-62, 17 Doppel 90-124, 1 Appartement DM 124,
                1 Ferienwohnung 110, Halbpension 14, Vollpension DM 28
Ausstattung: Dusche/Bad/WC, Telefon, Radio, ~TV, Balkon
Besonderes: Restaurant 7.30-23 Uhr, Frühstücksbuffet, Terrasse,
                Liegewiese, Sauna, Solarium, Fahrradverleih, ruhig,
Geschlossen: 18. bis 30. April und 23. Oktober bis 21. Dezember

---

■ **Bayerischer Hof**   Walchenseestr. 36
☎ 08825/1043, Fax 1055
Preise: 3 Einzel 60, 15 Doppel 110, Halbpension DM 16
Ausstattung: Bad/WC, Telefon, Balkon
Besonderes: Terrasse, Liegewiese, Sauna, Solarium, Parkplätze
Geschlossen: 31. Oktober bis 20. Dezember
Kreditkarten: Eurocard

■ **Hotel Schönblick**   Soiernstr. 1
☎ 08825/92220, Fax 922298
Preise: 9 Einzel 44-48, 10 Doppel DM 78-88
Ausstattung: Dusche/WC, Telefon, TV, Balkon
Besonderes: ruhig, garni, Parkplätze, Garagen, Liegewiese, Fitneß-Raum,
                6 Ferienwohnungen

■ **Alpenhof**   Edelweißstraße 11
☎ 08825/1014, Fax 1016
Preise: 11 Einzel DM 67, 27 Doppel DM 130, 2 Appartements DM 90
                Halbpension DM 15, Vollpension DM 20
Ausstattung: Du/Bad, WC, Telefon, Balkon, TV möglich
Besonderes: Terrasse, Liegewiese, Schwimmbad, Sauna, Parkplätze, ruhig
                und zentral gelegen
Geschlossen: 22.10.-20.12.95 + 2.4.-5.5.95

Krumbach

Bayern

■ **Gasthof Diem**   Kirchenstr. 5
☎ 08282/3060, Fax 2754
Preise: 12 Einzel 50-70, 15 Doppel DM 95-115, Halbpension und
                Vollpension möglich, inkl. Frühstücksbuffet
Ausstattung: Dusche/WC, Telefon, TV
Besonderes: Restaurant, Biergarten, Terrasse, Sauna, Solarium, eigene
                Metzgerei, Parkplätze, Garagen, Lesezimmer
Kreditkarten: Eurocard

■ **Gasthof Falk**   Heinrich-Sinz-Str. 4
☎ 08282/2011, Fax 2024
Preise: 5 Einzel 60, 12 Doppel 108, Halbpension 12, Vollpension
               DM 24
Ausstattung: Dusche/WC, Telefon, TV
Besonderes: Restaurant, Terrasse, Liegewiese, Parkplätze, Garagen, in
               der Nähe Golfplatz
Kreditkarten: Amex, Eurocard

Küps   ✉ **96328**
Bayern   Seite 12/A 3

■ **Hotel Hubertus**   Hubertusstr. 7, Oberlangenstadt
☎ 09264/568, Fax 8338
Preise: 4 Einzel ab 80, 20 Doppel 120, Halbpension DM 15
Ausstattung: Dusche/WC, Telefon, TV, Balkon
Besonderes: Restaurant, Terrasse, Liegewiese, Schwimmbad, Sauna,
               Parkplätze, Garagen, Reiterhof und Golfplatz in der Nähe
Kreditkarten: Amex, Eurocard

Kulmbach   ✉ **95326**
Bayern   Seite 12/B 3

■ **Hotel Christl**   Bayreuther Str. 7
☎ 09221/7955+56, Fax 66402
Preise: 12 Einzel 53, 12 Doppel 120, 2 Apartments DM 130
Ausstattung: Dusche/WC, Telefon, TV, Minibar, +Balkon
Besonderes: Parkplätze, Garagen, Liegewiese
Kreditkarten: Amex, Eurocard, Visa

■ **Ferienhotel Röhrleinshof**   Eichholz 6
☎ 09227/895+896, Fax 73355
Preise: 10 Einzel 75, 20 Doppel DM 150,
               Halbpension 20, Vollpension DM 35
Ausstattung: Dusche/WC, Telefon, TV, Minibar, ~Balkon
Besonderes: Restaurant, Bar, Terrasse, Liegewiese, Ferienwohnungen
               Schwimmbad, Sauna, Solarium, Parkplätze, Apartments

Kunreuth   ✉ **91358**
Bayern   Seite 16/A 1

■ **Berg-Gasthof Hötzelein**   Auf dem Regensberg 10, Regensberg
☎ 09199/531, Fax 1705
Preise: 7 Einzel 80-85, 24 Doppel 110-135, 1 Appartement DM 150
Ausstattung: Dusche/WC, Telefon, TV
Besonderes: Restaurant, Terrasse, Liegewiese, Sauna, Parkplätze, Garagen
               Ferienwohnungen
Geschlossen: 24. November bis 24. Dezember
Kreditkarten: Amex, Visa

Kupferzell
Baden-Württemberg

✉ **74635**

■ **Landgasthof Krone**   Hauptstr. 40, Eschental
☎ 07944/670, Fax 6767
Preise: 9 Einzel 32-74, 22 Doppel 90-120, 1 Appartement DM 150,
                  Halbpension und Vollpension möglich
Ausstattung: ~Dusche/WC, Telefon, TV, ~Minibar, ~Balkon
Besonderes: Restaurant, Terrasse, Parkplätze
Kreditkarten: Eurocard

Kusel
Rheinland-Pfalz

✉ **66869**

■ **Hotel Rosengarten**   Bahnhofstr. 38
☎ 06381/2933
Preise: 13 Einzel 50, 13 Doppel DM 95, Halbpension und Vollpension
                  möglich
Ausstattung: ~Bad/WC
Besonderes: Restaurant, Parkplätze, Garagen

Laboe
Schleswig-Holstein

✉ **24235**

Seite 8/A 1

■ **Seeterrassen** Strandstr. 84-86
☎ 04343/6070, Fax 60770
Preise: 10 Einzel ab DM 65, 30 Doppel
Ausstattung: Dusche/WC, Telefon, TV, ~Balkon
Besonderes: Restaurant, Terrasse, Sauna, Solarium, Parkplätze, Garagen
Kreditkarten: Eurocard

Ladbergen
Nordrhein-Westfalen

✉ **49549**

Seite 10/B 1

■ **Hotel Gasthaus Zur Post** Dorfstr. 11
☎ 05485/9393-0, Fax 9393-92
Preise: 4 Einzel 70-90, 20 Doppel DM 120-160, Halbpension und
Vollpension möglich
Ausstattung: Dusche/WC, ~B/Telefon, TV, ~Balkon
Besonderes: Restaurant 12-14, 18-22 Uhr, Konferenzraum 30,
Parkplätze, Garagen, Liegewiese
Geschlossen: 2.-16.1.
Kreditkarten: Diners, Eurocard, Visa

Ladenburg
Baden-Württemberg

✉ **68526**

Seite 15/C 1

■ **Im Lustgarten** Kirchenstr. 6
☎ 06203/5974, Fax 2037
Preise: 8 Einzel 70-90, 11 Doppel DM 95-140
Ausstattung: Bad/WC, Telefon, ~TV
Besonderes: Restaurant 15-23 Uhr geöffnet, Garten, Parkplätze, Café
Geschlossen: 3 Wochen Juli/August und 3 Wochen Dezember/Januar
Kreditkarten: Amex, Diners, Eurocard, Visa

Bad Laer
Niedersachsen

✉ **49196**

Seite 11/C 1

■ **Haus Becker** Thieplatz 13
☎ 05424/9096, Fax 9195
Preise: 18 Einzel 70-80, 17 Doppel DM 130-160, 2 Appartement DM 170
Ausstattung: Bad/WC
Besonderes: Lift, Terrasse, Hallenschwimmbad, Sauna, Solarium, Tennis,
ruhig, Parkplätze, Garagen
Geschlossen: 20.11. - 18.2.

■ **Haus Große Ketterer** Am Kurpark
☎ 05424/8070, Fax 80777
Preise: 9 Einzel 74, 22 Doppel 122, Halbpension DM 10
Ausstattung: Dusche/WC, Telefon, TV, Balkon
Besonderes: Terrasse, Liegewiese, Schwimmbad, Sauna, Solarium,
Parkplätze, Garagen
Geschlossen: 20.12.-6.1.96
Kreditkarten: Eurocard, Visa, Amexco

■ Hotel Lindenhof Winkelsettener Ring 9
☎ 05424/9107+9484, Fax 7996
Preise: 11 Einzel 65-80, 12 Doppel 115-135, Halbpension 12,
 Vollpension DM 22
Ausstattung: Dusche/WC, Telefon, TV, Balkon
Besonderes: Restaurant, Terrasse, Liegewiese, Sauna, Solarium,
 Parkplätze, Garagen
Kreditkarten: Amex, Diners, Eurocard

Lage ✉ 32791
Nordrhein-Westfalen Seite 11/C 1

■ Haus Berkenkamp Im Heßkamp 50, Hörste
☎ 05232/71178
Preise: 10 Einzel 54-58, 10 Doppel DM 102-110
Ausstattung: Dusche/Bad/WC, ~Balkon
Besonderes: Kinderspielplatz, Leihfahrräder, Damwildgehege, ruhig,
 Hausschlachtung, Halb- und Vollpension nach Vereinbarung,

Lahnstein ✉ 56112
Rheinland-Pfalz Seite 10/B 3

■ Kaiserhof Hochstr. 9, Oberlahnstein
☎ 02621/92000, Fax 920030
Preise: 2 Einzel 50, 15 Doppel DM 100-140
Ausstattung: Bad/WC, ~Telefon, ~TV
Besonderes: Konferenzraum, Parkplätze, Restaurant

■ Straßburger Hof Koblenzer Str. 2, Niederlahnstein
☎ 02621/7070
Preise: 6 Einzel 70, 20 Doppel DM 120
Ausstattung: Bad/WC, Telefon
Besonderes: Konferenzraum, Parkplätze, Garagen, Restaurant

Lahr ✉ 77933
Baden-Württemberg Seite 15/C 2

■ Am Westend Schwarzwaldstr. 97
☎ 07821/43086, Fax 51709
Preise: 17 Einzel 85, 13 Doppel DM 124, 4 Appartements DM 148
Ausstattung: Bad/WC, Telefon, Radio, TV
Besonderes: Appartements, Lift, Restaurant 18-22 Uhr, Terrasse,
 Parkplätze, Garagen
Kreditkarten: Amex, Eurocard, Visa

■ Zum Schwanen Gärtnerstr. 1
☎ 07821/21074, Fax 37617
Preise: 20 Einzel ab 80, 40 Doppel ab DM 120, Halbpension und
 Vollpension nach Vereinbarung
Ausstattung: Bad/WC, Telefon, TV, Minibar, ~Balkon
Besonderes: Restaurant, Terrasse, Parkplätze, Garagen
Kreditkarten: Amex, Diners, Eurocard, Visa

Lalling

✉ **94551**

Bayern

Seite 17/C 2

■ **THULA-Sporthotel** An der Ranzinger Berg Straße
☎ 09904/323, Fax 323
Preise: Einzel 55, 13 Doppel DM 110, 2 Appartements, inkl. Frühst.
Ausstattung: Bad/WC, Radio, ~TV, ~Minibar, ~Balkon
Besonderes: Terrasse, Hallenschwimmbad, Sauna, Tennis, Garagen
Geschlossen: 1.11. - 20.12.

Lam

✉ **93462**

Bayern

Seite 17/C 1

■ **Bräukeller** Marktplatz 16
☎ 09943/512
Preise: Einzel 37-40, Doppel DM 72-75
Ausstattung: Bad/WC
Besonderes: Sauna, Solarium, Kegeln, garni, Parkplätze

■ **Ferienhotel Bayerwald** Arberstr. 73
☎ 09943/712, Fax 8366
Preise: 10 Einzel 47-70, 50 Doppel 92-120, Halbpension DM 19
Ausstattung: Bad/WC, Telefon, TV
Besonderes: Restaurant 11.30-14, 18-20.30 Uhr, Frühstücksbuffet,
Terrasse, Liegewiese, Hallenschwimmbad, Sauna, Dampfbad,
Geschlossen: Mitte November bis Mitte Dezember
Kreditkarten: Amex, Diners, Eurocard

■ **Gästehaus Schrötter** Arberstr. 39
☎ 09943/1250
Preise: 1 Einzel 40, 10 Doppel DM 80
Ausstattung: Bad/WC, Telefon
Besonderes: Café, Terrasse, Sauna, Solarium, Parkplätze, Garagen,
Ferienwohnungen
Geschlossen: 12. November-10. Dezember

■ **Sonnbichl** Lambacher Str. 31
☎ 09943/733+734, Fax 8249
Preise: 5 Einzel 60, 30 Doppel DM 100, 5 Appartements DM 130
Ausstattung: Bad/WC, Telefon, Radio
Besonderes: Lift, Konferenzraum, Sauna, Solarium, Massage, Fitneßraum,
Parkplätze, Liegewiese, Restaurant
Geschlossen: 3.11. - 17.12.

■ **Hotel Post** Marktplatz 6
☎ 09943/1215, Fax 3940
Preise: 5 Einzel DM 45, 17 Doppel DM 84, 2 Ferienwohnungen DM 75-85
Halbpension DM 15, Vollpension DM 25
Ausstattung: Du/Bad, WC, Telefon, ~Balkon
Besonderes: Restaurant, Liegewiese, Sauna, Solarium, Parkplätze
Geschlossen: November

Landau   ✉ 94405

Bayern   Seite 17/B 2

■ **Gästehaus Numberger**   Dr.-Aicher-Str. 2
☎ 09951/8038+9802-0, Fax 9802-200
Preise: 10 Einzel 62, 10 Doppel DM 98-120
Ausstattung: Dusche/WC, Telefon, TV, Radio, ~Minibar, ~Balkon
Besonderes: Parkplätze, Garagen, Terrasse, Liegewiese, garni
Geschlossen: Weihnachten bis Neujahr

Landau   ✉ 76829

Rheinland-Pfalz   Seite 15/C 1

■ **Hotel Brenner**   Linienstr. 16
☎ 06341/20039+20053, Fax 84091
Preise: 10 Einzel ab 80, 15 Doppel DM 140-160
Ausstattung: Dusche/Bad/WC, Telefon, TV
Geschlossen: 21. Juli bis 11. August 95
Kreditkarten: Eurocard, Visa

■ **Hotel Fürstenhof**   Reiterstr. 11-13
☎ 06341/4050, Fax 88814
Preise: 13 Einzel ab 75, 30 Doppel 140-160, Halbpension 12,50,
                Vollpension DM 25
Ausstattung: Dusche/Bad/WC, Telefon, TV, ~Balkon
Besonderes: Restaurant bis 23 Uhr, Konferenzraum 25-100, Garagen
Kreditkarten: Amex, Diners, Eurocard, Visa

Landkirchen   ✉ 23769

Schleswig-Holstein   Seite 8/B 1

■ **Hotel-Restaurant Zum grünen Jäger**   Avendorf 12, Landkirchen
☎ 04371/9677, Fax 1860
Preise: 3 Einzel 70-80, 22 Doppel DM 100-150
Ausstattung: Dusche/WC, TV
Besonderes: Restaurant, Terrasse, Liegewiese, Parkplätze
Geschlossen: November bis 1.März
Kreditkarten: Eurocard

Landscheid   ✉ 54526

Rheinland-Pfalz   Seite 10/B 3

■ **Eifel-Hotel Lamberty**   Brückenstr. 8, Niederkail
☎ 06575/4286
Preise: 2 Einzel ab DM 60, 20 Doppel
Ausstattung: Bad/WC, Telefon, Radio, Balkon
Besonderes: Terrasse, Liegewiese, Sauna, Solarium, Kegeln, Parkplätze,
                Garagen

■ **Waldhotel Viktoria**   Burgermühle
☎ 06575/641, Fax 8944
Preise: 7 Einzel 70, 45 Doppel 120-150, 3 Appartements 150,
Ausstattung: Dusche/WC, Telefon, TV, ~Minibar, ~Balkon
Besonderes: Restaurant, Terrasse, Liegewiese, Schwimmbad, Sauna,
                    Solarium, Parkplätze, Garagen
Kreditkarten: Amex, Diners, Eurocard, Visa

Landshut   ✉ 84032
Bayern   Seite 17/C 2

■ **Goldene Sonne**   Neustadt 520
☎ 0871/23087
Preise: 26 Einzel 57-85, 31 Doppel DM 95-130
Ausstattung: ~Bad/WC, ~TV, ~Telefon
Besonderes: Lift, Konferenzraum 100, Terrasse, Parkplätze

Landstuhl   ✉ 66849
Rheinland-Pfalz   Seite 14/B 1

■ **Hotel Christine**   Kaiserstr. 3
☎ 06371/3044
Preise: 5 Einzel ab 70, 20 Doppel DM 130
Ausstattung: Bad/WC, Telefon, Radio, TV
Kreditkarten: Amex, Diners, Eurocard, Visa

■ **Hotel Rosenhof**   Am Koehlwäldchen 6
☎ 06371/80010+2028, Fax 64641
Preise: 11 Einzel 80, 22 Doppel 120, Halbpension 25, Vollpension
                    DM 55
Ausstattung: Dusche/WC, Telefon, TV, Minibar
Besonderes: Restaurant, Terrasse, Liegewiese, Parkplätze, Garagen
Kreditkarten: Amex, Diners, Eurocard, Visa

■ **Hotel Zum Zuckerbäcker**   Hauptstr. 1
☎ 06371/12545+12555, Fax 17850
Preise: 6 Einzel 80, 15 Doppel 120, 2 Apartments DM 160
Ausstattung: Dusche/WC, Telefon, TV, Minibar, Balkon
Besonderes: Restaurant 10-14/18-22 Uhr, Bar, Terrasse, Parkplätze,
                    Garragen
Kreditkarten: Amex, Diners, Eurocard, Visa

Langelsheim   ✉ 38685
Niedersachsen   Seite 12/A 1

■ **Berghof Innerstetalsperre**   Langelsheim
☎ 05326/1047/48, Fax 2803
Preise: Einzel 80-95, 18 Doppel 130-150, Halbpension DM 25
Ausstattung: Dusche/WC, Telefon, Radio, TV
Besonderes: Restaurant, Sauna, Solarium, Parkplätze, Garagen, Liegewiese
Kreditkarten: Eurocard, Visa

■ **Hotel-Restaurant Graber**   Spanntal 15, Wolfshagen
☎ 05326/4140, Fax 7028
Preise: 7 Einzel 65, 21 Doppel 120, Halbpension DM 15
Ausstattung: Dusche/Bad/WC, Telefon, Radio, TV, Minibar, Balkon
Besonderes: Restaurant ab 9 Uhr, Bar ab 18 Uhr, Terrasse, Liegewiese,
                Schwimmbad, Sauna, ruhig, Parkplätze

■ **Im Tannengrund**   Am Borbergsbach 80, Wolfshagen
☎ 05326/4051
Preise: 3 Einzel ab 40, 26 Doppel DM 82-95
Ausstattung: Bad/WC, Telefon
Besonderes: Apartments, Terrasse, Hallenschwimmbad, Sauna, Solarium,
                Parkplätze

■ **Landgasthaus Granetalsperre**   Zur Granetalsperre 9, Astfeld
☎ 05326/85005, Fax 8173
Preise: 2 Einzel DM 60, 11 Doppel DM 120, Halbpension möglich
Ausstattung: Du/WC, Telefon, Radio, Balkon
Besonderes: Restaurant, TV-Raum, Terrasse, Liegewiese, Parkplätze

---

Langen   ✉ 63225
Hessen   Seite 11/C 3

■ **Hotel Scherer**   Mörfelder Landstr. 55
☎ 06103/71366+72025, Fax 74727
Preise: 15 Einzel ab 70, 15 Doppel DM 120-160
Ausstattung: ~Dusche/Bad/WC, Telefon

Langenargen   ✉ 88085
Baden-Württemberg   Seite 15/D 3

■ **Gasthof Hirsch**   Ortsstr. 1, Obersdorf
☎ 07543/9303-0, Fax 1620
Preise: 4 Einzel DM 65-85, 20 Doppel DM 96-140
Ausstattung: Bad/WC, TV, Telefon, Balkon
Besonderes: Terrasse, Parkplätze, Garagen

■ **Hotel Schwedi**   Langenargen
☎ 07543/2142, Fax 4667
Preise: 8 Einzel 80-95, 19 Doppel DM 130-180
Ausstattung: Bad/WC, TV, Telefon, Balkon
Besonderes: Terrasse, Schwimmbad, Sauna, Solarium, Restaurant,
                Parkplätze, Garagen
Geschlossen: 2. November bis Ende Januar
Kreditkarten: Eurocard, Visa

Langenau

Baden-Württemberg

✉ **89129**

Seite 16/A 2

■ **Hotel Pflug Garni**   Hindenburgstr. 56-60
☎ 07345/9500, Fax 950150
Preise: 13 Einzel 65, 15 Doppel DM 110
Ausstattung: Dusche/WC, Telefon, TV, Radio, Minibar
Besonderes: Restaurant, Parkplätze
Geschlossen: 24. Dezember bis 6. Januar
Kreditkarten: Diners, Eurocard, Visa

■ **Lobinger Hotel Weißes Roß**   Hindenburgstr. 29
☎ 07345/8010, Fax 80151
Preise: 20 Einzel 65-95, 55 Doppel DM 95-145, Halbpension und Voll-
                   pension möglich
Ausstattung: Dusche/WC, Telefon
Besonderes: Restaurant, Parkplätze, Garagen
Kreditkarten: Amex, Diners, Eurocard, Visa

Langenberg

Sachsen

✉ **09337**

Seite 12/B 2

■ **Gasthof Langenberg**   Str. des Friedens 9
☎ 03723/44445
Preise: 5 Einzel 40-50, 7 Doppel 60-80, Halbpension DM 25
Ausstattung: Dusche/WC, TV
Besonderes: Restaurant, viele Parkplätze

Lauba

Sachsen

✉ **02708**

Seite 13/D 2

■ **Ferienhotel Oberlausitz**   Halbauer Str. 13
☎ 035877/7393, Fax 7393
Preise: 2 Einzel 60, 5 Doppel 100, 2 Apartments DM 150
Ausstattung: Dusche/WC, Telefon, TV, Minibar
Besonderes: Restaurant, Liegewiese, Sauna, Solarium, Parkplätze
Kreditkarten: Eurocard, Mastercard

Laubach

Hessen

✉ **35321**

Seite 11/C 3

■ **Silencehotel Tannenhof**   Tannenhof 1, Gonterskirchen
☎ 06405/1732, Fax 3931
Preise: 2 Einzel 78, 7 Doppel 132, 2 Suiten 240-260,
                   Halbpension 18, Vollpension DM 32
Ausstattung: Dusche/WC, Telefon, TV, Minibar, Balkon, Radio
Besonderes: Restaurant, Terrasse, Liegewiese, Sauna, Solarium,
                   Parkplätze, Garagen
Kreditkarten: Amex, Diners, Eurocard, Visa

Laubenheim ✉ 55452

Rheinland-Pfalz

Seite 11/C 3

■ Hotel Traube   Naheweinstr. 66
☎ 06704/1228, Fax 1076
Preise: 6 Einzel 45-50, 8 Doppel DM 80-90
Ausstattung: Dusche/WC, Telefon
Besonderes: Restaurant, Parkplätze
Geschlossen: erste zwei Wochen im August

Lauda-Königshofen ✉ 97922

Baden-Württemberg

Seite 15/D 1

■ Gemmrigs Landhaus   Hauptstr. 68
☎ 09343/7051, Fax 7053
Preise: 3 Einzel 50, 2 Doppel DM 95
Ausstattung: Dusche/WC, Telefon, TV, Balkon
Besonderes: Restaurant, Parkplätze
Geschlossen: 18.-30.6.95, 1.-10.1.96

■ Hotel-Adler   Weinstr. 24, Beckstein
☎ 09343/2071, Fax 8907
Preise: 26 Einzel 55-68, 26 Doppel DM 90-106
Ausstattung: Bad/WC, Telefon, TV, Balkon
Besonderes: Restaurant, Terrasse, Parkplätze

■ Gästehaus Birgit   Am Nonnenberg 12
☎ 09343/998, Fax 990
Preise: Einzel 50-60, 12 Doppel 80-100, 1 Apartment DM 110
Ausstattung: Dusche/WC, Telefon, TV, balkon
Besonderes: Liegewiese, Parkplätze, garagen
Geschlossen: Januar

Lauf ✉ 77886

Baden-Württemberg

Seite 15/C 2

■ Gasthaus-Pension zur Linde   Schloßstr. 5
☎ 07841/24821, Fax 23220
Preise: 5 Einzel 50, 15 Doppel DM 90, Halbpension/Vollpension mögl.
Ausstattung: Dusche/WC, ~Telefon, ~Radio, ~Balkon
Besonderes: Restaurant, Terrasse, Weinbau, Parkplätze, Garagen
Geschlossen: 10. bis 30. November 1994

Lauf ✉ 91207

Bayern

Seite 16/B 1

■ Gasthof Grüner Baum   Untere Eisenstr. 3, Bullach
☎ 09126/9729, Fax 8030
Preise: 2 Einzel 70, 17 Doppel DM 100
Ausstattung: Dusche/WC, Telefon, Radio, TV
Besonderes: Restaurant, Kegelbahnen, Terrasse, Parkplätze, Garagen, Hotellift
Geschlossen: 24. Dezember bis 15. Januar, Dienstag nach Pfingsten 10 Tage
Kreditkarten: Eurocard, Visa

- **Gasthof Schwarzer Bär** Marktplatz 6
- ☎ 09123/2789, Fax 2799
Preise: 4 Einzel 45, 2 Doppel DM 65
Ausstattung: ~Dusche/WC, Telefon, Radio, TV
Besonderes: Restaurant ab 16 Uhr, Parkplätze
Geschlossen: 4 Wochen Dezember/Januar

Lauffen ✉ 74348
Baden-Württemberg Seite 15/D 1

- **Gästehaus Kraft** Nordheimer Str. 50
- ☎ 07133/98250, Fax 982523
Preise: 6 Einzel ab 50, 15 Doppel ab DM 90
Ausstattung: Dusche/WC, Telefon, ~TV
Besonderes: Parkplätze
Geschlossen: 24. Dezember bis 8. Januar

Lauingen ✉ 89415
Bayern Seite 16/A 2

- **Kannenkeller** Dillingerstraße 26, Lauingen
- ☎ 09072/4071
Preise: 15 Einzel 99, 15 Doppel DM 130, 1 Appartement
Ausstattung: Bad/WC, TV, Telefon, Radio, Minibar, Balkon
Besonderes: Konferenzraum 35, Parkplätze, Garagen, Restaurant

Laupheim ✉ 88471
Baden-Württemberg Seite 15/D 2

- **Zum Rothen Ochsen** Kapellenstr. 23
- ☎ 07392/6041, Fax 16765
Preise: 5 Einzel 78, 2 Doppel DM 130
Ausstattung: Dusche/WC, Telefon, TV
Besonderes: Restaurant, Bar

Lauterbach ✉ 36341
Hessen Seite 11/D 3

- **Hotel-Restaurant Jägerhof** Hauptstr. 9, Maar
- ☎ 06641/4055, Fax 62132
Preise: 3 Einzel 65-70, 25 Doppel 90-100, Halbpension ab 15,
Vollpension ab DM 25
Ausstattung: Dusche/WC, Telefon, TV, Minibar
Besonderes: Restaurant, Kegelbahnen, Parkplätze, Pauschalprogramme
Kreditkarten: Amex, Eurocard, Visacard

Lauterbach ✉ 78730

Baden-Württemberg · Seite 15/C 2

■ Hotel Holzschuh · Siebenlinden 2
☎ 07422/4440, Fax 21815
Preise: 4 Einzel 60, 6 Doppel 100-120, 2 Apartments DM 110-130,
Halbpension und Vollpension möglich
Ausstattung: Dusche/WC, Telefon, TV
Besonderes: Restaurant, Terrasse, Liegewiese, Schwimmbad, Parkplätze,
Garagen
Geschlossen: Mitte Oktober bis Mitte November
Kreditkarten: Diners, Eurocard, Visa

Bad Lauterberg ✉ 37431

Niedersachsen · Seite 12/A 2

■ Hotel Am Kurpark · Promenade 4
☎ 05524/2923, Fax 80939
Preise: 8 Einzel 70, 8 Doppel ab DM 120, 1 Appartement DM 140, 1 Fe-
rienwohnung DM 150
Ausstattung: Bad/WC, TV, Telefon, Radio
Besonderes: Garten, Sauna, Solarium, Parkplätze, Garagen, Restaurant

■ Brohm · Wiesenbek 5-6
☎ 05524/4081
Preise: 25 Einzel 60, 10 Doppel DM 105
Ausstattung: Bad/WC, Telefon
Besonderes: Lift, Konferenzraum, Terrasse, Hallenschwimmbad, Sauna,
Solarium, Massage, Parkplätze, Garagen

■ Kurhotel Riemann · Promenade 1
☎ 05524/3095+96
Preise: 10 Einzel 58-75, 20 Doppel DM 85-110
Ausstattung: ~Bad/WC, Telefon
Besonderes: Lift, Konferenzraum 80, Terrasse, Parkplätze, Garagen

Leck ✉ 25917

Schleswig-Holstein · Seite 7/B 1

■ Hotel Thoksten · Hauptstr. 31
☎ 04662/963
Preise: 11 Einzel 62, 7 Doppel DM 110
Ausstattung: Dusche/WC, Telefon, TV
Besonderes: Bar bis 23 Uhr, Parkplätze
Kreditkarten: Amex, Eurocard, Visa

Leer
Niedersachsen

✉ **26789**

Seite 7/A 3

■ **Central Hotel**   Am Pferdemarkt
☎ 0491/2370+2371
Preise: 6 Einzel DM 80, 9 Doppel DM 140, Halbpension DM 12, Vollpension DM 24
Ausstattung: Du/Bad, WC, Telefon, TV
Besonderes: Restaurant, Terrasse, Liegewiese, Parkplätze
Kreditkarten: Diners, Eurocard, Visa

Legau
Bayern

✉ **87764**

Seite 16/A 3

■ **Gasthof zum Löwen**   Marktplatz 3
☎ 08330/223
Preise: 4 Einzel ab 45, 9 Doppel DM 70
Ausstattung: Bad/WC
Besonderes: 8 Dreibettzimmer, Kegeln, eigene Metzgerei, Parkplätze, Garagen

Leibsch
Brandenburg

✉ **15910**

Seite 13/C 1

■ **Zum Goldenen Stern**   Hauptstr. 30
☎ 037-58693/751+535, Fax 751
Preise: 2 Einzel 60-80, 24 Doppel 100-120, 1 Appartement DM 135
Ausstattung: ~Dusche/WC, TV, Balkon
Besonderes: Restaurant, Terrasse, Sauna, Solarium, Parkplätze, Garagen

Leichlingen
Nordrhein-Westfalen

✉ **42799**

Seite 10/B 2

■ **Hotel Lindenhof**   Brückenstr. 9
☎ 02175/4308+6325, Fax 6325
Preise: 24 Einzel 60-95, 6 Doppel DM 100-130
Ausstattung: ~Bad/WC, Telefon, Radio, TV, Minibar, Balkon
Besonderes: Restaurant 18-24 Uhr geöffnet, Terrasse, Parkplätze
Kreditkarten: Amex, Diners, Eurocard, Visa

Leinsweiler
Rheinland-Pfalz

✉ **76829**

Seite 15/C 1

■ **Hotel-Restaurant Rebmann**   Weinstr. 8
☎ 06345/2530, Fax 7728
Preise: 2 Einzel 70, 7 Doppel 10, 1 Apartment DM 180, Halbpension DM 30
Ausstattung: Dusche/WC, Telefon, TV
Besonderes: Restaurant 11.30-14/17.30-21.30 Uhr, Terrasse, Parkplätze
Geschlossen: Januar
Kreditkarten: Eurocard

■ Silencehotel Leinsweiler Hof Weinstraße
☎ 06345/4090, Fax 3614
Preise: 10 Einzel 90-120, 60 Doppel 150-170, 10 Apartments 190,
Ausstattung: Dusche/WC, Telefon, TV, Minibar
Besonderes: Restaurant, Bar, Terrasse, Liegewiese, Schwimmbad, Sauna,
Solarium, Parkplätze
Kreditkarten: Diners, Eurocard, Visa

Leipheim ✉ 89340
Bayern Seite 16/A 2

■ Gasthof Zur Post Bahnhofstr. 6
☎ 08221/277-0, Fax 277-200
Preise: 17 Einzel DM 70, 34 Doppel DM 115, 1 Apartment DM 130
Ausstattung: Dusche/WC, Telefon, Radio, TV
Besonderes: Restaurant, Terrasse, Parkplätze
Kreditkarten: Amex, Diners, Eurocard, Visa

Leipzig ✉ 04249
Sachsen Seite 12/B 2

■ Herberge in der Buttergasse 36 Buttergasse 36
☎ 0172/3400896
Preise: 6 Einzel 70, 2 Doppel DM 115
Ausstattung: Dusche/WC, TV
Besonderes: Freisitz, Parkplätze

Leiwen/Mosel ✉ 54340
Rheinland-Pfalz Seite 10/B 3

■ Hotel-Weinhaus Weis Römerstr. 10
☎ 06507/3048, Fax 8332
Preise: 4 Einzel 55, 15 Doppel 95, Halbpension 16, Vollpension DM 24
Ausstattung: Dusche/Bad/WC, Telefon, Radio, Minibar, ~TV
Besonderes: Restaurant, Bar, Terrasse, Schwimmbad, Sauna, Angeln,
Fitneßraum, Parkplätze, Liegewiese
Geschlossen: 1. Januar bis 26. März
Kreditkarten: Amex, Diners, Eurocard, Visa

■ Hotel Zummethof Panoramaweg 3
☎ 06507/93550, Fax 935544
Preise: 2 Einzel 60-75, 22 Doppel 150-140, Halbpension 21,
Vollpension DM 28
Ausstattung: Dusche/WC, Telefon, ~TV, ~Radio, ~Balkon
Besonderes: Restaurant, Bar, Terrasse, Liegewiese, Sauna, Solarium,
Fitneßraum, Kinderspielplatz, Parkplätze, Garagen
Geschlossen: 3 Wochen im Januar/Februar
Kreditkarten: Eurocard

Lembruch

Niedersachsen

✉ **49459**

Seite 7/B 3

■ Pension Zur Alten Post

Große Straße 78

☎ 05447/201, Fax 1691
Preise: 3 Einzel 38, 13 Doppel DM 76, 3 Ferienwohnungen DM 70
Ausstattung: Dusche/WC, Telefon, ~TV
Besonderes: Liegewiese, Parkplätze

Lemförde

Niedersachsen

✉ **49448**

Seite 7/B 3

■ Tiemann's Hotel

An der Brücke 26

☎ 05443/538+539, Fax 2809
Preise: 9 Einzel 80-90, 18 Doppel 130-150, Halbpension 15,
Vollpension DM 40
Ausstattung: Bad/WC, TV, Telefon, Radio, Minibar, ~Balkon
Besonderes: Restaurant bis 22 Uhr, Frühstücksbuffet, Terrasse,
Liegewiese, Garten, Kegeln, Wassersport, Parkplätze, Garagen
Geschlossen: Ende März, Ende August
Kreditkarten: Amex, Diners, Eurocard, Visa

Lemgo

Nordrhein-Westfalen

✉ **32657**

Seite 11/C 1

■ An der Ilse

Vlothoer Str. 77

☎ 05266/8090, Fax 1071
Preise: 12 Einzel 62, 26 Doppel 105, 4 Ferienwohnungen 89,
Halbpension 15, Vollpension DM 25
Ausstattung: Dusche/WC, Telefon, TV, Minibar, Balkon
Besonderes: Restaurant ab 17 Uhr, Terrasse, Liegewiese, Schwimmbad,
Sauna, Solarium, Parkplätze, Garagen, Wochenend-
pauschalen
Kreditkarten: Diners, Eurocard, Visa, Amexco

■ Hotel-Restaurant Im Borke

Salzufer Str. 132, Kirchheide

☎ 05266/1691, Fax 1231
Preise: 9 Einzel 75-80, 27 Doppel 130-140, 2 Appartement DM 140-150
Halbpension 25
Ausstattung: Dusche/WC, Telefon, TV, Minibar, ~Balkon
Besonderes: Restaurant, Terrasse, Sauna, Parkplätze, Garagen
großer Garten
Geschlossen: August
Kreditkarten: Eurocard

■ Lemgoer Hof Hotel Cordes

Detmolder Weg 14

☎ 05261/97670, Fax 976720
Preise: 15 Einzel 89, 12 Doppel DM 135
Ausstattung: Dusche/WC, Telefon, TV, Radio, Balkon
Besonderes: Restaurant 19-21 Uhr, Parkplätze
Kreditkarten: Amex, Diners, Eurocard, Visa

Lengerich ✉ 49525

■ Hotel Heckmann Lienener Straße 35
☎ 05481/4088, Fax 4088
Preise: 5 Einzel DM 55, 5 Doppel DM 95, Halbpension DM 15, Vollpension DM 28
Ausstattung: Du/Bad, WC, Telefon
Besonderes: Restaurant, Parkplätze, Garagen
Geschlossen: 23.7. - 13.9.95
Kreditkarten: Eurocard

Lenggries ✉ 83661

■ Gasthof Zur Post Marktstr. 3
☎ 08042/2454
Preise: 3 Einzel 50-60, 16 Doppel 80-100, Halbpension DM 22
Ausstattung: Du, WC
Besonderes: Restaurant 10-23 Uhr, Parkplätze, Garagen
Geschlossen: 11. November-20. Dezember
Kreditkarten: Eurocard

■ Hotel Alpenrose Brauneckstr. 1
☎ 08042/8061, Fax 5200
Preise: 4 Einzel ab 70, 17 Doppel 110, Halbpension DM 21
Ausstattung: Bad/WC, Telefon, Radio, Balkon, TV
Besonderes: Restaurant, Liegewiese, Sauna, Parkplätze, Kinderspielplatz
Kreditkarten: Eurocard, Visa, Diners

■ Hotel-Gasthof Altwirt Marktstr. 13
☎ 08042/8085, Fax 5357
Preise: 6 Einzel 60-70, 16 Doppel 80-110, 1 Ferienwohnung 80-130, Halbpension DM 22
Ausstattung: Dusche/WC, Telefon, TV, ~Balkon
Besonderes: Restaurant 8-23 Uhr, Terrasse, Sauna, Solarium, Parkplätze, Garagen
Geschlossen: 14.11. - 20.12.

■ Gästehaus Seemüller Oberreiterweg 3
☎ 08042/91980, Fax 919810
Preise: 3 Einzel DM 65, 12 Doppel DM 110-120, inkl. Frühstücksbuffet
Ausstattung: Du/Bad, WC, Telefon, Radio, TV, Minibar
Besonderes: Restaurant, Terrasse, Liegewiese, Sauna, Solarium, Parkplatz
Geschlossen: Mitte November-Mitte Dezember

Lennestadt

Nordrhein-Westfalen

✉ **57368**

■ **Gasthof Voss** Winterberger Str. 36, Saalhausen
☎ 02723/8114+15, 8287
Preise: 5 Einzel 75, 10 Doppel 150, 4 Appartements DM 185
Ausstattung: Bad/WC, Telefon, ~TV, ~Balkon
Besonderes: Terrasse, Liegewiese, Hallenschwimmbad, Sauna, Solarium, Parkplätze
Geschlossen: 1.-25. Dezember

■ **Haus Hilmeke** Lennestadt-Saalhausen
☎ 02723/8171+91410, Fax 80016
Preise: 6 Einzel ab 88, 20 Doppel DM 130-172
Ausstattung: Bad/WC, Telefon, Radio, ~TV
Besonderes: Terrasse, Liegewiese, Hallenschwimmbad, Sauna, Solarium, großzügige Gartenanlage, Parkplätze, Garagen
Geschlossen: 2. November-25. Dezember

■ **Haus Kramer** Bonzeler Str. 7, Bonzel
☎ 02721/98420, Fax 984220
Preise: 4 Einzel 60, 20 Doppel DM 114
Ausstattung: Bad/WC, Telefon, Radio, TV
Besonderes: Restaurant, Terrasse, Liegewiese, Hallenschwimmbad, Sauna, Solarium, Kegeln, Parkplätze, Garagen
Kreditkarten: Amex, Eurocard

■ **Hotel Haus Buckmann** Rosenweg 10, Oedingen
☎ 02725/251, Fax 7340
Preise: Einzel ab 65, Doppel ab DM 130, Halbpension mögl.
Ausstattung: Dusche/WC, Telefon, TV, Radio
Besonderes: Restaurant, Terrasse, Sauna, Solarium, Parkplätze, Garagen

---

■ **Hotel Haus Rameil** Winterberger Str. 49, Saalhausen
☎ 02723/8109+80311, Fax 80104
Preise: 5 Einzel 52-57, 11 Doppel 94-104, 1 Apartment DM 115
Ausstattung: Bad/WC, TV, Radio, Minibar, Telefon
Besonderes: Restaurant, Terrasse, Liegewiese, Sauna, Solarium, Parkplätze, Gartengrillplatz
Geschlossen: 3 Wochen im November/Dezember
Kreditkarten: Amex, Diners, Eurocard, Visa

■ **Hotel Zum Fuchs** Freiheit 22, Bilstein
☎ 02721/81228
Preise: 1 Einzel 50, 14 Doppel DM 90
Ausstattung: Bad/WC, ~TV, ~Balkon
Besonderes: Konferenzraum 30, Terrasse, Hallenschwimmbad, Sauna, Solarium, Kegeln, Parkplätze

---

■ **Landhaus im Grund** Zum Grund, Kickenbach
☎ 02723/91500, Fax 915050
Preise: 1 Einzel 50, 7 Doppel DM 100, Halbpension und Vollpension mögl.
Ausstattung: Dusche/WC, Telefon, TV, Balkon
Besonderes: Restaurant 7-1 Uhr, Terrasse, Liegewiese, Sauna, Solarium, Parkplätze
Kreditkarten: Amex, Diners, Eurocard, Visa

- **Schweinsberg** Fredeburger Str. 23, Lenneburg-Langenei
☎ 02723/80990, Fax 809964
Preise: 4 Einzel 65, 44 Doppel 120, Halbpension DM 20,
Vollpension DM 35
Ausstattung: Dusche/WC, Telefon, TV
Besonderes: Restaurant, Terrasse, Liegewiese, Sauna, Solarium,
Parkplätze, Garagen
Kreditkarten: Diners, Eurocard, Visa, Amexco

Lenzkirch ✉ 79853
Baden-Württemberg Seite 15/C 3

- **Hotel Gasthof Straub** Neustädter Str. 3, Kappel
☎ 07653/222, Fax 9429
Preise: 5 Einzel 54, 11 Doppel 100, 20 Apartments DM 70-140
Ausstattung: ~Bad/WC, Telefon, Radio, Balkon
Besonderes: Restaurant, Terrasse, Sauna, Solarium, Parkplätze, Garagen,
TV-raum, Ferienwohnungen
Geschlossen: 15. November bis 15. Dezember

- **Hotel Vogt Am Kurpark** Am Kurpark 7
☎ 07653/706, Fax 6778
Preise: 4 Einzel 75, 8 Doppel 110-140, Halbpension DM 30
Ausstattung: ~Bad/WC, Telefon, TV, Minibar, Balkon
Besonderes: Restaurant, Terrasse, Liegewiese, Apartments, Bibliothek,
Parkplätze, Garagen

- **Saigerhöh** Lenzkirch-Saig
☎ 07653/741
Preise: 41 Einzel 68-113, 35 Doppel 140-205, 24 Apartments DM
230-256
Ausstattung: Bad/WC, Telefon
Besonderes: Lift, Konferenzraum 120, Terrasse, Hallenschwimmbad, Sauna,
Solarium, Kegeln, Tennis, ruhig, Parkplätze, Garagen

- **Schwarzwaldgasthof Ochsen** Dorfplatz 1, Saig
☎ 07653/735+736, Fax 6091
Preise: 6 Einzel 76-97, 29 Doppel DM 128-194
Ausstattung: Bad/WC, Telefon, TV, Balkon
Besonderes: Familienpauschalen, Hallenschwimmbad, Sauna, Solarium,
Tennis, Parkplätze, Garagen
Geschlossen: Mitte November bis 18. Dezember
Kreditkarten: Eurocard, Visa

- **Silencehotel Ursee** Grabenstr. 8
☎ 07653/717+781
Preise: 14 Einzel ab 65, 35 Doppel DM 105-150
Ausstattung: Bad/WC, Telefon
Besonderes: Lift, Terrasse, Sauna, Solarium, ruhig, Parkplätze
Geschlossen: 2. November bis 16. Dezember

Leonberg   ✉ 71229
Baden-Württemberg   Seite 15/D 2

■ Brauerei Kirchner   Leonberger Str. 14, Eltingen
☎ 07152/6063-0, Fax 6063-60
Preise: 27 Einzel 105-130, 10 Doppel DM 140-170
Ausstattung: ~Bad/WC, TV, Telefon, Radio
Besonderes: Frühstücksbuffet, Konferenzraum, Parkplätze
           Restaurant
Kreditkarten: Visa, Eurocard, Amexco

Leutersdorf   ✉ 02794
Sachsen   Seite 13/D 2

■ Oberkretscham   Fr.-Ludwig-Jahn-Str. 16
☎ 03586/86241+86186
Preise: 8 Einzel 60-70, 9 Doppel 80-110, Halbpension 15, Vollpension
Ausstattung: Dusche/WC, Telefon, TV
Besonderes: Restaurant, Terrasse, Liegewiese, Parkplätze, Garagen

Leutkirch   ✉ 88299
Baden-Württemberg   Seite 15/D 3

■ Hotel Post   Obere Vorstadtstr. 1
☎ 07561/4201
Preise: 3 Einzel ab 55, 25 Doppel ab 90, 3 Appartements ab DM 100,
           Halbpension möglich, Vollpension möglich
Ausstattung: Dusche/WC, ~Telefon, TV
Besonderes: Restaurant, Parkplätze, Garagen
Kreditkarten: Diners, Eurocard, Visa

Leverkusen   ✉ 51371
Nordrhein-Westfalen   Seite 10/B 2

■ Hotel-Restaurant May-Hof   Burscheider Str. 285, Bergisch Neukirchen
☎ 02171/30939, Fax 33872
Preise: 6 Einzel 70-80, 10 Doppel DM 130-140
Ausstattung: Dusche/WC, Telefon, TV
Besonderes: Restaurant, Terrasse, Parkplätze
Kreditkarten: Diners, Eurocard, Visa

Lichtenau   ✉ 33165
Nordrhein-Westfalen   Seite 11/C 2

■ Hotel Hubertushof   Hubertusweg 5, Herbram-Wald
☎ 05259/8009-0, Fax 800999
Preise: 6 Einzel 90, 45 Doppel 140, Halbpension 25, Vollpension DM 45
Ausstattung: Dusche/~Bad/WC, Telefon, TV, Radio
Besonderes: Restaurant bis 22 Uhr, Bar bis 1 Uhr, DZ als EZ DM 98,
           Frühstücksbuffet, Konferenzraum 50, Parkplätze, Liegewiese
Kreditkarten: Amex, Diners, Eurocard, Visa

■ Waldpension Küchenmeister   Lichtenau
☎ 05259/231, Fax 8330
Preise: 2 Einzel 45, 13 Doppel 76, Halbpension 15, Vollpension DM 22
Ausstattung: Dusche/WC, Balkon,~Telefon, ~TV, Safe, Föhn
Besonderes: Liegewiese, Parkplätze

Lichtenau   ✉ 77839
Baden-Württemberg   Seite 15/C 2

■ Gasthaus zum Rössel   Rösselstr. 6, Scherzheim
☎ 07227/95950, Fax 959550
Preise: 1 Einzel 74, 14 Doppel DM 120
Ausstattung: Dusche/WC, Telefon, Sat-TV, Minibar, Balkon, Radio
Besonderes: Restaurant, Terrasse, Parkplätze, Lift
Geschlossen: Restaurant dienstags geschlossen
Kreditkarten: Amex, Eurocard, Visa

■ Gasthaus zur Blume   Lichenau-Scherzheim
☎ 07227/2342, Fax 8302
Preise: 2 Einzel 60, 21 Doppel DM 90
Ausstattung: Dusche/WC, Telefon, TV
Besonderes: Restaurant, Parkplätze, eigene Metzgerei
Geschlossen: 3 Wochen im Januar
Kreditkarten: Eurocard, Visa

Lichtenfels   ✉ 96215
Bayern   Seite 12/A 3

■ Gasthof Müller   Kloster-Banz-Str. 4, Reundorf
☎ 09571/6021-22, Fax 70947
Preise: 15 Einzel 47-51, 25 Doppel DM 84
Ausstattung: Bad/WC, ~Telefon, ~TV, Radio, ~Balkon
Besonderes: Restaurant, Terrasse, Liegewiese, Sauna, Parkplätze, Garagen
Geschlossen: 26. Oktober bis 11. November

■ Preußischer Hof   Bamberger Str. 30
☎ 09571/5015, Fax 2802
Preise: 11 Einzel 55-80, 29 Doppel DM 95-130
Ausstattung: Bad/WC, ~Telefon, ~Radio, ~TV
Besonderes: Lift, Sauna, Solarium, Parkplätze, Garagen
Geschlossen: 24.-31. Dezember

Liebenburg   ✉ 38704
Niedersachsen   Seite 12/A 1

■ Zur Post   Poststr. 18
☎ 05346/2128
Preise: Einzel ab 40, Doppel 65, Halbpension DM 15
Ausstattung: Dusche/WC, Radio
Besonderes: Restaurant, Terrasse, Parkplätze
Kreditkarten: Eurocard

Bad Liebenzell   ✉ 75378

Baden-Württemberg   Seite 15/C 2

■ **Hotel Waldblick**   Monbachstr. 25, Monakam
☎ 07052/835
Preise: 2 Einzel 62, 5 Doppel 116, Halbpension DM 16
Ausstattung: Dusche/Bad/WC, Telefon, Balkon
Besonderes: Frühstücksbuffet, Parkplätze, Garagen, Liegewiese
Geschlossen: Dezember

■ **Hotel Weisse**   Unterhaugstetter Str. 13
☎ 07052/2253+2016, Fax 1648
Preise: 16 Einzel 70-75, 12 Doppel 110-128, Halbpension 18,
    Vollpension DM 30
Ausstattung: Dusche/WC, Telefon, ~TV, Balkon
Besonderes: Restaurant 11-21 Uhr, Terrasse, Liegewiese, Parkplätze,
    Fitneßraum, Tischtennis
Geschlossen: 3. Januar bis 4. Februar

■ **Schwarzwaldhotel**   Neuer Schulweg 4
☎ 07052/2323, Fax 2076
Preise: 10 Einzel 55-90, 10 Doppel DM 105-170
Ausstattung: Bad/WC, Telefon, TV, Minibar, Balkon
Besonderes: Terrasse, Hallenschwimmbad, Sauna, Solarium, Parkplätze

Liebstadt   ✉ 01825

Sachsen   Seite 13/C 2

■ **Stadtschänke**   Pirnaer Straße 7
☎ 035025/50254, Fax 50066
Preise: 4 Doppel DM 80, als Einzel DM 65
Ausstattung: Du, WC, Radio, TV
Besonderes: Restaurant, Terrasse

Lilienthal   ✉ 28865

Niedersachsen   Seite 7/B 3

■ **Hotel Rohdenburg's Gaststätte**   Trupermoorer Landstr. 28
☎ 04298/3610+3258, Fax 3269
Preise: 3 Einzel 80, 9 Doppel DM 130
Ausstattung: Dusche/WC, Telefon, TV, ~Balkon
Besonderes: Restaurant, Parkplätze, Garagen
Kreditkarten: Amex, Diners, Eurocard, Visa

■ **Motel Lilienthal**   Hauptstr. 84
☎ 04298/1055+56
Preise: 12 Einzel 72, 16 Doppel DM 103-120
Ausstattung: Dusche/WC, Telefon, Radio
Besonderes: Frühstücksbuffet, Konferenzraum 80, Hallenschwimmbad, Sauna,
    Solarium, Fitneßraum, Kegeln, Parkplätze, Garagen

Limbach ⊠ 74838

Baden-Württemberg

Seite 15/D 1

■ Hotel Volk
Baumgarten 3

☎ 06287/930-0, Fax 930-180

Preise:	4 Einzel 90, 18 Doppel 125, 2 Apartments 175-230, Halbpension 20, Vollpension DM 30
Ausstattung:	Dusche/WC, Telefon, TV
Besonderes:	Restaurant 10-24 Uhr, Frühstück- und Salatbuffet, 3-Gang-Menü-Wahl, Parkplätze, Liegewiese
Kreditkarten:	Amex, Diners, Eurocard, Visa

■ Limbacher Mühle
Hiedersbacher Str. 18

☎ 06287/1020

Preise:	6 Doppel 76, Halbpension 10, Vollpension DM 15
Ausstattung:	Dusche/WC, TV, Balkon
Besonderes:	Restaurant, Terrasse, Liegewiese, Parkplätze,
Geschlossen:	November
Kreditkarten:	Eurocard

Lindau ⊠ 88131

Bayern

Seite 15/D 3

■ Hotel Schöngarten
Schöngartenstr. 15

☎ 08382/25030, Fax 6971

Preise:	3 Einzel 80-85, 9 Doppel DM 130
Ausstattung:	Dusche/WC, Telefon, TV
Besonderes:	Terrasse, Liegewiese, Sauna, Solarium, Whirlpool, Parkplätze, Garagen
Kreditkarten:	Diners, Eurocard, Visa

■ Parkhotel Eden
Schachener Str. 143, Bad Schachen

☎ 08382/5816+6444

Preise:	6 Einzel 85-90, 20 Doppel DM 170-180
Ausstattung:	Bad/WC, Telefon, Farb-TV, ~Balkon
Besonderes:	Lift, Café, Parkplätze
Geschlossen:	1. November bis 14. März

■ Schachen-Schlößle garni Appartement-Haus
Enzisweiler Str. 1-7, Bad Schachen

☎ 08382/5069

Preise:	9 Einzel ab 70, 36 Doppel DM 125-150
Ausstattung:	~Bad/WC, Telefon
Besonderes:	Terrasse, Hallenschwimmbad, Sauna, Solarium, garni, Parkplätze, Garagen

■ Hotel-Gasthof Goldenes Lamm
Schafsgasse 3

☎ 08382/5732, Fax 6254

Preise:	13 Einzel 76, 26 Doppel DM 133, Halbpension 25, Vollpension DM 46
Ausstattung:	~Dusche/WC
Besonderes:	Restaurant, Tarrasse, Liegewiese, Apartment, Ferienwohnung
Kreditkarten:	Amex, Diners, Eurocard, Visa

■ **Brauerei-Gasthof Steig**   Steigstr. 29-32
☎ 08382/78066, Fax 78066
Preise: 6 Einzel 68, 4 Doppel DM 128
                 Halbpension und Vollpension möglich
Ausstattung: Dusche/WC, Telefon, Radio, ~TV, ~Balkon
Besonderes: Restaurant ab 10 Uhr geöffnet, Biergarten mit Spielplatz

---

■ **Toscana**   Äschacher Ufer 12
☎ 08382/3131
Preise: 11 Einzel 78, 7 Doppel DM 110-130
Ausstattung: Dusche/WC, Telefon
Besonderes: Terrasse, Liegewiese,Parkplätze, Garagen
Geschlossen: Januar und Februar

■ **Gasthof Engel**   Schafgasse 4
☎ 08382/5240, Fax 5644
Preise: 2 Einzel 78, 7 Doppel DM 134, Halbpension mögl.
Ausstattung: Dusche/WC, Telefon
Besonderes: Restaurant, Bar, historisches Haus
Geschlossen: November
Kreditkarten: Diners, Eurocard, Visa

Lindberg   ✉ 94227
Bayern   Seite 17/C 1

■ **Waldhotel Naturpark**   Zwieslerwaldhaus 42
☎ 09925/581, Fax 572
Preise: 2 Einzel 40, 25 Doppel 76-96, Halbpension DM 15
Ausstattung: Dusche/WC, Telefon, TV, Balkon
Besonderes: Restaurant, Terrasse, Liegewiese, Schwimmbad, Sauna,
                 Solarium, Fitneßraum, Parkplätze
Geschlossen: 1. November bis 25. Dezember 1994
Kreditkarten: Amex, Eurocard

Lindenfels   ✉ 64678
Hessen   Seite 15/C 1

■ **Buchenhof**   Winterkastener Weg 8-10
☎ 06254/833-835
Preise: 3 Einzel 52-60, 11 Doppel DM 95-106
Ausstattung: Bad/WC, Telefon
Besonderes: Konferenzraum, Garten, Parkplätze, Liegewiese

■ **Landgasthof Waldschlößchen**   Nibelungenstr. 102
☎ 06255/2460+2610, Fax 2016
Preise: 5 Einzel 57, 8 Doppel 104, Halbpension 16, Vollpension DM 26
                 10 DM Aufschlag bei 1 Übernachtung
Ausstattung: Dusche/WC, Telefon, Balkon
Besonderes: Restaurant, Terrasse, Parkplätze, Garagen
Geschlossen: November
Kreditkarten: Diners, Eurocard, Visa

■ **Parkhotel Meyer** Nibelungenstr. 36-50
☎ 06255/3030
Preise: 2 Einzel 55-60, 16 Doppel DM 98-110
Ausstattung: Bad/WC, TV, Telefon, Minibar
Besonderes: Frühstücksbuffet, Hallenschwimmbad, Sauna, Solarium, Massage, Fitneßraum, Kegeln, Parkplätze

---

■ **Pension Manske** Steckwaldweg 3
☎ 06255/2427, Fax 2427
Preise: 5 Einzel 45, 8 Doppel 84, Halbpension 16, Vollpension DM 24
Ausstattung: Dusche/WC
Besonderes: Restaurant, Terrasse, Liegewiese, Parkplätze, Garagen
Geschlossen: Januar

■ **Wiesengrund** Talstr. 3, Winkel
☎ 06255/2877+2071, Fax 3469
Preise: 10 Einzel 75, 30 Doppel 120, Halbpension DM 20
Ausstattung: Dusche/WC, Telefon, Radio, TV, ~Balkon
Besonderes: Restaurant, Terrasse, Liegewiese, Schwimmbad, Sauna, Solarium, Parkplätze, Garagen
Geschlossen: Anfang Januar bis Anfang Februar
Kreditkarten: Diners, Eurocard, Visa

Lindlar ✉ 51789
Nordrhein-Westfalen Seite 10/B 2

■ **Hotel Lintlo** Hauptstr. 5
☎ 02266/6240, Fax 44566
Preise: 15 Doppel 110, als Einzel DM 80
Ausstattung: Dusche/Bad/WC, Telefon, Radio
Besonderes: Frühstücksbuffet, garni, Terrasse, Parkplätze, Garagen, TV-Raum
Kreditkarten: Eurocard

Lindow ✉ 16835
Brandenburg Seite 9/C 3

■ **Hotel Krone** Straße d. Friedens 11
☎ 033933/70313+538, Fax 70313+538
Preise: 3 Einzel 70, 1 Doppel 100, 2 Apratments ab DM 150, Halbpension 25, Vollpension DM 40
Ausstattung: Dusche/WC, Telefon, TV
Besonderes: Restaurant, Terrasse, Parkplätze
Kreditkarten: Amex, Eurocard, Visa

■ **Hotel am Wutzsee** Straße d. Friendes 33
☎ 033933/70220, Fax 220
Preise: 3 Einzel 70, 10 Doppel 120, 3 Apartments DM 160, Halbpension 25, Vollpension DM 40
Ausstattung: Dusche/WC, Telefon, TV
Besonderes: Restaurant, Terrasse, Parkplätze
Kreditkarten: Amex, Eurocard, Visa

Lingen
Niedersachsen

✉ **49808**
Seite 7/A 3

■ **Hotel Ewald Garni**   Waldstr. 90
☎ 0591/62342, Fax 63924
Preise: 5 Einzel 62, 19 Doppel 110, Halbpension DM 15
Ausstattung: Dusche/WC, Telefon, TV, Balkon
Besonderes: Restaurant und Bar ab 19 Uhr geöffnet, Parkplätze
Kreditkarten: Amex, Diners, Eurocard, Visa

■ **Hotel Hubertushof**   Nordhorner Str. 18, Schepsdorf
☎ 0591/3514, Fax 51562
Preise: 14 Einzel 77, 17 Doppel 130, Halbpension DM 19
Ausstattung: Dusche/Bad/WC, Telefon, TV, Radio
Besonderes: Restaurant ab 12 Uhr, Bar ab 12 Uhr, Terrasse, Liegewiese,
                   eigene Fahrräder, Parkplätze, Wochenendpauschalen
Kreditkarten: Amex, Diners, Eurocard, Visa

■ **Waldhotel Neerschulte**   Lohner Str. 1, Schloßdorf
☎ 0591/3060+3093
Preise: 13 Einzel 65-75, 15 Doppel 110-130, Halbpension DM 15
Ausstattung: WC, Telefon, TV-Anschluß
Besonderes: Restaurant, Terrasse, Hallenschwimmbad, Sauna, Parkplätze,
                   Garagen
Kreditkarten: Diners, Eurocard, Visa

Linz
Rheinland-Pfalz

✉ **53545**
Seite 10/B 3

■ **Hotel Palm**   Vor dem Leetor 13
☎ 02644/2532, Fax 2532
Preise: 3 Einzel DM 70, 20 Doppel DM 130, Halb-und Vollpension mögl.
Ausstattung: ~Du/Bad, WC, TV
Besonderes: Restaurant, Terrasse, Liegewiese, Schwimmbad, Parkplätze
Kreditkarten: Eurocard,

Bad Lippspringe
Nordrhein-Westfalen

✉ **33175**
Seite 11/C 1

■ **Gästehaus Scherf**   Arminiusstr. 23
☎ 05252/2040, Fax 20488
Preise: 15 Einzel 65-120, 15 Doppel DM 110-170
Ausstattung: Bad/WC, ~Telefon, ~TV, ~Balkon
Besonderes: Hallenschwimmbad, Sauna, Solarium, Apartments, Parkplätze,
                   Liegewiese
Kreditkarten: Amexco, Eurocard

■ **Hotel Zimmermann Garni**   Detmolder Str. 180
☎ 05252/50061+62, Fax 930727
Preise: 14 Einzel 75-85, 9 Doppel DM 110-130
Ausstattung: Dusche/Bad/WC, Telefon, TV, Radio
Besonderes: Parkplätze, Garagen
Geschlossen: 22. Dezember bis 8. Januar

Lippstadt ✉ 59556

Nordrhein-Westfalen

Seite 11/C 1

■ **Hotel-Pension Tenbrockhaus** Walkenhausweg 4, Bad Waldliesborn
☎ 02941/8479
Preise: 28 Einzel 57, 15 Doppel 114, 2 Ferienwohnungen 100,
Halbpension 69, Vollpension DM 74
Ausstattung: Bad/WC

■ **Parkhotel Ortkemper** Im Kreuzkamp 10
☎ 02941/8820, Fax 88240
Preise: 22 Einzel 70, 14 Doppel 140, 8 Apartments DM 150,
Halbpension und Vollpension möglich
Ausstattung: Dusche/WC, Telefon, TV, Balkon
Besonderes: Restaurant, Terrasse, Liegewiese, Parkplätze

■ **Hubertushof** Holzstraße 8
☎ 02941/8540/8489, Fax 82585
Preise: 6 Einzel DM 80, 10 Doppel DM 150, Halb-und Vollpension
möglich
Ausstattung: Du/Bad, WC, Telefon, TV
Besonderes: Restaurant, Liegewiese, Kegelbahn, Parkplätze
Geschlossen: 20.12. - 15.1.

Lobenstein ✉ 07356

Thüringen

Seite 12/B 3

■ **Lobensteiner Markt-Stuben** Markt 24
☎ 036651/2488, Fax 30025
Preise: 2 Einzel 75, 8 Doppel DM 120-150
Ausstattung: Dusche/WC, Telefon, TV, Minibar
Besonderes: Restaurant, Terrasse, Parkplätze
Kreditkarten: Amex, Diners, Eurocard, Visa

Löffingen ✉ 79843

Bayern

Seite 15/C 3

■ **Hotel Stadt Löbau** Elisenstr. 1
☎ 07654/3621+3622
Preise: 6 Einzel 95, 7 Doppel 130, 2 Apartments DM 150
Ausstattung: Bad/WC, Telefon, TV
Besonderes: Restaurant 7-24 Uhr, 6 Dreibettzimmer 110, 1 Vierbettzimmer,
Parkplätze

■ **Schwarzwaldgasthof Sternen** Mühlezielstraße 5, Reiselfingen
☎ 07654/342, Fax 7363
Preise: 1 Einzel DM 60, 12 Doppel DM 116, Halbpension möglich
Ausstattung: Du/Bad, WC, TV
Besonderes: Restaurant, Terrasse, Liegewiese, Parkplätze, Garagen eigene Jagd
Geschlossen: März

■ **Gasthof Krone**　　　　　　　　　　　Dietfurtstraße 14, Reiselfingen
☎ 07654/507
Preise: 　　　1 Einzel DM 35, 9 Doppel DM 70, Halbpension DM 15, Vollpen-
　　　　　　　sion DM 20
Ausstattung: Dusche, WC, Balkon
Besonderes: Parkplätze, Garagen, Restaurant, Liegewiese

Lörrach　　　　　　　　　　　✉ **79539**
Baden-Württemberg　　　　　　　　　　　Seite 14/B 3

■ **Bijou Hotel Garni**　　　　　　　　　　　Basler Str. 7
☎ 07621/89077, Fax 18184
Preise: 　　　6 Einzel ab 80, 16 Doppel DM 125
Ausstattung: Bad/WC, Telefon, TV, ~Balkon
Besonderes: Frühstücksbuffet, ruhig, garni, Parkplätze, Garagen
Kreditkarten: Amex, Diners, Eurocard, Visa

■ **Wiesentäler Hof**　　　　　　　　　　　Dammstr. 3
☎ 07621/46273, Fax 14248
Preise: 　　　3 Einzel 70, 7 Doppel DM 130
Ausstattung: Dusche/WC, Telefon, TV
Besonderes: Restaurant 7-23 Uhr, Parkplätze, Garagen
Kreditkarten: Amex, Diners, Eurocard, Visa

Löwenstein　　　　　　　　　　　✉ **74245**
Baden-Württemberg　　　　　　　　　　　Seite 15/D 1

■ **Gasthof Lamm**　　　　　　　　　　　Maybachstr. 43
☎ 07130/542, Fax 514
Preise: 　　　3 Einzel 70, 5 Doppel DM 110
Ausstattung: Dusche/WC, Telefon, TV
Besonderes: Restaurant, Parkplätze
Geschlossen: 2 Wochen im Januar und 2 Wochen während der
　　　　　　　BW-Sommerferien

Lohberg　　　　　　　　　　　✉ **93470**
Bayern　　　　　　　　　　　Seite 10/B 2

■ **Osserhotel**　　　　　　　　　　　Silberbach 12
☎ 09943/741, Fax 2881
Preise: 　　　5 Einzel 65, 41 Doppel 106, Halbpension 17, Vollpension
　　　　　　　DM 30
Ausstattung: Bad/WC, Telefon
Besonderes: Restaurant, Terrasse, Liegewiese, Sauna, Parkplätze
Geschlossen: 6. November bis 20. Dezember

Lohmar
Nordrhein-Westfalen

■ **Haus am Berg**   Zum Kammerberg 24, Honrath
☎ 02206/2238, Fax 1786
Preise: 6 Einzel 72-83, 10 Doppel DM 125-145
Ausstattung: ~Dusche/WC, Telefon, TV
Kreditkarten: Eurocard

Lohne
Niedersachsen

■ **Hotel Wilke**   Brinkstraße 43
☎ 04442/1323, Fax 1611
Preise: 5 Einzel DM 75, 5 Doppel DM 110
Ausstattung: Du/Bad, WC, Telefon, TV
Besonderes: Restaurant,
Kreditkarten: Amexco, Diners, Eurocard, Visa

Lohr
Bayern

■ **Gasthof Buchenmühle**   Buchtalstr. 34
☎ 09352/3424+6824
Preise: 5 Einzel 75, 10 Doppel DM 105-130
Ausstattung: Bad/WC, Telefon, TV
Besonderes: Restaurant, Terrasse, Liegewiese, ruhig, Parkplätze, Garagen
Kreditkarten: Eurocard

■ **Hotel Bundschuh**   Am Kaibach 3-7
☎ 09352/2506+9049, Fax 6885
Preise: 15 Einzel 75-88, 20 Doppel DM 120-195
Ausstattung: Dusche/Bad/WC, Telefon, TV, Radio, Minibar, Balkon
Besonderes: Restaurant, Terrasse, Liegewiese
Kreditkarten: Amex, Diners, Eurocard, Visa

■ **Landhotel Zur Alten Post**   Steinfelder Str. 1, Sendelbach
☎ 09352/2765, Fax 7693
Preise: 4 Einzel 60, 4 Doppel 118, Halbpension DM 20
Ausstattung: Bad/WC, Telefon, Radio, TV, Minibar
Besonderes: Restaurant, Parkplätze
Geschlossen: Januar
Kreditkarten: Amex, Eurocard

Loiching
Bayern

■ **Gasthof-Pension Räucherhansl**   Loiching-Oberteisbach
☎ 08731/3200, Fax 40670
Preise: 7 Einzel 75, 47 Doppel DM 120
Ausstattung: Bad/WC, Radio, Balkon
Besonderes: Frühstücksbuffet, Lift, Konferenzraum, Terrasse, Sauna,
          Solarium, Parkplätze

Lorch

Hessen

✉ **65391**

Seite 10/B 3

■ **Sonnenhang**　　　　　　　　Borngasse 1-3, Espenschied
☎ 06775/314
Preise:　　　5 Einzel 60, 11 Doppel DM 120
Ausstattung:　Bad/WC, ~TV, Balkon
Besonderes:　Garten, Terrasse, Hallenschwimmbad, Schwimmbad, Solarium,
　　　　　　　Parkplätze

Losheim

Saarland

✉ **66679**

Seite 14/A 1

■ **Zum Jungenwald**　　　　　　von-Boch-Str. 24, Britten
☎ 06872/2261
Preise:　　　2 Einzel 41, 8 Doppel 72, Halbpension DM 18
Ausstattung:　~Dusche/WC, Balkon
Besonderes:　Restaurant, Kegelbahnen, Terrasse, Parkplätze
Geschlossen: Mittwoch

Loßburg

Baden-Württemberg

✉ **72290**

Seite 15/C 2

■ **Adrionshof**　　　　　　G. Göckelmann, Ödenwald
☎ 07446/2041, Fax 2042
Preise:　　　6 Einzel 58-62, 13 Doppel DM 106-110
Ausstattung:　Bad/WC, Telefon, ~TV, ~Minibar, ~Balkon
Besonderes:　Terrasse, Hallenschwimmbad, ruhig, Parkplätze, Garagen
Geschlossen: 16. Oktober bis 15. Dezember

■ **Hotel-Gasthof zur Traube**　　　　　　Gartenweg 3
☎ 07446/1514, Fax 3297
Preise:　　　10 Einzel 64, 21 Doppel DM 114
Ausstattung:　Bad/WC
Besonderes:　Terrasse, Liegewiese, Hallenschwimmbad, Solarium,
　　　　　　　Parkplätze, Garagen

Ludwigsburg

Baden-Württemberg

✉ **71638**

Seite 15/D 2

■ **Heim**　　　　　　Schillerstr. 19
☎ 07141/26144+45
Preise:　　　Einzel 67-80, Doppel DM 133-145
Ausstattung:　~Bad/WC, Telefon, Radio
Besonderes:　Lift, Konferenzraum, Bar, Parkplätze

Ludwigshafen   ✉ 67065

Rheinland-Pfalz   Seite 15/C 1

■ Hotel Karpp   Rheinfeldstr. 46
☎ 0621/691078, Fax 632413
Preise: 8 Einzel 88-98, 12 Doppel DM 150
Ausstattung: Dusche/WC, Telefon, TV
Besonderes: Restaurant, Terrasse
Kreditkarten: Amex, Diners, Eurocard, Visa

■ Touring-Hotel   Oppauer Str. 131, Edigheim
☎ 0621/662041, Fax 661022
Preise: 26 Einzel ab DM 76, 17 Doppel ab DM 125
Ausstattung: Dusche/Bad/WC, Telefon, Kabel-TV, Radio
Besonderes: Frühstücksbuffet
Kreditkarten: Eurocard

Ludwigsstadt   ✉ 96337

Bayern   Seite 12/A 3

■ Burghotel Lauenstein   Burgstr. 4
☎ 09263/9430, Fax 7167
Preise: 7 Einzel 35-85, 14 Doppel 65-130, Halbpension 23
Ausstattung: Dusche/WC, ~Telefon
Besonderes: Restaurant bis 24 Uhr, Terrasse, Parkplätze, Garagen,
                    Liegewiese
Kreditkarten: Diners, Eurocard, Visa

■ Posthotel Lauenstein   Orlamünder Str. 2, Lauenstein
☎ 09263/505, Fax 7167
Preise: 25 Doppel 105-130, Halbpension DM 25
Ausstattung: Dusche/Bad/WC, ~Telefon, TV
Besonderes: Restaurant, Terrasse, Schwimmbad, Sauna, Solarium,
                    Parkplätze
Kreditkarten: Diners, Eurocard, Visa

Lübeck   ✉ 23562

Schleswig-Holstein   Seite 8/B 3

■ Astoria-Hotel   Fackenburger Allee 68
☎ 0451/46763+478100, Fax 476488
Preise: 8 Einzel 62-92, 17 Doppel DM 104-132
Ausstattung: Dusche/WC, Telefon, TV, Balkon
Besonderes: Restaurant, Bar, Parkplätze, Garagen
Kreditkarten: Amex, Diners, Eurocard, Visa

■ Hotel Herrenhof „garni"   Herrendamm 8
☎ 0451/46027, Fax 45888
Preise: 13 Einzel DM 70-80, 21 Doppel DM 120-130
Ausstattung: Bad/WC, Telefon, TV, Radio, ~Balkon
Besonderes: Parkplätze, Garagen, behindertengerecht
Geschlossen: Januar
Kreditkarten: Amex, Diners, Eurocard, Visa, JCB

■ Hotel Sonnenklause
Kaiserallee 21-25
☎ 04502/73330, Fax 75280
Preise: 14 Einzel 70-95, 13 Doppel 105-145, 3 Apartments DM 170
Ausstattung: Dusche/Bad/WC, Telefon, TV, ~Minibar, ~Balkon
Besonderes: Café, Terrasse, Parkplätze, Garagen
Geschlossen: 22. November bis 21. Dezember
Kreditkarten: Eurocard

■ Hotel Herrenhof
Herrendamm 8
☎ 0451/46027, Fax 45888
Preise: 13 Einzel 70-75, 21 Doppel DM 125
Ausstattung: Dusche/WC, Telefon, TV, ~Terrasse
Besonderes: Terrasse, Parkplätze, Garage, Halbpension und Vollpension
für Gruppen
Kreditkarten: Amex, Diners, Eurocard, Visa, JCB

■ Hotel Stadtpark - Garni
Roeck 9
☎ 0451/34555, Fax 34555
Preise: 6 Einzel 55-80, 14 Doppel DM 88-125
Ausstattung: Dusche/WC, TV, ~Balkon
Besonderes: Parkplätze
Kreditkarten: Eurocard, Mastercard

■ Autel-Lübeck
Bei der Lohmühle 19
☎ 0451/43881, Fax 43883
Preise: 10 Einzel 75, 18 Doppel DM 115
Ausstattung: Dusche/WC, Telefon, TV
Besonderes: Restaurant, Bar, Liegewiese, Parkplätze
Kreditkarten: Amex, Diners, Eurocard, Visa

■ Waldhusen
Waldhusener Weg 22
☎ 0451/39873-0, Fax 3987333
Preise: 10 Einzel DM 80, 10 Doppel DM 120
Ausstattung: Du, WC, Telefon, Radio, Kabel-TV
Besonderes: Restaurant, Terrasse, Parkplätze
Geschlossen: 1.-3. Januarwoche

Lüdinghausen   ✉ 59348
Nordrhein-Westfalen   Seite 10/B 1

■ Hotel Schulzenhof
Alter Berg 2
☎ 02591/8161+8221, Fax 88082
Preise: 8 Einzel 65, 10 Doppel DM 125, Halbpension und Vollpension mögl.
Ausstattung: Dusche/WC, Telefon, TV
Besonderes: Restaurant, Terrasse, Parkplätze, Garagen
Geschlossen: Sommerferien NRW
Kreditkarten: Amex, Diners, Eurocard, Visa

■ Hotel Borgmann
Münsterstr. 17
☎ 02591/91810, Fax 918130
Preise: Einzel 80-90, 7 Doppel 130-140, Halbpension DM 25
Ausstattung: Dusche/WC, Telefon, TV, Minibar, Fön
Besonderes: Restaurant ab 17 Uhr geöffnet
Geschlossen: Osterferien
Kreditkarten: Diners, Eurocard, Visa, Amexco

■ **Hotel zur Post**   Wolfsberger Str. 11
☎ 02591/4041, Fax 3287
Preise: 13 Einzel 70, 15 Doppel 95-130, 3 Apartments DM 130
Ausstattung: Bad/WC, Telefon, TV, Radio, Minibar, ~Balkon, Videorecorder
Besonderes: Restaurant 12-14, 18-22 Uhr, Kegelbahn, Parkplätze
Kreditkarten: Amex, Diners, Eurocard, Visa

■ **Gasthof-Hotel Zur Linde**   Alter Berg 6, Seppenrade
☎ 02591/8149, Fax 88862
Preise: 2 Einzel DM 75, 4 Doppel DM 135
Ausstattung: Du/Bad, WC, Telefon, Radio, TV
Besonderes: Restaurant, Terrasse
Geschlossen: Januar + Oktober

Lügde   ⊠ **32676**
Nordrhein-Westfalen   Seite 11/D 1

■ **Landhotel Lippischer Hof**   Untere Dorfstr. 3, Elbrinxen
☎ 05283/9870, Fax 987189
Preise: 5 Einzel ab 69, 30 Doppel ab 114, Halbpension DM 26
Ausstattung: Dusche/WC, Telefon, Radio, TV, ~Balkon, Fön
Besonderes: Restaurant, Terrasse, Sauna, Solarium, Bauernstübchen,
                Kaminzimmer, Kegelbahn, Fahrräder, Parkplätze
Kreditkarten: Eurocard, Visa

Lüneburg   ⊠ **21337**
Niedersachsen   Seite 8/A 3

■ **Hotel und Kurpension Heiderose**   Uelzener Str. 29
☎ 04131/44410+47710, Fax 48357
Preise: 11 Einzel 68-75, 10 Doppel 103-130, Halbpension DM 15
Ausstattung: Dusche/WC, Telefon, TV, Balkon
Besonderes: Restaurant
Kreditkarten: Eurocard

■ **Hotel-Motel Landwehr**   Hamburger Str. 37
☎ 04131/121024, Fax 121576
Preise: 6 Einzel 69-89, 25 Doppel DM 140-170, 3 Appartements DM 220-
                230, Halbpension möglich
Ausstattung: Bad/WC, Telefon, TV, Radio
Besonderes: Restaurant, Terrasse, Liegewiese, Schwimmbad, Parkplätze,
                Garagen
Geschlossen: 23. Dezember bis 31. Januar
Kreditkarten: Diners, Eurocard, Visa

■ **Zum Lindenhof**   Uelzener Str. 17, Melbeck
☎ 04134/274, Fax 8723
Preise: 4 Einzel 52, 19 Doppel ab DM 96-124
Ausstattung: Dusche/WC, Telefon, Radio, ~TV
Besonderes: Restaurant, Terrasse, Parkplätze, Garagen
Geschlossen: Januar
Kreditkarten: Visa

■ **Hotel und Restaurant Zum Roten Tore**   Vor dem Roten Tore 3
☎ 04131/43041, Fax 44224
Preise: 1 Einzel 85, 8 Doppel DM 140,
                   Halbpension 20, Vollpension DM 35
Ausstattung: Dusche/WC, Telefon, TV, Minibar
Besonderes: Restaurant, Bar, Parkplätze
Kreditkarten: Amex, Diners, Eurocard, Visa

Lünen   ⊠ 44536
Nordrhein-Westfalen   Seite 10/B 2

■ **Hotel-Restaurant Zur Persiluhr**   Münsterstr. 25
☎ 02306/61931, Fax 5810
Preise: 2 Einzel 101, 18 Doppel DM 155, Halbpension und Vollpension
                   möglich
Ausstattung: Dusche/WC, Telefon, TV, Radio
Besonderes: Restaurant, Terrasse, Parkplätze
Geschlossen: Weihnachten und Ostern

■ **Hotel Siebenpfennigsknapp**   Borker Str. 281, Altlünen
☎ 02306/5868, Fax 5851
Preise: 7 Einzel 55-79, 16 Doppel DM 120-125
Ausstattung: Dusche/Bad/WC, Telefon, ~TV
Besonderes: Restaurant, Terrasse, Parkplätze, Garagen
Kreditkarten: Amex, Eurocard

Lüsse   ⊠ 14806
Brandenburg   Seite 12/B 1

■ **Gastwirtschaft Richter**   Dorfstr. 7
☎ 033841/8144
Preise: 1 Einzel ab 50, 5 Doppel ab DM 70
Ausstattung: Dusche/WC, TV, Telefon
Besonderes: Restaurant, Liegewiese, Liegewiese, Parkplätze

Lütetsburg   ⊠ 26524
Niedersachsen   Seite 7/A 3

■ **Hotel Landhaus Spittdiek**   Landstr. 67
☎ 04931/3413+14928, Fax 14537
Preise: 10 Einzel 70, 10 Doppel 120, Halbpension DM 18
Ausstattung: Dusche/WC, Telefon, TV, Minibar
Besonderes: Restaurant, Terrasse, Parkplätze, Garagen

Lütjensee ✉ 22952

Niedersachsen   Seite 8/A 2

■ **Forsthaus Seebergen**   An den Schwanenteichen/Seebergen 10-12 1
☎ 04154/79290, Fax 70645
Preise: 12 Einzel 65-115, 12 Doppel DM 110-180, 6 Appartements
           DM 160-180
Ausstattung: Dusche/WC, Telefon, TV, Radio
Besonderes: Parkplätze, Restaurant
Kreditkarten: Amex, Diners, Eurocard, Visa

Luisenthal ✉ 99885

Thüringen   Seite 12/A 2

■ **Zum Luchs**   Friedrich-Engels-Str. 59
☎ 036257/312716, Fax 312716
Preise: 13 Einzel 80, 23 Doppel 120, Halbpension 20, Vollpension
           DM 35
Ausstattung: Dusche/WC, Telefon, TV
Besonderes: Restaurant, Parkplätze, Garagen

Lutter ✉ 38729

Niedersachsen   Seite 11/D 1

■ **Kammer-Krug**   Frankfurter Straße 1
☎ 05383/251
Preise: 2 Einzel DM 50, 14 Doppel DM 90
Ausstattung: Du, WC
Besonderes: Restaurant, Parkplätze

Lychen ✉ 17279

Brandenburg   Seite 9/C 3

■ **Waldhaus Grünheide**   Wurlweg 1
☎ 039888/3232, Fax 3235
Preise: 17 Doppel DM 100-120, als Einzel DM 70-80
Ausstattung: Du/Bad, WC, Telefon, Radio, TV, Balkon
Besonderes: Restaurant, Terrasse, Liegewiese, Sauna, Solarium, Parkplatz
Kreditkarten: Visa

Magdeburg   ✉ 39104

Sachsen-Anhalt   Seite 12/B 1

■ **Bildungshotel**   Lorenzweg 56
☎ 0391/223430, Fax 223430
Preise: 12 Einzel 67, 59 Doppel DM 174
Ausstattung: Dusche/WC, ~Telefon, TV, ~Balkon
Besonderes: Restaurant, Clubraum, TT-Raum, Solarium, Parkplätze, Garagen
Geschlossen: 24. Dezember bis 1. Januar

■ **Hotel zur Börde**   August-Bebel-Damm 24-30
☎ 0391/501269, Fax 501277
Preise: 30 Einzel DM 65-95, 64 Doppel DM 95-130
Ausstattung: Dusche/WC, ~Telefon, ~TV, Radio, Kühlschrank
Besonderes: Frühstücksbüfett

Maierhöfen   ✉ 88167

Bayern   Seite 16/A 3

■ **Kurhotel zur Grenze**   Schanz 103
☎ 07562/3645
Preise: 5 Einzel 75, 10 Doppel DM 130-150, 1 Appartement DM 200
            1 Ferienwohnung DM 95
Ausstattung: Bad/WC, Telefon, ~Balkon, TV, Radio
Besonderes: Sauna, Whirlpool, Massage, Parkplätze, Liegewiese
            Restaurant

Maikammer   ✉ 67487

Rheinland-Pfalz   Seite 15/C 1

■ **Gästehaus Mandelhöhe**   Maxburgstr. 9
☎ 06321/59982
Preise: 3 Einzel 40, 7 Doppel DM 75
Ausstattung: Dusche/WC, Balkon
Besonderes: Terrasse, Liegewiese, Parkplätze, Ferienwohnungen
Geschlossen: November bis April

■ **Hotel Immenhof**   Immengartenstr. 26
☎ 06321/58001+02, Fax 58004
Preise: 35 Doppel 119, als Einzel 78, 3 Appartements DM 135-20,
Ausstattung: Dusche/WC, TV, Radio, Telefon, Minibar, Balkon
Besonderes: Restaurant 7-24 Uhr, Terrasse, Liegewiese, Schwimmbad,
            Sauna, Solarium, Kegeln, Parkplätze, Garagen, 3 Apartments
Kreditkarten: Amex, Diners, Eurocard, Visa

■ **Hotel Goldener Ochsen**   Marktstr. 4
☎ 06321/58101+02, Fax 58673
Preise: 5 Einzel 68, 19 Doppel DM 118
Ausstattung: Dusche/WC, TV, Radio
Geschlossen: Mitte Dezember bis Ende Januar
Kreditkarten: Diners, Visa

■ **Motel Am Immengarten**   Marktstr. 71
☎ 06321/5518, Fax 5510
Preise: 13 Einzel 74-79, 13 Doppel DM 109-115
Ausstattung: Dusche/WC, Telefon, TV, Minibar
Besonderes: Liegewiese, Parkplätze
Geschlossen: 23. Dezember bis 7. Januar
Kreditkarten: Diners, Visa

Mainbernheim   ⊠ 97350
Bayern   Seite 16/A 1

■ **Hotel zum Bären**   Herrenstr. 21
☎ 09323/5290, Fax 5806
Preise: 7 Doppel DM 98
Ausstattung: Bad/Dusche/WC, Telefon, TV
Besonderes: Restaurant, Terrasse, Liegewiese, Sauna, Parkplätze,
                   Liegewiese
Geschlossen: Mitte Januar - Mitte Februar

Mainhardt   ⊠ 74535
Baden-Württemberg   Seite 15/D 1

■ **Hotel Löwen**   Mainhardt-Stock
☎ 07903/1091
Preise: 10 Einzel 80, 20 Doppel DM 130, Halbpension und Vollpension
                   möglich
Ausstattung: Dusche/WC, Telefon, TV, Balkon
Besonderes: Restaurant, Terrasse, Liegewiese, Schwimmbad, Sauna,
                   Solarium, Parkplätze, Garagen
Kreditkarten: Amex, Diners, Eurocard, Visa

Maintal   ⊠ 63477
Hessen   Seite 11/C 3

■ **Hotel Zum Schiffchen**   Untergasse 23, Dörnigheim
☎ 06181/94060, Fax 940616
Preise: 14 Einzel 85-95, 15 Doppel DM 125-150
Ausstattung: Dusche/WC, Telefon, ~Minibar, ~TV
Besonderes: Restaurant, Kegeln, Parkplätze
Geschlossen: Restaurant im Juli 3 Wochen geschlossen

Mainz

Rheinland-Pfalz

■ **Am Hechenberg**   Am Schinnergraben 82, Hechtsheim
☎ 06131/507001, Fax 507003
Preise: 25 Einzel 50-94, 43 Doppel DM 130
Ausstattung: Bad/WC, TV, Telefon, Radio, Minibar
Besonderes: Sauna, Solarium, garni, Parkplätze,
                   Garagen
Kreditkarten: diverse

■ **Gasthaus zum Engel**   Mainufer 22, Kostheim
☎ 06134/62219, Fax 3079
Preise: 20 Einzel 65-83, 9 Doppel DM 110-140
Ausstattung: Bad/WC, Telefon, Radio, TV
Besonderes: Restaurant, Weinbaubetrieb, Parkplätze
Geschlossen: 23. Dezember bis 4. Januar 1995
Kreditkarten: Eurocard

■ **Hotel Pelzer**   Klein-Winternheimer Str. 12a, Marienborn
☎ 06134/364012
Preise: 6 Einzel 62-70, 7 Doppel DM 115-140
Ausstattung: Bad/WC
Besonderes: garni, Parkplätze

Malchin

Sachsen

■ **Pension Am Wasserturm**   Basedower Str. 66
☎ 03994/210511+210512
Preise: 8 Doppel 110, als Einzel 80 DM
Ausstattung: Dusche/WC, Telefon, TV
Besonderes: Terrasse, Parkplätze

Malchow

Mecklenburg-Vorpommern

■ **Am Fleesensee**   Strandstraße 4a
☎ 039932/1630, Fax 16310
Preise: 2 Einzel DM 80, 9 Doppel DM 120-140
Ausstattung: Du/Bad, WC, Telefon, Radio, TV, Minibar, ~Balkon
Besonderes: Restaurant, Terrasse, Liegewiese, Parkplätze
Geschlossen: Januar
Kreditkarten: Eurocard, Visa

Malente

Schleswig-Holstein

■ Hotel Almadin
Godenbergredder 34-36

☎ 04523/408-0, Fax 40811

Preise:	17 Einzel DM 58-85, 18 Doppel DM 100-145, 11 Appartements DM 100-145, 14 Ferienwohnungen DM 100-210, inkl. Frühstück
Ausstattung:	Bad/Dusche/WC, Telefon, Balkon, TV
Besonderes:	Konferenzraum 40, Hallenschwimmbad, Solarium, ruhig, Parkplätze, Garagen, Liegewiese, Halbpension möglich
Kreditkarten:	Eurocard

■ Hotel-garni-Diekseequell
Diekseepromenade 21

☎ 04523/1710, Fax 6373

Preise:	3 Einzel 75-90, 22 Doppel DM 110-150
Ausstattung:	Bad/WC, Telefon, Balkon, ~Terrasse
Besonderes:	Apartments, Konferenzraum, Garten, Hallenschwimmbad, Sauna, Kegeln, Segeln, ruhig, garni, Parkplätze, Garagen
Geschlossen:	20. Dezember bis 28. Februar

■ Landhaus am Kellersee
Kellerstr. 26

☎ 04523/2966, Fax 7858

Preise:	7 Einzel ab 65, 18 Doppel 130, Halbpension DM 22,50
Ausstattung:	Dusche/WC, Telefon, TV, Balkon
Besonderes:	Terrasse, Liegewiese, Parkplätze, Garagen, Ferienwohnungen, eigenes See-Ufer

■ Hotel-Café Raven
Janusallee 16

☎ 04523/3356, Fax 1059

Preise:	9 Einzel DM 48-68, 12 Doppel 92-120, Halbpension DM 19
Ausstattung:	Du/Bad, WC
Besonderes:	Kaffeegarten, Liegewiese, Parkplätze
Geschlossen:	15.1. - 28.2.

Manderscheid

Rheinland-Pfalz

■ Hotelpension Haus Burgblick
Klosterstr. 18

☎ 06572/784

Preise:	9 Einzel 32-41, 13 Doppel 72-74, Halbpension 15, Vollpension DM 22
Ausstattung:	Bad/WC, Balkon
Besonderes:	Terrasse, ruhig, Parkplätze, Liegewiese
Geschlossen:	Mitte November bis Mitte März

Mannheim

Baden-Württemberg

■ Hotel Kurpfalzstuben
L 14

☎ 0621/13053, Fax 1565064

Preise:	7 Einzel 80, 6 Doppel DM 120
Ausstattung:	Dusche/WC, Telefon, TV
Besonderes:	Restaurant, Parkplätze, Garagen
Kreditkarten:	Amex, Diners, Eurocard, Visa

■ **Hotel Wegener garni**   Tattersallstr. 16
☎ 0621/444071, Fax 406948
Preise: 16 Einzel 72, 20 Doppel DM 98-135
Ausstattung: ~Bad/WC, TV, Telefon
Besonderes: Garagen
Geschlossen: 23.12-6.1.
Kreditkarten: Visa

Bad Marienberg   ✉ 56470
Rheinland-Pfalz   Seite 11/C 3

■ **Landhaus Logge**   Rauscheidstr. 2
☎ 02661/5132
Preise: 5 Einzel 55, 5 Doppel 104, Halbpension 12, Vollpension DM 22
                     (ab dem 4. Tag)
Ausstattung: Dusche/WC, Telefon, TV
Besonderes: Restaurant, Terrasse, Liegewiese, Parkplätze, Garagen
Geschlossen: Januar
Kreditkarten: Diners, Eurocard, Visa

Maring-Noviand   ✉ 54484
Rheinland-Pfalz   Seite 10/B 3

■ **Hotel Weinhaus Liesertal**   Moselstr. 39, Maring
☎ 06535/848, Fax 1245
Preise: 26 Doppel 110, Halbpension 17,50, Vollpension DM 32,50
Ausstattung: Bad/WC, Telefon, TV, Balkon
Besonderes: Restaurant, Bar, Parkplätze, Terrasse, Liegewiese
Kreditkarten: Amex, Diners, Visa

Markersdorf   ✉ 02829
Sachsen   Seite 13/D 2

■ **Pension Sonnenhügel**   Dorfstr. 88
☎ 035829/205
Preise: 8 Einzel 80, 4 Doppel DM 100
Ausstattung: Dusche/WC, Radio, TV, Minibar, ~Balkon
Besonderes: Restaurant, Terrasse, Liegewiese, Sauna, Parkplätze,
                     Preisermäßigung ab 3 Tage Aufenthalt

Markt-Erlbach   ✉ 91459
Bayern   Seite 16/A 1

■ **Zum Stern**   Linden 60
☎ 09106/891, Fax 6666
Preise: 2 Einzel DM 42, 9 Doppel DM 74, 2 Appartements DM 111,
                     Halbpension DM 11, Vollpension DM 18
Ausstattung: Du/Bad, WC, TV, Balkon
Besonderes: Restaurant, Terrasse, Liegewiese, Solarium, Parkplätze

Marktheidenfeld

Bayern

■ **Gasthof-Hotel Mainblick**   Mainkai 11
☎ 09391/3021, Fax 81311
Preise: 1 Einzel 70, 10 Doppel 100, Halbpension DM 20
Ausstattung: Dusche/WC, Telefon, TV
Besonderes: Restaurant 11.30-14/18.30-24 Uhr
Geschlossen: Restaurant montags

■ **Hotel Schöne Aussicht**   Brückenstr. 8
☎ 09391/3450, Fax 3722
Preise: 6 Einzel 80, 43 Doppel DM 130, Halbpension/Vollpension nach
           Vereinbarung
Ausstattung: Dusche/WC
Besonderes: Restaurant, Kegeln, Parkplätze, Garagen

Marktoberdorf

Bayern

■ **Hotel Sepp**   Bahnhofstr. 13
☎ 08342/7090, Fax 709100
Preise: 18 Einzel 85, 41 Doppel DM 125, Halbpension und Vollpension
           möglich
Ausstattung: Dusche/Bad/WC, Telefon, TV, Radio, Balkon
Besonderes: Restaurant, Bar, Kegelbahn, Terrasse, Liegewiese, Sauna
Kreditkarten: Eurocard

Marktredwitz

Bayern

■ **Hotel Marktredwitzer Hof**   Scherdelstr. 7
☎ 09231/9560, Fax 956150
Preise: 10 Einzel ab 89, 40 Doppel 138, Halbpension DM 20
Ausstattung: Bad/WC, Telefon, Radio, TV, Minibar
Besonderes: Restaurant, Bar, Lift, Terrasse, Kegeln, Parkplätze
Kreditkarten: Amex, Diners, Eurocard, Visa

Marleben

Niedersachsen

■ **Hotel-Pension Manfred Behrendt**   Landhaus 7 Eichen
☎ 05848/311, Fax 315
Preise: 3 Einzel 70, 2 Doppel DM 140,
           Halbpension 20, Vollpension DM 40
Ausstattung: Dusche/WC, Telefon, TV, Balkon
Besonderes: Restaurant, Terrasse, Liegewiese, Schwimmbad, Sauna,
           Parkplätze

Marloffstein

Bayern

⊠ **91080**

Seite 16/A 1

■ **Alter Brunnen** — Am alten Brunnen 1
☎ 09131/50015+16, Fax 501770
Preise: 4 Einzel 55, 15 Doppel DM 85
Ausstattung: Bad/WC, Telefon, Radio, TV
Besonderes: Restaurant bis 23 Uhr, Terrasse, Parkplätze, Garagen

Marne

Schleswig-Holstein

⊠ **25709**

Seite 7/B 2

■ **Hotel Gerson** — Königstr. 45
☎ 04851/534, Fax 2011
Preise: 3 Einzel 70, 7 Doppel DM 120
Ausstattung: Dusche/WC, Telefon, Radio
Besonderes: Restaurant, Liegewiese, Parkplätze
Geschlossen: 23. Dezember bis 7. Januar 1996
Kreditkarten: Amex, Diners, Eurocard, Visa

Marquartstein

Bayern

⊠ **83250**

■ **Gasthof Prinzregent** — Loitshauser Str. 5
☎ 08641/8256, Fax 8710
Preise: 2 Einzel 55-60, 12 Doppel 90-110, 1 Apartment DM 120-170
Ausstattung: Dusche/WC, Telefon, Radio, TV
Besonderes: Restaurant, Terrasse, Parkplätze, Garagen

■ **Pension Hubertus** — Pettendorfer Str. 41
☎ 08641/8653
Preise: 2 Einzel 43, 7 Doppel DM 76
Ausstattung: Dusche/WC, Telefon, TV, Balkon, Radio
Besonderes: Bar, Terrasse, Liegewiese, Parkplätze, Tischtennisraum

Maulburg

Baden-Württemberg

⊠ **79689**

Seite 14/B 3

■ **Hotel Murperch Garni** — Hotzenwaldstr. 1
☎ 07622/6787-0, Fax 6787-30
Preise: 8 Einzel 68-85, 7 Doppel DM 110-145
Ausstattung: Dusche/WC, Telefon, TV, Minibar, ~Balkon, FAX-Anschluß
Besonderes: Terrasse, Liegewiese,
Kreditkarten: Amex, Diners, Eurocard, Visa

Mayen
Rheinland-Pfalz

✉ **56727**

Seite 10/B 3

■ **Hotellerie Katzenberg „Garni"**   Koblenzer Str. 174
☎ 02651/43585, Fax 48855
Preise: 5 Einzel 75, 20 Doppel DM 140
Ausstattung: Dusche/WC, Telefon, TV
Besonderes: Restaurant 18-20 Uhr, Parkplätze
Kreditkarten: Diners, Eurocard, Visa

■ **Hotel Keupen**   Am Markt 23
☎ 02651/73077
Preise: 8 Einzel 65-75, 13 Doppel DM 95-140
Ausstattung: Dusche/WC, telefon, Radio, TV
Besonderes: Terrasse, Parkplätze, Garagen
Kreditkarten: Diners, Eurocard, Visa

Mechernich
Nordrhein-Westfalen

✉ **53894**

Seite 10/B 3

■ **Sport-Hotel**   Ernst-Becker-Weg, Kommern
☎ 02443/5095-98
Preise: 7 Einzel 78-95, 23 Doppel DM 120-160
Ausstattung: Bad/WC, Telefon
Besonderes: Konferenzraum 40, Hallenschwimmbad, Sauna, Solarium, Kegeln, Tennis, ruhig, Parkplätze
Geschlossen: 24. Dezember

Medebach
Nordrhein-Westfalen

✉ **59964**

Seite 11/C 2

■ **Schloßberghotel**   Medebach-Küstelberg
☎ 02981/2001, Fax 2004
Preise: 4 Einzel 77, 12 Doppel DM 154
Ausstattung: Du/Bad/WC, Telefon, TV-Anschluß, Balkon
Besonderes: Lift, Terrasse, Hallenschwimmbad, Sauna, Solarium, Kegeln, ruhig, Parkplätze

Meersburg
Baden-Württemberg

✉ **88709**

Seite 15/D 3

■ **Gasthof Zum Bären**   Marktplatz 11
☎ 07532/43220, Fax 432244
Preise: 3 Einzel 80, 14 Doppel DM 140
Ausstattung: Dusche/WC, TV, Telefon
Besonderes: Restaurant, Garagen
Geschlossen: 15. November bis 15. März

■ **Seehotel Zur Münz**   Seestr. 7
☎ 07532/9090+9096, Fax 7785
Preise: 4 Einzel 86, Doppel DM 128-168
Ausstattung: Bad/WC, Telefon, Balkon
Besonderes: Parkplätze, Garagen
Kreditkarten: Eurocard

Mehring   ✉ 84561
Bayern   Seite 17/C 2

■ **Gasthof Schwarz**   Hohenwart 10
☎ 08677/9840, Fax 1440
Preise: 1 Einzel DM 58-68, 21 Doppel DM 96-115, Halbpension DM 19,
                   Vollpension DM 29
Ausstattung: Du/Bad, WC, Telefon, Radio, TV, ~Balkon
Besonderes: Restaurant, Terrasse, Parkplätze
Kreditkarten: Eurocard, Visa

Meinerzhagen   ✉ 58540
Nordrhein-Westfalen   Seite 10/B 2

■ **Wirth**   Hauptstr. 19
☎ 02354/2226
Preise: 7 Einzel 65-85, 13 Doppel ab DM 105
Ausstattung: ~Bad/WC, ~Telefon
Besonderes: Konferenzraum, Sauna, Parkplätze, Garagen, Liegewiese

---

Meiningen   ✉ 98617
Thüringen   Seite 12/A 3

■ **An der Kapelle**   Anton-Ulrich-Straße 19
☎ 03693/4492-0, Fax 470174
Preise: 7 Einzel DM 60-80, 8 Doppel DM 120, 2 Appartements DM 150
                   Halbpension DM 15, Vollpension DM 30
Ausstattung: Du/Bad, WC, Telefon, Radio, TV
Besonderes: Restaurant, Terrasse, Weinstube, Biergarten, Parkplätze
Kreditkarten: Diners, Eurocard, Visa

Meldorf   ✉ 25704
Schleswig-Holstein   Seite 7/B 1

■ **Schnoor's Hotel Stadt Hamburg**   Nordermarkt 2
☎ 04832/1461+1407, Fax 4053
Preise: Einzel ab 76, 14 Doppel 135, Halbpension DM 12
Ausstattung: Dusche/Bad/WC, Telefon, TV, Radio
Besonderes: Restaurant 7-23 Uhr, Bar 20-1 Uhr, Konferenzraum, Whirlpool,
                   Parkplätze, Garagen
Kreditkarten: Amex, Diners, Visa

Mellinghausen

✉ **27249**

Niedersachsen

Seite 7/B 3

■ **Hotel Märtens**   Am Sportplatz 63
☎ 04272/9300-0, Fax 9300-28
Preise: 12 Einzel 70-83, 12 Doppel DM 105-120
Ausstattung: Dusche/WC, Telefon, TV, Minibar
Besonderes: Restaurant, Kegelbahn, Liegewiese, Parkplätze
Geschlossen: 3 Wochen in den Sommerferien von Niedersachsen
Kreditkarten: Amex, Eurocard

Memmingen

✉ **87700**

Bayern

Seite 16/A 3

■ **Hiemer**   Obere Str. 24, Amendingen
☎ 08331/87951, Fax 87954
Preise: 8 Einzel 80-90, 24 Doppel 135, Halbpension DM 15
Ausstattung: Bad/WC, Telefon, Balkon
Besonderes: Restaurant, Terrasse, Parkplätze, Garagen
Kreditkarten: Amex, Diners, Eurocard, Visa

■ **Weisses Ross**   Kalchstr. 16/Ecke Salzstraße 12
☎ 08331/9360, Fax 936150
Preise: 20 Einzel 80, 30 Doppel 120-150, Halbpension/Vollpension
                DM 25-50
Ausstattung: Bad/WC, Telefon, ~TV, ~Balkon
Besonderes: Restaurant, Terrasse, Parkplätze, Garagen
Kreditkarten: Diners, Eurocard, Visa

Menden

✉ **58708**

Nordrhein-Westfalen

Seite 11/C 2

■ **Hotel Central**   Unnaer Str. 33
☎ 02373/5045, Fax 5531
Preise: 12 Einzel 90, 4 Doppel DM 130
Ausstattung: Dusche/WC, Telefon, TV, Radio, Minibar
Besonderes: Lift, garni
Kreditkarten: Amex, Diners, Eurocard, Visa

■ **Bösperder Hof**   Bahnhofstraße 80, Bösperde
☎ 02373/95930, Fax 61623
Preise: 3 Einzel DM 65-70, 8 Doppel DM 100
Ausstattung: Du/Bad, WC, Telefon, Radio, TV
Besonderes: Restaurant, Sauna, Parkplätze, Garagen
Kreditkarten: Amexco, Diners, Eurocard, Visa

Mengen

Baden-Württemberg

✉ **88512**

Seite 15/D 3

■ **Hotel Rebstock**   Hauptstr. 93
☎ 07542/3411, Fax 78110
Preise: 7 Einzel 80, 5 Doppel DM 140
Ausstattung: Dusche/WC, Telefon, TV
Besonderes: Restaurant, Parkplätze, Garagen
Geschlossen: 24.Dezeber bis 10. Januar und 2 Wochen im August
Kreditkarten: Diners, Eurocard, Visa

Menz

Brandenburg

✉ **16775**

Seite 9/C 3

■ **Brandenburg**   Stechlinsee Straße 11, Brandenburg
☎ 033081/210, Fax 388
Preise: 9 Einzel DM 80, 10 Doppel DM 110, 6 Appartements DM 80,
                 Halbpension DM 15, Vollpension DM 30
Ausstattung: Du/Bad, WC, Telefon, Radio, TV
Besonderes: Restaurant, Parkplätze, Garagen
Geschlossen: Januar
Kreditkarten: Eurocard, Visa

Meppen

Niedersachsen

✉ **49716**

Seite 7/A 3

■ **Hotel Pöker**   Herzogstr. 15
☎ 05931/491-0, Fax 491-100
Preise: 25 Einzel 60-95, 30 Doppel 110-140, 2 Ferienwohnungen DM 120
                 Halbpension DM 20, Vollpension DM 35
Ausstattung: Bad/Dusche, Telefon, Radio, TV, Minibar, Balkon
Besonderes: Restaurant, Bar, Terrasse Parkplätze, Garagen, Liegewiese
Kreditkarten: Amex, Diners, Eurocard, Visa

■ **Parkhotel Hackmann**   Lilienstr. 21
☎ 05931/18011, Fax 89494
Preise: 18 Einzel 90, 13 Doppel 150, 1 Appartement DM 190, Halb-
                 und Vollpension möglich
Ausstattung: Dusche/Bad/WC, Telefon, TV
Besonderes: Restaurant, Terrasse
Kreditkarten: Amex, Diners, Eurocard, Visa

Merbitz

Sachsen

✉ **01462**

Seite 13/C 2

■ **Hotel Merbitzer Hof**   Merbitzer Ring 11
☎ 0351/4411859
Preise: 3 Einzel DM 78, 14 Doppel DM 117, 2 Appartements DM 130,
                 3 Ferienwohnungen DM 150
Ausstattung: Dusche/WC, Radio, TV
Besonderes: Parkplätze, Restaurant, Terrasse,

Bad Mergentheim ✉ **97980**

Baden-Württemberg Seite 15/D 1

■ **Stefanie** Erlenbachweg 11
☎ 07931/7055
Preise: 21 Einzel 70-80, 11 Doppel DM 110-145
Ausstattung: Bad/WC
Besonderes: Lift, Terrasse, Sauna, ruhig, Parkplätze, Garagen

■ **Weinstube Lochner** Hauptstr. 39, Markelsheim
☎ 07931/2081, Fax 2080
Preise: 10 Einzel DM 65-95, 45 Doppel DM 130-180
Ausstattung: Du/Bad, WC, Telefon, Radio, TV, Balkon
Besonderes: Terrasse, Hallenschwimmbad, Sauna, Solarium,
Kegeln, Parkplätze, Garagen, Restaurant, Lift
Kreditkarten: Eurocard, Visa

Mertesdorf ✉ **54318**

Rheinland-Pfalz Seite 14/B 1

■ **Hotel Weis** Eitelsbacher Str. 4
☎ 0651/5134, Fax 53630
Preise: 24 Einzel 70-90, 34 Doppel ab 110, Halbpension 20,
Vollpension DM 32
Ausstattung: Bad/WC, Telefon, Radio, TV, Balkon
Besonderes: Restaurant 12-14, 18-22 Uhr, Frühstücksbuffet,
Konferenzraum, Garten, Parkplätze, Garagen, Liegewiese
Kreditkarten: Eurocard

■ **Karlsmühle** Im Mühlengrund 1
☎ 0651/5123, Fax 52016
Preise: 6 Einzel 65, 34 Doppel DM 96
Ausstattung: Dusche/WC, ~TV, Frühstücksbuffet
Besonderes: Restaurant, Terrasse, Liegewiese, Parkplätze,
Kreditkarten: Eurocard, Amexco

Meschede ✉ **59872**

Nordrhein-Westfalen Seite 11/C 2

■ **Hotel Haus Lukai** Christine-Koch-Str. 11, Freienohl
☎ 02903/7752
Preise: 5 Einzel 55-60, 8 Doppel 110-120, Halbpension 20,
Vollpension DM 30
Ausstattung: Dusche/WC, Telefon, TV, Balkon
Besonderes: Restaurant, Bar, Bundeskegelbahnen, Terrasse, Liegewiese,
Parkplätze, Garagen
Kreditkarten: Eurocard

■ **Hotel Teehaus** Auf'm Hahn 2, Freienohl
☎ 02903/539
Preise: 2 Einzel ab 54, 6 Doppel 104-114, 1 Apartment 116,
Halbpension 16, Vollpension DM 22
Ausstattung: Dusche/WC
Besonderes: Restaurant, Terrasse, Liegewiese, Parkplätze
Kreditkarten: Diners, Eurocard

■ **Hotel von Korff**   Le-Puy-Str. 19
☎ 0291/99140, Fax 991424
Preise: 5 Einzel 95, 7 Doppel DM 160
Ausstattung: Bad/WC, Telefon, TV
Besonderes: Restaurant, Terrasse, Parkplätze, Garagen
Kreditkarten: Amex, Diners, Eurocard, Visa

Mespelbrunn   ✉ 63875
Bayern   Seite 11/D 3

■ **Schloß-Hotel Mespelbrunn**   Schloßallee 25
☎ 06092/6080, Fax 608100
Preise: 10 Einzel 65-95, 30 Doppel 130-195, Halbpension DM 25
Ausstattung: Dusche/WC, TV, Telefon, Radio, Minibar, Balkon
Besonderes: Restaurant, Bar 17-1 Uhr, Solarium, röm. Dampfbad,
                   Whirlpool, Fitneßraum, ruhig, Parkplätze, Garagen,
Kreditkarten: Amex, Diners, Eurocard, Visa, JCB

■ **Gasthaus zum Engel**   Hauptstraße 268
☎ 06092/313, Fax 313
Preise: 2 Elnzel DM 60, 10 Doppel DM 100, Halbpension möglich
Ausstattung: Du/Bad, WC, Telefon, Balkon
Besonderes: Restaurant, Terrasse, Liegewiese, Parkplätze, Garagen
Geschlossen: November-Dezember

Meßkirch   ✉ 88605
Baden-Württemberg   Seite 15/D 3

■ **Hotel Adler-Alte Post**   Adlerplatz 5
☎ 07575/822, Fax 1542
Preise: 2 Einzel 68, 18 Doppel 125, Halbpension DM 26
Ausstattung: Dusche/WC, Telefon, TV
Besonderes: Restaurant 9-14, 18-23 Uhr, Feinschmeckerrestaurant
Kreditkarten: Amex, Diners, Eurocard, Visa

Mettlach   ✉ 66693
Saarland   Seite 14/A 1

■ **Landidyll Hotel Zur Saarschleife**   Cloefstr. 44, Orscholz
☎ 06865/1790, Fax 17930
Preise: 5 Einzel 85-95, 40 Doppel 130-190, 1 Appartement 190
                   Halbpension DM 38
Ausstattung: Dusche/WC, Telefon, Radio, ~TV
Besonderes: Restaurant, Terrasse, Liegewiese, Sauna, Solarium,
                   Kegeln, Tennis, Parkplätze, Garagen, ferienwohnungen
Kreditkarten: Amex, Diners, Eurocard, Visa

Meuselbach-Schwarzmühle   ✉ 98746

Thüringen   Seite 12/A 3

■ **Hotel Waldfrieden**   Mellenbacher Str. 2, Schwarzmühle
☎ 036705/61000, Fax 61013
Preise: 7 Einzel 79, 13 Doppel 112, Halbpension DM 16
Ausstattung: Dusche/WC, Telefon, TV, Balkon
Besonderes: Restaurant, Terrasse, Liegewiese, Blockhaus für Grillabende,
                      Schwimmbad, Sauna, Solarium, Parkplätze
Kreditkarten: Eurocard, Visa

Michelsrombach   ✉ 36088

Hessen   Seite 11/D 3

■ **Landgasthof zum Stern**   Biebergasse 2
☎ 06652/2575, Fax 72851
Preise: 10 Einzel DM 50, 20 Doppel DM 78, Halb-und Vollpension mögl.
Ausstattung: Du/Bad, WC, Balkon, ~TV
Besonderes: Restaurant, Terrasse, Parkplätze, Garagen
Kreditkarten: Eurocard

Michelstadt   ✉ 64720

Hessen   Seite 15/C 1

■ **Hotel Berghof**   Hauptstr. 9, Weiten-Gesäß
☎ 06061/3701, Fax 73508
Preise: 4 Einzel 70-75, 12 Doppel 120, Halbpension 13, Vollpension DM 28
Ausstattung: Dusche/WC, Telefon, Balkon
Besonderes: Restaurant, Terrasse, Liegewiese, Parkplätze
Geschlossen: Mitte Februar - Mitte März
Kreditkarten: Diners, Eurocard

■ **Hotel Michelstädter Hof**   Rudolf-Marburg-Str. 41
☎ 06061/671+672, Fax 673
Preise: 5 Einzel 60, 14 Doppel DM 100, Halbpension und Vollpension
                      möglich
Ausstattung: Dusche/WC, Telefon, TV, Balkon
Besonderes: Restaurant, Liegewiese, Parkplätze
Kreditkarten: Eurocard

■ **Weyrich**   Waldstr. 5
☎ 06066/271
Preise: 8 Einzel ab 64, 21 Doppel DM 130
Ausstattung: Bad/WC, TV, Radio, Minibar, Balkon
Besonderes: Konferenzraum, Hallenschwimmbad, Sauna, Solarium, Kegeln,
                      Parkplätze, Garagen
Kreditkarten: Amex, Eurocard

■ **Hotel garni Am Kellereiberg**   Am Kirchenfeld 12
☎ 06061/4840, Fax 71645
Preise: 1 Einzel 55, 9 Doppel DM 80-100
Ausstattung: Dusche/WC, ~Telefon, TV Radio, ~Balkon
Besonderes: Terrasse, Parkplätze, Garagen

337

Miesbach   ✉ 83714

Bayern   Seite 16/B 3

■ **Pension Wendelstein**   Bayrischzeller Straße 19
☎ 08025/7802, Fax 8668
Preise: 4 Einzel DM 70, 8 Doppel DM 100
Ausstattung: Du/Bad, WC, TV, Balkon
Besonderes: Terrasse, Liegewiese, Parkplätze

Miltenberg   ✉ 63897

Bayern   Seite 15/D 1

■ **Flair-Hotel Hopfengarten**   Ankergasse 16
☎ 09371/3131, Fax 69758
Preise: 3 Einzel 65, 10 Doppel 114, Halbpension DM 24
Ausstattung: Dusche/WC, Telefon, TV, Radio
Besonderes: Restaurant, Terrasse, Garagen
Geschlossen: 2 Wochen im November und 2 Wochen im Februar
Kreditkarten: Eurocard, Visa

■ **Hotel Brauerei Keller**   Hauptstr. 66-70
☎ 09371/5080, Fax 508100
Preise: 7 Einzel 79, 25 Doppel DM 134
Ausstattung: Dusche/WC, Telefon, TV, Radio
Besonderes: Restaurant 7-23 Uhr, Garagen
Geschlossen: 3 Wochen im Januar
Kreditkarten: Amex, Diners, Eurocard, Visa

■ **Hotel zum Riesen**   Hauptstr. 97
☎ 09371/3644+2582
Preise: 2 Einzel 68, 12 Doppel DM 108-178
Ausstattung: Dusche/WC, ~Telefon, TV
Besonderes: Parkplätze, Garagen, garni, historisches Haus
Geschlossen: Mitte Dezember bis Mitte März
Kreditkarten: Diners, Eurocard

Mindelheim   ✉ 87719

Bayern   Seite 16/A 3

■ **Gasthof Stern**   Frundbergstr. 17
☎ 08261/1517
Preise: 12 Einzel 62, 20 Doppel DM 113
Ausstattung: Bad/WC
Besonderes: Konferenzraum, Terrasse, Parkplätze, Garagen

Minden   ✉ 32429

Nordrhein-Westfalen   Seite 11/C 1

■ **Zur Linde**   Mindener Straße 1
☎ 0571/52585, Fax 52585
Preise: 2 Einzel DM 48, 5 Doppel DM 88, Halb-und Vollpension möglich
Ausstattung: Du/Bad, WC
Besonderes: Restaurant, Parkplätze
Geschlossen: 3 Wochen in den Sommerferien

Mittenaar

✉ **35756**

Hessen

Seite 11/C 3

■ **Hotel Berghof** Bergstr. 4
☎ 02772/62056+62055, Fax 64186
Preise: 7 Einzel 52-60, 10 Doppel 100, Halbpension DM 18
Ausstattung: Bad/Dusche/WC, Telefon, TV
Kreditkarten: Eurocard

Mittenwald

✉ **82481**

Bayern

Seite 16/B 3

■ **Alpenrose** Obermarkt 1
☎ 08823/5055, Fax 3720
Preise: 4 Einzel 78, 14 Doppel 150, Halbpension 17, Vollpension DM 28
Ausstattung: Dusche/WC, Telefon, TV, Minibar, Balkon
Besonderes: Restaurant, Sauna, Parkplätze, Garagen
Kreditkarten: Amex, Eurocard, Visa

■ **Hotel Garni Gästehaus Franziska** Innsbrucker Str. 24
☎ 08823/5051+52, Fax 3893
Preise: 8 Einzel 65-75, 8 Doppel 95-130, 4 Junior-Suiten DM 140-175
Ausstattung: Dusche/Bad/WC, Telefon, Radio, Minibar, Balkon, Kabel-TV
Besonderes: Terrasse, Liegewiese, Sauna, Solarium, Tischtennis, Parkplätze, Garagen, Hotel-Garni
Geschlossen: 7. November bis 17. Dezember
Kreditkarten: Amex, Visa

■ **Hotel Jägerhof** Partenkirchner Str. 35
☎ 08823/1041+44, Fax 8582
Preise: 12 Einzel 76-84, 38 Doppel 98-156, Halbpension 20, Vollpension DM 40
Ausstattung: ~Dusche/WC, ~Radio, ~Balkon
Besonderes: Restaurant ab 11.30 Uhr, Bar, Garagen, Liegewiese
Geschlossen: Ende Oktober bis Mitte Dezember
Kreditkarten: Amex, Diners, Eurocard, Visa

■ **Hotel Lautersee** Am Lautersee 1
☎ 08823/1017+18, Fax 5246
Preise: 1 Einzel 80-90, 5 Doppel 150-170, 1 Apartment 140-160 Halbpension DM 28
Ausstattung: Dusche/WC, Telefon, Balkon
Besonderes: Restaurant, Bar, Terrasse, Liegewiese, Parkplätze, Badesee mit Badesteg
Geschlossen: November - ca. 20. Dezember

■ **Rieger** Dekan-Karl-Platz 28
☎ 08823/5071
Preise: 11 Einzel ab 78, 27 Doppel ab DM 140
Ausstattung: Bad/WC, Telefon
Besonderes: Terrasse, Hallenschwimmbad, Sauna, Solarium, Garagen

Mölln ✉ 23879

Schleswig-Holstein Seite 8/B 2

■ Hotel Seeschlößchen Auf den Dämmen 14
☎ 04542/3737, Fax 3731
Preise: 3 Einzel 70, 7 Doppel DM 110-130
Ausstattung: Dusche/WC, Telefon, ~TV, ~Balkon
Besonderes: Liegewiese, Parkplätze, Garagen

Mömbris ✉ 63776

Bayern Seite 11/D 3

■ Ölmühle Im Markthof 2
☎ 06029/8001, Fax 8012
Preise: 7 Einzel DM 85-95, 19 Doppel DM 150-170
Ausstattung: Bad/WC, TV, Telefon, ~Balkon
Besonderes: Frühstücksbuffet, Lift, Konferenzraum 40, Terrasse,
Parkplätze, Garagen
Geschlossen: 1. bis 15. August
Kreditkarten: Amexco, Eurocard

Mömlingen ✉ 63853

Bayern Seite 11/D 3

■ Am Königs-Wald Königswaldstr. 4
☎ 06022/31026
Preise: 10 Einzel ab 60, 16 Doppel DM 110-130
Ausstattung: Bad/WC, TV, Telefon
Besonderes: Konferenzraum 50, Terrasse, Sauna, Solarium, Massage, ruhig,
Parkplätze
Geschlossen: Mitte Dezember bis Mitte Januar

Mönchberg ✉ 63933

Bayern Seite 15/D 1

■ Hotel Schmitt Urbanusstr. 12
☎ 09374/2090, Fax 209250
Preise: 11 Einzel DM 65-68, 29 Doppel DM 110-125, Halbpension und
Vollpension möglich
Ausstattung: Bad/WC, Telefon, ~TV, Balkon
Besonderes: Restaurant, Terrasse, Hallenschwimmbad, Sauna, Solarium,
Fitneßraum, Tennis, ruhig am Wald, Parkplätze, Liegewiese
Geschlossen: Januar
Kreditkarten: Eurocard, Visa

Mönchengladbach

Nordrhein-Westfalen

✉ **41061**

Seite 10/A 2

■ **Hotel Dorthausener Hof**　　　　　　　　Gladbacher Str. 403
☎ 02161/542706+54711
Preise:　　　　2 Einzel 60, 5 Doppel DM 100
Ausstattung:　Dusche/WC, Telefon, Balkon
Besonderes:　Restaurant, Bundeskegelbahn, Parkplätze
Geschlossen:　26. Dezember bis 11. Januar

■ **Rosenheim**　　　　　　　　　　　　　　　Schürenweg 47
☎ 02161/20131+32
Preise:　　　　20 Einzel 79-90, 5 Doppel DM 140-180
Ausstattung:　Bad/WC, TV, Telefon
Besonderes:　Parkplätze

■ **Tannenhof**　　　　　　　　　　　　　　　Pfingsgraben 11
☎ 02161/54636, Fax 591999
Preise:　　　　5 Einzel 70, 10 Doppel DM 130
Ausstattung:　Bad/~WC, Telefon
Besonderes:　Restaurant, Liegewiese, Sauna, Solarium, Parkplätze
Kreditkarten:　Amex, Eurocard, Visa

Mohorn

Sachsen

✉ **01723**

Seite 13/C 2

■ **Gasthaus und Pension Landstreicher**　　Freiberger Landstr. 37
☎ 035209/320, Fax 320
Preise:　　　　3 Einzel 65, 4 Doppel DM 110, Halbpension 22, Vollpension DM 38
Ausstattung:　Dusche/WC, Telefon, TV, radio
Besonderes:　Restaurant 11-23 Uhr, Tagungsraum, Saal, Parkplätze
Kreditkarten:　Eurocard, Visa

Monheim

Nordrhein-Westfalen

✉ **40789**

Seite 10/B 2

■ **Lehmann**　　　　　　　　　　　　　Thomasstr. 24, Baumberg
☎ 02173/96610
Preise:　　　　20 Einzel 89, 4 Doppel DM 120
Ausstattung:　Dusche/WC, Telefon
Besonderes:　garni, Sauna, Parkplätze, Liegewiese

Monschau

Nordrhein-Westfalen

✉ **52156**

Seite 10/A 3

■ **Aquarium**　　　　　　　　　　　　　　　　Heidgen 34
☎ 02472/1693, Fax 4193
Preise:　　　　1 Einzel 75-80, 13 Doppel 90-136, Halbpension DM 17
　　　　　　　　1 Ferienwohnung DM 100
Ausstattung:　Dusche/WC, Telefon, TV, Etagenkühlschrank
Besonderes:　Restaurant, Grillhütte, Terrasse, Liegewiese, Schwimmbad,
　　　　　　　　Sauna, Solarium, Parkplätze, Garagen, Sportraum,

Moos

Baden-Württemberg

✉ **78345**

Seite 15/C 3

■ **Landgasthof Zum Sternen**   Schienerbergstr. 23, Bankholzen
☎ 07732/2422, Fax 58910
Preise: 2 Einzel 40-60, 9 Doppel 80-100, Halbpension DM 18
Ausstattung: Dusche/WC, Telefon, TV-Anschluß. ~Balkon, Radio
Besonderes: Restaurant, Biergarten, Liegewiese, Parkplätze
Kreditkarten: Amex, Eurocard

Morbach

Rheinland-Pfalz

✉ **54497**

Seite 10/B 3

■ **Hotel St. Michael**   Bernkasteler Str. 3-5
☎ 06533/3025, Fax 1211
Preise: 20 Einzel 70-85, 31 Doppel 110-140, Halbpension 15,
                 Vollpension DM 20
Ausstattung: Bad/WC, Telefon, TV, Minibar, Balkon, Fön
Besonderes: Restaurant bis 22 Uhr, Bar bis 3 Uhr, Terrasse, Sauna,
                 Solarium, Parkplätze, Garagen
Kreditkarten: Amex, Diners, Eurocard, Visa

Morsbach

Nordrhein-Westfalen

✉ **51597**

Seite 10/B 2

■ **Hotel Goldener Acker**   Zum goldenen Acker 44
☎ 02294/8024, Fax 7375
Preise: 6 Einzel 84, 27 Doppel 138, Halbpension 35, Vollpension
                 DM 50
Ausstattung: Bad/WC, TV, Telefon, Radio
Besonderes: Restaurant, Bar, Terrasse, Liegewiese, Sauna, Solarium,
                 Kegeln, Parkplätze, Garagen
Geschlossen: 17.7-6.8.95
Kreditkarten: Visa, Diners

Mosbach

Baden-Württemberg

✉ **74821**

Seite 15/D 1

■ **Lindenhof**   Martin-Luther-Str. 3, Neckarelz
☎ 06261/60066
Preise: 10 Einzel ab 64, 13 Doppel 98, Halbpension DM 20
Ausstattung: Dusche/WC, Telefon, TV
Besonderes: Restaurant, Kegelbahn, Parkplätze, Garagen
Geschlossen: Zwei Wochen in den Sommerferien
Kreditkarten: Eurocard

Moselkern ✉ 56254

Rheinland-Pfalz

Seite 10/B 3

■ Anker-Pitt

Moselstr. 15-16

☎ 02672/1303, Fax 8944

Preise: Einzel ab 50, 25 Doppel ab DM 80, 1 Ferienwohnung DM 60-70
Ausstattung: Bad/WC, TV, Balkon
Besonderes: Lift, Sauna, Solarium, Kegeln, Parkplätze, Garagen

---

Mossautal ✉ 64756

Hessen

Seite 15/C 1

■ Brauerei-Gasthof Schmucker

Hauptstr. 91a

☎ 06061/71001, Fax 2861

Preise: 2 Einzel 82, 23 Doppel 136-146, 1 Ferienwohnung DM 100,
Halbpension DM 21
Ausstattung: Bad/WC, Telefon, TV, ~Balkon
Besonderes: Restaurant 11-24 Uhr, Kegeln, Tennis, Biergarten,
Brauereiführungen auf Anfrage, Schwimmbad, Solarium, ruhig,
Kreditkarten: Amex, Eurocard, Visa

Mücke ✉ 35325

Hessen

Seite 11/D 3

■ Landgasthof Zur Linde

Lehnheimer Str. 2, Atzenhain

☎ 06401/6465

Preise: 11 Einzel 45-50, 11 Doppel DM 85-90
Ausstattung: ~Bad/WC, ~Balkon
Besonderes: Restaurant, Sauna, Solarium, Kegeln,
Parkplätze, Garagen, Liegewiese

Müden ✉ 56254

Rheinland-Pfalz

Seite 10/B 3

■ Hotel Sewenig

Moselstr. 82

☎ 02672/1334, Fax 1730

Preise: 2 Einzel 60-70, 28 Doppel 110-130, Halbpension 25,
Vollpension DM 30
Ausstattung: Dusche/Bad/WC, ~TV, ~Balkon
Besonderes: Restaurant 12-14, 18-21 Uhr, Terrasse, Liegewiese, Sauna,
Solarium, Fitneßcenter, Kinderspielplatz, Fahrradverleih,
Geschlossen: Januar
Kreditkarten: Amex, Diners, Eurocard, Visa

■ Hotelpension Sonnenhof

Silberstr. 33

☎ 02672/7463, Fax 7463

Preise: 4 Einzel 44-55, 12 Doppel 78-98, Halbpension DM 16
Ausstattung: Dusche/WC, Balkon
Besonderes: Restaurant bis 21 Uhr, ruhig, Parkplätze, Garagen,
Liegewiese
Geschlossen: November bis Februar

Mühbrook ✉ 24582

Schleswig-Holstein

Seite 8/A 2

■ **Seeblick und Seeschlößchen** Dorfstr. 18
☎ 04322/5943, Fax 518168
Preise: 4 Einzel 75, 33 Doppel DM 105
Ausstattung: Dusche/WC, Telefon, TV, Radio
Besonderes: Restaurant, Terrasse, Liegewiese, Sauna, Solarium,
Parkplätze, Fahrräder, Tretboote, Carports
Geschlossen: November bis Februar
Kreditkarten: Amex, Diners, Eurocard, Visa

Mühlacker ✉ 75417

Baden-Württemberg

Seite 15/C 1

■ **Scharfes Eck** Bahnhofstr. 1
☎ 07041/6027
Preise: 15 Einzel 80, 13 Doppel DM 130
Ausstattung: ~Bad/WC, Telefon, Kabel-TV
Besonderes: Lift, Konferenzraum 70, Parkplätze Restaurant
Geschlossen: 3 Wochen im Sommer

Mühldorf ✉ 84453

Bayern

Seite 17/C 2

■ **Jägerhof** Stadtplatz 3
☎ 08631/4003
Preise: 18 Einzel 42-65, 10 Doppel ab DM 90
Ausstattung: ~Bad/WC, ~Telefon
Besonderes: Parkplätze, Garagen

Mühlhausen/Mittelfranken ✉ 96172

Bayern

Seite 12/A 3

■ **Gästehaus Hiltel** Hauptstr. 18
☎ 09548/6066, Fax 6237
Preise: 2 Einzel 55, 6 Doppel DM 90
Ausstattung: Dusche/WC, Telefon, TV, Radio
Besonderes: Restaurant, Parkplätze, eigene Schlachtung

Mühlhausen/Vogtland ✉ 08626

Sachsen

Seite 12/B 3

■ **Hotel Gasthof-Vogtland** Brambacher Str. 38
☎ 037437/3484, Fax 3484
Preise: 3 Einzel 80, 27 Doppel 120-180, Halbpension 18,
Vollpension DM 33
Ausstattung: Dusche/WC, Telefon, TV, Minibar, Balkon
Besonderes: Restaurant, Terrasse, Liegewiese, Sauna, Solarium,
Parkplätze, Garagen
Kreditkarten: Eurocard, Visa

Mühlheim ✉ 63165

Hessen

Seite 11/C 3

■ **Hotel Kinnel** Gerhart-Hauptmann-Str. 54
☎ 06108/76052, Fax 67684
Preise: 18 Einzel 80-140, 22 Doppel DM 120-210
Ausstattung: Dusche/WC, Telefon, TV
Besonderes: Restaurant 18-24 Uhr, Café und eigene Konditorei,
Parkplätze, Garagen
Kreditkarten: Amex, Eurocard, Visa

Mühlleithen ✉ 08248

Sachsen

Seite 12/B 3

■ **Ferienhotel Mühlleithen** Waldstraße 4
☎ 037467/2201, Fax 2202
Preise: 4 Einzel DM 65, 4 Doppel DM 80, 2 Appartements DM 130, 10
Ferienwohnungen DM 140, Halbpension DM 18, Vollpension DM 27
Ausstattung: Du, Bad, WC, Radio, TV
Besonderes: Restaurant, Terrasse, Liegewiese, Sauna, Parkplätze,
Garagen
Kreditkarten: Eurocard, Visa

Mühltal ✉ 64367

Hessen

Seite 15/C 1

■ **Waldesruh** Am Bessunger Forst 28
☎ 06151/14087
Preise: 22 Einzel ab 65, 15 Doppel DM 100-130
Ausstattung: Bad/WC, Telefon
Besonderes: Lift, Konferenzraum, Terrasse, Hallenschwimmbad, ruhig,
Parkplätze

Mülheim ✉ 45478

Nordrhein-Westfalen

Seite 10/B 2

■ **Hotel Kämpgen's Hof** Denkhauser Höfe 46-54
☎ 0208/70021, Fax 756931
Preise: 8 Einzel ab 84, 11 Doppel DM 140
Ausstattung: Dusche/WC, Telefon, TV
Besonderes: Terrasse, Liegewiese, Schwimmbad, Parkplätze, Garagen,
Tennis
Kreditkarten: Diners, Eurocard, Visa

■ **Hotel-Restaurant Mintarder Wasserbahnhof** August-Thyssen-Str.
129
☎ 02054/4857+7272, Fax 84790
Preise: 24 Einzel 76-80, 9 Doppel 145-165, 1 Apartment DM 270
Ausstattung: Dusche/WC, Telefon, TV, Minibar
Besonderes: Restaurant 12-22 Uhr, Terrasse, Liegewiese, Parkplätze,
Garagen
Kreditkarten: Amex, Diners, Eurocard, Visa

Mülheim/Mosel   ✉ 54486

Rheinland-Pfalz   Seite 10/B 3

■ Moselhaus Selzer   Moselstraße 7
☎ 06534/707, Fax 18141
Preise: 10 Doppel DM 86-110, Halbpension möglich
Ausstattung: Du/Bad, WC, Radio, TV möglich, Balkon
Besonderes: Restaurant, Terrasse, Liegewiese, Parkplätze
Geschlossen: Dezember bis Anfang März

Müllheim   ✉ 79379

Baden-Württemberg   Seite 14/B 3

■ Gästehaus im Weingarten   Kochmatt 8
☎ 07631/14146, Fax 16833
Preise: 1 Einzel 80, 5 Doppel 130, 7 Appartements DM 160-180,
13 Ferienwohnungen DM 70-140
Ausstattung: Dusche/WC, Telefon, TV, Minibar, Balkon
Besonderes: Terrasse, Liegewiese, Parkplätze, Garagen, 9 Ferienwohnungen

■ Haus Friede   Zizinger Weg 5
☎ 07631/5058
Preise: 8 Einzel 70, 12 Doppel 100-120, Halbpension DM 25
Ausstattung: Dusche/WC, Telefon, Balkon
Besonderes: Restaurant, Terrasse, Liegewiese, Parkplätze, Garagen

■ Hotel-Pension Weilertal   Weilertalstr. 15, Niederweiler
☎ 07631/5794, Fax 14826
Preise: 2 Einzel 55-70, 5 Doppel 110-140, 3 Apartments DM 130-140
Ausstattung: Dusche/WC, Telefon, TV, Minibar
Besonderes: Terrasse, Liegewiese, Parkplätze, Fahrradverleih
Kreditkarten: Eurocard, Visa

■ Hotel Bauer   Eisenbahnstr. 2
☎ 07631/2462, Fax 4073
Preise: 20 Einzel 60-75, 30 Doppel DM 105-140
Ausstattung: Dusche/WC, Telefon, Balkon
Besonderes: Restaurant, Terrasse, Liegewiese, Parkplätze, Garagen
Geschlossen: ca. 20. Dezember bis 5. Januar
Kreditkarten: Eurocard

■ Gasthof Engel   Werderstr. 63
☎ 07631/2228, Fax 16518
Preise: 2 Einzel 58-75, 10 Doppel DM 86-96,
Halbpension 24, Vollpension DM 38
Ausstattung: Dusche/WC, Telefon, TV
Besonderes: Restaurant, Terrasse, Parkplätze, Garagen
Kreditkarten: Amex, Eurocard, Visa

■ **Gasthof Krone** Markgräfler Str. 32, Britzingen
☎ 07631/2046, Fax 15442
Preise: 7 Doppel DM 70-40, Halbpension und Vollpension mögl.
Ausstattung: Dusche/WC
Besonderes: Restaurant 12-14/18-21 Uhr geöffnet, Parkplätze
Geschlossen: Januar

■ **Hotel-Restaurant-Stadthaus** Marktplatz
☎ 07631/2442
Preise: 3 Einzel 45, 8 Doppel 96, Halbpension DM 39
Ausstattung: ~Dusche/WC
Besonderes: Restaurant, Parkplätze

München ✉ 81249
Bayern Seite 16/B 2

■ **Bauer** Kidlerstr. 32, Sendling
☎ 089/746190, Fax 74619180
Preise: 10 Einzel 95, 40 Doppel 145
Ausstattung: ~Bad/WC, Telefon
Besonderes: Parkplätze, Garagen
Geschlossen: 22. Dezember bis 7. Januar

■ **Hotel Köberl** Bodenseestr. 222
☎ 089/876339, Fax 873793
Preise: 17 Einzel 50, 15 Doppel DM 90
Ausstattung: ~Dusche/WC, Telefon, Balkon, Etagendusche
Besonderes: Restaurant, Terrasse, Parkplätze
Kreditkarten: Amex, Diners, Eurocard, Visa

■ **Pension Westfalia** Mozartstr. 23
☎ 089/530377/530378, Fax 5439120
Preise: 6 Einzel 60-90, 12 Doppel DM 105-130
Ausstattung: ~Dusche/WC, Telefon, TV, Etagendusche

■ **Garagen-Hotel** Lindwurmstr. 20-30
☎ 089/539166, Fax 5389848
Preise: 10 Einzel 58, 14 Doppel DM 92
Ausstattung: ~Dusche/WC, Telefon
Besonderes: Parkplätze, Garagen
Kreditkarten: Amex, Diners, Eurocard, Visa

■ **Hotel Atlanta** Sendlinger Str. 58
☎ 089/263605, Fax 2609027
Preise: 7 Einzel 50-140, 10 Doppel DM 80-150
Ausstattung: ~Dusche/WC, Telefon, TV
Besonderes: 3 Apartments
Kreditkarten: Amex, Eurocard, Visa

■ **Hotel Eder** Zweigertstr. 8
☎ 089/554660, Fax 5503675
Preise: 7 Einzel 82, 25 Doppel DM 138
Ausstattung: ~Dusche/WC, Telefon, ~TV
Kreditkarten: Amex, Diners, Eurocard, Visa

■ Hotel-garni Regina
Bayerstr. 77
☎ 089/530349, Fax 532323
Preise: 4 Einzel 80-115, 20 Doppel DM 100-165
Ausstattung: Dusche/WC, Telefon, ~TV
Besonderes: Mehrbettzimmer

■ Hotel Verdi
Verdistr. 123
☎ 089/8111484
Preise: 10 Einzel 57-95, 5 Doppel DM 92-127
Ausstattung: ~Dusche/WC
Besonderes: Parkplätze
Geschlossen: 15-31.7.95, 15.12. - 10.12.95

■ Hotel Helvetia
Schillerstr. 6
☎ 089/554745, Fax 5502381
Preise: 15 Einzel 65, 18 Doppel DM 95-110
Ausstattung: ~Dusche/WC, Telefon
Besonderes: Mehrbettzimmer

■ Pension Augsburg
Schillerstr. 18
☎ 089/597673, Fax 5503823
Preise: 6 Einzel 44-56, 19 Doppel DM 66-90
Ausstattung: ~Dusche/WC
Geschlossen: 24. Dezember bis ca. 10. Januar

■ Hotel Winhart Garni
Balanstr. 238
☎ 089/683117+682226, Fax 6804870
Preise: 5 Einzel 70-100, 18 Doppel DM 90-120
Ausstattung: ~Dusche/WC, TV, ~Balkon
Besonderes: Terrasse, Liegewiese, Parkplätze, Tiefgarage
Kreditkarten: Amex, Diners, Eurocard, Visa

■ Monachia
Senefelder Str. 3
☎ 089/555281, Fax 592598
Preise: 9 Einzel ab 75, 21 Doppel ab DM 105
Ausstattung: ~Dusche/WC, Telefon
Besonderes: Parkplätze, City-Nähe
Kreditkarten: Amex, Diners, Eurocard, Visa

Münster
⊠ **48147**

Nordrhein-Westfalen
Seite 10/B 1

■ Handorfer Hof
Handorfer Str. 22, Handorf
☎ 0251/932050, Fax 328257
Preise: 7 Einzel 80, 8 Doppel 140, Halbpension 18, Vollpension DM 35
Ausstattung: Dusche/WC, Telefon, TV
Besonderes: Restaurant 10-14, 17-1 Uhr, Frühstücksbuffet, Terrasse, Parkplätze
Kreditkarten: Eurocard, Visa

■ Hotel Lohmann
Mecklenbecker Str. 345

☎ 0251/71525, Fax 714368
Preise: 8 Einzel 45-78, 10 Doppel DM 85-125
Ausstattung: ~Dusche/WC, TV
Besonderes: Restaurant ab 18 Uhr , Kegelbahnen, Biergarten, Terrasse
Garagen, Parkplätze
Geschlossen: 3 Wochen in den NRW-Sommerferien

Münstertal
Baden-Württemberg

✉ **79244**
Seite 14/B 3

■ Landgasthaus Langeck
Langeck 6

☎ 07636/209, Fax 7565
Preise: 5 Einzel 68-110, 12 Doppel 108-198, Halbpension DM 34
Ausstattung: Dusche/WC, Telefon, TV, Minibar, Balkon
Besonderes: Restaurant, Terrasse, Liegewiese, Schwimmbad, Sauna,
Parkplätze, Garagen, Apartments
Geschlossen: 10. Januar bis 3. Februar
Kreditkarten: Amex, Eurocard

■ Parkhotel Münstertal
Wasen 56

☎ 07636/229, Fax 7341
Preise: 9 Einzel 74-100, 9 Doppel 160-190, 13 Apartments 150-180,
Ausstattung: Dusche/WC, Telefon, Balkon, Terrasse
Besonderes: Restaurant 7-22 Uhr, Solarium, Tennis, Minigolf, ruhig,
garni, Parkplätze, Liegewiese
Kreditkarten: Amex, Diners, Eurocard, Visa

■ Ringhotel Münstertal Adler-Stube
Münster 59

☎ 07636/234+7244, Fax 7390
Preise: 2 Einzel 85, 13 Doppel 140-168, 4 Apartments DM 168
Ausstattung: Bad/WC, Telefon, TV, Balkon, Minibar
Besonderes: Konferenzraum 30, Sauna, Solarium, Fitneßraum, Parkplätze,
Garagen, Liegewiese, Billard, Tischtennis
Geschlossen: 5. November bis 15. Dezember
Kreditkarten: Amex, Eurocard, Visa

Muggendorf
Bayern

✉ **91347**
Seite 16/B 1

■ Brauereigasthof Sonnenhof
Im Tal 70

☎ 09198/736, Fax 737
Preise: 4 Einzel 45-50, 15 Doppel 68-100, Halbpension DM 18
Ausstattung: Dusche/Bad/WC, Telefon, ~TV, ~Balkon
Besonderes: Restaurant, Terrasse, Liegewiese, Schwimmbad, Spielplatz
Parkplätze, Garagen
Kreditkarten: Visa, Eurocard

■ Hotel Goldener Stern   Marktplatz 6
☎ 09196/204, Fax 1402
Preise: 4 Einzel 60, 15 Doppel 110, 3 Apartments DM 150
Ausstattung: Dusche/Bad/WC, Telefon, TV
Besonderes: Restaurant, Bar, Terrasse, Liegewiese, Sauna, Parkplätze
Geschlossen: Januar

Mulda   ✉ 09619
Sachsen   Seite 13/C 2

■ Muldaer Hof   Straße z. Neubaugebiet 2
☎ 037320/302
Preise: 4 Einzel 50, 7 Doppel DM 80, 3 Dreibett DM 75
Ausstattung: Dusche/WC, ~Telefon, ~TV
Besonderes: Restaurant, Biergarten, Freiluftkegelbahn, Terrasse,
                 Liegewiese, Parkplätze
Kreditkarten: Eurocard, Mastercard, Visa, Amexco

Munster   ✉ 29633
Niedersachsen   Seite 8/A 3

■ Kaminhof   Salzwedeler Str. 5, Oerrel
☎ 05192/2842
Preise: 8 Einzel 65, 13 Doppel 100, Halbpension DM 24
Ausstattung: Dusche/WC, Telefon, Radio
Besonderes: Fahrräder, Restaurant, Bar, Parkplätze, Garagen, Liegewiese
Geschlossen: Februar

Murrhardt   ✉ 71540
Baden-Württemberg   Seite 15/D 1

■ Landgasthof Krone   Rathausplatz 3, Fornsbach
☎ 07192/5401, Fax 20761
Preise: 3 Einzel 60, 4 Doppel DM 53
Ausstattung: Dusche/WC, Telefon, TV
Besonderes: Restaurant, Gartenwirtschaft, Parkplätze
Geschlossen: 2 Wochen im Februar und 2 Wochen in September/Oktober

---

Bad Muskau   ✉ 02953
Sachsen   Seite 13/D 2

■ Speiserestaurant+Pension Parkstübl   Kirchstr. 53
☎ 035771/271, Fax 271
Preise: 5 Einzel 80, 5 Doppel DM 120,
                 Halbpension und Vollpension möglich
Ausstattung: Dusche/WC, Radio, TV
Besonderes: Restaurant ab 11 Uhr geöffnet

Mutterstadt

Rheinland-Pfalz

■ **Hotel Restaurant Ebnet**   Neustadter Str. 53
☎ 06234/94600, Fax 946060
Preise: Einzel 55-75, Doppel DM 100-120
Ausstattung: Dusche/WC, Telefon, TV
Besonderes: TV-Raum, Kaminzimmer, Parkplätze
                    Amex, Eurocard, Visa

■ **Jägerhof**   An der Fohlenweide 29
☎ 06234/94500, Fax 945094
Preise: 16 Einzel 70-85, 14 Doppel 130-150, 2 Appartements
                    DM 150-250
Ausstattung: Bad/WC, Telefon, Radio, TV
Besonderes: Restaurant ab 17 Uhr, Terrasse, Garagen
Kreditkarten: Eurocard, Visa

■ **Hotel Pension Ruth**   Friedensstraße 8
☎ 06234/4096
Preise: Einzel DM 55, Doppel DM 85
Ausstattung: Du, WC, Telefon
Besonderes: Restaurant

Nachrodt-Wiblingwerde ✉ 58769

Nordrhein-Westfalen

■ **Hotel Holzrichter**   Hohenlimburger Str. 15
☎ 02334/2571, Fax 1515
Preise: 7 Einzel ab 80, 14 Doppel ab DM 145
Ausstattung: Dusche/Bad/WC, Telefon, TV, Radio, Minibar, Balkon
Besonderes: Restaurant, Terrasse, Parkplätze, Garagen
Kreditkarten: Amex, Eurocard

Nassau ✉ 09623

Sachsen

Seite 13/C 2

■ **Hotel Gasthof Conrad**   Dorfstr. 16
☎ 037327/7125, Fax 7125
Preise: 3 Einzel 80, 21 Doppel 120, Halbpension DM 15
Ausstattung: Dusche/WC, Telefon, Radio, TV, Minibar
Besonderes: Restaurant, Terrasse, Liegewiese, Schwimmbad, Parkplätze
Kreditkarten: Eurocard, Amex, Visa

■ **Pension Schmidt**   Dorfstraße 134
☎ 037327/7189
Preise: 1 Einzel DM 70, 8 Doppel DM 110, Halbpension DM 12
Ausstattung: Du, WC, Telefon, TV-Anschluß
Besonderes: Terrasse, Liegewiese, Parkplätze

Nassau ✉ 56377

Rheinland-Pfalz

Seite 11/C 3

■ **Hotel Rüttgers**   Dr.-Haupt-Weg 4
☎ 02604/4488+4122, Fax 6116
Preise: 5 Einzel 50-60, 10 Doppel DM 90-110
Ausstattung: Dusche/WC, Telefon, TV
Besonderes: Terrasse, Parkplätze, Garagen
Kreditkarten: Amex, Eurocard

■ **Hotel Zur Wildente**   Oberhofer Str. 12
☎ 02604/4525
Preise: 1 Einzel 38-43, 5 Doppel 76-86, Halbpension 15, Vollpension DM 22
Ausstattung: Dusche/WC, Telefon, TV
Besonderes: Restaurant, Terrasse, Parkplätze

Naumburg ✉ 34311

Hessen

Seite 11/D 2

■ **Hotel Haus Weinrich**   Bahnhofstr. 7
☎ 05625/223, Fax 7321
Preise: 9 Einzel 50, 10 Doppel 90, Halbpension 15, Vollpension DM 25
Ausstattung: Dusche/WC, Telefon, Balkon
Besonderes: Restaurant 12-14, 18-22 Uhr, Liegewiese, Parkplätze, Garagen
Geschlossen: 15. Oktober bis 15. November
Kreditkarten: Diners, Eurocard, Visa

Naundorf ✉ 03226

Brandenburg

Seite 8/B 1

■ Gasthof Storchennest Dorfstr. 10
☎ 035433/2525, Fax 2525
Preise: 4 Einzel 70, 26 Doppel 120, 1 Apartment DM 160
Ausstattung: ~Dusche/WC, Radio, TV, Balkon
Besonderes: Restaurant, Bar, Terrasse, Liegewiese,
Sauna, Solarium, Parkplätze
Kreditkarten: Eurocard, Visa

Neckarsteinach ✉ 69239

Hessen

Seite 15/C 1

■ Hotel Vierburgeneck Neckarsteinach
☎ 06229/542+2242
Preise: 2 Einzel 68, 12 Doppel 110, 2 Dreibettzimmer ab DM 165,
Halbpension möglich
Ausstattung: Dusche/WC, Telefon,~TV, Balkon
Besonderes: Restaurant, Café, Bar, Terrasse, Parkplätze

Neckarsulm ✉ 74172

Baden-Württemberg

Seite 15/D 1

■ Zur Linde Stuttgarter Str. 11
☎ 07132/81117
Preise: Einzel ab 55, Doppel DM 95-130
Ausstattung: Bad/WC, Telefon
Besonderes: Konferenzraum, ruhig, Parkplätze

Neckarwestheim ✉ 74382

Baden-Württemberg

Seite 15/D 1

■ Hotel am Markt Marktplatz 2
☎ 07133/98100, Fax 14423
Preise: 7 Einzel 85, 7 Doppel DM 130, 2 Appartements DM 85-130
Ausstattung: Dusche/WC, Telefon, TV
Besonderes: Parkplätze, Garagen
Kreditkarten: Amex, Eurocard, Visa

Bad Nenndorf ✉ 31542

Niedersachsen

Seite 11/D 1

■ Hotel Deisterblick Finkenweg 1, Waltringhausen
☎ 05723/3036+37
Preise: 10 Einzel 85, 6 Doppel DM 126
Ausstattung: Bad/WC, TV, Telefon, Minibar, Balkon
Besonderes: Bar, 2 Garagen

■ Villa Kramer
Kramerstr. 4

☎ 05723/2015+16
Preise: 12 Einzel ab 60, 4 Doppel DM 105-135
Ausstattung: Bad/WC, Telefon
Besonderes: Lift, Konferenzraum, Garten, Parkplätze, Garagen

■ Schmiedegasthof Gehrke
Riepener Str. 21

☎ 05725/5055, Fax 7182
Preise: 13 Einzel 58-150, 5 Doppel DM 120-300
Ausstattung: Dusche/WC, Telefon, TV, ~Balkon
Besonderes: Restaurants, Bar, Parkplätze, Garagen
Geschlossen: 2 Wochen in den niedersächsischen Sommerferien
Kreditkarten: Amex, Diners, Eurocard, Visa

Nentershausen ⊠ 36214
Hessen   Seite 11/D 2

■ Hotel Johanneshof
Kupferstr. 24

☎ 06627/9200-0, Fax 9200-99
Preise: 7 Einzel 72-90, 15 Doppel DM 105-165
Ausstattung: Dusche/Bad/WC, Telefon, TV, Radio
Besonderes: Restaurant, Bar ab 17 Uhr, Garten, Parkplätze, Liegewiese
Kreditkarten: Amex, Diners, Eurocard, Visa

Nesse ⊠ 26553
Niedersachsen   Seite 7/A 2

■ Hotel Fährhaus
Dorfstr. 35, Neßmersiel

☎ 04933/303, Fax 2190
Preise: 2 Einzel ab 55, 15 Doppel DM 110-120, Halbpension möglich
Ausstattung: Dusche/WC, ~TV, ~Balkon
Besonderes: Restaurant, Terrasse, Liegewiese, Parkplätze
Geschlossen: 25. Oktober bis 15. März, jedoch Weihnachtswoche geöffnet

---

Nettetal ⊠ 41334
Nordrhein-Westfalen   Seite 10/A 2

■ Haus am Rieth
Reiner Str. 5

☎ 02153/60041, Fax 13492
Preise: 6 Einzel ab 75, 15 Doppel DM 120
Ausstattung: Dusche/WC, Telefon, Kabel-TV, Minibar
Besonderes: Restaurant, Bar, Schwimmbad, Sauna, Solarium, Parkplätze,
Garagen
Kreditkarten: Amex, Eurocard, Visa, Diners

■ Hotel Stadt Lobberich
Hochstr. 37

☎ 02153/5100+5177, Fax 89643
Preise: Einzel ab 73, 12 Doppel DM 90
Ausstattung: Dusche/WC, Telefon
Kreditkarten: Amex, Diners, Eurocard, Visa

■ Pension Zum Mühlenberg   Büschen 14, Hinsbeck
☎ 02153/91880, Fax 918833
Preise: 5 Einzel 60, 9 Doppel DM 100
Ausstattung: Dusche/WC, Telefon, TV, ~Balkon
Besonderes: Terrasse, Liegewiese, Parkplätze

Neubulach   ✉ 75387
Baden-Württemberg   Seite 15/C 2

■ Gasthof-Pension Zum Hirsch   Calwer Str. 5
☎ 07053/7090, Fax 3473
Preise: 3 Einzel 51, 11 Doppel DM 94
Ausstattung: Dusche/WC, ~TV, ~Balkon
Besonderes: Restaurant 11-21 Uhr, Parkplätze, Garagen, Liegewiese
Geschlossen: Mitte November bis Mitte Dezember

Neuburg   ✉ 86633
Bayern   Seite 16/B 2

■ Flair-Hotel zum Klosterbräu   Kirchplatz 1
☎ 08431/3078, Fax 41120
Preise: 9 Einzel 65-95, 18 Doppel DM 95-145
Ausstattung: Dusche/WC, Telefon, TV
Besonderes: Restaurant, Terrasse, Liegewiese, Sauna, Parkplätze, Garagen
Geschlossen: 1 Woche im August, 3 Wochen ab Weihnachten
Kreditkarten: Eurocard, Visa

■ Hotel Garni   Am Schrannenplatz
☎ 08431/6721-0, Fax 41799
Preise: 9 Einzel 51, 4 Doppel DM 79
Ausstattung: Dusche/WC, Telefon, ~TV
Kreditkarten: Eurocard

Neudrossenfeld   ✉ 95512
Bayern   Seite 12/B 3

■ Brauerei-Gasthof Schnupp   Altdrossenfeld, Altdrossenfeld
☎ 09203/6474+9920, Fax 99250
Preise: 8 Einzel 75, 9 Doppel 130, 10 Apartments DM 90
Ausstattung: Bad/WC, Telefon, Radio, TV, Minibar, Balkon
Besonderes: Konferenzraum, Terrasse, Parkplätze
Geschlossen: Freitag

Bad Neuenahr-Ahrweiler

⊠ 53474

Rheinland-Pfalz

Seite 10/B 3

■ Hotel Fürstenberg

Mittelstr. 4-6

☎ 02641/94070, Fax 940711

Preise: 5 Einzel 80-85, 22 Doppel 118-165, Halbpension 25, Vollpension DM 50
Ausstattung: Dusche/Bad/WC, Telefon, TV, Radio,~Balkon
Besonderes: Parkplätze, Terrasse, Liegewiese, Restaurant 11-22 Uhr

■ Hotel-Garni Schützenhof

Schützenstr. 1

☎ 02641/34377

Preisc: 3 Einzel ab 75, 8 Doppel ab DM 125
Ausstattung: Dusche/WC, Telefon, Minibar, Balkon
Besonderes: Restaurant, Terrasse, Parkplätze
Kreditkarten: Eurocard

■ Hotel Haus Ernsing

Telegrafenstr. 30

☎ 02641/2221

Preise: 14 Einzel 65-75, 10 Doppel 115, Halbpension DM 13
Ausstattung: Dusche/Bad/WC, Telefon, TV, Balkon
Besonderes: Restaurant, Lift, Konferenzraum, Diät-Küche, Parkplätze
Geschlossen: Mitte November bis 19. Dezember

■ Hotel Krupp

Poststr. 4

☎ 02641/2273, Fax 79316

Preise: 34 Einzel ab 86-121, 12 Doppel DM 160-202
Ausstattung: Du/WC, Telefon, Balkon
Besonderes: Restaurant 12-13.30 und 18-20 Uhr, Konferenzraum 40, Diäten, Vollwertkost, ruhig, Parkplätze, Garagen, Terrasse
Kreditkarten: Amex, Eurocard

Neuenrade

⊠ 58809

Nordrhein-Westfalen

Seite 10/B 2

■ Hotel Kaisergarten

Hinterm Wall 15

☎ 02392/61015+16, Fax 61052

Preise: 2 Einzel 80, 8 Doppel 120, Halbpension 12, Vollpension DM 24
Ausstattung: Dusche/WC, Telefon, TV
Besonderes: Restaurant, Bar, Terrasse, Liegewiese, Parkplätze, Garagen
Kreditkarten: Amex, Diners, Eurocard, Visa

Neuerburg

⊠ 54673

Rheinland-Pfalz

Seite 10/A 3

■ Kölner Hof

Markt 8

☎ 06564/2182

Preise: 5 Einzel ab 40, 28 Doppel ab DM 70
Ausstattung: ~Bad/WC
Besonderes: Konferenzraum 80, Terrasse, Parkplätze, Liegewiese

■ Schloßhotel Bitburger Str. 13
☎ 06564/2373
Preise: 2 Einzel ab 35, 29 Doppel ab DM 60
Ausstattung: Bad/~WC
Besonderes: Konferenzraum 100, Terrasse, Kegeln, Parkplätze

Neu Golm ✉ 15526
Brandenburg Seite 13/D 1

■ Landhaus Neu Golm Dorfstr. 4
☎ 033631/2077+2179, Fax 2069
Preise: 3 Einzel 85-90, 11 Doppel 100-140, 1 Apartment ab 160-180
Halbpension 20, Vollpension DM 35
Ausstattung: Dusche/WC, Telefon, TV
Besonderes: Restaurant, Liegewiese, Fahrradverleih, TT-Raum, Fitneßraum,
Parkplätze, Garagen
Geschlossen: Anfang Dezember

Neuharlingersiel ✉ 26427
Niedersachsen Seite 7/A 2

■ Hotel Rodenbäck Am Hafen Ost 2-4
☎ 04974/225, Fax 833
Preise: 3 Einzel ab 64, 11 Doppel DM 100
Ausstattung: Dusche/WC
Besonderes: Restaurant, Parkplätze, Garagen, Apartments, Nachlaß für
Hausgäste

■ Janssens Hotel Am Hafen 7
☎ 04974/224, Fax 702
Preise: 3 Einzel 85, 19 Doppel 136, Halbpension DM 24
Ausstattung: Dusche/WC, Telefon, TV
Besonderes: Restaurant 8-22 Uhr, Parkplätze
Geschlossen: 20. bis 26. Dezember
Kreditkarten: Amex, Diners, Eurocard

■ Mingers Am Hafen West 1-2
☎ 04974/317+517, Fax 1480
Preise: 6 Einzel 80-98,50, 22 Doppel 160-200, 6 Appartements
DM 140-190
Ausstattung: Dusche/WC, TV, Telefon, Minibar, Balkon
Besonderes: Parkplätze, Garagen
Geschlossen: 20. November bis 15. März

■ Schramm Ostfriesische Teestube Neuharlingersiel-Altharlingersiel
☎ 04974/322
Preise: 2 Einzel 40-50, 24 Doppel DM 65-80
Ausstattung: Bad/WC
Besonderes: Sauna, Solarium, Parkplätze

Neuhaus ✉ 98724

Thüringen   Seite 12/A 3

■ Hotel an der alten Porzelline   Eisfelder Straße 16
☎ 03679/51041+724041, Fax 51044+724044
Preise: 2 Einzel DM 65, 17 Doppel DM 120, Halbpension DM 15, Voll-
                  pension DM 23
Ausstattung: Du/Bad, WC, Telefon, Radio, TV, Minibar
Besonderes: Restaurant, Terrasse, Sauna, Solarium, Parkplätze
Kreditkarten: Amexco, Eurocard, Visa

■ Am Rennsteig   Schmalenbuchener Straße 2
☎ 03679/722529, Fax 720119
Preise: 22 Doppel DM 98, als Einzel DM 49, 1 Appartement DM 160,
                  1 Ferienwohnung DM 80, Halbpension DM 15, Vollpension DM 30
Ausstattung: Du/Bad, WC, Telefon, Radio, TV möglich, Balkon
Besonderes: Restaurant, Terrasse, Liegewiese, Sauna, Solarium, Parkplatz
Geschlossen: 1.12. - 26.12.
Kreditkarten: Amexco, Eurocard

Neuhaus ✉ 94152

Bayern   Seite 12/A 3

■ Hotel-Gästehaus Alte Innbrücke   Finkenweg 7
☎ 08503/8001, Fax 8323
Preise: 10 Einzel 44-60, 20 Doppel 75-82, 10 Apartments 50, 1
                  Ferienwohnung 105, Halbpension 15, Vollpension DM 25
Ausstattung: Dusche/Bad/WC, Telefon, TV, Balkon
Besonderes: Restaurant 10-1 Uhr, Frühstücksbuffet, Terrasse, Liegewiese,
                  Sauna, Solarium, Fitneßraum, Parkplätze

Neuhaus ✉ 91284

Bayern   Seite 16/B 1

■ Hotel Burg Veldenstein   Burgstr. 88
☎ 09156/633, Fax 1749
Preise: 4 Einzel 50, 12 Doppel 82, 3 Apartments 120, Halbpension 18,
                  Vollpension DM 28
Ausstattung: Bad/WC, ~TV
Geschlossen: 5. Januar bis 28. Februar
Kreditkarten: Amex, Diners, Eurocard, Visa

■ Gasthof Bayerischer Hof   Unterer Markt 72/74
☎ 09156/671, Fax 8614
Preise: 4 Einzel 43-48, 8 Doppel 80-85, 1 Apartment DM 110-140
Ausstattung: Bad/WC, ~Telefon, ~TV
Besonderes: 1 Suite, Konferenzraum, Terrasse, Parkplätze, Liegewiese
Geschlossen: November

Neuhaus am Solling
Niedersachsen

■ **Am Wildenkiel**   Am Wildenkiel 18
☎ 05536/1047, Fax 1286
Preise: 10 Einzel 75, 11 Doppel 130, Halbpension DM 15
Ausstattung: Dusche/WC, Telefon, TV, Balkon
Besonderes: Restaurant, Terrasse, Liegewiese, Sauna, Solarium, Whirlpool, Parkplätze, Garagen

Neu-Isenburg
Hessen

■ **Alfa**   Frankfurter Str. 123
☎ 06102/17024, Fax 25146
Preise: 10 Einzel 60-95, 20 Doppel 130, 8 Apartments DM 150
Ausstattung: ~Dusche/Bad/WC, Telefon, TV, Radio, Minibar
Besonderes: Parkplätze, Garagen
Kreditkarten: Amex, Diners, Eurocard, Visa

Neukirch
Sachsen

■ **Hotel Oberland**   Hauptstr. 2
☎ 035951/31580+31784, Fax 31580
Preise: 3 Einzel 80, 8 Doppel 110, 1 Apartment DM 130, Halbpension 15, Vollpension DM 30
Ausstattung: Dusche/WC, Telefon, TV
Besonderes: Restaurant, Parkplätze, Garagen
Kreditkarten: Amex, Diners, Eurocard, Visa

■ **Oberland**   Hauptstraße 64
☎ 035951/3880, Fax 38888
Preise: 12 Einzel DM 80, 30 Doppel DM 120, Halbpension DM 15, Vollpension DM 35
Ausstattung: Du/Bad, WC, Telefon, TV
Besonderes: Restaurant, Parkplätze
Kreditkarten: Amexco, Diners, Eurocard, Visa

Neukirchen   ✉ 34626

Hessen   Seite 11/D 2

■ Kur- u. Sporthotel Combecher   Kurhessenstr. 32
☎ 06694/6048, Fax 6116
Preise: 6 Einzel 70-98, 30 Doppel 116-150, 4 Apartments 200-220
     Halbpension 13, Vollpension DM 22
Ausstattung: Dusche/WC, Telefon, TV, Radio, ~Balkon, Minibar
Besonderes: Restaurant 11.30-22.30 Uhr, Bar ab 19.30 Uhr,Terrasse,
     Solarium, Kegeln, Kneippabteilung
Kreditkarten: Amex, Diners, Eurocard, Visa

Neumarkt   ✉ 92318

Bayern   Seite 16/B 1

■ Gasthof Ostbahn   Bahnhofstr. 4
☎ 09181/5041-42
Preise: 3 Einzel 80, 16 Doppel 120, 1 Apartment DM 150
Ausstattung: Bad/WC, TV, Telefon, Radio, Minibar, Fön
Besonderes: Restaurant, Parkplätze, Garagen

■ Hotel Stern   Oberer Markt 32
☎ 09181/5238+22469, Fax 21854
Preise: 8 Einzel ab 75, 20 Doppel 110-140, 8 Apartments DM 160
Ausstattung: Dusche/WC, Telefon, TV
Besonderes: Restaurant, Parkplätze, Garagen
Geschlossen: Mitte Februar bis Mitte März
Kreditkarten: Diners, Eurocard, Visa

■ Torschmied   Ringstr. 1
☎ 09181/9444
Preise: 4 Einzel 55-70, 16 Doppel DM 95-115
Ausstattung: Bad/WC, ~Telefon
Besonderes: 3 Dreibettzimmer, Konferenzraum, Terrasse, Biergarten,
     Parkplätze, Garagen

Neumünster   ✉ 24536

Schleswig-Holstein   Seite 8/A 1

■ Einfelder Hof   Einfelder Schanze 2
☎ 04321/529217, Fax 528168
Preise: Einzel 65, 33 Doppel DM 98
Ausstattung: Dusche/WC, Telefon, TV, Radio
Besonderes: Restaurant, Bar, Sauna, Solarium, Parkplätze
Kreditkarten: Amex, Diners, Eurocard, Visa

■ Hotel garni Friedrichs   Rügenstr. 11
☎ 04321/8011-13, Fax 299510
Preise: 20 Einzel 72-78, 18 Doppel DM 113-130
Ausstattung: Bad/WC, TV, Telefon
Besonderes: Lift, garni, Parkplätze, Garagen

■ **Hotel Tannhof**   Kieler Str. 452, Einfeld
☎ 04321/529197+98, Fax 529190
Preise: 30 Einzel 92,50, 30 Doppel 138, 3 Apartments DM 185-265
Ausstattung: Bad/WC, Telefon, TV
Besonderes: Konferenzraum, Terrasse, Hallenschwimmbad, Parkplätze
Kreditkarten: Amex, Eurocard, Visa

Neunkirchen/Saar   ⊠ 66540
Saarland   Seite 14/B 1

■ **Hotel Am Zoo**   Zoostr. 27-29
☎ 06821/27074-76
Preise: 17 Einzel 85, 19 Doppel DM 140
Ausstattung: Bad/WC, TV, Telefon, Radio, Minibar
Besonderes: Frühstücksbuffet, Lift, Konferenzraum, Garten, Parkplätze

■ **Hotel Gutshof**   Beim Wallrathsroth 1, Furnach
☎ 06821/31050+31059, Fax 30479
Preise: 6 Einzel 78, 14 Doppel 115, 2 Appartements DM 150
                 Halbpension DM 15
Ausstattung: Dusche/WC, Telefon, TV
Besonderes: Restaurant, Terrasse, Parkplätze, Appartement
Kreditkarten: Amex, Eurocard, Visa

Neuss   ⊠ 41469
Nordrhein-Westfalen   Seite 10/B 2

■ **Zum Norfbach**   Vellbrüggener Straße 1
☎ 02137/2056-57, Fax 12939
Preise: 17 Einzel DM 80, 7 Doppel DM 130
Ausstattung: Du/Bad, WC, Telefon
Besonderes: Restaurant, Parkplätze
Kreditkarten: Amexco, Diners, Eurocard, Visa

Neustadt   ⊠ 31535
Niedersachsen   Seite 8/A 3

■ **Zum Damhirsch**   Hannoversche Str. 50
☎ 05032/3460+66072, Fax 66076
Preise: 6 Einzel 60, 24 Doppel DM 120
Ausstattung: Bad/WC, telefon
Besonderes: Restaurant bis 22 Uhr, Bar bis 24 Uhr geöffnet,
                 Terrasse, Parkplätze, Garagen

Neustadt   ⊠ 99762
Thüringen   Seite 12/A 2

■ **Hotel Hohnstein**   Burgstr. 42
☎ 036331/718, Fax 718
Preise: 6 Einzel 50, 20 Doppel DM 70, 3 Appartements DM 100
Ausstattung: Dusche/WC, Telefon, TV, Minibar
Besonderes: Restaurant, Terrasse, Sauna, Solarium, Parkplätze, Whirl-
                 pool, Sauerstofftherapie

Neustadt an der Weinstraße   ✉ 67433
Rheinland-Pfalz   Seite 15/C 1

■ **Zum Hirsch**   Breitenweg 7, Mussbach
☎ 06321/68801, Fax 69116
Preise: 4 Einzel 52, 11 Doppel DM 95
Ausstattung: Dusche/WC, Radio, TV, ~Balkon
Geschlossen: Januar

Bad Neustadt   ✉ 97616
Bayern   Seite 12/A 3

■ **Kurhotel Saaleck**   Kurhausstr. 67
☎ 09771/8091, Fax 2819
Preise: 19 Einzel 70, 12 Doppel 130, Halbpension 18, Vollpension DM 28
Ausstattung: Dusche/WC, Telefon, Balkon
Besonderes: Restaurant, Terrasse, Liegewiese, Solarium, Parkplätze, Garagen
Geschlossen: Dezember und Januar
Kreditkarten: Amex, Eurocard, Visa

■ **Stadthotel Geis**   An der Stadthalle 6
☎ 09771/91980, Fax 919850
Preise: 25 Einzel 75, 11 Doppel DM 130
Ausstattung: Dusche/WC, Telefon, TV
Besonderes: Restaurant 18-23 Uhr, Liegewiese, Parkplätze, Biergarten, zentrale, ruhige Lage
Kreditkarten: Amex, Eurocard, Visa

Neustadt/Donau   ✉ 93333
Bayern   Seite 16/B 2

■ **Kurhotel Eisvogel**   An der Abens 20
☎ 09445/8075, Fax 8475
Preise: 7 Einzel 65-80, 27 Doppel 110-200, Halbpension DM 30
Ausstattung: Dusche/Bad/WC, Telefon, TV, ~Minibar, ~Balkon
Besonderes: Restaurant 10-24 Uhr, Terrasse, Liegewiese, Sauna, Solarium, Parkplätze, Garagen
Kreditkarten: Amex, Diners, Eurocard, Visa

Neustadt/Waldnaab   ✉ 92660
Bayern   Seite 16/B 1

■ **Hotel am Hofgarten**   Knorrstr. 18
☎ 09602/1218+7001, Fax 8548
Preise: 1 Einzel 66, 26 Doppel DM 105
Ausstattung: Dusche/WC, Telefon, TV, Minibar, Balkon
Besonderes: Restaurant, Sauna, Solarium, Dampfbad, Parkplätze, Garagen
Kreditkarten: Amex, Diners, Eurocard, Visa

■ Hotel Grader Freyung 39
☎ 09602/7085, Fax 2842
Preise: 18 Einzel 60-85, 26 Doppel 95-100, Halbpension 25
Vollpension DM 40
Ausstattung: Dusche/WC, Telefon, ~TV, ~Minibar
Besonderes: Restaurant, Parkplätze, Garagen
Kreditkarten: Amex, Eurocard

Neustrelitz ✉ 17235

Mecklenburg-Vorpommern Seite 9/C 2

■ Zur Klause Strelitzer Str. 54
☎ 03981/200570, Fax 200570
Preise: 3 Doppel 52,50-87,50, 3 Doppel DM 140, 3 Apartments
DM 105, incl. Frühstück
Ausstattung: ~Du, TV
Besonderes: Restaurant, Parkplätze,

Neu-Ulm ✉ 89231

Bayern Seite 16/A 2

■ Deckert Karlstr. 11
☎ 0731/76081
Preise: 13 Einzel 55-68, 9 Doppel DM 95-110
Ausstattung: ~Bad/WC, Telefon
Geschlossen: 22. Dezember bis 7. Januar

■ Hotel Sonnenkeller Leipheimer Str. 97
☎ 0731/71770, Fax 717760
Preise: 15 Einzel 80-125, 27 Doppel DM 120-150
Ausstattung: Dusche/WC, Telefon, TV, Minibar
Besonderes: Restaurant 11-24 Uhr, Parkplätze, Garagen
Geschlossen: 23. dezember bis 2. Janaur
Kreditkarten: Amex, Eurocard, Visa

Neuwied ✉ 56566

Rheinland-Pfalz Seite 10/B 3

■ Waldhaus Wingertsberg Wingertsbergstr. 48, Oberbieber
☎ 02631/49021
Preise: 8 Einzel 62, 20 Doppel 95-120, 1 Apartment DM 85-150
Ausstattung: Bad/WC, TV, Telefon
Besonderes: Restaurant ab 11.30 Uhr, Terrasse, Liegewiese, Parkplätze,
Garagen

Neu Wulmstorf

Niedersachsen

✉ 26629
Seite 21/A 2

■ **Pension Hildebrandt** — Schifferstr. 9
☎ 040/7006360
Preise: 3 Einzel 60, 7 Doppel DM 95
Ausstattung: Dusche/WC, Telefon, ~TV, ~Balkon
Besonderes: Terrasse, Grillanlage, Parkplätze

Nidderau

Hessen

✉ 61130
Seite 11/C 3

■ **Hotel Zum Adler** — Windecker Str. 2
☎ 06187/9270, Fax 927223
Preise: 13 Einzel 65-90, 20 Doppel DM 110-140
Ausstattung: Dusche/WC, Telefon, TV
Besonderes: Restaurant, Parkplätze

Nideggen

Nordrhein-Westfalen

✉ 52385
Seite 10/A 2

■ **Hotel Roeb Zum Alten Fritz** — Monschauer Str. 1, Schmidt
☎ 02474/477, Fax 400
Preise: 5 Einzel ab 51, 18 Doppel 94-112, Halbpension 12,
Vollpension DM 20
Ausstattung: ~Dusche/Bad/WC, Balkon
Besonderes: Restaurant 12-14, 18-21 Uhr, Schwimmbad, Sauna, Solarium,
Parkplätze, Garagen
Geschlossen: Restaurant Dienstag

Niederfischbach

Rheinland-Pfalz

✉ 57572
Seite 11/C 2

■ **Hotel Fuchshof** — Siegener Str. 22
☎ 02734/5477+5478
Preise: 4 Einzel 65, 14 Doppel DM 130, Halbpension möglich,
Vollpension möglich
Ausstattung: Bad/WC, Telefon, TV, Radio
Besonderes: Restaurant 10-23 Uhr, Kegeln, Terrasse, Schwimmbad, Sauna,
Solarium, Parkplätze, Liegewiese
Geschlossen: Juli
Kreditkarten: Eurocard

Niederfrohna

Sachsen

✉ 09243
Seite 13/C 2

■ **Hotel garni Fichtigsthal** — Limbacher Straße 40
☎ 03722/6116, Fax 6118
Preise: 10 Einzel DM 70-75, 6 Doppel DM 110-115
Ausstattung: Du, WC, Telefon, Radio, TV
Besonderes: Terrasse, Liegewiese, Parkplätze
Kreditkarten: Eurocard

Niederschöna ✉ 09600

Sachsen　　　　　　　　　　　　　　　　　　Seite 13/C 2

■ **Gasthof Niederschöna**　　　　　　　　　　Freiberger Str. 11
☎ 035209/438
Preise:　　　3 Einzel 35, 1 Apartment DM 95
Ausstattung:　Dusche/WC, Telefon, TV, Minibar
Besonderes:　Liegewiese, Parkplätze, Garagen, ab Juli weitere Angebote

Niefern-Öschelbronn ✉ 75223

Baden-Württemberg　　　　　　　　　　　　　Seite 15/C 1

■ **Gasthof Goll**　　　　　　　　　　Hebelstr. 6, Öschelbronn
☎ 07233/86120, Fax 861250
Preise:　　　17 Doppel 70-90, als Einzel DM 105-140
Ausstattung:　Dusche/Bad/WC, Telefon, TV, Radio, Balkon
Besonderes:　Restaurant
Kreditkarten:　Eurocard

Niemegk ✉ 14823

Brandenburg　　　　　　　　　　　　　　　　Seite 12/B 1

■ **Gaststätte Zum Alten Brauhaus**　　　　　　Lindenstr. 1
☎ 033843/2394
Preise:　　　3 Einzel 58, 3 Doppel DM 85
Ausstattung:　Dusche/WC, TV, Balkon
Besonderes:　Restaurant 8.30-23 Uhr geöffnet, Parkplätze
Kreditkarten:　Eurocard

Nördlingen ✉ 86720

Bayern　　　　　　　　　　　　　　　　　　Seite 16/A 2

■ **Gasthof zum Engel**　　　　　　　　　　Wemdinger Str. 4
☎ 09081/3167+6373, Fax 5735
Preise:　　　2 Einzel 50, 8 Doppel 88, Halbpension DM 15
Ausstattung:　Dusche/WC, Telefon, TV, Radio
Besonderes:　Restaurant, Biergarten, Terrasse, Parkplätze, Garagen
Kreditkarten:　Eurocard, Visa

■ **Hotel am Ring**　　　　　　　　　　Bürgerm.-Reiger-Str. 14
☎ 09081/4028, Fax 23170
Preise:　　　15 Einzel 75-80, 24 Doppel DM 130-145
Ausstattung:　Bad/WC, Telefon, Radio, Kabel-TV, Minibar
Besonderes:　Restaurant 11-14, 18-22 Uhr, Fahrradverleih, Parkplätze, Garagen

---

■ **Hotel Sonne**　　　　　　　　　　　　　Marktplatz 3
☎ 09081/5067, Fax 23999
Preise:　　　11 Einzel 65-110, 21 Doppel 175-230, Halbpension 30, Vollpension 60
Ausstattung:　Dusche/Bad/WC, Telefon, TV, Minibar
Besonderes:　Restaurant 11.30-22 Uhr, Konferenzraum 50, Parkplätze
　　　　　　　Weinstube im Kellergewölbe
Geschlossen:　Mitte Januar - Mitte Februar
Kreditkarten:　Amex, Eurocard, Visa

Nohfelden
✉ **66625**

Saarland

Seite 14/B 1

■ **Burghof** Burgstr. 4
☎ 06852/6565
Preise: 5 Einzel ab 58, 5 Doppel DM 98
Ausstattung: Bad/WC, Telefon, TV, Radio, ~Balkon
Besonderes: Konferenzraum 40, Hallenschwimmbad, Sauna, Kegeln, Parkplätze
Kreditkarten: Visa, Eurocard, Amexco

Nonnenhorn
✉ **88149**

Bayern

Seite 15/D 3

■ **Gasthof zum Torkel** Seehalde 14
☎ 08382/8412+13
Preise: 6 Einzel 60-72, 16 Doppel ab DM 100
Ausstattung: Bad/WC, Telefon
Besonderes: Frühstücksbuffet, Garagen

■ **Seewirt** Seestr. 15
☎ 08382/89142, Fax 89333
Preise: 6 Einzel ab 80-100, 20 Doppel DM 130-220
Ausstattung: Dusche/Bad/WC, Telefon, TV, Radio, Balkon
Besonderes: Restaurant 10-24 Uhr, Kaffeegarten am See, Parkplätze, Garagen, Liegewiese, Familienzimmer

Norddorf
✉ **25946**

Schleswig-Holstein

Seite 7/B 1

■ **Hotel Hüttmann** Ual saarepswai 2-6
☎ 04682/9220, Fax 922113
Preise: 28 Einzel 55-145, 37 Doppel 100-250, 5 Appartements 100-260, Halbpension 33, Vollpension DM 50
Ausstattung: Dusche/WC, Telefon, TV, Minibar, ~Balkon
Besonderes: Restaurant, Bar, Cafe, Terrasse, Liegewiese, Sauna, Solarium Parkplätze
Geschlossen: 27.11.95 - 15.3.96

■ **Ual Öomrang Wiartshus** Braatlun 4
☎ 04682/836, Fax 1432
Preise: 5 Einzel 75, 5 Doppel 150, 2 Apartments, Halbpension 35, Vollpension DM 40
Ausstattung: Dusche/WC, Telefon, TV
Besonderes: Restaurant, Liegewiese, Sauna, Parkplätze
Geschlossen: 20. bis 27. Dezember und 10. Januar bis 21. Februar
Kreditkarten: Amex, Diners

Norden
Niedersachsen

✉ **26506**

Seite 7/A 2

■ **Hotel Deutsches Haus**   Neuer Weg 26
☎ 04931/18910, Fax 189130
Preise: 14 Einzel 75, 27 Doppel 130, Halbpension DM 17,50
Ausstattung: Bad/WC, Telefon, TV, Radio, Minibar
Besonderes: Restaurant 12-14, 18-24 Uhr, Frühstücksbuffet, Lift,
                   Konferenzraum 400, Kegeln, Parkplätze, Garagen
Kreditkarten: Amex, Diners, Eurocard, Visa

■ **Hotel Reichshof**   Neuer Weg 53
☎ 04931/2411, Fax 17575
Preise: 4 Einzel 70, 30 Doppel 120-160, Halbpension 15,
                   Vollpension DM 30
Ausstattung: Bad/WC, Telefon, Radio, TV, Minibar
Besonderes: Restaurant 6.30-24 Uhr, Sonnenterrasse, Parkplätze, Garagen,
                   Apartments direkt am Wasser, Ferienwohnungen
Kreditkarten: Amex, Diners, Eurocard, Visa

Nordenham
Niedersachsen

✉ **26954**

Seite 7/B 2

■ **Aits-Luetjens**   Bahnhofstr. 120
☎ 04731/80044+45
Preise: 9 Einzel 63-70, 12 Doppel DM 92-140
Ausstattung: Bad/WC, Telefon
Besonderes: garni, Parkplätze, Garagen

■ **Landhotel Butjadinger Tor**   Butjadinger Str. 67
☎ 04731/9388-0, Fax 938888
Preise: 5 Einzel 78, 12 Doppel 110, Halbpension DM 16,50
Ausstattung: Bad/WC, TV, Telefon
Besonderes: Restaurant, Bar, Terrasse, Kegeln, Parkplätze
Kreditkarten: Amex, Diners, Eurocard, Visa

■ **Hotel + Restaurant Friedeburg**   Oldenburger Str. 2
☎ 04731/6002+6003, Fax 6956
Preise: 13 Einzel 65, 8 Doppel DM 90-115
Ausstattung: Dusche/Bad/WC, Telefon, TV
Kreditkarten: Amex, Diners, Eurocard, Visa

Norderney
Niedersachsen

✉ **26548**

Seite 7/A 2

■ **Friese**   Friedrichstr. 34
☎ 04932/3015+16
Preise: 27 Einzel ab 85, 22 Doppel DM 144
Ausstattung: Bad/WC, Telefon, Radio
Besonderes: Frühstücksbuffet, Lift, Sauna, Parkplätze

■ **Haus Waterkant** Kaiserstr. 9
☎ 04932/777+800100, Fax 800200
Preise: 10 Einzel ab 72, 27 Doppel ab DM 144
Ausstattung: ~Bad/WC, Telefon
Besonderes: Apartments, Ferienwohnungen, Lift, Hallenschwimmbad, Sauna,
Solarium, Sonnenbank, Kurmittelabteilung, Fitneßraum, ruhig,

Nordhausen ⊠ **99734**
Thüringen Seite 12/A 2

■ **Zur Sägemühle** Sägemühle 74, Herrmannsacker
☎ 03631/80906
Preise: 1 Einzel DM 50, 4 Doppel DM 80, 1 Ferienwohnung DM 90
inkl. Frühstück, Halbpension DM 10, Vollpension DM 20
Ausstattung: Du/Bad, WC, Radio, TV
Besonderes: Restaurant, Parkplätze, Garagen
Kreditkarten: Amexco, Eurocard, Visa

■ **Zur Goldenen Aue** Nordhauser Straße 135, Bielen
☎ 03631/603021+603022, Fax 603023
Preise: 16 Einzel DM 75-82, 21 Doppel DM 120, 3 Appartements DM 70,
1 Ferienwohnung, Halbpension DM 20, Vollpension DM 35
Ausstattung: Du, WC, Telefon, TV, Minibar
Besonderes: Restaurant, Terrasse, Parkplätze
Kreditkarten: Diners, Eurocard, Visa

Nordhorn ⊠ **48529**
Niedersachsen Seite 7/A 3

■ **Am Stadtring** Stadtring 31
☎ 05921/14054, Fax 75391
Preise: 11 Einzel 75, 12 Doppel 120, Halbpension DM 15
Ausstattung: Dusche/WC, Telefon, TV
Besonderes: Restaurant, Bar, in Hotelnähe: Schwimmbad, Sauna, Solarium,
Parkplätze, Garagen
Kreditkarten: Amex, Diners, Eurocard, Visa

■ **Hotel Eichentor** Bernhard-Niehues-Str. 12
☎ 05921/6021-23, Fax 77948
Preise: 31 Einzel 75-100, 16 Doppel 115-150, Halbpension 20,
Vollpension DM 35
Ausstattung: Dusche/WC, Telefon, TV, Minibar
Besonderes: Restaurant, Schwimmbad, Sauna, Parkplätze, Garagen
Kreditkarten: Amex, Diners, Eurocard, Visa

■ **Hotel Euregio** Denekamper Str. 43
☎ 05921/5077
Preise: 18 Einzel 65, 8 Doppel DM 105, Halbpension und Vollpension
möglich
Ausstattung: Bad/WC, TV, Telefon
Besonderes: Restaurant, Bar, Parkplätze, Garagen
Kreditkarten: Amex, Diners, Eurocard, Visa

■ **Motel Rammelkamp**   Lingener Str. 306
☎ 05921/35201, Fax 33572
Preise: 10 Einzel 65, 8 Doppel 115, 3 Appartements DM 138
Ausstattung: Bad/WC, Telefon, TV
Besonderes: Restaurant, Terrasse, Kinderspielplatz, Parkplätze, Garagen
Kreditkarten: Amex, Diners, Eurocard, Visa

Nordkirchen   ✉ 59394
Nordrhein-Westfalen   Seite 10/B 1

■ **Brauereigasthof Schloßstuben**   Schloßstr. 26
☎ 02596/746, Fax 1884
Preise: 3 Einzel 50, 7 Doppel DM 130
Ausstattung: ~Dusche/WC
Besonderes: Restaurant geöffnet ab 10 Uhr, Terrasse

Northeim   ✉ 37154
Niedersachsen   Seite 11/D 1

■ **Hotel Deutsches Haus**   Am Münster 27
☎ 05551/98060, Fax 980660
Preise: 7 Einzel 65, 18 Doppel 105, 1 Apartment DM 160
Ausstattung: Dusche/WC, Telefon, TV
Besonderes: Terrasse, Parkplätze, Garagen
Kreditkarten: Amex, Diners, Eurocard, Visa

■ **Hotel Sonne garni**   Breite Str. 59
☎ 05551/97720, Fax 977239
Preise: 4 Einzel 90, 15 Doppel DM 130
Ausstattung: Dusche/WC, Telefon, TV, Radio, Minibar
Besonderes: Parkplätze, Garagen,
Kreditkarten: Amex, Eurocard, Visa

■ **Waldhotel Gesundbrunnen**   Northeim
☎ 05551/6070, Fax 607200
Preise: 32 Einzel 86, 58 Doppel 142, Halbpension 25, Vollpension
                 DM 45
Ausstattung: Dusche/Bad/WC, Telefon, Radio, ~TV, ~Balkon
Kreditkarten: Amex, Diners, Eurocard, Visa, AirPlus

■ **Deutsche Eiche**   Bahnhorstraße 16
☎ 05551/2293, Fax 2591
Preise: 11 Einzel DM 60-75, 15 Doppel DM 100-140
Ausstattung: Du/Bad, WC, Telefon, TV
Besonderes: Restaurant, Parkplätze
Kreditkarten: Amexco, Diners, Eurocard, Visa

Nortorf   ✉ 24589
Schleswig-Holstein   Seite 8/A2

■ Hotel Kirchspiels Gasthaus   Große Mühlenstr. 9
☎ 04392/4922, Fax 3454
Preise: Einzel 70-110 14 Doppel DM 110-160
Ausstattung: Dusche/WC, Telefon, TV, ~Balkon
Besonderes: Restaurant, Kegelbahn, Parkplätze, Garagen
Kreditkarten: Amex, Diners, Eurocard, Visa

Nürnberg   ✉ 90425
Bayern   Seite 16/A 1

■ Hotel Garni Metropol   Fürther Str. 338
☎ 0911/324390, Fax 3240913
Preise: 27 Einzel 85-87, 10 Doppel DM 110-130
Ausstattung: Bad/WC, Telefon, Radio, TV
Besonderes: garni, Parkplätze
Kreditkarten: Diners, Eurocard, Visa

■ Hotel Klughardt Garni   Tauroggenstr. 40-44
☎ 0911/91988-0, Fax 595989
Preise: 23 Einzel 80-98, 10 Doppel DM 148
Ausstattung: Dusche/WC, Telefon, TV, Radio
Besonderes: Fahrradverleih, ruhig, garni, Parkplätze, Garagen,
Geschlossen: 24. Dezember bis 6. Januar
Kreditkarten: Amex, Diners, Eurocard, Visa

■ Hotel Kröll am Hauptmarkt   Hauptmarkt 6-8
☎ 0911/227113, Fax 2419608
Preise: 6 Einzel 48-95, 23 Doppel DM 115-155
Ausstattung: Dusche/WC, Telefon, TV, Radio

■ Hotel Royal   Theodorstr. 20
☎ 0911/533209, Fax 534311
Preise: 5 Einzel 56, 15 Doppel DM 93
Ausstattung: Dusche, Telefon, TV
Besonderes: Mehrbettzimmer
Kreditkarten: Amex, Diners, Eurocard, Visa

■ Hotel Garni Fischbach Stuben   Hutbergstr. 2, Fischbach
☎ 0911/831011, Fax 832473
Preise: 5 Einzel 90, 2 Doppel DM 150, 5 Appartements 160
Ausstattung: Dusche/WC, Telefon, TV
Besonderes: Parkplätze, Apartmens, im Juli/August Familienpreise
Kreditkarten: Amex, Diners, Eurocard, Visa, ACS-Kreditbrief

■ Hotel Deutscher Kaiser   Königstr. 55
☎ 0911/203341-43, Fax 2418982
Preise: 20 Einzel 55-105, 32 Doppel DM 98-160
Ausstattung: ~Dusche/WC, Telefon, ~TV
Besonderes: Parkplätze, Lage in der Innenstadt
      Amex, Diners, Eurocard, Visa

■ Grüner Baum
Venatoriusstr. 7

☎ 09129/5060
Preise: 9 Einzel 65, 16 Doppel DM 105,
Halbpension 20, Vollpension DM 30
Ausstattung: Dusche/WC, Telefon, TV, Minibar, Balkon
Besonderes: Restaurant, Parkplätze
Kreditkarten: Eurocard

■ Palmengarten
Jahnstr. 17

☎ 0911/963530, Fax 965319
Preise: 10 Einzel 70-78, 6 Doppel DM100-108
Ausstattung: Dusche/WC, Telefon, ~TV
Besonderes: Restaurant, Bar, Parkplätze
Kreditkarten: Eurocard

■ Pension Berndt
Wölckernstr. 80

☎ 0911/448066, Fax 448066
Preise: 4 Einzel 40-55, 2 Doppel DM 60-90
Ausstattung: Dusche/WC, Telefon, TV, Etagendusche, Kühlschrank,
Kaffeemaschine
Besonderes: Kinder im Elternzimmer kostenlos, Wochenpreise

■ Hotel-Gasthof Schloetzer
Haupstr. 118

☎ 0991/345718+343580, Fax 347214
Preise: 7 Einzel 80, 17 Doppel DM 115
Ausstattung: Dusche/WC, Radio
Besonderes: Restaurant, Terrasse, Parkplätze
Geschlossen: 23. Dezember bis 10. Januar und 1. bis 15. August
Kreditkarten: Eurocard

■ Hotel garni Probst
Luitpoldstr. 9

☎ 0911/203433
Preise: 9 Einzel 68-80, 15 Doppel DM 88-120
Ausstattung: ~Dusche/WC, ~Telefon, ~TV
Besonderes: Parkplätze, Mehrbettzimmer

■ Jugend + Economy Hotel
Gostenhofer Hauptstraße 47-49

☎ 0911/9262-0, Fax 9262-130
Preise: 116 Einzel ab DM 64, 23 Doppel ab DM 76, 8 Appartements,
Halbpension DM 9, Vollpension Dm 18
Ausstattung: Du/Bad, WC, Telefon, Radio, TV, Minibar
Besonderes: Restaurant, Solarium, Parkplätze
Kreditkarten: Amexco, Diners, Eurocard, Visa

Nürtingen
✉ **72622**

Baden-Württemberg
Seite 15/D 2

■ Vetter
Marienstr. 59

☎ 07022/33011, Fax 32617
Preise: 24 Einzel 90-105, 13 Doppel DM 140-150
Ausstattung: Bad/WC, ~Telefon
Besonderes: Lift, ruhig, Parkplätze, Garagen
Geschlossen: 22. Dezember bis 7. Januar

Oberammergau ✉ 82487

■ Hotel Alte Post
Dorfstr. 19
☎ 08822/9100, Fax 910100
Preise:	1 Einzel 70, 26 Doppel 80-110, Halbpension DM 18, Vollpension DM 36
Ausstattung:	Dusche/WC, Telefon, TV
Besonderes:	Restaurant, Kegelbahn, Parkplätze, Garagen
Geschlossen:	Ende Oktober bis Mitte Dezember
Kreditkarten:	Amex, Diners, Eurocard, Visa

■ Hotel Schilcher Hof
Bahnhofstr. 17
☎ 08822/4740
Preise:	6 Einzel 51-57, 20 Doppel 92-114, 1 Apartment 100, Halbpension DM 20
Ausstattung:	Dusche/WC, Radio, Balkon
Besonderes:	Terrasse, Liegewiese, Parkplätze, Garagen
Geschlossen:	16. November bis 26. Dezember
Kreditkarten:	Amex, Eurocard, Visa

■ Hotel Wittelsbach
Dorfstr. 21
☎ 08822/1011, Fax 6688
Preise:	5 Einzel 85, 45 Doppel DM 150
Ausstattung:	Bad/WC, TV, Telefon, Radio, Balkon
Besonderes:	Restaurant 11.30-21 Uhr
Geschlossen:	5. November bis 20. Dezember
Kreditkarten:	Amex, Eurocard, Visa

■ Hotel Wolf
Dorfstr. 1
☎ 08822/3071, Fax 1096
Preise:	5 Einzel ab 74, 27 Doppel 120, Halbpension DM 25
Ausstattung:	Bad/WC, Telefon, TV, Radio
Besonderes:	Restaurant 11-21 Uhr, Bar, Terrasse, Schwimmbad, Sauna, Solarium, Parkplätze, Garagen, Liegewiese
Kreditkarten:	Amex, Diners, Eurocard, Visa

■ Gasthof Rose
Dedlerstraße 9
☎ 08822/4706, Fax 6753
Preise:	2 Einzel DM 55, 22 Doppel DM 100, 13 Ferienwohnungen DM 60-140, Halbpension DM 25, Vollpension DM 50
Ausstattung:	Du/Bad, WC
Besonderes:	Restaurant, Terrasse, Liegewiese, Parkplätze
Geschlossen:	November
Kreditkarten:	Amexco, Diners, Eurocard, Visa

Oberau ✉ 82496

■ Hotel Alpenhof
Münchner Str. 11
☎ 08824/1061, Fax 1583
Preise:	2 Einzel 75, 24 Doppel 128, Halbpension 18, Vollpension DM 28
Ausstattung:	Bad/WC, Telefon, Radio, Minibar, Balkon
Besonderes:	Terrasse, Sauna, Solarium, Kegeln, Parkplätze Restaurant
Kreditkarten:	Amex, Diners, Eurocard, Visa

■ **Hotel Forsthaus**   Hauptstr. 1
☎ 08824/9120, Fax 91214
Preise: 5 Einzel 80, 24 Doppel 130, 3 Apartments 180, Halbpension
                 20, Vollpension DM 30
Ausstattung: Bad/WC, Telefon, TV, ~Balkon
Besonderes: Restaurant 11-22 Uhr, Bar bis 24 Uhr, Sauna, Solarium,
                 Whirlpool, Kaminraum, Parkplätze, Garagen, Liegewiese
Kreditkarten: Amex, Diners, Eurocard, Visa

Oberaudorf   ✉ 83080
Bayern   Seite 16/B 3

■ **Hotel Alpenhof**   Rosenheimer Str. 97, Niederaudorf
☎ 08033/1036, Fax 4424
Preise: 3 Einzel 60, 13 Doppel DM 120, Halbpension mögl.
Ausstattung: Dusche/WC, Telefon, TV, Balkon
Besonderes: Restaurant 11-24 Uhr, Frühstücksbüfett mit Produkten aus
                 eigener Landwirtschaft, Parkplätze, Garagen, Terrasse
Geschlossen: Mitte November bis mitte Dezember
Kreditkarten: Eurocard, Visa

■ **Sporthotel Wilder Kaiser**   Tiroler Straße
☎ 08033/4015, Fax 3106
Preise: 10 Einzel 55-69, 100 Doppel 90-110, Halbpension 11-13,
                 Vollpension DM 22-27
Ausstattung: Dusche/WC, Telefon, TV, Radio, Balkon
Besonderes: Restaurant bis 24 Uhr, Bar bis 2 Uhr, Konferenzraum,
                 Solarium, Whirlpool, Schwimmbad, Parkplätze, Liegewiese
Kreditkarten: Amex, Eurocard, Visa

Oberelbert   ✉ 56412
Rheinland-Pfalz   Seite 10/B 3

■ **Forellenhof**   Fam. Schmidt-Rodloff
☎ 02608/803+559
Preise: Einzel ab 48, Doppel DM 95-105
Ausstattung: Bad/WC
Besonderes: Konferenzraum, Terrasse, Sauna, Sonnenbank, Massagepraxis,
                 Kegeln, Parkplätze, Liegewiese

Oberelsbach   ✉ 97656
Bayern   Seite 11/D 3

■ **Sport- und Ferienhotel Hubertus Diana**   Röderweg 9-11,
Unterelsbach
☎ 09774/432+214, Fax 1793
Preise: 14 Einzel 80, 18 Doppel 140, 4 Apartments 160, Halbpension
                 DM 25
Ausstattung: Dusche/WC, Telefon, TV, ~Balkon
Besonderes: Restaurant, Terrasse, Liegewiese, Schwimmbad, Sauna,
                 Solarium, Parkplätze, Garagen

Oberfell

✉ **56332**

Rheinland-Pfalz

Seite 10/B 3

■ **Moselgasthaus Zur Krone** Moselstraße
☎ 02605/665, Fax 8195
Preise: 6 Einzel 56-72, 32 Doppel DM 80-122, Halbpension
Ausstattung: Dusche/WC, Telefon, TV, Balkon
Besonderes: Restaurant 12-14, 17-21 Uhr, Terrasse, Liegewiese,
Parkplätze, Garagen, eigene Metzgerei und Weinbau

Oberhof

✉ **98559**

Thüringen

Seite 12/A 3

■ **Hotel Oberland** Crawinkler Str. 3
☎ 036842/22201, Fax 22202
Preise: 20 Einzel 70-85, 34 Doppel 100-130, 3 Ferienwohnungen DM 100
Halbpension DM 17
Ausstattung: Dusche/WC, Radio, Telefon, TV, ~Minibar
Besonderes: Restaurant, Biergarten, Liegewiese
Kreditkarten: Amex, Diners, Eurocard, Visa

■ **Berghotel Oberhof** Theo-Neubauer-Str. 14-20
☎ 036842/5217, Fax 5558
Preise: 10 Einzel 68, 41 Doppel DM 89,
Halbpension DM 15
Ausstattung: Dusche/WC, Telefon, TV
Besonderes: Restaurant, Bar, Terrasse, Liegewiese, Sauna, Parkplätze,
Apartments
Kreditkarten: Amex, Eurocard, Visa

■ **Zum Gründle** Rudolf-Breitscheid-Str. 8
☎ 036842/21012, Fax 21013
Preise: 8 Einzel DM 80, 25 Doppel DM 110, 2 Appartements DM 75,
inkl. Frühstücksbuffet
Ausstattung: Du/Bad, WC, Telefon, Radio, TV
Besonderes: Restaurant, Terrasse, Liegewiese, Sauna, Parkplätze
Kreditkarten: Amexco, Eurocard, Visa

■ **Sportmotel Oberhof** Am Harzwald 1
☎ 036842/21033, Fax 22595
Preise: 10 Doppel ab DM 30, 50 Doppel ab DM 48, 2 Appartements
DM 80, Halbpension DM 19, Vollpension DM 15
Ausstattung: Du/Bad, WC, Telefon, Radio, TV, ~Balkon
Besonderes: Restaurant, Terrasse, Liegewiese, Sauna, Solarium
Kreditkarten: Amexco, Eurocard, Visa

Oberkirch

Baden-Württemberg

■ **Hotel Pflug** Fernacher Platz 1
☎ 07802/929-0, Fax 929-300
Preise: 6 Einzel 82-105, 30 Doppel 120-150, Halbpension DM 30
Ausstattung: Dusche/Bad/WC, Telefon, TV, Radio, Minibar
Besonderes: Restaurant 7-24 Uhr, Terrasse, Parkplätze, Garagen,
Liegewiese
Geschlossen: Januar
Kreditkarten: Amex, Eurocard, Visa

■ **Pension Haus am Berg** Am Rebhof 5
☎ 07802/4701+2952, Fax 2953
Preise: 1 Einzel 65, 8 Doppel 102-160, 1 Apartment 160, Halbpension
DM 32,50
Ausstattung: Dusche/WC, Telefon, TV, Balkon
Besonderes: Restaurant 10-24 Uhr, Terrasse, Parkplätze
Geschlossen: 2 Wochen im Februar und 2 Wochen im November

■ **Weingasthof Hotel Lamm** Gaisbach 1
☎ 07802/3346, Fax 5966
Preise: 5 Einzel 80-90, 12 Doppel 130-145, Halbpension 30,
Vollpension DM 40
Ausstattung: Bad/WC, Telefon, TV, Minibar, ~Balkon
Besonderes: Restaurant, Terrasse, ruhig, Parkplätze, Garagen
Kreditkarten: Amex, Diners, Eurocard, Visa

Oberkochen

Baden-Württemberg

■ **Gasthof Pflug** Katzenbachstr. 20
☎ 07364/327
Preise: 25 Einzel 56, 10 Doppel DM 80-85
Ausstattung: Bad/WC
Besonderes: Terrasse, Parkplätze

Oberndorf

Baden-Württemberg

■ **Gasthof Zum Wasserfall** Lindenstraße 60
☎ 07423/3579
Preise: 7 Einzel 55-80, 25 Doppel DM 85-120
Ausstattung: Bad/WC, Telefon, TV, ~Minibar, ~Balkon
Besonderes: Terrasse, Saune, Parkplätze, Garagen

Obernzell ✉ 94130
Bayern
Seite 17/D 2

■ Alte Schiffspost Marktplatz 1
☎ 08591/1030, Fax 2576
Preise: 2 Einzel 65-90, 14 Doppel DM 80-140
Ausstattung: Dusche/WC, Telefon, TV
Besonderes: Terrasse, Liegewiese, Dampfbad, Parkplätze, Garagen,
Bootsanlegestelle an der Donau
Kreditkarten: Eurocard

Ober-Ramstadt ✉ 64372
Hessen
Seite 11/C 3

■ Hotel Hessischer Hof Schulstr. 14
☎ 06154/6347-0, Fax 634750
Preise: 15 Einzel 60-80, 4 Doppel 120-140, Halbpension DM 30
Ausstattung: Bad/WC, Telefon, TV
Besonderes: Restaurant, Terrasse, Parkplätze, Garagen
Kreditkarten: Amex, Diners, Eurocard, Visa

Oberreichenbach ✉ 75394
Baden-Württemberg
Seite 15/C 2

■ Talblick Panoramaweg 1, Würzbach
☎ 07053/8753
Preise: 7 Einzel ab 57, 17 Doppel DM 85-110
Ausstattung: Bad/WC
Besonderes: Apartments, Konferenzraum, Terrasse, Sauna, Solarium,
Fitneßraum, Parkplätze, Garagen

Oberried ✉ 79254
Baden-Württemberg
Seite 15/C 3

■ Landgasthof Hotel zum Schützen Weilersbacher Str. 7
☎ 07661/7011, Fax 7013
Preise: 2 Einzel 66-75, 12 Doppel 90-130, 2 Ferienwohnungen DM 85-95
Ausstattung: Dusche/WC, Telefon, TV, Balkon
Besonderes: Restaurant, Terrasse, Liegewiese, Parkplätze, rollstuhlge-
rechte Zimmer
Geschlossen: Januar
Kreditkarten: Eurocard, Visa, Amexco

■ Waldhotel am Notschrei Oberried-Notschrei
☎ 07602/219+220, Fax 751
Preise: 6 Einzel ab 68, 18 Doppel ab DM 128
Ausstattung: Dusche/Bad/WC, Telefon, TV, Radio, Terrasse
Besonderes: Restaurant 11-23 Uhr, Konferenzraum 30, Solarium, ruhig,
Parkplätze, Garagen, Liegewiese
Kreditkarten: Amex, Diners, Eurocard, Visa

Oberscheinfeld

✉ **91483**

Bayern

Seite 16/A 1

■ **Ziegelmühle garni** Ziegelmühle 1
☎ 09167/99990, Fax 7194
Preise: 4 Einzel 70, 8 Doppel DM 120-140
Ausstattung: Dusche/WC, Telefon, TV
Besonderes: Liegewiese, Schwimmbad, Sauna, Solarium, Parkplätze

---

Oberschönau

✉ **98587**

Sachsen

Seite 12/B 3

■ **Berghotel Simon** Am Hermannsberg 13
☎ 036847/30328, Fax 33625
Preise: 6 Einzel 67,50, 21 Doppel DM 95-120,
Halbpension 17,50, Vollpension DM 25-30
Ausstattung: Dusche/WC, Telefon, TV, Minibar, Safe
Besonderes: Restaurant, Terrasse, Liegewiese, Sauna, Solarium,
Parkplätze, Garagen

Oberstaufen

✉ **87534**

Bayern

Seite 16/A 3

■ **Kurhotel Alpenhof** G.-Resl-Weg 8
☎ 08386/485-0, Fax 2251
Preise: 19 Einzel 69-105, 10 Doppel DM 66-102
Ausstattung: Dusche/Bad/WC, Telefon, Balkon, TV
Besonderes: Restaurant, Terrasse, Liegewiese, Schwimmbad, Sauna,
Whirlpool, Schrothkuren, Parkplätze, Garagen
Geschlossen: 1.12.-25.12.95
Kreditkarten: Amex, Eurocard, Visa

■ **Hotel Am Rathaus** Schloßstr. 6
☎ 08386/2040
Preise: 1 Einzel 60, 10 Doppel DM 115, Halbpension und Vollpension
möglich
Ausstattung: Dusche/Bad/WC, Telefon, TV
Besonderes: Terrasse, Liegewiese, Parkplätze, Garagen

■ **Kurhotel Adula** Argenstr. 7
☎ 08386/1656+57, Fax 7676
Preise: 12 Einzel 73, 24 Doppel DM 164
Ausstattung: Dusche/WC, Telefon, TV, Balkon
Besonderes: Restaurant, Terrasse, Liegewiese, Schwimmbad, Sauna,
Solarium, Parkplätze, Garagen, Apartments, Schrothkuren

■ **Kurhotel Barbarossa** Am Sandbühl 2a
☎ 08386/601, Fax 607
Preise: 14 Einzel ab 80, 6 Doppel DM 140-160,
Ausstattung: Dusche/Bad/WC, Telefon, TV, Balkon
Besonderes: Terrasse, Liegewiese, Schwimmbad, Sauna, Parkplätze, Garagen
Geschlossen: 15.12.-25.12.

■ Kurhotel Bergkranz
Bgm.-Aichele-Weg 4
☎ 08386/334+2000, Fax 2255
Preise: 12 Einzel ab 72, 7 Doppel DM 130-140, Halbpension und
Vollpension möglich
Ausstattung: Dusche/Bad/WC, Telefon, TV, Balkon
Besonderes: Terrasse, Liegewiese, Schwimmbad, Sauna, Parkplätze, Garagen

■ Kurhotel Bettina
Freibadweg 1
☎ 08386/1664, Fax 4210
Preise: 10 Einzel ab 79, 8 Doppel DM 140-180, Halbpension und
Vollpension möglich
Ausstattung: Dusche/Bad/WC, Telefon, TV, Balkon
Besonderes: Terrasse, Liegewiese, Schwimmbad, Parkplätze, Garagen

■ Hotel-Gasthof Konstanzer Hof
Konstanzer Str. 1
☎ 08325/461, Fax 738
Preise: 4 Einzel ab 60,20 Doppel ab DM 98
Ausstattung: Dusche/WC, Telefon, TV
Besonderes: Restaurant, Terrasse, Liegewiese, Parkplätze

Oberstdorf
✉ **87561**

Bayern
Seite 16/A 3

■ Alpengasthof Schwand
Schwand 3
☎ 08322/5081, Fax 2340
Preise: 2 Einzel 65, 10 Doppel 74, Halbpension DM 25
Ausstattung: Dusche/WC, Telefon, TV, Minibar, Balkon
Besonderes: Restaurant, Terrasse, Sauna, Solarium, Whirlpool,
Parkplätze, Garagen, Apartments, Ferienwohnungen

■ Bergruh Hotel Café-Restaurant
Im Ebnat 2, Tiefenbach
☎ 08322/4011, Fax 4656
Preise: 2 Einzel 80, 20 Doppel 156, 6 Apartment 100, 1 Ferienwohnung
DM 130, Halbpension möglich
Ausstattung: Dusche/Bad/WC, Telefon, TV, Radio, Minibar, Balkon
Besonderes: Restaurant 12-23 Uhr, Terrasse, Sauna, Solarium, Parkplätze,
Garagen, Liegewiese

■ Der Alpenkurhof
Falkenstr. 15, Tiefenbach
☎ 08322/702-0, Fax 702-22
Preise: 20 Einzel ab DM 56
Ausstattung: ~Bad/WC, Telefon
Besonderes: Ferienwohnungen, Lift, Hallenschwimmbad, Sauna, Solarium,
Kuranwendungen, Fitneßraum, ruhig, Parkplätze, Garagen

■ Hotel Garni Kappeler-Haus
Am Seeler 2
☎ 08322/1007+08+09
Preise: 20 Einzel 60-110, 39 Doppel DM 105-155
Ausstattung: Dusche/Bad/WC, TV, Balkon
Besonderes: Terrasse, Schwimmbad, Parkplätze, Garagen, Liegewiese
Kreditkarten: Amex, Diners, Eurocard, Visa

■ **Hotel Panorama** Reute 6
☎ 08322/3074, Fax 3075
Preise: 3 Einzel ab 75-85, 1 Doppel 150, 7 Apartments 170,
Halbpension DM 20
Ausstattung: Dusche/WC, Telefon, TV, ~Balkon
Besonderes: Restaurant, Terrasse, Liegewiese, Parkplätze, Garagen
Geschlossen: 15.10.-20.12.

Oberwesel ⊠ **55430**

Rheinland-Pfalz Seite 10/B 3

■ **Hotel-Restaurant Weinhaus Weiler** Marktplatz 4
☎ 06744/7003, Fax 7303
Preise: 2 Einzel ab 70, 8 Doppel ab 95, Halbpension DM 24
Ausstattung: Dusche/Bad/WC, Telefon, TV, Radio
Besonderes: Restaurant 12-14, 18-21.30 Uhr, Konferenzraum, Fachwerkhaus
von 1552, Familienbetrieb, Parkplätze
Geschlossen: Mitte Dezember bis Mitte Februar
Kreditkarten: Amex, Eurocard, Visa

Oberwiesenthal ⊠ **09484**

Sachsen Seite 13/C 3

■ **Ferienhotel Bergfrieden** Vierenstr. 14
☎ 037348/7397-7398, Fax 350
Preise: 2 Einzel 75, 12 Doppel 100, 2 Apartments DM 140
Ausstattung: Dusche/WC, Telefon, TV, Minibar
Besonderes: Restaurant, Terrasse, Sauna, Parkplätze
Geschlossen: November
Kreditkarten: Eurocard

■ **Pension Riedel** Annabergerstraße 81
☎ 037348/7225, Fax 7285
Preise: 4 Doppel DM 80, als Einzel DM 55, 4 Appartements DM 120
Halbpension DM 18
Ausstattung: Du/Bad, WC, Telefon, Radio, TV, Minibar
Besonderes: Restaurant, Liegewiese, Sauna, Solarium, Parkplätze

Oberwolfach ⊠ **77709**

Baden-Württemberg Seite 15/C 2

■ **Hotel Drei Könige** Wolftalstr. 28
☎ 07834/260+394, Fax 285
Preise: 6 Einzel 75, 31 Doppel DM 124 Halbpension und Vollpension
möglich
Ausstattung: Dusche/Bad/WC, ~Telefon, Radio, Balkon
Besonderes: Restaurant bis 24 Uhr, Tischtennis, Sauna, Garten,
Parkplätze, Garagen, Liegewiese
Kreditkarten: Amex, Diners, Eurocard, Visa

■ Landidyllhotel Hirschen Schwarzwaldstr. 2, Walke
☎ 07834/366+4962, Fax 6775
Preise: 7 Einzel 70, 20 Doppel 110, Halbpension DM 21
Ausstattung: Dusche/Bad/WC, Telefon, TV, Radio, Balkon
Besonderes: Restaurant, Terrasse, Liegewiese, Sauna, Solarium,
Kegelbahn, Parkplätze, Garagen, Liegewiese
Geschlossen: Mitte bis Ende Januar
Kreditkarten: Amex, Diners, Eurocard, Visa

Obing ✉ 83119
Bayern Seite 17/C3

■ Oberwirt Kienberger Str. 14
☎ 08624/4296, Fax 2979
Preise: 10 Einzel 68-73, 27 Doppel DM 98-112, 5 Ferienwohnungen
DM 70-140
Ausstattung: Dusche/WC, Telefon, ~TV, Balkon
Besonderes: Restaurant, Liegewiese, Sauna, Solarium, Parkplätze,
Garagen, Ferienwohnungen
Kreditkarten: Eurocard, Visa

Ochsenfurt ✉ 97199
Bayern Seite 15/D 1

■ Bären Hauptstr. 74
☎ 09331/2282
Preise: 7 Einzel 68-80, 21 Doppel 85-150, 1 Apartment DM 160
Ausstattung: ~Dusche/WC, Minibar, Etagendusche
Besonderes: Restaurant, Terrasse, Solarium, Parkplätze, Garagen
Geschlossen: 15. Januar bis 15. März
Kreditkarten: Diners, Eurocard

■ Gasthof zum weißen Roß Rechte Bachgasse 5, Gossmannsdorf
☎ 09331/261, Fax 7115
Preise: 2 Einzel 55, 25 Doppel 100, 17 Appartments DM 75,
Halbpension DM 22
Ausstattung: Dusche/WC, Telefon, TV, Radio
Besonderes: Restaurant, Terrasse, Parkplätze, Garagen
Geschlossen: 24.12. - 6.1.

■ Hotel zum Schmied Hauptstr. 26
☎ 09331/2438, Fax 20203
Preise: 5 Einzel 70, 17 Doppel 110, 5 Appartements DM
Halbpension DM 20
Ausstattung: Dusche/WC,Bad, Farb-TV
Besonderes: Restaurant 11-22 Uhr, TV-Raum,
Kreditkarten: Amex, Eurocard, Visa

Ochsenhausen
Baden-Württemberg

⊠ **88416**
Seite 15/D 3

■ **Hotel Mohren**
Grenzenstr. 4
☎ 07352/3286, Fax 1707
Preise: 5 Einzel 88-118, 21 Doppel 144-195, 2 Apartments DM 380
Ausstattung: Dusche/WC, Telefon, TV, Minibar, Balkon
Besonderes: Restaurant, Sauna, Solarium, Parkplätze, Garagen, Massage
Kreditkarten: Amex, Diners, Eurocard, Visa

Odelzhausen
Bayern

⊠ **85235**
Seite 16/B 2

■ **Schlosshotel**
Am Schloßberg 3
☎ 08134/6598, Fax 5193
Preise: 4 Einzel ab 125, 2 Doppel DM 170, 1 Appartement DM 200
Ausstattung: Dusche/WC, Telefon, TV
Besonderes: Konferenzraum 35, Garten, Hallenschwimmbad, Sauna,
Parkplätze, Solarium, Restaurant
Kreditkarten: Eurocard

■ **Hotel Staffler**
Hauptstr. 3
☎ 08134/6006+07, Fax 7737
Preise: 9 Einzel 70-75, 19 Doppel DM 103-105
Ausstattung: Bad/WC, Telefon
Besonderes: Frühstücksbuffet, Terrasse, garni, Parkplätze

Oelde
Nordrhein-Westfalen

⊠ **59302**
Seite 11/C 1

■ **Hartmann**
Hauptstr. 40, Lette
☎ 05245/5165, Fax 7857
Preise: 6 Einzel 65-70, 36 Doppel DM 100-120
Ausstattung: ~Bad/WC, Telefon, Radio, TV
Besonderes: Kegeln, Parkplätze, Garagen
Geschlossen: Januar
Kreditkarten: Eurocard

■ **Hotel Westermann**
Clarholzer Str. 26, Lette
☎ 05245/8702-0, Fax 8702-15
Preise: 29 Einzel 70, 29 Doppel DM 120
Ausstattung: Dusche/WC, Telefon, TV
Besonderes: Restaurant, Terrasse, Parkplätze
Kreditkarten: Amex, Eurocard, Visa

Oer-Erkenschwick ✉ 45739

Nordrhein-Westfalen

Seite 10/B 1

■ **Stimbergpark Hotel**   Am Stimbergpark 78
☎ 02368/1067, Fax 58206
Preise: 64 Einzel 98, 30 Doppel DM 140, Halbpension und Vollpension
           möglich
Ausstattung: Bad/WC, Telefon, Radio, TV, Balkon
Besonderes: Restaurant, Bar, Schwimmbad, Terrasse, Kegeln, Parkplätze,
           Garagen
Kreditkarten: Amex, Diners, Eurocard, Visa

Oerlinghausen ✉ 33813

Nordrhein-Westfalen

Seite 11/C 1

■ **Hotel am Tönsberg**   Piperweg 17
☎ 05202/6501+6502, Fax 4235
Preise: 7 Einzel ab 82, 8 Doppel DM 140
Ausstattung: Bad/WC, TV, Telefon, Radio
Besonderes: Frühstücksbuffet, Terrasse, Hallenschwimmbad, Sauna,
           Solarium, Fitneßraum, ruhig, Parkplätze

Bad Oeynhausen ✉ 32549

Nordrhein-Westfalen

Seite 11/C 1

■ **Westfälischer Hof**   Herforder Str. 16
☎ 05731/22910
Preise: 18 Einzel ab 55, 8 Doppel DM ab DM 100
Ausstattung: ~Bad/WC, Telefon
Besonderes: Lift, Parkplätze

Offenbach ✉ 76877

Rheinland-Pfalz

Seite 15/C 1

■ **Hotel Krone**   Hauptstr. 4-6
☎ 06348/7064+65, Fax 5481
Preise: 4 Einzel ab 57, 35 Doppel DM 92-96
Ausstattung: Bad/WC, Telefon, Radio, ~Balkon
Besonderes: Restaurant, Terrasse, Liegewiese, Hallenschwimmbad, Sauna,
           Kegeln, Parkplätze, Garagen
Kreditkarten: Eurocard, Visa

Offenbach/Main ✉ 63075

Hessen

Seite 11/C 3

■ **Hansa**   Bernhardstr. 101
☎ 069/888075, Fax 823218
Preise: 10 Einzel 75, 5 Doppel DM 130
Ausstattung: ~Bad/WC, TV, Telefon
Besonderes: Konferenzraum 20, garni, Parkplätze

Offenburg
Baden-Württemberg

⊠ **77656**

Seite 15/C 2

■ **Sonne**   Hauptstr. 94
☎ 0781/71039, Fax 71033
Preise: 15 Einzel 70-94, 15 Doppel DM 95-180,
Ausstattung: Bad/WC, Telefon, TV,
Besonderes: Restaurant, Parkplätze, Garagen
Kreditkarten: Amex, Eurocard, Visa

Ofterschwang
Bayern

⊠ **87527**

Seite 16/A 3

■ **Hotel Süßdorf**   Kirchgasse 18
☎ 08321/3546, Fax 88751
Preise: 5 Einzel ab 48, 15 Doppel 72-129, Halbpension DM 18
Ausstattung: Bad/WC, Telefon, Radio, TV, Balkon
Besonderes: Restaurant, Bar, Hallenschwimmbad, Sauna, Solarium,
                   Whirlpool, Parkplätze, Garagen
Kreditkarten: Amex, Visa

Ohrdruf
Thüringen

⊠ **99885**

Seite 12/A 2

■ **Hotel-restaurant Zum Hunarth**   Crawinkelstr. 11
☎ 03624/372777
Preise: 2 Einzel 65, 16 Doppel DM 108,
                   Halbpension 20, Vollpension DM 40
Ausstattung: Dusche/WC, Telefon, TV, Radio, Minibar, Balkon
Besonderes: Restaurant, Solarium, Fuß- und Haarpflege, Parkplätze
Kreditkarten: Eurocard, Visa

Olching
Bayern

⊠ **82140**

Seite 16/B 2

■ **Hotel Schiller**   Nöscherstr. 20
☎ 08142/284-0, Fax 284-99
Preise: 18 Einzel 80-105, 42 Doppel DM 130-150, incl. Frühstücks-
                   buffet
Ausstattung: ~Bad/WC, TV, Telefon, Minibar, Fön, ~Radio, ~Balkon
Besonderes: Terrasse, Liegewiese, Hallenschwimmbad, Sauna, Solarium,
                   Parkplätze, Garagen, Restaurant
Geschlossen: Weihnachten
Kreditkarten: American Express, Visa, Eurocard, Diners

Oldenburg ✉ 26131

Niedersachsen

Seite 7/B 3

■ **Hotel Schützenhof** Hauptstr. 38
☎ 0441/50090, Fax 500955
Preise: 9 Einzel ab 70, 37 Doppel ab 115, 1 Apartment DM 150
Halbpension und Vollpension möglich
Ausstattung: Bad/WC, TV, Telefon, Radio, Balkon
Besonderes: Restaurant, Bar, Kegelbahn, Parkplätze, Garagen
Kreditkarten: Amex, Eurocard, Visa, Diners

■ **Metz** Hundsmühler Str. 16-18
☎ 0441/502208
Preise: 10 Einzel 50-70, 13 Doppel DM 70-90
Ausstattung: Bad/WC
Besonderes: Apartments, Konferenzraum, garni, Parkplätze, Garagen

■ **Parkhotel** Cloppenburger Str. 418
☎ 0441/43024
Preise: 8 Einzel 85, 25 Doppel 100-130, Apartment DM 170
Ausstattung: Bad/WC, TV, Telefon, Radio
Besonderes: Schlemmerfrühstücksbuffet, Kabel-Farb-TV, Konferenzraum 50,
Parkplätze, Garagen

■ **Trend Hotel** Jürnweg 5, Metjendorf
☎ 0441/9611-0, Fax 9611200
Preise: 34 Einzel DM 59-69, als Doppel 89 - 104
Ausstattung: Du/Bad, WC, Telefon, Radio, TV
Besonderes: Restaurant „Trendeley" mit regionaler Küche ab 17 Uhr, Parkplätze
Kreditkarten: Amex, Diners, Eurocard, Visa

Oldenburg/Holstein ✉ 23758

Schleswig-Holstein

Seite 8/B 1

■ **Günther** Carl-Maria-von-Weber-Str. 18
☎ 04361/2730, Fax 1614
Preise: 4 Einzel 85, 29 Doppel DM 130
Ausstattung: Bad/WC, Telefon, Radio, TV, Balkon
Besonderes: Restaurant, Bar, ruhig, Parkplätze

■ **Hotel Zur Eule** Hopfenmarkt 1
☎ 04361/2485, Fax 2008
Preise: 8 Einzel DM 95, 14 Doppel DM 135, 1 Appartement 250
Ausstattung: Bad/WC, ~Telefon, TV
Besonderes: garni, Parkplätze

Bad Oldesloe ✉ 23843

Schleswig-Holstein

Seite 8/A 2

■ **Wiggers Gasthof** Bahnhofstr. 33
☎ 04531/88141
Preise: 7 Einzel 60-70, 11 Doppel DM 95-120
Ausstattung: ~Bad/WC, ~Telefon
Besonderes: Konferenzraum, Parkplätze

Olpe

✉ 57462
Seite 11/C 2

Nordrhein-Westfalen

■ Haus Albus   Auf der Griesemert 17
☎ 02761/63102
Preise: 4 Einzel ab 48, 20 Doppel 100-130, 4 Apartments DM 130
Ausstattung: Bad/WC, Telefon
Besonderes: Lift, Konferenzraum 30, Terrasse, Hallenschwimmbad, Sauna,
     Solarium, Parkplätze, Garagen

Olsberg

✉ 59939
Seite 11/C 2

Nordrhein-Westfalen

■ Am See   Carls-Aue-Str. 36, Gevelinghausen
☎ 02904/2776
Preise: 5 Einzel 48, 20 Doppel DM 84-90
Ausstattung: Bad/WC, Telefon
Besonderes: Apartments, Konferenzraum, Terrasse, Sauna, Solarium,
     Parkplätze, Garagen
Geschlossen: November

■ Stratmann   Kreisstr. 2, Gevelinghausen
☎ 02904/2279
Preise: 4 Einzel ab 58, 10 Doppel DM 92-103
Ausstattung: Bad/WC, Telefon
Besonderes: Apartments, Terrasse, Garten, Sauna, Fitneßraum, Kegeln,
     Parkplätze

Oppenau

✉ 77728
Seite 15/C 2

Baden-Württemberg

■ Gasthof Krone   Hauptstr. 32
☎ 07804/2023, Fax 3627
Preise: 2 Einzel 45, 17 Doppel 90, Halbpension 18, Vollpension DM 30
Ausstattung: Dusche/WC, Telefon
Besonderes: Restaurant, Parkplätze, Garagen

■ Gasthof zur Blume   Rotenbachstr. 1, Lierbach
☎ 07804/3004, Fax 3017
Preise: 1 Einzel 80, 8 Doppel 80-160, 1 Apartment 120, Halbpension
     24, Vollpension DM 32
Ausstattung: Dusche/WC, Telefon, TV, Balkon
Besonderes: Restaurant, Terrasse, Liegewiese, Sauna, Solarium,
     Parkplätze, Garagen, Forellengewässer
Geschlossen: Februar
Kreditkarten: Amex, Diners, Eurocard, Visa

■ Höhenhotel Kalikutt   Kalikutt 10, Ramsbach
☎ 07804/450, Fax 45222
Preise: 10 Einzel ab 68, 21 Doppel DM 100-160
Ausstattung: Bad/WC, Telefon, Radio, TV, ~Balkon
Besonderes: Restaurant, Sauna, Solarium, Parkplätze, Garagen, Liegewiese
Kreditkarten: Eurocard

■ **Schwarzwaldhotel Erdrichshof** Schwarzwaldstr. 57
☎ 07804/97980, Fax 979898
Preise: 2 Einzel 75, 13 Doppel 150, Halbpension 26 DM
Ausstattung: DUsche/Bad/WC, Telefon, TV, Radio, Minibar
Besonderes: Terrasse, Hallenschwimmbad, Sauna, Solarium, Parkplätze,
Garagen, Angeln, Hausbrauerei
Kreditkarten: Amex, Diners, Eurocard, Visa

Oppenheim   ✉ 55276
Rheinland-Pfalz   Seite 11/C 3

■ **Hotel Kurpfalz** Wormser Str. 2
☎ 06133/94940, Fax 949494
Preise: 17 Einzel ab 85, 13 Doppel ab DM 115
Ausstattung: Bad/WC, Telefon, TV, Radio, Minibar, ~Tresor
Besonderes: Weinstube, Weinkeller, Garagen, Restaurant
Geschlossen: ab 4. Adventssonntag vier Wochen
Kreditkarten: Amex, Diners, Eurocard, Visa, ICB

Bad Orb   ✉ 63619
Hessen   Seite 11/D 3

■ **Bismarck** Kurparkstr. 13
☎ 06052/3088
Preise: 8 Einzel ab 80, 10 Doppel DM 120-145
Ausstattung: Bad/WC, TV, Telefon, Radio
Besonderes: Lift, Hallenschwimmbad, Schrothkuren, Parkplätze
Geschlossen: 1. Dezember bis 15. Januar

■ **Hotel Fernblick - Minotel** Sälzerstr. 51
☎ 06052/1081, Fax 1082
Preise: 15 Einzel 55-75, 10 Doppel DM 120-130, Halbpension und
Vollpension möglich
Ausstattung: Dusche/WC, Telefon, ~TV, ~Minibar, Balkon
Besonderes: Restaurant, Terrasse, Sauna, Solarium, Parkplätze, Garagen
Kreditkarten: Eurocard, Visa

■ **Hotel Salinenblick** Leopold-Koch-Str. 21
☎ 06052/3832+1097, Fax 1323
Preise: 20 Einzel 85, 8 Doppel 145, Halbpension DM 20
Ausstattung: Dusche/WC, Telefon, TV, Balkon
Besonderes: Restaurant, Terrasse, Liegewiese, Solarium, Parkplätze,
Garagen
Kreditkarten: Amex, Diners, Eurocard

■ **Hotel Teutonia** Spessartstr. 8
☎ 06052/2453
Preise: 15 Einzel 57-92, 10 Doppel 120-166, Halbpension DM 21
Ausstattung: ~Bad/Dusche/WC, Telefon, TV
Besonderes: Dachterrasse, Schwimmbad, Sauna, Solarium,
Halbpension f. mittags, Massage, Fitneßraum, Parkplätze
Geschlossen: November

■ **Orbtal**   Haberstalstr. 1
☎ 06052/81-0, Fax 81-444
Preise: 15 Einzel 78-98, 25 Doppel DM 144-190
Ausstattung: Bad/WC, Telefon
Besonderes: Lift, Terrasse, Hallenschwimmbad,
                 Solarium, Park, ruhig, Parkplätze
Kreditkarten: Visa

Osann-Monzel   ✉ 54518
Rheinland-Pfalz   Seite 10/B 3

■ **Apostelstuben**   Im Steinrausch, Osann
☎ 06535/841
Preise: 2 Einzel 46-55, 32 Doppel DM 72-85
Ausstattung: Bad/WC
Besonderes: Konferenzraum, Terrasse, Hallenschwimmbad, Sauna, Solarium,
                 Fitneßraum, Angeln, Parkplätze

■ **Landhotel Rosenberg**   Steinrausch 1
☎ 06535/841, Fax 844
Preise: 35 Doppel 90-160, als Einzel 55-84, Halbpension 17,50,
                 Vollpension DM 27,50
Ausstattung: Dusche/WC, Telefon, TV, Balkon
Besonderes: Restaurant, Bar, Terrasse, Liegewiese, Schwimmbad, Sauna,
                 Solarium, Parkplätze, Garagen

Osnabrück   ✉ 49086
Niedersachsen   Seite 11/C 1

■ **Bürgerbräu**   Blumenhaller Weg 41
☎ 0541/45822+46061, Fax 431726
Preise: 6 Einzel 70-100, 30 Doppel 110-135, 3 Apartments DM 135-160
Ausstattung: Bad/WC, Telefon, Radio, TV, Minibar
Besonderes: Restaurant ab 16 Uhr, Biergarten, Kegeln, Parkplätze
Kreditkarten: Eurocard

■ **Domhotel**   Kleine Domsfreiheit 5
☎ 0541/21554, Fax 201739
Preise: 12 Einzel 70, 8 Doppel 120, 1 Apartment DM 160
Ausstattung: Dusche/WC, Telefon, TV, Radio
Besonderes: Parkplätze, Garagen
Kreditkarten: Amex, Diners, Eurocard, Visa

■ **Himmelreich**   Zum Himmelreich 11
☎ 0541/51700+54870, Fax 53010
Preise: 25 Einzel 80, 15 Doppel DM 124
Ausstattung: Bad/WC, Telefon, Radio, TV
Besonderes: Terrasse, Hallenschwimmbad, sehr ruhig, Parkplätze, Garagen
Kreditkarten: Diners, Visa

■ **Hotel Haus Rahenkamp**　　　　　　　Meller Landstr. 106, Voxtrup
☎ 0541/386971
Preise:　　　　12 Einzel 60, 5 Doppel DM 110
Ausstattung:　Dusche/WC
Besonderes:　Parkplätze, Garagen, Veranstaltunge, Tagungen

■ **Hotel Klute**　　　　　　　　　　　　Lotter Str. 30
☎ 0541/45001, Fax 45302
Preise:　　　　5 Einzel ab 82, 15 Doppel DM 138
Ausstattung:　Bad/WC, TV, Telefon, Minibar
Besonderes:　Restaurant 11-14, 18-22 Uhr, Parkplätze, Garagen
Kreditkarten:　Amex, Diners, Eurocard, Visa

■ **Hotel Meyer am Neumarkt**　　　　　Johannisstr. 58-59
☎ 0541/24771, Fax 258540
Preise:　　　　7 Einzel ab 80, 7 Doppel DM 140
Ausstattung:　Dusche/WC, Telefon, TV
Besonderes:　Restaurant ab 11 Uhr geöffnet, zentrale Lage Fußgängerzone
Kreditkarten:　Amex, Diners, Eurocard, Visa

■ **Hotel Waldesruh**　　　　　　　Zur Waldesruh 30, Hardenberg
☎ 0541/54323, Fax 54376
Preise:　　　　15 Einzel ab 57, 13 Doppel 95-111, Halbpension 12,
　　　　　　　　Vollpension DM 20
Ausstattung:　Dusche/WC, Telefon, TV
Besonderes:　Restaurant 11-21 Uhr, Terrasse, Parkplätze, Garagen,
　　　　　　　　Kinderspielplatz
Kreditkarten:　Amex, Diners, Eurocard, Visa

Osterburken　　　　　　　✉ 74706
Baden-Württemberg　　　　　　　Seite 15/D1

■ **Hotel Römerhof**　　　　　　　　　Wannestraße 1
☎ 06291/9919, Fax 41221
Preise:　　　　7 Einzel DM 65-85, 8 Doppel DM 110-130, Halb-und Vollpension
　　　　　　　　möglich
Ausstattung:　Du/Bad, WC, Telefon, Radio, TV, Minibar, Balkon
Besonderes:　Restaurant, Terrasse, Sauna, Solarium, Parkplätze

---

Osterholz-Scharmbeck　　　✉ 27711
Niedersachsen　　　　　　　　Seite 7/B 3

■ **Hotel Tivoli**　　　　　　　　　　Beckstr. 2
☎ 04791/8050, Fax 80560
Preise:　　　　11 Einzel ab 70, 34 Doppel 100, 5 Apartments DM 125
Ausstattung:　Bad/WC, TV, Telefon, Balkon
Besonderes:　Restaurant, Bar, Lift, Konferenzraum, Kegeln, Parkplätze,
　　　　　　　　Garagen
Kreditkarten:　Diners, Eurocard

Osterode
✉ 37520
Niedersachsen

Seite 11/D 1

■ **Hotel Tiroler Stuben** Scheerenberger Str. 45
☎ 05522/2022, Fax 75343
Preise: 12 Einzel ab 60, 12 Doppel ab DM 85
Ausstattung: Dusche/WC, Telefon, TV
Besonderes: Restaurant, Parkplätze, Garagen
Kreditkarten: Amex, Diners, Eurocard, Visa

■ **Zum Röddenberg** Steiler Ackerweg 6
☎ 05522/3334
Preise: 9 Einzel 38-68, 23 Doppel DM 75-105
Ausstattung: ~Bad/WC
Besonderes: Konferenzraum 80, Terrasse, Parkplätze, Garagen

Ostseebad Prerow
✉ 18375
Mecklenburg-Vorpommern

Seite 9/C 1

■ **Travel Hotel Bernstein** Buchenstr. 34-42
☎ 038233/591+595, Fax 329
Preise: 11 Einzel 60-95, 112 Doppel 140-198, 3 Apartments 149-180,
Halbpension 20, Vollpension DM 40
Ausstattung: ~Dusche/Bad, WC, Telefon, Radio, TV, Minibar, Balkon
Besonderes: Restaurant, Terrasse, Liegewiese, Sauna, Solarium,
Parkplätze, Garagen
Kreditkarten: Amex, Diners, Eurocard, Visa

Ottenhöfen
✉ 77883
Baden-Württemberg

Seite 15/C 2

■ **Hotel Pflug** Allerheiligenstr. 1
☎ 07842/2058, Fax 2846
Preise: 19 Einzel ab 63, 26 Doppel ab 110, 14 Apartments ab DM 138
Ausstattung: Bad/WC, Telefon, Radio, TV, Minibar, Balkon
Besonderes: Restaurant, Terrasse, Hallenschwimmbad, Solarium,
Parkplätze, Garagen, TT-Raum

■ **Wagen** Ruhsteinstr. 77
☎ 07842/485
Preise: 5 Einzel ab 46, 30 Doppel DM 74-105
Ausstattung: ~Bad/WC, Telefon
Besonderes: Lift, Konferenzraum 80, Terrasse, Parkplätze, Garagen

Ottobrunn
✉ 85521
Bayern

Seite 16/B 3

■ **Gästehaus Heidi** Bürgerm.-Wild-Str. 23
☎ 089/6097277
Preise: 10 Einzel 80, 10 Doppel DM 110
Ausstattung: Bad/WC, Telefon, Radio, TV
Besonderes: garni, Parkplätze
Geschlossen: 22. Dezember bis 7. Januar

Overath

Nordrhein-Westfalen

✉ **51491**

Seite 10/B 2

■ **Hotel Lüdenbach**　　　　　　　　　　Klef 99, Klef
☎ 02206/2153, Fax 81602
Preise:　　　　22 Doppel 135, als Einzel DM 85
Ausstattung:　Bad/WC, Telefon, TV, ~Balkon
Besonderes:　Restaurant 11-23 Uhr, Terrasse, Sauna, Parkplätze, Garagen
Geschlossen:　Mitte Juli bis Mitte August

Oybin

Sachsen

✉ **02797**

Seite 13/D2

■ **Haus Hubertus**　　　　　　　　　　Hubertusweg 10
☎ 035844/320 + 259, Fax 371
Preise:　　　　9 Einzel DM 72, 44 Doppel DM 106, 2 Appartements DM 150,
　　　　　　　Halbpension DM 18, Vollpension DM 34
Ausstattung:　Du, WC, Telefon, Radio, TV
Besonderes:　Restaurant, Terrasse, Liegewiese, Sauna, Parkplätze
Kreditkarten:　Amexco, Eurocard

Oyten

Niedersachsen

✉ **28876**

Seite 7/B 3

■ **Hotel Oyten am Markt**　　　　　　　　Hauptstr. 85
☎ 04207/7151+4554, Fax 4149
Preise:　　　　14 Einzel ab 85, 10 Doppel DM 120
Ausstattung:　Dusche/WC, Telefon, TV
Besonderes:　Restaurant, Terrasse, Parkplätze, Garagen
Geschlossen:　Weihnachten - Sylvester
Kreditkarten:　Amex, Diners, Eurocard, Visa, JCB

■ **Motel Höper**　　　　　　　　　　　Hauptstr. 58
☎ 04207/5966, Fax 5838
Preise:　　　　4 Einzel 73, 21 Doppel 105, 9 Apartments DM 120, Halbpension
　　　　　　　und Vollpension möglich
Ausstattung:　Dusche/WC, TV
Besonderes:　Restaurant
Kreditkarten:　Amex, Diners, Eurocard, Visa

Panker

Schleswig-Holstein

■ Ole Liese
☎ 04381/4374
Preise: 1 Einzel DM 80, 4 Doppel DM 130-150
Ausstattung: Du/Bad, WC
Besonderes: Historisches Gasthaus, Restaurant, Terrasse, Parkplätze,
Geschlossen: Januar und Februar

Papenburg

Niedersachen

■ Hotel Emsblick
Fährstr. 31, Herbrum
☎ 04962/245, Fax 6657
Preise: 5 Einzel 50, 12 Doppel DM 40-100
Ausstattung: Bad/WC, Telefon, TV
Besonderes: Restaurant 11-14, 18-23 Uhr, Hallenschwimmbad, Sauna,
Kegeln, ruhig, Parkplätze, Garagen, Sonderangebote
Kreditkarten: Eurocard, Visa

■ Graf Luckner
Hümmlinger Weg 2-4
☎ 04961/7750, Fax 75764
Preise: 6 Einzel 60-90, 18 Doppel DM 95-140
Ausstattung: Bad/WC, Telefon, TV
Besonderes: Apartments, Restaurant bis 22.30 Uhr, Terrasse, Sauna,
Solarium, Kegeln, Parkplätze
Kreditkarten: Amex, Diners, Eurocard, Visa

■ Hotel Altes Gasthaus Kuhr
Hauptkanal rechts 62
☎ 04961/2791+2761
Preise: 16 Doppel 79-87, als Einzel DM 125-135
Ausstattung: Dusche/WC, Telefon, TV, ~Balkon
Besonderes: Restaurant, Bar, Terrasse, Parkplätze, Garagen
Kreditkarten: Amex, Diners, Eurocard, Visa

■ Hotel Engel
Mittelkanal rechts 97
☎ 04961/8990, Fax 899109
Preise: 12 Einzel 60-80, 61 Doppel 98-140, Halbpension 21,
Vollpension DM 38
Ausstattung: Dusche/WC, Telefon, TV
Besonderes: Restaurant 11.30-14, 18-23 Uhr, Bar, Terrasse, Parkplätze,
Garagen, Liegewiese, Konferenzräume
Kreditkarten: Diners, Eurocard, Visa

■ Hotel Haus Biele
Hunte Str. 80, Aschendorf
☎ 04962/362+5562
Preise: 1 Einzel 62, 9 Doppel DM 98, Halbpension und Vollpension
möglich
Ausstattung: Dusche/WC, Telefon, TV
Besonderes: Restaurant, Terrasse, Liegewiese, Parkplätze, Garagen

Parchim

✉ **19370**

Mecklenburg-Vorpommern

Seite 8/B 2

■ **Hotel Stadtkrug** Apothekenstraße 11+12

☎ 03871/62300, Fax 264446

Preise: 25 Einzel DM 88-98, 30 Doppel DM 120-140, incl. Frühstücksbuffet

Ausstattung: Du, WC, TV, Radio, Telefon, Minibar,

Besonderes: Lift, Garagen, Parkplätze, Liegewiese, Kinderspielplatz,
Massage, Sauna, Solarium, Restaurant, Konferenzraum bis 60 P

Parsberg

✉ **92331**

Bayern

Seite 16/B 1

■ **Flairhotel zum Hirschen** Dr.-Schrettenbrunner-Str. 1

☎ 09492/6060, Fax 606222

Preise: 30 Einzel 85, 45 Doppel 114, Halbpension DM 15

Ausstattung: Bad/WC, Telefon, Radio,TV, ~Minibar, ~Balkon

Besonderes: Restaurant, Terrasse, Sauna, Dampfbad, Solarium, Fitneßraum,
eigene Metzgerei, Parkplätze, Fahrradverleih, Tischtennis

Geschlossen: 23. bis 26. Dezember und 2. bis 10. Januar

Kreditkarten: Eurocard, Visa

Partenstein

✉ **97846**

Bayern

Seite 11/D 3

■ **Berghotel Hirtenhof** Roßbergweg 15

☎ 09355/504+1304, Fax 7321

Preise: 5 Einzel 74, 22 Doppel 98-120, Halbpension DM 25,
Vollpension DM 35

Ausstattung: Bad/WC, Telefon, TV, Radio, Minibar, Balkon

Besonderes: Restaurant 7-24 Uhr, Parkplätze, Terrasse, Liegewiese, Sauna

Kreditkarten: Amex, Diners, Eurocard, Visa

■ **Gästehaus Roßberg** Roßbergweg 3

☎ 09355/1544

Preise: 3 Einzel ab 44, 8 Doppel DM 68-75

Ausstattung: Bad/WC, Telefon

Besonderes: Terrasse, Sauna, Solarium, garni, Parkplätze

Passau

✉ **94036**

Bayern

Seite 17/D 2

■ **Herdegen** Bahnhofstr. 5

☎ 0851/955160, Fax 54178

Preise: 11 Einzel 72-80, 24 Doppel DM 135-150

Ausstattung: Bad/WC, TV, Telefon, Radio

Besonderes: Lift, garni, Parkplätze, Garagen

Kreditkarten: Amex, Eurocard, Visa

■ Hotel Albrecht
Kohlbruck 18, Kohlbruck
☎ 0851/959960, Fax 9599640
Preise: 40 Einzel 80, 40 Doppel DM 130
Ausstattung: Dusche/WC, Telefon, TV
Besonderes: Restaurant, Terrasse, Parkplätze, Garagen
Geschlossen: 20. Dezember bis 6. Januar
Kreditkarten: Amex, Diners, Eurocard, Visa

■ Hotel Firmiangut
Firmianstr. 12a
☎ 0851/41955+41956, Fax 49860
Preise: 5 Einzel 60-73, 18 Doppel DM 100-125
Ausstattung: Dusche/WC, Telefon, TV, Minibar, Balkon
Geschlossen: 15. bis 31. August
Kreditkarten: Amex, Eurocard, Visa

■ Hotel Spitzberg
Neuburger Str. 29
☎ 0851/955480, Fax 9554848
Preise: 2 Einzel 75-100, 20 Doppel DM 100-160, 7 Mehrbett DM 150-240
Ausstattung: Dusche/WC, Telefon, TV, Minibar, ~Balkon
Besonderes: Bar bis 22 Uhr, Terrasse, Sauna, Solarium, Parkplätze,
Garagen, Mehrbettzimmer
Kreditkarten: Amex, Diners, Eurocard, Visa

■ Haidenhof garni
Brixener Straße 7
☎ 0851/959870, Fax 9598795
Preise: 2 Einzel DM 70, 10 Doppel DM 120, incl. Frühstücksbuffet
Ausstattung: Du/Bad, WC, Telefon, Radio, TV, Minibar, ~Balkon, Terrasse
Kreditkarten: Amexco, Diners, Eurocard, Visa

Peiting   ✉ 86971
Bayern   Seite 16/A 3

■ Zum Dragoner
Ammergauer Str. 11
☎ 08861/6051, Fax 67758
Preise: 10 Einzel 60-85, 40 Doppel 110-135, 2 Appartements DM 150
Halbpension DM 18, Vollpension DM 28
Ausstattung: Dusche/WC, Telefon, TV, ~Balkon
Besonderes: Restaurant 7-24 Uhr, Terrasse, Sauna, Kegelbahn, Parkplätze,
Garagen
Kreditkarten: Eurocard, Visa, American Express, Diners

■ Gasthof-Hotel zum Pinzger
Hauptplatz 9
☎ 08861/6240, Fax 68107
Preise: 4 Einzel DM 65, 16 Doppel DM 110, Halbpension DM 17
Ausstattung: Du/Bad, WC, Radio, TV
Besonderes: Restaurant
Kreditkarten: Eurocard, Visa, Amexco

Pellworm ✉ 25849

Schleswig-Holstein

Seite 7/B 1

■ Hotel Friesenhaus Kaydeich 17

☎ 04844/774+563, Fax 532

Preise: 6 Einzel ab 58, Doppel DM 85-120
Ausstattung: Bad/WC, Telefon, Radio
Besonderes: Restaurant ab 11 Uhr, Terrasse, Parkplätze

■ Hooger Fähre Hooger Fähre

☎ 04844/1318, Fax 1221

Preise: 22 Doppel DM 96, Einzel auf Anfrage
Ausstattung: ~Dusche/WC, Telefon, Radio, TV
Besonderes: Restaurant, Liegewiese, Sauna, Solarium, Parkplätze
Geschlossen: Oktober bis März

Perl ✉ 66706

Saarland

Seite 14/A 1

■ Winandy Biringerstraße 2

☎ 06867/364, Fax 1501

Preise: 1 Einzel DM 48, 9 Doppel DM 90, incl. Frühstück,
Halbpension DM 8, Vollpension DM 15
Ausstattung: Du/Bad, WC, TV
Besonderes: Restaurant, Terrasse, Parkplätze
Geschlossen: Februar
Kreditkarten: Amexco, Eurocard, Visa

Petersberg ✉ 36100

Hessen

Seite 11/D 3

■ Am Rathaus Petersberg

☎ 0661/69003

Preise: Einzel ab 56, 9 Doppel DM 95-110
Ausstattung: Bad/WC, Telefon
Besonderes: Sauna, Solarium, Parkplätze, Garagen

Bad Peterstal-Griesbach ✉ 77740

Baden-Württemberg

Seite 15/C 2

■ Kurhotel Adlerbad Kniebisstr. 55

☎ 07806/1071

Preise: 10 Einzel 61-87, 20 Doppel 106-142, Halbpension DM 24,
Vollpension 34
Ausstattung: Dusche/WC, Telefon, TV, ~Balkon, ~Radio
Besonderes: Med. Kurmittelabteilung, Terrasse, Liegewiese, Sauna-Vital-
Oase, hauseigener Tanzabend, Parkplätze, Garagen
Kreditkarten: Eurocard

■ **Kur- und Sporthotel Dollenberg**   Dollenberg 3
☎ 07806/780, Fax 1272
Preise: 4 Einzel ab 82, 25 Doppel DM 190, 21 Apartments
Ausstattung: Bad/WC, TV, Telefon, Balkon
Besonderes: Restaurant, Terrasse, Hallenschwimmbad, Sauna, Solarium, ruhig, Parkplätze, Garagen

■ **Waldhotel Palmspring**   Palmspring 1
☎ 07806/301, Fax 1282
Preise: 1 Einzel 70-80, 16 Doppel 100-130, Halbpension DM 24, Vollpension möglich
Ausstattung: Dusche/Bad/WC, Telefon, TV, Balkon
Besonderes: Restaurant 8-24 Uhr, Terrasse, Sauna, Solarium, Tennisplatz, Hotelbus, Parkplätze
Geschlossen: 8.1.-2.2.96
Kreditkarten: Amex, Diners, Eurocard, Visa

■ **Hotel Hubertus**   Insel 3
☎ 07806/595
Preise: 8 Einzel DM 39-43, 9 Doppel DM 72-96, Halbpension DM 25, Vollpension DM 40
Ausstattung: Du/Bad, WC, ~Telefon, ~TV, Balkon
Besonderes: Parkplätze, Garagen, Liegewiese, Schwimmbad, Sauna
Geschlossen: 1.11. - 15.12.

■ **Hotel Restaurant Hoferer**   Wilde Rench 29
☎ 07806/8566, Fax 1283
Preise: 4 Einzel DM 50, 10 Doppel DM 100, Halbpension DM 18
Ausstattung: Du/Bad, WC, Telefon, TV-Anschluß
Besonderes: Restaurant, Terrasse, Parkplätze

Pettendorf   ✉ **93186**
Bayern   Seite 17/C 1

■ **Prösslbräu**   Dominikanerinnenstr. 2-3
☎ 09404/1822, Fax 5233
Preise: 6 Einzel 52, 6 Doppel DM 82
Ausstattung: Dusche/WC, Radio
Besonderes: Restaurant, Biergarten, Parkplätze

Pfalzgrafenweiler   ✉ **72285**
Baden-Württemberg   Seite 15/C 2

■ **Hotel Waldsägmühle**   Pfalzgrafenweiler-Kälberbronn
☎ 07445/85150, Fax 6750
Preise: 7 Einzel 85, 31 Doppel 150, Halbpension 30, Vollpension DM 52
Ausstattung: Dusche/Bad/WC, Telefon, TV, Minibar, Balkon
Besonderes: Restaurant 9-14, 18-24 Uhr, Terrasse, Liegewiese, Schwimmbad, Sauna, Solarium, Parkplätze
Geschlossen: Anfang Januar bis Anfang Februar und 2 Wochen im Juli
Kreditkarten: Diners, Eurocard, Visa

■ Zum Hirsch   Fam. Hindennach, Herzogsweiler
☎ 07445/2291
Preise: 12 Einzel 51, 15 Doppel 92, Halbpension DM 13
Ausstattung: Bad/WC, TV
Besonderes: Restaurant, Terrasse, Garten, Parkplätze, Garagen, Liegewiese
Geschlossen: 7. Januar 1995 bis 1. Februar 1995

Pfarrkirchen   ✉ 84347
Bayern   Seite 17/C 2

■ Ederhof   Zieglstadel 1 a
☎ 08561/1750 + 5011, Fax 6402
Preise: 18 Einzel DM 70, als Doppel DM 115, Dreibett DM 155
                  Halbpension und Vollpension möglich
Ausstattung: Du/Bad, WC, Telefon, TV, Balkon
Besonderes: Restaurant, Parkplätze, Terrasse, Liegewiese
Kreditkarten: Amexco, Diners, Eurocard, Visa

Pfarrweisach   ✉ 96176
Bayern   Seite 12/A 3

■ Gasthof Eisfelder   Lohrerstraße 2
☎ 09535/269, Fax 723
Preise: 4 Einzel DM 35, 12 Doppel DM 65, Halpension DM 40, Vollpen-
                  sion DM 45
Ausstattung: Dusche, WC, Telefon, Radio, TV, Balkon
Besonderes: Restaurant, eigene Metzgerei, Parkplätze
Geschlossen: 1.8.-15.8.

Pfeffenhausen   ✉ 84076
Bayern   Seite 16/B 2

■ Gasthof Pöllinger   Moosburger Straße 23
☎ 08782/1670/1627, Fax 8380
Preise: 10 Einzel DM 55, 18 Doppel DM 80-110, Halbpension DM 20,
                  Vollpension DM 28
Ausstattung: Du/Bad, WC, Telefon, Radio, TV
Besonderes: Restaurant, eigene Brauerei, Terrasse, Liegewiese, Parkplätze
Kreditkarten: Amexco, Diners, Eurocard, Visa

Pforzheim ✉ **75177**

Baden-Württemberg Seite 15/C 2

■ **Europa-Hotel garni** Kronprinzenstr. 1
☎ 07231/357033, Fax 357106
Preise: 16 Einzel ab 75, 8 Doppel ab DM 115
Ausstattung: Dusche/Bad/WC, Telefon, TV, Radio, Minibar, ~Balkon
Besonderes: garni, Parkplätze, Garagen
Kreditkarten: Amex, Diners, Eurocard, Visa

■ **Gasthof Sonnenberg** Julius-Naeher-Str. 41
☎ 07231/71230
Preise: 2 Einzel DM 48-55, 10 Doppel 90-98
Ausstattung: ~Du/Bad
Besonderes: Parkplätze

Pfronten ✉ **87459**

Bayern Seite 16/A 3

■ **Edelsberg** Edelsbergweg 72, Halden
☎ 08363/91010, Fax 910199
Preise: Einzel ab 50, Doppel DM 95
Ausstattung: Bad/WC, Telefon, TV
Besonderes: Apartments, Ferienwohnungen, Terrasse, Hallenschwimmbad,
             Sauna, Solarium, Whirlpool, Fitneßraum, Parkplätze, Garagen,

---

■ **Hotel Berghof** Falkensteinweg 13, Meilingen
☎ 08363/5017, Fax 6817
Preise: 9 Einzel 53-64, 18 Doppel 106-128, Halbpension DM 19
Ausstattung: Bad/WC, Telefon, Radio, TV, Balkon
Besonderes: Restaurant, Terrasse, Liegewiese, Sauna, Solarium,
             Parkplätze, Garagen

■ **Hotel In der Sonne** Neuer Weg 14, Meilingen
☎ 08363/5019, Fax 6839
Preise: 4 Einzel 62, 16 Doppel 59, 2 Appartements DM 140, 2 Ferien-
             wohnungen DM 85
Ausstattung: Bad/WC, Telefon, TV, ~Balkon
Besonderes: Apartments, Terrasse, Sauna, Solarium, Whirlpool, Massage,
             Fitneßraum, Heilfastenkuren, ruhig, Ferienwohnungen

---

■ **Hotel Post** Kemptner Str. 14, Weißbach
☎ 08363/5032, Fax 5035
Preise: 3 Einzel 75, 20 Doppel 120, 17 Ferienwohnungen 95-110,
             Halbpension DM 22
Ausstattung: Dusche/WC, Telefon, TV, Balkon
Besonderes: Restaurant 11-14/17-21 Uhr, Konferenzraum 50, Solarium,
             Sprudelbad, Parkplätze, Garagen, Liegewiese
Geschlossen: 15. November bis 15. Dezember
Kreditkarten: Amex, Diners, Eurocard, Visa

■ **Parkhotel Flora** Auf der Geigerhalde 43, Weißbach
☎ 08363/5071, Fax 1002
Preise: 8 Einzel ab 77, 49 Doppel ab 122, Halbpension DM 18
Ausstattung: Bad/WC, Telefon, TV, BK/Terrasse
Besonderes: Restaurant, Bar, Solarium, ruhig,
 Parkplätze
Geschlossen: Mitte November-Mitte Dezember
Kreditkarten: Amex, Diners, Eurocard, Visa

■ **Café am Kurpark** Schlickestraße 11, Heitlen
☎ 08363/8112, Fax 73298
Preise: 2 Einzel DM 48, 9 Doppel DM 90-94, 2 Appartements DM 102-
 108, 1 Ferienwohnung DM 80-120
Ausstattung: Du/Bad, WC, ~TV
Besonderes: Terrasse, Liegewiese, Sauna, Solarium, Parkplätze, Kaminzimmer, Tagescafé

Pfungstadt ✉ 64319
Hessen Seite 15/C 1

■ **Autobahn Hotel Pfungstadt** An der A 67
☎ 06157/3031+32, Fax 2426
Preise: 36 Einzel 75-95, 20 Doppel 126-156, Halbpension 25,
 Vollpension DM 45
Ausstattung: Dusche/Bad/WC, Telefon, ~TV, ~Balkon
Besonderes: Restaurant 7-21.30 Uhr, Terrasse, Parkplätze, Garagen

---

Philippsburg ✉ 76661
Baden Württemberg Seite 15/C 1

■ **Hotel Philippsburger Hof** Söternstr. 1
☎ 07256/5163, Fax 7325
Preise: 12 Einzel 75, 13 Doppel DM 120
Ausstattung: Dusche/WC, Telefon, TV
Besonderes: Restaurant, Bar, Parkplätze, Garagen
Kreditkarten: Diners, Eurocard, Visa

Pilsach ✉ 92367
Bayern Seite 16/B 1

■ **Am Schloß** Litzloher Straße 8
☎ 09181/30021, Fax 3403
Preise: 9 Einzel DM 60, 7 Doppel DM 90
Ausstattung: Dusche, WC, Telefon, Radio, TV, Fön
Besonderes: Restaurant, Terrasse, Parkplätze
Geschlossen: 2 Wochen Mitte August
Kreditkarten: Eurocard, Visa

Pirmasens ⊠ **66953**
Rheinland-Pfalz   Seite 14/B 1

■ **Hotel Wasgauland**   Bahnhofstraße 35
☎ 06331/5310, Fax 531144
Preise: 22 Einzel DM 65, 22 Doppel DM 108
Ausstattung: Dusche, WC, Telefon, Radio, TV, Minibar
Besonderes: Parkplätze, kleine Speisenkarte
Kreditkarten: Eurocard, Visa

■ **Hotel Kunz**   Bottenbacher Straße 74
☎ 06331/875-0, Fax 875-125
Preise: 8 Einzel DM 58-70, 40 Doppel DM 100-140, Halbpension DM 30
                 Vollpension DM 60
Ausstattung: Du/Bad, WC, Telefon, Radio, TV, Minibar, Balkon
Besonderes: Restaurant, Terrasse, Schwimmbad, Sauna, Parkplätze
Geschlossen: 7.7. - 23.7.95 und 22.12.-5.1.96
Kreditkarten: Amexco, Diners, Eurocard, Visa

Plaidt ⊠ **56637**
Rheinland-Pfalz   Seite 10/B 3

■ **Hotel Geromont**   Römerstr. 3a
☎ 02632/6055, Fax 6066
Preise: 29 Einzel 75, 29 Doppel 105, Halbpension DM 18
Ausstattung: Dusche/WC, Telefon, TV
Besonderes: Restaurant 17-24 Uhr, Parkplätze, Garagen
Geschlossen: 23. Dezember bis 7. Januar
Kreditkarten: Eurocard

Plattling ⊠ **94447**
Bayern   Seite 17/C 2

■ **Hotel Liebl**   Bahnhofsplatz 3
☎ 09931/2412, Fax 6709
Preise: 13 Einzel DM 65, 17 Doppel DM 130
Ausstattung: Du/Bad, WC, Telefon, TV,
Besonderes: Restaurant, Parkplätze, Garagen
Kreditkarten: Amexco, Diners, Eurocard, Visa

Plauen ⊠ **08529**
Sachsen   Seite 12/B 3

■ **Frankfurter Hof**   Friedensstr. 35
☎ 03741/224536, Fax 224104
Preise: 4 Einzel 97, 14 Doppel DM 125
Ausstattung: Dusche/WC, Telefon, TV
Besonderes: Restaurant, Parkplätze
Kreditkarten: Eurocard

Plech

Bayern   Seite 16/B 1

■ **Veldensteiner Forst**   Haus-Nr. 38
☎ 09244/981111, Fax 981189
Preise: 12 Einzel 70-90, 23 Doppel 120-140, 4 Apartments DM 170-210
Ausstattung: Bad/WC, Telefon, Radio, TV, ~Minibar,~Balkon
Besonderes: Terrasse, Hallenschwimmbad, Sauna, Solarium, Minigolf,
                 Tischtennis, Pool-Billard, Fahrradverleih, Parkplätze
Geschlossen: Mitt Februar bis Mitte März
Kreditkarten: Amex, Eurocard, Visa

Pleinfeld

✉ **91785**

Bayern   Seite 16/A 1

■ **Hotel-Gasthof Zum Blauen Bock**   Brückenstr. 5
☎ 09144/1851, Fax 8277
Preise: 1 Einzel ab 45, 10 Doppel 70, Halbpension 12 DM
Ausstattung: Dusche/WC, TV, Balkon
Besonderes: Restaurant, Parkplätze, Garagen

Pleystein

✉ **92714**

Bayern   Seite 17/C 1

■ **Hotel Zottbachhaus**   Gut Peugenhammer
☎ 09654/262 oder 1695, Fax 1485
Preise: 11 Doppel DM 100, als Einzel DM 50, inkl. Frühstück, Voll-
                 pension möglich
Ausstattung: Du/Bad, WC, Telefon, ~TV
Besonderes: Restaurant, Terrasse, Liegewiese, Parkplätze
Geschlossen: 1.11. - 1.2.

Plochingen

✉ **73207**

Baden-Württemberg   Seite 15/D 2

■ **Apartment-Hotel Prisma-Garni**   Geschwister-Scholl-Str. 6, Lettenäcker
☎ 07153/830805, Fax 830899
Preise: 16 Einzel DM 72-81, 8 Doppel DM 108-144,
Ausstattung: Du/Bad, WC, Telefon, Radio, TV, Minibar, alle Zimmer mit
                 Kleinküche
Besonderes: Parkplätze, Garagen
Kreditkarten: Amexco, Diners, Eurocard, Visa

Pobershau

✉ **09496**

Sachsen   Seite 13/C 3

■ **Hotel Schwarzbeerschänke**   Hinterer Grund 2
☎ 03735/2480, Fax 22395
Preise: 3 Einzel 75, 14 Doppel DM 120,
                 Halbpension 18,50, Vollpension DM 30
Ausstattung: Dusche/WC, Telefon, TV, Radio, Minibar, ~Balkon
Besonderes: Restaurant, Bar, Terrasse, Liegewiese,
                 Sauna, Solarium, Parkplätze, Schaubergwerk, Sommerrodelbahn

Pocking ✉ 94060
Bayern   Seite 17/D 2

■ **Pockinger Hof**   Klosterstr. 13
☎ 08531/9070+7339, Fax 8881
Preise: 10 Einzel ab 55, 35 Doppel 86, Halbpension DM 15
Ausstattung: Dusche/Bad/WC, Kabel-TV, Balkon
Besonderes: Restaurant, Terrasse, Liegewiese, Parkplätze, Garagen

---

■ **Hotel Rauch**   Bahnhofstraße 3
☎ 08531/7312, Fax 130126
Preise: 7 Einzel DM 52, 23 Doppel DM 90, Halbpension DM 14, Vollpension DM 24
Ausstattung: Du/Bad, WC, Balkon
Besonderes: Restaurant, Parkplätze

Pöcking ✉ 82343
Bayern   Seite 16/B 2

■ **Hotel Garni Kefer**   Hindenburgstr. 12, Possenhofen
☎ 08157/1247, Fax 4575
Preise: 3 Einzel ab 78, 12 Doppel 132, 1 Apartment 150, 2 Ferienwohnungen DM 120
Ausstattung: Dusche/Bad/WC, Telefon, TV, Balkon
Besonderes: Konferenzraum, Solarium, Parkplätze, Garagen, Liegewiese
Kreditkarten: Eurocard

Pölich ✉ 54340
Rheinland-Pfalz   Seite 14/B 1

■ **Hotel Pölicher Held**   Hauptstraße 5
☎ 06507/3317
Preise: 9 Doppel DM 80, als Einzel DM 45, Halbpension DM 18, Vollpension DM 30
Ausstattung: Du/Bad, WC, Balkon
Besonderes: Restaurant, Terrasse, Parkplätze,Garagen
Kreditkarten: Eurocard

Pohlheim ✉ 35415
Hessen   Seite 11/C 3

■ **Goldener Stern**   Kreuzplatz 6
☎ 06403/61624
Preise: 9 Einzel ab 75, 9 Doppel DM 127
Ausstattung: Bad/WC, Telefon, Radio, TV, Balkon
Besonderes: Konferenzraum, Parkplätze, Liegewiese
Kreditkarten: Eurocard

Pommern ✉ 56829

Rheinland-Pfalz

Seite 10/B 3

■ **Gasthof Hermes** Hauptstraße 14
☎ 02672/7010, Fax 7010
Preise: 1 Einzel DM 35, 6 Doppel 58-72,
Ausstattung: Du/Bad, WC, Telefon
Besonderes: Terrasse, Parkplätze

Pommersfelden ✉ 96178

Bayern

Seite 16/A 1

■ **Schloßhotel** Pommersfelden
☎ 09548/680, Fax 68100
Preise: 11 Einzel ab 75, 70 Doppel 90-160, 3 Apartments 160,
Halbpension 20, Vollpension DM 40
Ausstattung: Bad/Dusche/WC, Telefon, TV
Besonderes: Terrasse, Liegewiese, Schwimmbad, Sauna, Solarium, Tennis
Kreditkarten: Amex, Eurocard, Visa

Poppenhausen ✉ 36163

Hessen

Seite 11/D 3

■ **Hof Wasserkuppe** Pferdskopfstr. 3
☎ 06658/981-0 + 533, Fax 1635
Preise: 3 Einzel 56-71, 13 Doppel 89-114, 3 Apartments DM 106-138
2 Ferienwohnungen
Ausstattung: Bad/WC, ~Telefon, Minibar, Balkon
Besonderes: Hallenschwimmbad, Sauna, Solarium, ruhig, garni, Parkplätze,
Ferienwohnungen

■ **Pension Landhaus Ingeborg** Rabennest 7
☎ 06658/1571, Fax 1572
Preise: 2 Einzel DM 39, 5 Doppel DM 73, 1 Appartement DM 41,50
Halb-und Vollpension möglich
Ausstattung: Du, WC, Telefon, ~TV, ~Balkon
Besonderes: Terrasse, Liegewiese, Pauschalangebote

Porta Westfalica ✉ 32457

Nordrhein-Westfalen

Seite 11/C 1

■ **Hotel Friedenstal** Alte Poststr. 4
☎ 0571/70147, Fax 910723
Preise: 11 Einzel 63-82, 11 Doppel 115-155, Halbpension DM 20
Ausstattung: ~Dusche/WC, Telefon, TV, Radio
Besonderes: Restaurant 7-23 Uhr, Konferenzraum 200, Parkplätze, Garagen,
Liegewiese
Kreditkarten: Amex, Diners, Eurocard, Visa

■ Waldhotel Porta Westfalica
Findelsgrund 81

☎ 0571/72729+75862, Fax 710431

Preise: 6 Einzel DM 65, 16 Doppel DM 120, 2 Appartements DM 125, 2 Ferienwohnungen DM 150, Halbpension DM 20

Ausstattung: Du/Bad, WC, TV, Minibar, Balkon

Besonderes: Terrasse, Liegewiese, Sauna, Solarium, Parkplätze, Café-Bar

---

Postbauer-Heng ✉ 92353
Bayern   Seite 16/B 1

■ Berghof
Dillberg 1

☎ 09188/631633, Fax 641

Preise: 12 Einzel 78-91, 22 Doppel DM 137-152

Ausstattung: Bad/WC, Telefon, Radio, TV, Minibar, Balkon

Besonderes: Lift, Konferenzraum 50, Terrasse, Parkplätze

Geschlossen: 14 Tage im August

Kreditkarten: Diners, Eurocard, Visa

Pottenstein ✉ 91278
Bayern   Seite 16/B 1

■ Ferienhotel Schwan
Am Kurzentrum 6

☎ 09243/9810

Preise: 4 Einzel ab 67, 22 Doppel 116-123, Halbpension DM 17

Ausstattung: Bad/WC, Telefon, Radio, TV, Balkon

Besonderes: Terrasse, Sauna, Solarium, Parkplätze

Kreditkarten: Amex, Eurocard

■ Tucher Stuben
Hauptstraße 44

☎ 09243/339

Preise: 4 Einzel DM 48-58, 9 Doppel 84-104

Ausstattung: Dusche, WC, TV, Balkon

Besonderes: Restaurant, Parkplätze, Garagen,

■ Gasthof Bauernschmitt
Kirchenbirkig 7

☎ 09243/9890

Preise: 4 Einzel DM 46, 22 Doppel DM 86-92, 3 Appartements DM 46 p.P Halbpension DM 18, Vollpension DM 24

Ausstattung: Du/Bad, WC, Telefon, ~Radio, TV, Balkon

Besonderes: Restaurant, Parkplätze, Garagen, Kegelbahnen, Liegewiese,

Geschlossen: 1.11. - 10.12.

Kreditkarten: Eurocard

Pottum ✉ 56459
Rheinland-Pfalz   Seite 11/C 3

■ Haus Seerose
Seestr. 14

☎ 02664/1481, Fax 1304

Preise: 10 Einzel ab 58, 10 Doppel 100, Halbpension DM 25

Ausstattung: Dusche/WC, Telefon, TV, Balkon

Besonderes: Restaurant, Terrasse, Liegewiese, Sauna, Solarium, Parkplätze, Garagen, Ferienwohnungen und Apartments

Kreditkarten: Diners, Eurocard

Pressel   ✉ 04849

Sachsen   Seite 12/B 2

■ Landgasthof Pressel   Dübener Str. 2
☎ 034243/26121, Fax 26121
Preise: 4 Einzel 80, 15 Doppel 100, 1 Apartment DM 160,
             Halbpension und Vollpension möglich
Ausstattung: Dusche/WC, Telefon, TV, Radio, Minibar
Besonderes: Restaurant, Parkplätze, Familienfreizeit-Wochenenden
Kreditkarten: Diners, Eurocard, Visa

Pretzsch   ✉ 06909

Sachsen Anhalt   Seite 12/B 1

■ Parkhotel Pretzsch   Goetheallee 3
☎ 034926/308, Fax 332
Preise: 5 Einzel DM 60, 35 Doppel DM 120, 1 Appartement DM 180,
             2 Ferienwohnungen DM 180, Halbpension DM 20, Vollpension 30
Ausstattung: Du/Bad, WC, Telefon, Radio, TV, Minibar
Besonderes: Restaurant, Terrasse, Liegewiese, Parkplätze
Kreditkarten: Amexco, Diners, Eurocard, Visa

Prien   ✉ 83209

Bayern   Seite 17/C 3

■ Hotel Luitpold am See   Seestr. 110
☎ 08051/609100, Fax 62943
Preise: 28 Einzel 75-95, 22 Doppel 140-180, 3 Apartments 145-200
             Halbpension 25, Vollpension DM 50
Ausstattung: Dusche/Bad/WC, Telefon, Radio, TV, ~Balkon
Besonderes: Restaurant 10-21 Uhr, Vollwertgerichte, alle Diätformen,
             Parkplätze, Garagen, Liegewiese, Terrasse
Kreditkarten: Eurocard, Visa

■ Hotel Reinhart-Golf-Hotel   Seestr. 117
☎ 08051/6940, Fax 694100
Preise: 22 Einzel 80-110, 37 Doppel 140-190, 4 Apartments 250,
             Halbpension DM 29
Ausstattung: Bad/WC, Telefon, TV, ~Minibar, Balkon, Safe, Fön
Besonderes: Restaurant, Bar, Terrasse, Schwimmbad, Sauna, Solarium,
             ruhig, am See, Parkplätze
Geschlossen: November bis 10. Dezember und 8. Januar bis Ostern
Kreditkarten: Amex, Diners, Eurocard, Visa

Pritzwalk   ✉ 16928

Brandenburg   Seite 9/C 3

■ Birkenwäldchen   Havelberger Straße 48
☎ 03395/2671, Fax 2484
Preise: 2 Einzel DM 70, 6 Doppel DM 80-90, Halb-und Vollpension
             möglich
Ausstattung: Du/Bad, WC, Radio, TV
Besonderes: Restaurant, Parkplätze

Prüm ✉ 54595

Rheinland-Pfalz

Seite 10/A 3

■ Haus am Kurpark
Teichstr. 27

☎ 06551/95020, Fax 6097
Preise: 2 Einzel 60, 6 Doppel 85-100, 3 Apartments DM
Ausstattung: Dusche/WC, Telefon, TV, Minibar, Balkon
Besonderes: Terrasse, Liegewiese, Schwimmbad, Sauna, Parkplätze, Garagen

---

■ Hotel-Restaurant Tannenhof
Am Kurpark 2

☎ 06551/2406, Fax 854
Preise: 14 Einzel ab 57, 12 Doppel DM 85-103
Ausstattung: ~Bad/WC, ~Telefon, ~TV, Balkon
Besonderes: Restaurant ab 12 Uhr, Bar ab 18 Uhr, Terrasse, Hallenschwimmbad, Sauna, Solarium, Kegeln, Parkplätze,
Kreditkarten: Eurocard

■ Zur Held
Rommersheimer Held 3, Held

☎ 06551/3016
Preise: 1 Einzel DM 45, 9 Doppel DM 100
Ausstattung: Du/Bad, WC, TV auf Wunsch, Balkon
Besonderes: Restaurant, eigene Rinderzucht, eigene Obstbrennerei, Terrasse, Liegewiese, Parkplätze
Geschlossen: November

■ Zum Goldenen Stern
Hahnplatz 29

☎ 06551/95170, Fax 7157
Preise: 18 Einzel DM 46-62, 30 Doppel DM 86-108, Halbpension DM 18, Voollpension DM 30
Ausstattung: DU/Bad, WC, Telefon, TV, Balkon,
Besonderes: Parkplätze, Terrasse
Kreditkarten: Amexco, Diners, Eurocard, Visa

Prümzurlay ✉ 54668

Rheinland-Pfalz

Seite 10/A 3

■ Hotel Haller
Michelstr. 1-3

☎ 06523/692, Fax 1369
Preise: 3 Einzel ab 58, 22 Doppel 116, Halbpension DM 23
Ausstattung: Dusche/WC, Telefon, ~TV, Minibar, ~Balkon
Besonderes: Terrasse, Liegewiese, Sauna, Solarium, Parkplätze

---

Puchheim ✉ 82178

Bayern

Seite 16/B 2

■ Hotel Parsberg
Augsburger Str. 1

☎ 089/802071, Fax 802060
Preise: 13 Einzel 72-100, 33 Doppel DM 100-140
Ausstattung: ~Bad/Dusche/WC, Telefon, TV, Balkon
Besonderes: Restaurant 10-24 Uhr, bekannte gute Küche, Parkplätze, Garagen
Geschlossen: Juni Restaurant geschlossen
Kreditkarten: Amex, Eurocard, Visa

Püchersreuth ✉ 92715

Bayern   Seite 16/B 1

■ **Landhotel Igel**   Püchersreuth
☎ 09681/1422, Fax 2798
Preise: 1 Einzel 55, 32 Doppel 85, Halbpension 25, Vollpension DM 35
Ausstattung: Bad/WC, Telefon, Radio, TV, Balkon
Besonderes: Restaurant, Bar, Terrasse, ruhig, Parkplätze, Garagen
Kreditkarten: Diners, Eurocard, Visa

Pünderich ✉ 56862

Rheinland-Pfalz   Seite 10/B 3

■ **Weinhaus Lenz**   Hauptstraße 31, Mosel
☎ 06542/2350, Fax 2546
Preise: 2 Einzel DM 50, 14 Doppel 90-150, Halbpension DM 10, Voll-
                 pension DM 15
Ausstattung: Du/Bad, WC, Telefon, Radio, ~TV
Besonderes: Parkplätze, Garagen, Liegewiese, Solarium
Kreditkarten: Eurocard

Pulheim ✉ 50259

Nordrhein-Westfalen   Seite 10/B 2

■ **Haus Faßbender**   Stommelnes Str. 92, Sinnersdorf
☎ 02238/6007/54673, Fax 82431
Preise: 14 Einzel DM 50-55, 6 Doppel 85-90, 1 Appartement 120-130
                 Halbpension möglich
Ausstattung: Du/Bad, WC, Telefon, Radio, ~Balkon
Besonderes: Restaurant, Parkplätze, Liegewiese

Pulsnitz ✉ 01896

Sachsen   Seite 13/D 2

■ **Wettiner Hof**   Wettinstr. 11
☎ 035955/2802
Preise: 3 Einzel ab 85, 8 Doppel DM 125
Ausstattung: Bad/Dusche/WC, Radio, TV

■ **Schützenhaus Pulsnitz**   Wettinplatz 1
☎ 035955/45822/27/28, Fax 45242
Preise: 4 Einzel DM 97, 10 Doppel DM 159, 1 Appartement DM 209
                 Halbpension DM 18, Vollpension DM 25
Ausstattung: Du/Bad, WC, Telefon, Radio, TV, Minibar
Besonderes: Restaurant, Parkplätze
Kreditkarten: Amexco, Diners, Eurocard, Visa

Bad Pyrmont

Niedersachsen

■ **Bad Pyrmonter Hof**   Brunnenstr. 32
☎ 05281/941-0, Fax 941200
Preise: 21 Einzel 80-110, 25 Doppel DM 1150-180
Ausstattung: Bad/WC, Telefon
Besonderes: Lift, Konferenzraum 12, Terrasse, Kegeln, Parkplätze,
                  Garagen

■ **Haus Steinmeyer**   Brunnenstr. 19
☎ 05281/3849+5058, Fax 5059
Preise: 13 Einzel 75-85, 6 Doppel DM 140,
                  Halbpension möglich
Ausstattung: Dusche/WC, Telefon, ~TV, ~Balkon
Besonderes: Restaurant, Terrasse, Parkplätze, Garagen, Apartments
Geschlossen: 1.11.-28.2.

■ **Hotel Schlossblick**   Kirchstraße 23
☎ 05281/3723, Fax 3695
Preise: 10 Einzel DM 69-74, 6 Doppel 138-148, 2 Appartements 78-127
Ausstattung: Du/Bad, WC, Telefon, Radio, TV, ~Balkon
Besonderes: Parkplatz
Geschlossen: November - März
Kreditkarten: Amexco, Eurocard,

Quakenbrück   ✉ 49610
Niedersachsen   Seite 7/A 3

■ Hotel Niedersachsen   St. Antoniort 2
☎ 05431/2222, Fax 5368
Preise: 7 Einzel 82/91, 10 Doppel DM 128/141
Ausstattung: Dusche/WC, Telefon, Kabel-TV, Radio
Besonderes: Restaurant, Terrasse, Fahrradverleih, Parkplätze, Garagen
Kreditkarten: Amex, Diners, Eurocard, Visa

Quedlinburg   ✉ 06484
Sachsen-Anhalt   Seite 12/A 1

■ Hotel zur goldenen Sonne   Steinweg 11
☎ 03946/2318, Fax 2318
Preise: 4 Einzel 90, 14 Doppel 140 DM
Ausstattung: Dusche/WC, Telefon, Radio, TV
Besonderes: Restaurant 7-24 Uhr, Konferenzraum
Kreditkarten: Amex, Eurocard

■ Hotel Theophano   Markt 13-14
☎ 03946/96300, Fax 963036
Preise: 8 Doppel DM 140-160
Ausstattung: Dusche/WC, Telefon, TV
Besonderes: Weinkeller, Innenhof, Garagen, Nachtportier, zentrale Lage
    Restaurant
Geschlossen: Weihnachten
Kreditkarten: Amex, Eurocard, Visa

Quern   ✉ 24972
Schleswig-Holstein   Seite 8/A 1

■ Landhaus Schütt   Nübelfeld 34
☎ 04632/318, Fax 1762
Preise: 3 Einzel DM 50, 5 Doppel DM 100, Halb-und Vollpension
    möglich
Ausstattung: Du/Bad, WC, Radio, ~TV
Besonderes: Restaurant, Parkplätze, Garagen
Kreditkarten: Amexco, Diners, Eurocard, Visa

Quierschied   ✉ 66287
Saarland   Seite 14/B 1

■ Hotel-Restaurant Kerner   Dudweilerstraße 20
☎ 06897/61099, Fax 66020
Preise: 3 Einzel DM 45-50, 6 Doppel DM 95, Halb-und Vollpension
    möglich
Ausstattung: Du/Bad, WC, Telefon, TV
Besonderes: Restaurant, Parkplätze, Garagen
Kreditkarten: Eurocard, Visa

Rabenau   ✉ 01734
Sachsen   Seite 13/C 2

■ **Rabenauer Mühle**   Bahnhofstr. 23
☎ 0351/4602061, Fax 4602062
Preise: 3 Einzel 65-70, 15 Doppel 120-150, 2 Apartments DM 160
Ausstattung: Dusche/WC, Telefon, TV, Minibar, ~Balkon
Besonderes: Restaurant, Parkplätze
Kreditkarten: Amex, Diners, Eurocard, Visa

Radebeul   ✉ 01445
Sachsen   Seite 13/C 2

■ **Pension Elchlepp**   Dr.-Rudolf-Friedrichs-Str. 15
☎ 0351/728742, Fax 728742
Preise: 4 Einzel 75, 3 Doppel DM 95-120
Ausstattung: Dusche/WC, Telefon, Radio, TV, Minibar
Besonderes: Parkplätze

■ **Pension Trauschke**   Eduard-Bilz-Str. 18
☎ 0351/8306060+2757
Preise: 2 Einzel 80, 3 Doppel 120, 2 Apartments DM 140
Ausstattung: Dusche/WC, Telefon, TV, Radio, Balkon
Besonderes: Liegewiese, Parkplätze

Radolfzell   ✉ 78315
Baden-Württemberg   Seite 15/D 3

■ **Adler**   Seestr. 34
☎ 07732/3473
Preise: 7 Einzel ab 62, 20 Doppel DM 103-115
Ausstattung: Bad/WC, Telefon
Besonderes: eigener Badestrand, Garagen

■ **Kreuz**   Obertorstr. 3
☎ 07732/4066
Preise: Einzel ab 67, Doppel DM 115-130
Ausstattung: Bad/WC, Telefon
Besonderes: Garten, Parkplätze, Garagen

■ **Hotel-Pension Braun**   Schäferhalde 16
☎ 07732/3730
Preise: 3 Einzel DM 48-55, 5 Doppel DM 98-110, 3 Ferienwohnungen
          DM 120-140
Ausstattung: Du, WC, Balkon, ~TV
Besonderes: Restaurant, Liegewiese, Sauna, Parkplätze
Geschlossen: 20.12.-20.1.

Raesfeld ✉ 46348
Nordrhein-Westfalen   Seite 10/B 1

■ Haus Epping   Weseler Straße 5
☎ 02865/7021/8096, Fax 1723
Preise: 2 Einzel DM 70, 10 Doppel DM 110, Halbpension DM 25, Voll-
                   pension DM 45
Ausstattung: Du/Bad, WC, Telefon, TV
Besonderes: Restaurant, Parkplätze
Geschlossen: Amexco, Diners, Eurocard, Visa

Ragow ✉ 15848
Brandenburg   Seite 13/D 1

■ Gasthof und Pension Märkischer Dorfkrug   Dorfstr. 10
☎ 03366/28876, Fax 28876
Preise: 3 Einzel 35-40, 4 Doppel 70-80, Halbpension DM 8
Ausstattung: ~Dusche/WC, Telefon, Radio, TV
Besonderes: Restaurant, Biergarten, Terrasse, Sauna, Parkplätze

Ramberg ✉ 76857
Rheinland-Pfalz   Seite 15/C 1

■ Gasthaus Zum goldenen Lamm   Ramberg
☎ 06345/8286, Fax 3354
Preise: 14 Doppel DM 50-70, Halbpension und Vollpension mögl.
Ausstattung: Bad/WC, ~Telefon, TV, Minibar, Balkon
Besonderes: Restaurant, Terrasse, Sauna, Solarium, eigene Metzgerei,
                   Parkplätze, Garagen, Liegewiese, Apartments

■ Gästehaus Eyer   Im Harzofen 4
☎ 06345/8318, Fax 5269
Preise: 2 Einzel DM 48, 21 Doppel DM 88, Halbpension DM 16,50
Ausstattung: Du, WC, ~Balkon, TV möglich
Besonderes: Restaurant, Terrasse, Liegewiese, Schwimmbad, Parkplätze

Ramsau ✉ 83486
Bayern   Seite 17/C 3

■ Alpenhotel Hochkalter   Im Tal 4
☎ 08657/9870, Fax 1205
Preise: 13 Einzel 35-80, 37 Doppel 110-150, Halbpension DM 25,
                   Vollpension DM 50
Ausstattung: Bad/WC, Telefon, TV, Balkon
Besonderes: Restaurant, Terrasse, Schwimmbad, finn. Sauna, röm. Dampfbad
                   Massage- und Kosmetikcenter, Tanzabend, Parkplätze, Garagen
Geschlossen: Anfang November bis Mitte Dezember

■ Gasthof Oberwirt   Im Tal 86-94
☎ 08657/225, Fax 1381
Preise: 26 Doppel DM 115
Ausstattung: Dusche/WC
Besonderes: Restaurant, Terrasse, Liegewiese, Parkplätze, Garagen

■ Hotel Wimbachklamm
Rotheben 1

☎ 08657/1225, Fax 1225
Preise: 3 Einzel 58, 24 Doppel DM 96-124
Ausstattung: Bad/WC, Telefon, TV, Minibar, Balkon
Besonderes: Lift, Hallenschwimmbad, Sauna, Solarium, ruhig, Parkplätze
Geschlossen: 1. November bis 20. Dezember und 10. Januar bis 10. Februar

■ Alpenhof Bartels
Am See 27

☎ 08657/253 + 552, Fax 418
Preise: 2 Einzel DM 45-60, 14 Doppel DM 80-130, 3 Ferienwohnungen
DM 90, Halbpension möglich
Ausstattung: Du/Bad, WC, Radio, TV, Minibar, Balkon
Besonderes: Restaurant, Terrasse, Liegewiese, Sauna, Solarium, Parkpl.
Geschlossen: 25.10. -20.12. und 10.1. - 15.3.

Ransbach-Baumbach ⊠ 56235
Rheinland-Pfalz | Seite 10/B 3

■ Pro Tennis Sporthotel
Zur Fuchshöhle

☎ 02623/3051, Fax 80339
Preise: 12 Einzel ab 89, 13 Doppel ab 150, Halbpension DM 34
Ausstattung: Dusche/WC, Telefon, TV, Minibar
Besonderes: Restaurant, Terrasse, Sauna, Solarium, Parkplätze
Kreditkarten: Amex, Diners, Eurocard, Visa

Bad Rappenau ⊠ 74906
Baden-Württemberg | Seite 15/D 1

■ Salinenhotel
Salinenstr. 7

☎ 07264/91660
Preise: 15 Einzel ab 90, 14 Doppel 185, 4 Apartments 210
Vollpension DM 48
Ausstattung: ~Dusche/WC, Telefon, TV, Radio
Besonderes: Restaurant 12-14, 18-22 Uhr, Bar 19-24 Uhr, Parkplätze, 1 Garage
Kreditkarten: Eurocard

Rastatt ⊠ 76437
Baden-Württemberg | Seite 15/C 2

■ Hotel Brückenhof
Richard-Wagner-Ring 61

☎ 07222/92790, Fax 927950
Preise: 20 Einzel 60, 20 Doppel DM 100, Halbpenison und Vollpension mögl.
Ausstattung: Dusche/WC, Telefon, ~Balkon
Besonderes: Restaurant, Terrasse, Lift, Parkplätze, Garagen
Kreditkarten: Amex, Eurocard, Visa

■ Hotel Schiff
Poststr. 2

☎ 07222/772-0, Fax 772127
Preise: 6 Einzel 85-95, 16 Doppel DM 120-130
Ausstattung: Dusche/Bad/WC, Telefon, TV, Minibar
Besonderes: Frühstücksbuffet (kalt + warm), Sauna, Solarium, garni,
Parkplätze, Garagen, Lift
Kreditkarten: Diners, Eurocard, Visa

■ **Hotel Phönix garni**   Dr.-Schleyer-Str. 12
☎ 07222/69980+92490, Fax 69980
Preise: 10 Einzel 79, 5 Doppel DM 120
Ausstattung: Dusche/WC, Telefon, TV, Radio, Minibar
Besonderes: Liegewiese, Solarium, Parkplätze, Garage
Kreditkarten: Eurocard, Visa

Rathenow   ✉ 14712

Brandenburg   Seite 9/C 3

■ **Tivoli**   Rathenow
☎ 03385/4101+4217
Preise: 20 Einzel ab 75, 3 Doppel 90, 19 Appartements DM 108
                   8 Ferienwohnungen DM 45 pro Person
Ausstattung: Dusche/WC, Telefon, TV, Minibar, Balkon
Besonderes: Terrasse, Parkplätze, Garagen

Rathmannsdorf   ✉ 94565

Bayern   Seite 17/C 2

■ **Gasthof Zur Alten Post**   Schloßplatz 5
☎ 08546/1037, Fax 2483
Preise: 25 Doppel DM 90, als Einzel 45 DM,
                   Halbpension und Vollpension möglich
Ausstattung: Dusche/WC, TV, Balkon
Besonderes: Restaurant, Terrasse, Parkplätze
Kreditkarten: Eurocard

Rattenberg   ✉ 94371

Bayern   Seite 17/C 1

■ **Gasthof-Pension Zum Schmiedwirt**   Dorfplatz 6
☎ 09963/1008, Fax 2375
Preise: 7 Einzel ab 45, 33 Doppel 88, Halbpension DM 8
Ausstattung: Bad/WC
Besonderes: Konferenzraum, Kegeln, Parkplätze
Kreditkarten: Eurocard

■ **Gasthof zur Post**   Haus-Nr. 3
☎ 09963/1000
Preise: Einzel ab 45, Doppel DM 84-100
Ausstattung: Bad/WC, Telefon
Besonderes: Apartments, Konferenzraum, Terrasse, Hallenschwimmbad,
                   Sauna, Solarium, Heißdampfbad, Parkplätze, Garagen

Ratzeburg
Schleswig-Holstein

✉ **23909**

Seite 8/B 2

■ **Wittler's Hotel**   Große Kreuzstr. 11
☎ 04541/3204, Fax 3815
Preise: 9 Einzel 65-130, 33 Doppel 110-200, Halbpension 18,
              Vollpension DM 36
Ausstattung: Dusche/WC, Telefon, TV, Minibar, Balkon
Besonderes: Restaurant, Garagen

Rauenberg
Baden-Württemberg

✉ **69231**

Seite 15/C 1

■ **Hotel-Restaurant Laier**   Wieslocher Straße 36
☎ 06222/62795, Fax 62289
Preise: 7 Einzel DM 70, 6 Doppel DM 110
Ausstattung: Du/Bad, WC, Telefon, Radio, TV
Besonderes: Restaurant, Parkplätze, 800 m zur Autobahn

Raunheim
Hessen

✉ **65479**

Seite 11/C 3

■ **Hotel Stephan**   Jakobstraße 13-15
☎ 06142/94840
Preise: 16 Einzel DM 55-85, 7 Doppel DM 110-135
Ausstattung: Dusche, WC, Telefon, TV
Besonderes: Parkplätze

Ravensburg
Baden-Württemberg

✉ **88213**

Seite 15/D 3

■ **Hotel-Gasthof Obertor**   Marktstr. 67
☎ 0751/32081-83, Fax 25584
Preise: 12 Einzel 75-90, 16 Doppel 150-170, Halbpension DM 20
Ausstattung: Dusche/WC, Telefon, TV
Besonderes: Restaurant 17-24 Uhr, Solarium, Whirlpool, Parkplätze,
              Garagen
Kreditkarten: Amex, Diners, Eurocard, Visa

■ **Hotel Sennerbad**   Am Sennerbad 22
☎ 0751/2083+84, Fax 33345
Preise: 9 Einzel 65, 15 Doppel DM 111, Halbpension mögl.
Ausstattung: Bad/WC, Telefon, TV, ~Balkon
Besonderes: Restaurant, Liegewiese, Terrasse, ruhig, Parkplätze
Geschlossen: 20. Dezember bis 8. Januar
Kreditkarten: Diners, Eurocard, Visa

Recke   ✉ **49509**
Nordrhein-Westfalen   Seite 10/B 1

■ **Hotel Altes Gasthaus Greve**   Am Markt 1
☎ 05453/3099, Fax 3689
Preise: 10 Einzel ab 60, 10 Doppel ab 110, Halbpension DM 18
Ausstattung: Dusche/WC, Telefon, TV, Minibar
Besonderes: Restaurant, Terrasse, Liegewiese, Parkplätze

Rednitzhembach   ✉ **91126**
Bayern   Seite 16/A 1

■ **Hotel Hembacher Hof**   Untermainbacher Weg 21
☎ 09122/7091, Fax 61630
Preise: 10 Einzel ab 80, 9 Doppel 130, Halbpension DM 22
Ausstattung: Dusche/WC, Telefon
Besonderes: Restaurant 11-14, 18-22 Uhr, Parkplätze
Kreditkarten: Amex, Eurocard

Rees   ✉ **46459**
Nordrhein-Westfalen

■ **Rheinhotel Dresen**   Markt 6
☎ 02851/1255, Fax 2838
Preise: 22 Doppel DM 140-156, als Einzel DM 70-78
Ausstattung: ~Du/Bad, WC, Telefon, Radio, TV, Balkon
Besonderes: Garagen, Terrasse

■ **Insel Gasthof**   Grietherort 1
☎ 02851/6324
Preise: 6 Doppel DM 120-130, als Einzel DM 65
Ausstattung: Du/Bad, WC, TV, Minibar
Besonderes: Fisch-Restaurant, Terrasse, Liegewiese, Garagen

Reetz   ✉ **14827**
Brandenburg   Seite 12/B 1

■ **Waldhotel Alte Hölle**   Alte Hölle 1
☎ 033849/573, Fax 573
Preise: 5 Einzel 70, 35 Doppel 100, Halbpension 10, Vollpension DM
                20
Ausstattung: Dusche/WC, TV, Balkon
Besonderes: Restaurant, Terrasse, Liegewiese, Schwimmbad, Sauna,
                Parkplätze
Kreditkarten: Eurocard, Visa

Regen

✉ **94209**

Bayern

Seite 17/C 1

■ **Krampersbacher Hof**   Krampersbacher Steig 34

☎ 09921/3110, Fax 7456

Preise:	1 Einzel DM 45, 10 Doppel DM 110, Halbpension DM 15 incl. Frühstücksbuffet
Ausstattung:	Du/Bad, WC, Telefon, TV, Balkon
Besonderes:	Restaurant, Terrasse, Liegewiese, Parkplätze
Kreditkarten:	Amexco, Diners, Eurocard, Visa

■ **Kalvarienberg**   Kalvarienbergweg 51

☎ 09921/3051, Fax 80005

Preise:	4 Einzel DM 23, 10 Doppel DM 58, 1 Appartement, Halbpension DM 8, Vollpension DM 13
Ausstattung:	Du/Bad, WC, Balkon
Besonderes:	Restaurant, Terrasse, Liegewiese, Sauna, Solarium, Parkpl.
Geschlossen:	November

■ **Burggasthof**, Weißenstein

☎ 09921/2259, Fax 8759

Preise:	3 Einzel DM 43, 13 Doppel DM 80, Halbpension DM 18
Ausstattung:	Du/Bad, WC, TV möglich, Balkon
Besonderes:	Restaurant, Terrasse, Liegewiese, Parkplätze

■ **Hotel Panorama**   Johannisfeldstraße 27

☎ 09921/2356, Fax 6955

Preise:	3 Einzel DM 65, 14 Doppel DM 116
Ausstattung:	Du/Bad, WC, TV, ~Balkon
Besonderes:	Terrasse, Liegewiese, Schwimmbad, Solarium, Parkplätze
Kreditkarten:	Eurocard, Visa

■ **Pension Grubhügel-Stub'n**   Arberstrasse 24-28

☎ 09921/9406-0, Fax 8618

Preise:	2 Einzel DM 42, 9 Doppel DM 96, Halbpension DM 10
Ausstattung:	Du, WC, Telefon, Radio, ~TV, ~Balkon
Besonderes:	Restaurant, Terrasse, Parkplätze, Garagen
Geschlossen:	November

Regensburg

✉ **93059**

Bayern

Seite 16/B 1

■ **Gasthof Held**   Irl 11, Irl

☎ 09401/1041+2271, Fax 7682

Preise:	20 Einzel 95, 60 Doppel DM 165
Ausstattung:	Bad/WC, TV, Telefon, Radio, Minibar
Besonderes:	Restaurant, Biergarten, Sauna, Dampfbad, Solarium, Kegeln, Parkplätze, Fahrradverleih, Angelmöglichkeiten, Schwimmbad

■ **Hotel Apollo**   Neuprüll 17
☎ 0941/91050, Fax 910570
Preise: 21 Einzel 45-80, 32 Doppel DM 85-125
Ausstattung: ~Dusche/Bad/WC, Telefon, TV
Besonderes: Restaurant 7-24 Uhr, Schwimmbad, Sauna, Solarium,
               Parkplätze, Garagen
Geschlossen: Restaurant: Sonntag
Kreditkarten: Amex, Diners, Eurocard, Visa

■ **Gaststätte Pension Schildbräu**   Stadtamhof 24
☎ 0941/85724, Fax 893019
Preise: 1 Einzel 58, 4 Doppel DM 110, Halbpension/Vollpension mögl.
Ausstattung: Dusche/WC, ~TV
Besonderes: Restaurant, Terrasse, Parkplätze

■ **Bischofshof Braustuben**   Dechbettener Straße 50
☎ 0941/21473, Fax 22224
Preise: 7 Einzel DM 75, 5 Doppel DM 125
Ausstattung: Du/Bad, WC, Telefon, TV, Minibar
Besonderes: Restaurant, Parkplätze, Biergarten
Kreditkarten: Amexco, Diners, Eurocard, Visa

Rehefeld-Zaunhaus   ✉ 01773
Sachsen   Seite 13/C 3

■ **Hotel Grenzbaude**   Am Donnerberg 10, Rehefeld
☎ 035057/220, Fax 220
Preise: 6 Einzel ab 54, 29 Doppel DM 70
Ausstattung: ~Dusche/WC, Radio
Besonderes: Restaurant, Terrasse, Sauna, Parkplätze

Reichenberg   ✉ 01468
Sachsen   Seite 16/A 1

■ **Pension Marlis**   August-Bebel-Str. 86
☎ 0351/4609448, Fax 4609448
Preise: 7 Doppel DM 60-99
Ausstattung: ~Dusche/WC
Besonderes: Parkplätze

Bad Reichenhall   ✉ 83435
Bayern   Seite 17/C 3

■ **Hotel Kurfürst**   Kurfürstenstr. 11
☎ 08651/2710, Fax 2411
Preise: 6 Einzel 55-65, 6 Doppel DM 92-145
Ausstattung: Dusche/WC, Telefon, ~TV, Minibar, Balkon
Besonderes: Restaurant 11-19 Uhr, Terrasse, Parkplätze, Garagen
Geschlossen: 15. Dezember bis 15. Januar
Kreditkarten: Amex, Diners, Eurocard, Visa

■ **Haus Seeblick**   Thumsee 10, Am Thumsee
☎ 08651/98630, Fax 986388
Preise: 17 Einzel 52-70, 27 Doppel DM 116-140, 4 Apartments,
                  Halbpension und Vollpension möglich
Ausstattung: Bad/WC, TV, Telefon, Balkon
Besonderes: Terrasse, Liegewiese, Lift, Hallenschwimmbad, Sauna,
                  Solarium, Tennis, ruhig, Parkplätze, Garagen, Kegelbahn
Geschlossen: 1. November bis 18. Dezember

■ **Hofwirt**   Salzburger Str. 21
☎ 08651/98380, Fax 9838-36
Preise: 10 Einzel 80, 10 Doppel 140, Halbpension 25, Vollpension DM 45
Ausstattung: Bad/WC, Telefon, Radio, ~TV
Besonderes: Restaurant, Terrasse, Parkplätze
Geschlossen: Montag Ruhetag

■ **Hotel-Pension Erika**   Adolf-Schmid-Str. 3
☎ 08651/3093, Fax 3096
Preise: 22 Einzel 62-85, 14 Doppel 124-170, Halbpension 20, Vollpension DM 35
Ausstattung: Dusche/Bad/WC, Telefon, TV, Radio, ~Balkon
Besonderes: Restaurant 12-14, 18-20 Uhr, ruhig, Parkplätze, Garagen, Liegewiese
Geschlossen: Anfang November bis 1. März
Kreditkarten: Amex, Eurocard, Visa

■ **Hotel-Pension Sonnbichl**   Adolf-Schmid-Str. 2
☎ 08651/78080, Fax 780859
Preise: 14 Einzel 80, 20 Doppel DM 150
Ausstattung: Dusche/WC, Telefon, TV, Minibar, Balkon
Besonderes: Restaurant, Terrasse, Liegewiese, Sauna, Solarium,
                  Parkplätze, Garagen, 3 Ferienwohnungen
Geschlossen: 1. November bis 31. Januar
Kreditkarten: Amex, Diners, Eurocard, Visa

■ **Hotel Tivoli**   Tivolistr. 2
☎ 08651/5003, Fax 780859
Preise: 10 Einzel 75, 10 Doppel DM 140
Ausstattung: Bad/WC, Telefon, Radio, Minibar, Balkon
Besonderes: Terrasse, Parkplätze, Garagen
Kreditkarten: Amex, Diners, Eurocard, Visa

■ **Hotel garni Carola**   Friedrich-Ebert-Allee 6
☎ 08651/2629, Fax 69258
Preise: 10 Einzel DM 52-62, 9 Doppel 108-118
Ausstattung: Du/Bad, WC, Balkon
Besonderes: Liegewiese, Parkplätze
Geschlossen: 1.11. - 28.2.

■ **Hotel Haus am Kurpark**   Rinckstraße 3
☎ 08651/9831-0, Fax 9831-11
Preise: 9 Einzel DM 61, 10 Doppel DM 61-64, Halbpension DM 22, Voll-
                  pension DM 27
Ausstattung: Du/Bad, WC, Telefon, Radio, Balkon, TV möglich, Latexma-
                  trazen, Schurwollteppiche, keine Kunstfasern
Besonderes: Umweltfreundliches Gesundheitshotel, Restaurant, Vollwert-
                  kost, Diät, bürgerliche Küche
Geschlossen: 1.12.-6.1.
Kreditkarten: Amexco

■ **Hotel Bergfried**   Adolf-Schmid-Straße 8
☎ 08651-78060, Fax 780699
Preise: 20 Einzel DM 48-69, 15 Doppel DM 96-118, 1 Ferienwohnung
DM 80-120, Halbpension DM 15, Vollpension DM 24
Ausstattung: Du/Bad, WC, Telefon, Radio, TV, ~Balkon
Besonderes: Parkplätze, Liegewiese

■ **Karlsteiner Stuben**   Staufenstraße 18, Karlstein
☎ 08651/9800, Fax 61250
Preise: 14 Einzel DM 40-75, 34 Doppel DM 76-100, 1 Appartement, 3
Ferienwohnungen DM 75-120, Halbpension DM 20, Vollpension 30
Ausstattung: Du, WC, Telefon, TV möglich, Balkon
Besonderes: Restaurant, Terrasse, Liegewiese, Parkplätze
Geschlossen: 30.11. - 3.12.
Kreditkarten: Amexco, Diners, Eurocard, Visa

Reichshof   ✉ 51580
Nordrhein-Westfalen   Seite 10/B 2

■ **Landhaus Wuttke**   Crottorferstraße 57
☎ 02297/1330, Fax 7828
Preise: 19 Doppel DM 130, Halbpension und Vollpension möglich
Ausstattung: Du, WC, Telefon, TV, Balkon
Besonderes: Parkplätze, Terrasse, Liegewiese, Restaurant,
Kreditkarten: Amexco, Diners, Eurocard, Visa

Reil   ✉ 56861
Rheinland-Pfalz   Seite 10/B 3

■ **Reiler Hof**   Moselstraße 27
☎ 06542/2629, Fax 1490
Preise: 3 Einzel DM 50-70, 20 Doppel DM 85-110, 2 Appartements
DM 96-120, Halb-und Vollpension möglich
Ausstattung: Du/Bad, WC, TV auf Wunsch
Besonderes: Restaurant, Terrasse, Liegewiese, Parkplätze
Geschlossen: Dezember und Januar
Kreditkarten: Eurocard

Reinberg   ✉ 18519
Mecklenburg-Vorpommern   Seite 9/C 1

■ **Hotel Bergwarthof**   Oberhinrichshagen 29
☎ 038328/8650, Fax 86536
Preise: 26 Einzel 60-95, 26 Doppel 95-160, 2 Apartments 120-240,
Halbpension 21, Vollpension DM 33
Ausstattung: ~Dusche/WC, Telefon, Radio, TV
Besonderes: Restaurant, Terrasse, Liegewiese, Tischtennisraum
Parkplätze, Garagen
Kreditkarten: Amex, Eurocard, Visa

Reinfeld
Schleswig-Holstein

✉ 23858
Seite 8/A 2

■ Gästehaus Freyer
Bolande 41 a

☎ 04533/7001-0
Preise: 3 Einzel DM 60, 6 Doppel DM 90, incl. Frühstück
Ausstattung: Du/Bad, WC, Telefon, TV, Balkon
Besonderes: Parkplätze, Terrasse, Liegewiese
Geschlossen: 14 Tage im Oktober

■ Hotel Seeblick
Ahrensböker Straße 4

☎ 04533/1423, Fax 5610
Preise: 3 Einzel DM 58, 16 Doppel DM 100
Ausstattung: Du/Bad, WC, Telefon, Balkon, Kabel-TV
Besonderes: Terrasse, Liegewiese, Parkplätze, Garagen

■ Holsteinischer Hof
Paul-von-Schönaich-Str. 50

☎ 04533/2341
Preise: 3 Einzel DM 55, 4 Doppel DM 80-100
Ausstattung: Du, WC, TV
Besonderes: Restaurant, Parkplätze, Garagen
Geschlossen: 3 Wochen vor Ostern
Kreditkarten: Eurocard, Visa

Reinhardtsdorf
Sachsen

✉ 01814
Seite 13/C 2

■ Wolfsberg-Hotel
Wolfsberg, Rheinhardtsdorf

☎ 035028/444, Fax 444
Preise: 1 Einzel 60, 19 Doppel DM 85-120
Ausstattung: Dusche/WC, Telefon, TV
Besonderes: Restaurant, Terrasse, Liegewiese, Parkplätze
Geschlossen: 20. bis 27. Dezember

Reisbach
Bayern

✉ 94419
Seite 17/C 2

■ Schlappinger Hof
Marktplatz 40/42

☎ 08734/92110, Fax 921192
Preise: 16 Einzel DM 50-60, 10 Doppel DM 90-120
Ausstattung: Du/Bad, WC, Telefon, ~Radio, ~Minibar
Besonderes: Restaurant, Parkplätze
Geschlossen: Ende Dezember/Anfang Januar
Kreditkarten: Amexco, Eurocard

Reit im Winkl   ✉ **83242**

Bayern   Seite 17/C 3

■ Sonnleiten   Holunderweg 1
☎ 08640/8882, Fax 301
Preise: Einzel ab DM 65
Ausstattung: Bad/WC, TV, Telefon
Besonderes: Konferenzraum 30, Terrasse, Sauna, Solarium, Parkplätze,
               Garagen
Kreditkarten: Visa, Diners, Eurocard

■ Sonnwinkl   Kaiserweg 12
☎ 08640/98470, Fax 984750
Preise: 6 Einzel ab DM 55
Ausstattung: Bad/WC, TV, Telefon
Besonderes: Terrasse, Hallenschwimmbad, Sauna, Solarium, ruhig, garni,
               Parkplätze, Garagen

■ Zum Postillion   Dorfstr. 32-34
☎ 08640/8886
Preise: 10 Einzel ab DM 54
Ausstattung: Bad/WC, TV, Telefon, Radio
Besonderes: Hallenschwimmbad, Sauna, Solarium, garni, Parkplätze, Garagen

■ Hotel Gästehaus am Hauchen   Am Hauchen 5-7
☎ 08640/8774-5, Fax 410
Preise: 8 Einzel DM 65-75, 18 Doppel DM 130-150
Ausstattung: Du/Bad, WC, Telefon, Radio, TV, Minibar, Balkon
Besonderes: Liegewiese, Schwimmbad, Sauna, Solarium, Fitnessraum,
               Parkplätze
Geschlossen: 1. 11. - 15.12.

■ Landgasthof Glapfhof   Birnbacher Straße 27
☎ 08640/5013 + 5014, Fax 5181
Preise: 3 Doppel DM 88
Ausstattung: Du/Bad, WC, Telefon, Radio, TV
Besonderes: Restaurant, Terrasse, Liegewiese, Parkplätze
Geschlossen: Mitte April - Mitte Mai, 1. November - 15. Dezember

■ Alpengasthof Augustiner GmbH   Klammweg 2, Winklmoosalm
☎ 08640/8235, Fax 5229
Preise: 6 Einzel DM 43, 18 Doppel DM 70-100, 6 Dreibett 105-138,
               Halbpension möglich, inkl. Frühstück
Ausstattung: Du/Bad, WC, Radio, TV, Balkon
Besonderes: Restaurant, Terrasse, Liegewiese, Parkplätze
Geschlossen: Juni und November bis 20. Dezember

Reken   ✉ **48734**

Nordrhein-Westfalen   Seite 10/B 1

■ Gut Frankenhof   H. Pohlmann, Groß
☎ 02864/1063
Preise: Einzel ab 40, Doppel DM 70-75
Ausstattung: ~Bad/WC
Besonderes: Terrasse, Kegeln, Schießen, Kinderspielplatz, Parkplätze

■ Hotel-Restaurant Georg Schmelting

Velener Str. 3, Groß

☎ 02864/311+312, Fax 1395

Preise: 11 Einzel 49, 12 Doppel DM 90, Halbpenison und Vollpension möglich
Ausstattung: Bad/WC, TV, Telefon
Besonderes: Restaurant, Terrasse, Liegewiese, Parkplätze, Garagen
Geschlossen: 20. Dezember bis 12. Januar
Kreditkarten: Amex, Eurocard

Remagen

✉ **53424**

Rheinland-Pfalz

Seite 10/B 3

■ Hotel Rhein-Ahr

Quellenstr. 69, Kripp

☎ 02642/44112+44105, Fax 46319

Preise: 2 Einzel 65-75, 12 Doppel 100-110, Halbpension 20, Vollpension DM 30
Ausstattung: Dusche/WC, Telefon, TV
Besonderes: Restaurant, Kegelbahn, Schwimmbad, Sauna, Solarium, Parkplätze
Kreditkarten: Diners, Eurocard, Visa

Remscheid

✉ **42855**

Nordrhein-Westfalen

Seite 10/B 2

■ Hotel-Restaurant Kromberg

Kreuzbergstr. 24, Lüttringhausen

☎ 02191/590031, Fax 51869

Preise: 6 Einzel 90, 13 Doppel 140, Halbpension DM 15
Ausstattung: Dusche/WC, Telefon, Radio, TV
Besonderes: Restaurant, Parkplätze, Garagen
Kreditkarten: Amex, Diners, Eurocard, Visa

Remshalden

✉ **73630**

Baden-Württemberg

Seite 15/D 2

■ Landgasthof Hirsch

Reinhold-Maier-Straße 10-16

☎ 07151/9797700, Fax 9797716

Preise: 14 Einzel DM 75-85, 17 Doppel DM 130-140, 25 Appartements DM 900
Ausstattung: Du, WC, Telefon, Radio
Besonderes: Restaurant, eigene Metzgerei, Terrasse, Liegewiese, Schwimmbad, Sauna, Parkplätze
Geschlossen: erste 3 Wochen im Januar
Kreditkarten: Amexco, Diners, Eurocard, Visa

Renchen

✉ **77871**

Baden-Württemberg

Seite 15/C 2

■ **Hanauer Hof**

Poststr. 30

☎ 07843/327, Fax 84304

Preise:	5 Einzel 69-90, 7 Doppel 120-135, 4 Apartments 150, Halbpension 18, Vollpension DM 30
Ausstattung:	Dusche/WC, Telefon, TV, Radio, ~Balkon
Besonderes:	Restaurant, Parkplätze, garagen
Kreditkarten:	Diners, Eurocard, Visa, Master Card

Rendsburg

✉ **24768**

Schleswig-Holstein

Seite 8/A 1

■ **Neuwerker Krug**

Königstr. 4

☎ 04331/5366, Fax 27546

Preise:	4 Einzel 90, 12 Doppel DM 130
Ausstattung:	Dusche/WC, Telefon, TV
Besonderes:	Restaurant, Parkplätze, Garagen, Apartments

Rengsdorf

✉ **56579**

Rheinland-Pfalz

Seite 10/B 3

■ **Haus Obere Mühle**

Rengsdorf

☎ 02634/2229

Preise:	7 Einzel ab DM 74
Ausstattung:	Bad/WC
Besonderes:	Terrasse, Park, Hallenschwimmbad, Sauna, ruhig, Parkplätze, Garagen

■ **Rengsdorfer Hof**

Westerwaldstraße 26

☎ 02634/2213, Fax 8896

Preise:	6 Einzel ab DM 38, 13 Doppel ab DM 76, Halbpension DM 14
Ausstattung:	Du/Bad, WC, Telefon-Anschluß, TV-Anschluß
Besonderes:	Restaurant, Liegewiese, Parkplätze

Rethem

✉ **27336**

Niedersachsen

Seite 8/A 3

■ **Ratskeller**

Mühlenstraße 2

☎ 05165/3929+2377, Fax 1415

Preise:	2 Einzel 35-45, 8 Doppel DM 70-90, Halbpension/Vollpension Anfrage
Ausstattung:	~Dusche/WC, Telefon, Radio, TV, Minibar
Besonderes:	Restaurant 10-22 Uhr, Bar bis 24 Uhr, Parkplätze, Garagen
Geschlossen:	Mittwoch
Kreditkarten:	Eurocard

Rettenberg ✉ 87549

Bayern Seite 16/A 3

■ **Brauereigasthof-Hotel Adler Post** Burgbergerstraße 8
☎ 08327/226, Fax 1235
Preise: 2 Einzel DM 55, 13 Doppel DM 100, 1 Appartement 80
Halbpension DM 19
Ausstattung: Du/Bad, WC, Telefon, Balkon
Besonderes: Restaurant, Terrasse, Liegewiese, Parkplätze, Garagen

---

■ **Berggasthof Kranzegg** Alpweg 17, Kranzegg
☎ 08327/270, Fax 7870
Preise: 10 Doppel DM 84, Halbpension DM 15, Vollpension DM 27
Ausstattung: Du/Bad, WC, Balkon
Besonderes: Restaurant, Terrasse, Liegewiese, Parkplätze, Haustiere erlaubt
Geschlossen: Pfingstferien
Kreditkarten: Visa

Reuterstadt Stavenhagen ✉ 17153

Mecklenburg-Vorpommern Seite 8/C 2

■ **Hotel Kutzbach** Malchiner Str. 2
☎ 039954/21096
Preise: 13 Einzel 80, 4 Doppel DM 130, Halbpension und Vollpension
möglich
Ausstattung: Dusche/WC
Besonderes: Restaurant, Parkplätze

Reutlingen ✉ 72760

Baden-Württemberg Seite 15/D 2

■ **Hotel-Restaurant Klostermühle** Neckartenzlinger Str. 90, Mittelstadt
☎ 07127/7292, Fax 71279
Preise: 7 Einzel ab 84, 7 Doppel DM 140
Ausstattung: Bad/Dusche, Telefon, TV
Besonderes: Restaurant, Bar, Parkplätze, Garagen
Kreditkarten: Amex, Diners, Eurocard, Visa

Rheda-Wiedenbrück ✉ 33378

Nordrhein-Westfalen Seite 11/C 1

■ **Comfort-Hotel Zur Wartburg** Mönchstr. 4
☎ 05242/92520, Fax 925252
Preise: 12 Einzel ab 75-95, 7 Doppel DM 120-155
Ausstattung: Dusche/WC, Telefon, TV, Minibar
Besonderes: Terrasse, Parkplätze, garni
Kreditkarten: Amex, Diners, Eurocard, Visa

■ **Landgasthaus Pöppelbaum** Postdamm 28
☎ 05242/7692, Fax 54029
Preise: 9 Einzel DM 65-70, 6 Doppel DM 110, Halb-und Vollpension
möglich
Ausstattung: Du/Bad, WC, Telefon, TV
Besonderes: Restaurant, Terrasse, Liegewiese, Parkplätze, Garagen

Rhede ✉ 46414
Nordrhein-Westfalen Seite 10/B 1

■ **Hotel-Restaurant Deitmer** Hohe Straße 8
☎ 02872/2408, Fax 7231
Preise: 4 Einzel DM 75, 9 Doppel DM 130, Halbpension möglich
Ausstattung: DU/Bad, WC, Telefon, Radio, TV, Balkon
Besonderes: Restaurant 17.30-1 Uhr, Terrasse, Parkplätze, Garagen
Kreditkarten: Eurocard

Rheinau ✉ 77866
Baden-Württemberg Seite 15/C 2

■ **La Provence** Hanauer Straße 1, Diersheim
☎ 07844/47015, Fax 47663
Preise: 12 Einzel DM 68-88, 12 Doppel 108-119
Ausstattung: Du/Bad, WC, Telefon, Radio, TV, Balkon
Besonderes: Café, Terrasse, Liegewiese, Parkplätze, Garagen
Geschlossen: 18.12. - 10.1.

Rheinbreitbach ✉ 53619
Rheinland-Pfalz Seite 10/B 3

■ **Haus Bergblick** Gebr.-Grimm-Str. 11
☎ 02224/5601, Fax 71060
Preise: 1 Einzel 75, 12 Doppel 115, 2 Apartments DM 160-200,
Halbpension und Vollpension möglich
Ausstattung: Dusche/WC, ~TV, ~Balkon
Besonderes: Restaurant, Terrasse, Liegewiese, Parkplätze, Garagen,
Reitstall, Tennisplätze
Geschlossen: Mittwoch

■ **Hotel Alt Breitbach** Kirchplatz 1
☎ 02224/3285+70084
Preise: 2 Einzel ab 65, 6 Doppel DM 110
Ausstattung: Dusche/WC, Telefon, ~TV, ~Balkon
Besonderes: Restaurant, Kegelbahnen,
Geschlossen: Montag Ruhetag

Rheine
Nordrhein-Westfalen

✉ **48429**
Seite 10/B 1

■ **Altes Gasthaus Borcharding**   Alte Bahnhofstr. 13
☎ 05975/1270, Fax 3507
Preise: 9 Einzel 70-110, 9 Doppel 110-170, Halbpension 30,
                  Vollpension DM 50
Ausstattung: Dusche/WC, Telefon, TV, Minibar, Balkon, Exclusivausstattung
Besonderes: Restaurant, Atrium, Terrasse, Liegewiese, Parkplätze,
                  Garagen
Geschlossen: Donnerstag
Kreditkarten: Diners, Eurocard, Visa, Amex

■ **Hotel Blömer**   Tiefe Str. 32
☎ 05971/54026+27, Fax 54090
Preise: 12 Einzel 85, 8 Doppel ab DM 120
Ausstattung: Dusche/Bad/WC, Telefon
Besonderes: Restaurant
Kreditkarten: Diners, Eurocard, Visa

Rheinfelden
Baden-Württemberg

✉ **79618**
Seite 14/B 3

■ **Danner**   Am Friedrichsplatz
☎ 07632/8534
Preise: Einzel ab 68, Doppel DM 95-130
Ausstattung: Bad/WC, TV, Telefon
Besonderes: Terrasse, Kegeln, Parkplätze, Garagen

Rheinzabern
Rheinland-Pfalz

✉ **76764**
Seite 15/C 1

■ **Landgasthof Goldenes Lamm**   Hauptstraße 53
☎ 07272/2377, Fax 2856
Preise: 4 Einzel DM 40, 7 Doppel DM 80-100, Halbpension möglich
Ausstattung: Du/Bad, WC
Besonderes: Restaurant, Parkplätze
Geschlossen: Herbstferien

Rieden
Rheinland-Pfalz

✉ **56745**
Seite 10/B 3

■ **Haus Hubertus**   Rieden-Riedener Mühlen
☎ 02655/1484
Preise: Einzel ab 67, Doppel DM 120-140
Ausstattung: Bad/WC, Telefon
Besonderes: Terrasse, Hallenschwimmbad, Sauna, Solarium
                  Kegeln, Tennis, Parkplätze, Garagen

■ **Hotel Forsthaus** Riedener Mühlen
☎ 02655/1388, Fax 4136
Preise: 3 Einzel 52-62, 9 Doppel 80-120
Ausstattung: Dusche/WC, ~Telefon, ~Radio, ~TV, ~Balkon
Besonderes: Restaurant bis 23 Uhr, gute Küche, Parkplätze
Geschlossen: Januar
Kreditkarten: Eurocard

Riedlingen ⊠ 88499
Baden-Württemberg Seite 15/D 2

■ **Mohren** Marktplatz 7
☎ 07371/7320, Fax 13119
Preise: 15 Einzel DM 35-65, 14 Doppel DM 70-124, Halbpension DM 20, Vollpension DM 39
Ausstattung: Du/Bad, WC,~Telefon, ~Radio,~TV
Besonderes: Parkplätze, Garagen
Geschlossen: 1.-15.1.

Rielasingen-Worblingen ⊠ 78239
Baden-Württemberg Seite 15/C 3

■ **Hotel-Restaurant Löwen** Hauptstraße 18
☎ 07731/22537, Fax 27843
Preise: 10 Einzel DM 55-75, 12 Doppel DM 95-120
Ausstattung: Du/Bad, WC, TV
Besonderes: Restaurant, Parkplätze, Garagen, Biergarten, hauseigene Schlachtung mit Holzofenbrot
Kreditkarten: Eurocard

Rieste ⊠ 49597
Niedersachsen Seite 7/B 3

■ **Hotel Kommende Lage** Lage 6
☎ 05464/5151, Fax 5153
Preise: 15 Einzel 80, 11 Doppel ab 150, 1 Appartement 180, Halbpension DM 25, Vollpension DM 35
Ausstattung: Dusche/WC, Telefon, TV
Besonderes: Restaurant, Terrasse, Liegewiese

Riezlern ⊠ 87567

Bayern

Seite 16/A 3

■ Alpenhof Kirsch
Zwerwaldstr. 28, Riezlern

☎ 08329/5276

Preise: 1 Einzel 70-100, 4 Doppel DM 120-190, Halbpension möglich
Ausstattung: Dusche/WC, Telefon, TV, Balkon
Besonderes: Restaurant, Terrasse, Liegewiese, Parkplätze
Geschlossen: 18.4.-6.5. + 19.6.-14.7. + 23.10.-21.12.95
Kreditkarten: Amex, Diners, Eurocard, Visa nur im Restaurant

■ Haus Böhringer
Westeggweg 6, Riezlern

☎ 08329/5338

Preise: Einzel ab 63, Doppel DM 104-150
Ausstattung: Bad/WC, TV, Telefon
Besonderes: Terrasse, Hallenschwimmbad, Sauna, Solarium, Sonnenbank, ruhig, Parkplätze, Liegewiese

---

■ Haus Hoeft
Baad 18, Mittelberg

☎ 08329/5036

Preise: 2 Einzel 43-50, 16 Doppel DM 66-100
Ausstattung: Dusche/WC, TV, Minibar, ~Balkon
Besonderes: Terrasse, Liegewiese, Schwimmbad, Sauna, Solarium, Parkplätze, Garagen, Minigolf am Haus

---

■ Hotel Pension Sonnenberg
Am Berg 26, Hirschegg

☎ 08329/5433, Fax 543333

Preise: 1 Einzel 75, 16 Doppel 150, Halbpension DM 30
Ausstattung: Dusche/WC, Telefon, TV, Balkon
Besonderes: Terrasse, Liegewiese, Schwimmbad, Sauna, Solarium, Parkplätze, Garagen, Apartment und Ferienwohnung

---

■ Hotel Wagner
Walserstr. 1, Riezlern

☎ 08329/5248, Fax 3266

Preise: 3 Einzel 80, 20 Doppel 144, 9 Apartments DM 160
Ausstattung: Dusche/Bad/WC, Telefon, TV, Radio, Minibar, Balkon
Besonderes: Restaurant, Bar, Frühstücksbuffet, Solarium, Whirlpool, Dampfbad, Fitneßraum, Tennis, Terrasse, Liegewiese
Geschlossen: 15. April bis 31. Mai und 7. November bis 15. Dezember 1994
Kreditkarten: Eurocard

■ Riedmann
Bürsteggweg 2, Riezlern

☎ 08329/5347

Preise: Einzel ab 45, 7 Doppel DM 75-105
Ausstattung: Bad/WC, Telefon
Besonderes: Terrasse, garni, Parkplätze

Rimbach ⊠ 93485

Bayern

Seite 17/C 1

■ Berghof
Holzbergstraße 27

☎ 06253/6454, Fax 86171

Preise: 2 Einzel DM 75, 9 Doppel DM 125
Ausstattung: Du/Bad, WC, Telefon, TV, Balkon
Besonderes: Restaurant, Terrasse, Liegewiese, Parkplätze
Kreditkarten: Diners, Eurocard, Visa

Rimsting
✉ **83253**

Bayern

Seite 17/C 3

■ **Gasthof Seehof**   Schafwaschen 4
☎ 08051/1697
Preise: 3 Einzel DM 40, 13 Doppel DM 50
Ausstattung: Du/Bad, WC, Balkon
Besonderes: Restaurant, eigenes Strandbad, Terrasse, Parkplätze
Geschlossen: 3 Wochen Ende Oktober

Rinchnach
✉ **94269**

Bayern

Seite 17/C 2

■ **Gasthof-Pension Mühle**   Zimmerau 10
☎ 09922/1206, Fax 6833
Preise: 9 Doppel ab DM 56, 2 Ferienwohnungen, Halbpension DM 13,
Vollpension DM 23
Ausstattung: Du/Bad, WC, ~TV, ~Balkon
Besonderes: Restaurant, Liegewiese, Sauna, Parkplätze

Ringelai
✉ **94160**

Bayern

Seite 17/D 2

■ **Wolfsteiner Ohe**   Perlesreuter Str. 5
☎ 08555/970-00, Fax 8242
Preise: 7 Einzel DM 47-66, 23 Doppel DM 74-112, Halbpension DM 18,
Vollpension DM 25
Ausstattung: Dusche, WC, Telefon, TV-Anschluß, ~Balkon
Besonderes: Restaurant, Liegewiese, Schwimmbad, Sauna, Solarium,
Parkplätze

Ringgau
✉ **37296**

Hessen

Seite 11/D 2

■ **Fasanenhof**   Hasselbach 28, Datterode
☎ 05658/1314+8440
Preise: 3 Einzel DM 60-65, 8 Doppel DM 100-125, Halbpension DM 15,
Vollpension DM 25
Ausstattung: Du/Bad, WC, Telefon, TV, Balkon
Besonderes: Restaurant, Terrasse, Liegewiese, Parkplatz
Kreditkarten: Amexco, Diners, Eurocard, Visa

Ringsheim ✉ 77975
Baden-Württemberg Seite 14/B 2

■ Heckenrose Bundesstraße 22
☎ 07822/1484-1081-1082, Fax 3764
Preise: 4 Einzel DM 70, 21 Doppel DM 120, 2 Appartements DM 180, 1 Ferienwohnung DM 200, Halbpension möglich
Ausstattung: Du/Bad, WC, Telefon, Radio, TV, Minibar, Balkon
Besonderes: Restaurant, Terrasse, Parkplätze, Garagen,
Kreditkarten: Amexco, Diners, Eurocard, Visa

Rinnthal ✉ 76857
Rheinland-Pfalz Seite 15/C 1

■ Pension Waldesruh Schulstraße 7 a
☎ 06346/7184, Fax 1053
Preise: 5 Einzel DM 40-50, 24 Doppel DM 60-80
Ausstattung: Du/Bad, WC, Telefon, TV, Minibar, Balkon
Besonderes: Terrasse, Liegewiese, Parkplätze
Geschlossen: Januar

Rinteln ✉ 31737
Niedersachsen Seite 11/D 1

■ Weserberghaus Weserberghausweg 1
☎ 05751/9606-0
Preise: 12 Einzel DM 60, 9 Doppel DM 100-114
Ausstattung: Du/Bad, WC, Telefon, TV-Anschluß
Besonderes: Terrasse, Liegewiese, Schwimmbad, Sauna, Parkplätze, Tagungs möglichkeit
Kreditkarten: Eurocard

Bad Rippoldsau-Schapbach ✉ 77776
Baden-Württemberg Seite 15/C 2

■ Hotel Ochsenwirtshof Wolfacher Str. 21
☎ 07839/223, Fax 1268
Preise: 4 Einzel 57, 16 Doppel DM 104
Ausstattung: Bad/WC, Balkon
Besonderes: Restaurant, Hallenschwimmbad, Solarium, Tennis, Parkplätze, Garagen, Liegewiese, Mehrbett-Zimmer
Geschlossen: 7. Januar bis 5. Februar

■ Hotel zum Letzten G'stehr Wolftalstr. 17
☎ 07440/714, Fax 514
Preise: 4 Einzel 65, 12 Doppel 124, 3 Apartments DM 145
Ausstattung: Bad/WC, TV, Telefon, Radio, Balkon
Besonderes: Restaurant, Apartments, Terrasse, Solarium, Parkplätze,
Geschlossen: Dienstag

■ **Gasthof Pension Grüner Baum** Wildschapbachstraße 15
☎ 07839/218
Preise: 7 Doppel DM 60, Halbpension DM 16, Vollpension DM 24
Ausstattung: Du/Bad, WC, TV, Balkon
Besonderes: Terrasse, Liegewiese, Parkplatz, Restaurant

Rockenhausen ✉ 67806
Rheinland-Pfalz Seite 14/B 1

■ **Hotel Pfälzer Hof** Kreuznacher Straße 30
☎ 06361/7968, Fax 3733
Preise: 13 Einzel DM 70-80, als Doppel DM 110-120, 1 Appartement
DM 145-155, Halbpension DM 15
Ausstattung: Du/Bad, WC, Telefon, TV,
Besonderes: Restaurant, Terrasse, Liegewiese, Parkplätze, Garagen

Rodach ✉ 96476
Bayern Seite 12/A 3

■ **Hotel Alt Rodach** Heldburger Str. 57
☎ 09564/3990+99
Preise: 4 Einzel 58, 11 Doppel 88-115, Halbpension DM 20,50
Ausstattung: Bad/WC, Telefon, Radio, ~TV, Minibar, Balkon
Besonderes: Restaurant, Terrasse, Liegewiese, Sauna, Solarium, Massage,
Ferienwohnungen
Kreditkarten: Amex, Diners, Eurocard, Visa

■ **Hotel Zur Alten Molkerei** Ernststr. 6
☎ 09564/8380, Fax 838155
Preise: 8 Einzel 55-88, 38 Doppel 98-130, Halbpension DM 21,50
Ausstattung: Dusche/Bad/WC, Telefon, ~TV, ~Balkon
Besonderes: Restaurant 14-24 Uhr, Billardzimmer, Terrasse, Schwimmbad,
Sauna, Solarium, ruhig, Garagen, Liegewiese
Geschlossen: 16. bis 26. Dezember
Kreditkarten: Amex, Eurocard, Visa

■ **Kurhotel am Thermalbad** Kurring 2
☎ 09564/207, Fax 206
Preise: 16 Einzel 63-82, 32 Doppel 96-134, 2 Apartments 160-260,
Halbpension DM 22,50
Ausstattung: Dusche/WC, Telefon, ~TV, Minibar, Balkon, Radio
Besonderes: Restaurant, Terrasse, Liegewiese, Parkplätze, Garagen,
Ferienwohnungen, Massagepraxis, Kosmetiksalon
Kreditkarten: Eurocard, Visa

■ **Tannleite** Obere Tannleite 4, Heldritt
☎ 09564/744, Fax 09561/99443
Preise: 1 Einzel DM 37, 12 Doppel DM 65, 2 Ferienwohnungen ab DM 62
Ausstattung: Du/Bad, WC, Telefon, TV-Anschluß, Balkon
Besonderes: Restaurant, Liegewiese, Parkplätze
Geschlossen: Mitte November bis Mitte Dezember

Rodalben ⊠ **66976**
Rheinland-Pfalz

Seite 14/B 1

■ **Pfälzer Hof** Hauptstraße 108
☎ 06331/17123 + 16379, Fax 16389
Preise: 8 Einzel DM 60, 8 Doppel DM 100, Halbpension DM 18, Vollpension DM 35
Ausstattung: Du/Bad, WC, Telefon, TV, Balkon, Dachterrasse,
Besonderes: Restaurant, eigene Konditorei, Parkplätze, Terrasse
Kreditkarten: Amexco, Diners, Eurocard, Visa

■ **Zum Grünen Kranz** Pirmasenser Straße 2
☎ 06331/23170, Fax 231730
Preise: 12 Einzel ab DM 55, 15 Doppel DM 98, Halbpension DM 25
Ausstattung: Du/Bad, WC, Telefon, Radio, TV, Minibar, Balkon
Besonderes: Restaurant, Parkplätze
Kreditkarten: Diners, Eurocard, Visa, Amexco

Rodgau ⊠ **63110**
Hessen

Seite 11/C 3

■ **Autobahnrasthof Weiskirchen Nord** An der A 3
☎ 06182/7890, Fax 789299
Preise: 6 Einzel 90, 21 Doppel 135, 3 Apartments DM 180
Ausstattung: Dusche/WC, Telefon, TV, Minibar, Fön
Besonderes: Parkplätze
Kreditkarten: Diners, Eurocard, Visa

■ **Zur Wolfsschlucht** Am Wasserturm, Jügesheim
☎ 06106/3254+13006, Fax 14662
Preise: 11 Einzel 85, 11 Doppel DM 140
Ausstattung: Dusche/Bad/WC, Telefon, TV
Besonderes: Restaurant ab 17 Uhr, DZ werden auch als EZ vergeben, Terrasse, Parkplätze, Garagen
Kreditkarten: Amex, Diners, Eurocard, Visa

Roding ⊠ **93426**
Bayern

Seite 17/C 1

■ **Brantl Bräu** Schulstr. 1
☎ 09461/1228
Preise: 3 Einzel 38, 12 Doppel DM 60
Ausstattung: Bad/WC, Telefon
Besonderes: Restaurant, Konferenzzimmeer, Dreibettzimmer, Angeln, Parkplätze

---

■ **Hotel am See** Seestr. 1-3, Neubäu
☎ 09469/341+455, Fax 403
Preise: 55 Doppel 75-85, als Einzel ab 50-65, 7 Apartements 85-110 Halbpension DM 16
Ausstattung: Dusche/WC,~Telefon,~TV, Minibar, Balkon
Besonderes: Restaurant 7-24 Uhr, Terrasse, Schwimmbad, Sauna, Solarium, Parkplätze, Garagen, Liegewiese

■ **Landgasthof Hecht**   Hauptstraße 7, Mitterdorf
☎ 09461/2294, Fax 7225
Preise: 1 Einzel DM 45, 28 Doppel DM 140-150, Halbpension möglich
Ausstattung: Du/Bad, WC, ~Telefon, ~TV, Balkon
Besonderes: Restaurant, eigene Metzgerei, Terrasse, Parkplätze
Geschlossen: 3 Wochen im März

Rödelsee   ✉ 97348
Bayern   Seite 16/A 1

■ **Gästehaus Sulzbacher**   Dorfgraben 9
☎ 09323/5510
Preise: 6 Doppel DM 80, als Einzel DM 45
Ausstattung: Du/Bad, WC, Telefon, Radio, TV, Balkon
Besonderes: Liegewiese, Tennisplätze

■ **Gasthof Stegner**   Mainbernheimer Straße 26
☎ 09323/3415, Fax 6335
Preise: 6 Einzel DM 50, 12 Doppel DM 86, Halbpension DM 20
Ausstattung: Du/Bad, WC, Telefon, TV, ~Balkon
Besonderes: Restaurant, Terrasse, Liegewiese, Parkplätze, Garagen
                     Weinproben
Kreditkarten: Eurocard

Rödental   ✉ 96472
Bayern   Seite 12/A 3

■ **Privat Brauerei-Gasthof Grosch**   Oeslauer Str. 115
☎ 09563/4047+4040, Fax 4700
Preise: 2 Einzel 70-80, 11 Doppel DM 110-130
Ausstattung: ~Dusche/WC, Telefon, Radio, ~TV, ~ Minibar
Besonderes: Restaurant, eigene Brauerei - Besichtigung auf Anfrage,
                     Parkplätze
Geschlossen: 23.12. - 25.12.
Kreditkarten: Visa, Eurocard

Röhrnbach   ✉ 94133
Bayern   Seite 17/D 2

■ **Alte Post**   Marktplatz 1
☎ 08582/80808, Fax 808600
Preise: Einzel 42-50, 25 Doppel DM 82-110
Ausstattung: ~Bad/WC, TV, Balkon
Besonderes: Restaurant, Bar, Garten, Hallenschwimmbad, Sauna, Solarium,
                     Parkplätze, hist. Weinkeller
Geschlossen: 10. November bis 20. Dezember

Römerberg   ✉ **67354**
Rheinland-Pfalz   Seite 15/C 1

■ **Hotel-Restaurant Morgenstern**   Germersheimer Str. 2b
☎ 06232/8001+8002, Fax 8028
Preise: 4 Einzel 78, 17 Doppel DM 135
Ausstattung: Dusche/WC, Telefon, TV, ~Balkon
Besonderes: Restaurant, Terrasse, Parkplätze
Kreditkarten: Amex, Eurocard

Rösrath   ✉ **51503**
Nordrhein-Westfalen   Seite 10/B 2

■ **Forsbacher Mühle**   Mühlenweg 43, Forsbach
☎ 02205/2294, Fax 4943
Preise: 12 Einzel 65, 12 Doppel DM 100
Ausstattung: Bad/WC, Telefon, TV, Balkon
Besonderes: Restaurant, Bar, Terrasse, Solarium, Parkplätze
Kreditkarten: Diners, Eurocard, Visa

Roetgen   ✉ **52159**
Nordrhein-Westfalen   Seite 10/A 2

■ **Gut Marienbildchen**   Münsterbildchen 3 (B 258)
☎ 02471/2523
Preise: 2 Einzel 65-90, 7 Doppel DM 120-160
Ausstattung: Dusche/WC, Telefon, TV, Balkon
Besonderes: Restaurant, Terrasse, Liegewiese, Parkplätze
Geschlossen: 20. Juli bis 20. August
Kreditkarten: Amex, Eurocard

■ **Zum genagelten Stein**   Bundesstr. 2
☎ 02471/2278, Fax 4535
Preise: 2 Einzel 90, 3 Doppel DM 150
Ausstattung: Dusche/WC, Telefon, TV, Minibar, Balkon
Besonderes: Restaurant, Terrasse, Liegewiese, Parkplätze, Garagen
Geschlossen: 3 Wochen in den NRW-Sommerferien
Kreditkarten: Amex, Diners, Eurocard, Visa

Ronshausen   ✉ **36217**
Hessen   Seite 11/D 2

■ **Waldhotel Marbach**   Berliner Str. 7
☎ 06622/2978, Fax 2333
Preise: 10 Einzel 80, 21 Doppel DM 130
Ausstattung: Bad/WC, Telefon, TV, Balkon
Besonderes: Restaurant, Bar, Terrasse, Hallenschwimmbad, Sauna, Solarium
              Parkplätze, Liegewiese
Geschlossen: 17. bis 31. Oktober

Rosche

✉ **29571**

Niedersachsen

Seite 8/B 3

■ **Werner's Gasthaus** Lönsstr. 11
☎ 05803/555, Fax 1429
Preise: 8 Einzel DM 50, 36 Doppel DM 90, Halbpension DM 15,50, Voll-
pension DM 27
Ausstattung: Du, WC, TV
Besonderes: Restaurant, Terrasse, Liegewiese, Sauna, Parkplätze

Rosenberg

✉ **73494**

Baden-Württemberg

Seite 15/D 1

■ **Landgasthof Adler** Ellwanger Straße 15
☎ 07967/513
Preise: 3 Einzel DM 75, 9 Doppel DM 120-140, 2 Appartements DM 180-
230
Ausstattung: Du, WC, Telefon,
Besonderes: Restaurant, Terrasse, Liegewiese, Parkplätze
Geschlossen: 2 Wochen im August

Rosengarten

✉ **21224**

Schleswig-Holstein

Seite 8/A 2

■ **Hotel Cordes am Rosengarten** Sottorfer Dorfstr. 2, Sottorf
☎ 04108/43440, Fax 434422
Preise: 21 Einzel 35-95, 27 Doppel 80-160, 1 Apartment DM 255,
Halbpension 30, Vollpension DM 43
Ausstattung: ~Dusche/WC, Telefon, Radio, TV
Besonderes: Restaurant, Bar, Terrasse, Liegewiese, Parkplätze, Garagen,
Kegelbahnen
Kreditkarten: Amex, Diners, Eurocard, Visa

Rosengarten

✉ **74538**

Baden-Württemberg

Seite 15/D 1

■ **Landgasthof Rössle** Am Marktplatz 1, Westheim
☎ 0791/51607, Fax 56196
Preise: 6 Einzel DM 60, 6 Doppel DM 120, 2 Appartements, Halb- und
Vollpension möglich
Ausstattung: Du/Bad, WC, Telefon, Radio, TV
Besonderes: Terrasse, Liegewiese, Parkplätze

Roßhaupten
Bayern

✉ **87672**

Seite 16/A 3

■ **Landgasthof Haflingerhof** Vordersulzberg 1
☎ 08364/1402, Fax 8420
Preise: 6 Einzel 50, 3 Doppel 90, 6 Apartments DM 100
Ausstattung: Dusche/WC, Telefon, TV, Minibar, Balkon
Besonderes: Restaurant, Bar, Terrasse, Liegewiese, Parkplätze, Garagen,
Reiten und Kutschfahrten
Kreditkarten: Eurocard

Rot
Baden-Württemberg

✉ **88430**

Seite 15/D 3

■ **Landhotel Seefelder** Theodor-Her-Str. 11
☎ 08395/94000, Fax 940050
Preise: Einzel 79-95, Doppel DM 132-160, Halbpension und
Vollpension möglich
Ausstattung: Dusche/WC, Telefon, TV, Balkon
Besonderes: Restaurant, Kegelbahn, Terrasse, Liegewiese, Sauna,
Parkplätze, Fahrradverleih
Kreditkarten: Amex, Diners, Eurocard, Visa

Rotenburg/Fulda
Hessen

✉ **36199**

Seite 11/C 2

■ **Landhaus Silbertanne** Am Wäldchen 2
☎ 06623/2083, Fax 2084
Preise: 2 Einzel 55-95, 9 Doppel DM 120-160,
Halbpension/Vollpension möglich
Ausstattung: Dusche/WC, Telefon, Kabel-TV, Minibar, ~Balkon
Besonderes: Restaurant, Weinstube, Terrasse, Liegewiese, Parkplätze
seperate Zimmer für Haustiere
Kreditkarten: Amex, Diners, Eurocard, Visa

Rotenburg/Wümme
Niedersachsen

✉ **27356**

Seite 7/B 3

■ **Bamans Hof** Alte Dorfstr. 22
☎ 04269/5202
Preise: 2 Einzel 40, 20 Doppel DM 60-80
Ausstattung: ~Dusche/WC
Besonderes: Dusche/WC, Telefon, TV, Parkplätze, Garage

■ **Wladhof Hotel-Restaurant** Unterstedt 92
☎ 04269/5343, Fax 6169
Preise: 2 Einzel 60, 6 Doppel DM 100,
Halbpension DM 15
Ausstattung: Dusche/WC, TV
Besonderes: Restaurant bis 23 Uhr, Terrasse, Parkplätze, Garagen
Geschlossen: 1. bis 15. Januar 1995

Roth ✉ **91154**
Bayern Seite 16/A 1

■ **Jägerhof** Äußere Nürnberger Str. 40
☎ 09171/2038
Preise: 8 Einzel ab 66, 13 Doppel DM 112-165
Ausstattung: Bad/WC, Telefon, Radio
Besonderes: 1 Suite 140, Frühstücksbuffet, Lift, Konferenzraum,
Parkplätze

Rothenberg ✉ **64757**
Hessen Seite 15/D 1

■ **Gasthf Hirsch** Schulstraße 3
☎ 06275/263, Fax 263
Preise: 3 Einzel DM 38,50-51, 24 Doppel DM 33-98, Halbpension DM
12, Vollpension DM 16
Ausstattung: Du/Bad, WC, Balkon
Besonderes: Restaurant, Terrasse, Sauna, Solarium, Dampfbad, Kosmetik,
Fitness, Kegelbahn, Tagungsraum, Gruppenpauschalen
Geschlossen: Februar

■ **Gasthof und Pension Zur Krone** Neckarstraße 4, Ober-Hainbrunn
☎ 06275/258
Preise: 1 Einzel DM 42, 4 Doppel DM 80, Halbpension DM 10, Vollpension DM 18
Ausstattung: Du/Bad, WC, Telefon, Radio, Balkon
Besonderes: Restaurant, Terrasse, Liegewiese, Parkplätze
Geschlossen: Mitte Oktober - Mitte November

Rothenburg ob der Tauber ✉ **91541**
Bayern Seite 16/A 1

■ **Alter Ritter** Bensenstr. 1
☎ 09861/7497, Fax 5832
Preise: 2 Einzel 85-125, 22 Doppel DM 95-165, Halbpension mögl.
Ausstattung: Bad/Du, WC, Telefon, Radio, TV, ~Minibar, Balkon
Besonderes: Parkplätze, Rothenburger Rittermahl
Kreditkarten: Amex, Diners, Eurocard, Visa

■ Altes Brauhaus   Wenggasse 24

☎ 09861/6787, Fax 2039

Preise: 6 Einzel 75-110, 37 Doppel DM 110-160, Halbpension 28,
Vollpension DM 45
Ausstattung: Bad/WC, Telefon, ~TV, ~Balkon
Besonderes: Restaurant, Parkplätze, Garagen
Kreditkarten: Amex, Diners, Eurocard, Visa

■ Gasthof Linde   Vorm Würzburger Tor 12

☎ 09861/74444, Fax 6038

Preise: 5 Einzel 75, 22 Doppel 120, Halbpension DM 18
Ausstattung: Dusche/WC, Telefon, TV, Balkon
Besonderes: Restaurant 11-23 Uhr, Parkplätze
Geschlossen: Februar
Kreditkarten: Amex, Diners, Eurocard, Visa, JCB

■ Gasthof zum Rappen   Vorm Würzburger Tor 6

☎ 09861/6071, Fax 6076

Preise: 10 Einzel 70-140, 61 Doppel DM 110-240
Ausstattung: Bad/WC, ~Telefon, ~TV, ~Minibar, ~Balkon
Besonderes: Lift, Konferenzraum 400, Parkplätze, Garagen

■ Goldenes Lamm   Markt 2

☎ 09861/3488, Fax 2039

Preise: 3 Einzel 75-90, 17 Doppel 100-140, Halbpension 28,
Vollpension DM 45
Ausstattung: Dusche/WC
Besonderes: Restaurant 11-15, 17-24 Uhr, Terrasse, Liegewiese,
Parkplätze, Garagen
Kreditkarten: Amex, Diners, Eurocard, Visa

■ Rothenburger Hof   Bahnhofstr. 11-13

☎ 09861/3038, Fax 86891

Preise: 12 Einzel 76, 40 Doppel 130-160, Halbpension 25, Vollpension
DM 42
Ausstattung: Dusche/Bad/WC, Telefon, TV, Radio
Besonderes: Restaurant 11-22 Uhr, Lift, Konferenzraum 120, Parkplätze,
Garagen
Kreditkarten: Amex, Diners, Eurocard, Visa

■ Gasthaus Zum Schmölzer   Rosengasse 21

☎ 09861/3371, Fax 7204

Preise: 2 Einzel 52, 8 Doppel DM 84
Ausstattung: Dusche/WC, Balkon
Besonderes: Restaurant bis 21 Uhr geöffnet, TV-Raum, Parkplätze, Garage
Geschlossen: Januar

■ Goldenes Faß   Ansbacher Str. 39-41

☎ 09861/3431, Fax 8371

Preise: 4 Einzel ab 48, 28 Doppel ab DM 90,
Halbpension 25, Vollpension DM 35
Ausstattung: Dusche/WC, Telefon, ~TV, Minibar, ~Balkon
Besonderes: Restaurant, Terrasse, Liegewiese, Parkplätze,
Garagen
Kreditkarten: Amex, Eurocard, Visa

■ **Schranne**   Schrannenplatz 6
☎ 09861/2015, Fax 2500
Preise: 5 Einzel 70-90, 29 Doppel DM 110-160,
                    Halbpension 22, Vollpension DM 44
Ausstattung: Dusche/WC, Telefon, TV
Besonderes: Restaurant, Parkplätze, Mehrbettzimmer,
                    zentrale Lage
Kreditkarten: Amex, Diners, Eurocard

■ **Schwarzes Lamm**   Detwang 21
☎ 09861/6727, Fax 86899
Preise: 3 Einzel 60, 27 Doppel DM 98,
                    Halbpension DM 22
Ausstattung: Dusche/WC
Besonderes: Restaurant, Terrasse, Liegewiese, Parkplätze,
                    Garagen
Kreditkarten: Eurocard, Visa

■ **Gasthof Klosterstüble**   Heringsbronnengasse 5
☎ 09861/6774, Fax 6474
Preise: 2 Einzel 78, 12 Doppel 120-140,
                    1 Apartment DM 160
Ausstattung: Dusche/WC, TV
Besonderes: Restaurant, Parkplätze, Garagen
Geschlossen: Restaurant Januar - Februar

■ **Hotel Garni Hans-Karl-Frei**   Galgengasse 39
☎ 09861/5006, Fax 87999
Preise: 2 Einzel 75, 13 Doppel DM 100-120
Ausstattung: Dusche/WC, Telefon, TV
Besonderes: Parkplätze, Garagen
Geschlossen: 15. August bis 2. September
Kreditkarten: Amex, Diners, Eurocard, Visa

■ **Goldener Greifen**   Obere Schmiedgasse 5
☎ 09861/2281, Fax 86374
Preise: 4 Einzel DM 39-64, 15 Doppel DM 68-108
Ausstattung: Du/Bad, WC
Besonderes: Parkplätze, Terrasse
Kreditkarten: Amexco, Eurocard, Visa

■ **Hornburg**   Hornburgweg 28
☎ 09861/8480, Fax 5570
Preise: 1 Einzel DM 80, 8 Doppel DM 115-139, 1 Appartement
                    incl. Frühstück
Ausstattung: Du/Bad, WC, Radio, TV
Besonderes: Parkplätze, Liegewiese
Kreditkarten: Diners, Eurocard, Visa

■ **Gasthof Klingentor**   Megentheimer Straße 14
☎ 09861/3468
Preise: 3 Einzel DM 55-65, 18 Doppel DM 80-110
Ausstattung: Du/Bad, WC, ~Telefon, TV, ~Balkon
Besonderes: Restaurant, Biergarten, Parkplätze, Garagen
Kreditkarten: Eurocard, Visa

■ **Zur Silbernen Kanne**   Paradeisgasse 20-22
☎ 09861/5616
Preise: 1 Einzel DM 56, 4 Doppel DM 98
Ausstattung: Du/Bad, WC
Besonderes: Restaurant, Parkplätze, Zentrallage
Geschlossen: Eurocard, Visa

Bad Rothenfelde   ✉ 49214
Niedersachsen   Seite 11/C 1

■ **Haus Noltmann-Peters**   Am Kurpark 18
☎ 05424/64090, Fax 640942
Preise: 31 Einzel 74, 20 Doppel 132, 2 Apartments, 3
                   Ferienwohnungen, Halbpension 15, Vollpension DM 25
Ausstattung: Dusche/WC, Telefon, TV, Balkon
Besonderes: Schwimmbad, Solarium, Kuranwendungen im Hause, jede Diät,
                   ruhig, Parkplätze, Garagen, Liegewiese, Lift
Kreditkarten: Diners

■ **Hotel Drei Birken**   Birkenstr. 3
☎ 05424/6420
Preise: 20 Einzel 80-90, 10 Doppel 120-140, 15 Apartments 140,
                   Halbpension 16, Vollpension DM 28
Ausstattung: Dusche/Bad/WC, Telefon, TV, Radio, Balkon
Besonderes: Restaurant 11-22.30 Uhr, Frühstücksbuffet, Diätküche,
                   Parkplätze, Garagen, Liegewiese, römisches Dampfbad
Kreditkarten: Amex, Eurocard, Visa

■ **Parkhotel Gätje**   Parkstr. 10
☎ 05424/2220, Fax 222222
Preise: 13 Einzel 72-102, 17 Doppel 124-160, 2 Appartements DM 196
                   Halbpension DM 20
Ausstattung: Bad/WC, Telefon, TV, Minibar, Balkon
Besonderes: Terrasse, Sauna, Solarium, ruhig, Parkplätze, Garagen
Kreditkarten: Amex, Diners, Eurocard, Visa

■ **Hotel Dreyer**   Salinenstraße 7
☎ 05424/2190-0, Fax 219032
Preise: 6 Einzel DM 62-70, 10 Doppel DM 102-110, 3 Ferienwohnungen
                   DM 85-90
Ausstattung: Du/Bad, WC, Telefon, Radio, TV, Minibar, Balkon
Besonderes: Parkplätze, garni,

Rott   ✉ 57632
Rheinland-Pfalz   Seite 10/B 3

■ **Hotel-Café zur schönen Aussicht**   Gartenstraße
☎ 02685/344, Fax 8478
Preise: 6 Einzel DM 53, 12 Doppel DM 106, Halbpension DM 10, Voll-
                   pension DM 20
Ausstattung: Du/Bad, WC, Radio, TV, Balkon
Besonderes: Terrasse, Liegewiese, Schwimmbad, Sauna, Solarium, Parkpl.
Geschlossen: 20.10. - 18.12.95

Rottach-Egern

Bayern

✉ **83700**

Seite 16/B 3

■ **Gästehaus Walderdorff** — Glaslstraße 16

☎ 08022/24531, Fax 65608

Preise: 5 Einzel DM 80, 5 Doppel DM 140, 1 Appartement DM 160, 1 Bungalow DM 130, inkl. Frühstück
Ausstattung: Du/Bad, WC, Telefon, Radio, TV
Besonderes: Parkplätze, Liegewiese, Schwimmbad, Terrasse

■ **Hotel Sonnenhof** — Sonnenmoosstraße 20

☎ 08022/5812, Fax 5477

Preise: 6 Einzel DM 75-81, 10 Doppel DM 102-120, 2 Appartements DM 132-140
Ausstattung: Du/Bad, WC, Telefon, Radio, TV, Balkon, Safe
Besonderes: Terrasse, Liegewiese, Parkplätze, Café
Geschlossen: 1.11. - 20.12.95

Rottenbuch

Bayern

✉ **82401**

Seite 16/A 3

■ **Moosbeck-Alm** — Moos 38

☎ 08867/1347

Preise: 3 Einzel 60, 12 Doppel 110, Halbpension DM 25
Ausstattung: ~Bad/WC, Radio, TV, Balkon
Besonderes: Restaurant, Terrasse, Liegewiese, Schwimmbad, Parkplätze
Kreditkarten: Eurocard

■ **Cafe am Tor** — Klosterhof 1

☎ 08867/255, Fax 8355

Preise: 1 Einzel DM 54, 9 Doppel DM 96
Ausstattung: Du, WC, ~Balkon
Besonderes: Restaurant, Parkplätze
Kreditkarten: Eurocard

Rottenburg

Baden-Württemberg

✉ **72108**

Seite 15/D 2

■ **Hotel Martinshof** — Eugen-Bolz-Platz 5

☎ 07472/21021, Fax 24691

Preise: 20 Einzel 75-93, 14 Doppel 115-130, Halbpension DM 22
Ausstattung: Bad/WC, Telefon, Radio, TV
Besonderes: Restaurant bis 23 Uhr, Garagen
Kreditkarten: Amex, Diners, Eurocard, Visa

Rottweil
Baden-Württemberg

■ Bären   Rottweil
☎ 0741/22046+47, Fax 13016
Preise: 9 Einzel ab 70, 20 Doppel 90-160, 1 Apartment DM 220,
                Halbpension DM 20
Ausstattung: Dusche/WC, Telefon, TV, Balkon
Besonderes: Restaurant, Terrasse, Sauna, Solarium, Parkplätze, Garagen
Kreditkarten: Eurocard

■ Hotel Johanniterbad   Johannsergasse 12
☎ 0741/530700, Fax 41273
Preise: 11 Einzel 74-135, 16 Doppel 144-190, Halbpension 30,
                Vollpension DM 48
Ausstattung: Dusche/Bad/WC, Telefon, TV, Minibar
Besonderes: Restaurant 12-14, 18-24 Uhr, Lift, Konferenzraum 80,
                Parkplätze
Kreditkarten: Amex, Diners, Eurocard, Visa

Roßtal
Bayern

■ Gasthof Kressenhof   Am Dorfplatz 3, Oedenreuth
☎ 09127/8882
Preise: 12 Einzel DM 34-43, 11 Doppel DM 66-76, Halbpension DM 12
Ausstattung: Du/Bad, WC
Besonderes: Restaurant, Terrasse, Parkplätze

Rückholz
Bayern

■ Pension Panorama   Seeleuten 62
☎ 08364/248
Preise: 3 Einzel DM 50, 11 Doppel DM 100, 1 Appartement DM 80
                Halbpension DM 15, Vollpension DM 20
Ausstattung: Du/Bad, WC, Radio, Balkon
Besonderes: Terrasse, Liegewiese, Parkplätze, Garagen
Geschlossen: 31.10. - 25.12.

Rüdesheim am Rhein
Hessen

■ Rheinhotel Garni   Kaiserstr. 1
☎ 06722/2420, Fax 2663
Preise: 4 Einzel 75-85, 38 Doppel DM 110-150
Ausstattung: Dusche/WC, ~Balkon, TV möglich
Besonderes: Terrasse, Schwimmbad, Sauna, Solarium, Parkplätze, Garagen,
                eigenes Weingut
Geschlossen: 1. Novemberwoche bis Ostern
Kreditkarten: Amex, Eurocard, Visa

■ Hotel Rheinstein Rheinstr. 20
☎ 06722/2004+2005, Fax 47688
Preise: 6 Einzel 75, 32 Doppel 100-120, Halbpension 18, Vollpension
 DM 36
Ausstattung: Dusche/WC, Telefon, Balkon
Besonderes: Restaurant, Café, Terrasse, Parkplätze
Geschlossen: 10. November bis Ostern
Kreditkarten: Amex, Diners, Eurocard, Visa

■ Café Pension Grolochblick Schulstraße 8, Presberg
☎ 06726/738
Preise: 2 Einzel DM 40, 18 Doppel DM 74, Halbpension DM 12, Voll-
 pension DM 18
Ausstattung: Du/Bad, WC, ~Balkon
Besonderes: sehr ruhige Lage, Terrasse, Liegewiese, Parkplätze,
Geschlossen: Anfang Dezember - Mitte Februar

Rügen ✉ 18586
Mecklenburg-Vorpommern

■ Villa Granitz Birkenallee 17, Baabe
☎ 038303/1410, Fax 141444
Preise: 3 Einzel DM 70-100, 25 Doppel DM 90-160, 8 Appartement
 DM 130-180, 8 Ferienwohnungen DM 155-220
Ausstattung: Du/Bad, WC, Telefon, Radio, TV, Minibar, Balkon
Besonderes: Terrasse, Parkplätze

Rülzheim ✉ 76761
Rheinland-Pfalz Seite 15/C 1

■ Südpfalz Schubertring 48
☎ 07272/8061+62, Fax 75796
Preise: 1 Einzel 65, 20 Doppel 100, 3 Apartments DM 120
Ausstattung: Bad/WC, Telefon, ~TV, Minibar
Besonderes: Terrasse, Liegewiese, Apartments, DZ als EZ, garni,
 Parkplätze
Kreditkarten: Amex, Diners, Eurocard, Visa

Rüthen ✉ 59602
Nordrhein-Westfalen Seite 11/C 2

■ Haus Knippschild Theodor-Ernst-Str. 3
☎ 02902/2477, Fax 59422
Preise: 9 Einzel ab DM 60, 13 Doppel ab DM 105, Halbpension DM 18
Ausstattung: Du/Bad, WC, Telefon, Radio, TV
Besonderes: Parkplätze, Garagen, Liegewiese, Sauna, Solarium
Kreditkarten: Diners, Eurocard, Visa

Ruhla

Thüringen

■ Thüringer Baude Friedrich-Ludwig-Jahn-Str. 13
☎ 036929/88463+64, Fax 80236
Preise: 13 Doppel DM 90, Halbpension und Vollpension möglich
Ausstattung: Dusche/WC, Telefon, TV, Minibar, Balkon
Besonderes: Restaurant, Terrasse, Parkplätze
Kreditkarten: Amex, Eurocard, Visa

■ Hotel Grünes Herz Winterstein Bad Liebensteiner Str. 108
☎ 036929/2246+80301, Fax 80080
Preise: 1 Einzel 68, 11 Doppel DM 96,
                  Halbpension 14, Vollpension DM 30
Ausstattung: Dusche/WC, Telefon, TV, Minibar
Besonderes: Restaurant, Terrasse, Liegewiese, Apartment
                  Sauna, Solarium, Parkplätze, Neubau Dezember fertig
Kreditkarten: Amex

Ruhland

Sachsen

■ Hotel Adler Bahnhofstr. 18
☎ 035752/2520
Preise: 4 Einzel 78, 7 Doppel 140, Halbpension 10, Vollpension DM 22
Ausstattung: Dusche/WC, Radio, TV, Minibar

Ruhpolding

Bayern

■ Haus Jäger Wasen 45
☎ 08663/1209, Fax 5756
Preise: 1 Einzel 65, 7 Doppel DM 120-130, Ferienwohnung DM 110
Ausstattung: Dusche/WC, Telefon, TV, Balkon
Besonderes: Terrasse, Liegewiese, Schwimmbad, Sauna, Solarium,
                  Parkplätze,

■ Hotel Alpina Niederfeldstr. 11
☎ 08663/9905, Fax 5085
Preise: Einzel ab 70, 15 Doppel 120, Halbpension DM 18
Ausstattung: Dusche/WC, Telefon, TV, Balkon
Besonderes: Restaurant, Terrasse, Liegewiese, Sauna, Solarium,
                  Parkplätze

■ Ruhpoldinger Hof Hauptstr. 30
☎ 08663/1212-14
Preise: Einzel ab 69, 24 Doppel 115-190, Halbpension 25,
                  Vollpension DM 45
Ausstattung: ~Bad/WC, Telefon, TV, ~Balkon
Besonderes: Restaurant bis 23 Uhr, Bar 20-2 Uhr, Terrasse,
                  Hallenschwimmbad, Solarium, Massage, Angeln, Parkplätze,
Kreditkarten: Amex, Diners, Eurocard, Visa

■ **Sporthotel Am Westernberg** Am Wundergraben 4
☎ 08663/1674-75, Fax 638
Preise: 10 Einzel 70-100, 15 Doppel DM 145-200, 4 Appartements
DM 180-260
Ausstattung: Dusche/Bad/WC, ~Telefon, ~TV, Radio, Minibar, Balkon
Besonderes: Restaurant bis 21 Uhr, Bar bis 23 Uhr, Terrasse, Schwimmbad,
Sauna, Solarium, Massagen, Reiten, Tennis, Skilifte, ruhig,
Geschlossen: 5. November bis 18. Dezember
Kreditkarten: Amex, Diners, Eurocard, Visa

■ **Vier Jahreszeiten** Brandstätterstr. 41
☎ 08663/1749
Preise: 3 Einzel DM 43, 10 Doppel DM 84
Ausstattung: Du/Bad, WC
Besonderes: Terrasse, Liegewiese, Parkplätze

■ **Berggasthaus Weingarten** Weingarten 1
☎ 08663/9219, Fax 5783
Preise: 6 Doppel DM 60-76, 4 Ferienwohnungen DM 60-80, Halbpension
DM 18
Ausstattung: Du/Bad, WC
Besonderes: Restaurant, Terrasse, Liegewiese, Parkplätze
Geschlossen: November bis Mitte Dezember

Ruhstorf ⊠ **94099**
Bayern Seite 17/D 2

■ **Mathäser** Hauptstr. 19
☎ 08531/3074+93140, Fax 3714
Preise: 7 Einzel 59-73, 28 Doppel 98-108, Halbpension DM 16,50
Ausstattung: Dusche/Bad/WC, Telefon, TV, Radio, ~Balkon
Besonderes: Restaurant 7-24 Uhr, Angeln, Kegelbahnen, Parkplätze, Garagen
Kreditkarten: Amex, Eurocard

Ruhwinkel ⊠ **24601**
Schleswig-Holstein Seite 8/A 2

■ **Zum Landhaus** Dorfstraße 18
☎ 04323/6382
Preise: 6 Einzel DM 43-60, 7 Doppel DM 95-105, Halbpension DM 15
Ausstattung: Du, WC, TV
Besonderes: Restaurant, Terrasse, Liegewiese, Parkplätze

Rumbach ⊠ **76891**
Rheinland-Pfalz Seite 14/B 1

■ **Haus Waldeck** Im Langental 75
☎ 06394/494, Fax 1350
Preise: 1 Einzel DM 48, 14 Doppel DM 84, 1 Ferienwohnung DM 65-89,
Halbpension DM 16
Ausstattung: Du/Bad, WC, Radio, TV, Balkon
Besonderes: Restaurant, Terrasse, Liegewiese, Parkplätze,
Kreditkarten: Eurocard

■ **Gasthof + Hotel Ninive**   Oderwitzer Str. 7

☎ 035873/695, Fax 695

Preise:	4 Einzel 70, 3 Doppel 90, 3 Apartments DM 110, Halbpension und Vollpension möglich
Ausstattung:	Dusche/WC, Telefon, TV, ~Balkon
Besonderes:	Restaurant, Bar, Terrasse, Liegewiese, Parkplätze

Saalfeld

Thüringen

■ **Hotel Am Hohen Schwarm**　　　　　Schwarmgasse 18
☎ 03671/2884
Preise:　　　6 Einzel 80, 10 Doppel DM 120
Ausstattung:　Dusche/WC, Telefon, TV
Besonderes:　Restaurant, Parkplätze
Kreditkarten:　Eurocard, Amex

Saarbrücken

Saarland

■ **Drei Kronen Hotel**　　　　　　　Ursulinenstr. 58
☎ 0681/36032, Fax 36031
Preise:　　　4 Einzel 65-85, 12 Doppel DM 95-135
Ausstattung:　Dusche/WC, TV, Balkon
Besonderes:　Lift, ruhig, garni, Garagen
Kreditkarten:　Amex, Diners, Eurocard, Visa

■ **Hotel Budapest**　　　Bliesransbacher Str. 74, Brebach-Fechingen
☎ 06893/2023, Fax 1698
Preise:　　　10 Einzel 75, 12 Doppel DM 110
Ausstattung:　Dusche/WC, Telefon, ~TV
Besonderes:　Restaurant, Terrasse, Sauna, Parkplätze, Garagen
Kreditkarten:　Eurocard

Saarburg

Rheinland-Pfalz

■ **Haus Brizin**　　　　　　　　　Am Kruterberg 14
☎ 06581/2133
Preise:　　　3 Einzel DM 45, 5 Doppel DM 90, Halbpension möglich
Ausstattung:　Du, WC, Telefon
Besonderes:　Restaurant mit franz. Spezialitäten, Terrasse, Liegewiese, Parkplätze
Kreditkarten:　Eurocard, Vis

Saarlouis

Saarland

■ **Ratskeller**　　　　　　　　　　Kleiner Markt 7
☎ 06831/2090, Fax 48347
Preise:　　　9 Einzel 90, 20 Doppel DM 140
Ausstattung:　Dusche/WC, Telefon, TV, Radio, Minibar
Besonderes:　Terrasse, Parkplätze, Garagen
Kreditkarten:　Amex, Diners, Eurocard, Visa

■ **Zur Saarmühle**　　　　　　　Zur Saarmühle 1, Roden
☎ 06831/80010, Fax 85987
Preise:　　　Einzel ab 67, 19 Doppel DM 90-120
Ausstattung:　Dusche/WC, Telefon, TV
Besonderes:　Restaurant, Parkplätze, Garagen
Kreditkarten:　Diners, Eurocard, Visa

Bad Sachsa
Niedersachsen

■ **Hotel Lindenhof** Hindenburgstr. 4
☎ 05523/1053+1054, Fax 1774
Preise: 9 Einzel 70, 24 Doppel DM 115-130, Halbpension mögl.,
Vollpension möglich
Ausstattung: Dusche/WC, Telefon, ~TV
Besonderes: Restaurant 11-21 Uhr, T, R, TV, Lift, P, Hallenschwimmbad,
Sauna, Solarium, ruhig, Parkplätze, Garagen, Liegewiese
Geschlossen: 15. November-15. Dezember

■ **Hotel Pension Frohnau** Waldsaumweg 19
☎ 05523/535+536, Fax 536
Preise: 18 Einzel 43, 5 Doppel 85, Vollpension DM 22
Ausstattung: Dusche/WC, Telefon, TV, Balkon
Besonderes: Terrasse, Liegewiese, Parkplätze, Garagen
Geschlossen: November
Kreditkarten: Eurocard

Salem
Bayern

■ **Salmannsweiler Hof** Salmannsweiler Weg 5
☎ 07553/7046, Fax 7047
Preise: 1 Einzel DM 76-82, 9 Doppel DM 97-130, Halbpension DM 21.50
Ausstattung: Du/Badl, WC, Telefon, Radio, TV, ~Balkon
Besonderes: Restaurant, Terrasse, Parkplätze, Fahrradverleih im Hause

■ **Gasthof Zum Lindenbaum** Neufracherstraße 1
☎ 07553/211, Fax 60515
Preise: 2 Einzel DM 35-40, 6 Doppel DM 70-80
Ausstattung: Du/Bad, WC, TV, ~Balkon
Besonderes: Restaurant, Parkplätze

Salem
Schleswig-Holstein

■ **Landhaus Waldkater** Seestraße 26
☎ 04541/82712+84963
Preise: 1 Einzel DM 55, 5 Doppel DM 85
Ausstattung: Du/Bad, WC
Besonderes: Terrasse, Liegewiese, Parkplätze

■ **Hotel-Restaurant Seehof-Salem** Seestraße 50
☎ 04541/82182, Fax 84830
Preise: 1 Einzel DM 60, 9 Doppel DM 112, Halbpension DM 24
Ausstattung: Du/Bad, WC, Radio, TV
Besonderes: Restaurant, Terrasse, Parkplätze
Geschlossen: Januar

Salzbergen

Niedersachsen

✉ **48499**

Seite 10/B 1

■ **Hotel zur Ems** Emsstr. 12
☎ 05976/1011
Preise: 7 Einzel 55, 13 Doppel DM 100, Halbpension und Vollpension
möglich
Ausstattung: Dusche/WC, Telefon
Besonderes: Restaurant 11-23 Uhr, Terrasse, Parkplätze

Salzgitter

Niedersachsen

✉ **38275**

Seite 12/A 1

■ **Haus Liebenhall** Bismarckstr. 9
☎ 05341/34091, Fax 31092
Preise: 4 Einzel 89, 9 Doppel DM 118
Ausstattung: Dusche/WC, Telefon, TV, Radio
Besonderes: Restaurant, Terrasse, Parkplätze

■ **Hotel Gästehaus** Kampstr. 37-39
☎ 05341/189-0, Fax 18989
Preise: 28 Einzel 85-135, 20 Doppel DM 114-186, Halbpension mögl.,
Vollpension möglich
Ausstattung: Dusche/Bad/WC, Telefon, TV, Radio, Minibar
Besonderes: Restaurant 7-23 Uhr, Bar 18-1 Uhr, Konferenzraum 300,
Kegelbahnen, Tennisplatz, ruhig, Wochenendangebote
Kreditkarten: Amex, Diners, Eurocard, Visa

■ **Koch's Hotel** Bleekenstedter Str. 36
☎ 05341/65091, Fax 65093
Preise: Einzel ab 64, 38 Doppel 140, Halbpension DM 15
Ausstattung: Dusche/WC, Telefon, TV
Besonderes: Parkplätze
Kreditkarten: Amex, Eurocard

Salzkotten

Nordrhein-Westfalen

✉ **33154**

Seite 11/C 1

■ **Hermann Hentzen** Geseker Straße 22
☎ 05258/6380
Preise: 8 Einzel DM 45-67, 10 Doppel DM 85-110
Ausstattung: Du/Bad, WC, Radio, TV
Besonderes: Terrasse, Liegewiese, Parkplätze
Geschlossen: 24.6.-15.7. und 16.12.-7.1.96
Kreditkarten: Diners Eurocard

Bad Salzschlirf ✉ 36364

Hessen Seite 11/D 3

■ Deutsches Haus Schlitzer Str. 4
☎ 06648/2038 + 39, Fax 37369
Preise: 36 Einzel 60, 8 Doppel 97, 2 Apartments DM 140
Ausstattung: Bad/WC, Telefon, TV, Balkon
Besonderes: Restaurant, Wein-und Bierstube, Terrasse, Liegewiese, Parkplätze
Geschlossen: Januar/Februar

Bad Salzuflen ✉ 32108

Nordrhein-Westfalen Seite 11/C 1

■ Hotel Römerbad Wenkenstr. 30
☎ 05222/91500, Fax 915061
Preise: 25 Einzel 78, 12 Doppel 150, 4 Apartments, Halbpension 25, Vollpension DM 32
Ausstattung: Dusche/WC, Telefon, TV
Besonderes: Weinstube, Terrasse, Liegewiese, Schwimmbad, Sauna, Restaurant, Solarium, Parkplätze, Garage
Kreditkarten: Diners, Eurocard, Visa, Amex

Bad Salzungen ✉ 36433

Thüringen Seite 12/A 2

■ Gaststätte und Pension Werrablick Salzunger Str. 105, Leimbach
☎ 03695/2671
Preise: 2 Einzel 45, 4 Doppel DM 55-110
Ausstattung: ~Dusche/WC, Telefon, TV, Radio
Besonderes: Restaurant, Parkplätze, Mehrbettzimmer

■ Pension Morgenweck Wuckestraße 8
☎ 03695/604058+605198, Fax 604630
Preise: 8 Einzel DM 55, 6 Doppel DM 80, Halbpension DM 9
Ausstattung: Du/Bad, WC, Telefon, Radio, TV
Besonderes: Terrasse, Liegewiese, Schwimmbad, Sauna, Parkplätze

Samerberg ✉ 83122

Bayern Seite 17/C 3

■ Hotel Zur Post Dorfplatz 4, Törwang
☎ 08032/8613+8614, Fax 8929
Preise: 10 Einzel 60, 20 Doppel 80,
Ausstattung: Dusche/WC, ~Telefon, Balkon
Besonderes: Restaurant, Terrasse, Liegewiese, Schwimmbad, Parkplätze
Geschlossen: 2.11.-24.12.
Kreditkarten: Eurocard

Sande   ✉ 26452

Niedersachsen   Seite 7/B 1

■ **Hotel Auerhahn**   Hauptstraße 105

☎ 04422/8990, Fax 899299

Preise:	25 Einzel DM 65, 21 Doppel DM 125, 1 Appartement DM 250 Halbpension DM 20, Vollpension DM 40
Ausstattung:	Du/Bad, WC, Telefon
Besonderes:	Restaurant, Terrasse, Schwimmbad, Sauna, Solarium, Pauschal-Arrangements
Kreditkarten:	Amexco, Diners, Eurocard, Visa

Sandstedt   ✉ 27628

Niedersachsen   Seite 7/B 2

■ **Deutsches Haus**   Osterstaderstraße 23

☎ 04702/1026/1027, Fax 806

Preise:	3 Einzel DM 55, 10 Doppel DM 90
Ausstattung:	Du/Bad, WC, Telefon, Radio, TV, Balkon
Besonderes:	Restaurant, Terrasse, Parkplätze
Kreditkarten:	Eurocard

Sanitz   ✉ 18190

Mecklenburg-Vorpommern   Seite 9/C 2

■ **Gutshaus Neu Wendorf**, Neu Wendorf

☎ 038209-340, Fax 80271

Preise:	1 Einzel DM 70, 7 Doppel DM 120-154, 2 Ferienwohnungen DM 80-100 zzgl. Endreinigung, Halbpension DM 29,50
Ausstattung:	Du/Bad, WC, Telefon, Radio, TV
Besonderes:	Restaurant für Hausgäste, Terrasse, Wintergarten, Liegewiese Parkplätze
Geschlossen:	20.-28.12.

St. Englmar   ✉ 94379

Bayern   Seite 17/C 1

■ **Berggasthof Bernhardshöhe**   Kolmberg 5

☎ 09965/258

Preise:	4 Einzel DM 45, 13 Doppel DM 100, Halbpension DM 13
Ausstattung:	Du/Bad, WC, Radio, TV
Besonderes:	Restaurant, Terrasse, Pauschalangebote, Schwimmbad, Solarium
Geschlossen:	1.11. - 24.12.

St. Georgen-Brigach   ✉ 78112

Baden-Württemberg   Seite 15/C 2

■ Landgasthof-Pension Zum Engel   Obertal 1, Brigach
☎ 07724/6252
Preise: 1 Einzel DM 50, 4 Doppel DM 80-90, Halbpension DM 16
Ausstattung: Bad, WC, Telefon
Besonderes: Restaurant, Terrasse, Liegewiese, Parkplätze
Kreditkarten: Eurocard

St. Oswald   ✉ 94566

Bayern   Seite 17/D 2

■ Hotel zum Friedl   Kirchstrasse 28, Riedlhütte
☎ 08553/6215, Fax 1034
Preise: 6 Einzel DM 50, 14 Doppel DM 96, Halbpension DM 16
Ausstattung: Du, WC, Telefon, Radio, TV, Balkon, Minibar
Besonderes: Restaurant, Vollwertkost, Diät, Terrasse, Liegewiese, Solarium, Parkplätze, Nichtraucherräume
Geschlossen: November

■ Berghotel Wieshof   Anton-Hilz-Str. 8
☎ 08553/477, Fax 6838
Preise: 2 Einzel DM 42, 12 Doppel DM 80, 1 Ferienwohnung DM 75 Halbpension DM 8, Vollpension DM 16
Ausstattung: Du, WC, Radio, Balkon
Besonderes: Restaurant, Terrasse, Liegewiese, Sauna, Parkplätze
Geschlossen: November

St. Wendel   ✉ 66606

Saarland   Seite 14/A 1

■ City-Hotel-Posthof   Brühlstr. 18
☎ 06851/4028+29, Fax 83212
Preise: 9 Einzel 90, 6 Doppel DM 120-140
Ausstattung: Bad/WC, Telefon, TV, Minibar
Besonderes: Restaurant bis 24 Uhr, Bar bis 24 Uhr, Konferenzraum 40, Parkplätze
Kreditkarten: Eurocard, Visa

■ Hotel-Stadt St. Wendel   Tholeyer Straße
☎ 06851/80060, Fax 800680
Preise: 43 Einzel DM 90-120, als Doppel DM 160-180
Ausstattung: Bad/WC, TV, Telefon, Radio,~Balkon
Besonderes: Lift, Konferenzraum, Terrasse, Sauna, Solarium, Kegeln, Parkplätze, Garagen, Restaurant, Bar
Kreditkarten: Amex, Eurocard, Diners, Visa

Sasbachwalden

✉ 77887

Baden-Württemberg

Seite 15/C 2

■ Engel   Talstraße 14

☎ 07841/3000, Fax 26394

Preise: 6 Einzel DM 40-65, 8 Doppel DM 80-150, Halbpension DM 24, Vollpension DM 32

Ausstattung: Du/Bad, WC, Telefon, Radio, TV, Balkon

Besonderes: Restaurant, Parkplätze, Kurmöglichkeit

Bad Sassendorf

✉ 59505

Nordrhein-Westfalen

Seite 11/C 2

■ Hotel Wulff   Berliner Str. 31-33

☎ 02921/5773, Fax 55235

Preise: 18 Einzel 65, 5 Doppel 120, 6 Apartments DM 180

Ausstattung: Bad/WC, Telefon, TV

Besonderes: Terrasse, Bierkeller 18-22.30 Uhr, Schwimmbad, Sauna, Wintergarten, ruhig, garni, Parkplätze, Garagen, Liegewiese

Sauensiek

✉ 21644

Niedersachsen

Seite 8/A 2

■ Klindworths Gasthof   Hauptstraße 1

☎ 04169/316, Fax 1450

Preise: 15 Doppel DM 85-89, als Einzel DM 48-50, Halb- und Vollpension möglich

Ausstattung: Du/Bad, WC, Telefon, Radio, TV

Besonderes: Restaurant, großer Garten, Parkplätze

Kreditkarten: Amexco, Eurocard, Visa

Saulgau

✉ 88348

Bayern

Seite 15/D 2

■ Hotel Württemberger Hof   Karlstraße 13

☎ 07581/51141, Fax 51442

Preise: 5 Einzel DM 70, 11 Doppel DM 130, Halb- und Vollpension möglich

Ausstattung: Du, WC, Telefon, Radio, TV

Besonderes: Restaurant mit italienischer Küche, Parkplätze

Kreditkarten: Eurocard, Visa

■ Schwarzer Adler   Hauptstraße 41

☎ 07581/7330, Fax 7030

Preise: 10 Einzel DM 66, 7 Doppel DM 100, Halbpension DM 22

Ausstattung: Du/Bad, WC, ~TV

Besonderes: Restaurant, Parkplätze

Schallstadt   ✉ 79227

Baden-Württemberg   Seite 14/B 3

■ **Landhaus Alemannenhof**
☎ 07664/1081+82
Preise: Einzel DM 45, Doppel DM 80
Ausstattung: Bad/WC, Telefon
Besonderes: Dreibettzimmer, Lift, Konferenzraum, Terrasse, Kegeln, ruhig

Bad Schandau   ✉ 01814

Sachsen   Seite 13/D 2

■ **Gasthaus und Hotel Zum Roten Haus**   Marktstr. 10
☎ 035022/2343
Preise: 2 Einzel 60, 8 Doppel DM 120,   „Bären" 42073
    Halbpension 20, Vollpension DM 40
Ausstattung: Dusche/WC, TV   „Elbgarten" 4840
Besonderes: Restaurant

    Postelwitz „Elblicin" 42579

Scharbeutz   ✉ 23689

Schleswig-Holstein   Seite 8/B 2

■ **Wennhof**   Seestr. 62
☎ 04503/72354+72333, Fax 74038
Preise: 3 Einzel 60, 28 Doppel 110, Halbpension DM 15
Ausstattung: Dusche/Bad/WC, Telefon, TV
Besonderes: Restaurant, Bar, Parkplätze, Garagen, Liegewiese

Scheidegg   ✉ 88175

Bayern   Seite 15/D 3

■ **Gästehaus Allgäu**   Am Brunnenbühl 11
☎ 08381/5250, Fax 82164
Preise: 5 Einzel 37-56, 8 Doppel 70-99, 1 Apartment DM 65-79
Ausstattung: Dusche/WC, ~Telefon, TV
Besonderes: Restaurant 18-20 Uhr, Terrasse, Sauna, Solarium, Fitneßraum,
    Nichtraucherhaus, Parkplätze, Garagen, Liegewiese
Geschlossen: 27. November bis 22. Dezember

■ **Gästehaus Montfort**   Höhenweg 4
☎ 08381/1450, Fax 82841
Preise: 10 Doppel DM 92-98, als Einzel DM 55-60, inkl. Frühstück
Besonderes: Terrasse, Liegewiese, Schwimmbad, Parkplätze

Scheinfeld

Bayern   Seite 16/A 1

■ **Posthorn**   Adi-Dassler-Str. 4
☎ 09162/488, Fax 7194
Preise: 2 Einzel 50-60, 8 Doppel DM 100-110
Ausstattung: Dusche/WC, Telefon, Radio, TV
Besonderes: Restaurant bis 23 Uhr geöffnet, Parkplätze

Schellerhau

✉ 01776

Sachsen   Seite 13/C 2

■ **Hotel Stephanshöhe**   Hauptstr. 83
☎ 035052/4212, Fax 5313
Preise: 39 Einzel 64, 140 Doppel 99, 2 Apartments 180, Halbpension
                  20, Vollpension DM 40
Ausstattung: Dusche/WC, Radio, ~TV
Besonderes: Restaurant, Bar, Schwimmbad, Sauna, Solarium,
                  Parkplätze
Kreditkarten: Amex, Visa

Schellerten

✉ 31174

Niedersachsen   Seite 11/D 1

■ **Altes Forsthaus Hotel garni**   Goslarsche Landstr. 1
☎ 05121/31088, Fax 31089
Preise: 9 Einzel 75, 8 Doppel DM 120
Ausstattung: Dusche/WC, ~Telefon, ~TV, Minibar
Besonderes: Liegewiese, Schwimmbad, Parkplätze, Garagen

Schieder-Schwalenberg

✉ 32816

Nordrhein-Westfalen   Seite 11/D 1

■ **Burghotel Schwalenberg**   Schieder-Schwalenberg-Schwalenberg
☎ 05284/5167, Fax 5567
Preise: 3 Einzel 95-145, 15 Doppel DM 165-240
Ausstattung: Bad/WC, Telefon, Radio, TV, Minibar
Besonderes: Restaurant, Bar, Terrasse, Liegewiese, Parkplätze
Kreditkarten: Diners, Eurocard, Visa, Amex

■ **Hotel Gasthof Berggarten** Brauergildestraße 9
☎ 05284/5105
Preise: 2 Einzel 44-52, 8 Doppel 80-95, 1 Ferienwohnung, Halbpension
12, Vollpension DM 25
Ausstattung: ~Dusche/WC
Besonderes: Restaurant 10-24 Uhr, Terrasse, Liegewiese, Parkplätze, Garagen

---

■ **Kurhotel Herlingsburg** Bergstr. 29
☎ 05282/224
Preise: 15 Einzel 68, 25 Doppel DM 120, Halbpension und Vollpension mögl.
Ausstattung: Dusche/WC, Telefon, Balkon
Besonderes: Restaurant 12-14, 17-22 Uhr, Terrasse, Liegewiese,
Parkplätze, Garagen, Kneipp-Anlagen

■ **Hotel-Restaurant Fischanger** Pyrmonter Str.
☎ 05282/237, Fax 6211
Preise: 4 Einzel DM 58, 14 Doppel DM 100, Halb-und Vollpension mögl.
Ausstattung: Du/Bad, WC, Telefon, Balkon, ~TV
Besonderes: Restaurant, Terrasse, Liegewiese, Sauna, Solarium, Parkplatz
Geschlossen: Mitte Januar - Mitte Februar
Kreditkarten: Eurocard

Schierke ✉ 38879
Sachsen-Anhalt Seite 12/A 1

■ **Travel Hotel Waldfrieden** Brockenstr. 51
☎ 039455/301, Fax 308
Preise: 56 Doppel 114-150, als Einzel DM 77-100, Halbpension DM 25
Ausstattung: Dusche/WC, Telefon, Radio,TV, Minibar
Besonderes: Restaurant, Terrasse, Sauna, Solarium, Parkplätze, Garagen
Kinderspielzimmer, Ski- und Mountain-Bike-Verleih
Kreditkarten: Amex, Diners, Eurocard, Visa

Schifferstadt ✉ 67105
Rheinland-Pfalz Seite 15/C 1

■ **Hotel Kaufmann** Bahnhofstr. 81
☎ 06235/4960, Fax 496299
Preise: 1 Einzel DM 65, 33 Doppel 115, Halbpension DM 25
Ausstattung: Bad/WC, Telefon, TV, Minibar
Besonderes: Konferenzraum 30, Gartenrestaurant, Tennis, Parkplätze,
Garagen, Restaurant 17.30-24 Uhr
Kreditkarten: Amex, Diners, Eurocard, Visa

Schillingsfürst ✉ 91583
Bayern Seite 16/A 1

■ **Flair Hotel Die Post** Rothenburger Str. 1
☎ 09868/473, Fax 5876
Preise: 1 Einzel DM 80, 12 Doppel DM 96-150
Ausstattung: Bad/WC, Telefon,~Radio, TV, ~Minibar
Besonderes: Restaurant, Café, Terrasse, Garten, Parkplätze
Kreditkarten: Eurocard, Visa

■ **Hotel Zapf an der Wörnitzquelle**   Dombühler Str. 9
☎ 09868/5020+5029, Fax 5464
Preise: 8 Einzel 65-70, 19 Doppel 100-120, 1 Apartment 130
          Vollpension DM 30
Ausstattung: Dusche/WC, Telefon, ~TV, Balkon
Besonderes: Restaurant, Terrasse, Liegewiese, Sauna, Solarium,
          Parkplätze, Garagen
Geschlossen: 3. bis 31. Januar
Kreditkarten: Amex, Diners, Eurocard, Visa

Schlangenbad   ✉ 65388
Hessen   Seite 11/C 3

■ **Grüner Wald**   Rheingauer Str. 33
☎ 06129/2061+62, Fax 2092
Preise: 9 Einzel 70, 5 Doppel DM 140, 3 Appartements, 4 Ferienwoh-
          nungen
Ausstattung: Bad/WC
Besonderes: Terrasse, Parkplätze, Restaurant 11.10-14 und 17.30-23 Uhr
Kreditkarten: Euro, Visa

■ **Hotel Russischer Hof**   Rheingauer Str. 37
☎ 06129/50670 + 2005, Fax 4076
Preise: 8 Einzel ab 75, 14 Doppel ab 140, Halbpension DM 18
Ausstattung: Dusche/Bad/WC, Telefon, TV, Radio, Balkon
Besonderes: überdachtes Garten-Café, Parkplätze,
          Liegewiese
Geschlossen: Januar

■ **Hotel Sonnenhof**   Mühlstr. 17
☎ 06129/2071, Fax 2072
Preise: 10 Einzel 75, 5 Doppel 130, 5 Apartments DM 180
Ausstattung: Bad/WC, TV, Telefon
Kreditkarten: Eurocard, Visa

Schleching   ✉ 83259
Bayern   Seite 17/C 3

■ **Hubertus**   Ulmenweg 3
☎ 08649/224
Preise: 3 Einzel 33-48, 16 Doppel DM 57-90
Ausstattung: Bad/WC
Besonderes: Frühstücksbuffet, Garten, Parkplätze, Garagen

Schleiden   ✉ 53937
Nordrhein-Westfalen   Seite 10/A 3

■ **Hotel Zum Urfttal**   Alte Bahnhofstr. 12
☎ 02444/3041, Fax 2688
Preise: 6 Einzel 60, 12 Doppel 90, Halbpension 20, Vollpension DM 30
Ausstattung: Bad/WC, Telefon
Besonderes: Café, Terrasse, Liegewiese, Parkplätze

■ **Hotel Friedrichs**   Alte Bahnhofstr. 16
☎ 02444/600, Fax 3108
Preise: 5 Einzel 85-95, 16 Doppel 130-150, 3 Apartments DM 150,
                  2 Ferienwohnung 95-110, Halbpension 30, Vollpension DM 40
Ausstattung: Dusche/Bad/WC, Telefon, TV, Minibar
Besonderes: Restaurant, Bar, Lift, Terrasse, Liegewiese, Sauna, Solarium,
                  Parkplätze, Garagen
Kreditkarten: Amex, Diners, Eurocard, Visa

■ **Kurpark Hotel**   Parkallee 1
☎ 02444/1729+1835, Fax 8771
Preise: 10 Einzel DM 65, 10 Doppel DM 110
Ausstattung: Du/Bad, WC, Telefon, Radio, TV, ~Balkon
Besonderes: Parkplätze
Kreditkarten: Eurocard

Schleswig   ⊠ **24837**
Schleswig-Holstein   Seite 8/A 1

■ **Strandhalle Ringhotel**   Strandweg 2
☎ 04621/9090, Fax 909100
Preise: Einzel 75-140, Doppel 140-180, Halbpension DM 25
Ausstattung: Bad/WC, Telefon, TV, Radio, Minibar, ~Balkon, Safe
Besonderes: Restaurant, Schwimmbad, Solarium, Parkplätze, Garagen
Kreditkarten: Amex, Diners, Eurocard, Visa

■ **Waldschlößchen**   Kolonnenweg 152
☎ 04621/32026+27
Preise: 19 Einzel 70-95, 29 Doppel DM 120-140
Ausstattung: Bad/WC, Telefon
Besonderes: Frühstücksbuffet, Konferenzraum 250, Terrasse,
                  Hallenschwimmbad, Sauna, Solarium, Kegeln, ruhig,

Schleusingerneundorf   ⊠ **98553**
Thüringen   Seite 12/A 3

■ **Gasthof-Pension Zur Guten Quelle**   Hauptstr. 31
☎ 036841/7725, Fax 7725
Preise: 1 Einzel 39, 2 Doppel DM 78, 7 Mehrbettzimmer ab DM 117,
                  Halbpension und Vollpension möglich
Ausstattung: Dusche/WC, TV, Radio
Besonderes: Restaurant, Terrasse, Sauna, Solarium, Parkplätze, Mehrbettzimmer

Schliengen   ⊠ **79418**
Baden-Württemberg   Seite 14/B 3

■ **Landgasthof-Hotel Graf**   Kreuzweg 6, Obereggenen
☎ 07635/1264, Fax 9555
Preise: 5 Einzel 72-80, 10 Doppel 130-140, Halbpension DM 24
Ausstattung: Bad/Dusche/WC, Telefon, TV, Safe, Balkon
Besonderes: Restaurant 7-24 Uhr, Diätküche, Parkplätze, Garagen,
                  Terrasse, Liegewiese

Schliersee   ✉ 83727

Bayern   Seite 16/B 3

■ **Gästehaus am Kurpark**   Gartenstr. 7
☎ 08026/4041, Fax 2743
Preise: 8 Einzel 80-95 18 Doppel DM 120-150
Ausstattung: Bad/WC, Telefon, Radio
Besonderes: Frühstücksbuffet, Terrasse, Parkplätze, Garagen, Liegewiese

---

■ **Hotel Martina**   Grünseestr. 12, Neuhaus
☎ 08026/7416, Fax 7396
Preise: 10 Einzel ab 60, 20 Doppel ab 100, 10 Ferienwohnungen ab 50
     pro Person, Halbpension DM 22
Ausstattung: Dusche/Bad/WC, TV, Balkon
Besonderes: Restaurant ab 18 Uhr, Terrasse, Liegewiese, Schwimmbad,
     Sauna, Solarium
Geschlossen: November bis Dezember
Kreditkarten: Eurocard

Schlitz   ✉ 36110

Hessen   Seite 11/D 3

■ **Hotel Guntrum**   Otto-Zinßer-Str. 5
☎ 06642/5093, Fax 5092
Preise: 6 Einzel ab 60, 15 Doppel ab 95, Halbpension DM 20
Ausstattung: Dusche/Bad/WC, Telefon, TV, Balkon
Besonderes: Restaurant, Terrasse, Parkplätze, Garagen, Kegelbahnen
Geschlossen: Montags
Kreditkarten: Amex, Diners, Eurocard, Visa

■ **Hotel Vorderburg**   Schlitz
☎ 06642/5041, Fax 7535
Preise: 13 Einzel 68-75, 15 Doppel DM 110-115
     Halbpension/Vollpension möglich
Ausstattung: Dusche/WC, Telefon, Radio
Besonderes: Restaurant, Terrasse, Parkplätze
Geschlossen: Januar

Schloßböckelheim   ✉ 55596

Rheinland-Pfalz   Seite 11/C 3

■ **Niederthäler Hof**   Schlossböckelheim
☎ 06758/6996, Fax 6999
Preise: 5 Einzel 70-90, 20 Doppel DM 140-180
Ausstattung: Bad/WC, TV, Telefon
Besonderes: Restaurant 11-15/18-22 Uhr, Terrasse, Sauna, Parkplätze
Geschlossen: Januar und Februar
Kreditkarten: Amex, Diners, Eurocard, Visa

Schloß Holte-Stukenbrock   ✉ 33758

Nordrhein-Westfalen   Seite 11/C 1

■ Hotel-Restaurant Westhoff   Stuckenbrock
☎ 05207/3369
Preise: 14 Einzel 55, 12 Doppel 90, Halbpension 15, Vollpension DM 28
Ausstattung: Dusche/WC, Telefon, TV
Besonderes: Restaurant bis 23 Uhr, Parkplätze, Garagen
Kreditkarten: Amex, Eurocard

Schluchsee   ✉ 79859

Baden-Württemberg   Seite 15/C 3

■ Gasthof Hirschen   Schluchsee
☎ 07656/278
Preise: 4 Einzel ab 50, 23 Doppel DM 75-90
Ausstattung: Bad/WC, Telefon
Besonderes: Apartment-Haus, Ferienwohnungen, Lift, Konferenzraum, Sauna,
Solarium, Parkplätze

Schlüchtern   ✉ 36381

Hessen   Seite 11/D 3

■ Gasthof Zum Löwen   Brückenauer Straße 66, Herolz
☎ 06661/2752
Preise: 3 Einzel DM 35-45, 9 Doppel DM 70-90, Halbpension DM 50,
Vollpension DM 60
Ausstattung: Du, WC, Balkon
Besonderes: Restaurant, Terrasse, Liegewiese, Parkplätze

Schlüsselfeld   ✉ 96132

Bayern   Seite 16/A 1

■ Gasthof zum Storch   Marktplatz 20
☎ 09552/1016, Fax 1006
Preise: 10 Einzel ab DM 59, 55 Doppel ab DM 97, Halbpension oder
Vollpension möglich
Ausstattung: ~Dusche/WC, Telefon, TV, Radio, Minibar
Besonderes: Restaurant, Parkplätze, Garagen
Geschlossen: Ersten zwei Wochen im November
Kreditkarten: Amex, Diners, Eurocard, Visa

Schmalkalden   ✉ 98574

Thüringen   Seite 12/A 3

■ Gasthof Jägerklause   Pfaffenbach 45
☎ 03683/600143, Fax 600143
Preise: 1 Einzel 45, 33 Doppel DM 120130
Ausstattung: Dusche/WC, Telefon, ~TV, Balkon
Besonderes: Restaurant, Terrasse, Liegewiese, Parkplätze, Garagen,
Mehrbettzimmer teilweise behindertengerecht
Kreditkarten: Visa, Eurocard

Schmallenberg ✉ 57392

Nordrhein-Westfalen

■ Hotel Knoche

Rimberg 1

☎ 02974/7770, Fax 77790

Preise:	20 Einzel 78-110, 28 Doppel 140-220, 3 Apartments 260, Halbpension 25, Vollpension DM 37
Ausstattung:	Dusche/WC, Telefon, ~TV, ~Minibar, ~Balkon
Besonderes:	Restaurant, Bauernstube, Terrasse, Liegewiese, Schwimmbad, Sauna, Solarium, Parkplätze, Garagen, hauseigener Skilift
Geschlossen:	Mitte bis 26. Dezember

■ Gasthof Heimes

Hauptstr. 1, Grafschaft

☎ 02972/1051

Preise:	5 Einzel 37-69, 13 Doppel 74-112, Halbpension 17, Vollpension DM 28
Ausstattung:	Bad/Bad/WC, Telefon, TV, Minibar, ~Balkon
Besonderes:	Restaurant 12-21 Uhr, Liegewiese, Sauna, Solarium, Parkplätze, Garagen, Liegewiese
Geschlossen:	13.11. - 4.12.95

■ Hotel Knoche Rimberg

Haus-Nr. 1, Rimberg

☎ 02974/777-0, Fax 77790

Preise:	20 Einzel 65-110, 16 Doppel DM 130-210
Ausstattung:	Bad/WC, Telefon
Besonderes:	Restaurant, Gartenlokal, Terrasse, Hallenschwimmbad, Sauna, Solarium, ruhig, Parkplätze, Garagen

---

■ Hotel-Pension Albers

Graf-Gottfried-Str. 2, Bödefeld

☎ 02977/213+488, Fax 1426

Preise:	10 Einzel 78, 40 Doppel 155, Halbpension DM 15
Ausstattung:	Dusche/Bad/WC, Telefon, Radio, Balkon
Besonderes:	Restaurant, Konferenzraum 50, Massagebad, Solarium, Massage, Tischtennis, Parkplätze, Liegewiese
Geschlossen:	26. November bis 25. Dezember
Kreditkarten:	Diners, Eurocard, Visa

■ Alte Posthalterie

Weststr. 58

☎ 02972/4055+4056, Fax 2945

Preise:	18 Einzel 78-115, 10 Doppel 150-210, 9 Apartments DM 210-240 Halbpension und Vollpension möglich
Ausstattung:	Dusche/WC, Telefon, ~TV, ~Balkon
Besonderes:	Restaurant, Terrasse, Liegewiese, Sauna, Solarium, Schwimmbad, Whirlpool, Parkplätze, Garagen
Geschlossen:	3 Wochen im März und 20. bis 26. Dezember
Kreditkarten:	Amex, Diners, Eurocard, Visa

■ Landhotel Hubertus

Latroper Str. 24, Fleckenberg

☎ 02972/5077+5078, Fax 1731

Preise:	7 Einzel 72-110, 17 Doppel 138-210, 2 Apartments DM 245-280 Halbpension/Vollpension möglich
Ausstattung:	Dusche/Bad/WC, Telefon, TV, Balkon
Besonderes:	Restaurant, Terrasse, Liegewiese, Schwimmbad, Sauna, Solarium, Dampfbad, Whirlpool, Kneippanlage, Tennis,
Geschlossen:	5. bis 26. Dezember

■ Stoffels
Weststraße 29

☎ 02972/5930, Fax 2395

Preise: 3 Einzel ab DM 55, 8 Doppel ab DM 120, Halb-und Vollpension
möglich

Ausstattung: Du/Bad, WC, Terrasse, Solarium, Parkplätze

Besonderes: Restaurant, Terrasse, Solarium, seit 1691,

Kreditkarten: Amexco, Eurocard

Schmiedefeld
✉ **98711**

Thüringen
Seite 12/A 3

■ Rennsteighotel Grüner Baum
Suhler Straße 3

☎ 036782/277, Fax 749

Preise: 10 Doppel DM 120, als Einzel DM 75, 1 Appartement DM 180,
1 Ferienwohnung DM 80, Halbpension DM 15, Vollpension DM 30

Ausstattung: Du/Bad, WC, Telefon, Radio, TV

Besonderes: Restaurant, Biergarten, Terrasse, Liegewiese, Solarium,
Parkplätze, Eisspezialitäten in eigener Herstellung

Kreditkarten: Eurocard

Schmitten
✉ **61389**

Hessen
Seite 11/C 3

■ Heid/Sandplacken
Schmitten-Außerhalb

☎ 06084/541

Preise: 16 Einzel ab 50, 4 Doppel ab DM 95

Ausstattung: ~Bad/WC

Besonderes: Konferenzraum 40, Terrasse, ruhig, Parkplätze, Garagen

---

Schnaittach
✉ **91220**

Bayern
Seite 16/B 1

■ Gasthof Kampfer
Fröschau 1

☎ 09153/671, Fax 4572

Preise: 16 Einzel 57-70, 13 Doppel DM 80-100, Halbpension mögl.

Ausstattung: ~Dusche/Bad/WC, ~Telefon, ~TV

Besonderes: Restaurant 11.30-23 Uhr, Terrasse, Parkplätze, Garagen,
Liegewiese

Geschlossen: 15. Dezember bis 15. Januar

Kreditkarten: Diners, Eurocard, Visa

■ Berggasthof Hotel Igelwirt
Osternohe

☎ 09153/297, Fax 4620

Preise: 7 Einzel 57, 20 Doppel DM 94

Ausstattung: Dusche/WC, Telefon, TV, mit Bauernmöbeln, sehr ruhige Lage

Besonderes: Restaurant, Terrasse, Liegewiese, Parkplätze, Garagen

■ **Gasthof Goldener Stern** An der Osternohe 2
☎ 09153/7586, Fax 5877
Preise: 5 Einzel DM 50, 14 Doppel DM 90, 2 Ferienwohnungen
Halbpension und Vollpension möglich
Ausstattung: Du/Bad, WC, Radio, TV, Balkon
Besonderes: Restaurant, Terrasse, Liegewiese, Parkplätze, Garagen
Geschlossen: November
Kreditkarten: Eurocard

Schneverdingen ✉ 29640

Niedersachsen Seite 8/A 3

■ **Haus Hubertus** Hansahlerner Dorfstr. 17a
☎ 05193/6080
Preise: 10 Einzel 47, 16 Doppel 84, 1 Apartment 110, Halbpension
12-14, Vollpension DM 26
Ausstattung: Dusche/WC, TV, Balkon
Besonderes: Terrasse, Liegewiese, Parkplätze, Garagen

■ **Heideperle** An der Brücke 10
☎ 05193/3081
Preise: 3 Einzel ab 65, 8 Doppel ab DM 110
Ausstattung: Bad/WC, Telefon
Besonderes: Terrasse, Hallenschwimmbad, Sauna, Solarium, ruhig,
Parkplätze

■ **Landhotel Hof Barrl** B 3, Außerhalb
☎ 05198/351, Fax 605
Preise: 2 Einzel 55, 5 Doppel DM 105
Ausstattung: Dusche/Bad/WC, TV
Besonderes: Restaurant 11.30-21 Uhr, Solarium, Parkplätze, Garagen,
Terrasse, Liegewiese
Geschlossen: Mitte Januar-Mitte Februar

■ **Zum alten Krug** Bruchstraße 2
☎ 05193/3450, Fax 6623
Preise: 5 Einzel DM 60, 6 Doppel DM 110
Ausstattung: Du/Bad, WC, Telefon, TV, Balkon
Besonderes: Restaurant, Liegewiese, Sauna, Solarium, Parkplätze

Schömberg ✉ 75328

Baden-Württemberg Seite 15/C 2

■ **Hotel Ehrich** Schömberg-Langenbrand
☎ 07084/289+7712
Preise: 8 Einzel ab 62, 22 Doppel DM 104-135
Ausstattung: Dusche/WC
Besonderes: Frühstücksbuffet, Konferenzraum, Terrasse, Garten, Sauna,
Dampfbad, Solarium, Fitneßraum, Parkplätze, Liegewiese

■ **Hotel Krone**   Liebenzeller Str. 15
☎ 07084/4203+7077, Fax 6641
Preise: 15 Einzel 65-80, 25 Doppel 120-150, 2 Apartments DM 130-170,
               Halbpension 23, Vollpension DM 33
Ausstattung: Dusche/Bad/WC, Telefon, TV, Radio, Balkon, Terrasse
Besonderes: Restaurant 7-24 Uhr, Bar bis 1 Uhr, Parkplätze, Garagen,
               Liegewiese, Dachterrasse
Kreditkarten: Amex, Diners, Eurocard, Visa

■ **Mönch's Lamm**   Hugo-Römpler-Str. 21, Langenbrand
☎ 07084/6412, Fax 5272
Preise: 29 Einzel 81, 11 Doppel 140, Halbpension DM 22
Ausstattung: Bad/WC, Telefon, TV, Radio, ~Balkon
Besonderes: Restaurant, Fitneßraum, Tischtennis, Billard, Parkplätze,
               Liegewiese
Geschlossen: 14. bis 20. November
Kreditkarten: Amex, Diners, Eurocard, Visa

Schöna   ✉ 04936
Brandenburg   Seite 13/C 1

■ **Hotel Kaiserkrone**   Schöna Nr. 46
☎ 035028/80385+80342, Fax 80385+80342
Preise: 1 Einzel 70, 15 Doppel DM 120,
               Halbpension 15, Vollpension DM 30
Ausstattung: Dusche/WC
Besonderes: Restaurant, Terrasse, Parkplätze

Schönau   ✉ 97659
Bayern   Seite 11/D 2

■ **Hotel Im Krummbachtal**   Krummbachstr. 24
☎ 09775/880, Fax 8810
Preise: 27 Doppel DM 150, als Einzel DM 90
               Halbpension 20, Vollpension DM 28
Ausstattung: Dusche/Bad/WC, Telefon, TV, Radio, ~Balkon, Minibar, Balkon
Besonderes: Restaurant 11-24 Uhr, Terrasse, Liegewiese, Schwimmbad, Sauna
Kreditkarten: Amex, Diners, Eurocard, Visa

Schönau im Schwarzwald   ✉ 79677
Baden-Württemberg   Seite 15/C 3

■ **Adler**   Talstraße 7
☎ 07673/611, Fax 604
Preise: 2 Einzel DM 60, 7 Doppel DM 100, Halbpension DM 22,50
Ausstattung: Du/Bad, WC, Radio, TV
Besonderes: Restaurant, Terrasse, Parkplätze
Kreditkarten: Eurocard, Visa

■ Kirchbühl
Kirchbühlstraße 6

☎ 07673/240, Fax 249
Preise: 1 Einzel DM 63-68, 9 Doppel DM 92-112, Halbpension DM 24
Ausstattung: Du/Bad, WC, Telefon, TV
Besonderes: Frühstücksterrasse, Liegewiese, Parkplätze, Restaurant
Geschlossen: November
Kreditkarten: Diners, Eurocard, Visa

Schönau/Königsee
⊠ **83471**

Bayern
Seite 17/C 3

■ Gästehaus Gröll
Alte Köngisseer Str. 51

☎ 08652/4161
Preise: Einzel ab 38, 12 Doppel DM 85-110
Ausstattung: Bad/WC, ~TV, Balkon
Besonderes: ruhig, garni, Parkplätze, Garagen, Liegewiese

■ Hotel Georgenhof
Modereggweg 21

☎ 08652/61066, Fax 62067
Preise: 5 Einzel 62-87, 12 Doppel 120, Halbpension DM 18
Ausstattung: Dusche/WC, Telefon, TV, Minibar, Balkon
Besonderes: Restaurant, Bar, Terrasse, Liegewiese, Sauna, Solarium,
Parkplätze, Garagen, Apartments
Kreditkarten: Eurocard

■ Stolls Hotel Alpina
Ulmenweg 14

☎ 08652/6509-0, Fax 61608
Preise: 6 Einzel 85-100, 37 Doppel 120-220, 7 Appartements
Ausstattung: ~Bad/WC, Telefon, ~Balkon
Besonderes: Konferenzraum 60, Terrasse, Hallenschwimmbad, Sauna,
Solarium, ruhig, Parkplätze, Garagen
Geschlossen: 2.11. - 15.12.
Kreditkarten: Eurocard, Visa, Diners, Amex

■ Hotel Pension Zillnhof
Untersteinerstraße 20

☎ 08652/2562, Fax 66468
Preise: 5 Einzel DM 55, 12 Doppel DM 98, 5 Ferienwohnungen DM 125
Ausstattung: Du/Bad, WC, Radio, TV, Balkon
Besonderes: Restaurant, Terrasse, Liegewiese, Parkplätze
Geschlossen: 15.11. - 15.12.

Schönberg
⊠ **24217**

Schleswig-Holstein
Seite 8/A 1

■ Ruser's Hotel
Albert-Koch-Str. 4

☎ 04344/2013, Fax 1775
Preise: 9 Einzel ab DM 62, 35 Doppel DM 116
Ausstattung: Bad/WC, Telefon, TV, ~Balkon
Besonderes: Restaurant, Terrasse, Sauna, Solarium, Whirlpool,
Parkplätze, Garagen

Bad Schönborn
Baden-Württemberg

✉ **76669**

Seite 15/C 1

■ **Erck**   Heidelberger Str. 22, Bad Mingolsheim
☎ 07253/5151, Fax 7993
Preise: 15 Einzel ab 75, 9 Doppel ab DM 120
Ausstattung: Bad/WC, Telefon, Balkon, TV
Besonderes: Restaurant 11-23 Uhr geöffnet, Terrasse, Parkplätze, Garage
Kreditkarten: Visa

Schöneck
Sachsen

✉ **08261**

Seite 12/B 3

■ **IFA Ferienpark Hohe Reuth**   Hohe Reuth 5
☎ 037464/88313, Fax 88402
Preise: 60 Doppel DM 110, als Einzel DM 80, 140 Appartements DM 38
       p.P., 140 FeWo. ab DM 75, Halbpen. DM 21, Vollpen. DM 42
Ausstattung: Dusche/WC, Radio, Sat-TV, Telefon,~Balkon
Besonderes: Restaurant, Bar, Terrasse, Sauna, Solarium, Parkplätze
Kreditkarten: Amex, Eurocard, Visa

Schönheide
Sachsen

✉ **08304**

Seite 12/B 3

■ **Zum Forstmeister**   Auerbacher Str. 15
☎ 037755/2281+3002, Fax 2065
Preise: 11 Einzel 70, 28 Doppel DM 96,
       Halbpension DM 18
Ausstattung: Dusche/WC, Radio, TV
Besonderes: Restaurant, Terrasse, Liegewiese, Parkplätze,
       Apartments und Mehrbettzimmer
Geschlossen: 20. bis 24. Dezember
Kreditkarten: Diners, Eurocard, Visa

■ **Hotel Zur Post**   Hauptstr. 101
☎ 037755/3012+3034, Fax 3113
Preise: 3 Einzel 75, 10 Doppel DM 120,
       Halbpension DM 15
Ausstattung: Dusche/WC, Telefon, TV, Radio
Besonderes: Restaurant, Biergarten, Parkplätze
Kreditkarten: Amex, Diners, Eurocard, Visa

Schönwald
Baden-Württemberg

✉ **78141**

Seite 15/C 2

■ **Hotel Dorer**   Schubertstr. 20
☎ 07722/95050, Fax 950530
Preise: 7 Doppel 134, 6 Apartments 170, Halbpension 30, Vollpension DM 50
Ausstattung: Dusche/Bad/WC, Telefon, TV, Radio, Minibar, Balkon
Besonderes: Frühstücksbuffet, Garten, Solarium, Parkplätze, Garagen,
       Liegewiese
Kreditkarten: Amex, Diners, Eurocard, Visa

Schöppingen   ✉ **48624**

Nordrhein-Westfalen   Seite 10/B 1

■ **Alte Post**   Hauptstr. 82
☎ 02555/1016, Fax 1020
Preise: 4 Einzel 45-80, 17 Doppel DM 90-140, Halbpension und
           Vollpension möglich
Ausstattung: Dusche/WC, Telefon, ~TV, ~Minibar, ~Balkon
Besonderes: Restaurant, Liegewiese, Parkplätze, Garagen
Geschlossen: 3 Wochen in den NRW-Sommerferien
Kreditkarten: Amex, Diners, Eurocard, Visa

■ **Haus Tegeler**   Vechtestraße 24, Eggerode
☎ 02545/697, Fax 697
Preise: 3 Einzel DM 60, 7 Doppel DM 120, Halbpension DM 17,50,
           Vollpension DM 26,50
Ausstattung: Du/Bad, WC, Telefon, Balkon
Besonderes: Restaurant, Terrasse, Parkplätze
Kreditkarten: Amexco, Diners, Eurocard, Visa

Schollbrunn   ✉ **97852**

Bayern   Seite 15/D 1

■ **Gasthaus Sonne**   Brunnenstr. 1
☎ 09394/344, Fax 8340
Preise: 4 Einzel 70, 27 Doppel 105, Halbpension DM 55
Ausstattung: Bad/WC, Balkon
Besonderes: Restaurant, Liegewiese, Kinderspielplatz, Parkplätze,
           Liegewiese
Geschlossen: Januar

Schonach   ✉ **78136**

Baden-Württemberg   Seite 15/C 2

■ **Landhotel Rebstock**   Sommerberg 10
☎ 07722/96160, Fax 961656
Preise: 4 Einzel 77, 23 Doppel 138, Halbpension DM 25
Ausstattung: Dusche/Bad/WC, TV
Besonderes: Restaurant, Terrasse, Schwimmbad, Sauna, Solarium,
           Schwarzwälder Spezialitäten, ruhig, Parkplätze, Garagen,
Geschlossen: November und März
Kreditkarten: Amex, Diners, Eurocard, Visa

■ **Schwanen**   Hauptstr. 18
☎ 07722/5296, Fax 1450
Preise: 4 Einzel ab 56, 13 Doppel 103-120, Halbpension 22,
           Vollpension DM 32
Ausstattung: Bad/WC, TV, Telefon, Radio
Besonderes: Terrasse, Solarium, Parkplätze, Garagen
Kreditkarten: Amex, Diners, Eurocard, Visa

Schongau ✉ 86956

Bayern   Seite 16/A 3

■ **Hotel Alte Post**   Marienplatz 19
☎ 08861/23200, Fax 232080
Preise: 4 Einzel 60-100, 30 Doppel DM 100-170
Ausstattung: Dusche/Bad/WC, Telefon, TV, Radio, Minibar
Besonderes: Restaurant 7-23 Uhr, Frühstücksbuffet, Garagen
Geschlossen: 24. Dezember bis 11. Januar
Kreditkarten: Eurocard

■ **Hotel Holl**   Altenstädter Str. 39
☎ 08861/4051, Fax 8943
Preise: 1 Einzel 75-85, 20 Doppel 140, Halbpension DM 35
Ausstattung: Bad/WC, Telefon, TV, Radio
Besonderes: Restaurant ab 18 Uhr, Parkplätze, Garagen, Liegewiese
      Konferenzraum bis 30 Personen
Geschlossen: Restaurnat vom 20. Dezember bis 15. Januar

Schopfheim ✉ 79650

Baden-Württemberg   Seite 14/B 3

■ **Hotel Landgasthof Krone**   Am Rain 6, Wiechs
☎ 07622/39940, Fax 399420
Preise: 19 Einzel 83, 27 Doppel DM 140, 2 Apartments,
      Halbpension 21, Vollpension DM 29
Ausstattung: Bad/WC, Telefon, Radio, TV, Balkon
Besonderes: Restaurant, Terrasse, Garten, Hallenschwimmbad, Solarium,
      Parkplätze, Kutsch- und Schlittenfahrten
Geschlossen: 14 Tage im Juli
Kreditkarten: Eurocard

■ **Hotel Berghaus Hohe Flum**   Auf der Hohen Flum 2
☎ 07622/2782, Fax 64794
Preise: 2 Einzel DM 62, 8 Doppel DM 124, Halbpension DM 20, Voll-
      pension DM 27
Ausstattung: Du/Bad, WC, Telefon, TV
Besonderes: Restaurant, Bibliothek, Terrasse, Liegewiese, Parkplätze
Geschlossen: 20.12. - 31.1.

Schotten ✉ 63679

Hessen   Seite 11/D 3

■ **Hotel Landhaus Appel**   Altenhainer Str. 38
☎ 06044/705+706, Fax 4651
Preise: 9 Einzel 48-58, 20 Doppel 68-96, Halbpension 19,50,
      Vollpension DM 28,50
Ausstattung: Dusche/WC, Telefon, ~Balkon
Besonderes: Restaurant 11.30-24 Uhr, Kegelbahn, Terrasse, Sauna,
      Parkplätze, Garagen
Geschlossen: 5. bis 13. Januar und 17. Juli bis 4. August
Kreditkarten: Amex, Diners, Eurocard

■ **Sonnenberg**   Laubacher Str. 25
☎ 06044/771-3, Fax 8624
Preise: 10 Einzel ab 55-80, 40 Doppel ab DM 90-140
Ausstattung: 10 Einzel ab DM 50, 40 Doppel ab DM 140
                 Solarium, Kegeln, ruhige Lage, Parkplätze, Gartengrill
Besonderes: Konferenzraum 30-80 Pers., Hallenschwimmbad, Sauna, Solari-
                 um, Terrasse, Kegeln, ruhige Lage, Parkplätze, Gartengrill

Schuttertal   ✉ 77978
Baden-Württemberg   Seite 15/C 2

■ **Landgasthof-Pension Löwen**   Hauptstraße 4, Dörlinbach
☎ 07826/324, Fax 590
Preise: 15 Doppel DM 100-120, Halbpension DM 15, Vollpension DM 30
Ausstattung: Du/Bad, WC, Telefon, TV
Besonderes: Restaurant, Terrasse, Liegewiese, Sauna, Solarium, Park-
                 plätze
Geschlossen: 10 Tage an Fastnacht

Schwabach   ✉ 91126
Bayern   Seite 16/A 1

■ **Gasthof Adam Drexler**   Wolkerdorfer Hauptstr. 42
☎ 0911/630099, Fax 635030
Preise: 23 Einzel 38-70, 15 Doppel DM 70-110
Ausstattung: Dusche/WC, Telefon, Radio
Besonderes: Restaurant, Parkplätze, Garagen
Geschlossen: August
Kreditkarten: Amex, Eurocard

Schwäbisch Gmünd   ✉ 73529
Baden-Württemberg   Seite 15/D 2

■ **Adler**   Einhornstr. 31, Straßdorf
☎ 07171/41041+42
Preise: 15 Einzel ab 57, 10 Doppel DM 105-140
Ausstattung: Bad/~WC, Telefon
Besonderes: Terrasse, Garten, Parkplätze

■ **Löwen**   Alemannenstr. 35, Straßdorf
☎ 07171/43311+43319
Preise: 10 Einzel 67-75, 20 Doppel DM 110-135
Ausstattung: Bad/WC, Telefon
Besonderes: Terrasse, Hallenschwimmbad, Kegeln, Parkplätze, Garagen

Schwäbisch Hall ✉ 74523

Baden-Württemberg

Seite 15/D 1

■ **Hotel Wolf** Karl-Kurz-Str. 2

☎ 0791/2112, Fax 42236

Preise:	12 Einzel 85, 15 Doppel 138, Halbpension 28, Vollpension DM 40
Ausstattung:	Dusche/WC, Telefon, TV
Besonderes:	Restaurant, Terrasse, Liegewiese, Parkplätze
Geschlossen:	2 Wochen im Juli
Kreditkarten:	Amex, Diners, Eurocard, Visa

■ **Zur Eisenbahn** Karl-Kurz-Str. 2, Hessental

☎ 0791/2037

Preise:	10 Einzel ab 80, 20 Doppel ab 135, Halbpension DM 25, Vollpension DM 42
Ausstattung:	Bad/WC, TV, Telefon, Radio
Besonderes:	Terrasse, Parkplätze, Garagen, Liegewiese
Kreditkarten:	Amex, Diners, Eurocard, Visa

Schwandorf ✉ 92421

Bayern

Seite 16/B 1

■ **Landgasthof Fischer** Kreuzstraße 16

☎ 09431/21152, Fax 20909

Preise:	1 Einzel DM 50, 11 Doppel DM 85, 1 Appartement 140 Halbpension DM 10, Vollpension DM 18
Ausstattung:	Du/Bad, WC, Telefon, TV, Balkon
Besonderes:	Restaurant, Parkplätze
Kreditkarten:	Eurocard

Schwanewede ✉ 28790

Niedersachsen

Seite 7/B 3

■ **Waldhotel Köster** Hauptstr. 9

☎ 0421/621071, Fax 621073

Preise:	3 Einzel 99, 11 Doppel DM 130-150
Ausstattung:	Dusche/WC, Telefon, TV, Radio, Minibar
Besonderes:	Restaurant, Terrasse, Parkplätze
Kreditkarten:	Amex, Diners, Eurocard, Visa

Schwangau ✉ 87645

Bayern

Seite 16/A 3

■ **Hotel Weinbauer** Füssener Str. 3

☎ 08362/81015, Fax 81606

Preise:	6 Einzel 52-70, 34 Doppel 104-130, 1 Apartment DM 160-200
Ausstattung:	Dusche/WC, Telefon, ~TV, ~Balkon
Besonderes:	Restaurant, Terrasse, Liegewiese, Parkplätze, Garagen
Geschlossen:	7. Januar bis 7. Februar
Kreditkarten:	Amex, Eurocard, Visa

Bad Schwartau ✉ 23611

Schleswig-Holstein

■ Waldhotel Riesebusch Sonnenweg 1

☎ 0451/21581, Fax 283646
Preise: 8 Einzel ab 80, 10 Doppel ab 130, 3 Apartments ab DM 160
Ausstattung: Dusche/WC, Telefon, TV
Besonderes: Restaurant 11.30-14, 17.30-21 Uhr, Frühstücksbuffet, ruhig,
Parkplätze, Garagen
Kreditkarten: Amex, Eurocard, Visa

Schwarzach ✉ 97359

Bayern

■ Hotel Zum Benediktiner Schwarzach

☎ 09324/851, Fax 3315
Preise: 8 Einzel 84, 24 Doppel DM 110-120
Ausstattung: Bad/WC, Telefon, TV, Radio, Minibar
Besonderes: Restaurant 10-24 Uhr, Frühstücksbuffet,
Parkplätze, Garagen
Kreditkarten: Eurocard, Visa

Schwarzburg ✉ 07427

Thüringen

■ Hotel Schwarzaburg Friedrich-Ebert-Platz 16

☎ 036730-22347
Preise: 2 Einzel DM 75, 5 Doppel DM 130, 1 Appartement DM 160,
1 Feriensuite DM 200
Ausstattung: Du, WC, Telefon, Radio, TV, Minibar, ~Balkon
Besonderes: Restaurant, Terrasse, Parkplätze, Traditionszimmer - hier
wurde die Weimarer Verfassung 1919 unterzeichnet

Schwarzenbruck ✉ 90592

Bayern

■ Hotel Hellmann Regensburger Str. 32, Ochenbruck

☎ 09128/2176, Fax 14818
Preise: Einzel 50-75, 11 Doppel DM 90-120
Ausstattung: ~Bad/WC, ~Telefon
Besonderes: Restaurant, Sauna, Parkplätze, Garagen
Kreditkarten: Eurocard

■ Gästehaus Moorblick Hammerwerkstr. 15

☎ 09128/5464, Fax 5584
Preise: 4 Einzel 50-60, 4 Doppel DM 90-100, 1 Appartement DM 100
Ausstattung: Dusche/WC, Radio, Kabel-TV
Besonderes: Tarrasse, Liegewiese, Apartment

■ Waldhotel in Rummelsberg   Rummelsberg 61
☎ 09128/91920, Fax 12191
Preise: 11 Einzel 65, 9 Doppel DM 90
Ausstattung: Dusche/WC, Telefon, ~TV, ~Balkon
Besonderes: Restaurant bis 21 Uhr geöffnet, Terrasse, Parkplätze
Geschlossen: 22. Dezember bis 2. Januar

Schwedt   ✉ 16303
Brandenburg   Seite 9/D 3

■ Büro-Hotel   Platz der Befreiung 6
☎ 03332/21081, Fax 23350
Preise: 80 Einzel 44-57, 37 Doppel DM 64-69
Ausstattung: Dusche/WC, Telefon, TV
Besonderes: Restaurant, Parkplätze, Garagen

Schweinfurt   ✉ 97422
Bayern   Seite 12/A 3

■ Central-Hotel   Zehntstr. 20
☎ 09721/20090, Fax 200950
Preise: 20 Einzel 89, 15 Doppel DM 128
Ausstattung: Dusche/Bad/WC, Kabel-TV, Telefon
Besonderes: Parkhaus, ruhig, Garagen
Kreditkarten: Amex, Eurocard, Visa

■ Flair-Hotel Zum Grafen Zeppelin   Cramerstr. 7
☎ 09721/22173+18295, Fax 24572
Preise: 6 Einzel ab 84, 17 Doppel 138, Halbpension DM 18,50;
     Vollpension DM 25,50
Ausstattung: Dusche/Bad/WC, Telefon, TV, Radio
Geschlossen: Sonntag ab 14.30 Uhr
Kreditkarten: Amex, Diners, Eurocard, Visa

■ Hotel Ross   Postplatz 9
☎ 09721/20010, Fax 200113
Preise: Einzel 80-150, Doppel 130-200, Halbpension DM 20,
     Vollpension DM 35-50
Ausstattung: Dusche/Bad/WC, Telefon, TV, Minibar
Besonderes: Restaurant, Terrasse, Schwimmbad, Sauna, Solarium,
     Parkplätze, Garagen
Geschlossen: 20. Dezember bis 10. Januar
Kreditkarten: Amex, Eurocard, Visa

Schweinitz   ✉ 06928
Sachsen-Anhalt   Seite 13/C 1

■ Hotel Haus am Wald   Obere Weinberge 14
☎ 03537/3205
Preise: 3 Einzel 55-70, 5 Doppel 90-100, Halbpension DM 25
Ausstattung: Dusche/WC, Telefon, TV
Besonderes: Restaurant, Terrasse, Liegewiese, Parkplätze

Schwelm

✉ **58332**

Nordrhein-Westfalen

Seite 10/B 2

■ **Haus Wünsche**   Göckinghofstr. 47
☎ 02336/82030
Preise: 13 Einzel 74-80, 6 Doppel DM 102-110
Ausstattung: Bad/WC, TV, Telefon
Besonderes: Terrasse, Sauna, Solarium, Whirlpool, Weinstube, ruhig,
                 garni, Parkplätze, Restaurant 18-22 Uhr
Geschlossen: Juli, Ostern, Weihnachten und Neujahr
Kreditkarten: Visa, Diners, Eurocard

■ **Hotel Frese**   Schulstr. 56
☎ 02336/5020+2936
Preise: 9 Einzel 70, 7 Doppel DM 135
Ausstattung: Dusche/WC, Telefon, TV
Besonderes: Hotel garni, Parkplätze, Garagen
Geschlossen: 3 Wochen in den Sommerferien und Weihnachten bis Neujahr

---

Schwerte

✉ **58239**

Nordrhein-Westfalen

Seite 10/B 2

■ **Hiddemann Im Spiek**   Letmather Str. 216, Ergste
☎ 02304/7105-06
Preise: 5 Einzel 75-80, 9 Doppel DM 140-150
Ausstattung: Dusche/Bad/WC, Telefon, ~TV, Minibar
Besonderes: Restaurant, Terrasse, Liegewiese, Garagen, Parkplätze
Geschlossen: September und 22. Dezember bis 15. Januar

Sebnitz

✉ **01855**

Sachsen

Seite 13/D 2

■ **Gasthof Sebnitztal**   Hohnsteiner Str. 11
☎ 035971/7474, Fax 4502
Preise: 1 Einzel 70, 5 Doppel DM 95,
                 Halbpension DM 20
Ausstattung: Dusche/WC, Telefon, TV, Radio
Besonderes: Restaurant, Bar, Liegewiese, Parkplätze
Kreditkarten: Eurocard, Visa

Seddin

✉ **14554**

Brandenburg

Seite 13/C 1

■ **Hotel und Speisegaststätte Jägerhof**   Leipziger Straße 2
☎ 033205/2623, Fax 2623
Preise: 1 Einzel DM 65, 3 Doppel DM 100, 3 Dreibeitt DM 150, Halb-
                 pension DM 15, Vollpension DM 25
Ausstattung: Du/Bad, WC, Radio, TV, ~Seeblick
Besonderes: Restaurant, hauseigene Fleischerei, Terrasse, Parkplätze
Kreditkarten: Amexco, Eurocard, Visa

Seebruck ✉ 83358

Bayern   Seite 17/C 3

■ Hotel Post   Ludwig-Thoma-Str. 8
☎ 08667/8870, Fax 1343
Preise: 8 Einzel 70, 23 Doppel DM 110-125,
                 Halbpension 22, Vollpension DM 44
Ausstattung: Dusche/WC, Telefon, TV, Radio, Balkon
Besonderes: Restaurant, Terrasse, Liegewiese, Parkplätze, Garagen
Kreditkarten: Diners, Eurocard, Visa

Seeheim-Jugenheim ✉ 64342

Hessen   Seite 15/C 1

■ Hotel Brandhof   Im Stettbacher Tal 43
☎ 06257/2689
Preise: 24 Einzel ab DM 80, 25 Doppel DM 145
Ausstattung: Bad/WC, Telefon, TV, ~Balkon
Besonderes: Restaurant, Terrasse, Parkplätze
Kreditkarten: Eurocard

Seelbach ✉ 77960

Baden-Württemberg   Seite 15/C 2

■ Hotel Ochsen   Hauptstr. 100
☎ 07823/9495-0, Fax 2036
Preise: 5 Einzel 65, 29 Doppel DM 112
Ausstattung: Bad/WC, ~Telefon, TV, Balkon
Besonderes: Restaurant, Terrasse, Kegeln, Garagen
Geschlossen: drei Wochen über Fastnacht
Kreditkarten: Diners, Visa

Seesen ✉ 38723

Niedersachsen   Seite 11/D 1

■ Landhaus zum Alten Fritz   Frankfurter Str. 2
☎ 05381/1811, Fax 3338
Preise: Einzel ab 74, 22 Doppel 100, Halbpension DM 18
Ausstattung: Dusche/WC, Telefon, TV
Besonderes: Restaurant, Terrasse, Sauna, Solarium, Parkplätze, Garagen
Kreditkarten: Amex, Diners, Eurocard, Visa

Seeshaupt ✉ 82402

Bayern   Seite 16/B 3

■ Landgasthof Zur Quelle   Hauptstr. 12, Magnetsried
☎ 08801/772
Preise: Einzel ab 40, 14 Doppel 70-90, Halbpension 16, Vollpension
                 DM 31
Ausstattung: WC, ~Dusche, ~TV, ~Balkon
Besonderes: Restaurant 10-14.30, 17.30-22 Uhr, Konferenzraum 70,
                 Vollwertkost, preiswerte Tagesgerichte, Hunde erlaubt,
Kreditkarten: Amex, Eurocard, Visa

Seewald

Baden-Württemberg

✉ **72297**

Seite 15/C 2

■ **Kropfmühle** Omersbach 1, Omersbach
☎ 07448/244, Fax 1054
Preise: 2 Einzel DM 38, 8 Doppel DM 76, Halbpension DM 18, Vollpension DM 28
Ausstattung: Du/Bad, WC, Balkon
Besonderes: Restaurant, Terrasse, Liegewiese, Garagen, Parkplätze
Kreditkarten: Eurocard

■ **Sonnenblick**, Besenfeld
☎ 07447/319/1591, Fax 738
Preise: 4 Einzel DM 46-61, 14 Doppel 104, 8 Appartements, Halbpension DM 21, Vollpension DM 28
Ausstattung: Du/Bad, WC, Radio, TV, Balkon
Besonderes: Restaurant, Terrasse, Liegewiese, Schwimmbad, Solarium, Parkplätze
Geschlossen: Mitte November - Mitte Dezember

Bad Segeberg

Schleswig-Holstein

✉ **23795**

Seite 8/A 2

■ **Hotel B 404 & Haus Stefanie** Bundesstr. 404, Schackendorf
☎ 04551/3600, Fax 93343
Preise: 20 Einzel ab 62, 35 Doppel DM 82, Halbpension möglich
Ausstattung: ~Bad/WC Telefon, TV, Balkon
Besonderes: Restaurant, Parkplätze, Garagen, Terrasse
Geschlossen: 24.+ 25.12.
Kreditkarten: Amex, Diners, Eurocard, Visa

Selbitz

Bayern

✉ **95152**

Seite 12/B 3

■ **Gasthof Goldene Krone** Bahnhofstr. 18
☎ 09280/235+5650
Preise: 5 Einzel 50, 11 Doppel DM 70,
Halbpension und Vollpension nach Vereinbarung
Ausstattung: Dusche/WC, ~Telefon, ~TV, Radio
Besonderes: Restaurant, Solarium, Parkplätze
Kreditkarten: Eurocard

Seligenstadt

Hessen

✉ **63500**

Seite 11/C 3

■ **Zum Lamm** Seligenstädter Straße 36
☎ 06182/7064+7065, Fax 67482
Preise: 18 Einzel DM 70, 9 Doppel DM 130
Ausstattung: Du/Bad, WC, Telefon, Radio, TV
Besonderes: Restaurant, Parkplätze
Geschlossen: Juli und 20.12.-8.1.

Sensbachtal   ✉ **64759**

Hessen   Seite 15/D 1

■ **Waldgasthof Reußenkreuz**   Siegfriedstraße 2
☎ 06068/2263 + 2086, Fax 4651
Preise: 5 Einzel DM 60, 9 Doppel DM 120, 6 Appartements, Halbpension DM 15, Vollpension DM 24
Ausstattung: Du, WC, Telefon, Radio, TV, Minibar, Balkon
Besonderes: Restaurant, Terrasse, Liegewiese, Sauna, Solarium
Kreditkarten: Diners, Eurocard, Visa

Siegburg   ✉ **53721**

Nordrhein-Westfalen   Seite 10/B 2

■ **Hotel Siegblick**   Nachtigallenweg 1
☎ 02241/60077-78, Fax 60079
Preise: 6 Einzel 80-100, 12 Doppel 125-145, 1 Apartment 120-200, Halbpension 30, Vollpension DM 50
Ausstattung: Dusche/Bad/WC, Telefon, TV, Radio, Balkon
Besonderes: Restaurant 7-23 Uhr, Bar 7-23 Uhr, Konferenzraum 60, eigener Minigolfplatz, Tischtennis, Parkplätze, Garagen, Liegewiese
Geschlossen: 14. Juli bis 6. August
Kreditkarten: Eurocard, Visa

■ **Jagdhaus**   Viehtrifft 21
☎ 02241/384337+384327, Fax 384729
Preise: 2 Einzel 60-70, 12 Doppel DM 130-140
Ausstattung: Dusche/WC, Telefon, Radio, TV
Besonderes: Restaurant, Terrasse, Parkplätze
Kreditkarten: Diners, Eurocard, Visa

Siegen   ✉ **57078**

Nordrhein-Westfalen   Seite 11/C 2

■ **Berghotel Johanneshöhe**   Wallhausenstr. 1
☎ 0271/310008, Fax 315939
Preise: 8 Einzel ab 89, 16 Doppel ab 135, 1 Apartment DM 195, Halbpension möglich, Vollpension möglich
Ausstattung: Dusche/Bad/WC, Telefon, TV, Radio, BK/Terrasse
Besonderes: Restaurant 11-24 Uhr, Bar ab 18 Uhr, Konferenzraum 50, Panoramablick vom Restaurant, Hotelzimmern und Bar, ruhig
Kreditkarten: Amex, Diners, Eurocard, Visa

■ **Hotel-Café Römer**   Rijnsburgstr. 4, Geisweid
☎ 0271/81045, Fax 870140
Preise: 12 Einzel DM 80
Ausstattung: Dusche/WC, Telefon, Minibar
Besonderes: ruhig, garni, Parkplätze, Garagen
Kreditkarten: Amex, Diners, Eurocard, Visa

■ **Hotel Jakob Garni**   Tiergartenstraße 61
☎ 0271/52375, Fax 24541
Preise: 4 Einzel DM 70, 6 Doppel DM 120
Ausstattung: Du/Bad, WC, Telefon, Radio
Besonderes: Parkplätze, 5 Minuten vom Bahnhof

■ **Gasthof Reuter**   Geisweider Straße 144
☎ 0271/85566
Preise: 3 Einzel DM 35-38, 4 Doppel 60-80
Ausstattung: Du/Bad,WC
Besonderes: Restauratn, Terrasse, Parkplätze
Geschlossen: Ende Juli-Anfang August

Siegsdorf   ⊠ **83313**
Bayern   Seite 17/G 3

■ **Hotel Obermayer**   Rabensteinstr. 11, Eisenärzt
☎ 08662/9675
Preise: 6 Einzel 50-60, 15 Doppel DM 80-90
Ausstattung: Dusche/WC, Balkon, Radio, TV
Besonderes: Terrasse, Schwimmbad, Sauna, Solarium, Whirl-Pool
Geschlossen: 01. Oktober bis 20. Dezember
Kreditkarten: Eurocard

■ **Gasthof Edelweiß**   Hauptstraße 21
☎ 08662/9296, Fax 12722
Preise: 2 Einzel DM 42, 12 Doppel DM 90, Halbpension DM 18
Ausstattung: Du/Bad, WC, TV
Besonderes: Restaurant, Parkplätze
Kreditkarten: Eurocard

Sigmaringen   ⊠ **72488**
Baden-Württemberg   Seite 15/D 2

■ **Hotel Fürstenhof**   Zeppelinstraße 14
☎ 07571/72060, Fax 720644
Preise: 15 Einzel 85, 15 Doppel 135, 2 Apartments DM 160,
                   Halbpension/Vollpension möglich
Ausstattung: Dusche/Bad/WC, Telefon, TV, Radio, ~Balkon
Besonderes: Restaurant 11-23 Uhr, Frühstücksbuffet, Konferenzraum,
                   Parkplätze, Liegewiese
Kreditkarten: Amex, Diners, Eurocard, Visa

Simmerath   ⊠ **52152**
Nordrhein-Westfalen   Seite 10/A 3

■ **Hotel Paulushof**   Seeufer 10, Rurberg
☎ 02473/2257, Fax 4612
Preise: 10 Einzel 48-58, 36 Doppel 80-110, Halbpension 20,
                   Vollpension DM 27
Ausstattung: Dusche/WC, Balkon
Besonderes: Restaurant 12-22 Uhr, Bar bis 1 Uhr, Ferienwohnungen,
                   Hallenschwimmbad, Solarium, Kegeln, Minigolf, Tennishalle
Kreditkarten: Eurocard, Visa

Simmern ✉ 55469

Rheinland-Pfalz   Seite 10/B 3

■ **Junkersmühle**   Simmern-Michelbach
☎ 06761/2068, Fax 13193
Preise: 21 Doppel ab DM 110
Ausstattung: Bad/WC, TV, Telefon, Radio, ~TV
Besonderes: Terrasse, Hallenschwimmbad, Sauna, Solarium, Whirlpool,
              Billard, Kegeln, Minigolf, Planwagenfahrten, Reiten,

---

Simonswald ✉ 79263

Baden-Württemberg   Seite 15/C 2

■ **Gasthof Hotel Engel**   Obertalstr. 44, Obersimonswald
☎ 07683/271, Fax 1336
Preise: 10 Einzel 60-70, 32 Doppel DM 100-120
Ausstattung: Dusche/WC, Telefon, ~TV, Balkon
Besonderes: Restaurant, Terrasse, Liegewiese, Sauna, Solarium,
              Parkplätze, Garagen, Kegelbahnen
Geschlossen: 24. Oktober bis 22. November 1994
Kreditkarten: Diners, Eurocard, Visa

Singen ✉ 78224

Baden-Württemberg   Seite 15/C 3

■ **Hotel Jägerhaus**   Ekkehardstr. 84/86
☎ 07731/65097, Fax 63338
Preise: 10 Einzel ab DM 90-110, 18 Doppel ab DM 130-160,
              Halbpension möglich
Ausstattung: Bad/Dusche/WC, Telefon, TV, ~Minibar
Besonderes: Restaurant 11-23 Uhr, Garagen
Kreditkarten: Amex, Diners, Eurocard, Visa

■ **Hotel Widerhold**   Schaffhauser Str. 58
☎ 07731/88070, Fax 880755
Preise: 7 Einzel ab 65, 27 Doppel 90-130, Halbpension 20,
              Vollpension DM 35
Ausstattung: ~Bad/WC, ~Telefon, TV, Balkon
Besonderes: Restaurant, Terrasse, Parkplätze, Garagen
Kreditkarten: Diners, Eurocard, Visa

■ **Auerhahn Hotel Garni**   Bahnhofstr. 53
☎ 07731/62486, Fax 62486
Preise: 7 Einzel 65, 13 Doppel DM 98
Ausstattung: Dusche/WC, TV
Besonderes: Parkplätze, Garagen

■ **Hotel Hegauhaus**   Duchtlingerstr. 55
☎ 07731/44672, Fax 63338
Preise: 4 Einzel ab DM 58, 8 Doppel ab DM 80, Halbpension möglich
Ausstattung: Du, WC
Besonderes: Restaurant 11-23 Uhr

Sipplingen

Baden-Württemberg

■ **Hotel Krone** Seestr. 54

☎ 07551/63211, Fax 3905
Preise: 6 Einzel ab 62, 19 Doppel ab DM 104
Ausstattung: Dusche/Bad/WC, Telefon
Besonderes: Restaurant 8-24 Uhr, eigener Strand, Parkplätze
Kreditkarten: Amex, Diners, Eurocard, Visa, AirPlus

■ **Landgasthof Sternen** Burkhardt-von-Hohenfels-Str. 20

☎ 07551/63609, Fax 3169
Preise: Einzel 63,50-75,50, Doppel 107-131, Apartments DM 155-159
Ausstattung: Dusche/WC, Telefon, TV, Minibar, Balkon
Besonderes: Restaurant, Terrasse, Liegewiese, Parkplätze, Garagen
Geschlossen: 8. Januar bis Mitte März

■ **Krone** Seestraße 54

☎ 07551/63211, Fax 3905
Preise: 6 Einzel DM 62-68, 19 Doppel DM 110-118, Halb- und Vollpension möglich
Ausstattung: Du/Bad, WC, Telefon, Radio, Balkon
Besonderes: Restaurant, Liegewiese, Parkplätze, Freibad am Bodensee
Kreditkarten: Amexco, Diners, Eurocard, Visa

Bad Soden-Salmünster

Hessen

■ **Hubertus** Frowin-v.-Hutten-Str. 30

☎ 06056/8686
Preise: 25 Einzel 45-50, 4 Doppel DM 90-105
Ausstattung: Bad/WC, Telefon
Besonderes: Terrasse, Parkplätze, Garagen

■ **Landhotel Betz** Brüder-Grimm-Str. 21

☎ 06056/739-0, Fax 8080
Preise: 40 Einzel 115, 28 Doppel 160, Halbpension DM 18
Ausstattung: Dusche/WC, Telefon, ~TV, Balkon
Besonderes: Restaurant, Bar bis 1 Uhr, Terrasse, Hallenschwimmbad, Sauna, Solarium, ruhig, Parkplätze, Liegewiese
Kreditkarten: Amex, Eurocard

Sögel

Niedersachsen

■ **Hotel Lucull** Am Südkamp 5

☎ 05952/731, Fax 2297
Preise: 5 Einzel 55, 27 Doppel DM 95, Halbpension möglich, Vollpension möglich
Ausstattung: Bad/WC
Besonderes: Restaurant 17-22 Uhr, Bar bis 24 Uhr geöffnet, Parkplätze
Kreditkarten: Eurocard

Sömmerda

Thüringen

✉ **99610**

Seite 12/A 2

■ **Hoffmans Hoteletage** Straße der Einheit 17
☎ 03634/22043
Preise: 16 Doppel DM 90, Wochenendpauschale: 60 DM
Ausstattung: Dusche/WC, Telefon, TV, Balkon

Soest

Nordrhein-Westfalen

✉ **59494**

Seite 11/C 2

■ **Hotel Stadt Soest** Brüderstr. 50
☎ 02921/1811-13, Fax 1811
Preise: 10 Einzel 80, 12 Doppel DM 125
Ausstattung: Dusche/Bad/WC, Telefon, TV, Radio
Besonderes: Bar 10-24 Uhr, Frühstücksbuffet, Kinderspielplatz,
Parkplätze, Garagen
Kreditkarten: Amex, Diners, Eurocard, Visa

Solingen

Nordrhein-Westfalen

✉ **42697**

Seite 10/B 2

■ **Atlantic Hotel** Goerderlerstr. 9, Burg
☎ 0212/16001, Fax 16004
Preise: 12 Einzel 90-110, 9 Doppel DM 140-170
Ausstattung: Dusche/Bad/WC, Telefon, TV, Radio, Minibar
Besonderes: Parkplätze
Kreditkarten: Amex, Diners, Eurocard, Visa

■ **Hotel Landhaus Arnz** Burger Landstraße 249
☎ 0212/44000, Fax 47914
Preise: 12 Einzel DM 42-60, 13 Doppel DM 152-204, Halbpension
Ausstattung: Du/Bad, WC
Besonderes: Restaurant, Parkplätze
Geschlossen: Schulferien
Kreditkarten: Diners, Eurocard, Visa

Soltau

Niedersachsen

✉ **29614**

Seite 8/A 3

■ **Hotel-Pension Am Böhmepark** Bornemannstr. 3
☎ 05191/98020, Fax 8652
Preise: 2 Einzel 59-65, 10 Doppel DM 118-130
Ausstattung: Dusche/WC, Telefon, TV, Minibar
Besonderes: Terrasse, Parkplätze, Ferienwohnung

■ Hotel-Pension Emhof
Emhof 1, Hötzingen

☎ 05190/228, Fax 1228

Preise: 1 Einzel DM 57-67, 20 Doppel DM 94-114, Halbpension DM 15,50
3 Ferienwohnungen

Ausstattung: Du/Bad, WC, Telefon, TV

Besonderes: Restaurant, Terrasse, Liegewiese, Schwimmbad, Sauna, Solar, Wintergarten, Ruderboot, Boule, Parkplätze

Geschlossen: 18.12. - 24.12.

Kreditkarten: Eurocard

Sommerhausen   ✉ 97286
Bayern   Seite 15/D 1

■ Hotel-Gasthof Anker
Maingasse 2

☎ 09333/232, Fax 271

Preise: 5 Einzel 55, 6 Doppel DM 95

Ausstattung: Dusche/WC, Telefon, Radio, TV

Besonderes: Biergarten, Terrasse, Parkplätze

Kreditkarten: Amex, Eurocard

■ Weinhaus Düll
Maingasse 3 + 5

☎ 09333/220, Fax 8208

Preise: 2 Einzel DM 45-60, 7 Doppel DM 70-95

Ausstattung: Du/Bad, WC

Besonderes: Restaurant, Terrasse,

Geschlossen: Mitte Januar - Mitte Februar

■ Hotel Ritter Jörg
Mainstraße 14

☎ 09333/1221, Fax 1883

Preise: 8 Einzel DM 80, 14 Doppel DM 130

Ausstattung: Du/Bad, WC, Telefon, Radio, TV, ~Balkon

Besonderes: Restaurant, Parkplätze

Geschlossen: Januar

Sondershausen   ✉ 99706
Thüringen   Seite 12/A 2

■ Hotel Zum Possen
Possen, Sondershausen

☎ 03632/2884

Preise: Einzel 46, 4 Doppel 79, Halbpension DM 7

Ausstattung: TV, Radio

Besonderes: Restaurant 9-18 Uhr, Etagenbad, Parkplätze, Liegewiese

---

■ Thüringer Hof
Hauptstr. 30-32

☎ 03632/8051-53, Fax 2474

Preise: 10 Einzel ab 88, 37 Doppel 140, 1 Apartment 180, Halbpension 10, Vollpension DM 20

Ausstattung: Dusche/WC, Telefon, TV, Minibar

Besonderes: Restaurant, Bar, Parkplätze

Kreditkarten: Amex, Diners, Eurocard, Visa

Sonthofen
✉ 87527

Bayern   Seite 16/A 3

■ **Brauerei-Gasthof Hirsch**   Hirschstr. 2
☎ 08321/2031, Fax 4551
Preise: 5 Einzel ab 75, 22 Doppel ab 130, Halbpension 15,
                    Vollpension DM 25
Ausstattung: Bad/WC, Telefon, TV
Besonderes: Restaurant 7-24 Uhr, Bar 9-24 Uhr, Frühstücksbuffet,
                    freitags Zither-Abend, samstags Tanz, Parkplätze, Garagen
Kreditkarten: Amex, Diners, Eurocard, Visa

■ **Hotel Grünten**   Bahnhofplatz 15
☎ 08321/7016+7017
Preise: Einzel 60, 50 Doppel DM 110
Ausstattung: Dusche/WC, Telefon, TV, Balkon
Besonderes: Restaurant, Terrasse, Parkplätze
Geschlossen: November bis Mitte Dezember

Sontra
✉ 36205

Hessen   Seite 11/D 2

■ **Hotel Link**   Bahnhofstraße 17
☎ 05653/683, Fax 8123
Preise: 7 Einzel DM 48, 29 Doppel DM 85, Halbpension DM 13, Voll-
                    pension DM 21
Ausstattung: Du/Bad, WC, ~Balkon, TV möglich
Besonderes: Restaurant, Garagen,
Kreditkarten: Eurocard

Bad Sooden-Allendorf
✉ 37242

Hessen   Seite 11/D 2

■ **Hotel Central u. Kurhotel Kneipp**   Haintor 3
☎ 05652/2584+2292
Preise: 30 Einzel 65, 22 Doppel 120, 1 Apartment 120, Halbpension
                    12, Vollpension DM 24
Ausstattung: ~Dusche/WC, ~Telefon
Besonderes: Restaurant 12-14, 18-21 Uhr, Terrasse, Solarium, eigene
                    Badeabteilung, Diätküche, Parkplätze, Liegewiese
Kreditkarten: Amex, Eurocard

■ **Hotel Martina**   Westerburgstr. 1
☎ 05652/2080+2088, Fax 2732
Preise: 42 Einzel 66-85, 24 Doppel 110-155, 1 Apartment 145-160,
                    Halbpension 14, Vollpension DM 23
Ausstattung: Bad/WC, Telefon, Radio, ~TV, Balkon
Besonderes: Restaurant 12-14/18-21 Uhr, Bar bis 23 Uhr, Lift,
                    Konferenzraum 60, Bierstube, Parkplätze, Liegewiese
Kreditkarten: Amex, Diners, Eurocard, Visa

Spaichingen   ✉ 78549
Baden-Württemberg   Seite 15/C 2

■ Hotel Zum Kameralamt   Balgheimer Str. 1
☎ 07424/94070, Fax 9407203
Preise: 3 Einzel 65, 6 Doppel DM 115, Halbpension möglich
Ausstattung: Dusche/WC, Telefon, Minibar
Besonderes: Terrasse, Liegewiese, Parkplätze, Minigolf, Ski-Lift, TT-Raum
Kreditkarten: Diners, Eurocard, Visa

Spenge   ✉ 32139
Nordrhein-Westfalen   Seite 11/C 1

■ Hotel Zum Blücherplatz   Blücherplatz 6
☎ 05225/8792-0, Fax 879233
Preise: 5 Einzel 65, 6 Doppel DM 98-118, Halbpension/Vollpension
  nach Vereinbarung, Frühstücksbuffet
Ausstattung: Dusche/WC, Telefon, Radio, TV
Besonderes: Restaurant 10.30-14.30, 17-24 Uhr, Bierterrasse, Parkplätze,
  Garagen
Geschlossen: 1. Januarhälfte
Kreditkarten: Eurocard, Visa, Diners

Speyer   ✉ 67346
Rheinland-Pfalz   Seite 15/C 1

■ Hotel Am Wartturm   Landwehrstr. 28
☎ 06232/64330, Fax 643321
Preise: 6 Einzel 80-90, 11 Doppel DM 120-160
Ausstattung: Dusche/WC, Telefon
Besonderes: garni, Parkplätze,Terrasse, Liegewiese

■ Hotel und Weinstube Trutzpfaff   Webergasse 5
☎ 06232/6012-0, Fax 601230
Preise: 8 Doppel DM 110, als Einzel DM 75
Ausstattung: Du/Bad, WC, Telefon, Radio, TV
Besonderes: Restaurant, Terrasse, Parkplätze
Kreditkarten: Amexco, Diners, Eurocard, Visa

Spiegelau   ✉ 94518
Bayern   Seite 17/C 2

■ Tannenhof   Auf der List 27
☎ 08553/354+6054, Fax 6369
Preise: 8 Einzel 57, 17 Doppel 108, 4 Apartments 112, Halbpension
  10, Vollpension DM 20
Ausstattung: Bad/WC, TV
Besonderes: Restaurant 8-24 Uhr, Terrasse, Hallenschwimmbad, Sauna,
  Solarium, Kegeln, Parkplätze, Garagen

Spiekeroog

Niedersachsen

■ Hotel Inselfriede   Süderloog 12
☎ 04976/617
Preise: 8 Einzel 75-80, 17 Doppel 135-155, 17 Ferienwohnungen
                90-150, Halbpension DM 20
Ausstattung: Dusche/WC, Telefon
Kreditkarten: Diners

■ Hotel zur Linde   Noorderloog 5
☎ 04976/234, Fax 646
Preise: 7 Einzel 60-75, 15 Doppel 120-150, 1 Apartment 120-150,
                Halbpension DM 25
Ausstattung: Dusche/WC, Telefon, TV
Besonderes: Restaurant, Liegewiese, vegetarische und Vollwertgerichte,
                Fischspezialitäten
Geschlossen: 1. bis 26. Dezember und 8. Januar bis 1. März

Sprakensehl

Niedersachsen

■ Hotel-Pension Landhaus Adebahr   Triftweg 17, Masel
☎ 05837/377, Fax 1262
Preise: 3 Doppel DM 90
Ausstattung: Dusche/WC
Besonderes: Liegewiese, Parkplätze

Spremberg

Brandenburg

■ Hotel am Berg   Bergstr. 30
☎ 03563/2839+91768/8, Fax 94837
Preise: 7 Einzel 75, 9 Doppel 130, 1 Apartment DM 140,
                Halbpension DM 15
Ausstattung: Dusche/WC, Telefon, Radio, TV, Balkon
Besonderes: Restaurant 18-23 Uhr, Terrasse, Liegewiese, Parkplätze
Kreditkarten: Eurocard, Visa, Amex

Springe

Niedersachsen

■ Hotel Garni Springe   Zum Oberntor 9-11
☎ 05041/4011, Fax 62242
Preise: 10 Einzel 70, 7 Doppel DM 95-100
Ausstattung: Dusche/WC, Telefon, TV, Kinderbett, Babyausrüstung
Besonderes: Parkplätze, Ferienwohnung
Geschlossen: 23. Dezember bis 15. Januar
Kreditkarten: Eurocard

Sprockhövel
Nordrhein-Westfalen

✉ **45549**

Seite 10/B 2

■ **Landgasthof Auf dem Brink** Elberfelder Str. 100
☎ 0202/522344, Fax 525071
Preise: 4 Einzel ab 75, 5 Doppel DM 95, Halbpension und Vollpension
möglich
Ausstattung: Dusche/WC, Telefon, TV
Besonderes: Restaurant, Kegelbahnen, Parkplätze, Garagen
Geschlossen: dienstags
Kreditkarten: Amex, Eurocard, Visa

Stade
Niedersachsen

✉ **21684**

Seite 8/A 2

■ **Schwedenkrone** Richegweg 15
☎ 04141/81174+81175, Fax 86488
Preise: 11 Einzel 80-95, 20 Doppel 130-140, Halbpension 20,
Vollpension DM 40
Ausstattung: Dusche/WC, Telefon, TV, Minibar
Besonderes: Restaurant, Terrasse, Liegewiese, Parkplätze
Kreditkarten: Amex, Diners, Eurocard, Visa

Stadtallendorf
Hessen

✉ **35260**

Seite 11/C 2

■ **Germania** Obergasse 1
☎ 06429/342, Fax 7090
Preise: 11 Einzel DM 65, 10 Doppel DM 110, Halbpension DM 15
Ausstattung: Du/Bad, WC, Telefon, Radio, TV
Besonderes: Parkplätze, Garagen
Kreditkarten: Amexco, Eurocard, Visa

Stadthagen
Niedersachsen

✉ **31655**

Seite 11/D 1

■ **Hotel Oelkrug** Waldstr. 2, Obernwöhren
☎ 05721/76051, Fax 76052
Preise: 9 Einzel 85, 9 Doppel 135, Halbpension 18, Vollpension DM 25
Ausstattung: Bad/WC, Telefon, Balkon
Besonderes: Restaurant, Terrasse, ruhig, Parkplätze, Garagen
Geschlossen: August

Stadtkyll
Nordrhein-Westfalen

✉ **54589**

Seite 10/A 3

■ **Haus am See** Wirftstraße
☎ 06597/2326, Fax 3053
Preise: 4 Einzel 70, 20 Doppel 140, Halbpension DM 18
Ausstattung: Dusche/Bad/WC, Balkon
Besonderes: Restaurant 11-23 Uhr, Terrasse, Sauna, Solarium, Parkplätze,
Garagen, Liegewiese, Beauty-Farm, Spielzimmer und -platz

Stadtlohn   ✉ **48703**
Nordrhein-Westfalen   Seite 10/B 1

■ **Team-Hotel Tenbrock**   Pfeifenofen 2-4
☎ 02563/1072, Fax 1075
Preise: 13 Einzel 60-90, 18 Doppel 120-160, Halbpension DM 28
Ausstattung: Dusche/Bad/WC, Telefon, TV
Besonderes: Restaurant, Gartenwirtschaft, Terrasse, Schwimmbad, Tennis,
                   Parkplätze, Garagen
Kreditkarten: Amex, Diners, Eurocard, Visa, AirPlus

Stadtsteinach   ✉ **95346**
Bayern   Seite 12/B 3

■ **Gasthof Ratskeller**   Marktplatz 6
☎ 09225/258
Preise: 1 Einzel 30, 4 Doppel DM 64,
                   Halbpension 12, Vollpension DM 20
Ausstattung: ~Dusche/WC
Besonderes: Restaurant
Kreditkarten: Amex, Diners, Eurocard

Staffelstein   ✉ **96231**
Bayern   Seite 12/A 3

■ **Hotel Roediger**   Zur Hergottsmühle 2
☎ 09573/895, Fax 1339
Preise: 11 Einzel 78-80, 40 Doppel 115-120, Halbpension DM 22
Ausstattung: Bad/WC, Telefon, TV, Minibar, Balkon
Besonderes: Restaurant, Terrasse, Schwimmbad, Sauna,
                   Solarium
Geschlossen: Restaurant im August
Kreditkarten: Amex, Diners, Eurocard, Visa

St Andreasberg   ✉ **37444**
Niedersachsen   Seite 12/A 2

■ **Hotel in der Sonne**   An der Skiwiese 12
☎ 05582/280
Preise: 2 Einzel 49-70, 13 Doppel DM 80-120
Ausstattung: Bad/~WC, Telefon
Besonderes: Terrasse, Hallenschwimmbad, Sauna, Solarium, ruhig,
                   Parkplätze

■ **Hotel Tannhäuser**   Clausthaler Str. 2a
☎ 05582/91880, Fax 918850
Preise: 5 Einzel 62-80, 18 Doppel 120-150, Halbpension 20,50,
                  Vollpension DM 37
Ausstattung: Dusche/Bad/~WC, Telefon, ~TV, Balkon
Besonderes: Restaurant 8.30-22 Uhr, Konferenzraum 50, Parkplätze,
                  Liegewiese
Kreditkarten: Amex, Diners, Eurocard, Visa

Starnberg   ⊠ 82319
Bayern   Seite 16/B 3

■ **Tutzinger Hof**   Tutzinger-Hof-Platz
☎ 08151/7456, Fax 28138
Preise: 8 Einzel DM 75, 24 Doppel DM 120
Ausstattung: Bad/WC, Telefon
Besonderes: Restaurant 11-22 Uhr, Terrasse, Parkplätze, Garagen
Kreditkarten: Amex, Diners, Eurocard, Visa

St Blasien   ⊠ 79837
Baden-Württemberg   Seite 15/C 3

■ **Gasthaus + Pension Vogelbacher**   Algtal-Kutterau 2
☎ 07672/2825, Fax 9559
Preise: 2 Einzel 50, 13 Doppel 80, 1 Ferienwohnung 105, Halbpension
                  19, Vollpension DM 30
Ausstattung: Dusche/WC, TV, Balkon
Besonderes: Terrasse, Liegewiese, Sauna, Solarium,
                  Parkplätze
Geschlossen: 1.10. - 17.12

■ **Hotel Sonnenhof**   Vorderdorfstr. 58, Menzenschwand
☎ 07675/501+502, Fax 504
Preise: 4 Einzel 75, 22 Doppel ab 100, 1 Apartment für 4 Personen
                  200, Halbpension DM 25
Ausstattung: Dusche/Bad/WC, Telefon, Radio, ~TV, ~Terrasse
Besonderes: Restaurant 12-24 Uhr, Konferenzraum, Hallenschwimmbad,
                  Solarium, Massage, Tischtennis, Kinderspielplatz, ruhig,
Geschlossen: Anfang November bis Mitte Dezember

■ **Klosterhof**   Am Kurgarten 9
☎ 07672/523+2032
Preise: 4 Einzel 65-75, 10 Doppel 110-140, Halbpension 23,
                  Vollpension DM 35
Ausstattung: Dusche/WC, Telefon, TV
Besonderes: Restaurant, Terrasse, Parkplätze
Geschlossen: November

Bad Steben ✉ 95138
Bayern Seite 12/B 3

■ Privat-Hotel Promenade Badstr. 16
☎ 09288/1021
Preise: 39 Einzel ab 70, 11 Doppel DM 140-150, 1 Apartment DM 160
Halbpension und Vollpension auf Anfrage
Ausstattung: ~Dusche/Bad/WC, Telefon, TV, Balkon
Besonderes: Restaurant 11-23 Uhr, Lift, Sauna, Solarium, Parkplätze

---

Steinen ✉ 79585
Baden-Württemberg Seite 14/B 3

■ Gästehaus Pflüger Lörracherstraße 15
☎ 07627/1418, Fax 7281
Preise: 1 Einzel DM 56-66, 14 Doppel DM 90-100
Ausstattung: Du/Bad, WC, Telefon, Radio, TV, Fön
Besonderes: Dreibettzimmer möglich, Terrasse, Liegewiese, Solarium,
Parkplätze

Steinfeld ✉ 49439
Niedersachsen Seite 7/B 3

■ Hotel Schemder Bergmark Schemde 270
☎ 05492/89-0, Fax 8959
Preise: 16 Einzel 79-105, 24 Doppel DM 115-175
Ausstattung: Bad/WC, Telefon, TV, Radio, ~Balkon
Besonderes: Restaurant, Terrasse, Schwimmbad, Sauna, Solarium,
Kegeln, Reiten, Schießen, Tennis, ruhig, Parkplätze,
Kreditkarten: Amex, Diners, Eurocard, Visa

Steinfurt ✉ 48565
Nordrhein-Westfalen Seite 10/B 1

■ Hotel Zur Lindenwirtin Ochtruper Str. 38, Burgsteinfurt
☎ 02551/2015, Fax 4728
Preise: 8 Einzel 54-70, 10 Doppel DM 88-105
Ausstattung: Dusche/WC, Telefon
Besonderes: Restaurant, Sauna, Parkplätze, Garage
Geschlossen: 16.7. - 7.8.95
Kreditkarten: Eurocard, Visa, Amex, Diners

■ Posthotel Riehmann Münsterstr. 8, Borghorst
☎ 02552/4050+4059, Fax 62484
Preise: 16 Einzel 70-90, 6 Doppel DM 130-140, Halbpension und
Vollpension möglich
Ausstattung: Dusche/WC, Telefon, TV
Besonderes: Restaurant, Terrasse, Parkplätze, Garagen, Biergarten
Kreditkarten: Amex, Diners, Eurocard, Visa

■ **Wassertor**   Tecklenburger Str. 1
☎ 02551/5343
Preise: 6 Doppel 100, als Einzel DM 65
Ausstattung: Dusche/WC, TV, Föhn
Besonderes: Restaurant, Terrasse, Liegewiese, Solarium, Parkplätze,
                Garagen
Kreditkarten: Amex, Diners, Eurocard, Visa

Steißlingen   ✉ 78256
Baden-Württemberg   Seite 15/C 3

■ **Gasthaus Krone**   Schulstr. 18
☎ 07738/225, Fax 7198
Preise: 1 Einzel 37, 7 Doppel DM 65,
                Halbpension und Vollpension möglich
Ausstattung: ~Dusche/WC
Besonderes: Restaurant 10-24 Uhr geöffnet, Parkplätze
Geschlossen: Februar und Oktober

■ **Hotel Sättele**   Schillerstraße 9
☎ 07738/92900, Fax 929059
Preise: 3 Einzel DM 70, 11 Doppel DM 120, 1 Appartement für 4 Pers.
                DM 180, Halbpension möglich
Ausstattung: Du/Bad, WC, Telefon, TV, Balkon
Besonderes: Restaurant, Terrasse, Liegewiese, Parkplätze
Geschlossen: 10.7. - 27.7. + 6.11. - 24.11. 95
Kreditkarten: Eurocard, Visa

Stendal   ✉ 39576
Sachsen-Anhalt   Seite 8/B 3

■ **Hotel Schwarzer Adler**
☎ 03931/212265, Fax 214067
Preise: 4 Einzel 40-85, 16 Doppel DM 60-130
Ausstattung: ~Dusche/WC, Telefon, Radio
Besonderes: Restaurant 6.30-24 Uhr
Kreditkarten: Amex, Eurocard, Visa

St Englmar   ✉ 94379
Bayern   Seite 17/C 1

■ **Hotel Reinerhof**   Grün Nr. 9, Grün
☎ 09965/588, Fax 1315
Preise: 7 Einzel 46-67, 28 Doppel 88-130, 3 Apartments 122-220,
                Halbpension DM 15
Ausstattung: Dusche/WC, Telefon, TV, ~Balkon
Besonderes: Restaurant, Terrasse, Liegewiese, Schwimmbad, Sauna, Lift
                Solarium, Ferienwohnungen
Geschlossen: 5. November bis 15. Dezember

■ Berggasthof Bernhardshöhe   Kolmberg 5
☎ 09965/258, Fax 258
Preise: 4 Einzel DM 45, 13 Doppel DM 50, Halbpension DM 13, Pau-
                 schalarrangements
Ausstattung: Du/Bad, WC, Radio, TV
Besonderes: Restaurant, Terrasse, Liegewiese, Schwimmbad, Solarium,
                 Parkplätze
Geschlossen: 1. November - 24. Dezember

Sternberg   ✉ 19406
Mecklenburg-Vorpommern   Seite 8/B 2

■ Gasthaus Am Markt   Am Markt 6
☎ 03847/2341, Fax 2341
Preise: 4 Einzel 55, 4 Doppel DM 60
Ausstattung: Dusche/WC, Telefon, TV
Besonderes: Restaurant, Parkplätze

Stetten   ✉ 88719
Baden-Württemberg   Seite 15/C 2

■ Gasthof Rebstock   Hauptstr. 11
☎ 07532/6105+5310, Fax 2168
Preise: 1 Einzel 48-58, 14 Doppel DM 80-100,
                 Halbpension DM 18
Ausstattung: Dusche/WC, Telefon
Besonderes: Restaurant, Parkplätze

St Georgen   ✉ 78112
Baden-Württemberg   Seite 15/C 2

■ Hotel Kammerer   Hauptstr. 23
☎ 07724/93920, Fax 3180
Preise: 9 Einzel 73-78, 10 Doppel DM 108-115
Ausstattung: Bad/WC, Telefon, Radio, TV, Balkon
Besonderes: Lift, Terrasse, garni, Parkplätze, Garagen
                 Konditorei und Café im Hause
Kreditkarten: Amex, Eurocard, JCB, Visa

St Germanshof   ✉ 76889
Rheinland-Pfalz   Seite 15/C 1

■ Waldrestaurant-Pension St. Germanshof   Hauptstr. 10
☎ 06394/1455, Fax 5391
Preise: 2 Einzel 55-62, 10 Doppel 95-110, Halbpension 20, Vollpen-
                 sion
Ausstattung: Dusche/WC, Radio, TV
Besonderes: Restaurant, Liegewiese, Parkplätze, Garagen
Geschlossen: 21. November bis 5. Dezember und 20. Januar bis 10. Februar

St Goar

✉ 56329
Seite 10/B 3

Rheinland-Pfalz

■ Hotel Hauser   Heerstr. 77
☎ 06741/333, Fax 1464
Preise: 3 Einzel 65-95, 13 Doppel 98-130, Halbpension DM 23
Ausstattung: ~Dusche/WC, ~Balkon
Besonderes: Restaurant, Terrasse
Geschlossen: 15.12. - 31.1.
Kreditkarten: Amex, Diners, Eurocard, Visa

St Märgen

✉ 79274
Seite 14/B 3

Baden-Württemberg

■ Gasthaus Neuhäusle   Erlenbach 1
☎ 07669/271
Preise: 3 Einzel 52-70, 18 Doppel 92-110, Halbpension DM 18
Ausstattung: ~Dusche/WC, TV, Radio, Balkon
Besonderes: Restaurant 8-23 Uhr, Konferenzraum 30, Solarium, Parkplätze,
                Garagen, Liegewiese

■ Hotel Hirschen   Feldbergstr. 9
☎ 07669/787, Fax 1303
Preise: 7 Einzel ab 72, 30 Doppel 128-164, Halbpension DM 25
Ausstattung: Dusche/Bad/WC, Telefon, Radio, ~Balkon, ~TV
Besonderes: Restaurant 11.30-24 Uhr, Konferenzraum 40, Parkplätze,
                Garagen
Geschlossen: Ende November bis 20. Dezember
Kreditkarten: Amex, Diners, Eurocard, Visa

■ Hotel Löwen   Glottertalstr. 5
☎ 07669/376, Fax 1271
Preise: 3 Einzel 60-80 30 Doppel 100-140, Halbpension DM 23
Ausstattung: Bad/WC
Besonderes: Terrasse, Hallenschwimmbad, Sauna, Solarium, Massage,
                Restaurant, Café, Parkplätze, Garagen
Geschlossen: Januar
Kreditkarten: Amex, Diners, Eurocard, Visa

Stölln

✉ 14728
Seite 9/C 3

Mecklenburg-Vorpommern

■ Gasthof und Hotel Zum 1. Flieger   Otto-Lilienthal-Str. 7
☎ Rhinow 434, Fax 434
Preise: 6 Doppel 100, als Einzel 80, 1 Hochzeitszimmer DM 150
Ausstattung: Dusche/WC, Telefon, TV
Besonderes: Restaurant, Parkplätze, Segel- und Drachenfliegen im Ort

Stolberg
Sachsen-Anhalt

✉ **06547**

Seite 12/A 2

■ **Zum Bürgergarten** — Thyratal 1
☎ 034654/401, Fax 575
Preise: 5 Einzel 70, 22 Doppel 85-140, Halbpension 18, Vollpension DM 35
Ausstattung: Dusche/WC, Telefon, TV, Minibar, Fön
Besonderes: Restaurant, Sauna, Whirlpool, Solarium, Parkplätze, Garagen
Kreditkarten: Amex, Diners, Eurocard, Visa

■ **Pension Am Harzgarten** — Rittergasse 94
☎ 034654/232 (800-0), Fax 788 (800-13)
Preise: 12 Doppel DM 106, als Einzel DM 68, 3 Ferienwohnungen DM 80-130
Ausstattung: Du, WC, Telefon, Radio, TV, Minibar
Besonderes: Liegewiese, Dampfbad, Fitnessraum, Parkplätze, Waldlage 10 Minuten zum Stadtzentrum
Kreditkarten: Diners, Eurocard, Visa

Stolberg
Nordrhein-Westfalen

✉ **52222**

Seite 10/A 2

■ **Süssendell** — Süssendell, Mausbach
☎ 02402/71011
Preise: 2 Einzel 60-70, 9 Doppel DM 120
Ausstattung: Dusche/WC, Telefon, TV, ~Minibar
Besonderes: Restaurant, Terrasse, Liegewiese, Parkplätze

Stolpen
Sachsen

✉ **01833**

Seite 13/C 2

■ **Hotel Garni Burgstadt Stolpen** — Neustädter Str. 7
☎ 035973/4164, Fax 4164
Preise: 9 Einzel 75-90, 5 Doppel DM 110-130, Halbpension und Vollpension bei Gruppen
Ausstattung: Dusche/WC, Telefon, TV, Radio
Besonderes: Parkplätze
Kreditkarten: Amex, Eurocard, Visa

Storkow
Brandenburg

✉ **15859**

Seite 13/C 3

■ **Pension Seehawer** — Reichenwaldstr. 57
☎ 033678/2233, Fax 71013
Preise: 1 Einzel 65, 1 Doppel DM 75, Halbpension möglich
Ausstattung: Dusche/WC, Telefon, TV, Minibar,
Besonderes: Terrasse, Liegewiese, Parkplätze, Apartments

St Peter ✉ 79271

Baden-Württemberg

■ **Silence-Hotel Berghotel Kandel**   St. Peter-Außerhalb
☎ 07681/4024-0, Fax 4024-52
Preise: 2 Einzel 88, 48 Doppel 130, Halbpension DM 23
Ausstattung: Bad/Dusche/WC, Telefon, TV, Balkon
Besonderes: Restaurant, Terrasse, Solarium, Kegeln, Parkplätze
Geschlossen: 6.November bis 23. Dezember
Kreditkarten: Amex, Diners, Eurocard, Visa, JCB

■ **Hotel Sonne**   Zähringer Str. 2
☎ 07660/203, Fax 766
Preise: 2 Einzel 80, 12 Doppel 140, 1 Appartement 160, Halbpension D
                    Halbpension DM 28
Ausstattung: Dusche/WC, Telefon, Radio, Balkon
Besonderes: Restaurant 12-24 Uhr, TV auf Anfrage, eigene Metzgerei,
                    Parkplätze, Garagen, Apartment und Ferienwohnung
Geschlossen: Mitte Januar bis Mitte Februar, Ruhetage Montag und Dienstag
Kreditkarten: Diners, Eurocard, Visa

St Peter-Ording ✉ 25826

Schleswig-Holstein

■ **Dünenhotel Eulenhof**   Im Bad 9
☎ 04863/1092, Fax 7217
Preise: 9 Einzel 70-90, 14 Doppel 140-180, 7 Appartements
                    DM 170-200
Ausstattung: Dusche/WC, Telefon, TV, ~Balkon
Besonderes: Liegewiese, Schwimmbad, Sauna, Solarium, Parkplätze
Geschlossen: Ende November bis Ende Februar
Kreditkarten: Eurocard

■ **Hotel Fernsicht**   Am Kurbad 17
☎ 04863/2022, Fax 2020
Preise: 10 Einzel 80, 20 Doppel 140, Halbpension DM 25
Ausstattung: Bad/WC, Telefon, Minibar, Balkon
Besonderes: Restaurant, Solarium, ruhig, Parkplätze, Garagen,
                    Liegewiese
Kreditkarten: Amex, Diners, Eurocard, Visa, AirPlus

■ **Hotel Waldesruh**   Waldstr. 7-13, Ording
☎ 04863/2056, Fax 1387
Preise: 5 Einzel ab 85, 35 Doppel ab 99, Halbpension DM 33, Voll-
                    pension DM 45
Ausstattung: Dusche/Bad/WC, Radio, Balkon, Telefon, TV
Besonderes: Restaurant 8-24 Uhr, Bar, sehr gute Küche, ruhig,
                    Parkplätze, Liegewiese, Katamaranverleih

Straubenhardt   ✉ 75334
Baden-Württemberg   Seite 15/C 2

■ **Landhotel Adlerhof**   Mönchstraße 14
☎ 07082/50051
Preise: 9 Einzel ab 72, 10 Doppel 136, 1 Apartment DM 182,
    Halbpension/Vollpension möglich
Ausstattung: Bad/WC, TV, Telefon, Balkon
Besonderes: Restaurant 7-23 Uhr, Terrasse, Tennis, ruhig, Parkplätze,
    Liegewiese
Kreditkarten: Eurocard, Visa

■ **Waldhotel Bergschmiede**   Holzbachtal 80
☎ 07248/1051+52, Fax 1008
Preise: 11 Einzel ab 68, 12 Doppel 122, Halbpension möglich
Ausstattung: Dusche/WC, Telefon, TV
Besonderes: Restaurant 11.30-21 Uhr, Terrasse, Liegewiese, Schwimmbad,
    Sauna, Parkplätze, Garagen
Kreditkarten: Eurocard, Visa

Straubing   ✉ 94315
Bayern   Seite 17/C 1

■ **Donau-Motel**   Landshuter Str. 55
☎ 09421/3485, Fax 4761
Preise: 9 Einzel 60-70, 11 Doppel DM 98-118
Ausstattung: Dusche/Bad/WC, Telefon, TV, Radio
Besonderes: Parkplätze
Kreditkarten: Amex, Diners, Eurocard, Visa

■ **Hotel Wittelsbach**   Stadtgraben 25/26
☎ 09421/9430, Fax 81641
Preise: 8 Einzel 80, 28 Doppel 105, Halbpension 15,
    Vollpension DM 23
Ausstattung: Dusche/Bad/WC, Telefon, TV
Besonderes: Restaurant, Frühstücksbuffet, Lärmstoppfenster,
    Lift, Parkplätze, Garagen
Kreditkarten: Amex, Diners, Eurocard, Visa

Strausberg   ✉ 15344
Brandenburg   Seite 9/B 3

■ **Hotel-Café-Restaurant „Annablick"**   Ernst-Thälmann-Str. 82a
☎ 03341/423917, Fax 471829
Preise: 2 Einzel 65-75, 8 Doppel DM 110-130
Ausstattung: Dusche/WC, Telefon, TV
Besonderes: Restaurant, Terrasse, Liegewiese, Parkplätze

Strullendorf   ✉ **96129**
Bayern   Seite 16/A 1

■ **Hotel Büttel**   Litzendorfer Str. 3, Geisfeld
☎ 09505/7033, Fax 8349
Preise: 4 Einzel 58, 23 Doppel 90, Halbpension DM 17
Ausstattung: Dusche/WC, Telefon, Balkon
Besonderes: Restaurant, Bar, Terrasse, Liegewiese, Sauna, Solarium, Parkplätze
Geschlossen: 14 Tage im August

Struth   ✉ **99976**
Thüringen   Seite 12/A 2

■ **Zur Grünen Linde**   Langestraße 93
☎ 036026/204 + 606
Preise: 2 Einzel DM 50-55, 6 Doppel DM 80-90, 2 Appartements DM 120
Halb-oder Vollpension möglich
Ausstattung: Du/Bad, WC, Telefon, Radio, TV, ~Balkon
Besonderes: Restaurant, Parkplätze, Terrasse, Liegewiese,
Kreditkarten: Amexco, Diners, Eurocard, Visa

Struth-Helmershof   ✉ **98593**
Thüringen   Seite 12/A 2

■ **Helmerser Wirtshaus**   Hauptstraße 94
☎ 03683/788634/88287
Preise: 1 Einzel DM 30, 8 Doppel DM 80, 1 Appartement DM 100,
Halbpension DM 25, Vollpension DM 25
Ausstattung: Du, WC, ~Telefon, Radio, TV
Besonderes: Restaurant, Terrasse, Liegewiese, Parkplätze
Kreditkarten: Eurocard

Stubenberg   ✉ **94166**
Bayern   Seite 17/C 2

■ **Gasthof Zur Post**   Poststr. 1, Prienbach
☎ 08571/2000+2009
Preise: 20 Einzel 76, 12 Doppel DM 120
Ausstattung: Bad/WC, TV, Telefon, Radio, TV, Balkon
Besonderes: Restaurant 12-14/18-21.30 Uhr, Terrasse, Sauna, Solarium,
Fitneßraum, Parkplätze, Garagen
Kreditkarten: Amex, Diners, Eurocard, Visa

Stühlingen   ✉ **79780**
Baden-Württemberg   Seite 15/C 3

■ **Gasthaus Zum Kreuz**   Ehrenbachstr. 70, Weizen
☎ 07744/335, Fax 1347
Preise: 2 Einzel 45, 16 Doppel DM 85, Halbpension möglich
Ausstattung: Dusche/Bad/WC, TV
Besonderes: Restaurant, Terrasse, Liegewiese, Parkplätze, Garagen
Geschlossen: Mitte Oktober bis Mitte November
Kreditkarten: Eurocard

Stützerbach

Thüringen   Seite 12/A 3

■ **Gasthof und Pension Eintracht**   Schleusinger Str. 118
☎ 036784/50349
Preise: 1 Einzel 55-65, 6 Doppel 90-110, Halbpension 15,
           Vollpension DM 30
Ausstattung: Dusche/WC, Telefon, Radio, TV
Besonderes: Restaurant, Schwimmbad, Sauna, Liegewiese

Stuttgart

Baden-Württemberg   Seite 15/D 2

■ **Hotel Bellevue**   Schurwaldstr. 45
☎ 0711/481010+486406, Fax 487506
Preise: 7 Einzel 80-110, 6 Doppel DM 140-150
Ausstattung: Dusche/WC, Telefon, Radio, TV
Besonderes: Restaurant 12-14/18-24 Uhr, Parkplätze,
           Garagen
Kreditkarten: Amex, Diners, Eurocard, Visa

■ **Gästehaus Morlock**   Solitudestr. 27, Weilimdorf
☎ 0711/861039
Preise: 6 Einzel DM 75, 6 Doppel DM 130
Ausstattung: Bad/WC, Telefon, Radio
Besonderes: Parkplätze, Garagen

■ **Gaststätte Zum Muckestüble**   Solitudestr. 25
☎ 0711/856122, Fax 865502
Preise: 6 Einzel 80, 6 Doppel DM 140
Ausstattung: Dusche/WC, Telefon
Besonderes: Restaurant, Terrasse, Parkplätze,
           Garagen

■ **Hotel Find GmbH**   Hauptstätterstr. 53b
☎ 0711/6404076-78
Preise: 13 Einzel 77-110, 16 Doppel DM 110-150
Ausstattung: ~Dusche/WC, Telefon, Radio
Besonderes: Parkplätze, Stadtzentrum
Kreditkarten: Amex, Diners, Eurocard, Visa

■ **Hotel garni Seyboldt**   Fenchelstr. 11
☎ 0711/445354+448060, Fax 447863
Preise: 9 Einzel 70-80, 8 Doppel DM 100-120
Ausstattung: Dusche/WC, Telefon, Radio, TV
Besonderes: Parkplätze
Kreditkarten: Amex, Eurocard, Visa

■ **Hotel Wörtz Zur Weinstiege**   Hohenheimer Str. 30
☎ 0711/2367001, Fax 2367007
Preise: 13 Einzel 80-178, 12 Doppel DM 120-260,
                   Halbpension 30, Vollpension DM 50
Ausstattung: ~Dusche/WC, Telefon, TV, Radio, Balkon
Besonderes: Restaurant, Weinprobierkeller, Terrasse, Parkplätze, Garagen
Geschlossen: 20. Dezember bis 10. Januar
Kreditkarten: Amex, Diners, Eurocard, Visa

Süderau   ✉ 25361
Schleswig-Holstein

■ **Zur Steinburg**   Hauptstraße 42, Steinburg
☎ 04824/474, Fax 2013
Preise: 9 Einzel DM 45-85, 9 Doppel DM 90-130, Halbpension möglich
Ausstattung: Du/Bad, WC, Telefon, Radio, TV
Besonderes: Restaurant, Liegewiese, Parkplätze
Kreditkarten: Eurocard, Visa, Diners

Süßen   ✉ 73079
Baden-Württemberg   Seite 15/D 2

■ **Löwen**   Hauptstr. 3
☎ 07162/5088, Fax 8363
Preise: 33 Einzel 45-90, 17 Doppel 95-140, 1 Apartment DM 185
Ausstattung: ~Bad/WC, TV, Telefon, Minibar
Besonderes: Restaurant 8-24 Uhr, Kegeln, Parkplätze, Garagen
Geschlossen: 24. Dezember bis 7. Januar
Kreditkarten: Amex, Eurocard, Visa

Suhl   ✉ 98527
Thüringen   Seite 12/A 3

■ **Hotel Ringberghaus**   Ringberg 10
☎ 03681/3890, Fax 389890
Preise: 60 Einzel 72-80, 360 Doppel ab 120, 12 Apartments 145,
                   Halbpension 17, Vollpension DM 34
Ausstattung: Dusche/WC, ~Telefon, Radio,~TV
Besonderes: Restaurant 11.30-24 Uhr, Bar 17-3 Uhr, Terrasse, Liegewiese,
                   Sauna, Parkplätze, Garagen, Kegelbahnen, Tischtennis
Kreditkarten: Amex, Eurocard, Visa

Suhlendorf   ✉ 29562
Niedersachsen   Seite 8/B 3

■ **Hotel Brunnenhof**   Kölaustr. 7
☎ 05820/1755, Fax 1777
Preise: 2 Einzel 78, 28 Doppel 128-236, 5 Apartments 170-236,
                   10 Ferienwohnungen
Ausstattung: Dusche/Bad/WC, Telefon, Radio,~Balkon
Besonderes: Restaurant, Bar, Terrasse, Schwimmbad, Sauna, Solarium,
                   Grillplatz, Parkplätze, Liegewiese, ferienwohnungen

Sulzbach/Murr   ✉ **71560**

Baden-Württemberg   Seite 15/D 1

■ **Gasthof Krone**   Haller Str. 1
☎ 07193/287
Preise: 8 Einzel DM 54, 4 Doppel DM 88
Ausstattung: Du/Bad, WC, ~Telefon
Besonderes: Restaurant, Parkplätze, Garagen
Geschlossen: 3 Wochen in Schulferien
Kreditkarten: Eurocard, Visa

Sulzbach-Rosenberg   ✉ **92237**

Bayern   Seite 16/B 1

■ **Hotel-Gasthof Zum Bartl**   Glückaufstraße 2
☎ 09661/53951, Fax 51461
Preise: 10 Einzel DM 52-58, 15 Doppel DM 80-98, Halbpension DM 15, Vollpension DM 23
Ausstattung: Du/Bad, WC, Telefon, Radio, TV, ~Balkon
Besonderes: Restaurant, eigene Metzgerei, Terrrasse, Liegewiese, Parkplatz
Geschlossen: Pfingstferien (3 Wochen)

Sundern   ✉ **59846**

Nordrhein-Westfalen   Seite 11/C 2

■ **Gasthof Klöckener**   Stockumer Str. 44, Dörnholthausen
☎ 02933/3728
Preise: 4 Einzel 61, 13 Doppel 106, Halbpension DM 13
Ausstattung: Bad/WC
Besonderes: Restaurant bis 20.30 Uhr, Hallenschwimmbad, Parkplätze, Garagen, Liegewiese
Kreditkarten: Eurocard

■ **Hotel Seegarten**   Zum Sorpedamm 21, Langscheid
☎ 02935/1579, Fax 7192
Preise: 4 Einzel 80, 19 Doppel DM 140, Halbpension und Vollpension möglich
Ausstattung: Dusche/WC, Telefon, TV, Balkon
Besonderes: Restaurant
Kreditkarten: Eurocard

■ **Hotel Volmert**   Langenscheider Str. 49
☎ 02935/2500, Fax 7647
Preise: 2 Einzel 52, 9 Doppel 88, Halbpension DM 20
Ausstattung: Dusche/WC, TV
Besonderes: Restaurant, Terrasse, Parkplätze, Garagen
Geschlossen: November

■ **Hotel Weidenbrück**   Swisttal-Heimerzheim

☎ 02254/603-0, Fax 603408

Preise: 18 Einzel 55-105, 32 Doppel DM 110-140,
               Halbpension/Vollpension möglich

Ausstattung: ~Bad/WC, Telefon, Radio, TV, Balkon

Besonderes: Restaurant, Bar bis 24 Uhr, Terrasse, Parkplätze, Garagen

Tabarz ✉ **99891**
Thüringen
Seite 12/A 2

■ **Hotel Waldhütte & Kleines Palais**   Lauchagrundstr. 44
☎ 036259/2312+2334, Fax 2356
Preise: 1 Einzel 90, 17 Doppel 110-170, 5 Apartments DM 200,
     Halbpension 25,
Ausstattung: Dusche/WC, Telefon, TV, Minibar
Besonderes: Restaurant, Bar, Terrasse, Liegewiese, Parkplätze, Garagen
Kreditkarten: Amex, Eurocard, Visa

Taltitz ✉ **08606**
Sachsen
Seite 12/B 3

■ **Seeblick**   Waldweg 3
☎ 034736/2255, Fax 2256
Preise: 60 Doppel ab 160, 2 Apartments DM 110
Ausstattung: Dusche/WC, Balkon
Besonderes: Restaurant, Bar, Kegelbahn, Sauna, Parkplätze
Kreditkarten: Amex, Eurocard

Tangstedt ✉ **22889**
Schleswig-Holstein
Seite 8/A 2

■ **Wilstedter Mühle**   Dorfring 1
☎ 04109-9556+1822, Fax 1819
Preise: 3 Einzel DM 48-70, 5 Doppel DM 88-140
Ausstattung: Du/Bad, WC, TV
Besonderes: Restaurant, Parkplätze
Geschlossen: 3 Wochen Sommerferien - Weihnachten/Neujahr
Kreditkarten: Eurocard

Tann ✉ **36142**
Hessen
Seite 11/D 2

■ **Landhaus Kehl**   Eisenacher Straße 15, Lahrbach
☎ 06682/387, Fax 1435
Preise: 4 Einzel DM 39-47, 34 Doppel DM 60-78, Halbpension DM 14,
     Vollpension DM 23
Ausstattung: Du/Bad, WC, Telefon, TV, Minibar, Balkon
Besonderes: Restaurant, Terrasse, Liegewiese, Sauna, Solarium, Park-
     plätze
Geschlossen: Mitte bis Ende Oktober (Ferien)

Tarp

Schleswig-Holstein

✉ **24963**

Seite 8/A 1

■ **Landgasthof Tarp** Bahnhofstraße 1
☎ 04638/358 + 992, Fax 8110
Preise: 15 Einzel DM 35-58, 30 Doppel DM 79-99, 6 Dreibett DM 138, 7 Vierbett DM 162-168, inkl. Frühstücksbuffet
Ausstattung: Du, WC, Telefon, Radio, TV
Besonderes: Restaurant, Halb-und Vollpension möglich, Konferenzräume, Kegelbahn, Spielplatz, Parkplätze
Kreditkarten: Amexco, Diners, Eurocard, Visa

Tauberbischofsheim

Baden-Württemberg

✉ **97941**

Seite 15/D 1

■ **Badischer Hof** Am Sonnenplatz
☎ 09341/9880, Fax 988200
Preise: 10 Einzel 75, 15 Doppel 110, Halbpension DM 19, Vollpension DM 30
Ausstattung: Dusche/WC, Telefon, TV, Balkon
Besonderes: Restaurant, Solarium, Parkplätze, Garagen
Geschlossen: 15.11.-15.12

■ **Hotel Adlerhof** Bahnhofstr. 18
☎ 09341/2336, Fax 2143
Preise: 7 Einzel 65-95, 11 Doppel DM 115-145
Ausstattung: Dusche/Bad/WC, Telefon, Radio, TV
Besonderes: Restaurant, Frühstücksbuffet, Konferenzraum 80, Parkplätze, Garagen
Kreditkarten: Visa, Eurocard

■ **Hotel am Brenner** Goethestr. 10
☎ 09341/3091, Fax 5874
Preise: 10 Einzel 89, 20 Doppel 124, Halbpension DM 26
Ausstattung: Dusche/WC, Telefon, TV, Radio, Minibar
Besonderes: Restaurant, Terrasse, Sauna, Solarium
Kreditkarten: Amex, Diners, Eurocard, Visa

Tecklenburg

Nordrhein-Westfalen

✉ **49545**

Seite 10/B 1

■ **Drei Kronen** Landrat-Schütz-Str. 15
☎ 05482/225
Preise: 6 Einzel 60-85, 14 Doppel DM 110-160
Ausstattung: Bad/WC, Telefon
Besonderes: 2 Dreibettzimmer, Konferenzraum 150, Terrasse, Sauna, Solarium, Massage, Fitneßraum, Kegeln, Parkplätze

■ Landhaus Frische
Sundernstraße 52
☎ 05482/741
Preise:	2 Einzel DM 70, 5 Doppel DM 150, Halbpension DM 25, Vollpension DM 35
Ausstattung:	Du, WC, Telefon, Radio, ~Balkon
Besonderes:	Restaurant, Terrasse, Parkplätze
Kreditkarten:	Diners, Eurocard, Visa

Tegernsee ⊠ 83684
Bayern — Seite 16/B 3

■ Fackler
Karl-Stieler-Str. 14
☎ 08022/3946, Fax 1730
Preise:	5 Einzel ab 80, 10 Doppel DM 130-170
Ausstattung:	Bad/WC, Telefon, Radio, TV, Minibar, Balkon
Besonderes:	Garten, Hallenschwimmbad, Sauna, Solarium, Parkplätze

■ Seehotel Tegernsee zur Post
Seestr. 3
☎ 08022/3951, Fax 1699
Preise:	9 Einzel 60-95, 32 Doppel 100-170, Halbpension 22, Vollpension DM 44
Ausstattung:	Dusche/WC, Telefon, TV, Minibar, Balkon
Besonderes:	Restaurant, Bar, Terrasse, Liegewiese, Parkplätze, Garagen
Kreditkarten:	Amex, Diners, Eurocard, Visa

Bad Teinach-Zavelstein ⊠ 75385
Baden-Württemberg — Seite 15/C 2

■ Höhengasthof Lamm
Marktplatz 3
☎ 07053/8414, Fax 1528
Preise:	3 Einzel DM 65, 7 Doppel DM 130
Ausstattung:	Du/Bad, WC, Telefon, TV
Besonderes:	Restaurant, Parkplätze
Geschlossen:	Dezember, Faschingwoche

Templin ⊠ 17268
Brandenburg — Seite 9/D 3

■ Ferienhotel Templin
Am Lübbesee 1
☎ 03987/450, Fax 45270
Preise:	280 Einzel ab 63, 280 Doppel ab 85, 7 Apartments ab DM 125 Halbpension DM 30
Ausstattung:	Dusche/WC, Radio
Besonderes:	Restaurant, Terrasse, Liegewiese, Schwimmbad, Sauna, Solarium, Parkplätze, Garagen, Fitneßcenter, Friseur
Kreditkarten:	Amex, Eurocard, Visa

Tettnang ✉ 88069

Baden Württemberg

Seite 15/D 3

■ Hotel Panorama   Weinstraße 5
☎ 07542/7189 + 8073, Fax 6252
Preise: 3 Einzel DM 75, 12 Doppel DM 120, 1 Ferienwohnung DM 100
Ausstattung: Du/Bad, WC, Telefon, Radio, TV, Balkon, Minibar
Besonderes: Terrasse, Parkplätze
Kreditkarten: Eurocard

■ Brauerei-Gasthof zur Krone   Bärenplatz 7
☎ 07542/7452, Fax 6972
Preise: 5 Einzel DM 45, 5 Doppel DM 75
Ausstattung: Du/Bad, WC
Besonderes: Restaurant, Fahrradgarage, Parkplätze, eigene Brauerei
Geschlossen: 2 Wochen im Juli - 2 Wochen im November
Kreditkarten: Amexco, Diners, Eurocard, Visa

Teupitz ✉ 15755

Brandenburg

Seite 13/C 1

■ Schenk von Landsberg   Lindenstraße 5
☎ 033762/42210-11, Fax 42212
Preise: 3 Einzel DM 70, 3 Doppel DM 90
Ausstattung: Du/Bad, WC, Telefon, TV
Besonderes: Restaurant, Terrasse, Parkplätze
Geschlossen: Februar

Thalfang ✉ 54424

Rheinland-Pfalz

Seite 14/B 1

■ Haus Vogelsang   Im Vogelsang 7
☎ 06504/1088, Fax 2332
Preise: 2 Einzel DM 50-55, 10 Doppel DM 86-100, Halbpension DM 16
Ausstattung: Du/Bad, WC, Telefon, Radio, TV, Balkon
Besonderes: Restaurant, Terrasse, Liegewiese, Parkplätze
Kreditkarten: Eurocard

Thalheim/Erzgebirge ✉ 09380

Sachsen

Seite 12/A 2

■ Pension & Café Wiesenmühle   Chemnitzer Straße 48
☎ 03721/23371
Preise: 4 Einzel DM 71, 10 Doppel DM 90
Ausstattung: Du/Bad, WC, Telefon, TV, Minibar
Besonderes: Terrasse, Liegewiese, Parkplätze, historische Ölmühle

Thallichtenberg ✉ 66871

Rheinland-Pfalz

Seite 14/B 1

■ **Hotel Burgblick** Ringstr. 6
☎ 06381/1526, Fax 47440
Preise: 5 Einzel 50, 12 Doppel 90, Halbpension 15, Vollpension DM 30
Ausstattung: Bad/WC, ~Telefon, Radio
Besonderes: Restaurant, Sauna, Solarium, Kegeln, Parkplätze

Thannhausen ✉ 86470

Bayern

Seite 16/A 2

■ **Sonnenhof** Messerschmittstraße 1
☎ 08281/2014, Fax 5813
Preise: 5 Einzel DM 50, 11 Doppel DM 90
Ausstattung: Du/Bad, WC, Telefon, TV
Besonderes: Restaurant, Terrasse, TV
Geschlossen: 2. Augusthälfte
Kreditkarten: Amexco, Eurocard,

Tharandt ✉ 01737

Sachsen

Seite 13/C 2

■ **Klippermühle Tharandt** Wilsdruffer Str. 25
☎ 035203/37111
Preise: 3 Einzel 53, 4 Doppel DM 105,
Halbpension DM 15
Ausstattung: Dusche/WC, Radio, TV, Minibar
Besonderes: Restaurant, Parkplätze

■ **Burgkeller Tharandt** Kirchweg 7
☎ 035203/37412, Fax 30412
Preise: 1 Einzel 75, 7 Doppel DM 120,
Halbpension DM 15
Ausstattung: Dusche/WC, Telefon, TV, ~Balkon
Besonderes: Restaurant, Terrasse, Liegewiese, Parkplätze
Kreditkarten: Eurocard

■ **Zur Erholung** Dorfstraße 43
☎ 035203/2505/2506, Fax 2506
Preise: 2 Einzel DM 80, 9 Doppel DM 110, 2 Ferienwohnungen DM 160
Halbpension DM 15, Vollpension DM 30
Ausstattung: Du/Bad, WC, Telefon, Radio, TV
Besonderes: Restaurant, Parkplätze, Schwimmbad, Sauna, Liegewiese
Kreditkarten: Eurocard

Thöringswerder ✉ 16269

Brandenburg   Seite 9/D 3

■ Hotel Oderbruch   Hauptstr. 18
☎ 033456/2177, Fax 547
Preise: 15 Einzel ab 60, 10 Doppel ab DM 110, 15 Halbapartments 105,
Halbpension DM 25
Ausstattung: Dusche/WC, Telefon, TV, Minibar
Besonderes: Restaurant, Terrasse, Liegewiese, Parkplätze, Garagen

Thurmansbang ✉ 94169

Bayern   Seite 17/D 2

■ Hotel Landgut Traxenberg   Traxenberg 2
☎ 09907/912+913, Fax 1229
Preise: 6 Einzel ab 65, 28 Doppel 120, Halbpension DM 12
Ausstattung: Bad/WC, Telefon, Radio, TV
Besonderes: Restaurant, Terrasse, Hallenschwimmbad, Sauna, Solarium,
Kinderspielplatz, Fitneßraum, Tennis, Reiten, Parkplätze
Kreditkarten: Amex, Diners, Eurocard, Visa

■ Waldhotel Burgenblick   Auf der Rast 12-14
☎ 08504/8383
Preise: 10 Einzel ab 63, 60 Doppel 114-139, Halbpension DM 8,50
Ausstattung: Bad/WC, TV, ~Balkon
Besonderes: Restaurant, Terrasse, Hallenschwimmbad, Sauna, Solarium,
Tennis, ruhig, Parkplätze, Garagen

Tiefenbach ✉ 93464

Bayern   Seite 17/C 1

■ Landgasthof Alte Post   Hauptstr. 15
☎ 09673/205, Fax 1705
Preise: 19 Einzel und Doppel DM 29 pro Person, Halbpension und
Vollpension möglich
Ausstattung: Dusche/WC
Besonderes: Parkplätze, Fahrradverleih

Timmendorfer Strand ✉ 23669

Schleswig-Holstein   Seite 8/B 2

■ Krugs Hotel Meeresblick   Strandallee 152
☎ 04503/2305
Preise: 10 Einzel ab 69, 25 Doppel DM 115-170
Ausstattung: ~Bad/WC, Telefon
Besonderes: Konferenzraum 40, Terrasse, Park, Sauna, Solarium, Kegeln,
Parkplätze

■ Ostsee-Hotel   Poststr. 56
☎ 04503/2407
Preise: Einzel ab 70, Doppel DM 130-160
Ausstattung: Bad/WC, Telefon
Besonderes: Frühstücksbuffet, Hallenschwimmbad, Fitneßraum, ruhig,
Parkplätze, Liegewiese

Titisee-Neustadt ✉ **79822**

Baden-Württemberg
Seite 15/C 3

■ **Gasthof Zum Löwen - Unteres Wirtshaus**   Langenordnach 4
☎ 07651/1064, Fax 3853
Preise: Einzel ab 46, 14 Doppel 72-92, Halbpension 18,
                 Vollpension DM 28
Ausstattung: Dusche/WC, Telefon, TV, Balkon
Besonderes: Restaurant, Terrasse, Liegewiese, Parkplätze, Garagen,
                 Apartments und Ferienwohnungen

■ **Parkhotel Waldeck-Ringhotel Titisee**   Parkstr. 6, Titisee
☎ 07651/8090, Fax 80999
Preise: 1 Einzel 83-93, 35 Doppel 136-186, 9 Apartments DM 176-206
                 Halbpension möglich
Ausstattung: Dusche/Bad/WC, Telefon, TV, Radio, ~Minibar, ~Balkon
Besonderes: Restaurant, Bar, Schwimmbad, Sauna, Solarium,
                 Halbpension-Pauschalangebot ab 7 Tagen, Parkplätze, Garagen
Kreditkarten: Amex, Diners, Eurocard, Visa

■ **Schwarzwaldgasthof Traube**   Sommerbergweg 1, Waldau
☎ 07669/755+229, Fax 1350
Preise: 2 Einzel 57-72, Doppel 108-134, Halbpension DM 20
                 TV auf Wunsch DM 6
Ausstattung: Dusche/Bad/WC, Telefon, Radio, ~Minibar, ~Balkon
Besonderes: Restaurant 12-24 Uhr, Bar 10-24 Uhr, Pauschalangebote
                 Terrasse, Liegewiese, Sauna, Solarium, Streicheltierpark
Geschlossen: 2 Wochen im November/Dezember und 2 Wochen März/April

Titting ✉ **85135**

Bayern
Seite 16/A 2

■ **Hotel Dirsch**   Hauptstr. 13, Emsing
☎ 08423/189-0, Fax 1370
Preise: 30 Einzel 80, 70 Doppel 120, Halbpension DM 25
Ausstattung: Dusche/WC, Telefon, Radio, TV, ~Balkon
Besonderes: Restaurant 7-24 Uhr, Bar ab 19 Uhr, Konferenzraum 70,
                 Parkplätze, Garagen
Kreditkarten: Eurocard

Tittling ✉ **94104**

Bayern
Seite 17/D 2

■ **Hotel Dreiburgensee**   Am Dreiburgensee
☎ 08504/2092, Fax 1094
Preise: 100 Einzel 44-55, 100 Doppel 88-130, incl. Frühstück, Halb-
                 pension DM 15, Vollpension DM 25
Ausstattung: Dusche/Bad/WC, Telefon, TV, Radio
Besonderes: Restaurant 11-22 Uhr, Bar 20-1 Uhr, Lift, Sauna, Solarium,
                 Fitneßraum, Kegeln, Parkplätze, Liegewiese

■ Hotel Seehof-Tauer   Seestr. 20
☎ 08504/760, Fax 2065
Preise: 6 Einzel ab 44, 22 Doppel DM 80, 5 Appartements für 2 Pers.
                   DM 100
Ausstattung: ~Bad/WC, Telefon, Radio, TV
Besonderes: Restaurant, Terrasse, Liegewiese, Schwimmbad, Sauna, ruhig,
                   Parkplätze, Garagen
Kreditkarten: Eurocard

Todtnau   ✉ 79674
Baden-Württemberg   Seite 15/C 3

■ Berghotel Rübezahl   Ennerbachstr. 34
☎ 07671/392, Fax 9331
Preise: 4 Einzel 51, 14 Doppel 102, Halbpension 21, Vollpension
                   DM 34
Ausstattung: Dusche/WC, Radio, TV, Balkon
Besonderes: Restaurant, Bar, Frühstücksbuffet, Parkplätze, Garagen,
                   Liegewiese
Geschlossen: Mitte November-Mitte Dezember '95

■ Gasthof Lawine   Nr. 7, Fahl
☎ 07676/355
Preise: 2 Einzel 65, 16 Doppel DM 110-120
Ausstattung: Bad/WC, TV, Telefon, Balkon
Besonderes: Terrasse, Sauna, Solarium, Parkplätze, Garagen

Bad Tölz   ✉ 83646
Bayern   Seite 16/B 3

■ Bruckfeld   Ludwigstr. 24
☎ 08041/2155, Fax 74122
Preise: 14 Einzel 65, 20 Doppel DM 104, 1 Ferienwohnung DM 140
Ausstattung: Bad/WC, Telefon, TV, Balkon
Besonderes: Terrasse, Liegewiese, Garten, Parkplätze, Tischtennis,
                   Fitneßraum, med. Anwendungen
Kreditkarten: Amex, Diners, Eurocard, Visa

■ Chalet Card   Merzstr. 9
☎ 08041/41442, Fax 71343
Preise: 3 Einzel 50, 8 Doppel DM 93, 1 Ferienwohnung
Ausstattung: Dusche/WC, TV, Radio, Balkon
Besonderes: Frühstücksbuffet, Sauna, Parkplätze,
                   Garagen, Liegewiese

■ Gaissacher Haus   Umgehungsstraße Süd
☎ 08041/9583+70124
Preise: 12 Einzel 50-70, 14 Doppel 95-135, Halbpension 27,
                   Vollpension DM 47
Ausstattung: Dusche/WC, Telefon, TV, Balkon
Besonderes: Restaurant, Konferenzraum 60, Parkplätze, Garagen Liegewiese
Geschlossen: November
Kreditkarten: Amex, Diners, Eurocard, Visa

■ Hotel-Gasth. Pension Am Wald
Austr. 39
☎ 08041/9014, Fax 72643

Preise:	18 Einzel 60, 20 Doppel DM 90, Halbpension mögl., Vollpension möglich
Ausstattung:	Bad/WC, Telefon, Balkon
Besonderes:	Restaurant 8-24 Uhr, Schwimmbad, Sauna, Solarium, Parkplätze, Garagen, Liegewiese
Kreditkarten:	Amex, Diners, Eurocard, Visa

■ Kurhotel Tannenberg
Tannenbergstr. 1
☎ 08041/76650, Fax 766565

Preise:	3 Einzel 70-90, 9 Doppel 140-160, 2 Ferienwohnungen DM 80-100
Ausstattung:	Dusche/WC, ~Radio, ~TV, Balkon, Nichtraucherhaus
Besonderes:	Vollwertrestaurant 12-18 Uhr, Frühstücksbuffet, ruhig, Parkplätze, Garagen, Liegewiese, Sauna, Kur nach F. X. MAYR

■ Hotel Pension Marienhof
Bergweg 3
☎ 08041/7630, Fax 763163

Preise:	10 Einzel DM 66, 14 Doppel DM 132, Halbpension DM 11, Vollpension DM 22
Ausstattung:	Du/Bad, WC, Telefon, Radio, TV, Balkon
Besonderes:	Restaurant, Liegewiese, Solarium, Parkplätze
Kreditkarten:	Diners, Eurocard, Visa

Torgelow
✉ **17358**
Mecklenburg-Vorpommern
Seite 9/C 2

■ Hotel-Restaurant Zum Forsthaus
Anklamer Str. 10
☎ 03976/432697, Fax 432698

Preise:	3 Einzel 85, 6 Doppel 140, 1 Apartment DM 190, Halbpension DM 15
Ausstattung:	Dusche/WC, Telefon, TV, Minibar
Besonderes:	Restaurant, Terrasse, gesicherte Parkplätze
Kreditkarten:	Amex, Diners, Eurocard, Visa

Traben-Trarbach
✉ **56841**
Rheinland-Pfalz
Seite 10/B 3

■ Central Hotel
Bahnstr. 43
☎ 06541/6238, Fax 5555

Preise:	8 Einzel 52-62, 26 Doppel 95-115, Halbpension 20, Vollpension DM 36
Ausstattung:	Dusche/WC, ~Telefon, ~Balkon
Besonderes:	Restaurant bis 23 Uhr, Lift, Konferenzraum 40, Parkplätze, Garagen, Liegewiese, Weingut
Geschlossen:	5.-28. Januar
Kreditkarten:	Eurocard

■ Hotel Zur goldenen Traube
Am Markt 8
☎ 06541/6011, Fax 6013

Preise:	2 Einzel ab 60, 15 Doppel DM 88-110, Halbpension und Vollpension möglich
Ausstattung:	Dusche/WC, Telefon
Besonderes:	Restaurant
Kreditkarten:	Amex, Diners, Eurocard, Visa

Trappenkamp

Schleswig-Holstein

✉ **24610**

Seite 8/A 2

■ **Sport- und Waldhotel** Waldstr. 3
☎ 04323/480, Fax 48311
Preise: 10 Einzel ab 80, 70 Doppel ab 140, Halbpension 20,
Vollpension DM 33
Ausstattung: Bad/Dusche/WC, Telefon, TV, Balkon
Besonderes: Restaurant, Terrasse, Schwimmbad, Sauna, Solarium,
Parkplätze, Garagen, Liegewiese
Kreditkarten: Amex, Diners, Eurocard, Visa

Traunstein

Bayern

✉ **83278**

Seite 17/C 3

■ **Parkhotel Traunsteiner Hof** Bahnhofstr. 11
☎ 0861/69041, Fax 8512
Preise: 40 Einzel 90, 20 Doppel 156, 2 Apartments DM 180
Ausstattung: Dusche/Bad/WC, Telefon, TV, Radio
Besonderes: Restaurant, Parkplätze, Garagen
Kreditkarten: Amex, Diners, Eurocard, Visa

Travemünde

Schleswig-Holstein

✉ **23570**

Seite 8/B 2

■ **Hotel Atlantic** Kaiserallee 2a
☎ 04502/75057, Fax 73508
Preise: 11 Einzel 60-140, 23 Doppel 140-198, 4 Suiten DM 220-260
Ausstattung: ~Dusche/Bad/WC, Telefon, TV, Radio, Balkon
Besonderes: Bar bis 23 Uhr, Solarium, garni, Parkplätze
Kreditkarten: Amex, Diners, Eurocard, Visa, AirPlus

■ **Hotel Sonnenklause** Kaiserallee 21-25
☎ 04502/8613-0, Fax 8613-113
Preise: 14 Einzel 80-115, 13 Doppel 115-175, 3 Apartments DM 180
Ausstattung: Dusche/WC, Telefon, TV, ~Minibar, ~Balkon, Münz-Safe
Besonderes: Café, Terrasse, Garagen, Parkplätze
Geschlossen: 14. November bis 22. Dezember
Kreditkarten: Eurocard, Visa

■ **Hotel Soldwisch** Kurgartenstr. 61
☎ 04502/2651
Preise: 1 Einzel 65, 7 Doppel 105-125, 3 Apartments DM 125
Ausstattung: Dusche/WC, Telefon, TV
Besonderes: Terrasse, Solarium, Parkplätze, Ferienwohnung

■ **Hotel Seestern** Am Kurgarten 2
☎ 04502/75035, Fax 74838
Preise: Einzel 75-95, Doppel DM 125-185
Ausstattung: Dusche/WC, Telefon, TV
Besonderes: Restaurant, Terrasse, Liegewiese, Parkplätze
Kreditkarten: diverse

■ Hotel Daheim   Kaiserallee 35
☎ 04502/74220
Preise: Einzel 38-70, Doppel DM 70-120
Ausstattung: Dusche/WC, ~TV
Besonderes: TV-Raum, Terrasse/Liegewiese, Parkplätze
Kreditkarten: diverse

■ Hotel-Restaurant Zum Landhaus   Fehlingstr. 67
☎ 04502/2818
Preise: 2 Einzel 40-50, 9 Doppel DM 100-120
Ausstattung: Dusche/WC, TV
Besonderes: Restaurant, Bar, Terrasse, Liegewiese, Parkplätze
Kreditkarten: diverse

■ Haus Urvasi   Kaiserallee 17
☎ 04502/73874+2694
Preise: 1 Einzel 50-60, Doppel DM 84-98
Ausstattung: ~Dusche/WC, TV
Besonderes: Terrasse, Liegewiese, Garagen

Treis-Karden   ✉ 56253
Rheinland-Pfalz   Seite 10/B 2

■ Schloß-Hotel Petry   Bahnhofstr. 80-86, Karden
☎ 02672/934-0, Fax 8433
Preise: Einzel ab 65, 48 Doppel 130, Halbpension DM 25
Ausstattung: Bad/WC, Telefon, ~TV, Balkon
Besonderes: Restaurant, Terrasse, Liegewiese, Solarium, Kegeln,
                Parkplätze, Garagen
Kreditkarten: Amex, Diners, Eurocard, Visa

Treuchtlingen   ✉ 91757
Bayern   Seite 16/A 2

■ Gästehaus Stuterei Stadthof   Luitpoldstr. 27
☎ 09142/96960, Fax 969696
Preise: 9 Einzel 79, 24 Doppel DM 139
Ausstattung: Bad/WC, Telefon, TV, Radio, Minibar, ~Balkon
Besonderes: Terrasse, Liegewiese, Garni, Parkplätze
Geschlossen: 21. Dezember bis 6. Januar
Kreditkarten: American Express, Eurocard, Visa

Treuenbrietzen   ✉ 14929
Brandenburg   Seite 13/C 1

■ Hotel Zur Eisenbahn   Leipziger Str. 22
☎ 033748/349
Preise: 4 Einzel 40-85, 7 Doppel 80-110, 1 Apartment DM 130
Ausstattung: ~Dusche/WC, Radio, TV
Besonderes: Restaurant, Parkplätze, Garagen

Triberg

✉ **78098**

Baden-Württemberg

Seite 15/C 2

■ **Central garni**

Hauptstr. 64

☎ 07722/4360
Preise: 14 Doppel 86-96, als Einzel DM 50-60
Ausstattung: Bad/WC, Telefon, Radio, TV, Balkon
Besonderes: Terrasse, garni, Parkplätze, Garagen
Kreditkarten: Visa, Eurocard, Amex

■ **Römischer Kaiser**

Sommerauer Str. 35, Nußbach

☎ 07722/4418
Preise: 4 Einzel 52, 22 Doppel ab DM 110
Ausstattung: Bad/WC, TV
Besonderes: Konferenzraum, Terrasse, Parkplätze, Garagen

Trier

✉ **54294**

Rheinland-Pfalz

Seite 14/B 1

■ **Faßbenders Central-Hotel**

Sichelstr. 32

☎ 0651/978780, Fax 9787878
Preise: 3 Einzel 95, 27 Doppel 150, Halbpension DM 16
Ausstattung: Bad/WC, Telefon, TV, Minibar
Besonderes: Restaurant, Biergarten, Terrasse, Parkplätze
                      historisches Haus aus dem 12. Jahrhundert
Kreditkarten: Amex, Diners, Eurocard, Visa

■ **Hotel Weingut Weis**

Eitelsbacher Str. 4, Mertesdorf

☎ 0651/5134+35, Fax 53630
Preise: 24 Einzel 55-95, 33 Doppel 95-148, Halbpension 23,
                      Vollpension DM 35
Ausstattung: Dusche/WC, Telefon, TV, Minibar, Balkon
Besonderes: Restaurant, Terrasse, Liegewiese, Parkplätze, Garagen,
                      kulinarische Weinproben
Geschlossen: 3. bis 20. Januar
Kreditkarten: Amex, Eurocard, Visa

■ **Hotel Weinhaus Haag**

Stockplatz 1

☎ 0651/975750, Fax 97575-31
Preise: 7 Einzel 50-90, 9 Doppel DM 90-150, 2 Ferienwohnungen DM 90
Ausstattung: ~Dusche/WC
Besonderes: Stadtzentrum, Motorradparken
Kreditkarten: Eurocard, Visa, Amexco, Diners

Trochtelfingen

✉ **72818**

Baden-Württemberg

Seite 15/D 2

■ **Flair Hotel Rössle**

Marktstr. 48

☎ 07124/9250, Fax 92550
Preise: 10 Einzel 55-78, 19 Doppel DM 92-120
Ausstattung: Dusche/WC, Telefon, TV, ~Balkon
Besonderes: Restaurant, Hallenschwimmbad, Sauna, Solarium, Parkplätze,
                      Garagen
Geschlossen: Restaurant 14 Tage im Juli

Tröstau ⊠ 95709

Bayern

Seite 12/B 3

■ Hotel Bergcafé Bauer   Kemnather Str. 20-22
☎ 09232/2842, Fax 1697

Preise: 3 Einzel 60, 10 Doppel 110, Halbpension DM 27
Ausstattung: Bad/WC, Balkon, Kabel-TV
Besonderes: Restaurant 11-23 Uhr, Terrasse, Parkplätze, Golf und Tennis
             in Nähe
Geschlossen: Mittwoch
Kreditkarten: Eurocard

Tübingen ⊠ 72070

Baden-Württemberg

Seite 15/D 2

■ Hotel am Bad   Im Freibad 2
☎ 07071/73071, Fax 75336

Preise: 23 Einzel 91, 12 Doppel 147, Halbpension 25,
             Vollpension DM 35
Ausstattung: Dusche/WC, Telefon, TV, Radio, Minibar
Besonderes: Restaurant, Bar, Terrasse, Schwimmbad, ruhig, Parkplätze,
             Garagen
Geschlossen: 23. Dezember bis 8. Januar
Kreditkarten: Amex, Eurocard, Visa

Übach-Palenberg   ⊠ **52531**

Nordrhein-Westfalen   Seite 10/A 2

■ **Motel Übach**   Borsigstraße 12
☎ 02451/48062, Fax 47930
Preise: 4 Einzel DM 80, 10 Doppel DM 110, 3 Appartements DM 70
Ausstattung: Du/Bad, WC, Telefon, TV, Minibar
Besonderes: Liegewiese, Parkplätze, Hunde erlaubt

Überherrn   ⊠ **66802**

Saarland   Seite 14/A 1

■ **Margareten Hof**   Orannastraße, Berus
☎ 06836/2010, Fax 5662
Preise: 5 Einzel ab 85, 8 Doppel DM 130
Ausstattung: Dusche/WC, Telefon, TV, Minibar
Besonderes: Terrasse, Liegewiese, Schwimmbad, Sauna
Kreditkarten: Eurocard, Visa, Amexco

Überlingen   ⊠ **88662**

Baden-Württemberg   Seite 15/D 3

■ **Alpenblick**   Nußdorfer Str. 35
☎ 07551/92040, Fax 920416
Preise: 7 Einzel 80, 17 Doppel DM 134, Halbpension DM 24
Ausstattung: Dusche/WC, Telefon, TV, ~Balkon
Besonderes: Restaurant, Terrasse, Liegewiese, Schwimmbad, Parkplätze
Geschlossen: 22. Dezember bis 8. Januar
Kreditkarten: Eurocard, Visa

■ **Heidenhöhlen**   Goldbach 3
☎ 07551/63360, Fax 63477
Preise: 7 Einzel 58-85, 14 Doppel 110-156, 2 Apartments DM 150-180
Ausstattung: Bad/WC, ~Telefon
Besonderes: Restaurant, Terrasse, Liegewiese, eigener Strand, ruhig, Parkplätze, Garagen
Geschlossen: 15. Oktober bis 1. Mai
Kreditkarten: Eurocard, Visa

■ **Hotel-Weinstube Reichert**   Seepromenade 3
☎ 07551/63857, Fax 67344
Preise: 4 Einzel ab 80, 5 Doppel 143, Halbpension DM 25
Ausstattung: Dusche/WC, TV, Balkon
Besonderes: Restaurant, Terrasse, Parkplätze, Garagen
Kreditkarten: Amex, Diners, Eurocard, Visa

■ **Kurhotel Seehof**   Strandweg 6
☎ 07551/63020, Fax 68166
Preise: 20 Einzel 70-95, 18 Doppel 120-170, Halbpension DM 16
Ausstattung: Bad/WC, Telefon, Radio, Balkon
Besonderes: Restaurant, Terrasse, Strand, Sauna, Solarium, Parkplätze, Phys.-Therapie und Arzt im Hause.
Geschlossen: November-März

■ Landgasthof Adler
Hauptstr. 44, Lippertsreute
☎ 07553/7524+6465, Fax 1814
Preise:	7 Doppel 104, als Einzel 68-88, 10 Apartments DM 130-150
	1 Ferienwohnung DM 125
Ausstattung:	Dusche/WC, Telefon, TV, ~Kühlschrank, Kochgelegenheit
Besonderes:	Restaurant, Terrasse, Liegewiese, Parkplätze, Garagen,
	Spielmöglichkeiten für Kinder im Freien
Geschlossen:	Ende November 2 Wochen

■ Hotel Sonne
Münsterstr. 27
☎ 07551/63719, Fax 2520
Preise:	4 Einzel 65, 10 Doppel DM 120,
	Halbpension und Vollpension bei Gruppen möglich
Ausstattung:	~Dusche/WC, Radio, TV
Besonderes:	Restaurant 7-22 Uhr
Geschlossen:	Dienstag Ruhetag

■ Hotel Heidenhöhlen Garni
Goldbach 3
☎ 07551/63360, Fax 63477
Preise:	7 Einzel 58-85, 12 Doppel 110-155, 3 Apartments DM 150-180
Ausstattung:	~Dusche/WC, Telefon, Balkon
Besonderes:	Terrasse, Liegewiese, Parkplätze, Garagen, eigener
	Badestrand, idyll. Südlage, kl. veget. Abendkarte
Geschlossen:	15. Oktober bis 1. Mai jährlich
Kreditkarten:	Eurocard, Visa

Übersee
✉ **83236**
Bayern
Seite 17/C 3

■ Gasthof Hotel Schöne Aussicht
Westernbuchberg 9
☎ 08642/8970, Fax 897150
Preise:	10 Einzel 70, 30 Doppel 140, Halbpension DM 20
Ausstattung:	Bad/WC, TV, Telefon, ~Balkon
Besonderes:	Restaurant, Terrasse, Hallenschwimmbad, Sauna, Solarium,
	ruhig, Parkplätze
Geschlossen:	9. Januar - 9. Februar
Kreditkarten:	Amex, Diners, Eurocard, Visa

Ühlingen
✉ **79802**
Baden-Württemberg
Seite 15/C 3

■ Sonnhalde Gästehaus
Schwarzwaldstr. 9, Birkendorf
☎ 07743/360, Fax 5996
Preise:	5 Einzel 58, 20 Doppel 100, 6 Apartments DM 128,
	Halbpension DM 22
Ausstattung:	Dusche/WC, Telefon, ~TV, ~Minibar, Balkon
Besonderes:	Restaurant, Terrasse, Liegewiese, Schwimmbad, Sauna,
	Solarium, Parkplätze, Garagen
Kreditkarten:	Amex, Diners, Eurocard, Visa

Uelzen ✉ 29525

Niedersachsen

Seite 8/B 3

■ **Gästehaus-Pension Tannenhof**   Am Berg 1, Holdenstedt
☎ 0581/75315, Fax 15465
Preise: 1 Einzel 60, 5 Doppel 92, 1 Bungalow,
Frühstück oder Vollpension auf Wunsch
Ausstattung: Dusche/WC, TV
Besonderes: Terrasse, Liegewiese, Parkplätze
Geschlossen: Mitte Oktober bis Mitte November

■ **Hotel Am Stern**   Sternstr. 13
☎ 0581/76300, Fax 16945
Preise: 7 Einzel 65, 26 Doppel DM 120
Ausstattung: Dusche/WC, Telefon, TV, Balkon
Besonderes: Restaurant, Terrasse, Liegewiese, Sauna, Solarium,
Parkplätze, Garagen, Fitneßraum, Halbpension für Gruppen
Kreditkarten: Eurocard

■ **Stadthalle Uelzen**   Am Schützenplatz 1
☎ 0581/90200, Fax 902050
Preise: 3 Einzel 65-75, 9 Doppel 130, 1 Apartment DM 140
Ausstattung: Bad/WC, Telefon, Radio, TV,~Balkon
Besonderes: Restaurant, Bar, Kegeln, Parkplätze, Garagen
Tagungszentrum 10-1000 Personen, Schießsportzentrum,
Kreditkarten: Amex, Diners, Eurocard, Visa

■ **Uelzener Hof**   Lüneburger Str. 47
☎ 0581/90930, Fax 70191
Preise: 3 Einzel 69, 25 Doppel 128, Vollpension DM 29
Ausstattung: Bad/WC, Telefon, TV, Föhn
Besonderes: Restaurant, Bar, Solarium, Parkplätze, Garagen
Kreditkarten: Amex, Diners, Eurocard, Visa

Ürzig ✉ 54539

Rheinland-Pfalz

Seite 10/B 2

■ **Ürziger Würzgarten**   Moselufer 44
☎ 06532/2083
Preise: Einzel ab 58, Doppel ab DM 110
Ausstattung: Bad/WC, Telefon
Besonderes: Lift, Konferenzraum 35, Terrasse, Hallenschwimmbad, Sauna,
Solarium, Kegeln, Tanzcafé, Parkplätze

Uffenheim ✉ 97215

Bayern

Seite 16/A 1

■ **Uffenheimer Hof**   Am Bahnhof 4
☎ 09842/7081, Fax 7180
Preise: 16 Einzel 65, 22 Doppel DM 100, Halbpension
und Vollpension möglich
Ausstattung: Dusche/Bad/WC, Telefon
Besonderes: Restaurant bis 22 Uhr, Biergarten, Parkplätze, Garagen
Sauna, Solarium
Kreditkarten: Amex, Eurocard, Visa

Uhldingen-Mühlhofen   ✉ 88690

Baden-Württemberg   Seite 15/D 3

■ Gästehaus Bodensee
Seestr. 5, Unteruhldingen

☎ 07556/6791

Preise: 6 Einzel ab 54, 18 Doppel 120-135, 7 Apartments DM 70-145
Ausstattung: Bad/WC, TV, Telefon, Radio
Besonderes: Frühstücksbuffet (Diät- u. Vollwertkost), Terrasse, Sauna, Solarium, Segeln, Surfen, Parkplätze, Garagen, Liegewiese

■ Hotel Knaus
Seestr. 1, Unteruhldingen

☎ 07556/8008, Fax 5533

Preise: 4 Einzel 77-90, 20 Doppel DM 130-160
Ausstattung: Bad/WC, TV, Telefon
Besonderes: Suite, Frühstücksbuffet, Terrasse, Fahrradverleih, Parkplätze, Garagen, Liegewiese

Ulm   ✉ 89081

Baden-Württemberg   Seite 15/D 2

■ Gasthof Hirsch
Schultheißenstr. 9, Grimmelfingen

☎ 0731/937930, Fax 9379360

Preise: 12 Einzel 85-97, 13 Doppel DM 118-145
Ausstattung: Bad/WC, Telefon, Radio, TV
Besonderes: Restaurant 6.30-24 Uhr, Parkplätze, Garagen
Geschlossen: 24. Dezember bis 10. Januar
Kreditkarten: Amex, Diners, Eurocard, Visa

■ Hotel am Rathaus/Reblaus
Kronengasse 8-10

☎ 0731/64032, Fax 6021656

Preise: 13 Einzel 60-110, 21 Doppel DM 90-160
Ausstattung: ~Dusche/WC, Telefon, TV, Fön, Frühstücksbuffet
Besonderes: garni
Kreditkarten: Amex, Diners

■ Roter Löwe
Ulmergasse 8

☎ 0731/62031, Fax 6021502

Preise: 10 Einzel ab 80, 16 Doppel 140, Halbpension DM 14
Ausstattung: Dusche/WC, Telefon, TV, Minibar
Besonderes: Restaurant, Bar, Parkplätze, Garagen, City-Lage
Kreditkarten: Amex, Diners, Eurocard, Visa

Ulmet   ✉ 66887

Rheinland-Pfalz   Seite 14/B 1

■ Felschbachhof
Fam. Klinck

☎ 06387/425+666

Preise: Einzel ab 50, Doppel ab DM 95
Ausstattung: Bad/WC, TV, Telefon, Radio
Besonderes: Ferienwohnungen, Konferenzraum, Terrasse, Solarium, Sauna, Reiten, Tennis, Parkplätze

Ulrichstein   ✉ 35327

Hessen   Seite 11/C 3

■ Landgasthof Groh   Hauptstr. 1
☎ 06645/310
Preise: 4 Einzel 55, 8 Doppel 90, Halbpension 15, Vollpension DM 25
    1 Appartement DM 115
Ausstattung: Bad/WC, Balkon
Besonderes: Restaurant, Sauna, Solarium, eigene Metzgerei, Parkplätze,
    Garagen
Geschlossen: Mitte Februar bis Mitte März

Undeloh   ✉ 21274

Niedersachsen   Seite 8/A 3

■ Gasthof Heidelust   Weseler Dorfstr. 9
☎ 04189/272, Fax 672
Preise: 4 Einzel 63, 19 Doppel ab 118, Halbpension DM 13,
    Vollpension DM 28, 3 Appartements, 3 Ferienwohnungen
Ausstattung: Dusche/WC, Telefon, TV
Besonderes: Restaurant 12-14, 17-21 Uhr, Terrasse, Liegewiese, Sauna,
    Parkplätze, Garagen
Geschlossen: 2.1.-2.2.

Unna   ✉ 59423

Nordrhein-Westfalen   Seite 10/B 2

■ Heidehof   Massener Heide 22, Massen
☎ 02303/83130, Fax 81595
Preise: 9 Einzel 90, 14 Doppel ab DM 130
Ausstattung: Bad/WC, Telefon, Radio, TV, Minibar
Besonderes: Konferenzraum, Garten, garni, Parkplätze
Kreditkarten: Amexco, Diners, Eurocard, Visa

Untere Mühle   ✉ 75399

Baden-Württemberg   Seite 15/C 2

■ Jägerhof   Hasenrain 1
☎ 07235/8130, Fax 7495
Preise: 6 Einzel 70, 8 Doppel DM 130
Ausstattung: Bad/WC, Telefon, Radio, TV, Balkon
Besonderes: Restaurant, Terrasse, Liegewiese, Parkplätze, Garagen
Geschlossen: Restaurant montags geschlossen, Hotel geöffnet

■ Kapfenhardter Mühle   Unterreichbach-Kapfenhardt
☎ 07235/1221
Preise: 35 Einzel 72-104, 35 Doppel DM 150-195
Ausstattung: Bad/WC, Telefon
Besonderes: Lift, Konferenzraum 40, Terrasse, Hallenschwimmbad, Sauna,
    Solarium, Whirlpool, Kegeln, Tennis, ruhig, Parkplätze

Unterwössen   ⊠ 83246

Bayern   Seite 17/C 3

■ Hotel Gasthof zur Post   Dorfstr. 22, Oberwössen
☎ 08640/8291, Fax 8190
Preise: 4 Einzel 55, 16 Doppel 96-100, 2 Suiten DM 144
Ausstattung: Dusche/WC, ~Telefon, Radio, Balkon
Besonderes: Restaurant, Terrasse, Liegewiese, Parkplätze, Garagen
Geschlossen: 2. November bis 20. Dezember

Bad Urach   ⊠ 72574

Baden-Württemberg   Seite 15/D 2

■ Gasthof Traube   Kirchstr. 8
☎ 07125/70063
Preise: Einzel 60-70, Doppel DM 110-130
Ausstattung: Bad/WC, Telefon
Besonderes: Parkplätze

■ Hotel-Café-Restaurant Buck   Neue Str. 5-7
☎ 07125/1717, Fax 40194
Preise: 13 Einzel 64-98, 11 Doppel DM 124-158,
   Halbpension und Vollpension möglich
Ausstattung: Bad/WC, Telefon, TV, Balkon
Besonderes: Restaurant, Terrasse, Parkplätze, Garagen, 7 Ferienwohnungen
Kreditkarten: Amex, Eurocard

■ Hotel Garni Bächi   Olgastraße 10
☎ 07125/1856, Fax 40697
Preise: 9 Einzel DM 60, 7 Doppel DM 100
Ausstattung: Du/Bad, WC, Telefon, Radio, TV
Besonderes: Terrasse, Liegewiese, Schwimmbad, Parkplätze

Uslar   ⊠ 37170

Niedersachsen   Seite 11/D 1

■ Landhotel am Rothenberg   Rothenbergstr. 4
☎ 05573/362, Fax 1564
Preise: 57 Doppel DM 130-160
Ausstattung: Dusche/WC, Telefon, TV, ~Balkon
Besonderes: Restaurant, Terrasse, Liegewiese, Sauna, Solarium, Parkplätze

Utersum   ⊠ 25938

Schleswig-Holstein   Seite 7/B 1

■ Hotel zur Post   Boowen Taarep 7
☎ 04683/330+897, Fax 1368
Preise: 4 Einzel 45-65, 17 Doppel 90-130, Halbpension 15,
   Vollpension DM 30
Ausstattung: Dusche/WC, Telefon, Miet-TV
Besonderes: Restaurant, Liegewiese, Sauna, Solarium, Parkplätze, Garagen
   Ferienwohnungen, Schwimmbad
Geschlossen: Restaurant Mitte Oktober - Mitte November

Varel
Niedersachsen

⊠ **26316**

Seite 7/B 2

■ **Hotel Friesenhof** Neumarktplatz 6
☎ 04451/5075, Fax 84587
Preise: Einzel ab 70, 77 Doppel 120-140, 11 Apartments 160-180,
Halbpension 18, Vollpension DM 30
Ausstattung: Dusche/Bad/WC, Telefon, TV, Radio, Balkon
Besonderes: Restaurant, Bar, Terrasse, Liegewiese, Sauna, Solarium
Kreditkarten: Amex, Diners, Eurocard, Visa

Vechta
Niedersachsen

⊠ **49377**

Seite 7/B 3

■ **Hotel Igelmann** Lohner Str. 22
☎ 04441/5066, Fax 4342
Preise: 10 Einzel 85, 20 Doppel DM 120
Ausstattung: Bad/WC, Telefon, TV, Radio
Besonderes: Restaurant, Terrasse, Parkplätze
Kreditkarten: Amex, Diners, Eurocard

■ **Schäfers Hotel** Große Str. 115
☎ 04441/3050, Fax 6040
Preise: 2 Einzel 85-97, 13 Doppel 108-120, 1 Apartment 170,
Halbpension DM 15
Ausstattung: Dusche/WC, Telefon, TV, Minibar
Besonderes: Restaurant 17-24 Uhr Freitag Ruhetag, Parkplätze, Garagen
Kreditkarten: Amex, Diners, Eurocard, Visa

Veitenhäuser
Sachsen

⊠ **08233**

Seite 12/B 3

■ **Terrassenpark Veitenhäuser** Haus Nr. 10
☎ 037468/2404
Preise: 2 Einzel 58, 11 Doppel 84, Halbpension 15, Vollpension DM 23
Ausstattung: Dusche/WC, Radio
Besonderes: Restaurant, Terrasse, Liegewiese, Parkplätze

Veitshöchheim
Bayern

⊠ **97209**

Seite 15/D 1

■ **Hotel Am Main** Untere Maingasse 35
☎ 0931/98040, Fax 9804121
Preise: 13 Einzel 100, 23 Doppel DM 130-150
Ausstattung: Dusche/Bad/WC, Telefon, TV, Radio
Besonderes: Frühstücksbuffet, garni, äußerst ruhig Lage direkt an der
Mainpromenade, Parkplätze, Liegewiese
Geschlossen: 23. Dezember bis 7. Januar
Kreditkarten: Diners, Eurocard, Visa

Velburg ✉ 92355

Bayern   Seite 16/B 1

■ **Hotel Zur Post**   Parsberger Str. 2
☎ 09182/1635, Fax 2415
Preise: 15 Einzel 52, 87 Doppel DM 80
Ausstattung: Dusche/WC
Besonderes: Restaurant, Terrasse, Liegewiese, Sauna, Parkplätze, Garagen

Verden ✉ 27283

Niedersachsen   Seite 8/A 3

■ **Haags Hotel Niedersachsenhof**   Lindhooper Str. 97
☎ 04231/666-0, Fax 64875
Preise: Einzel ab 105, Doppel 160, Halbpension 25, Vollpension DM 50
Ausstattung: Dusche/Bad/WC, Telefon, TV, Radio
Besonderes: Restaurant, Bar, Terrasse, Sauna, Solarium, Kegeln, Parkplätze,
Kreditkarten: Amex, Diners, Eurocard, Visa

Verl ✉ 33415

Nordrhein-Westfalen   Seite 11/C 1

■ **Altdeutsche Gaststätte**   Sender Str. 23
☎ 05246/3131, Fax 4280
Preise: 11 Einzel 55-97, 12 Doppel DM 120-170, Halbpension DM 25-40
Ausstattung: Bad/WC, Telefon, Radio, TV
Besonderes: Restaurant 11-24 Uhr, Terrasse, Hallenschwimmbad, Sauna, Solarium, Parkplätze, Garagen
Kreditkarten: Amex, Eurocard

Viechtach ✉ 94234

Bayern   Seite 17/C 1

■ **Hotel Schmaus - Ringhotel Viechtach**   Stadtplatz 5
☎ 09942/94160, Fax 9416-80
Preise: 10 Einzel 80, 32 Doppel 140, Halbpension DM 35
Ausstattung: Dusche/WC, Telefon, TV, Balkon
Besonderes: Restaurant, Terrasse, Liegewiese, Schwimmbad, Sauna, Solarium, Parkplätze, Garagen
Geschlossen: 08.01 - 05.02
Kreditkarten: Amex, Diners, Eurocard, Visa

■ **Burggasthof Sterr**   Neunußberg 15, Neunußberg
☎ 09942/8820, Fax 6012
Preise: 6 Einzel 58, 24 Doppel 100, 4 Appartements DM 60
           Vollpension DM 24, Halbpension 14,
Ausstattung: Dusche/WC, Telefon, TV, Minibar, ~Bar, Balkon
Besonderes: Restaurant bis 24 Uhr, Konferenzraum 100, Solarium, Sauna, Parkplätze, Garagen, Liegewiese
Geschlossen: 1. November bis 15. Dezember

Viernheim   ⊠ **68519**
Hessen   Seite 15/C 1

■ **Am Kapellenberg**   Mannheimer Str. 59
☎ 06204/77077+78
Preise: 8 Einzel ab 70, 9 Doppel DM 115
Ausstattung: Bad/WC, TV, Telefon, Radio
Besonderes: garni, Parkplätze

Villingen-Schwenningen   ⊠ **78050**
Baden-Württemberg   Seite 15/C 2

■ **Fleig**   Färberstr. 62
☎ 07721/24718
Preise: 15 Einzel ab 54, 9 Doppel ab DM 95
Ausstattung: ~Bad/WC, Telefon
Besonderes: Lift, garni, Parkplätze

■ **Ochsen**   Bürkstr. 59, Schwenningen
☎ 07720/34044
Preise: 20 Einzel ab 69, 15 Doppel DM 110-160
Ausstattung: Bad/WC, Telefon
Besonderes: Lift, Konferenzraum, Terrasse, Parkplätze, Garagen

Visselhövede   ⊠ **27374**
Niedersachsen   Seite 8/A 1

■ **Röhrs's Gasthaus**   Neuenkirchener Str. 3, Hiddingen
☎ 04262/1372, Fax 4435
Preise: Einzel ab 68, 22 Doppel 100, Halbpension DM 15
Ausstattung: Bad/WC, Telefon, TV
Besonderes: Terrasse, Sauna, Parkplätze, Liegewiese
Kreditkarten: Amex, Eurocard

Vlotho   ⊠ **32602**
Nordrhein-Westfalen   Seite 11/C 1

■ **Berghotel Fernblick**   Lange Wand 16
☎ 05733/4194+7180, Fax 10827
Preise: 3 Einzel 67, 15 Doppel DM 115,
           Halbpension 15, Vollpension DM 30
Ausstattung: Dusche/WC, Telefon, TV, Radio, Minibar
Besonderes: Restaurant 12-14, 18-22 Uhr, Konferenzraum 40, Kegeln,
           ruhig, Parkplätze, Liegewiese
Kreditkarten: Diners, Eurocard, Visa

Vöhrenbach ✉ 78147

Baden-Württemberg Seite 15/C 3

■ Gasthof-Pension Friedrichshöhe Villinger Str. 30
☎ 07727/200+249, Fax 1350
Preise: 2 Einzel 58, 15 Doppel 112, Halbpension DM 21
Ausstattung: Du/Bad, WC, Telefon, ~TV, ~Balkon
Besonderes: Restaurant, Terrasse, Liegewiese, Parkplätze, Garagen
Geschlossen: November

Völklingen ✉ 66333

Saarland Seite 14/B 1

■ Montan-Hotel Karl-Janssen-Str. 47-51
☎ 06898/23311/27073, Fax 16148
Preise: 20 Einzel 79, 8 Doppel 100-120, 2 Apartments DM 160-200,
Halbpension möglich
Ausstattung: Dusche/WC, Telefon, TV, Minibar, Balkon
Besonderes: Restaurant ab 17 Uhr geöffnet, Parkplätze
Geschlossen: Restaurant Samstagmittag geschlossen

Vogtsburg/Kaiserstuhl ✉ 79235

Baden-Württemberg Seite 14/B 2

■ Haus am Weinberg In den Kapellenmatten 8-10
☎ 07662/778, Fax 8527
Preise: 2 Einzel 95, 12 Doppel 150, 1 Apartment DM 180
Ausstattung: Dusche/WC, Telefon, Sat-TV, Balkon, Fitneßraum
Besonderes: Restaurant ab 17.30 Uhr, Bar ab 18 Uhr, Terrasse,
Liegewiese, Schwimmbad, Sauna, Solarium, Parkplätze,
Kreditkarten: Eurocard

■ Gasthaus zur Sonne Mitteldorf 5, Schelingen
☎ 07662/276, Fax 6043
Preise: 5 Doppel 88, Halbpension 28, Vollpension DM 40
Ausstattung: ~Dusche/WC, Telefon, TV
Besonderes: Restaurant, Liegewiese, Parkplätze
Geschlossen: 14 Tage im Juli
Kreditkarten: Amex, Diners, Eurocard

■ Hotel Rebstock Neulindenstr. 23, Bickensohl
☎ 07662/9333-0, Fax 07662/9333-20
Preise: 3 Einzel ab 67, 10 Doppel ab DM 130
Ausstattung: ~Dusche/WC, Telefon, Radio, TV, Balkon
Besonderes: Konferenzraum, Terrasse, Parkplätze
Restaurant von 11-23 Uhr
Geschlossen: Ende Dezember bis Anfang Februar

■ Hotel zur Krone Schloßbergstr. 15, Achkarren
☎ 07662/742+6919, Fax 8715
Preise: 3 Einzel 65-75, 19 Doppel 98-110, Halbpension DM 25
Ausstattung: Dusche/WC, Telefon, TV, Balkon
Besonderes: Restaurant, Terrasse, Liegewiese, Parkplätze, Garagen, Tennis

Vohenstrauß ⊠ **92648**

Bayern

Seite 17/C 1

■ **Janners Brotzeitstuben** Marktplatz 20
☎ 09651/2259
Preise: 4 Einzel 38, 3 Doppel DM 80
Ausstattung: Dusche/WC
Besonderes: Restaurant, Terrasse, Garagen

Vreden ⊠ **48691**

Nordrhein-Westfalen

Seite 10/B 1

■ **Hotel Pension Garni** Cohausenstraße 2
☎ 02564/2711
Preise: 1 Einzel DM 70, 3 Doppel DM 100
Ausstattung: Du/Bad, WC, Telefon, Radio, Farb-TV
Besonderes: Terrasse, Parkplätze

Wadersloh ✉ 59329

Nordrhein-Westfalen

Seite 11/C 1

■ **Hotel Bomke** Kirchplatz 7
☎ 02523/1301, Fax 1366
Preise: 7 Einzel ab 80, 12 Doppel 130-155, Halbpension 39,50, Vollpension DM 60
Ausstattung: Dusche/WC, Telefon, TV, Minibar
Besonderes: Restaurant 12-14, 18.30-22 Uhr, Bar, Terrasse, Liegewiese, Parkplätze, Garagen
Kreditkarten: Amex, Diners, Eurocard, Visa

Waging ✉ 83329

Bayern

Seite 17/C 3

■ **Zum Unterwirt** Seestr. 23, Waging
☎ 08681/243
Preise: 8 Einzel ab DM 62
Ausstattung: Bad/WC
Besonderes: Frühstücksbuffet, Konferenzraum, Terrasse, Hallenschwimmbad, Sauna, Fitneßraum, Parkplätze, Liegewiese

Wahrenholz ✉ 29399

Niedersachsen

Seite 8/B 3

■ **Gasthof Walter Schönecke** Hauptstr. 63
☎ 05835/233
Preise: Einzel ab 40, 10 Doppel DM 60-90, Halbpension und Vollpension möglich
Ausstattung: Dusche/WC, Telefon, TV
Besonderes: Restaurant ab 17 Uhr, Terrasse, Parkplätze, Garagen, Kegelbahnen, Grillplatz
Kreditkarten: Eurocard

Walchensee ✉ 82432

Bayern

Seite 16/B 3

■ **Zum Schwaigerhof** Seestr. 42
☎ 08858/232
Preise: 4 Einzel ab 48, 20 Doppel DM 95-110
Ausstattung: ~Bad/WC, Telefon
Besonderes: Restaurant, Terrasse, Sauna, Kegeln, ruhig, Parkplätze

Waldachtal ✉ 72178

Baden-Württemberg

Seite 15/C 2

■ **Kurhotel Sattelackerhof** Sattelackerstr. 21, Lützenhardt
☎ 07443/2830
Preise: Einzel ab 72, 15 Doppel DM 136, Halbpension und Vollpension mögl.
Ausstattung: Dusche/Bad/WC, ~TV, ~Balkon
Besonderes: Restaurant, Terrasse, Liegewiese, Schwimmbad, Sauna, Solarium, Badeabteilung

■ **Pfeiffers Kurhotel** Willi-König-Str. 25, Lützenhardt
☎ 07443/8021
Preise: Einzel ab 74, 55 Doppel DM 130, Halbpension/Vollpension
  möglich
Ausstattung: Bad/WC, Telefon, Radio, TV, Minibar, Balkon
Besonderes: Lift, Konferenzraum 80, Terrasse, Hallenschwimmbad, Sauna,
  Solarium, ruhig, gute Küche, Parkplätze

■ **Hotel Breitenbacher Hof** Breitenbachstraße
☎ 07443/8016+8150, Fax 20412
Preise: 8 Einzel 60, 18 Doppel DM 120
Ausstattung: Dusche/WC, Telefon, TV, Radio, Balkon
Besonderes: Parkplätze, Terrasse, Liegewiese, Sauna, Solarium

Waldbronn ⊠ **76337**
Baden-Württemberg Seite 15/C 2

■ **Hotel Badner Hof** Marktplatz 3, Busenbach
☎ 07243/6284
Preise: 8 Einzel ab 85, 12 Doppel ab 140, Halbpension 20,
  Vollpension DM 42
Ausstattung: Dusche/WC, Telefon, TV, Radio, Minibar
Besonderes: Restaurant 11-23 Uhr, Terrasse, Parkplätze
Kreditkarten: Amex, Diners, Eurocard, Visa

Waldeck ⊠ **34513**
Hessen Seite 11/C 2

■ **Belvedere** Bahnhofstr. 2
☎ 05623/5390, Fax 6290
Preise: 6 Einzel 61, 12 Doppel DM 98
Ausstattung: Bad/WC, Telefon, TV, Balkon
Besonderes: Café, Bar, Terrasse, Liegewiese, Sauna, Solarium, Whirlpool,
  Parkplätze, Apartments und Ferienwohnungen

■ **Waldhotel Wiesemann** Oberer Seeweg 2, Am Edersee
☎ 05623/5348+5410
Preise: 1 Einzel 73, 12 Doppel 135, Halbpension DM 24
Ausstattung: Bad/WC, TV, Telefon, Minibar
Besonderes: Restaurant ab 20 Uhr, Terrasse, Hallenschwimmbad, Sauna,
  Solarium, Diät, Frühstücksbuffet, ruhig, Parkplätze, Garagen
Kreditkarten: Diners, Eurocard, Visa

Waldenburg ⊠ **74638**
Baden-Württemberg Seite 15/D 1

■ **Mainzer Tor** Marktplatz 8
☎ 07942/2335
Preise: Einzel ab 48, 11 Doppel DM 90-110
Ausstattung: Dusche/WC, Telefon, TV
Besonderes: Terrasse

Waldkirch ✉ 79183

Baden-Württemberg   Seite 15/C 2

■ **Gasthaus Hirschenstube**   Schwarzwaldstr. 45, Buchholz
☎ 07681/9853, Fax 24250
Preise: 4 Einzel 80-90, 12 Doppel 115-140, 3 Apartments 140-160,
                 4 Ferienwohnungen 90-160, Halbpension DM 30
Ausstattung: Dusche/Bad/WC, Telefon, TV, Minibar, ~Balkon
Besonderes: Restaurant, Terrasse, Liegewiese, Sauna, Solarium

■ **Kohlenbacher Hof**   Kohlenbach 8, Kollnau
☎ 07681/8828+8056
Preise: 2 Einzel 75-85, 16 Doppel 120-130, Halbpension 20,
                 Vollpension DM 35
Ausstattung: Dusche/Bad/WC, Telefon, TV, Balkon
Besonderes: Restaurant, Terrasse, Parkplätze, Liegewiese
Geschlossen: 14 Tage im Januar
Kreditkarten: Amex, Diners, Eurocard, Visa

Waldkirchen ✉ 94065

Bayern   Seite 17/D 2

■ **Hotel und Apartments Gottinger**   Am Karoli
☎ 08581/8011, Fax 3814
Preise: 5 Einzel ab 64, 25 Doppel 98-120, Halbpension DM 19
Ausstattung: Bad/WC, Telefon, TV, Minibar, ~Balkon
Besonderes: Restaurant, Biergarten, Terrasse, Sauna, Solarium, Kegeln,
                 Parkplätze, Apartments

■ **Vier Jahreszeiten**   Hauzenberger Str. 48
☎ 08581/765-7, Fax 3525
Preise: Einzel 62-74, Doppel DM 110-130
Ausstattung: Bad/WC, Telefon
Besonderes: Frühstücksbuffet, Konferenzraum, Terrasse, Sauna, Solarium,
                 Fitneßraum, Parkplätze

Wald-Michelbach ✉ 69483

Hessen   Seite 15/C 1

■ **Hotel Tannenblick**   Am Tannenberg 17
☎ 06207/5382, Fax 82735
Preise: 16 Doppel 76-84, als Einzel 42-46, Halbpension DM 12
Ausstattung: Dusche/WC, Balkon
Besonderes: Restaurant 20.30 Uhr, Terrasse, Liegewiese, Parkplätze,
                 Garagen
Geschlossen: 12. bis 28. November 1994

Waldmünchen ✉ 93449

Bayern
Seite 17/C 1

■ Hotel Schmidbräu
Marktplatz 5

☎ 09972/221, Fax 3311
Preise: 3 Einzel ab 52, 30 Doppel ab DM 95, Halbpension möglich, Vollpension möglich
Ausstattung: ~Dusche/WC, Telefon, TV, Balkon
Besonderes: Restaurant 10-24 Uhr, Lift, Safe
Kreditkarten: Amex, Diners, Eurocard, Visa

Waldsassen ✉ 95652

Bayern
Seite 12/B 3

■ Hotel Zrenner
Dr.-Otto-Seidel-Str. 13

☎ 09632/1226, Fax 5427
Preise: 7 Einzel 40-65, 14 Doppel 80-110, Halbpension DM 25
Ausstattung: Bad/WC, ~TV, Telefon, Balkon
Besonderes: Restaurant, Apartments, Konferenzraum, Solarium, Garagen
Geschlossen: Freitag
Kreditkarten: Eurocard

■ Hotel Bayerischer Hof
Bahnhof Straße 15

☎ 09632/1208 + 5270, Fax 4924
Preise: 1 Einzel DM 50-55, 12 Doppel DM 70-100, 1 Appartement, Halbpension DM 22, Vollpension DM 30
Ausstattung: Du/Bad, WC, Telefon, Radio, Sat-TV, Minibar
Besonderes: Restaurant, Nichtraucherzimmer, Pauschalarrangements, Terrasse, Liegewiese, Parkplätze
Geschlossen: 2 Wochen im April, 2 Wochen im Januar
Kreditkarten: Amexco, Eurocard, Visa

Bad Waldsee ✉ 88339

Baden-Württemberg
Seite 15/D 3

■ Kurhotel Westfalen
Badstr. 23

☎ 07524/5187
Preise: 14 Einzel 64, 8 Doppel 116, 2 Apartments 152, 2 Ferienwhg. 120, Halbpension 25, Vollpension DM 28
Ausstattung: Dusche/WC, Telefon, TV, ~Balkon
Besonderes: Sauna, Solarium, Terrasse, Liegewiese, Parkplätze Restaurant, ~Balkon

---

■ Landgasthof Kreuz
Bad Waldsee-Mattenhaus

☎ 07524/6777+1610
Preise: 5 Einzel 55-72, 16 Doppel DM 84-105
Ausstattung: Bad/WC
Besonderes: Parkplätze, Garagen

■ Hotel Post
Hauptstr. 1

☎ 07524/1507
Preise: Einzel 38-75, Doppel DM 75-150
Ausstattung: ~Dusche/WC, Telefon, TV
Besonderes: Restaurant, Parkplätze, Garagen

Hotel Gasthof Grüner Baum

Hauptstr. 34

☎ 07524/1437

Preise: Einzel 65-93, Doppel DM 125-175
Ausstattung: Dusche/WC, ~Telefon, ~TV
Besonderes: Restaurant, Terrasse, Liegewiese, Parkplätze
Kreditkarten: diverse

Gasthof Paradies

Aulendorfer Str. 65

☎ 07524/8938

Preise: Doppel DM 55-65, als Einzel mögl.
Ausstattung: ~Dusche/WC
Besonderes: Restaurant, Terrasse, Liegewiese

Waldshut-Tiengen
Baden-Württemberg

✉ **79761**
Seite 15/C 3

Hotel Bercher

Bahnhofstr. 1, Tiengen

☎ 07741/61066, Fax 65766

Preise: 14 Einzel 70-100, 25 Doppel DM 100-180, 2 Appartements 180-190
Ausstattung: Bad/WC, Telefon, Radio, TV, ~Balkon
Besonderes: Restaurant 7-1 Uhr, Bar 18-1 Uhr, Terrasse, Sauna, Solarium, Parkplätze, Garagen
Geschlossen: 3. bis 10. Januar 1996
Kreditkarten: Eurocard, Visa

Hotel Waldshuter Hof

Kaiserstr. 56

☎ 07751/87510, Fax 875170

Preise: 7 Einzel 85, 16 Doppel DM 145
Ausstattung: Dusche/Bad/WC, Telefon, TV, Radio
Besonderes: Restaurant, Garagen
Kreditkarten: Eurocard, Visa

Walldürn
Baden-Württemberg

✉ **74731**
Seite 15/D 1

Frankenbrunnen

Am Kaltenbach 3, Reinhardsachsen

☎ 06286/715, Fax 1330

Preise: 17 Doppel 110-160, 4 Ferienwohnungen 90-120, Halbpension 24, Vollpension DM 34
Ausstattung: Dusche/WC, Telefon, TV, Minibar, Balkon
Besonderes: Restaurant, Sauna, Solarium, Parkplätze, Garagen
Kreditkarten: Amex, Diners, Eurocard, Visa

Wallgau
Bayern

✉ **82499**
Seite 16/B 3

Gasthof Isartal

Dorfplatz 2

☎ 08825/1044, Fax 2143

Preise: 7 Einzel 50, 13 Doppel 100, Halbpension DM 19
Ausstattung: Dusche/WC, Balkon
Besonderes: Restaurant, Terrasse, Parkplätze, Garagen
Geschlossen: Nach Ostern bis Anfang Mai und November bis Mitte Dezember
Kreditkarten: Eurocard

■ **Wallgauer Hof**   Isarstr. 15
☎ 08825/2024+2025, Fax 2447
Preise: 6 Einzel 60-75, 7 Doppel 115-120, Halbpension DM 17
                4 Appartements 140-180, 5 Ferienwohnungen 115-125
Ausstattung: ~Bad/WC, Telefon, ~TV, ~Minibar, ~Balkon
Besonderes: Restaurant, Bar, Parkplätze, Garagen, Apartments,
                Ferienwohnungen
Geschlossen: 1.11. - 15.12.
Kreditkarten: Eurocard

Walluf   ✉ 65396
Hessen   Seite 11/C 2

■ **Ruppert**   Hauptstr. 61
☎ 06123/71089
Preise: Einzel ab 63, 20 Doppel DM 95-120
Ausstattung: Bad/WC, Telefon
Besonderes: Konferenzraum 40, Parkplätze

■ **Zum Weißen Mohren**   Rheinallee 2
☎ 06123/74833, Fax 74462
Preise: Einzel 70, Doppel DM 120
Ausstattung: Dusche/WC, TV, Balkon
Besonderes: Restaurant, Mehrbettzimmer

Walsrode   ✉ 29664
Niedersachsen   Seite 8/A 3

■ **Landhaus Muhle**   Mühlenstr. 31
☎ 05161/5800+8989
Preise: 9 Doppel DM 95
Ausstattung: Dusche/WC, Telefon, TV
Besonderes: Terrasse, Liegewiese, Schwimmbad, Sauna, Solarium,
                Parkplätze, Garagen
Kreditkarten: Amex

Waltershausen   ✉ 99880
Thüringen   Seite 12/A 2

■ **Waldhaus**   Zeughausgasse 5
☎ 03622/69003+69004, Fax 2249
Preise: 1 Einzel DM 60, 9 Doppel DM 110, Halbpension DM 15
Ausstattung: Du/Bad, WC, Telefon, Radio, TV
Besonderes: Restaurant, Terrasse, Liegewiese, Parkplätze
Kreditkarten: Diners, Eurocard, Visa

Wanfried

Hessen

✉ **37281**

Seite 12/A 2

■ **Stadtpark**   Vor dem Untertor 8
☎ 05655/555
Preise: 5 Einzel 44, 8 Doppel ab DM 82
Ausstattung: Bad/~WC, ~Telefon
Besonderes: Konferenzraum 200, Kegeln, Parkplätze

Wangen

Baden-Württemberg

✉ **88239**

Seite 15/D 3

■ **Hotel Mohren-Post**   Herrenstr. 27
☎ 07522/21076
Preise: 8 Einzel 65, 6 Doppel DM 120, Halbpension/Vollpension
möglich
Ausstattung: Bad/WC
Besonderes: Restaurant, Parkplätze, Garagen

■ **Sporthotel Haus Waltersbühl**   Max-Fischer-Str. 4
☎ 07522/5057, Fax 80246
Preise: 20 Einzel 68, 36 Doppel 124, Halbpension DM 15
Ausstattung: Bad/WC, Telefon, ~TV, ~Balkon
Besonderes: Restaurant, Terrasse, Hallenschwimmbad, Sauna, Solarium,
Kegeln, ruhig, Parkplätze, Garagen

■ **Waldgasthof zum Hirschen**   Grub 1, Neuravensburg
☎ 07528/7222, Fax 6798
Preise: 1 Einzel 70-80, 5 Doppel 100-150, 1 Appartement DM 150-170,
Halbpension DM 27,50
Ausstattung: Dusche/WC, Telefon, TV, Minibar, Nichtraucher-Hotelzimmer
Besonderes: Restaurant, Terrasse, Liegewiese, Garten, Parkplätze,
idyllischer Garten
Kreditkarten: Eurocard, Visa

Warendorf

Nordrhein-Westfalen

✉ **48231**

Seite 11/C 1

■ **Emshof**   Sassenberger Str. 39
☎ 02581/2300, Fax 634383
Preise: Einzel 65 , Doppel DM 110
Ausstattung: Dusche/WC, Telefon
Besonderes: Parkplätze, Garagen

Warmensteinach ✉ 95485

Bayern Seite 12/B 3

■ **Hotel garni Barbara** Fleckl 27
☎ 09277/531
Preise: 3 Einzel ab 46, 10 Doppel ab 76, 5 Apartments ab DM 80
Ausstattung: Bad/WC, Telefon, TV, Balkon
Besonderes: Terrasse, Liegewiese, Sauna, Solarium, ruhig, garni,
Parkplätze, Garagen

■ **Krug** Siebensternweg 15
☎ 09277/9910, Fax 99199
Preise: 10 Einzel 70-120, 20 Doppel ab 130, Halbpension 19,
Vollpension DM 29
Ausstattung: Dusche/WC, Telefon, TV, Balkon
Besonderes: Restaurant, Terrasse, Liegewiese, Parkplätze, Garagen
Kreditkarten: Amex

■ **Sporthotel Fleckl** Fleckl 5
☎ 09277/234, Fax 867
Preise: 7 Einzel 55-80, 14 Doppel 100-150, 3 Apartments DM 150-300
Ausstattung: Bad/WC, Telefon, Balkon
Besonderes: Restaurant, Hallenschwimmbad, Sauna, Solarium, ruhig,
Parkplätze, Garagen
Geschlossen: Anfang November bis Mitte Dezember

Warsow ✉ 17154

Mecklenburg-Vorpommern Seite 9/C 2

■ **Hotel Moll** Dorfstr. 44, bei Malchin
☎ 039956/20827, Fax 20154
Preise: 1 Einzel 70, 17 Doppel DM 90
Ausstattung: Dusche/WC, Telefon, TV, Radio
Besonderes: Parkplätze

Warstein ✉ 59581

Nordrhein-Westfalen Seite 10/C 2

■ **Gasthof Cramer** Prinzenstr. 2, Hirschberg
☎ 02902/2041, Fax 2019
Preise: 4 Einzel 65, 28 Doppel 110, 2 Appartements DM 140
Halbpension DM 18
Ausstattung: Bad/WC, Telefon, Radio, TV, ~Balkon
Besonderes: Restaurant, Parkplätze, Garagen
Geschlossen: 3 Wochen Sommerferien NRW

■ Hotel Bergenthal
Hauptstr. 97

☎ 02902/5006

Preise: Einzel ab 45, 6 Doppel DM 70, Halbpension/Vollpension möglich

Ausstattung: Bad/WC, Telefon

Besonderes: Restaurant, Terrasse, Parkplätze, Garagen

Geschlossen: 1. Ferienhälfte NRW

■ Lindenhof
Ottilienstr. 4

☎ 02902/97050, Fax 970540

Preise: 6 Einzel 60, 48 Doppel 110, Halbpension 15, Vollpension DM 27,50

Ausstattung: Bad/WC, ~TV, ~Telefon, ~Balkon

Besonderes: Terrasse, Sauna, Kegeln, Parkplätze, Garagen, Liegewiese Solarium

---

■ Warsteiner Höhlentreff
Im Bodmen 52

☎ 02902/5044, Fax 88409

Preise: 3 Einzel 60, 13 Doppel 110, Halbpension DM 18

Ausstattung: Dusche/WC, Telefon, TV, ~Balkon

Besonderes: Restaurant ab 10 Uhr geöffnet, Terrasse, Parkplätze

---

Wasserburg ✉ 83512
Bayern Seite 17/C 3

■ Hotel-Restaurant Pichlmayer
Anton-Wagner-Str. 2-4

☎ 08071/40021, Fax 8728

Preise: 3 Einzel 75, 23 Doppel DM 120, Halbpension/Vollpension möglich

Ausstattung: Dusche/WC, Telefon, TV, Balkon

Besonderes: Restaurant, Liegewiese, Schwimmbad, Sauna, Solarium, Parkplätze, Garagen

Kreditkarten: Amex, Diners, Eurocard, Visa

■ Hotel Paulanerstuben
Marienplatz 9

☎ 08071/3903, Fax 50474

Preise: 4 Einzel 40-65, 13 Doppel 62-93, Halbpension DM 13

Ausstattung: Bad/WC, Telefon, TV

Geschlossen: 10. Oktober bis 15. November

Wasserburg ✉ 88142
Bayern Seite 15/D 3

■ Weinstube Gierer
Hege 25

☎ 08382/887033, Fax 887414

Preise: 2 Einzel 65, 17 Doppel 89-138, Halbpension DM 31

Ausstattung: Dusche/WC, ~Telefon, TV, Minibar, ~Balkon

Besonderes: Restaurant, Terrasse, Schwimmbad, Sauna, Whirlpool, Parkplätze

Geschlossen: Mitte Januar bis Mitte März

Kreditkarten: Amex, Diners, Eurocard, Visa

■ **Hotel Pension Walser**   Nonnenhorner Str. 15
☎ 08382/9856-0, Fax 985610
Preise: 8 Einzel 65-70, 12 Doppel DM 112-152
                   Halbpension DM 26
Ausstattung: Dusche/WC, Telefon, TV, Balkon
Besonderes: Restaurant, Tarrasse, Liegewiese, Parkplätze

■ **Garni-Hotel Kraft-Bobinger**   Dorfstr. 11
☎ 08382/887044+9861-0, Fax 887046
Preise: 2 Einzel 69-76, 7 Doppel DM 118-132, 2 Appartements DM 138-148
Ausstattung: Dusche/WC, Telefon, TV, Radio, Balkon
Besonderes: Terrasse, Liegewiese, Parkplätze, Apartments
Geschlossen: November

Wehingen   ⊠ **78564**
Baden-Württemberg   Seite 15/C 2

■ **Café Keller**   Bahnhofstr. 5
☎ 07426/94780, Fax 947830
Preise: 10 Einzel 66-98, 14 Doppel DM 120-150, 4 Apartments,
                   Halbpension und Vollpension möglich
Ausstattung: ~Bad/Dusche/WC, Telefon, Radio, TV, Balkon
Besonderes: Terrasse, Liegewiese, Restaurant, Parkplätze
Kreditkarten: Amex, Eurocard, Visa

Wehr   ⊠ **79664**
Baden-Württemberg   Seite 15/C 3

■ **Hotel-Schwarzwald-Gasthof Rößle**   Kapellenweg 2
☎ 07674/525, Fax 8838
Preise: 6 Einzel 72-80, 21 Doppel 135-160, 3 Apartments 180,
                   Halbpension DM 27,50
Ausstattung: Dusche/Bad/WC, Telefon, TV, Minibar, ~Balkon
Besonderes: Restaurant 7-22 Uhr, Terrasse, Liegewiese, Sauna, Solarium,
                   Tennis, Parkplätze
Geschlossen: 2. November bis 20. Dezember
Kreditkarten: Eurocard

■ **Kurhotel Simon**   Salesiaweg 2
☎ 07674/402, Fax 1008
Preise: 4 Einzel 51, 16 Doppel ab 90, Halbpension DM 17
Ausstattung: ~Bad/~WC, Telefon, Radio, ~TV, Balkon
Besonderes: Terrasse, ruhig, Parkplätze, Garagen
Kreditkarten: Amex, Diners, Eurocard, Visa

■ **Hotel Klosterhof**   Am Schwimmbad 8
☎ 07762/8650+8660, Fax 4645
Preise: 26 Einzel 75, 14 Doppel 140, Halbpension DM 20
Ausstattung: Bad/WC, Telefon, TV, Radio, Balkon
Besonderes: Restaurant, Terrasse, Schwimmbad, Solarium, Kegeln,
                   Parkplätze, Liegewiese
Kreditkarten: Diners, Eurocard, Visa

Wehrheim ✉ 61273

Hessen

Seite 11/C 2

■ **Gasthaus Zum Taunus** Töpferstr. 2
☎ 06081/5168
Preise: 7 Einzel 50-90, 9 Doppel DM 125-155
Ausstattung: Bad/~WC

Weibersbrunn ✉ 63879

Bayern

Seite 11/D 3

■ **Pension Diana** Hauptstr. 15
☎ 06094/564+364, Fax 1064
Preise: 2 Einzel 50-60, 7 Doppel 75-100, 2 Apartments
DM 100-120
Ausstattung: Dusche/WC, ~TV, Balkon
Besonderes: Terrasse, Liegewiese, Parkplätze, Garagen

Weiden ✉ 92637

Bayern

Seite 16/B 1

■ **Europa** Frauenrichter Str. 173
☎ 0961/25051, Fax 61562
Preise: 14 Einzel 65-80, 12 Doppel 120-180, Halbpension 25,
Vollpension DM 50
Ausstattung: Dusche/WC, Telefon, TV, Minibar
Besonderes: Restaurant, Bar, Parkplätze, Garagen,
Autobahnnähe A93
Kreditkarten: Amex, Diners, Eurocard, Visa

■ **Gasthof Post** Bahnhofstr. 23
☎ 0961/7048, Fax 7048
Preise: 16 Einzel ab DM 60, 20 Doppel DM 90-120
Ausstattung: Bad/Dusche, WC, Telefon, Minibar, Balkon
Besonderes: Restaurant, Garagen, Parkplätze

■ **Hotel am Tor** Am Unteren Tor
☎ 0961/4747-0, Fax 4747200
Preise: 24 Einzel 88, 14 Doppel DM 128, 2 Appartements
Ausstattung: Dusche/Bad/WC, Telefon, TV, Radio, ~Minibar
Besonderes: Terrasse, Sauna, Solarium, Parkplätze, Bar-Bistro
Kreditkarten: Amex, Diners, Eurocard, Visa

Weikersheim ✉ 97990

Baden-Württemberg

Seite 15/D 1

■ **Flair-Hotel Laurentius** Marktplatz 5
☎ 07934/7007, Fax 7077
Preise: 5 Einzel 65-98, 11 Doppel 125-155, Halbpension DM 35-40
Ausstattung: Dusche/WC, Telefon, ~TV
Besonderes: 2 Restaurants, Bar,Terrasse
Kreditkarten: Amex, Diners, Eurocard, Visa

■ Hotel Deutschherren-Stuben Marktplatz 9
☎ 07934/8376, Fax 695
Preise: 4 Einzel ab 45-70, 15 Doppel 85-120, 1 Appartement DM 220
Halbpension DM 27
Ausstattung: ~Bad/WC, Telefon, TV
Besonderes: Restaurant, Ritterkeller, Terrasse, Sauna, Solarium,
Parkplätze
Geschlossen: 15.12.-28.2.
Kreditkarten: Amex, Visa, Eurocard

Weil am Rhein ✉ 79576
Baden-Württemberg Seite 14/B 3

■ Hotel Leopoldshöhe Müllheimer Str. 4
☎ 07621/98060, Fax 9806299
Preise: 5 Einzel 65-95, 36 Doppel 110-180, Halbpension 20,
Vollpension DM 30
Ausstattung: Dusche/Bad/WC, Telefon, TV, Radio, ~Balkon, Fax
Besonderes: Parkplätze, Garagen, Terrasse, Schwimmbad, Sauna, Solarium,
Restaurant 11.30-14 und 18-22 Uhr
Kreditkarten: Eurocard, Visa, Amex, Diners

Weilbach ✉ 63937
Bayern Seite 15/D 1

■ Zum Ohrnbachtal Fam. Schäfer
☎ 09373/1413, Fax 4550
Preise: 5 Einzel 60, 18 Doppel DM 104
Ausstattung: Bad/WC, Balkon
Besonderes: Restaurant, Terrasse, Hallenschwimmbad, Sauna, Solarium,
Tennis, Parkplätze, Garagen, Liegewiese, Tennisplatz
Geschlossen: 3. Januar bis 3. Februar

Weilburg ✉ 35781
Hessen Seite 11/C 3

■ Hotel Villa im Park Frankfurter Str. 12
☎ 06471/30098+30099, Fax 1788
Preise: 2 Einzel 75, 12 Doppel ab DM 120
Ausstattung: Dusche/WC, Telefon, TV
Besonderes: Terrasse, Liegewiese, Parkplätze, Garagen
Kreditkarten: Amex, Diners, Eurocard, Visa

■ Kubacher Hof Hauptstr. 58, Kubach
☎ 06471/4822, Fax 41937
Preise: 3 Einzel 58, 11 Doppel DM 116
Ausstattung: Bad/WC, telefon, TV, Balkon
Besonderes: Frühstücksbuffet, Terrasse, Hallenschwimmbad, Parkplätze

Weimar ✉ 99423

Thüringen

Seite 12/A 2

■ **Pension Savina** Rembrandtweg 13
☎ 03643/513352, Fax 513352
Preise: 1 Einzel 55, 3 Doppel DM 98
Ausstattung: ~Dusche/WC, Telefon, TV, Radio, ~Video

■ **Pension Am Berkaer Bahnhof** Peter-Cornelius-Str. 7
☎ 03643/202010
Preise: 1 Einzel 61, 3 Doppel DM 82
Ausstattung: Dusche/WC, Telefon, TV
Besonderes: Parkplätze

■ **Pension Flurblick** Am Sportplatz 15
☎ 03643/59738
Preise: 1 Einzel 75, 3 Doppel DM 95
Ausstattung: Dusche/WC, TV
Besonderes: Terrasse, Parkplätze, Mehrbettzimmer

■ **Dorotheenhof** Dorotheenhof 1
☎ 03643/420068, Fax 420068
Preise: 5 Einzel 82, 8 Doppel 105, 1 Aprtment DM 130,
Halbpension DM 15
Ausstattung: Dusche/WC, Telefon, TV, Radio
Besonderes: Terrasse, Liegewiese, Ferienwohnung

Weinähr ✉ 56379

Rheinland-Pfalz

Seite 11/C 3

■ **Weinhaus Treis** Hauptstr. 1-3
☎ 02604/5015, Fax 4543
Preise: 20 Einzel ab 57, 30 Doppel DM 85-135
Ausstattung: Bad/WC, Telefon, Radio, ~TV, ~Balkon
Besonderes: Restaurant, Terrasse, Schwimmbad, Sauna, Solarium, Tennis,
Parkplätze, Garagen, Liegewiese
Kreditkarten: Amex, Eurocard

Weiskirchen ✉ 66709

Saarland

Seite 14/B 1

■ **Hofhaus Antz** Trierer Str. 21
☎ 06876/202
Preise: 6 Einzel ab 54, 15 Doppel ab DM 85
Ausstattung: Bad/WC, ~Telefon
Besonderes: Konferenzraum 150, Terrasse, Parkplätze, Garagen

Weißenburg   ⊠ **91781**

Bayern   Seite 16/A 1

■ Flair Hotel Am Ellinger Tor   Ellinger Str. 7
☎ 09141/4019, Fax 864650
Preise: 26 Doppel ab 108, als Einzel DM 70-78, Halbpension möglich, Vollpension möglich
Ausstattung: Dusche/WC, Telefon, ~TV, ~Balkon
Besonderes: Restaurant, Garten, Garagen
Kreditkarten: Amex, Diners, Eurocard, Visa

■ Hotel Rose   Rosenstr. 6
☎ 09141/2096+2691, Fax 70752
Preise: 12 Einzel ab 80, 19 Doppel DM 160
Ausstattung: Dusche/Bad/WC, Telefon, TV, Radio, Minibar
Besonderes: Restaurant, Bar, Terrasse, Sauna, Solarium, Parkplätze
Kreditkarten: Amex, Diners, Eurocard, Visa

Weiterstadt   ⊠ **64331**

Hessen   Seite 11/C 3

■ Gasthof Zum Löwen   Darmstädter Landstr. 11
☎ 06150/51025
Preise: 9 Einzel 85, 9 Doppel DM 120
Ausstattung: Bad/WC, Telefon, Radio, TV
Besonderes: Restaurant, Parkplätze
Kreditkarten: Visa

Welschneudorf   ⊠ **56412**

Rheinland-Pfalz   Seite 11/C 3

■ Landhotel Rückerhof   Tiergartenweg
☎ 02608/208, Fax 1488
Preise: 6 Einzel 70, 10 Doppel 80-150, Halbpension DM 40
Ausstattung: Dusche/WC, Telefon, TV, Balkon
Besonderes: Restaurant 17-22 Uhr, Bar 17-24 Uhr, Terrasse, Liegewiese, Parkplätze, Reitstall

Wemding   ⊠ **86650**

Bayern   Seite 16/A 2

■ Minotel Meerfräulein   Wallfahrtsstr. 1
☎ 09092/8021, Fax 8574
Preise: 14 Einzel 75, 32 Doppel DM 130-150, Halbpension möglich, Vollpension möglich
Ausstattung: Dusche/Bad/WC, Telefon, TV, Radio, Minibar, Balkon
Besonderes: Restaurant 10-24 Uhr, Kegelbahn, Terrasse, Sauna, Solarium, Parkplätze, Garagen
Geschlossen: 24. bis 26. Dezember 1995
Kreditkarten: Amex, Diners, Eurocard, Visa

Werl

Nordrhein-Westfalen

■ **Hotel Bartels**   Walburgisstr. 6
☎ 02922/7066, Fax 85550
Preise: 14 Einzel ab 80, 17 Doppel DM 140-150
Ausstattung: Dusche/Bad/WC, Telefon, TV
Besonderes: Restaurant, Bar, Parkplätze, Garagen
Geschlossen: 22.12.-2.1.95
Kreditkarten: Amex, Eurocard, Visa

■ **Parkhotel Wiener Hof**   Hammerstr. 1
☎ 02922/2633+5444, Fax 6884
Preise: 8 Einzel ab 90, 7 Doppel 130, 3 Apartments DM 170
Ausstattung: Bad/WC, ~TV, Telefon
Besonderes: Restaurant, Terrasse, ruhig, Parkplätze, Garagen
Kreditkarten: Amex, Diners, Eurocard, Visa

Werneck

Bayern

■ **Hotel Krone-Post**   Balth.-Neumann-Str. 1-3
☎ 09722/5090, Fax 509199
Preise: 11 Einzel 85, 45 Doppel ab DM 125
Ausstattung: Bad/WC, Telefon, TV, Radio, ~Minibar
Besonderes: Restaurant, Parkplätze, Garagen
Kreditkarten: Amex, Diners, Eurocard, Visa

Wernigerode

Sachsen-Anhalt

■ **Hotel Zur Tanne**   Breit Str. 57-59
☎ 03943/32554
Preise: ♭   4 Einzel 40-80, 16 Doppel DM 100-150
Ausstattung: ~Dusche/WC, Radio, TV, Telefon, ~Balkon
Besonderes: Restaurant, Parkplätze
Geschlossen: Ende Oktober bis Ende November

Wernitzgrün

Sachsen

■ **Hotelanlage Haus Vogtland**   Zollstr. 25-29
☎ 037422/2452+53, Fax 2408
Preise: 11 Einzel ab 40, 38 Doppel ab 80, 4 Apartments ab 100,
                   Halbpension 25, Vollpension DM 35
Ausstattung: Dusche/WC, Telefon, TV, Minibar, ~Balkon
Besonderes: Restaurant, Bar, Waldbiergarten, Terrasse, Liegewiese,
                   Sauna, Parkplätze
Kreditkarten: Amex, Eurocard, Visa

Wertach
✉ **87497**

Bayern

Seite 16/A 3

■ **Alpengasthof Hirsch**   Marktstr. 21
☎ 08365/70200, Fax 702030
Preise: 4 Einzel 62-68, 6 Doppel DM 105-115
Ausstattung: Bad/WC, Telefon, Balkon
Besonderes: Restaurant 11-22 Uhr, Terrasse, Liegewiese, Reiten,
                      Fahrradverleih, Parkplätze, Garagen

Wertheim
✉ **97877**

Baden-Württemberg

Seite 15/D 1

■ **Kette**   Am rechten Tauberufer
☎ 09342/1001
Preise: Einzel ab 68, 21 Doppel DM 120-155
Ausstattung: Bad/WC, Telefon
Besonderes: Lift, Konferenzraum 90, Terrasse, Sauna, Solarium, Garagen

---

Wesel
✉ **46483**

Nordrhein-Westfalen

Seite 10/A 1

■ **Hotel Bürick**   Venloer Str. 74
☎ 02803/1011, Fax 1013
Preise: 25 Einzel 70, 30 Doppel DM 130, Halbpension und Sonderprei-
                      se für Gruppen
Ausstattung: Dusche/WC, Telefon, TV, ~Balkon
Besonderes: Restaurant, Bar, Terrasse, Kegelbahn, Schwimmbad, Sauna,
                      Solarium, Parkplätze, Garagen, Tennis
Kreditkarten: Amex, Diners, Eurocard, Visa

■ **Kaiserhof**   Kaiserring 1
☎ 0281/21972-74, Fax 21552
Preise: 21 Einzel 70-90, 25 Doppel DM 130-150
Ausstattung: Bad/WC, TV, Telefon, ~Radio
Besonderes: Lift, Restaurant, Bar, Terrasse, Parkplätze, Garagen

---

Wesseling
✉ **50389**

Nordrhein-Westfalen

Seite 10/B 2

■ **Central**   Konrad-Adenauer-Str. 2
☎ 02236/42033+34, Fax 42845
Preise: 14 Einzel 77, 11 Doppel DM 125
Ausstattung: Dusche/WC, Telefon, Kabel-TV, ~Minibar
Besonderes: Frühstücksbuffet, Parkplätze, Garagen
Kreditkarten: Eurocard

■ **Haus Burum**   Bonner Str. 83
☎ 02236/41051, Fax 1406
Preise: 12 Einzel 68, 12 Doppel DM 110
Ausstattung: Dusche/WC, Telefon, TV
Besonderes: Parkplätze

Westerrönfeld

✉ 24784

Schleswig-Holstein

Seite 8/A 1

■ **Schützenheim am Kanal** Itzehoer Chaussee 2
☎ 04331/89041, Fax 87526
Preise: 5 Einzel DM 50-80, 11 Doppel DM 95-110, 1 Appartement DM 140
Halbpension DM 14, Vollpension DM 25
Ausstattung: Du/Bad, WC, Telefon, Radio, TV
Besonderes: Restaurant, Terrasse, Liegewiese, Parkplätze
Kreditkarten: Amexco, Diners, Eurocard, Visa

Westhausen

✉ 73463

Baden-Württemberg

Seite 16/A 2

■ **Adler** Adener Straße 16
☎ 07363/5026, Fax 5028
Preise: 17 Einzel DM 50-75, 10 Doppel DM 85-125
Ausstattung: Du/Bad, WC, Telefon, Radio, Kabel TV, Minibar, ~Balkon
Besonderes: Parkplätze, Garagen
Kreditkarten: Eurocard, Visa

Wettringen

✉ 48493

Nordrhein-Westfalen

Seite 10/B 1

■ **Hotel Zur Post** Kirchstr. 4
☎ 02557/7002-03, Fax 7004
Preise: Einzel ab 52, 16 Doppel 88-92, Halbpension 18, Vollpension
DM 30
Ausstattung: Dusche/WC, Telefon, ~TV, ~Balkon
Besonderes: Restaurant 12-14, 18-22 Uhr, Bar 16-1 Uhr, Konferenzraum,
Kegeln, Parkplätze, Garagen
Kreditkarten: Eurocard

■ **Hotel zur Sonne** Metelener Str. 8
☎ 02557/1231+7022, Fax 1086
Preise: 3 Einzel 65, 6 Doppel 115, Halbpension DM 16
Ausstattung: Dusche/WC, Telefon, TV
Besonderes: Restaurant, Bar, Parkplätze, Garagen

Wetzlar

✉ 35578

Hessen

Seite 11/C 3

■ **Hotel Stoppelberg** Kirschenwäldchen 18
☎ 06441/24015, Fax 25416
Preise: Einzel 84, 25 Doppel DM 146, Halbpension und Vollpension
möglich
Ausstattung: Dusche/WC, Telefon, TV, Balkon
Besonderes: Restaurant, Biergarten, Grill, Terrasse, Liegewiese,
Parkplätze, Garagen
Kreditkarten: Diners, Eurocard, Visa

■ **Pension Domblick**   Langgasse 64
☎ 06441/90160, Fax 47186
Preise: 11 Einzel 70-118, 14 Doppel DM 90-150
Ausstattung: Dusche/WC, Telefon, TV, Minibar
Besonderes: zentrale und ruhige Lage, Parkplätze, Garage
Kreditkarten: Amex, Diners, Eurocard, Visa

■ **Wöllbacher Tor**   Goethestr. 14
☎ 06441/47030, Fax 42909
Preise: 4 Einzel 80, 4 Doppel DM 140,
                   Halbpension 10, Vollpension DM 16
Ausstattung: Dusche/WC, Telefon, TV, Radio
Besonderes: Restaurant, Parkplätze
Kreditkarten: Amex, Diners, Eurocard, Visa

Weyhe   ✉ 28844
Niedersachsen   Seite 7/B 3

■ **Akzent Hotel Leeste**   Alte Poststr. 2
☎ 0421/802606, Fax 892265
Preise: 9 Einzel ab 82, 26 Doppel DM 120
Ausstattung: Dusche/WC, Telefon, TV
Besonderes: Restaurant, Bistro, Terrasse, Liegewiese, Schwimmbad, Sauna,
                   Parkplätze, Garagen
Kreditkarten: Amex, Eurocard, Visa

Wiefelstede   ✉ 26215
Niedersachsen   Seite 7/B 3

■ **Alter Dorfkrug**   Dorfstr. 11
☎ 04458/1313, Fax 1543
Preise: 10 Einzel 47, 17 Doppel DM 86, Halbpension und Vollpension
                   möglich
Ausstattung: Dusche/WC, Telefon, TV
Besonderes: Restaurant 12-14, 18-23 Uhr, Terrasse, Liegewiese, Sauna,
                   Solarium, Parkplätze, Garagen, Kinderspielplatz

Wiesbaden   ✉ 65203
Hessen   Seite 11/C 2

■ **Hotel im Park**   Danziger Str. 104
☎ 0611/541196
Preise: 4 Einzel 80, 10 Doppel DM 120
Ausstattung: Dusche/WC auf Etage, Balkon
Besonderes: Parkplätze, Garagen, ruhige Parklage
Kreditkarten: Amex, Diners, Eurocard, Visa

■ **Hotel Link's Weinstuben**   Karl-Lehr-Str. 24, Schierstein
☎ 0611/20020
Preise: Einzel ab 75, 8 Doppel DM 135
Ausstattung: Dusche/WC
Besonderes: Restaurant, Parkplätze, Garagen, Weinstuben
Geschlossen: 20. Juli bis 15. August

■ **Ring-Hotel garni**   Bleichstr. 29
☎ 0611/403021, Fax 451573
Preise: 6 Einzel 72-88, 8 Doppel DM 94-140
Ausstattung: Dusche/WC
Besonderes: Restaurant
Kreditkarten: Amex, Diners, Eurocard, Visa

■ **Hotel Meuser**   Stettiner Str. 13
☎ 0611/69360, Fax 693688
Preise: 15 Einzel 80, 12 Doppel DM 110
Ausstattung: ~Dusche/WC, Telefon, TV, Radio
Besonderes: Garni-Hotel, Parkplätze

■ **Pension Tannenhof**   Alte Dorfstr. 47, Breckenheim
☎ 06122/91220, Fax 6693
Preise: 1 Einzel 80, 13 Doppel DM 120
Ausstattung: Dusche/WC, Telefon, TV, Minibar, Balkon
Besonderes: Sauna, Solarium, Parkplätze
Kreditkarten: Amex, Diners, Eurocard, Visa

Wiesensteig	✉ **73349**
Baden-Württemberg	Seite 15/D 2

■ **Hotel Am Selteltor**   Westerheimer Str. 3
☎ 07335/1830, Fax 18350
Preise: 8 Einzel 57-75, 23 Doppel DM 95-120
                   Halbpension 25, Vollpension DM 35
Ausstattung: Dusche/WC, ~Telefon,~Kabel-TV
Besonderes: Restaurant, Halb- und Vollpension ab 5 Tage, Parkplätze,
                   Garagen

Wiesmoor	✉ **26639**
Niedersachsen	Seite 7/A 2

■ **Hotel Christophers**   Marktstr. 11
☎ 04944/2005
Preise: 7 Einzel 50-80, 24 Doppel DM 100-160, Halbpension und
                   Vollpension möglich
Ausstattung: ~Dusche/WC, ~Telefon, ~Balkon
Besonderes: Restaurant 12-14/18-21 Uhr, Terrasse, Liegewiese
Geschlossen: Mitte Dezember bis Mitte Januar

■ **Hotel Friesengeist**   Am Rathaus 1
☎ 04944/1044, Fax 5369
Preise: 8 Einzel DM 74, 26 Doppel ab 170, 2 Appartements 145
                   Halbpension DM 24,50
Ausstattung: Dusche/WC, Telefon, TV, Radio, Minibar, ~Balkon
Besonderes: Restaurant 7-23 Uhr, Bar 7-24 Uhr, Kegeln, Schwimmbad,
                   Sauna, Solarium, Parkplätze, Garagen
Kreditkarten: Amex, Diners, Eurocard, Visa

Bad Wiessee ✉ 83707

Bayern   Seite 16/B 3

■ **Edelweiß**   Münchner Str. 21
☎ 08022/81287+81535
Preise: 24 Einzel 55-75, 16 Doppel DM 110-135
Ausstattung: Bad/WC, Telefon, TV
Besonderes: Park, Parkplätze, Garagen,Terrasse, Liegewiese, Solarium
                Restaurant für Hausgäste

■ **Hotel Concordia**   Klosterjägerweg 4
☎ 08022/84016, Fax 85209
Preise: 20 Einzel DM 80, 6 Doppel DM 134, Ferienwohnungen oder
                Appartements DM 135
Ausstattung: Du/Bad, WC, Telefon, TV, Balkon
Besonderes: Terrasse, Liegewiese, Schwimmbad, Sauna, Solarium, Park-
                plätze
Geschlossen: 6.11.95 - 31.1.96

■ **Hotel garni Jägerheim**   Freihausstr. 12
☎ 08022/81723, Fax 83127
Preise: 13 Einzel DM 75, 10 Doppel DM 130
Ausstattung: Du/Bad, WC, Radio, ~Balkon, ~TV
Besonderes: Terrasse, Liegewiese, Schwimmbad, Sauna, Parkplätze
Geschlossen: 1.11. - 31.3.

Bad Wildbad ✉ 75323

Baden-Württemberg   Seite 15/C 2

■ **Waldhotel Riexinger**   Auf dem Sommerberg
☎ 07081/92320, Fax 8801
Preise: 9 Einzel ab 55, 5 Doppel ab DM 110
Ausstattung: Dusche/WC, Telefon, ~TV, Balkon
Besonderes: Restaurant 12-14/18-21 Uhr, Terrasse, Liegewiese,
                Parkplätze
Kreditkarten: Amex, Diners, Eurocard, Visa

■ **Tannenhöh**   Eichenweg 33, Nonnenmiß
☎ 07085/371
Preise: 4 Einzel DM 53, 14 Doppel DM 100, Halbpension und
                Vollpension möglich
Ausstattung: Bad/WC, Telefon, TV, Balkon
Besonderes: Restaurant, Terrasse, ruhig, Parkplätze, Garagen

■ **Kurhotel Post**   Kurplatz 2. Wildbad
☎ 07081/1611, Fax 1690
Preise: 21 Einzel 42-90, 9 Doppel DM 130-150
Ausstattung: ~Bad/WC, Telefon
Besonderes: Lift, Konferenzraum 15 Pers., Terrasse, 3 Apartements
Geschlossen: 19. November-20. Dezember
Kreditkarten: Amex, Diners, Eurocard, Visa

■ Schwarzwaldhotel-Gasthof Hirsch   Christophstr. 26, Sprollenhaus
☎ 07085/7339, Fax 7319
Preise: 1 Einzel DM 44, 5 Doppel DM 68, 7 Appartements, Halbpension
DM 18, Vollpension DM 28
Ausstattung: Du/Bad, WC, Telefon, Radio, Balkon, TV-möglich
Besonderes: Restaurant, Terrasse, Liegewiese, Parkplätze

■ Hotel Sonne   Wilhelmstraße 29
☎ 07081/1331, Fax 3716
Preise: 12 Einzel DM 65-78, 12 Doppel DM 130-156, Halbpension DM
23, Vollpension DM 30
Ausstattung: Du/Bad, WC, Telefon, TV, Balkon
Besonderes: Restaurant, Parkplätze

■ Crista-Maria   Eichenstraße 4, Calmbach
☎ 07081/7452, Fax 6099
Preise: 1 Einzel DM 63, 9 Doppel DM 106, Halbpension DM 20, Voll-
pension DM 30
Ausstattung: Du/Bad, WC, Telefon, TV, Balkon
Besonderes: Restaurant, Terrasse, Liegewiese, Schwimmbad, Parkplätze

■ Hotel Sonne   Höfener Straße 15, Calmbach
☎ 07081/6427, Fax 78775
Preise: 10 Einzel DM 50, 22 Doppel DM 98, Halbpension DM 20, Voll-
pension DM 35
Ausstattung: ~Du/Bad, WC, Balkon
Besonderes: Restaurant, Terrasse, Parkplätze
Geschlossen: November

Wildberg   ⊠ 72218
Baden-Württemberg   Seite 15/C 2

■ Hotel Bären   Marktstr. 15-17
☎ 07054/5195+2624, Fax 8985
Preise: 9 Einzel 65, 14 Doppel DM 105, Halbpension/Vollpension
möglich
Ausstattung: Dusche/Bad/WC, Telefon, Radio, ~Balkon
Besonderes: Restaurant, Terrasse, Sauna, Solarium, Parkplätze, Garagen
Kreditkarten: Amex, Diners, Eurocard, Visa

Wildemann   ⊠ 38709
Niedersachsen   Seite 11/D 1

■ Hotel Harzperle   Im Spiegeltal 59
☎ 05323/6202
Preise: 4 Einzel 48, 10 Doppel 96, Halbpension DM 12
Ausstattung: Dusche/WC, TV, Minibar, Balkon
Besonderes: Restaurant 8-22 Uhr, Bar, Terrasse, Liegewiese, Schwimmbad,
Sauna, Solarium, Parkplätze, Garagen, Fitneßstudio

■ **Kurhotel Waldgarten**   Schützenstr. 31
☎ 05323/96800, Fax 968050
Preise: 10 Einzel 58-95, 24 Doppel DM 100-160
                   Halbpension/Vollpension möglich
Ausstattung: ~Bad/WC, Radio, TV, Telefon
Besonderes: Restaurant 21 Uhr, Bar bis 23 Uhr, Terrasse,
                   Hallenschwimmbad, Solarium, Tennis, ruhig, Parkplätze

Bad Wildungen   ✉ 34537
Hessen   Seite 11/D 2

■ **Hardtmühle**   Im Urfttal 5-7, Bergfreiheit
☎ 05621/741, Fax 743
Preise: 11 Einzel 80, 18 Doppel 130, 4 Apartments 170,
                   Halbpension 20, Vollpension DM 30
Ausstattung: Bad/WC, Telefon, Balkon
Besonderes: Restaurant, Solarium, Sauna, Schwimmbad, Tennisplatz, ruhig,
                   Parkplätze, Garagen, Liegewiese
Geschlossen: 15. Januar-15. Februar
Kreditkarten: Eurocard

■ **Homberger Hof**   Am Unterscheid 12
☎ 05621/79150+791544, Fax 791540
Preise: 8 Einzel ab 45, 12 Doppel ab DM 96, Halbpension DM 13,
                   Vollpension DM 23
Ausstattung: Dusche/WC, Telefon, Radio, TV, Minibar, Balkon
Besonderes: Sprechendes Hausprospekt unter Tel: 05621-791543

■ **Hotel Bellevue garni**   Am Unterscheid 10
☎ 05621/2018, Fax 72091
Preise: 10 Einzel 78, 11 Doppel DM 130
Ausstattung: Dusche/WC, Telefon, TV, Balkon
Besonderes: Terrasse, Liegewiese, Parkplätze
Kreditkarten: Eurocard

■ **Hotel Schwarze**   Brunnenallee 42
☎ 05621/4064, Fax 4065
Preise: 10 Einzel 50-70, 15 Doppel 90-130, Halbpension 13,
                   Vollpension DM 25
Ausstattung: Dusche/WC, Telefon, TV, Terrasse
Besonderes: Restaurant 11-23 Uhr, Konferenzraum 30, Kegeln, Parkplätze
Kreditkarten: Amex, Eurocard, Visa

■ **Sanssouci**   Fichtenstr. 10
☎ 05621/6502, Fax 74570
Preise: 10 Einzel ab 60, 10 Doppel 100, 2 Appartements 98
Ausstattung: Dusche/WC, Telefon, TV, Balkon
Besonderes: Terrasse, Liegewiese, Sauna, Solarium, Parkplätze, Garagen
Kreditkarten: Eurocard

■ **Hotel Villa Heilquell**   Hufelandstr. 15
☎ 05621/2392, Fax 4776
Preise: 8 Einzel DM 80, 6 Doppel DM 130, 4 Appartements DM 80
Ausstattung: Du/Bad, WC, Telefon, TV, Minibar, Balkon
Besonderes: Parkplätze
Kreditkarten: Eurocard

■ Landgasthaus Zum Urftal   Im Urftal 43
☎ 05626/327, Fax 366
Preise: 2 Einzel DM 30, 3 Doppel DM 60, inkl. Frühstück
Ausstattung: Du/Bad, WC
Besonderes: Restaurant
Geschlossen: 15.2. - 15.3.
Kreditkarten: Diners, Eurocard, Visa

Wilhelmshaven   ⊠ 26389
Niedersachsen   Seite 7/B 2

■ Hotel Klatte   Marktstr. 157-159
☎ 04421/26238+39
Preise: 13 Einzel 70, 23 Doppel DM 120, Halbpension und Vollpension
                 möglich
Ausstattung: Dusche/Bad/WC, Telefon, TV
Besonderes: Restaurant, Parkplätze, Garagen

■ Hotel Maris   Werftstr. 54-58
☎ 04421/202096, Fax 201002
Preise: 7 Einzel ab 48, 25 Doppel 84-110, Halbpension DM 17
Ausstattung: Dusche/Bad/WC, Telefon, ~TV
Besonderes: Restaurant ab 18 Uhr, Konferenzraum 30, Parkplätze, Garagen
Kreditkarten: Amex, Diners, Eurocard, Visa

■ Hotel Zum Knurrhahn   Flutstr. 215
☎ 04421/502194, Fax 504198
Preise: Einzel ab 65, 27 Doppel 105, Halbpension DM 20
Ausstattung: Dusche/WC, Telefon, TV, Minibar
Besonderes: Restaurant, Bar, Parkplätze
Kreditkarten: Amex, Diners, Eurocard, Visa

■ Kaisers Hotel   Rheinstr. 128
☎ 04421/42004, Fax 44242
Preise: 29 Einzel ab 78, 54 Doppel ab 125, Halbpension 20,
                 Vollpension DM 40
Ausstattung: Dusche/WC, Telefon, TV
Kreditkarten: Amex, Diners, Eurocard, Visa

■ Ratsherrenstube   Huiprodestr. 96
☎ 04421/52033, Fax 52526
Preise: 2 Einzel 65, 10 Doppel DM 110, Halbpension und Vollpension
                 möglich
Ausstattung: Dusche/WC, Telefon, TV
Besonderes: Restaurant, Bar, Parkplätze
Kreditkarten: Amex, Diners, Eurocard, Visa

Wilhelmsthal ⊠ 99819

Thüringen   Seite 12/A 2

■ **Haus Wilhelmsthal**   Wilhelmsthal
☎ 03691/248-0, Fax 215623
Preise: 9 Einzel 55-75, 20 Doppel 100-130, 8 Apartments DM 140-220,
                 Ferienwohnungen 120-170, Halbpension 15, Vollpension DM 30
Ausstattung: Dusche/WC, Telefon, Radio, TV
Besonderes: Restaurant, Bar, Terrasse, Liegewiese, Schwimmbad, Sauna,
                 Parkplätze, Garagen, Kegelbahnen

Willebadessen ⊠ 34439

Nordrhein-Westfalen   Seite 11/D 2

■ **Der Jägerhof**   Am Jägerpfad 4
☎ 05646/8010, Fax 801-21
Preise: 6 Einzel ab 85, 43 Doppel DM 150
Ausstattung: Bad/WC, Telefon, Farb-TV
Besonderes: Frühstücksbuffet, Konferenzraum, Kegeln, Parkplätze
                 Minigolf, Restaurant von 12-14 und 18-21 Uhr, Bar

Willingen ⊠ 34508

Hessen   Seite 11/C 2

■ **Bürgerstuben**   Briloner Str. 40
☎ 05632/6099
Preise: 16 Einzel 70-90, 25 Doppel DM 140-230
Ausstattung: Bad/~WC, TV, Telefon
Besonderes: Lift, Konferenzraum 200, Terrasse, Hallenschwimmbad, Sauna,
                 Solarium, Freibad-Badewelt, ruhig, Parkplätze, Garagen

■ **Fürst von Waldeck**   Briloner Str. 1
☎ 05632/98899, Fax 9889-88
Preise: 7 Einzel 79-95, 23 Doppel DM 130-190
Ausstattung: Bad/WC, Telefon, Radio, TV, Balkon
Besonderes: Lift, Konferenzraum, Hallenschwimmbad, Sauna, Solarium,
                 Parkplätze, Garagen, Restaurant
Geschlossen: 26.11. - 17.12.95

■ **Göbel**   Korbacher Str. 5
☎ 05632/6091
Preise: Einzel ab 80, 21 Doppel DM 150-170
Ausstattung: Bad/WC, Telefon
Besonderes: Restaurant, Bar, Hallenschwimmbad, Sauna, Solarium, Kegeln,
                 Parkplätze, Garagen

■ **Henkenhof**   Willingen-Usseln
☎ 05632/1817
Preise: 10 Einzel 58, 21 Doppel 102, 4 Apartments ab DM 102
Ausstattung: Dusche/WC, ~TV, Balkon
Besonderes: Terrasse, Liegewiese, Schwimmbad, Sauna, Solarium,
                 Parkplätze, Garagen
Geschlossen: 15. November bis 20. Dezember

■ Hotel Berghof
Schneppelnberg 14, Usseln
☎ 05632/5091, Fax 5317
Preise: 5 Einzel 64-90, 9 Doppel 120-145, Halbpension 16, Vollpension DM 28
Ausstattung: Dusche/Bad/WC, Telefon, TV, Radio, Minibar, Balkon
Besonderes: Restaurant bis 21.30 Uhr, Bar bis 1 Uhr, Fitneßraum, Parkplätze, Garagen, Liegewiese
Kreditkarten: Amex, Diners, Eurocard, Visa

■ Hotel Waldecker Hof
Korbacher Str. 24
☎ 05632/69366, Fax 69946
Preise: 14 Einzel 68, 16 Doppel DM 126-136
5 Apartments DM 160-170
Ausstattung: Bad/WC, Telefon, TV, ~Balkon
Besonderes: Restaurant, Bar, Terrasse, Hallenschwimmbad, Sauna, Solarium, Parkplätze, Apartments
Kreditkarten: Amex, Eurocard, Visa

■ Posthotel Usseln
Korbacher Str. 14, Usseln
☎ 05632/5041
Preise: 8 Einzel 78-100, 25 Doppel DM 128-170
Ausstattung: Bad/WC, Telefon
Besonderes: Lift, Konferenzraum 30, Terrasse, Hallenschwimmbad, Sauna, Solarium, Parkplätze, Garagen

Bad Wimpfen
✉ 74206
Baden-Württemberg
Seite 15/D 1

■ Hotel Café Restaurant Sonne
Hauptstr. 87
☎ 07063/245+7372, Fax 6591
Preise: 5 Einzel 85, 13 Doppel DM 150
Ausstattung: Bad/Dusche/WC, Telefon, TV
Besonderes: Restaurant, Terrasse, Weinstube, Parkplätze
Geschlossen: Restaurant und Hotel Donnerstag ab 18 Uhr, 17 Uhr

■ Hotel Neckarblick
Erich-Sailer-Str. 48
☎ 07063/7002, Fax 8548
Preise: 5 Einzel DM 66, 10 Doppel DM 108
Ausstattung: Du/Bad, WC, Telefon, Radio, TV, Minibar
Besonderes: Terrasse, Parkplätze
Kreditkarten: Eurocard, Visa

Windeck
✉ 51570
Nordrhein-Westfalen
Seite 10/B 2

■ Haus Kitha
Windeck
☎ 02292/2540
Preise: 30 Doppel 80-85, als Einzel DM 40-46
Ausstattung: ~Bad/WC
Besonderes: Terrasse, Kegeln, ruhig, Parkplätze

Windischeschenbach ✉ 92670

Bayern   Seite 16/B 1

■ **Oberpfälzer Hof**   Hauptstr. 1
☎ 09681/788
Preise: 10 Einzel 45, 23 Doppel DM 80, Halbpension DM 20, Voll-
                 pension DM 25, 4 Ferienwohnungen DM 60-85 DM
Ausstattung: Dusche/WC, Telefon, TV, Radio, Minibar
Besonderes: Restaurant, Solarium, Parkplätze, Garagen
Kreditkarten: Eurocard, Visa

Windorf ✉ 94575

Bayern   Seite 17/C 2

■ **Gasthof zur Alten Post**   Schloßplatz 5, Rathmannsdorf
☎ 08546/1037, Fax 2483
Preise: 25 Doppel 90, als Einzel DM 45, Halbpension und Vollpension
                 möglich
Ausstattung: Dusche/WC, TV, Balkon
Besonderes: Restaurant 8-24 Uhr, Terrasse, Parkplätze
Kreditkarten: Eurocard

Bad Windsheim ✉ 91438

Bayern   Seite 16/A 1

■ **Flair-Hotel Zum Storchen**   Weinmarkt 6
☎ 09841/2011, Fax 7140
Preise: 6 Einzel 58-65, 12 Doppel 102, Halbpension 18,
                 Vollpension DM 30
Ausstattung: Bad/WC, Telefon, Kabel-TV, ~Balkon
Besonderes: Restaurant 7-23 Uhr, Terrasse, Parkplätze
Kreditkarten: Diners, Eurocard, Visa

■ **Goldener Schwan**   Rothenburger Straße 5
☎ 09841/5061, Fax 79440
Preise: 6 Einzel DM 65, 17 Doppel DM 108, Halb-und Vollpension
                 möglich
Ausstattung: Du/Bad, WC, Telefon, Radio, TV, Balkon
Besonderes: Hallenbad, Tennisplätze, Restaurant, Parkplätze
Kreditkarten: Eurocard

Wingst ✉ 21789

Niedersachsen   Seite 7/B 2

■ **Waldschlößchen Dobrock**   Wassermühle 7
☎ 04778/80080, Fax 800888
Preise: 10 Einzel 79-99, 34 Doppel 130-220, Halbpension 25,
                 Vollpension DM 42
Ausstattung: Dusche/Bad/WC, Telefon, TV, Radio, ~Balkon
Besonderes: Restaurant 12-22 Uhr, Terrasse, Schwimmbad, Sauna, Solarium,
                 Massage, Fitneßraum, Kegeln, Tennis, ruhig, Parkplätze,
Kreditkarten: Amex, Diners, Eurocard, Visa

Winsen ✉ 21423

Niedersachsen

Seite 8/A 2

■ Röttings Hotel Rathausstr. 2-4

☎ 04171/4098
Preise: 14 Einzel ab 52, 11 Doppel DM 85-130
Ausstattung: Bad/WC, TV, Telefon
Besonderes: Lift, Konferenzraum 40, Parkplätze, Garagen

Winterberg ✉ 59955

Nordrhein-Westfalen

Seite 11/C 2

■ Engemann-Kurve Haarfelder Str. 10

☎ 02981/414, Fax 3504
Preise: 3 Einzel 75, 15 Doppel DM 110-160, 1 Ferienwohnung DM 120
Ausstattung: ~Bad/WC, ~Telefon, TV
Besonderes: Konferenzraum 50, Terrasse, Hallenschwimmbad, Sauna,
Solarium, Parkplätze, Garagen, Restaurant
Geschlossen: 10 Tage im Dezember, 3 Wochen im April

■ Ferienhotel Schulte-Werneke Alter Hagen 1, Siedlingshausen

☎ 02983/8266, Fax 1221
Preise: 8 Einzel ab 71, 12 Doppel DM 130, Halbpension und
Vollpension möglich
Ausstattung: Dusche/WC, Minibar, ~TV, ~Balkon/Terrasse
Besonderes: Restaurant, Bar, Solarium, Kegeln, Bierstube, Busparkplatz,
im Sommer mittwochs Grillabend, Parkplätze, Garagen,
Geschlossen: Im Frühjahr und 15. bis 30. November

■ Hotel Hessenhof Am Waltenberg 1

☎ 02981/2217, Fax 6995
Preise: 9 Einzel ab 70, 34 Doppel ab 118, Halbpension 20,
Vollpension DM 30
Ausstattung: Bad/WC, Telefon, ~TV, ~Balkon
Besonderes: Restaurant, Bar, Terrasse, Hallenschwimmbad, Sauna,
Sonnenbank, Fitneßraum, Pils- und Weinstube, Parkplätze,
Geschlossen: 18. bis 28. April
Kreditkarten: Diners, Eurocard

■ Landhotel Büker Bergfreiheit 22, Silbach

☎ 02981/387, Fax 540
Preise: 4 Einzel 55-70, 15 Doppel 115-135, Halbpension 18,
Vollpension DM 31
Ausstattung: Bad/WC, TV, Telefon, Radio, ~Balkon
Besonderes: Terrasse, Hallenschwimmbad, Sauna, Solarium, Parkplätze,
Liegewiese
Geschlossen: April und Dezember
Kreditkarten: Amex, Diners, Eurocard, Visa

■ **Hotel Steymann**   Schneilstr. 2
☎ 02981/7005, Fax 3619
Preise: 10 Einzel ab 72, 24 Doppel ab DM 135
Ausstattung: Bad/WC, Telefon, Balkon
Besonderes: Konferenzraum 50, Terrasse, Hallenschwimmbad, Sauna,
Solarium, Kegeln, ruhig, Parkplätze
Kreditkarten: Diners, Eurocard, Visa

Wipperfürth   ⊠ 51688
Nordrhein-Westfalen   Seite 10/B 2

■ **Neyehotel Jansen**   Josefstr. 2
☎ 02267/7010/19, Fax 1416
Preise: 4 Einzel 55, 8 Doppel 95, 3 Apartments DM 120
Ausstattung: ~Dusche/TV, Telefon, Minibar, Balkon
Besonderes: Restaurant, Terrasse, Hallenschwimmbad, Kegeln, ruhig,
Parkplätze, Liegewiese
Kreditkarten: Diners, Eurocard, Visa

Wirsberg   ⊠ 95339
Bayern   Seite 12/B 3

■ **Hotel Am Lindenberg**   Am Lindenberg 2
☎ 09227/860, Fax 2147
Preise: 3 Einzel 68-103, 27 Doppel ab DM 115
Ausstattung: Bad/WC, TV, Telefon, Minibar, Balkon
Besonderes: Restaurant, Bar, Terrasse, Hallenschwimmbad, Sauna,
Solarium, ruhig, Parkplätze, Garagen, Liegewiese

Wismar   ⊠ 23966
Mecklenburg-Vorpommern   Seite 8/B 2

■ **Bertramshof**   Bertramsweg 2
☎ 03841/707220, Fax 704622
Preise: 20 Einzel 70, 20 Doppel 125, Halbpension DM 15
Ausstattung: Dusche/WC, Telefon, TV
Besonderes: Restaurant, Schwimmbad in unmittelbarer Nähe, Parkplätze,
Garagen

Wissen/Sieg   ⊠ 58454
Rheinland-Pfalz   Seite 11/C 2

■ **Zum Frankenthal**   Im Frankenthal 15
☎ 02742/4095, Fax 1356
Preise: 2 Einzel 41, 14 Doppel DM 70, Halbpension und Vollpension
möglich
Ausstattung: Bad/WC, TV, Telefon
Besonderes: Restaurant, Kegeln, Parkplätze, Liegewiese
Kreditkarten: Amex, Diners, Eurocard, Visa

Witten ✉ 58454

Nordrhein-Westfalen

Seite 10/B 2

■ Hotel Am Stöter Bommerholzer Str. 107, Bommerholz
☎ 02302/73604, Fax 73604
Preise: 11 Einzel 59-69, 9 Doppel DM 105-128
Ausstattung: ~Bad/WC, Radio, Minibar
Besonderes: Restaurant, Liegewiese, Parkplätze, Garagen
Geschlossen: 13.7. - 9.8.

Wittlich ✉ 54516

Rheinland-Pfalz

Seite 10/B 3

■ Hotel Well „Garni" Marktplatz 5
☎ 06571/91190, Fax 911950
Preise: 4 Einzel 65, 16 Doppel DM 130
Ausstattung: Dusche/Bad/WC, Telefon, TV, Minibar
Besonderes: Garagen
Kreditkarten: Amex, Diners, Eurocard, Visa

Wittmund ✉ 26409

Niedersachsen

Seite 7/A 2

■ Hotel Rademacher Auricher Str. 35
☎ 04462/6033+34, Fax 1666
Preise: 2 Einzel 45-75, 12 Doppel 83-102, Halbpension 12,
Vollpension DM 27
Ausstattung: Bad/WC, TV, Telefon
Besonderes: Restaurant, Sauna, Solarium, ruhig, Parkplätze

Witzenhausen ✉ 37217

Hessen

Seite 11/D 2

■ Hotel Stadt Witzenhausen Am Sande 8
☎ 05542/4041+42
Preise: 21 Einzel/Doppel DM 72-112
Ausstattung: Bad/WC, Telefon, Radio, TV, Minibar, Balkon
Besonderes: Terrasse, Liegewiese, ruhig, garni, Parkplätze,
Garagen
Kreditkarten: Amex, Diners, Eurocard, Visa

■ Zum Stern Rainstr. 12, Dohrenbach
☎ 05542/3093+94, Fax 71097
Preise: 4 Einzel 65, 10 Doppel DM 100-110, Halbpension mögl.
Ausstattung: Dusche/WC, Telefon, TV, ~Balkon
Besonderes: Restaurant, Terrasse, Liegewiese, Parkplätze, Garagen,
Kegelbahnen
Kreditkarten: Amex, Diners, Eurocard, Visa

Witzhave ✉ 22969

Schleswig-Holstein
Seite 8/A 2

■ Hotel Pünjer Möllner Landstr. 9
☎ 04104/3714+6565, Fax 6713
Preise: 14 Einzel 80-95, 20 Doppel DM 110-130
Ausstattung: Dusche/WC, Telefon, Radio, TV, Minibar
Besonderes: Restaurant und Bar ab 17 Uhr

Bad Wörishofen ✉ 86825

Bayern
Seite 16/A 3

■ Hotel Gasthof Adler Hauptstr. 40
☎ 08247/2091, Fax 2095
Preise: 30 Einzel 38-65, 20 Doppel DM 90-130
Ausstattung: Bad/WC, Telefon, Radio, TV, Balkon
Besonderes: Lift, Konferenzraum 100, Parkplätze, Garagen
Restaurant 11-23 Uhr
Kreditkarten: Amex, Diners, Eurocard, Visa

■ Kurpension Alpenhof Gammenrieder Str. 6
☎ 08247/3005-0
Preise: 13 Einzel 62-100, 13 Doppel 124-200, Halbpension DM 14-17
Ausstattung: Dusche/WC, ~Telefon, Radio, TV, ~Balkon
Besonderes: Lift, Solarium, Schwimmbad, Terrasse, Parkplätze, Liegewiese
Geschlossen: Mitte November-Mitte Januar

■ Hotel Löwenbräu Hermann-Aust-Str. 2
☎ 08247/96840, Fax 32051
Preise: 13 Einzel 68-98, 10 Doppel DM 115-165, 6 Ferienappartements
ab DM 38 pro Person
Ausstattung: Dusche/Bad/WC, Telefon, Kabel-TV, Radio, ~Balkon
Besonderes: Restaurant 9-24 Uhr, Bar 19-1 Uhr, Parkplätze, Garagen,
Liegewiese, Apartments
Kreditkarten: Amex, Diners, Eurocard, Visa

■ Kurhotel Adler-Vogt Türkheimer Str. 9
☎ 08247/1071-73
Preise: 26 Einzel 75-95, 17 Doppel DM 150-190
Ausstattung: Bad/WC, TV, Telefon
Besonderes: Lift, Hallenschwimmbad, Sauna, Solarium, Parkplätze
Geschlossen: 15.11. - 15.1.

Wörth ✉ 93086

Bayern
Seite 17/C 1

■ Gasthof Butz Kirchplatz 3
☎ 09482/2246
Preise: 22 Einzel ab 34, 21 Doppel ab DM 65
Ausstattung: Bad/~WC
Besonderes: Konferenzraum 30, Parkplätze

Wörthsee   ✉ **82237**

Bayern   Seite 16/B 2

■ **Florianshof**   Hauptstr. 48, Steinebach
☎ 08153/8820, Fax 88298
Preise: Einzel ab 55, Doppel ab DM 98
Ausstattung: Bad/WC, Telefon, TV, ~Balkon
Besonderes: Liegewiese, Tennis, Parkplätze
Kreditkarten: Eurocard

Wohlenberg   ✉ **23948**

Mecklenburg-Vorpommern   Seite 8/B 2

■ **Feriendorf An der Wiek**   An der Chaussee 5
☎ 038825/408, Fax 408
Preise: 14 Doppel 80-140, als Einzel 60-90, 28 Ferienwohnungen 120,
                   Halbpension DM 20
Ausstattung: Dusche/WC, TV, Minibar, Balkon
Besonderes: Restaurant, Bar, Terrasse, Liegewiese, Sauna, Parkplätze
                   Garagen, reisport, Golfplatz, Wassersport in der Nähe
Kreditkarten: diverse

Wolfach   ✉ **77709**

Baden-Württemberg   Seite 15/C 3

■ **Gasthof zum Hecht**   Hauptstr. 51
☎ 07834/538
Preise: 5 Einzel 54-58, 11 Doppel DM 92-99
Ausstattung: Bad/WC, Telefon, TV, Balkon
Besonderes: Restaurant, Parkplätze, Garagen
Kreditkarten: Diners, Eurocard, Visa

Wolfenbüttel   ✉ **38304**

Niedersachsen   Seite 12/A 1

■ **Gildehof**   Brauergildenstr. 5
☎ 05331/5078+79
Preise: 4 Einzel ab 62, 17 Doppel ab DM 102
Ausstattung: Bad/WC, ~Telefon
Besonderes: Konferenzraum, Parkplätze

Wolfersgrün   ✉ **08107**

Sachsen   Seite 17/C 3

■ **Hotel garni Auberge**   Kirchberger Str. 28
☎ 037602/6033+64476, Fax 6033
Preise: 13 Einzel 60-90, 4 Doppel DM 100-120
Ausstattung: Dusche/WC, Telefon, TV, Radio
Besonderes: Terrasse, Liegewiese,Fitneß-Raum, Parkplätze, Garagen
Kreditkarten: Amex, Eurocard

Wolframs-Eschenbach   ✉ **91639**

Bayern   Seite 16/A 1

■ **Gasthof Alte Vogtei**   Hauptstr. 21
☎ 09875/270, Fax 705
Preise: 5 Einzel ab 58, 7 Doppel 98, 3 Apartments DM 110
Ausstattung: Dusche/WC, Telefon, TV, Fön
Besonderes: Restaurant, Parkplätze
Kreditkarten: Diners, Eurocard, Visa

Wolfsburg   ✉ **38440**

Niedersachsen   Seite 12/A 1

■ **Landhaus Dieterichs**   Krugstr. 31
☎ 05308/4080, Fax 408104
Preise: 11 Einzel DM 60-70, 20 Doppel 110, 16 Appartements 75-140
Ausstattung: Dusche/WC, Telefon, Sat-TV, Minibar, ~Balkon
Besonderes: Restaurant, Bar, Parkplätze
Geschlossen: VW-Betriebsurlaub und 24.Dez.-1.Jan.

Wolgast   ✉ **17438**

Mecklenburg-Vorpommern   Seite 9/D 2

■ **Garni Hotel-Pension Kirchstein**   Schützenstr. 25
☎ 03836/2033+600237, Fax 600213
Preise: 12 Doppel DM 120
Ausstattung: Dusche/WC, Telefon, TV, Minibar, Halbpension möglich
Besonderes: Restaurant 6-24 Uhr, Parkplätze

Worms   ✉ **67550**

Rheinland-Pfalz   Seite 15/C 1

■ **Hotel Pfeddersheimer Hof**   Zellertalstr. 35-39, Pfeddersheim
☎ 06247/811, Fax 1996
Preise: 2 Einzel 58, 16 Doppel DM 85
Ausstattung: Bad/WC
Besonderes: Restaurant 12-14, 18-24 Uhr, Terrasse, Parkplätze
Kreditkarten: Eurocard, Visa

■ **Hotel-Restaurant Kriemhilde**   Hofgasse 2-4
☎ 06241/6279, Fax 6277
Preise: 8 Einzel 80, 10 Doppel 120, 1 Apartment DM 130
Ausstattung: ~Dusche/WC, Telefon, Radio, TV
Besonderes: Restaurant, Garagen, Terrasse
Kreditkarten: Diners, Eurocard, Visa

Worpswede
✉ **27726**

Niedersachsen

Seite 7/B 3

■ **Hotel Haar**

Hembergstr. 13

☎ 04792/1288

Preise: 4 Einzel 64-70, 11 Doppel DM 100-115

Ausstattung: Bad/WC, Balkon

Besonderes: Terrasse, Liegewiese, Parkplätze, Garagen

Wünnenberg
✉ **33181**

Nordrhein-Westfalen

Seite 11/C 2

■ **Hotel GmbH**

Am Kurpark 1

☎ 02953/8362, Fax 1587

Preise: Einzel ab 73, 10 Doppel 120, Halbpension DM 15

Ausstattung: Bad/WC, Telefon, TV, Balkon

Besonderes: Restaurant, Terrasse, Hallenschwimmbad, Sauna, Solarium, Parkplätze

Kreditkarten: Amex, Eurocard, Visa

Wünsdorf
✉ **15838**

Brandenburg

Seite 13/C 1

■ **Strandhotel Seeschänke**

Seestr. 56

☎ 033702/312, Fax 312

Preise: 19 Doppel 110, als Einzel 70, 4 Apartments 140, Halbpension 15, Vollpension DM 30

Ausstattung: Dusche/WC, TV, Balkon

Besonderes: Restaurant, Terrasse, Liegewiese, Schwimmbad, Parkplätze, Garagen

Geschlossen: 23.12.-7.1.

Würselen
✉ **52146**

Nordrhein-Westfalen

Seite 10/A 2

■ **Park-Hotel**

Aachener Str. 2

☎ 02405/82536, Fax 88742

Preise: 4 Einzel 70, 36 Doppel ab DM 120

Ausstattung: Dusche/Bad/WC, Telefon, TV, Radio

Besonderes: Parkplätze, Garagen, Restaurant 18-22 Uhr, Bar

Kreditkarten: Amex, Eurocard, Visa

Würzburg
✉ **97074**

Bayern

Seite 15/D 1

■ **Central Hotel**

Koellikerstr. 1

☎ 0931/56952+56808, Fax 50808

Preise: 10 Einzel 80, 14 Doppel DM 110

Ausstattung: Dusche/WC, Telefon, TV

Besonderes: Garagen, Mehrbettzimmer

Kreditkarten: Amex, Diners, Eurocard, Visa

■ **Hotel Karl**   Georg-Engel-Str. 1, Lengfeld
☎ 0931/273023+275066
Preise: 2 Einzel 80, 6 Doppel DM 120-140
Ausstattung: Dusche/WC, Telefon, Radio, TV
Besonderes: Restaurant, Parkplätze
Geschlossen: August
Kreditkarten: Visa

■ **Hotel Stift-Haug**   Textorstr. 16-18
☎ 0931/53393, Fax 53345
Preise: 8 Einzel ab 59, 11 Doppel DM 90-150
Ausstattung: ~Dusche/WC, Telefon, Balkon, TV
Besonderes: garni
Kreditkarten: Eurocard, Visa

■ **Hotel Lindleinsmühle**   Frankenstr. 15, Lindleinsmühle
☎ 0931/23046+47, Fax 21780
Preise: 7 Einzel ab 74, 14 Doppel DM 120
Ausstattung: Bad/WC, Telefon
Besonderes: garni, Parkplätze, Garagen
Kreditkarten: Eurocard

■ **Hotel Post**   Mergentheimer Str. 162
☎ 0931/65005, Fax 68471
Preise: 5 Einzel ab 79, 60 Doppel ab DM 109,
                    Halbpension/Vollpension möglich
Ausstattung: Dusche/WC, Telefon, TV, Minibar, Balkon
Besonderes: Restaurant, Bar, Terrasse, Liegewiese, Parkplätze,
                    Garagen
Kreditkarten: Amex, Diners, Eurocard, Visa

■ **Gaststätte-Hotel Jägerruh**   Grombühlstr. 55
☎ 0931/21892+281412, Fax 286875
Preise: 8 Einzel 40-70, 12 Doppel DM 85-98
Ausstattung: ~Dusche/WC
Besonderes: Restaurant, Parkplätze, Garagen

■ **Barbarossa garni**   Theaterstr. 2
☎ 0931/55953+50144, Fax 50367
Preise: 8 Einzel 75, 9 Doppel DM 130
Ausstattung: Dusche/WC, Telefon, TV
Kreditkarten: Amex, Eurocard, Visa

■ **Hotel Rosenau**   Erthalstr. 1
☎ 0931/71266, Fax 887043
Preise: 10 Einzel 69, 44 Doppel ab DM 109,
                    Halbpension und Vollpension möglich
Ausstattung: Dusche/WC, Telefon, TV, Minibar, Balkon
Besonderes: Restaurant, Terrasse, Liegewiese,
                    Parkplätze, Garagen,
                    Apartments und Ferienwohnungen
Kreditkarten: Amex, Diners, Eurocard, Visa

Wüstenrot ✉ 71543
Baden-Württemberg Seite 15/D 1

■ Hotel am Spatzenwald
Wesleystr. 11
☎ 07945/898900, Fax 898800
Preise: 23 Einzel ab 70, 25 Doppel ab 63, Halbpension 21, Vollpension DM 33
Ausstattung: Dusche/WC, Telefon, TV, Balkon
Besonderes: Restaurant, Terrasse, Liegewiese, Parkplätze
Kreditkarten: Amex, Diners, Eurocard, Visa

■ Waldhotel Raitelberg
Schönblickstr. 39
☎ 07945/9300, Fax 930100
Preise: 12 Einzel 78-95, 21 Doppel 118-138, Halbpension 27, Vollpension DM 42
Ausstattung: Bad/WC, Telefon, TV, Minibar, Balkon
Besonderes: Restaurant, Parkplätze, Garagen, Liegewiese, sauna, Solarium
Kreditkarten: Amex, Diners, Eurocard, Visa

Wunsiedel ✉ 95632
Bayern Seite 12/B 3

■ Kronprinz von Bayern
Maximilianstr. 27
☎ 09232/3509+3500
Preise: 8 Einzel 65-75, 18 Doppel DM 124-184
Ausstattung: Bad/Dusche/WC, Telefon, TV, Minibar
Besonderes: Restaurant 11.30-14, 17.30-22 Uhr, Bar bis 1 Uhr, Parkplätze
Kreditkarten: Eurocard

■ Hotel Wunsiedler Hof
Jean-Paul-Str. 3
☎ 09232/4081+82
Preise: 35 Einzel 80, 35 Doppel 120, Halbpension DM 18
Ausstattung: Bad/WC, Telefon, Radio, TV
Besonderes: Konferenzraum, Kegeln, Parkplätze, Garagen
Kreditkarten: Amex, Diners, Eurocard, Visa

Wunstorf ✉ 31515
Niedersachsen Seite 11/D 1

■ Wehrmann
Kolenfelder Str. 86
☎ 05031/12163
Preise: 17 Einzel DM 75-85, 8 Doppel DM 120-130
Ausstattung: Bad/WC, Telefon, TV
Besonderes: Lift, Konferenzraum, Kegeln, Parkplätze, Garagen, Restaurant
Geschlossen: Weihnachten/Neujahr, 3 Wochen Juli 1995

Bad Wurzach

✉ **88410**

Baden-Württemberg

Seite 15/D 3

■ **Hotel Rößle**   Schulstr. 12

☎ 07564/2055, Fax 2057

Preise: 8 Einzel 79-95, 13 Doppel 140-148, Halbpension 30, Vollpension DM 50

Ausstattung: Bad/WC, Telefon, TV, Minibar, ~Balkon

Besonderes: Restaurant, Bar, Konferenzraum 30, Garagen, Parkplätze, Liegewiese

Kreditkarten: Amex, Diners, Eurocard, Visa

■ **Städt. Kurhaus-Hotel**   Bad Wurzach

☎ 07564/3050, Fax 305155

Preise: 40 Einzel 58-72, 24 Doppel DM 120-150

Ausstattung: Bad/WC, Telefon

Besonderes: Lift, Hallenschwimmbad, Parkplätze, Restaurant 7-22.30 Uhr

---

Wyk

✉ **25938**

Schleswig-Holstein

Seite 7/B 1

■ **Strandhotel**   Königstr. 1

☎ 04681/58700, Fax 587077

Preise: 3 Einzel 80, 5 Doppel 150, 11 Appartements ab DM 150 incl. Frühstück

Ausstattung: Dusche/WC, Telefon, TV, ~Balkon, ~Minibar

Besonderes: Restaurant, Terrasse, Parkplätze, Garagen, Apartments

Zehdenick ✉ 16792

Brandenburg

Seite 9/D 3

■ Hotel Klement

Berliner Str. 29

☎ 03307/2532

Preise: 1 Einzel 80, 4 Doppel 100, Halbpension 15, Vollpension DM 25
Ausstattung: Dusche/WC, Telefon, TV
Besonderes: Restaurant, Parkplätze

Zell ✉ 56856

Rheinland-Pfalz

Seite 10/B 3

■ Grüner Kranz

Balduinstr. 13

☎ 06542/4276+4549

Preise: Einzel ab 70, 14 Doppel DM 120-160
Ausstattung: Bad/WC, Telefon
Besonderes: Lift, Terrasse, Hallenschwimmbad, Sauna
Kreditkarten: Eurocard, Visa

■ Hotel Zur Post

Schloßstr. 25

☎ 06542/4217

Preise: 2 Einzel 62-67, 14 Doppel ab DM 120
Ausstattung: Dusche/Bad/WC, Balkon, TV, Radio
Besonderes: Restaurant, Montag Ruhetag, Parkplätze
Geschlossen: 14.2. - 12.3.
Kreditkarten: Amex, Diners, Eurocard, Visa

Zell ✉ 77736

Baden-Württemberg

Seite 15/C 2

■ Gasthof Rebstock

Zell-Unterharmersbach

☎ 07835/3913

Preise: 4 Einzel 50, 14 Doppel DM 95
Ausstattung: Bad/WC, ~Telefon
Besonderes: Parkplätze

■ Sonne

Hauptstr. 5

☎ 07835/644, Fax 1278

Preise: 5 Einzel 70, 14 Doppel DM 116
Ausstattung: Bad/WC, Telefon, TV, Balkon
Besonderes: Restaurant, Terrasse, Solarium, Parkplätze, Garagen
Geschlossen: Mitte Januar und Februar, Juli/August
Kreditkarten: Amex, Eurocard, Visa

Zella-Mehlis ✉ 98544

Thüringen

Seite 12/A 3

■ Hotel Stadt Suhl

Bahnhofstr. 7

☎ 03682/2379, Fax 41931

Preise: 6 Einzel 58-79, 7 Doppel DM 98-132,
Halbpension und Vollpension möglich
Ausstattung: Dusche/WC, Telefon, TV
Besonderes: Restaurant 11.30-23 Uhr, Terrasse, Parkplätze, Garagen
Kreditkarten: Amex, Eurocard, Visa

■ **Hotel Waldmühle GmbH**   Lubenbachstr. 2a
☎ 03682/7193, Fax 7341
Preise: 12 Einzel ab 70, 24 Doppel ab 158, 1 Apartment DM 150,
                   Halbpension und Vollpension möglich
Ausstattung: Dusche/WC, Telefon, TV, radio
Besonderes: Restaurant, Liegewiese, Parkplätze
Kreditkarten: Eurocard

# Zepernick	⊠ 16341
Berlin	Seite 9/D 3

■ **Pension Haus Erika**   Lisztstr. 29
☎ 030/9444920, Fax 9444920
Preise: 11 Doppel DM 95
Ausstattung: Dusche/WC, Telefon, TV
Besonderes: Restaurant, Terrasse, Liegewiese, Parkplätze

# Zeven	⊠ 27404
Niedersachsen	Seite 8/A 3

■ **Hotel Garni**   Poststr. 20
☎ 04281/3492+3031, Fax 8414
Preise: 3 Einzel 65-85, 19 Doppel DM 105-120
Ausstattung: Dusche/WC, Telefon, TV, Radio
Besonderes: Restaurant, Terrasse, Liegewiese, Parkplätze, Garagen
Kreditkarten: Amex, Diners, Eurocard, Visa

■ **Hotel Landhaus**   Kastanienweg 17
☎ 04281/3022, Fax 3411
Preise: 15 Doppel 117, als Einzel DM 75
Ausstattung: Dusche/WC, Telefon, TV, Radio, Minibar
Besonderes: garni, Parkplätze, Garagen, Liegewiese
Kreditkarten: Amex, Diners, Eurocard, Visa

# Zinnwald-Georgenfeld	⊠ 01773
Sachsen	Seite 13/C 3

■ **Hotel Zinnwaldstübl**   Teplitzer Str. 10, Georgenfeld
☎ 035056/2385, Fax 5432
Preise: 16 Doppel DM 96, Halbpension möglich
Ausstattung: Dusche/WC, TV, Minibar
Besonderes: Restaurant, Parkplätze, Garagen

# Zirndorf	⊠ 90513
Bayern	Seite 16/A 1

■ **Hotel Knorz**   Volkhardtstr. 18
☎ 0911/607061, Fax 6002012
Preise: 6 Einzel bis 75, 9 Doppel bis 105 DM
Ausstattung: Dusche/Bad/WC, TV, Telefon, ~Minibar
Besonderes: Garagen
Geschlossen: 24. Dezember bis 6. Januar
Kreditkarten: Eurocard, Visa

■ **Kneipp-Kurhotel** Am Achterplätzchen 5
☎ 0911/609003+04, Fax 603001
Preise: 13 Einzel 75, 6 Doppel DM 100
Ausstattung: Dusche/WC, Telefon, TV, Radio
Besonderes: Restaurant, Terrasse, Liegewiese, Parkplätze, Garagen

---

■ **Gasthof Tschepin** Albrecht-Dürer-Str. 47
☎ 0911/606046, Fax 603745
Preise: 14 Doppel DM 85-90, 4 Appartements 48-55
Ausstattung: ~Dusche/WC, Telefon, TV
Besonderes: Restaurant, Terrasse, Parkplätze, Garage

Zorge ✉ 37449
Niedersachsen Seite 12/A 2

■ **Hotel Pension Wolfsbach** Hohegeißer Str. 25
☎ 05586/426
Preise: 7 Einzel 47, 8 Doppel 91, Halbpension 11, Vollpension DM 21
Ausstattung: Dusche/Bad/WC, TV
Besonderes: Restaurant, Terrasse, Liegewiese
Kreditkarten: Amex, Diners, Eurocard, Visa

■ **Landhotel Kunzental** Im Förstergarten 7
☎ 05586/1261, Fax 660
Preise: 3 Einzel 75, 24 Doppel 120, Halbpension DM 20
Ausstattung: Bad/WC, Radio, Balkon
Besonderes: Restaurant, Terrasse, Parkplätze, Liegewiese
Geschlossen: 20. november bis 20. Dezember
Kreditkarten: Eurocard

Zusmarshausen ✉ 86441
Bayern Seite 16/B 2

■ **Hotel Krone** Augsburger Str. 9
☎ 08291/212, Fax 8232
Preise: 10 Einzel 50, 50 Doppel DM 90
Ausstattung: Dusche/WC, ~Telefon, ~TV
Kreditkarten: Amex, Diners, Eurocard, Visa

Zweibrücken ✉ 66482
Rheinland-Pfalz Seite 14/B 1

■ **Hitschler** Fruchtmarktstr. 8
☎ 06332/75574
Preise: Einzel ab 52, 4 Doppel DM 85
Ausstattung: ~Dusche/WC, Telefon
Besonderes: Konferenzraum 30, gute Küche, Garagen
Kreditkarten: Diners, Visa

■ Rosenhotel   Von-Rosen-Str. 2
☎ 06332/76014+15, Fax 3652
Preise: 26 Einzel 55, 12 Doppel DM 90
Ausstattung: Dusche/WC, Telefon, TV
Kreditkarten: Amex, Diners, Eurocard, Visa

Bad Zwesten   ✉ 34596
Hessen   Seite 11/D 2

■ Landhotel Kern   Brunnenstr. 10
☎ 05626/786, Fax 788
Preise: 36 Einzel 78, 22 Doppel 140, Halbpension DM 20,
                   Vollpension DM 30
Ausstattung: Dusche/WC, Telefon, ~TV möglich
Besonderes: Restaurant 12-23 Uhr, Terrasse, Liegewiese, Schwimmbad,
                   Sauna, Solarium, Parkplätze
Geschlossen: 9.1. - 18.3.95
Kreditkarten: Diners, Eurocard, Visa

Zwickau   ✉ 08060
Sachsen   Seite 12/B 3

■ Hotel Restaurant Am Windberg   Werdauer Str. 160
☎ 0375/5430
Preise: 26 Einzel 45-110, 45 Doppel 76-158, 7 Apartments DM 150-180,
                   Halbpension 15, Vollpension DM 30
Ausstattung: Dusche/WC, Telefon, Radio, ~TV, ~Balkon
Besonderes: Restaurant 6-23 Uhr, Parkplätze
Kreditkarten: Eurocard

■ Hotel Zur Tanne   Karl-Keil-Str. 42
☎ 0375/523240, Fax 522140
Preise: 3 Einzel 80, 3 Doppel 110, Halbpension 15, Vollpension DM 35
Ausstattung: Dusche/WC, Telefon, TV, radio
Besonderes: Restaurant, Parkplätze
Kreditkarten: Amex, Eurocard, Visa

■ Hotel-Gasthof Mädler   Wildenfelser Str. 51
☎ 0375/292870, Fax 292871
Preise: 3 Einzel 80-130, Doppel 140-180, 2 Apartments DM 240
Ausstattung: Dusche/WC, Telefon, TV, Radio, Balkon
Besonderes: Restaurant, Parkplätze

Zwiefalten   ✉ 88529
Baden-Württemberg   Seite 15/D 2

■ Gasthof Hirsch   Hauptstr. 2
☎ 07373/318, Fax 2291
Preise: 3 Einzel ab 40, 7 Doppel ab DM 70
Ausstattung: Bad/WC, Telefon
Besonderes: Konferenzraum, Parkplätze, Garagen, Restaurant
Geschlossen: Montags Ruhetag

■ Gasthof Post   Hauptstr. 44
☎ 07373/302, Fax 2360
Preise: 3 Einzel 50, 15 Doppel 85, 2 Ferienwohnungen
Ausstattung: Dusche/WC, Telefon
Besonderes: Terrasse, Liegewiese, Parkplätze, Garagen
Geschlossen: 10.1. - 10.2.

Zwiesel   ✉ 94227
Bayern   Seite 17/C 1

■ Hotel Bergfeld   Hochstr. 45
☎ 09922/8540, Fax 674
Preise: 5 Einzel 60-65, 20 Doppel 116, 1 Appartement DM 140,
                 Halbpension DM 15
Ausstattung: Dusche/WC, TV, Balkon
Besonderes: Restaurant, Terrasse, Liegewiese, Schwimmbad, Sauna,
                 Solarium, Parkplätze, Garagen, medizinische Bäderabteilung
Geschlossen: 8. bis 29. April und 2. November bis 20. Dezember

---

■ Hotel Zur Waldbahn   Bahnhofsplatz 2
☎ 09922/3001, Fax 3001
Preise: 28 Einzel 80, als Doppel 150, Halbpension DM 20
Ausstattung: Dusche/WC, Telefon, Balkon, TV, Radio
Besonderes: Restaurant, Terrasse, Liegewiese, Sauna, Solarium,
                 Parkplätze, Garagen
Geschlossen: 28. Oktober bis 1. Dezember

■ Kneipp-Kurhotel Linde   Lindenweg 9, Rabenstein
☎ 09922/1661+62, Fax 1650
Preise: 3 Einzel 73-113, 36 Doppel DM 130-220
Ausstattung: Bad/WC, TV, Telefon, Radio
Besonderes: Lift, Konferenzraum, Terrasse, Hallenschwimmbad, Sauna,
                 Solarium, Sonnenbank, Dampfbad, Parkplätze

■ Sonnenberg   Augustinerstr. 9
☎ 09922/2031+32
Preise: Einzel ab 58, 17 Doppel DM 105-140
Ausstattung: ~Bad/WC, Telefon
Besonderes: Konferenzraum 30, Terrasse, Hallenschwimmbad, Sauna,
                 Solarium, ruhig, Parkplätze

Zwieselberg   ✉ 72291
Baden-Württemberg   Seite 15/C 2

■ Hotel Hirsch   Hauptstr. 10
☎ 07441/2110
Preise: Einzel 50, 28 Doppel 100, Halbpension 20, Vollpension DM 25
Ausstattung: ~Dusche/WC, Telefon, TV, Balkon
Besonderes: Restaurant, Terrasse, Liegewiese, Parkplätze, Garagen
Geschlossen: November

Notizen

Notizen

Notizen

Notizen

Notizen

Notizen

Notizen